东方学术文库

新常态与大战略

上海市社会科学界联合会　编

第四十九卷

上海市社会科学界第十三届学术年会文集
（2015年度）

上海人民出版社

前　言

上海市社会科学界学术年会由上海市社会科学界联合会于2003年发起创办,至今已是第十三届。年会一直秉承这样的宗旨:聚焦经典学术,构筑交流平台,展示文化魅力,繁荣社会科学,营造公正、开放、活跃、民主的学术氛围,为上海市社会科学界构筑高层次、权威性、品牌化的学术文化公共平台。年会充分发挥大型学术论坛参与广泛、学术规范、形式多样的特色和优势,在繁荣发展上海城市文化、促进社会科学界的交流融合以及服务专家学者的理论研讨等方面,发挥了积极作用。

本届学术年会主题为"'四个全面':新常态与大战略",由年会大会、学科专场、主题专场、青年论坛四个系列组成。学科专场共13场,与本市主要社科研究机构、学会等联合主办。主题专场研讨会共11场,集中在上海大学举办。青年论坛共10场,由本市青年学者筹办。此外,本届年会还探索创办高端论坛,先后与华东师范大学、复旦大学联合主办"人文社科重大项目首席专家报告会"。

呈现在读者面前的年会文集,是从年度征文、专场推荐论文中遴选出的,内容涵盖马克思主义研究、哲学、历史、人文、文学、政治、法律、社会、经济、管理、国际关系等学科领域。

真诚感谢在学术年会筹备过程中给予大力支持的本市有关学会和各高校社科科研单位,感谢所有关心、支持和参与学术年会工作的各位领导和专家学者。同时,感谢上海人民出版社的同志为文集出版工作所付出的辛勤劳动!

目　录

中国优秀传统文化在治国理政中的价值 …………………… 邵龙宝 1
“四个全面”战略思想的哲学释析 ……………………………… 刘　洋 18
“四个全面”的价值维度 ………………………………………… 唐志龙 27
论“四个全面”战略的“时代自觉” ……………………………… 李　振 38
陈云基于“熟人调查”的质性研究方法 ………………………… 李继力 51
大学生社会主义核心价值观培育和践行的多重维度与实现方式 … 徐　磊 60
社会主义核心价值观对个体自我认同的引导 ………………… 李　玲 70
大数据时代高校学生网络话语的转化与引导 ………………… 崔海英 79
生态理性人的培育
　　——以大学生教育为视角 ………………………………… 金家厚 89
大都市农村教育、卫生领域人才队伍均衡化研究
　　——以浦东新区均衡化政策分析为例 ………………… 郑晓燕 97
推进型法治模式下的“关键少数”与全面依法治国 …………… 上官酒瑞 110
比较政治制度分析的否决者理论:框架与局限 ……………… 王礼鑫 122
比较政治中的文化主义:一种单元化的研究议程 …………… 章　远 138
扩展型信访:对中国信访僵局的一个基础性解释 …………… 刘正强 155
公共服务、服务型政党与国家治理现代化 …………………… 胡志平 174
论党的领导、人民当家作主、依法治国的“有机统一”关系………… 袁　峰 193
法治建设与公民品格
　　——基于现代国家治理的视域 ……………………… 叶方兴　高国希 205

治理新模式？亦或政企重聚？ …………………… 王 峰 尹海涛 217
“排除合理怀疑”的实践适用研究 ………………………………… 王 戬 241
改革背景下审查逮捕模式的改造路径探究 …… 陈庆安 张雅芳 张楚昊 255
检察院人事管理体制改革探究 …………………… 杜文俊 张 洁 266
我国刑事诉讼中“以审判为中心”的基本理念 ………………… 张 栋 278
检察机关设立的域外考察
——以对跨行政区划检察院的借鉴为视角 ……………… 陈海锋 300
“一带一路”与哈萨克斯坦投资仲裁保障机制研究 …………… 宋锡祥 310
“一带一路”战略与中国自贸区建设 ………………………… 殷 敏 329
“一带一路”战略下我国开发性金融的发展方向及路径
选择 ……………………………………………… 张继红 吴 涛 343
流动人口居住空间获得的类型学：一个分析框架 ……… 李 蔚 刘 能 359
“中国大妈”的“崛起”：一个必然的历史现象
——基于三期上海妇女社会地位调查的数据分析………… 陆建民 370
“缺场”空间中的符号建构 ………………………………… 朱 逸 386
桥接型社会资本与新移民社会融入
——兼论社会组织与基层社区对新移民融入的推动作用…… 刘 芳 396
从“精细化管理”到“精准化治理”：社会治理的理念变革与政府实践
——以上海市社会治理改革方案为例 …………… 王 阳 叶 敏 408
城市原型视角下的城市发展和治理研究
——兼论上海城市原型及其发展思路 ……………………… 罗建平 422
多种声音一个世界：中国与国际媒体互引的社会网络
分析 ………………………………………… 吴 瑛 李 莉 宋韵雅 434
有无人民币的 SDR 汇率波动：亟待扩容代表性货币
……………………………………………… 丁剑平 向 坚 蔚立柱 454
关于“安倍经济学”的政策思考
——以消费增税为焦点 ……………………………………… 陈子雷 468
对接联动：构建丝路经济带“利益链”的挑战和前景 ………… 赵 隆 484

“命运共同体”理念下“跨界民族”交融发展问题析论
——兼论中国“一带一路”战略中的“共情”能力构建 …………………………………………… 刘锦前　舒丽娟　497
2050 全球经济治理结构变动趋势三阶段预测与影响分析………… 王中美　511
近期中国海洋军事战略之观察与展望
——从 2015 年度最新发布的白皮书说起 …………………… 张晓东　527
论海洋法的发展与挑战
——纪念联合国成立 70 周年 ………………………………… 金永明　540

中国优秀传统文化在治国理政中的价值

邵龙宝

近年来,人们愈益认识到中国传统文化潜藏着尚未认识的巨大活力和治国理政的不竭资源。认真学习习近平总书记在曲阜有关中国优秀传统文化"四个讲清楚"的讲话和《习近平谈治国理政》著作,深感弘扬中国优秀传统文化与创新治国理政关系的研究不仅是中国道路进程中的一个重大理论问题,更是一个实践问题。

一、 传统文化、文化传统与中华文化概念辨析

中国"传统文化"至少包含四个层次的内涵,其一是文化典籍,如四书五经;其二是典章制度,如九品中正制,科举制;其三是庙宇设施,如道观和佛教寺庙;其四是习俗节庆,如春节、端午节等。传统文化主要是指儒释道和诸子百家等观念文化,它还包括诗词、戏曲、小说、书法、绘画、剪纸、民间百工百艺等,它是通过不同的文化形态表现出来的各种民族文明、风俗等精神文明的总称。它既指已经逝去的东西,又指活在当下的存在,如文献典籍是过去的文献,当它被人们阅读时它就活在人们的精神世界之中,被创造性地解释和运用。又如九品中正制、科举制是已经崩塌的政治制度,作为制度的纸质文本它躺在博物馆或档案室里,但同时其某种精神和要素又活在当下中国社会的制度机制中,在当下的政治制度中发挥着效用,人们只是习焉不察。至于庙宇设施现在正被作为旅游资源发挥着传统遗迹的效用,使人们在游历中回眸历史,获得人文熏陶。习俗节庆就在我们的日常生活中。可见,传统文化似乎是已经逝去的东西,却又活在我们日常生活中。

"文化传统"是现实文化价值体系中由传统文化特质构成的文化价值成分。它也内含着传统文化的四个层次,它更有动态的历史感和价值意味,在中华民族

的现实文化价值体系中居于核心地位。文化传统是在动态中不断演化而形成的价值观念即文化的核心精神，它具有一定的稳固性和延续性，它不断吸取时代精神的积极因素，抛弃部分不适合时代价值的文化特质，积淀越深，历史愈久，传统愈厚，其内涵越是丰富。它从过去到现在，一直到无尽的未来不断敞开，是动态的，活着的中国人的文化血脉和心理结构。文化传统实际上就是“我”、“你”、“他”——它就活在我们的思维方式、行为模式、价值观念之中，是中国人特有的精神风貌。

什么是中华文化？它是以儒家文化为主体、指华人社会传承的，发端于黄河文明与长江文明的中华文明，以诸子百家文化与天朝思想为其骨干，历经两千多年的历史演变，直到近代和现、当代，具有丰富多彩文化元素的独立的文化体系。中华文化比传统文化的内涵更加丰富，外延更大。传统文化一般被界定为中国古代文化，到中国近代以辛亥革命为标志，是中国古代的一种文化形态。传统的观念文化随着传统社会制度的瓦解在教育体制内部断裂了，而中华文化则包含了近代以来的新民主主义和社会主义革命和建设的文化，即中国特色的社会主义文化。2013 年 11 月 26 日习近平总书记在视察山东期间，专程到曲阜考察中国孔子研究院，召开座谈会时发表的重要讲话强调指出：“要讲清楚每个国家和民族的历史传统、文化积淀、基本国情不同，其发展道路必然有着自己的特色；讲清楚中华文化积淀着中华民族最深沉的精神追求，是中华民族生生不息、发展壮大的丰厚滋养；讲清楚中华优秀传统文化是中华民族的突出优势，是我们最深厚的文化软实力；讲清楚中国特色社会主义植根于中华文化沃土、反映中国人民意愿、适应中国和时代发展进步要求，有着深厚历史渊源和广泛现实基础。”在以上“四个讲清楚”的这一段话中他两次用到“中华文化”，一次用到“传统文化”，他强调“传统文化”是我们突出的优势和最深厚的文化软实力，而“中华文化”则是“积淀着中华民族最深沉的精神追求，是中华民族生生不息、发展壮大的丰厚滋养”；“中国特色社会主义植根于中华文化沃土、反映中国人民意愿、适应中国和时代发展进步要求，有着深厚历史渊源和广泛现实基础。”中华文化不仅包括传统文化，而且是在对传统文化创造性诠释和创新中形成的，是孕育中国道路、中国精神、甚至是近代以来中西马文化对话交融中的产物，它是中华民族生生不息、发展壮大的丰厚滋养，反映中国人民意愿、适应中国和时代发展进步要求，中国特色社会主义的文化沃土。

一般而言，当我们谈到“传统文化”和“文化传统”时，都是精华与糟粕的统一体，而当我们谈到“中华文化”时，我们不会去涉及它有没有负面的因素，总是从积极的方面着眼。

现代是从传统演化而来，在我们的制度、机制和心理积淀、文化血脉中流淌着“传统文化”的元素，这些元素往往是好坏杂糅，复杂地糅合在一起的：我们有以德治国、艰苦奋斗、勤俭持家、德才兼备，以德为先的传统，但我们对制度层面的法律或契约意义上的主体人格不太重视；我们有忧患意识、道德自觉的人文主义，甚至有杀身成仁，舍生取义的传统，但存在着缺乏民主精神、习惯于人治，法制观念淡薄、崇尚官本位、权大一级压死人、等级结构、潜规则、人情大于枉法、封建迷信等文化现象。我们是世界上最重视教育的民族，在中国民间蕴藏着最为丰富的教育资源，为人父母者都甘心情愿、自己哪怕吃糠咽菜也要送子女上大学。父母付出这么多，所以父母教育孩子，认为你要听话，听不听话是衡量好孩子和坏孩子的标准；这样负责任的父母当然是好的，但是这样负责任的父母又在某种程度上是专制的，不一定能培养出富有创造力的人才（我们的中小学基础教育在世界上被人认为是首屈一指的，但我们的大学毕业后走上社会，却没有多少创造力，没有表现出在科学研究方面取得什么重大突破）我们的“老传统”中的“仁爱”、“厚德”、“和合”、“爱国”等积极因素与“新传统”即西方启蒙思想的民主、自由、法治、人权等联姻是中国道路、中国模式的文化基因或底蕴，而“老传统”的负面因素即等级结构、官本位，嘴大于法等与“新传统”民主、自由、理性走向一个极端即变成极端个人主义，唯科技主义和功利主义乃至拜金主义，成为官员腐败的文化土壤和文化背景之一。又如我们的文化孕育了四种人：一是既要面子又要里子的正人君子，每当国家危亡的关头，总有一批仁人志士头可断、血可流，把脑袋别在裤腰带上，冲锋陷阵，前赴后继，血染沙场，牺牲生命在所不惜。二是孕育了只要里子不要面子的正道直行、刚正不阿的硬汉，他们讲原则不太会柔和变通地处理问题，常常在大庭广众面前扬善惩恶，有时候批评不讲究方式方法。上述两种人是中华民族的脊梁。第三种人是只要面子不要里子，好做表面文章，甚至两面三刀、阴一套阳一套，嘴上比蜜糖甜，背后使绊子，属于《红楼梦》里的王熙凤之类的人物。第四种人是既不要面子又不要里子的痞子或无赖，他们最缺少社会资源但有可能获得最多的社会资源，因为他们善于不择手段，“你有政策，我有对策”，专门钻法律和政策的空子，后面两种人是我们社会的害群之马。应该说以上四种人并不是那样泾渭分明的。我们的文化和文明的建设主要是要培育前两种人，抑制后两种人，让正义和正气压倒邪气。老百姓喜欢说一句话“恶有恶报，善有善报”“人有千算、天则一算”这也是我们的传统，老百姓没有学过《易经》，但都懂得“盛极必衰，水满则溢，月盈则亏”，“美德流芳百世，恶行遗臭万年”。福禄寿是中国老百姓的传统，但有德是福禄寿的前提和基础：“财神进了门，入者有福人，福从何处来，来自大善心”。受滴水之恩当涌泉相报是我们的传统。“年”为五谷丰登，“腊”为十二月合祭百神，把一年的收获奉献于诸神的祭坛，来一次集中答谢，知恩思感，这叫过年。敬老尊贤、以和为贵、难得糊涂是让我们从功利和世俗中解脱出来。人们把纪念释迦牟尼佛成道之日的“腊八”作为“大年”的开始，其意是大解脱、大自在、大安祥、大快乐、大幸福。中国人各路神仙都拜，喜欢许愿、祈福，而许愿四要素是：一是真改过，二是真奉献，三是真感恩，四是真恭敬，缺一不可。

过去对传统文化的好东西我们没能很好地继承，对传统文化不好的东西我们没能去除，原因是传统的好东西和坏东西难以区分，这就是我们的传统文化。自五四以来中国人是否真的忘掉了自己的传统？班固在《汉书·艺文志》中引用孔子的话说：“礼失而求诸野”，东周动乱和分裂，表面上看周礼已经不存在了，实际上周礼在四野的老百姓那里没有流失；在老百姓中仍保留着古道热肠、仁义道德古老而美好的人际关系文明，当然也有渗透在日常生活中的各种潜规则。

二、 中国传统文化中的治理理念的核心概念

学界对中国传统文化的核心价值已成共识，三代文明的精华保存在《六经》之中，传统社会的核心价值是“仁孝诚信，礼义廉耻”，有的概括为“忠孝仁爱，礼义廉耻”，有的直接指“仁义礼智信”，我把中国传统文化中的治理理念的核心概念概括为“道、仁、义、礼、智、信、和、生、敬、空”。

（一）道——乃智慧、最高的认识境界。道的内涵十分丰富，在《易经》中有

“一阴一阳之谓道”的哲学思想，在儒家有“天道是阴阳，地道是柔刚，人道是仁义”，强调“得道多助，失道寡助”，儒家的“道统”实际上就是指仁义礼智信的核心价值。朱熹很注重《中庸》的“尊德性而道问学”，重视格物致知，注重通过“道问学”来发展自己的精神世界，他强调的格物不是指一草一木的具体知识，而是要达到对“道”的领悟，也就是指向整个世界的天理。“道”在道家则是有六个方面的内涵：一是孕生天地万物的总根源；二是宇宙、自然、社会和个体人生运行的总规律；三是真善美的精神实体；四是指导社会人生的总原则；五是“道者反之动”，预示着一事物总是向相反方向演化，充满朴素的辩证法；六是最高的认识境界，能超越世俗的短见按照客观规律行事，消解自我中心的迷障；道家的“无为”不是不为，而是看重自然而然的“无为”，“无为而治”中的“无为”，把“为”当做“无为”，把“无为”当作“为”；“无为”的实质是不把自己看得太重，不违背自然规律，不盲目地去为，是对自己非分欲望的限制，不是对别人自由的限制，是对超出自己能力之妄为的限制，也是对滥用权力的限制，“以无欲为欲，以不学为学，以不言为教”这是最好的中国式治理理念。

（二）仁——是儒家治理思想的人性假设。孟子的人禽之辨是四端说：恻隐、羞恶、辞让、是非即仁义礼智。仁在儒家那里是最高的道德规范，仁的最高境界是“博施于民而能济众”，就是全心全意为人民服务。仁的核心是爱人。“己欲立而立人，己欲达而达人；己所不欲勿施于人”是仁者的崇高的人格境界，也是对真正的仁者的行为要求。子贡曰：“如有博施于民而能济众，何如？可谓仁乎？”子曰：“何事于仁？必也圣乎！尧舜其犹病诸。夫仁者，己欲立而立人，己欲达而达人。能近取譬，可谓仁之方也已。”①把仁的学说运用到具体的政治治理之中就是仁政德治，实行王道，反对霸道政治，使政治清平，人民安居乐业。孟子主张“以不忍人之心，行不忍人之政，治天下可运之掌上”。仁爱的深层内涵是重视人，富有人权思想，关注人的物质生活，即重民生，强调无恒产无恒心，强调富之，教之，把富民作为施教的前提和基础。强调利民、富民、保民、爱民、体察和顺应民心的向背。

（三）义——乃人之为人的表征。荀子认为人之所以为人者，不在于他是两

---

① 《论语·雍也六》。

足直立行走等自然属性,而在于有情义、道义和正义,有是非、善恶、荣辱等精神。荀子有一段著名的关于人禽之辨的话:"水火有气而无生,草木有生而无知,禽兽有知而无义,人有气、有生、有知,亦且有义,故最为天下贵也。"义是社会治理中领导者最根本的品格。"己身正,不令而行,己身不正,虽令不从"。领导者必须清廉自持、接纳忠言、严谨庄重,方能使得治理有效。帝尧王天下之时,金银珠玉不饰,锦绣文绮不衣,奇怪珍异不视,玩好之奇不宝。以布衣遮体、吃糙米、喝菜汤,不在农忙时役使百姓。凡人恶死而乐生,好德而归利,能生利者道也,道之所在,天下归也。失其众则败,失民心则败。领导者能与众同好,与众同恶,与众同乐同忧才能治理好天下。"天下非一人之天下,乃天下人之天下也,同天下之利者则得天下,擅(夺)天下之利者失天下。"

(四)礼——有四个内涵:制度、仪式、规范、品格。"礼有三本:天地者,生之本也;先祖者,类之本也;君师者,治之本也。"①礼不仅是人的立身之本,也是一个社会长治久安的政治基础。礼是治理民众的标准,是宇宙、自然和社会运行的规律,是天道、地道和人道的内在法则,最完备的礼使人依据自己的身份表达情感和礼节仪式,并且能发挥得淋漓尽致。礼是最高的准则、根本原则。荀子的礼的内涵和实质是"礼治"而非"礼制","礼治"强调以仁义作为礼的根本,是软约束与硬约束的有机统一。现存《荀子》32篇主要论述了他以社会秩序为目标,用礼义来规范民众的行为,在治国理政中提升民众的道德觉悟和人格境界,在教化民众的过程中实现治国理政的根本目标。"礼治"的缘起是因为人的不断膨胀的欲望与生存资源的相对匮乏之间的矛盾和冲突,亦即"欲恶同物,欲多而物寡,寡则必争矣"。荀子强调礼的制定、运行、遵守都要合符"道",这个"道"才是礼的实质,是礼的真正内涵和意蕴。荀子的"礼治"一方面突出仁义和礼义的教化功能,是其"礼治"的实质,另一方面又突出"礼"的强制性、制度性和规范性,使得"礼"与"法"有机统一,使其本质上实现统一。礼虽为形式、制度、规范,它是有德性仁和义的内涵的,他认为"先义而后利者荣,先利而后义者辱。荣者常通,辱者常穷。通者常制人,辱者常制于人,是荣辱之大分也。"②"保利弃

---

① 《荀子·礼论》。
② 《荀子·荣辱》。

义，谓之至贼。”①荀子认为仅仅靠道德自觉和人性之善不能实现治理国家的目的，而要创设一种制度，进行一种制度安排来解决天下纷争和礼崩乐坏的社会状态，但他并非只强调制度的硬性教条，而是以仁义和礼义作为内涵来创设一套“礼制”即政治制度，用仁义和礼义使之深入到人心、道心之中，以达到善治的目的。“上好礼则民易使也”，“上好义则民莫敢不服”。子曰：“道之以政，齐之以刑，民免而无耻；道之以德，齐之以礼，有耻且格。”②“礼治”对今天的依法治国有诸多借鉴意义。

（五）信——乃不欺暗室、不自欺欺人。孔子曾说过：“人而无信，不知其可”，孟子的道德修养六境界说中讲到“可欲之谓善，有诸己之谓信”，信主要是指在与人交往中要讲信用，遵守诺言，诺言必须符合道义。“信”往往与“诚”结合即诚信，信以诚为基础，诚自然能信，离开诚无所谓信。信从根本上说是对自我讲信用，即不自欺，“推诚而不欺，守信而不疑”③人为什么会自欺？一是为了贪名，二是为了盖过，三是明明不知假装明白。“夫人之自欺非一……实无是誉而贪其名，是自欺；实有是恶而辞以过，是自欺；实所不知而曰我知之，是自欺。”④夜来人静扪心自问，如能回答道：“我没有做过缺德之事，没有做过欺天、欺地、欺人、自欺的事”这就是“信”，用孔子的话来说：“内省不疚，夫何忧何惧？”反省自己没有做过什么愧疚对不起人的事情，那么，还有什么忧愁和恐惧呢？！

（六）和——和合、中和是天下之达道。“和”在天道方面表现为“万物并育而不相害，道并行而不相悖”；在人道方面表现为“和而不同”、“执两用中”；在艺术方面表现为“八音克谐”、“五色调和”；政治上表现为“政通人和”、“老者安之、少者怀之”。“和”在现实社会生活中表现得最为充分，“和谐社会”、“和谐世界”，以和为贵、和气生财。

（七）生——“生生之谓易”。《周易》认为宇宙最崇高、最可贵的品德是“生”。“生”即阴阳二物在不断交合变动之中的生化状态，万物生生不息，人是

---

① 《荀子·修身》。

② 《论语·为政篇第二》。

③ （宋）林逋：《省心录》。

④ （宋）范浚：《香溪文集·慎独斋记》，《宋元学案》卷四十五。

万物中最尊贵者，圣人之大宝，在于能“博施于民而能济众”，所以有着崇高的地位。“天地之大德曰生”，“天”创生了日月星辰、雷鸣闪电之“大美”，“地”孕生万物，无需万物感激它、赞美它，而任万物自由自在生长发展，创生了“大爱”，这就是“生”的力量和本质。天地人三才一贯之道，人在天地之间，人的责任和使命就是要效仿天地创造美和爱，创生“真善美”。大德人生于天地之间，就要努力“做人”。春秋时期诸子百家也提倡重“生”思想，从重视人的生命发展到认识宇宙万物的生命可贵。“生”的本质含义是“创新”，创新就意味着变化，正所谓“变则新，不变则腐；变则活，不变则板”。中华民族生生不息，才使得中国屹立于世界民族之林，才使得“中国道路”、“中国模式”影响整个世界。“生”在现代社会中追求的就是返璞归真、不工而工的人生境界，以出世心态做入世之事，能把最大潜能即创“生”的力量发挥到极致。“生”在当今时代表现为主体的自我观念、个性自觉和情欲迸发等文化意识的上升，只要能驾驭自身的贪欲和邪念，提升自己的人文力，日新之谓盛德，每天推陈出新，不断改革创新才称得上深厚的品德，生生不息，循环往复，革故鼎新是万事万物产生的本源。

（八）敬——诚敬，为人处世、治国理政要延续下去就要致诚，讲求“敬”。《庄子·渔父》云：“真者，精诚之至也，不精不诚，不能动人，故强哭者，虽悲不哀；强怒者，虽严不威；强亲者，虽笑不和。”讲的就是“诚敬”。中国有句俗语“精诚所至，金石为开”，就是强调做人做事要讲“诚敬”，要以真诚待人，表里如一，不可虚伪。如果表面一套，心里一套，阳奉阴违，终究会露出马脚。无论是“哭”、“怒”还是“亲”，都不能做作，要有真情实感，发自内心，这样才能打动人。唯天下至诚，天若不诚不能化天下，地若不诚不能生万物。诚敬乃是立人、立家、立国之道。朱子曰：“凡人所以立身行己，应事接物，莫大乎诚敬。诚者何？不自欺、不妄之谓也。敬者何？不怠慢、不放荡之谓也。”①朱子强调内心和外在行为应主敬，不做事时内心总是处于一种警觉、警省、敬畏的状态，做事时绝不怠惰放肆，处于一种专一、敬业的态度。礼的核心是敬，敬就是不能忘本，本是什么，知道什么东西能吃，什么不能吃，什么话能说，什么话不能说，要懂得做人的道理和规矩。孔子所说的君子是“文质彬彬，而后君子”，“质胜文则野”内容胜过形式

① 《朱子语类》卷一一九。

就会显得粗俗、野蛮,“文胜质则史”,形式、纹饰的东西不能太多了,太多了就有可能侵蚀了内容、实质、品德,就虚假了、变味了。“诚敬”就要敬天地君亲师,这里突出的是亲和师,与天地君并列,也就是孝道的重要性,尊师敬长的重要性,敬长尊贤的重要性。对人对事都要讲一个“敬”,人在做、天在看,“头上三尺有神灵”都是在讲“诚敬”,这是中国人的信仰,这个信仰不能丢,如果丢了什么坏事情都敢做那就可怕了!

(九)“空”——是对“我执”、“私心”的消解,是把小我融入社会的治心良药。“空”是指普遍的相对性,一个物体并没有质的规定性,缘具则有,缘散则无。空不是没有,也不是虚无。“空”是假名、假有,是告诫芸芸众生,不要执着“有”,(尤其不要自我中心,不要“我执”),也不要执着“无”,不要执着“两边”,要取其“中道”。空不是什么都不存在,而是一切现象都是虚幻的,不真实的。自我并不是一个永恒的东西,有聚就有散,生命体是无常的,都是无我的。用佛教的话来讲:“刹那生灭”,没有独立的自性。应该去追求一个真实的东西,是什么呢?就是空、清净。实际就是生不带来,死不带去。过去人们一直认为佛教讲空、寂灭,非常消极,其实佛教有积极的一面,对治心对克服自我中心、对正确认识自我和他人特别有意义,对健康长寿特别有意义。佛教是佛法,是宗教,又是思辨色彩最浓的哲学。当今的人间佛教是社会主义精神文明的重要组成部分。

三、 优秀传统文化运用于治国理政的思考

(一)传统文化的创造性转化必须面对现代性的矛盾和张力问题,实际上是要处理好儒家文明与西方文明的关系问题。现代性之于中国传统文化既是批判的坐标,又有着自身的缺陷,恰好是弘扬传统文化精髓所要对治和克服的对象。传统文化之于现代性又是现代性的反思和批判的对象。传统文化的创造性转化有一个在传统社会始终没能解决的皇权体制的人治本质,在当代有一个人治本质的遗存与制度规范的法治要求的矛盾。在今天要实现德法兼治,就要找到克服当下腐败问题的文化根由。孕生中国传统文化的土壤和社会背景是宗法专制主义的自然经济,这与今天我们立足的现代性社会存在种种矛盾和拮抗。封建

伦常的个人与社会的关系必然导致对个体主体性的戕害，而个体的生成则是现代性的标志。马克思曾说："我们越往前追溯历史，个人，从而也是进行生产的个人，就越表现为不独立，从属于一个较大的整体……产生这种孤立个人的观点的时代，正是具有迄今为止最发达的社会关系的时代。"①作为传统文化表征的儒学的价值观在社会层面表现为"责任先于自由，义务先于权利，群体高于个人，和谐高于冲突"②在精华中杂糅着糟粕。毛泽东曾说过，康德哲学与宋儒同，主要同在道德实践理性上。康德的绝对律令是建立在人是理性的存在物，人是有意志自律的自由主体，所以人能为自己立法。康德的义务论伦理学的一个最大弊端是把美德当知识，忽视了人的灵魂的非理性部分，忽视了人的感性欲望在道德实践中的意义和价值，实际上人是可以在道德行为即利他行为中同时感受到意欲、情感的满足的，在做了好事后会感受到心里愉悦和幸福的，以纯粹形式的普遍主义立场来对待个性迥异的每一个体是不合适的。宋儒朱熹等人也存在相似的问题，过分强调"天理"而扼杀了"人欲"。孔孟儒学原本是一套情理交融的中和的人文教化系统，孔子讲"兴于诗、立于礼、成于乐"，宋儒因受到佛家的影响，太偏重理智修身，对情与爱不太重视。现代性的科学技术和资本逻辑使得个体人越来越少地依附于血缘、地缘关系，主体性得到空前张扬，然而科技理性走向一个极端，就使人成为追求自身利益最大化的理性经济人，而资本逻辑将人和世界都变成了赤裸裸的利害关系和冷酷无情、锱铢计较的金钱关系。儒学的价值就是在这样一个传统与现代的矛盾和拮抗中展开的，一方面儒学要受到现代性的洗礼，要反思和批判扼杀个体主体性的弊端和糟粕，另一方面又要反思和批判现代性的科技和资本逻辑带来的导致人的金钱拜物教的异化现象，儒学的价值恰好就体现在这里，这是中国优秀传统文化创造性转化的一把关键的钥匙。要充分认识老传统的精华如仁爱、厚德、自强、和合等与近现代思想启蒙带来的科学、理性、民主、自由等积极因素的联姻，是中国道路的文化背景因素之一。而老传统的消极因素如等级结构、权大于法、封建迷信与新传统的理性、自由、民主走向极端的勾连，是今日社会腐败的文化土壤之一。中国优秀传统文化的基本精

① 转引自孙德忠：《现代性出场的双重路径》，《光明日报》2015年4月15日。

② 陈来：《充分认识中华独特价值观——从中西比较看》，《人民日报》2015年3月4日。

神"以人为本的主体精神,仁者爱人的人道精神,刚柔相济的坚韧精神,贵和尚中的中和精神,和而不同的包容精神"①必须与西方文化的积极因素科学精神、法治、民主、自由和主体人格的独立进行综合创新,以培育具有中国灵魂和世界眼光,有仁爱之心和法权人格的现代公民。

(二)建立在忧患意识基础上的道德自觉的人文主义精神可以指导每一个中国人,尤其是对政治精英、企业精英和知识精英的精神重建,在改善生活方式的实践中提升生命的境界。儒学的仁义礼智信、四维八德是日用伦常的道德伦理形态,是德目,是一种伦理精神,在它的背后有一种精神力量支撑着,这就是关于儒家文明的一套信仰体系,它不同于西方基督教的纯精神性、彼岸性和超验性的基督教信仰,它是一套"信天、法祖、重生"的中华民族最根本的精神。早在周代战胜商代后,统治者并没有忘我自尊,洋洋自得,而是战战兢兢、如履薄冰,他们已经意识到,国家的兴衰成亡,个人的得失成败并非取决于天帝的裁决或占卜算卦,而是取决于自身的行为有德还是失德,有利于百姓还是不利于百姓,这是最早的道德自觉、人文主义精神和为仁由己"以民为本"的人本主义哲学,比西方文艺复兴的人文主义早了一千多年。儒家倡导吉凶由人,人是世间真正的主宰,人间的祸福不必求神弄鬼,取决于自己的行为。"天视自我民视,天听自我民听"。儒家不是宗教胜似宗教,虽然是要在人间建立道德王国,但孔子对"天"十分敬畏,中国传统有天命崇拜、圣王崇拜和祖宗崇拜的特征。"天"在孔子儒学中有着终极信仰的意味。原本在《尚书》、《诗经》等早期文献中,"天"也与基督教的人格神差不太多,叫"天帝",是能裁决人世间的事情的,所以,古代社会卜卦兴盛。在孔子这里"天"依然有高高在上的超然的宗教味道,甚至这种超然性、至上性、神圣性有着极其重要的地位,但同时这个"天"又有着强烈的道德情感性意味,"天"成了道德和智慧的最高化身。汉儒过分强调天的情感意志性,宋儒过分强调天的理智性。中国民间信仰信奉"头上三尺有神灵"、"积善余庆,积恶余殃"、"人在做,天在看"、"因果报应"都和这个"天"即"老天爷"有关系。"老天爷"是道德的象征,对"老天爷"的敬畏是民间信仰的一个特点。"法祖"也就是我们"祖宗崇拜"的传统,中国人讲求父慈子孝,人活在世代相续之中,一个人做

① 韩星:《中国传统文化的基本精神与现代传承》,《光明日报》2015年5月16日。

了坏事子孙会被世人指着脊梁骨挨骂。做了好事的好人,就叫“立德”,在“人生三不朽”中占据第一位的,《左传·襄公二十四年》有言,“太上有立德,其次有立功,其次有立言;虽久不废, 此之谓三不朽。”“重人”即“以人为本”、“以民为本”。十八大报告指出,“坚持以人为本,执政为民,始终保持党同人民群众的血肉联系。”同时强调,“以人为本、执政为民是检验党一切政治活动的最高标准。”治国理政的根本是各级领导人心中要有人民,能不能治好自己的心,领导干部的“人心”、“道心”主要体现在有没有对人民的敬畏之心,真正确立起中国人之为中国人的做人的信仰,确立起对中国特色社会主义制度的自信、道路的自信、理论的自信和文化的自信,老百姓自然就能确立起中国人的做人的信仰,也能对中国特色社会主义充满信心和信念。

孔子的教育其实就是人文主义的“成德之学”。现在,这个“成德”的传统我们已经丧失了。儒学就整体而言,道德与知识,两个轮子都要转,所谓“博学于文,约之以礼”,不能一轮转,一轮不转。朱熹的“尊德性而道问学”就是两个轮子,学也是跟道德修养有关,知与行是两个轮子。朱熹认为戒除贪欲是个人成就良善之德的基础。中国文人重视品格、人格,是中国文化最核心的价值,是我们老祖宗的好传统,要活化它。活化的要义是要有良知,要知善知恶,为善去恶,要有道德自觉、自主的能力;要自律,自己来管理自己,自己来约束自己,然后是自我负责。儒家的做人信仰的教化就是成人教育。成人教育的核心是重视体验,即悟道、践道。国家治理是一种高度自觉的主体性行为,应该从政治精英、企业精英和知识精英的“人心”、“道心”的治理开始。“四个全面”是未来中国发展的总体规划和框架结构,也是更加宏观层面的顶层设计。学习贯彻这一精神不仅需要政治精英、企业精英和知识精英对国家发展战略有高度的自觉,所有民众都应该对此有自觉意识,而最为关键的是上述三种精英能不能从自己开始“正心”、“诚意”、“格物”、“致知”、“修身”、“齐家”。如此,方能取信于民。取信于民是社会治理的基础。孔子说:人能弘道,非道弘人。子贡问政。子曰:“足食,足兵,民信之矣。”子贡曰:“必不得已而去,于斯三者何先?”曰:“去兵”子贡曰:“必不得已而去,于斯二者何先?” 曰:“去食。自古皆有死,民无信不立。”①王阳明的

---

① 《论语·颜渊篇第十二》。

良知说:“无善无恶心之体,有善有恶意之动,知善知恶是良知,为善去恶是格物。”都是在讲以良知为根本的道德自觉和人文主义情怀。

(三)表征孕生万物的总根源,象征着宇宙自然社会人生的总规律和真善美精神实体的“道”文化是中华民族的最根本精神,对今天的内政外交、修齐治平具有启示意义。中国文化是“道”文化,区别于西方的逻各斯文化和“神”文化,道文化的第一个内蕴是认为任何事物都离不开“一阴一阳之谓道”的朴素辩证法,《易经》的乾坤就是阳和阴组成八八六十四卦,以宇宙间万事万物为观察和研究的对象,用“阴”和“阳”两个基本要素,描述了一个阴阳变化的系统。它包含了对立统一、阴阳互根、阳逆阴顺、此消彼长、物极必反等规律,和这些规律数千年沉淀和积累形成了自强不息、厚德载物、居安思危的儒学精神和无为而治、乐天知足、不争、明智的道家思想,融合为一形成了中华文化的基本精神特质和治理模式。

中国式治理的基本模式是儒道互补:儒家重教育、重修身、重家庭、重整体和社会、重群体、富有凝聚力、有一套组织民众的智慧,具有自强不息、积极有为、知其不可而为之、讲人生三不朽,儒家对群的治理有自己独特的智慧,强调使命感、责任心;强调“人能弘道,非道弘人”,肯定人的主体性和能动性。在“人”与“道”之间,认为主体人能捍卫、弘扬作为法则与正义“道”的客体。为了国家和民族的利益,志士仁人,有杀身以成仁,舍生取义;孔子还主张“朝闻道,夕死可矣”——儒家要求人们在入世中追求意义:人不能忍受存在的虚无、自我的失落、彻底的空白。儒家代表社会发展的动力,代表阳刚,是人文主义的,讲忧国忧民、修齐治平、经世济民,主张社会文明的不断创造和不断进步,在社会发展中起到了动力机制的作用。道家在社会发展中起到了社会平衡机制的作用。道家的经典《道德经》说穿了还是体现在“君人南面之术”,是一种政治哲学,其言说对象并非百姓,而是帝王将相,它的中心思想是用“道”的运行的法则来劝说君王如何面对百姓、世界和自身的身心矛盾。它谆谆教诲君王你不能骄狂,因为在这个世界上,王不是最大的,在王之上,还有地、天、道等需要敬畏和效法。它要君王懂得,任何事物物极必反、否极泰来、盛极必衰、弓满则折,水满则溢。一个社会、一个单位或团体和一个家庭一样,只有阳刚没有阴柔不行,俗话说“男女搭配,干活不累”就是阴阳协调,是动力机制与平衡机制的统一。女主内,男主外,实际上也是一种动力机制和平衡机制的统一,当然这是中国封建社会的家庭秩序。儒家和道家,一个是动力系统,一个是调解系统;一个是整体精神、凝聚力和维护社会秩序的力量,一个是宽容精神和个体自由精神。一个进取,一个退守,相辅相成。我们制度的决策和行动的高效与我们文化传统的大一统有密切的关系;与“整体和谐、以民为本、生和化、自强和厚德”有关。在现代化建设中,文化传统中的“仁爱”、“忧患意识”、“天人合一”、“中庸之道”、“革故鼎新”和“阴阳协调、整体和谐、直觉顿悟、有机论”的思维模式即中国智慧在发挥作用。

另外,在国际政治上我们已经能从国际视野来看待传统文化的现代价值。儒家文明是维护人类文明多样性、化解人类文明冲突的主要力量。西方的一部历史在他们的历史学家看来是一部宗教战争史,而我们的道教、佛教、基督教和伊斯兰教等能和谐相处,56个民族能团结一致,取决于中国传统文化中的中道、中和思想,“和而不同”、“求同存异”理念,世界和平的最大威胁不是文化和文明的多样性,而是宗教背后的“求同”而不能“存异”的排他主义和独断论的宗教观,只要你不信我的主,二代三代必须赶尽杀绝。我们今天取得的外交成就与传统文化的“因时而变、以变求胜、纵横捭阖、左右逢源”以及中庸之道中的“权变思想”有密切的关联。中华文化是和谐,和而不同,协和万邦,但“和”并不是无原则地的目的所在,孔子认为“知和而和不以礼节之,亦不可行也”,礼就是理,是原则性,这种有理性的有原则的“和”才是“仁”的真正意蕴和精神实质所在。

荀子“礼治”思想对我们当下“依法治国”的启示是:抽取了道德的法律是徒劳的,而没有法律信仰的法规更是僵化的教条,社会主义核心价值观相当于新时代的“礼治”,是21世纪我党文化战略方面的顶层设计,是用来收拾转型社会出现的“人心”、“道心”跌落的问题,同时用全面“依法治国”来引领社会的价值观导向,以实现伟大的中国梦。

依法治国与以德治国的目标是建构中国公民的现代人格,社会主义核心价值观的培育都要从治理、管理、法理、伦理和心理五个方面互相依存和在互动中展开,要努力打破施治者、被治者和研究者之间的价值诉求,以形成最大限度的共识,把治理、管理变成自我在法律、伦理、心理层面的自理和自觉行为,通过制度化、规范化、程序化和心性化的道德人格修养的互动,让所有成员各知所需、各居其位、各司其职、各尽其能、各得其所,安居乐业,发挥出最大的潜能和创造性,在实现提高国家治理能力现代化的崇高目标的同时提升每个人的道德人格和法律意识和观念。

（四）以儒家为主体的传统文化不仅是人文文化，同时是经济、政治、文化、生态的治国安邦的一整套理念和行动方案，其背后突出的是中华文化主体性、民族性、母体性、根源性的人文价值和中国智慧。如前所说，各级领导干部都要有“良知”，要确立中国人之为中国人的做人的信仰，同时必须要确立民主法治观念，使民主制度化、法制化，防止知法犯法、以言代法、以权压法、徇私枉法。在日常生活生活中最难破的是看家长颜色行事的“习惯无意识”、唯长官意志为重，不知不觉中让传统中负面的东西成为破坏民主法治的祸根。要切实破除这一潜规则和“集体无意识”就要从制度机制上下工夫，从思想上牢固确立社会主义法治思维方式，深刻认识依法治国是党长期执政和国家长治久安的根本保证，从行动上对法律怀有敬畏之心，牢记法律红线不可逾越、法律底线不可触碰。从领导干部的特点出发正确认识和处理“法”与“权”的关系。要努力在治理中做到“以政务信用带动信用社会化，注重城市信用、行业信用、经济体信用、农村信用、个人信用、互联网信用等六个方面，切实担当起政府的责任：一是建立社会信用管理和服务体系；二是选择有责任担当的服务机构作为信用信息服务主体。”①政府在履职时，应注意防止出现两类错误：一是身兼裁判员和运动员，独揽社会信用管理制度设计和信用信息服务；二是用一般市场竞争原则管理信用服务机构。儒家以诚信为基础的信用规则较之现代信用体系在个体人的德性层面似乎更高，现代信用体系的优势主要表现在形式上和技术层面，它的实质是个体人的诚信德性与制度机制形成双向互动。儒家的礼乐教化的治政智慧源于家族的族规和家教，除了用调均来防止社会分配的严重不均，还在养老、救济弱者、赈灾与社会保障等方面进行制度设计，由此出发来解决传统社会最基本的民生问题。儒家也有类似于契约精神的立信、征信、结信的制度规范。相较于现代契约信用，儒家在“义利与秩序”，“诚信、契约与效益”，“贫富、调均与公正”等方面有自己独特的公正理念，体现为德法兼治的治理经验，都是值得继承和转化的。

德法兼治即良法善治。良法是善人制定，对任何人具有普遍性特征，法的规

---

① 关键中：《信用管理是社会治理的基础》，《人民日报》2015年3月29日。

则即权利和义务明确，权力不能侵犯公民的权利，法规之间不能相互冲突，且具有长期不变性和稳定性，还应有先在性、可行性和公开性的特性。良法一定是能捍卫人们的权利和自由，体现正义性，保障人的生命、人身、财产的安全，维护社会成员在平等的基础上进行利益交往，对以侵害他人的方式而获得利益的人必须进行惩罚，体现和维护社会成员承担责任的平等，同时维护社会成员们的机会平等。良法还应保证社会成员的自由。法以最合理的义务性规则来约束每个人的行为，从而给社会全体成员提供一个最大可能的自由活动空间。良法是防止暴政，制裁犯罪，维护正义的法律。与之相对应是恶法，恶法就是维护独裁专制、维护暴政、侵害人权、肆意剥夺人们的自由、损害正义的法律。

善治是"善者治理"，是温良公正的治理者；就治理目标而言，善治又是"仁爱的治理"。仁爱的治理应包括以下内涵：一是对大众的关爱，领导者自身具有仁爱之心，在品格上具有"恭宽信敏惠"各种德行，"仁"为众善之德；二是自爱，在金钱财富问题上洁身自好、廉洁正义；三是爱自己的亲人；四是"泛爱众"，尤其是对弱势群体有特别同情的恻隐之心和悲悯情怀；五是仁者与天地万物一体，在日常治理实践中让公众享有更充分的公共物品和更高满意度的公共管理，实现公众福利的最大化。这种以仁爱之心的治理就是善治，善治强调建立在彼此心贴心的信任加契约基础上的良性互动和合作。善治是"善态治理"，是领导者在治理实践中将自身的美德融进去，全心全意为人民服务，也就是"博施于民而能济众"，去体现服务民众的美德、大德和全德。真正的"仁爱之治"是德治与法治的统一，是崇尚仁爱宽厚的政治，是制约君权，伸张民权，主张敬民、爱民、养民，以民为本、以民为心，"仁民"、"恤民"和"视民如伤"的治理。养民者，以利民为鹄的，切实重视民生，以"正德、利用、厚生"为头等大事。诚如邾国统治者邾子所言："苟利于民，孤之利也。"①六是以仁爱之心的善治还应讲究中庸之道。郑子产曾总结自己的为政经验时主张为政应"宽猛相济"，"唯有德者能以宽服民，其次莫如猛。夫火烈，民望而畏之，故鲜死焉。水懦弱，民狎而玩之，则多死焉，故宽难"②。孔子对此十分赞赏："政宽则民慢，慢则纠之以猛，猛则民残，残则施之

---

① 《左传·文公十三年》。

② 《左传·昭公二十年》。

以宽。宽以济猛,猛以济宽,政是以和。”这是善治的中庸之道,在《尚书》、《春秋左传》里有丰富的资源。“百姓足,君孰与不足?百姓不足,君孰与足”①?孔子要求治人者“敬事而信”,即对人民的承诺和责任必须信守且落实在行动上。善治使用仁爱之心,依据科学方法的治理,治理者带着一种神圣的信仰、终极性的价值来履行自己的职责:“君子去仁,恶乎成名?君子无终食之间违仁,造次必于是,颠沛必于是,”②还应有:“士不可以不弘毅,任重而道远。仁以为己任,不亦重乎?死而后已,不亦远乎”③的境界。

(作者为同济大学马克思主义学院教授)

① 《论语·颜渊》。
② 《论语·里仁》。
③ 《论语·泰伯》。

“四个全面”战略思想的哲学释析

刘 洋

2014年11月,习近平在福建调研时提出“三个全面”,后在江苏调研增加了“全面从严治党”,要求“协调推进全面建成小康社会、全面深化改革、全面推进依法治国、全面从严治党,推动改革开放和社会主义现代化建设迈上新台阶。”“四个全面”的战略思想体现了党中央治国理政的全新布局,使党和国家今后一个时期的各项工作关键突出、重点明确、内在逻辑更加紧密。对“四个全面”战略思想加以哲学考量,有助于在理论和现实上更好地理解与把握其内在逻辑与实践价值。

一、从认识论角度看,“四个全面”符合时代发展要求,是对三大规律、三种意识认识的进一步深化

唯物史观指出:“全部社会生活在本质上是实践的”①,则我们必须从实践出发来理解整个社会历史。同样,人的认识也是从实践中产生的,实践是认识的基础,对认识具有决定作用。而认识一旦形成也会为实践服务,随实践发展,并受实践检验。实践与认识的这种辩证统一,决定了我们的党的路线方针、战略布局都必须从实际出发,必须是在对当前实践深刻把握的基础上提出的,也会随着实践发展而做出新的调整。“四个全面”战略思想的提出正是在实践的基础上,对纷繁复杂的国际局势的把握与发展变革中的中国的理解,是关于如何将中国建设成为富强民主文明和谐的社会主义现代化国家的战略新布局。同时,“四个全面”战略思想是在新的实践条件下对三大规律和三种意识认识的深化,体现出认识随实践的发展而不断发展深化。

---

① 《马克思恩格斯选集》第1卷,人民出版社1995年版,第56页。

首先,“四个全面”战略思想是根据对中国和世界的实践新认知提出来的。“四个全面”战略思想的提出首先是基于对国内发展态势的重大判断,其中最为重要的是我国国内形势进入了发展的新常态。所谓新常态是不同于以往的、相对稳定的状态,进入新常态意味着我国发展进入一个与以往三十多年长期高速增长所不同的新阶段。这种新常态首要表现在经济上,经济增长速度由高速向中高速转变,经济结构不断优化升级,经济发展动力由要素驱动、投资驱动转向创新驱动。当然,新常态也表现在政治、社会、文化等各领域。在政治生活领域,法治反腐、群众路线教育实践活动等持续深入;在社会建设领域,不断创新社会治理体制,推进法治社会建设。这些新常态都表明今日的中国社会与过去几十年的发展状况和发展要求已有很大不同。这样,我们要顺应新常态、认识新常态、培育新常态,必须有新的战略思维,需要有新的战略筹划和战略结构。

“四个全面”战略思想的提出同样是基于对中国与世界关系的重大判断,特别是中国与世界呈现的新格局关系。在改革开放前,中国与世界之间保持着相对的独立。随着世界潮流的发展,我们发现,当今世界发展是你中有我、我中有你的发展,要谋得自身发展,中国必须开放。三十多年来,我们在既定国际格局和既有国际规则下与世界各国广泛合作,使中国的经济社会得到了快速发展。随着中国在世界格局中地位的不断凸显,中国与世界的关系形成了新的格局。十八大以来,我们和美国构建中美新型大国关系,和俄罗斯形成战略伙伴合作关系,与周边国家建构“一路一带”,这些都显示出目前的国际格局已经有了中国意识和中国声音。中国与世界的新格局关系也必然要求有一种新的战略思维、战略布局来保障国际关系的健康有序发展,“四个全面”就是基于这一要求提出的。

其次,“四个全面”战略思想是对三大规律——共产党执政规律、社会主义建设规律、人类社会发展规律认识的进一步深化。“四个全面”战略思想来源于对当前社会实践的深刻认知,同样认识也会随着实践的发展而发展,这一重要战略思想也是新的实践条件下我党对三大规律的认识发展。马克思在《共产党宣言》中指出:“在实践方面,共产党人是各国工人政党中最坚决的、始终起推动作用的部分;在理论方面,他们胜过其余无产阶级群众的地方在于他们了解无产阶级运动的条件、进程和一般结果。”①新的历史条件下，“四个全面”战略思想的提出，是对共产党执政规律的进一步认识升华。“四个全面”以全面建成小康社会为战略目标，表明了党始终将实现好、发展好、维护好人民群众的根本利益作为工作的出发点和归宿，始终将以人为本、执政为民作为一切执政活动的最高标准。“四个全面”又以全面从严治党作为一大战略举措，要在全面加强党员先进性教育、群众路线教育，加强基层党建工作，要坚持反腐倡廉，不断加强党的自身建设，提高党的凝聚力与感召力。“四个全面”战略思想坚持全面深化改革与全面依法治国也是对社会主义建设规律和人类社会发展规律认识的进一步升华。新中国成立以来，我们党坚持探索社会主义建设规律，开辟了一条适合中国发展的中国特色社会主义道路。在这条道路的带领下，我们的综合国力和人民生活水平不断提升，目前已成为世界第二大经济体。然而，我国仍处于社会主义初级阶段，发展过程中仍有很多不足。在这个重要的战略转型期和改革攻坚期，我们必须坚持全面深化改革，要不断“完善和发展中国特色社会主义制度，推进国家治理体系和治理能力的现代化”②；必须坚持全面依法治国，“建设中国特色社会主义法治体系，建设社会主义法治国家”③。社会主义建设也必须不断把握和自如运用人类社会发展规律，“四个全面”战略思想在把握中国现实国情的基础上，也始终掌握时代潮流与世界变革的大趋势，始终在人类文明的发展的大道上发展。

最后，“四个全面”战略思想是对三种意识——责任意识、问题意识、担当意识感知的进一步凸显。中国共产党自诞生之日就勇敢地担当起带领人民创造幸福生活、实现中华民族伟大复兴的历史使命。这种使命意识，贯穿了“四个全面”战略思想的始终。使命意识从根本上说就是一种大目标意识、大愿景意识，而战略思想说到底是目标与手段之间的设计规划。在这个意义上讲，带领中国人民走向中华民族的伟大复兴这一使命意识时时强烈地萦绕在“四个全面”战略思想的周围。“四个全面”战略思想同时体现出强烈的问题意识。实现民族的伟大复

---

① 《马克思恩格斯选集》第1卷，人民出版社1995年版，第285页。

② 《中共中央关于全面深化改革若干重大问题的决定》，人民出版社2013年版，第3页。

③ 《中国共产党第十八届中央委员会第四次全体会议文件汇编》，人民出版社2014年版，第21页。

兴，全面建成小康社会是关键一步，这一步我们该怎么走，在全面小康过程中我们会遇到哪些障碍，如何通过改革破解这些障碍，如何通过依法治国确定规矩，如何通过从严治党锻造核心，“四个全面”是紧紧围绕问题进行的战略构建。“四个全面”战略思想凸显了使命意识和问题意识，自然也突出了担当意识。中华民族伟大复兴使命的存在，让我们遇到问题就不能去回避，而必须迎头而上，去化解问题、解决问题，这就需要一种担当。“四个全面”战略思想的担当意识体现在“全面”上，“全面”意味着覆盖面广，不可能留有死角和达不到的地方，而且加强了力度深度广度，这样我们就要有担当，不能只拣好的与容易的去做。

二、从方法论角度看，“四个全面”既包罗万象，又重点突出，既注重整体规划，又牵住“牛鼻子”

辩证唯物主义认为，在复杂事物的发展过程中存在着许多矛盾，但往往会有一种矛盾的存在和发展规定和影响着其他矛盾的存在和发展。这种处于支配地位，对事物的发展过程起着决定作用的矛盾，就是主要矛盾；其他矛盾处于从属地位，对事物的发展过程不起决定作用，这就是非主要矛盾。在事物发展过程中，主要矛盾和次要矛盾相互依赖、相互影响，这就要求我们办事情要着重把握主要矛盾，集中力量解决主要矛盾，同时也不能忽视次要矛盾的解决，要学会统筹兼顾，恰当地处理好次要矛盾，要做到两点论和重点论的统一。“四个全面”战略思想在方法论上坚持了“两点论”与“重点论”的辩证统一，全面建成小康社会回答了社会主义初级阶段我国社会主要矛盾的“重点论”，全面深化改革、全面依法治国、全面从严治党是解决我国社会现在面临的主要矛盾的方法论的“两点论”。这样我们既在目标上讲求“重点”，又在方法上突出“两点”，既牵住了“牛鼻子”，又有着整体的战略规划。

全面建成小康社会是对当前我国社会主要矛盾解决的目标表达，体现了“四个全面”战略思想的“重点论”思维。目前，我国社会主义社会的发展过程中显然存在着诸多矛盾的交替，但其中的主要矛盾仍然是党的“八大”所作出的判断：“中国无产阶级同资产阶级的矛盾已经基本解决，中国国内的主要矛盾，已经是人民对于建立先进的工业国的要求同落后的农业国的现实之间的矛盾，已经是人民对于经济文化迅速发展的需要同当前经济文化不能满足人民需要的状况之间的矛盾。这一矛盾的实质,在我国社会主义制度已经建立的情况下,就是先进的社会主义制度同落后的社会生产力之间的矛盾。”①党的十一届六中全会又进一步将主要矛盾表述为“在社会主义改造基本完成以后,我国所要解决的主要矛盾,是人民日益增长的物质文化需要同落后的社会生产之间的矛盾。”②之后的三十多年,我们对于主要矛盾的表述没有变,党的十八大也作出了“社会主要矛盾没有变”的判断。但我们也应看到改革开放三十多年的经济社会发展和国家现代化的不断推进,使得主要矛盾的具体内容和表现形式出现了新变化、新特征。最为突出的便是人民的物质生活需要发生了重大变化,一方面需要的层次不断提升,由数量型向质量型转变,另一方面需要的范围不断拓展,从物质生活需要一直到对精神文化、社会安全、生态环境等的需要。这时主要矛盾体现出全面性,而其解决也必须有全面性,“四个全面”战略思想中的全面建成小康社会正是抓住了我国当前主要矛盾及其特点。党的十八大报告对全面建成小康社会做了五个方面的要求:经济持续健康发展,人民民主不断扩大,文化软实力显著增强,人民生活水平全面提高,生态良好。这就是对当前我国社会主要矛盾的全面回应,可以说全面建成小康社会是对当前我国社会主要矛盾解决的目标表达,也体现出“四个全面”战略思想在把握我国社会矛盾上的“重点论”。

全面深化改革、全面依法治国、全面从严治党是解决当前我国社会主要矛盾的三大举措,体现了“四个全面”战略思想在方法论上的“两点论”思维。习近平在论述“四个全面”的关系时指出:全面建成小康社会是我们的战略目标,全面深化改革、全面依法治国、全面从严治党是三大战略举措。也就是说,全面深化改革、全面依法治国与全面从严治党都是为全面建成小康社会服务的。这三大战略举措是全面建成小康社会的方法原则,抓住这三者的统一就是抓住了全面建成小康社会的方法论中的“两点论”,也就是抓住了解决我国社会现在面临的主要矛盾的方法论的“两点论”。从各自的战略意义来讲,全面深化改革是全面建成小康社会的强大动力,全面依法治国是全面建成小康社会的基本方略,全面从

① 《中国共产党历史》第二卷上,中共党史出版社 2011 年版,第 396 页。

② 《十一届三中全会以来重要文献选读》上,人民出版社 1987 年版,第 345 页。

严治党是全面建成小康社会的重要保障。从三者内部来讲,全面深化改革与全面依法治国如鸟之两翼、车之双轮,推动全面建成小康社会目标的如期实现,而全面从严治党是保证这"两翼"与"两轮"得以破浪前行的压舱石。

首先,全面深化改革是强大动力。全面深化改革是"四个全面"战略思想中非常重要的方面,可以说是"关键一招",它是推进"四个全面"得到落实、发挥作用的强大动力。党的十八届三中全会通过了《中共中央关于全面深化改革若干重大问题的决定》指出:"改革开放是党在新时代条件下带领全国各族人民进行的新的伟大革命,是当代中国最鲜明的特色,是决定当代中国命运的关键抉择,是党和人民事业大踏步赶上时代的重要法宝。"①"伟大革命"、"关键抉择"、"重要法宝"清楚地表明了改革开放的重要地位和作用。目前我国改革开放已经进行了三十多年,习近平指出:"当前,中国改革已进入深水区,牵一发而动全身,要敢于啃硬骨头。"我们只有着力解决当前发展中的关键矛盾,才能进一步解放和发展社会生产力、解放和增强社会活力,努力开拓中国特色社会主义事业更加广阔的前景。同时,只有全面深化改革,才能彻底破除束缚全面依法治国的体制机制障碍,彻底解决法治领域的突出问题;也只有全面深化改革,才能进一步加强和改善党的领导,在发展中国特色社会主义伟大实践中推进从严治党。

其次,全面依法治国是基本方略。党的十八届四中全会提出全面推进依法治国的重大战略,指明了依法治国是"坚持和发展中国特色社会主义的本质要求和重要保障,是实现国家治理体系和治理能力现代化的必然要求,事关我们党执政兴国,事关人民幸福安康,事关党和国家长治久安"。党在十八大上提出的全面建成小康社会的新目标和新要求无论哪一条都离不开社会主义法治来提供保障,离开法治,则经济社会的发展便无从谈起。同样,我们改革三十多年来取得的成果也需要依靠法治来巩固,进一步引导改革创新、推动改革深化更需要法治来保障。依法治国是解决党和国家事业面临的一系列重大问题,确保全面建成小康社会、全面深化改革、全面从严治党顺利进行,不断解放和增强社会活力、维护社会和谐稳定、促进社会公平正义的根本要求。

最后,全面从严治党是重要保障。不论是实现全面建成小康社会的奋斗目

---

① 《中共中央关于全面深化改革若干重大问题的决定》,人民出版社 2013 年版,第 2 页。

标,还是全面推进深化改革与依法治国,都离不开全面推进从严治党,因为党是中国特色社会主义事业的坚强领导核心。邓小平在改革开放之初就指出:“在目前的历史转变时期,问题堆积如山,工作百端待举,加强党的领导,端正党的作风,具有决定意义。”党的十八大以来,以习近平同志为总书记的党中央,坚持党要管党、从严治党的方针,深入开展党的群众路线教育实践活动,坚决落实八项规定和反对“四风”,在反腐方面打虎拍蝇、剜除毒瘤。这都是要为全面建成小康社会、全面深化改革、全面依法治国提供坚强领导和重要保障。只有在党的领导下,我们的社会主义建设事业才不会偏离正确方向,而这必须依仗党的建设的科学化水平,从严治党正是重要出发点。

三、从目的论角度看,切实保障人民群众根本利益,实现伟大复兴中国梦是“四个全面”的核心指向和价值旨归

马克思主义哲学认为,人是社会历史的主体,“无论历史的结局如何,人们总是通过每一个人追求他自己的、自觉预期的目的来创造他们的历史”①。从生产方式决定社会发展的观点出发,社会历史从根本上说是生产发展的历史,是人民群众所创造的历史。这就要求我们党要坚持群众观点和群众路线,必须坚信最大多数人的利益和全社会全民族的积极性创造性,对党和国家事业的发展始终是最具有决定性的因素,必须把人民群众的根本利益作为党的一切工作的最高标准。“四个全面”战略思想正是贯彻了以人民利益为最高利益的原则,在政治、经济、文化、社会、生态领域都更加重视人民权益,为伟大复兴中国梦的实现提供了战略指引。

第一,“四个全面”战略思想在政治生活上更加强调人与人的地位平等。人民群众作为历史的创造者,在社会发展进程中发挥着主体性作用。改革开放以来,伴随着经济、社会建设取得巨大成就的同时,也出现了不同利益群体的急剧分化。少数人滥用手中的权力,以权谋私、权钱交易,严重干扰了政治生活的有序进行,损害了人民群众的历史主体地位,制约了社会经济的进一步发展。全面

① 《马克思恩格斯选集》第4卷,人民出版社1995年版,第248页。

依法治国,就是要让法律充分体现人民共同意志、充分保障人民民主权利、充分维护人民根本利益。任何权力的行使、治国理政的所有活动都要以法律为根本准则,在宪法框架内进行,不允许任何超越法律特权的存在。从而维护人民群众政治生活的平等地位。与此同时,通过全面从严治党,建立健全党员干部权力监督约束机制,提高人民政治生活的知情权、参与权、表达权、监督权、决策权,充分调动人民群众建设社会主义国家的积极性。

第二,"四个全面"战略思想在经济活动上更加注重财富分配的公正合理。实现"中国梦"最重要、最根本、最具决定性的要素是人。而每位中国人的积极性、创造性和进取心是实现中华民族伟大复兴的关键。只有实现各种生产要素的合理配置、让最广大的人民群众共享改革发展成果,才能激发人们建设社会主义的积极性。全面建成小康社会就是要千方百计增加人民收入,维护好人民平等参与、平等发展的权利,从而实现"人人都同等地、愈益丰富地得到生活资料、享受资料、发展和表现一切体力和智力所需的资料"①。同时,还要打破既有的利益固化藩篱,通过全面深化改革,建立健全再分配调解机制。完善并合理利用税收、社会保障以及转移支付等收入再分配调节手段,保护合法收入,调节过高收入,清理规范隐性收入,取缔非法收入,增加低收入者收入。在保证发展效率的同时更加注重公平正义,努力缩小贫富差距,实现共同富裕。

第三,"四个全面"战略思想在文化领域强调精神需求的满足。文化作为一个国家发展的软实力,可以引导人的行为、规范人的活动、培养人的能力、提升人的境界,是社会主义现代化建设的重要方面。全面建成小康社会,既要让人民过上殷实富足的物质生活,又要让人民享有健康丰富的文化生活。建设社会主义先进文化应当在弘扬中国优秀传统文化的同时,积极吸收借鉴世界优秀文化成果,始终坚持以人民需要为导向,提高文化产品质量,从而为人民群众提供丰富的精神文化食量。同时,全面深化文化体制改革作为全面深化改革的重要内容,其价值旨归就是要建立健全现代公共文化服务体制和现代文化市场体制。在坚持社会主义核心价值观的指引下,大力激发文化工作者和全社会文化创造热情,推动文化事业文化产业繁荣发展。从而提供更多更好的优秀文化产品和文化服

① 《马克思恩格斯选集》第1卷,人民出版社1995年版,第330页。

务,更好地满足全面建成小康社会伟大进程中人民群众日益增长的精神文化需求。

第四,"四个全面"战略思想在社会体制上强调保障和改善民生。民生作为关涉人民群众基本发展机会、基本发展能力和基本权益保护的重要问题,构成了社会生活的基本内容,是社会和谐稳定的基石。能否让老百姓安居乐业,是党和国家不可回避的重大现实问题。全面建成小康社会是对人民群众期待过上更好生活的积极回应,从人民群众最关心、最直接、最现实的利益问题入手,努力让人民群众有更好的教育、更稳定的工作、更满意的收入、更可靠的社会保障、更高水平的医疗卫生服务、更舒适的居住条件、更优美的环境,从而共享人生出彩机会。全面深化改革同样以促进社会公平正义,增进人民福祉作为出发点和落脚点。在坚持围绕保障和改善民生的基础上,通过社会领域制度创新,推进基本公共服务均等化,积极构建科学有效的社会管理机制,从而确保整个社会既充满活力又和谐有序。

第五,"四个全面"战略思想在生态文明上强调人与自然和谐共处。中华文明历来重视人与自然的和谐统一。"走向生态文明新时代,建设美丽中国,是实现中华民族伟大复兴中国梦的重要内容"。实现中华民族伟大复兴必须积极回应并不断满足人民群众日益强烈的环境诉求,实现生产发展、生活富裕、生态良好的发展目标。全面建成小康社会,就是要建成人与自然、社会协同发展的社会。在满足人民群众对农产品、工业品和服务产品等物质文化的需求的同时,也满足其对清新空气、清洁水源、舒适环境、宜人气候等生态产品的需求。全面建成小康社会要求加快产业结构调整,转变经济增长方式,走可持续发展战略,既要金山银山,也要绿水青山。生态文明体制改革作为全面深化改革的重要内容,强调要"紧紧围绕建设美丽中国深化生态文明体制改革,加快建立生态文明制度,健全国土空间开发、资源节约利用、生态环境保护的体制机制,推动形成人与自然和谐发展现代化建设新格局。"

(作者为华东师范大学马克思主义与当代发展研究中心博士生)

“四个全面”的价值维度

唐志龙

真理与价值相统一，是马克思主义哲学的重要内容及基本原则。在我们党的历史上，从毛泽东到习近平一贯非常重视并大力倡导学习马克思主义哲学，坚持用辩证唯物主义与历史唯物主义的立场、观点、方法，指导革命、建设和改革开放伟大实践及理论创新。习近平提出的全面建成小康社会、全面深化改革、全面推进依法治国、全面从严治党的“四个全面”战略布局，鲜明凸显出科学真理与现实价值的内在结合。当前，“四个全面”已成为中国最热门的词汇之一，深刻影响着人们的思想与行为。有记者梳理媒体报道的习近平总书记和其他常委在各场合的讲话发现，半年多来他们共谈到“四个全面”50余次，内容既各有侧重，也体现出了阶段性的重点，其中“改革”、“发展”两个关键词最为集中，出现了200多次。①深入研究“四个全面”的价值维度，对于增强贯彻落实党中央一系列战略决策的理论自觉与行动自觉，大有裨益。

一、 价值取向——满足人民群众的利益诉求

马克思主义哲学价值论揭示，价值取向回答人们“应该怎样”的问题，直接决定人们的利益选择，在实践上为其引领方向。党的价值取向，从尺度及标准上映照出其价值观的科学性程度，是立党宗旨的内在依据。“四个全面”的战略布局，正确表征出满足人民群众利益诉求的伟大价值取向。

《共产党宣言》明确指出，共产党人代表着无产阶级的整体利益和根本利益，必须全心全意为人民群众谋福祉，满足其利益诉求。我们党的唯一宗旨就是全

① 参见：《围绕“四个全面”，习近平和他的同事们都谈了什么》，载人民网 http://politics.people.com.cn/n/2015/0808/c/00/-27430725.html，2015年8月8日。

心全意为人民谋利益,90多年的光辉实践始终贯穿着这一基本的价值取向,得到了亿万人民群众衷心的拥戴,取得了一系列伟大胜利。新的历史条件下,要把中国特色社会主义事业继续推向前进,仍然必须自觉恪守这一科学的价值取向。习近平多次指出:"全心全意为人民服务,是我们党一切行动的根本出发点和落脚点,是我们党区别于其他一切政党的根本标志。党的一切工作,必须以最广大人民根本利益为最高标准。"①历史唯物主义阐明,利益特别是物质经济利益,是人类一切活动的原动力,本质上是社会关系范畴,标示着客观事物的属性同满足人的某种需要之间关系。马克思指出:"人们为之奋斗的一切,都同他们的利益有关。"②我们党一贯自觉坚持和创造性运用了马克思主义利益原则,不仅承认个人利益,并将其实现程度作为衡量社会进步的重要标志和一切工作的最高标准。2013年4月,习近平在海南考察工作时强调:"抓民生要抓住人民最关心最直接最现实的利益问题,抓住最需要关心的人群,一件事情接着一件事情办,一年接着一年干,锲而不舍地向前走。要多谋民生之利,多解民生之忧,在学有所教、劳有所得、病有所医、老有所养、住有所居上持续取得新进展。"③显然,人民利益包括着群众的"根本利益"与"最直接最现实的利益"两个方面,二者相互联结、辩证统一,在一定条件下相互转化,整体推动着人民利益的实现。"四个全面"的战略布局恪守着这一科学的价值取向,在关注人民群众长远、根本利益与最直接最现实利益相结合的基础上提出来的。习近平指出,全面建成小康社会是我们的战略目标,全面深化改革、全面依法治国、全面从严治党是三大战略举措。它们相辅相成、相互促进、相得益彰,共同的价值取向都紧紧围绕为中国最广大人民群众谋福祉获利益而展开。新的发展阶段,国际国内矛盾错综复杂,一些牵动面广、耦合性强的深层次问题逐渐凸显,给我们党恪守科学价值取向带来了挑战。我们必须正视问题,直面矛盾,在坚持"四个全面"过程中努力满足人民利益实现的需要。

"四个全面"因应了人民利益实现与国际环境互动优化的时代诉求。我国人民利益的获得及发展,离不开特定国际大环境和总局势,全球化条件下更同努力

---

① 《习近平谈治国理政》,外文出版社2014年版,第28页。

② 《马克思恩格斯全集》第1卷,人民出版社1995年版,第187页。

③ 中共中央宣传部:《习近平总书记系列重要讲话读本》,学习出版社等2014年版,第113页。

推动新型国际关系的建立和发展密不可分。当前和平与发展的时代主题尽管未改,但世界局势复杂多变,政治格局多极化趋势日益明显,霸权主义、强权政治不断发展,军备竞争、恐怖主义、网络安全等传统安全与非传统安全威胁相互交织,周边领土、海域之争不绝于耳,尤其受世界金融危机影响,形形色色的保护主义明显升温,以经济科技为核心的综合国力竞争愈演愈烈。我们要提升国家硬实力,打造文化软实力,在激烈国际竞争中进一步维护和发展人民群众的正当权益,坚守中华民族的核心利益,必须以因势而谋、应势而动、顺势而为的治国理政总方略,抢占战略制高点,赢得战略主动权,增强战略定力自信心,否则落后就要挨打并被“开除球籍”,人民利益必定失去平台。我们党十分注重做好新形势下的外交工作,适应“和平、发展、合作、共赢”的时代潮流,坚持走和平发展道路,正确运筹中俄、中美、中欧等主要大国关系,努力支持二十国集团、上海合作组织、金砖国家等发挥更大作用,积极倡导“一带一路”、“亚投行”等经济共同体建设。特别是按照亲、诚、惠、容理念,着力推进了同周边国家的关系。习近平指出:“要诚心诚意对待周边国家,争取更多朋友和伙伴。要本着互惠互利的原则同周边国家开展合作,编织更加紧密的共同利益网络,把双方利益融合提升到更高水平,让周边国家得益于我国发展,使我国也从周边国家共同发展中获得裨益和助力。”①显然,“四个全面”战略布局的提出和概括,及时因应和满足了我国人民利益实现与国际环境的互动优化需要。

“四个全面”顺应了广大人民群众获得直接而现实福祉的热切期盼。“四个全面”战略布局的概括与提出,主动顺应了我国经济发展新常态要求,在切实跨越所谓“中等收入陷阱”中使广大人民群众获得现实利益与福祉。当代中国最大的客观实际,就是仍处于并将长期处于社会主义初级阶段,这是我们认识当下、规划未来、制定政策、推进事业的客观基点,离开了它在实践中就会犯各种错误。当前,我国发展进入新阶段,改革进入攻坚期与深水区,为人们的思想观念及人与人之间的关系带来了种种影响,要解决的难题增多,改革、发展、稳定、法治面临严峻挑战,人民群众的利益实现呈现出更加错综复杂的状况。我们必须准确把握不同发展阶段的新变化新特点,自觉坚持实事求是,按照实际情况决定战略

---

① 《习近平谈治国理政》,外文出版社 2014 年版,第 297 页。

布局和工作方针,亟须我们党从顶层设计上运筹帷幄,掌握主导权。2015 年 2 月,习近平在同各民主党派中央、全国工商联负责人和无党派人士喜迎新春联欢茶会时指出,“四个全面”的战略布局是从我国发展现实需要中得出来的,从人民群众的热切期待中得出来的,也是为解决我们面临的突出矛盾和问题提出来的。“全面”,覆盖人群全,特别在“全面建成小康社会”战略目标上,必须是“不分地域”、“不让一个人掉队”的小康,把 13 亿多人全部带入全面小康,充分体现了社会主义的本质所在,也映照出我们党科学的价值取向。“全面”,还涉及领域广,即政治、经济、文化、社会、生态建设“五位一体”的全面升级发展,使实现中国最广大人民群众直接而现实的福祉真正获得现实的广度与厚度。

“四个全面”适应了人民利益实现必须加强执政党建设的内在要求。办好中国的事情,关键在党,关键在人。实现人民群众利益与福祉,须臾不能离开党的正确领导,“四个全面”明确提出了全面从严治党的时代诉求,为人民群众利益实现提供坚强的政治和组织保证。习近平多次强调:“人民对美好生活的向往,就是我们的奋斗目标。”①当前,我们党已是一个拥有 8 700 多万名党员、400 多万个基层组织、40 多万名中高级领导干部、在一个 13 亿多人口大国长期执政的党,党的领导和决策、党的创造力凝聚力战斗力,都直接关系国家、民族的命运,关系人民的利益实现。随着“四个考验”的长期化与复杂化,一部分党政干部理想信念迷失,“四个危险”接踵而至,归根结底是价值取向出现了动摇和偏差,导致实践中犯错误、成罪人,严重败坏了党的声誉,损害了人民利益。十八大以来,随着党的群众路线教育活动的深入开展,“打老虎”“拍苍蝇”反腐斗争的持久进行,党员、干部队伍整体向好,党风廉政建设获得了较大成效,人民群众满意率直线上升,但上述问题仍未完全消除。为争民族的生存与发展权,争党的生存与发展权,争人民群众利益的获得与发展权,必须全面从严治党。我们必须借鉴世界上一些政党败亡的历史教训,警钟长鸣,认真加强党的思想作风建设,切实把理想信念立起来,把握好新形势下执政党建设的努力方向,使全体党员和干部始终保持思想纯洁,切实端正价值取向。习近平在一系列重要讲话中,对今后党的建设从“严”的角度提出八个方面的要求,即落实从严治党责任,坚持思想建党和制度

① 《习近平谈治国理政》,外文出版社 2014 年版,第 4 页。

治党紧密结合，严肃党内政治生活，坚持从严管理干部，持续深入改进作风，严明党的纪律，发挥人民监督作用，深入把握从严治党规律。同时，他希望党员、干部一定要坚持品德锤炼，自觉“严以修身、严以用权、严以律己，谋事要实、创业要实、做人要实”①，切实反对形式主义、官僚主义、享乐主义、奢靡之风等“四风”，积极回应群众关切，注重解决实际问题，全心全意为人民谋福利，使党的宗旨和科学价值取向进一步发扬光大。

二、价值功能——提供伟大中国梦实现的正能量

“四个全面”的科学概括与提出，是以习近平为总书记的党中央对新形势下治国理政新的战略思考、新的战略要求、新的战略部署，对当前及今后一个时期党和国家工作的关键环节、重点领域、主攻方向进行了阐明，具有非常明确的价值功能。这种价值功能在实践上不仅是推进中国特色社会主义伟大事业的总方略，更能为实现中华民族伟大复兴的中国梦提供正能量。习近平多次强调：“我们要全面建成小康社会和实现社会主义现代化，有许许多多的重大问题需要进行战略谋划。凡是涉及我国经济、政治、文化、社会、生态、外交、国防和党的建设等全局性的重大问题，都需要从战略上进行思考、研究和筹谋；凡是涉及改革发展稳定工作中的各种重大问题，也都需要从战略上拿出治本之策。”②鉴此，“四个全面”第一次将全面建成小康社会的战略目标，定位于“实现中华民族伟大复兴中国梦的关键一步”。同时，全面深化改革、全面依法治国、全面从严治党三大战略举措，也紧紧围绕着中国梦的实现而进行，受到了世界范围的普遍关注。美国著名政经评论员库恩最近指出：“习近平的‘四个全面’战略布局的最终目标即是实现其宏伟目标‘中国梦’。”他同时强调：“考虑到距离2020年只有5年的时间，‘四个全面’战略构想要克服长期以来的难题，并为实现‘中国梦’的首个目标制定清晰的行动纲领。”③他进一步展望：“中国希望世界可以理解习近平主

---

① 习近平：《参加十二届全国人大二次会议安徽代表团审议时的讲话》，《人民日报》2014年3月10日。

② 习近平：《在中央党校2012年秋季学期开学典礼上的讲话》，《学习时报》2012年9月2日。

③ [美]罗伯特劳·伦斯·库恩：《习近平治国理念有益于世界》，载中国日报网http://www.chinadaily.com.cn/interface/toutiao/1138561/2015-8-9/cd_21526897.html，2015年8月7日。

席的治国理念。这既有益于中国,也有益于世界。美国的决策层应当予以关注。”①这种理解颇有见地。

应该看到,中国梦的本质是国家富强、民族振兴、人民幸福。我们的奋斗目标是,到2020年国内生产总值和城乡居民人均收入在2010年基础上翻一番,全面建成小康社会。到本世纪中叶,建成富强民主文明和谐的社会主义现代化国家。中国梦对这些阶段目标任务进行统摄提升、概括总结,作出了通俗易懂、简明扼要、群众易于接受的形象表达。习近平指出:“这个梦想,凝聚了几代中国人的夙愿,体现了中华民族和中国人民的整体利益,是每一个中华儿女的共同期盼。”②中国梦的提出,确立了鼓舞人心的奋斗目标,昭示了党和国家的美好前景,为坚持与发展中国特色社会主义注入了新内涵,体现了我们党的责任担当与使命追求,是引领中国走向未来和激励全国人民团结奋进的精神旗帜,也是党和国家当前工作的大局与时代课题。显然,“四个全面”的贯彻落实,从战略指引与现实价值的联结上直接为实现中国梦提供着正能量。

“四个全面”为中国梦的实现筑牢根基。俗话说:“罗马不是一天建成的”,阐明了事物发展是一个过程,蕴涵着阶段性与连续性相统一的哲理。同样,实现中国梦也必须经过较长时间的发展过程,在一个阶段接着一个阶段的连续攀登中才能到达光辉的顶点。围绕坚持和发展中国特色社会主义实现中国梦这条主线,“四个全面”明确提出了全面建成小康社会的战略目标,对于中国梦这个大的战略目标来说,显然只具有阶段性意义。这个阶段性目标的完成,必定为实现中国梦奠定坚实的物质文化基础,也必定成为实现中华民族伟大复兴进程中的一个重要里程碑。无此阶段性目标,中国梦的实现会缺乏“加油站”和“前沿阵地”,人民群众的幸福感就无法及时获得充盈,积极性也很难长期坚持,从而会直接搅扰中国梦。当然,以全面建成小康社会为前提和基础来实现中国梦必须有相应的举措配套,即需要全面深化改革和全面依法治国,二者如鸟之两翼、车之两轮,协力推进小康社会的顺利建成。在此过程中,全面从严治党不可或缺,因

---

① [美]罗伯特劳·伦斯·库恩:《习近平治国理念有益于世界》,载中国日报网 http://www.chinadaily.com.cn/interface/toutiao/1138561/2015-8-9/cd_21526897.html, 2015年8月7日。

② 《习近平谈治国理政》,外文出版社2014年版,第36页。

前三个"全面"的真正实现,必须有中国共产党的坚强领导。只有将全面从严治党贯穿经济社会发展过程的始终,使"核心力量"切实壮大起来,使各级领导班子真正强大起来,使全体党员、干部的本领不断提升起来,才能为全面建成小康社会牢牢把握好方向盘,也才能为全面深化改革和全面依法治国提供坚强有力的组织保障,使推进中国特色社会主义事业不断发展进步获得根本的政治保证。这对在实践中巩固党长期执政地位、维护国家长治久安局面,逐步完善与发展中国特色社会主义制度,稳步推进中国梦的实现,意义深远。

"四个全面"为中国梦的实现凝聚共识。马克思主义深刻揭示,思想是行动的先导,理论是实践的指引。凡是要做好一件事,首先必须获得正确的思想理论指导,带领13亿多人口实现民族复兴的中国梦,没有科学的理论指引,宛如"盲人骑瞎马",根本无法达成。习近平指出:"我们党在不同历史时期,总是根据人民意愿和事业发展需要,提出富有感召力的奋斗目标,团结带领人民为之奋斗。"①党的十八大明确提出的全面建成小康社会的奋斗目标和后来进一步提出的中国梦奋斗目标,体现了与党的十六大及十七大精神相衔接,与中国特色社会主义事业总体布局相一致,极大地鼓舞了全党、全军和全国各族人民的信心,进一步坚定了同心同德干好中国特色社会主义事业的决心。但是,中国梦的实现不可能一蹴而就,也不会一帆风顺,必定是充满艰辛和坎坷的途程。面对众多的矛盾和挑战,更需要我们党敢于面对,积极拉直人民群众心中的"问号",以鼓舞斗志、凝聚共识,增强克服困难实现中国梦的信心与决心。"四个全面"及时适应了我国社会发展的现实需要,明确了"全面"、"协调"的总原则,强调了"建成"、"深化"、"依法"、"从严"的总要求,从顶层设计上揭示出当前我国实现中国梦存在的社会问题特点和工作布局,充分反映了党中央敢于担当的精神,使中国梦的实现"蹄疾而步稳"。

"四个全面"为中国梦的实现整合力量。实践表明,实现中国梦不仅需要凝聚全国人民的共识,增强信心,还必须进一步拓展正能量,"四个全面"即能为其实现积极整合实践力量。整合本是个社会哲学用语,指事物不同的构成成分在一定条件下经过必要的整理、协调,融合成一个有机整体的过程。"社会整合是

① 《习近平谈治国理政》,外文出版社2014年版,第12页。

指个人、团体、组织和国家等之间达到有序状态，它是以强制或互利的方式并在社会经济制度相似，个人、社会团体、阶级和国家的利益、目的与价值观相同的基础上得以实现。”①“四个全面”对实现中国梦力量的整合包含着两个层次：一是注重四个方面内部力量的有序整合。“四个全面”所涵盖的“一个战略目标”和“三大战略举措”，尽管各自有着特定的内容和要求，具有“相对独立性”，但是四者是相互联结、相辅相成的统一整体，我们不能割裂它们而孤立地看待其中任何一个问题，否则就是“片面”而非“全面”。四者之间的有序性表明，首位层次的奋斗目标指明了改革发展和国家治理的方向；中间层次的两个方面阐明了目标的实现必须坚决破除一切妨碍科学发展的思想观念和体制机制弊端，不失时机地深化全方位的改革，同时需要依法治国、依法执政和依法行政来共同推进；最后层次的从严治党，强调了实现这一切必须具备的根本保证。实践中把“四个全面”作为系统整体协调推进，才能真正落实党中央治国理政方略，为实现中国梦提供正能量。二是注重经济社会力量的有效整合。经济社会是个多向度多层次的复合有机整体，推动中国梦实现的力量亦然。从物力说包括经济、政治、文化、社会以及生态环境等领域中的多维要素，从人力说包括各民族、各社团、各阶层、各部门等多种因素。这就需要我们紧紧围绕中国梦实现的战略目标，从物力与人力的结合上进行科学整合，正确处理生产力与生产关系的矛盾，大力发展社会生产力，切实满足好人民群众的利益需求，累积与凝聚实现中国梦的现实力量。习近平强调：“我们要始终坚持人民利益高于一切，紧紧依靠人民，全心全意为人民服务，尊重人民首创精神，最广泛动员和组织人民投身到党领导的伟大事业中来。”②从根本上说，“四个全面”战略布局直接关注着人民群众的根本利益及现实福祉，必定获得大家衷心拥护，激发起建设社会主义现代化的积极性和首创精神，转变为强大的物质力量。

三、 价值创造——发展中国特色社会主义的理论体系

创新是民族之灵魂，是国家发展之动力，也是政党永葆生机之源泉。创新包

---

① 金炳华等编：《哲学大辞典》（修订本），上海辞书出版社2001年版，第1944页。

② 习近平：《在中共中央政治局第七次集体学习时的讲话》，《人民日报》2013年6月27日。

括理论创新、体制创新、科技创新及其他创新，而理论创新又是所有创新的思想前提。同时，理论创新也不是毫无目的和意义之举，必定是主体为得到一定精神成果给实践提供指导，从而获得成效与利益的价值创造活动。“四个全面”战略布局的概括与提出，是以习近平为总书记的党中央站在时代和全局的高度，坚持以马克思主义一系列科学理论为指导，不断研究新情况、解决新问题、形成新认识、开辟新境界，在价值创新过程中所形成的崭新理论成果，丰富和发展了中国特色社会主义理论体系。

从哲学基础看，价值创造根源于物质世界发展的无限性，人类实践和认识过程的无限性，同需要层次升华的无限性直接关联。反映到思维领域，必然形成创新思维方式。习近平多次要求人们特别是广大干部，“一定要注重在养成辩证思维、战略思维、全局思维、创新思维能力上下功夫”。①创新思维要求人们在常人、前人基础上，综合地、灵活地从多种角度进行超常性思考，锻造出新思路，获得新成果。创新既不是凭空捏造，也不是凝固不变，必然是坚持和发展相统一，其基础推动力在实践。90 多年来，我们党始终坚持一切从实际出发，坚持实践是检验真理的唯一标准，解放思想、实事求是，使思想、行动及时符合了各阶段的国情和时代要求，不断在理论创新中促进着马克思主义向前发展，又有效指导新的实践，推动了革命、建设与改革开放事业的车轮滚滚向前。习近平强调：“发挥历史的主动性和创造性，清醒认识世情、国情、党情的变和不变，永远要有逢山开路、遇河架桥的精神，锐意进取，大胆探索，敢于和善于分析回答现实生活中和群众思想上迫切需要解决的问题，不断深化改革开放，不断有所发现、有所创造、有所前进，不断推进理论创新、实践创新、制度创新。”②这种理论与实践的内在统一，直接推动着当代中国马克思主义和现代化建设双向提升，衍生出“四个全面”战略布局对中国特色社会主义理论体系的丰富和发展。

“四个全面”强化了中国特色社会主义理论体系与时俱进的理论品格。中国特色社会主义理论体系，包括邓小平理论、“三个代表”重要思想和科学发展观，同马列主义、毛泽东思想是坚持、发展和继承、创新的关系。十八大报告指出：

---

① 习近平：《在中央党校 2012 年秋季学期开学典礼上的讲话》，《学习时报》2012 年 9 月 2 日。

② 《习近平谈治国理政》，外文出版社 2014 年版，第 21 页。

“实践发展永无止境,认识真理永无止境,理论创新永无止境。”①十八大以来,以习近平为总书记的中国共产党人围绕治国理政的一系列重大理论与实践问题,及时提出了一系列新思想、新观点、新论断,其中最受世人关注的是“中国梦”和“四个全面”,二者可说是为坚持与发展中国特色社会主义提出的重大战略思想。进一步说,“四个全面”的认真贯彻落实,又从战略布局上直接为实现中国梦提供着正能量和奠定着阶段性的基础,是我们党应对时代挑战,实事求是地研究、分析、概括当前我国改革开放和社会主义建设的多方面经验而获得的发展规律性认识。因此,“四个全面”是中国特色社会主义理论体系的重要组成部分,赋予了这个科学理论体系新的时代性特征。习近平阐明:“马克思列宁主义、毛泽东思想一定不能丢,丢了就丧失根本。同时,我们一定要以我国改革开放和现代化建设的实际问题、以我们正在做的事情为中心,着眼于马克思主义理论的运用,着眼于对实际问题的理论思考,着眼于新的实践和新的发展。”②这里对“一个中心、三个着眼于”的再次强调,鲜明地体现了“四个全面”对中国特色社会主义理论体系的坚持、丰富和发展,强化了其与时俱进的理论品格。

“四个全面”为中国特色社会主义理论体系注入了新内涵。“四个全面”是马克思主义与当代中国实际相结合的新飞跃,体现了科学世界观与方法论的内在统一。“四个全面”阐明:事物都是普遍联系的,进行中国特色社会主义建设必须具有全局意识和战略思维,无论搞建设还是促发展都不能单打一,不能胡子眉毛一把抓,必须走全面发展与重点发展相结合的路子。同时强调要正确处理好生产力与生产关系、经济基础与上层建筑的辩证关系,应着力体现“全面协调可持续”的科学发展要求,坚持“两个伟大工程”的相互支持、相互保证的有机统一等。习近平强调:“面对复杂形势和繁重任务,首先要有全局观,对各种矛盾做到心中有数,同时又要优先解决主要矛盾和矛盾的主要方面,以此带动其他矛盾的解决。我们提出要协调推进全面建成小康社会、全面深化改革、全面依法治国、全面从严治党,是当前党和国家事业发展中必须解决好的主要矛盾。我们既要注重总体谋划,又要注重牵住‘牛鼻子’。在任何工作中,我们

① 《十八大报告辅导读本》,人民出版社2012年版,第10页。

② 《习近平谈治国理政》,外文出版社2014年版,第9页。

既要讲两点论，又要讲重点论，没有主次，不加区别，眉毛胡子一把抓，是做不好工作的。”①显然，“四个全面”是对中国特色社会主义理论体系内涵的丰富与深化，每一个“全面”都是一整套结合实际、继往开来、勇于创新、独具特色的系统思想，它们相辅相成、相互促进、相得益彰，是我们党治国理政方略的崭新创造。

“四个全面”凸显了中国特色社会主义理论体系的实践性特色。历史表明，我们党每一次重大的理论创新，都极大地推动实践、引领变革。“四个全面”是马克思主义的理论创新，更是治国理政的伟大实践，体现了执政党的总体谋划与顶层设计，也是坚持与发展中国特色社会主义的战略抓手。马克思多次阐明，自己的学说并不是需要人们死记硬背的教条，而是认识世界与改造世界的科学行动指南。坚持实践标准，坚持理论对实践的指导作用，是马克思主义哲学区别于其他哲学的显著标志之一，也表征出中国特色社会主义理论体系鲜明的实践特色。习近平强调：“我们推进各项工作，要靠实践出真知。理论必须同实践相统一。必须高度重视理论的作用，增强理论自信和战略定力，对经过反复实践和比较得出的正确理论，要坚定不移坚持。”②“四个全面”抓住改革发展稳定的关键，确立了新形势下党和国家各项工作的战略方向、重点领域与主攻目标，是实现“两个一百年”奋斗目标、走向中华民族伟大复兴中国梦的“路线图”，必定成为坚持和发展中国特色社会主义道路、理论、制度的伟大引领。我们一定要紧紧围绕“四个全面”的战略布局来谋划蓝图、开展工作，既敢于出招又善于应招，进一步推进中国特色社会主义事业和各项工作更加全面、协调、可持续、有重点地稳步发展，让当代中国马克思主义放射出更加灿烂的真理光芒！

参考文献

《十八大报告辅导读本》，人民出版社2012年版。

《习近平谈治国理政》，外文出版社2014年版。

中宣部编：《习近平总书记系列重要讲话读本》，学习出版社、人民出版社2014年版。

（作者为解放军南京政治学院上海校区教授）

①② 习近平：《在中央政治局第二十次集体学习时的讲话》，《人民日报》2015年1月25日第1版。

论“四个全面”战略的“时代自觉”

李　振

2014年12月，习近平同志在江苏调研时，第一次提出“四个全面”。此后，又在多个场合、多次讲话中对该论题进行阐述。2015年2月11日，习近平在“迎春茶话会”上明确指出，“四个全面”是从中国自身“现实发展需要”中得出来的，是从“人民群众的热切期待”中得出来的。因此，深刻领会和把握“四个全面”战略布局的意义和价值，必须立足于、聚焦于当前党和国家、社会发展事业中必须解决的主要矛盾和问题，着力于推进国家治理体系和治理能力现代化，实现中华民族伟大复兴的“中国梦”。

但是，如果我们将这一致力于“实践诉求”的“治国理政”逻辑进一步延伸和扩展，可以发现，“四个全面”战略布局充分体现了我们党对于执政规律、社会主义建设规律，乃至人类社会发展规律的深刻认识和科学把握，是马克思主义中国化、时代化、大众化的一个崭新命题和重要要求。正是基于马克思主义理论运动和实践运动的内在逻辑，我们认为：从其实践内容、理论形式及其逻辑特征而言，“四个全面”战略布局本身并非“一般性”的“理论抽象”，更非“狭隘性”的“民族主义实践”，而是有着确切的“所指”，有着鲜明的时代属性和问题意识。就目前主流的论证模式看，主要集中于“治国理政”的方略和战略加以展开和论说。显然，这是理解“四个全面”战略布局的最主要方面。①如果就马克思主义中国化、时代化、大众化的哲学命题和实践要求而言，相关的论述还需要进一步的扩展和

---

① 习近平同志在提出“四个全面”后，并没有停止对“四个全面”理论地位和意义的反思。2015年3月29日，在会见博鳌亚洲论坛理事会成员时，把“四个全面”放到“中国在新的历史条件下治国理政方略”，“实现中华民族伟大复兴中国梦的重要保障”的高度进行论述。2015年4月28日，在庆祝“五一”国际劳动节的重要讲话中，直接把“四个全面”提升到实现“两个一百年”奋斗目标、实现中华民族伟大复兴中国梦提供“理论指导和实践指南”的高度。这充分显示出“四个全面”根植于时代、解答时代问题的深刻背景，也揭示出“四个全面”本身并非自我封闭、自我循环，而是一个致力于能够真正解决“时代难题”的新思路、新观念、新方略。

延伸，还需要把“四个全面”与已经存在的各种“片面”的发展战略（发展思路、发展模式）进行对比，以在理论视野和实践空间上，加深对于“四个全面”的时代价值和历史意义的理解，而问题最终必然落到“社会主义发展道路自觉”的方向上。①这样一来，我们对于“四个全面”战略布局价值和意义的言说方式，就会发生某种程度的转移，论证的方式就不能仅仅围绕“客观必然性”和“现实必要性”的“就事论事”、“修修补补”的各种论述，而应该集中于我们所处的“时代发展”命题、“时代运动”逻辑的整体判断，即集中于“时代自觉”的运动逻辑，集中于“四个全面”的“时代使命”和“历史担当”。或许只有在充分意识到“时代逻辑”和“历史运动”的基础上，才可能在理性认知及其实践诉求上，加深对于“四个全面”理论深度、广度及其历史价值的理解。

一、直击“时代症候”

众所周知，马克思有一句名言，即“任何真正的哲学都是自己时代的精神的精华”。中国古人也云：“事之难易，不在大小，务在知时。”显然，善于把捉时代的风云变幻，掌控时代的变动轨迹，应时而动，是衡量一种理论是否有效的一项重要参照。

在世界资本主义在今天依然占据着“重要地位”的现代世界而言，要真正的把握“时代精神”，必须善于掌握和运用马克思主义的基本立场、观点和方法，自觉将马克思主义的普遍原理与中国当下的“复杂实际”相结合，创新马克思主义，推进马克思主义中国化理论和实践的持续创新。按照马克思主义哲学（辩证唯物主义和历史唯物主义）的基本观点，衡量一个（种、派）理论是否具有真正的价值和意义的根本的反思标准，不在于该理论本身是否能够自我言说、自我论证、

① 正如2013年1月5日习近平在中央党校新进中央委员会的委员、候补委员学习贯彻党的十八大精神研讨班开班式上所讲的那样，“道路问题是关系党的事业兴衰成败第一位的问题，道路就是党的生命”。在“理论自信”、“道路自信”和“制度自信”三者关系的论证中，“道路”即所走的“路”，是“理论”和“制度”的实践结果，在逻辑上具有“综合”的意义。当然，“道路问题”本身比较抽象，还必须通过“理论论证”和“制度实施”来充分体现出来。

自我循环(即"解释学的循环"),①而该理论"是否"并"如何"有力回应时代所提出的"时代命题"。如果将"时代中国"的难题进一步延伸和扩展,可以十分清晰的认识到一个全世界普遍存在的"时代现象"。在普遍性的"世界交往"(包括商品交往、生产交往、技术交往、信息交往、文化交往、符号交往等)体系下,流行着各种"时代"观点,如消费时代、互联网时代、金融时代、市场经济时代、资本时代、小时代、微时代等等,如何在这些错综复杂的"时代符号"下,反思解决问题的方案,是我们发问的基本出发点。

既然这样,我们这个时代究竟出了怎样的问题呢?

对于这个问题的回答(回应),不能仅仅局限在中国自身特殊的"现实语境"。因为在全球化、市场化、信息化的新时代,任何"独善其身"、"自成一家"、"自作主张"的言说,都必然受到其他观念、思想的评论、交锋、批评,各种文化的彼此冲撞和相互影响的现象越来越普遍。因此,我们必须将"四个全面"的话题放置到全球化的大背景下进行反思。

就经济发展和社会秩序的良性构建看,无论中西方皆面临着两大主要问题:其一是经济、社会可持续发展的"动力机制"问题,其二是面临着社会"合法性"基础受到"个体化社会"的挑战的难题。

针对第一个难题的主要解决方案,无疑是最大程度的激发"个体自由"、"个体创新"的程度(以哈耶克、弗里德曼等为代表)。西方发达国家的社会建构的基本原则就在于,彻底摒弃了传统欧洲的社会的等级制和宗教思想的束缚,高扬"个体价值"之于"社会价值"的基础和核心地位,以"个体价值"作为建构现代社会结构和功能的基本动力依据。"取而代之的是自由的竞争以及与自由竞争相

---

① 当然,这种"逻辑论证"依然具有重要的"补充"意义,并非是"无关紧要"的。在许多情况下,尤其是纯思的范围内,这种致力于"纯粹逻辑"的论证方式依然有着极其重要的理论价值。这也是马克思主义必须与现代西方哲学展开对话的理论根据。要知道,在马克思主义这里,基于不同时代条件下的"实践",是衡量某种理论价值意义的根本标准,或者唯一标准;而在诸现代西方哲学流派(现象学、存在主义、结构主义、解构主义、后现代主义等)那里,理论本身逻辑的自我言说则具有更大的评判意义,而"实践"则仅仅具有"增补"的意义。值得注意的是,英美所盛行的"形式逻辑"和"实验主义"本身是并行发展的,或者相互补充的。我们绝不能陷入单一指向的、狭隘的所谓"功利主义"(实用主义)"浅见"之中。

适应的社会制度和政治制度，资产阶级的经济统治和政治统治。”①无疑，这种对于个体自由平等精神的弘扬，极大限度激发了“资本与科学”的力量，使得西方国家具备了“超越传统”的强大的“创新能力”，在三百多年的时间里，创造出巨大的物质财富和精神财富。②

从时代精神发展史的角度看，近代西方资本主义的时代精神恰恰与“个体意识”的觉醒紧密结合在一起。其中，并不存在所谓的“抽象共同体”问题，只存在着“个体反抗传统社会”这一个最纯粹的“革命话题”。这个话题本身是现代性建构的合法性根基和“核心主题”，以至于“个体自由”已经超越“社会”，成为一种无可动摇和撼动的“神话”。当然，这里的“社会”，一开始主要是指以封建君主、王权、教权为代表的统治秩序；这里的“个人”，则主要是指自文艺复兴时代和启蒙主义运动以来，逐步觉醒的一大批强调“个体自由”价值的人们。最终“追求个体自由”的口号响彻整个欧洲，并爆发了广泛的社会运动和政治革命，使得传统社会秩序彻底的颠倒过来。可以说，至少在观念形态上，近代资本主义开启了一个以“个体主义”为核心标志的新时代、新社会，心灵压抑、身份控制的“旧社会”一去不复返了，整个社会运行的逻辑支点和核心动力，无不源于“个体自由”。

正是在个体绝对自由、平等的“动力机制”下，西方“个体主义”的确开启了一个财富巨大涌流的新时代、新文明，越来越多的冒险者、开拓者、创新者成为财富的（持续）享有者、占有者和垄断者，诞生了一系列著名的“成功人士”和新时代的“资本英雄人物”。也就是说，在整个资本主义上升阶段，尽管确实存在着欧文、圣西门、傅里叶和马克思、恩格斯等所激烈抨击的不平等的剥削与压迫现象，也爆发了程度不等的工人阶级的罢工和革命，但在整个自由资本主义发展阶段，资本主义依然具有勃勃的生命力，这个社会依然充满着“冒险的乐趣”，激励着有野心、有梦想的冒险者继续做着自己的发财梦、成功梦。

针对第二个问题的主要解决方案，无疑是最大限度的塑造社会法制、社会文明秩序的神圣性、稳固性（以泰勒、麦金泰尔等为代表）。一个基本的事实我们必

---

① 《马克思恩格斯文集》第 2 卷，人民出版社 2009 年版，第 36—37 页。

② 一个最鲜明的例证是，作为 2014 年的后金融危机的美国，依然被评为世界“最具有竞争力”的国家。

须承认,即现代西方社会在极度弘扬个体自由、个体化价值的同时,也在极力强化对于社会规范、社会秩序的认知,体现为对于“法治”的机理推崇,甚至达到了“崇拜”的地步,以至于“法律至上”已经成为现代西方社会“文明”的一个最突出的概括性说法。

以上两个问题的答案,在“两个场合”分别具有各自的重要意义。但是,这种“双重场景”一旦在实际生活中“遭遇”,则会发生直接的“冲撞”。这意味着,“个体活力”作为现代“原动力”的动员机制,一旦成为整个社会的主流价值导向,“社会整体”共同体的价值取向则必然受到直接的冲击。从西方发达国家已有的文明发展经验和教训看,“个体生活和社会文明”之间并非相互贯通、互动的“和谐”过程,而是出现了不胜枚举的“社会问题”。其中,美国“金融危机”和欧洲“债务危机”则成为最近时期最突出的代表。尽管其表现形式是“金融问题”,但背后隐含着“个体生活”对于“经济发展和社会文明结构”的不信任、不支持、不参与。许多“个体诉求”更容易从“社会文明”的框架中脱落出去,致力于“自我价值”的“小时代”价值取向,越来越占据主流地位,而社会文明发展的论证和言说往往停留于“大时代”的文明逻辑领域,以至于“微观幸福”和“宏观文明”之间的“事实转换”并不顺畅、连续,恰恰相反,“个体”与“社会”之间的断裂和冲突越来越强烈。

由上可知,社会秩序的“合法性”并不能“简单”还原为“个体生活”的合法性。[①]为了解决“社会性”(体现为法律、道德、神话、历史、习俗的延续性之类问题)的合法性问题,从霍布斯、洛克到孔德、韦伯,从康德、黑格尔到西美尔、狄尔泰,都在致力于一种不同于亚当·斯密“经济学类型”的理解。在这个意义上,我们可以理解为什么“自然法”在现代政治哲学、法哲学中具有“逻辑前提”的基础性作用。无论“个体权利”如何让渡,还是抽象的“民意”如何达成,都最终无法在“个体合法性”的逻辑自洽性中得以充分的解释。

如果我们从“思想史”的讨论转向现代实践领域,尤其转向中国自身的实践难题,就可以发现,我国改革开放遭遇到的最大问题,依然集中于“市场经济功能和政府职能”的划分问题,这也是全面深化改革的时代的逻辑和事实缘起。我们

---

① 西方自启蒙运动以来就盛行这种以“个体化”作为整个社会“合法性”论证的基本前提。

之所以提出“市场经济在资源配置中起决定作用”,根据就在于能够激发个体行动的积极性,激发个体创新的最大自由。而提出“更好”①地发挥政府的作用,同样是基于对于完全或者最大程度的“个体化行动”的不信任,还需要“政府”为“个体化行动”承担最后的责任。

随着逻辑的进一步伸展,“全面推进依法治国”的要求也自然而然的进入到保障“个体化行动”合法秩序的视野之中。这显然已经被西方现代“市场化进程”所证实,也是现代西方学者认同的一个基本观点。一个缺乏法制保障、失去信用的市场经济,一定是一种“坏”的或者不成熟的市场经济,而“好”的或者成熟的市场经济必然是法制经济、信用经济。

如果仅仅按照这样逻辑延展,我们似乎可以看到西方现代经济社会运动的主要特征。“四个全面”中另外“两个全面”,即“全面建成小康社会”和“全面从严治党”则显示出超越西方社会发展的价值方向。“全面建成小康社会”是一种致力于“共同富裕”的发展理念和实践选择,这显然与现代西方致力于“资本化”的“财富逻辑”具有本质性的差异。无论美国还是欧洲,都出现一个“两极分化”、“阶层固化”、“社会动员乏力”、“资本利益集团化”的“新现象”,这严重背离了启蒙运动以来许多西方思想家所主张的资本自由观、财富自由观。在资本主义的制度范围内,这些问题都不可能得到真正的解决。②由此我们看到,“全面从严治党”并非完全集中于“依法治国”的层次,而是具有更为“超越和高远”的意义,即按照比一般法律更为严格、更为苛刻的“党纪”、“党章”来管理、约束和指导中国共产党的行为模式。纵观现代西方世界,这显然无法想象的。也就是说,“四个全面”是为了中国“现实问题”的解决方略,其内在逻辑上也借鉴了现代西方的诸多成功经验,汲取了各种教训。这里,我们不是“回避”我们自身的问题,也不是“复制”西方的社会问题,而是依照马克思主义中国化的内在逻辑运动和实践要求,问题的解放方案最终不是停留于完全放任“个体化的自由市场经济”,

① 从政策的可操作层面看,何谓“更好”?这显然是一个需要量化、值得量化的概念。如果仅仅限于“更好”的道德判断,只能说明其尚未转化为“具体政策”,与“具体的政策”还有一定的距离。

② 一个有趣的例证是,美国金融危机后发生的占领“华尔街运动”,被媒体广泛解释为具有保守意义的“茶党运动”。这样一来,一个本身具有鲜明“阶级指向”的“阶级运动”最终被西方思想所肢解,最终烟消云散。

而是带有“回到马克思”的经典色彩，创新诉诸于一个特别强大的组织——中国共产党。在这个已经被“资本”改造得“面目全非”、“混乱颠倒”、“不合时宜”①的全球化时代，个体已经无法对抗强大的“资本社会”，或许只有具有最先进观念、最具组织能力、最大公无私的“共产党”，才可能完成重整河山、重塑时代精神的历史使命。②

二、“四个全面”与“时代自觉”的三个面向

如前所述，世界历史的脚步行进到今天，在全球化、市场化、信息化、网络化的时代背景下，我们所面临的各种“时代现象”越来越错综纠葛、混乱杂陈。针对现代中国而言，“四个全面”的“时代自觉”具有鲜明的马克思主义时代化、中国化、大众化特征，无论在理论创新还是实践探索，无论是在“顶层设计”和“基层建设”方面都具有的“自觉”把捉“时代脚步”的鲜明特征。

谈论“时代自觉”的一个理论前提就是“个体自觉”的认识程度，个体意识到自身的特殊价值，为自身的利益而奋斗，这是近代西方世界带来的巨大价值冲击。但是，仅仅意识到这一点并非时代的全部问题，而是资本主义时代的特征而已。我们所谈论的“时代自觉”恰恰是建立对于这种“个体化自觉”的深刻批判的基础之上的。

一种残酷的基本语境是，“资本财富”已经成为全球化时代核心动力机制的事实，由“资本原则”和“资本逻辑”塑造出与之相适应的“个体化”生存方式也就在所难免。基于马克思主义的基本立场、观点，我们认为，当我们谈论个体自由、平等和交往的时候，一定要突出和警惕“无条件”个体自由背后的资本逻辑、货币逻辑、市场逻辑，这是现代社会基础性的社会建构机理，也是西方发达国家“个体价值”“溢出”“社会价值”的最根本的经济和社会原因。也正是镜鉴西方发达国

---

① 这是德里达在《马克思的幽灵》中呼唤“马克思”的基础语境。

② 许多西方马克思主义者尽管也意识到了“重整山河”的重要性，提出“无产阶级意识”的重要性（卢卡奇），重视夺取“文化阵地”的重要性（葛兰西），致力于“造反运动”的合法性（马尔库塞），激发“诸众”的革命激情（奈格里），塑造“生命政治运动”的普遍性（阿甘本），这些论断无不都回避了“共产党组织”的革命合法性，否定了“共产党的神圣使命”。

家已经出现各类“反社会”、“反伦理”问题的基础上,我们认为,马克思主义的“时代自觉”,必须“将人类从其沉湎于感性的、庸俗的、个别的实物中解救出来”,“人们的目光过于执着于世俗实物,以至于必须花费更大的力气来使它高举于尘世之上。人的精神已经显示出它的极端贫乏,如同沙漠行者渴望获得一口饮水那样在急切盼望能对一般的神圣事物获得一点点感受。”①这意味着,我们所提倡的“时代自觉”,其实质是对于“资本主义时代”的“自觉反省”,以及对于社会主义“创造新时代”的“自觉弘扬”。当然,这种“时代自觉”的双重性(超越、否定资本主义的时代精神和肯定、建构社会主义的时代精神)的根基必须根源于当下的社会现实。

(一) 从“理论自觉”到“主义自觉”

“理论自觉”本身是一个“中性词”,是任何成熟的理论本身都应该具备的内在要素。可以说,“理论自觉”是判断一种理论是否成熟的一个基本的标志。但是,要促使“理论自觉”到“主义自觉”本身是一个巨大的理论飞跃,标志着某种“理论”一旦掌握“群众”所具有的伟大力量。在近现代的革命进程是如此,在一个概念纷飞、观念冲撞、理论分叉、文化多元的现代和后现代社会中,更是如此。

中国是一个有着13亿人口的大国,中国共产党要完成“执政”的“理想价值”,面对着越来越复杂的国内外环境,肩负着远远超出现代西方“选举类型政党”的繁重的历史使命。如果缺乏强大的理论思维和价值导向的有力支撑,是难以战胜各种风险和挑战的,也是难以不断前进的。这里,我们不仅需要一种强大的“理论”,而且需要善于将这种“理论”上升到“主义”。习近平同志将“共产党人的信仰”比喻为人行动的“总开关”,明确指出:“理想信念的缺失,乃百病之源。”“如果丢失了共产党人的远大目标”,一旦失去对于马克思主义、共产主义的信仰,“就会迷失方向,变成功利主义、实用主义者,最后意志消沉,奉行及时行乐的人生哲学,甚至产生‘人不为己,天诛地灭’的想法,把当干部作为一种谋取私利、巧取豪夺的手段。”②“对马克思主义、共产主义的信仰,对社会主义的信念,是共产党人精神上的‘钙’。没有理想信念或理想信念不坚定,精神上就会得

① [德]黑格尔:《精神现象学》上,贺麟、王玖兴译,商务印书馆1997年版,第5页。

② 习近平:《丢失了共产党人远大目标就会变成功利主义者》,载凤凰网,http://news.ifeng.com/mainland/detail_2014_03/23/35055984_0.shtml, 2014年3月23日。

‘软骨病’,就会在风雨面前东摇西摆。”①在“四个全面”战略布局中,“全面”之所以能够成立的基本根据,就在于我们坚持社会主义,坚持马克思主义的指导,这是一种不同于西方政治、经济、社会、文化的价值观念和价值运动。如果没有“马克思主义的自觉”就会在“深化改革”中陷入单纯的资本逻辑、市场逻辑,而遗忘了“小康社会”的“全面建成”的发展目标,遗忘了“深化改革”的“全面性要求”,遗忘了“中国共产党”的理想与宗旨,最终偏离了社会主义的康庄大道。

(二)从“实践自觉”到“道路自觉”

“主义自觉”的最终实现,还必须落实到“实践命题”,通过各个片段性、分立性、尝试性、实验性的“实践自觉”加以实现和检验,进一步凝聚为更具“综合”意义的“道路自觉”。也就是说,“实践”本身可以由于“实践主体”的差异而有所改变,但是,对于任何一个“大国”而言,必须善于将这种“实践自觉”转换为国家主体特色的“道路自觉”。在这个意义上,我们可以在“理论和实践”层面上进行各种争论与讨论,但是落实到“国家层面”一定要慎之又慎,不能目光短浅、邯郸学步、朝令夕改,而应该具有稳定的战略意识。就此而言,“四个全面”本身就体现出从“实践自觉”到“道路自觉”的自觉转换。

与任何囿于基层、短视的“实践操作”不同,“全面建成小康社会”是体现中国特色社会主义的“实践自觉”,使得社会主义更具有中国化(本土化)、时代化、大众化。因为几乎没有一个谙熟中国传统文化的人,不知晓“小康社会”之于中国“理想社会”的重要意义。如何能够将这一“传统说法”与当代的中国社会主义实践相结合,并转化为一种“道路自觉”,必然是马克思主义中国化(本土化)的重要创新。“全面深化改革”的一个现代性命题就在于形成最适合中国社会主义发展的现代化“国家治理体系”,推动中国“治理能力”的现代化。这个“治理现代化”命题的关键内容,就是善于处理好“市场经济”的自我运行、自发机制和政府创制、政府调控之间的“适当”关系,最终形成社会既充满活力又秩序井然的社会主义和谐社会。

---

① 习近平:《在纪念陈云同志诞辰110周年座谈会上的讲话》,载新华网,http://news.xinhuanet.com/politics/2015_06/12/c_1115603689.htm, 2015年6月12日。

（三）从“历史自觉”到“制度自觉”

“时代自觉”的形成是在历史大潮中，自觉意识到自身的历史使命和肩负的历史责任。正是在这个意义上，任何的“时代自觉”必然体现为当下“时代精神”的引领、时代意识的改造和表达。当然，“历史自觉”——自觉把握历史脉动，顺之者昌，逆之者亡，最终还必须通过现实的“制度自觉”体现出来。①

社会主义作为一种在逻辑上“超越资本主义”的制度形式，其“解放和发展生产力”的最终目的是逐步实现“共同富裕”，促进“人（类）的全面发展”。这也是全面深化改革、全面建成小康社会的根本任务和理论出发点。“市场经济”持续改革、深化的目的，就是全方位的激发社会活力，刺激经济财富的巨大涌流。只有推进“物质财富”不断增长，并在此基础上“全面深化改革”和“全面依法治国”才可能破除片面“物质财富”带来的各种不利后果（如两极分化、阶层固化、公共服务不足等问题），建立社会各阶层充分享有公平的社会竞争和福利保障体系，营造公平的社会环境。而“全面从严治党”则是保证社会主义“制度属性”的重要因素，通过整风反腐、严明党纪，重申中国共产党的“全心全意为人民服务”的宗旨，重申“共产主义理想”对于共产党人的重要意义。正是基于人类历史最终获得解放的角度，面对越来越强大的“资本力量”的控制，特别需要一种“异质”于“资本逻辑”的“强大组织”。唯有如此，才可能建立一种迥异于“资本文明”，而是建立在“资本文明”之上的、超越资本的社会主义的制度文明；唯有如此，才可能真正开出一种完全不同于西方资本主义的“文明之花”，为世界人民的繁荣、幸福贡献力量。

三、推动“四个全面”战略实现的“自觉行动”

从西方现代化的实践看，“自觉行动”始终是一种“可望而不可及”的理想或

① “历史自觉”之所以难以把握的关键点，就在于每个人身处“历史之中”。无论当权者还是仁人志士、学者在论证自设的合法性时，往往把自己当成历史的“代言人”自居。当前以“普世价值”自居的美国的行为逻辑，就自以为把握了“历史进化”的规律。对此，我们必须以更具有客观性和说服力的“历史自觉”进行回击。马克思主义的当代价值就体现为对全球化历史运动的自觉把握。也正是在这个意义上，历史唯物主义可以被视为马克思主义的最重要内容。

者幻想而已。无论从基督教思想史还是西方法治文明的形成历史看,其中无不经历了一种从野蛮、强制、反抗、斗争的血泪史。也正是在这个意义上,我们必须对当前所流行的西方“制度文明”、“法治文明”、“信用文明”进行客观的分析,在思想观念上彻底破除中国“制度文明”、“法治文明”、“信用文明”落后于西方的“逻辑陷阱”之中。正是在西方文明优点的基础上,作为拥有五千年文明的泱泱大国,作为超越西方制度文明的社会主义文明形式,我们不能仅仅依靠外在的“强制性”来展开对于“未来世界”的认知,通过“他律”来实现自己的强国梦,而更应该不能遗忘我们的价值优势、观念优势,善于发挥“自觉行动”之于社会主义实践的重要意义。

从“四个全面”的实践诉求看,要真正实现“四个全面”就不能仅仅“外在性”的“改革开放”,不能仅仅“被动”的建成“小康社会”,更不能“强制性”的推进“依法治国”,更非“暴力”推进“从严治党”,而是必须继续历史的经验教训,善于运用“自觉行动”让广大的民众从“心里”接受和促进“四个全面”深入开展,自觉转化为日常的社会行动,将社会主义事业成为民众“自觉坚持”的“大众事业”。

(一)个体的“自觉行动”

历史唯物主义认为,人民是历史的真正主人,只有人民是历史的创造者。而人们又是通过无数的默默无闻的“个体”实现出来的。因此,要将“人民”转化为“现实生活中的人”,必须重视日常生活中的普通大众的心理感受,要让普通民众拥有更强的“获得感”。这是进一步激发民众自觉参与“全面建成小康社会”、“全面深化改革”、“全面依法治国”、“全面从严治党”的重要内容。只有立足于普通个体的“自觉行动”,才可能最终形成全社会共同奔赴小康、共同纠正各种社会偏向,从民众中汲取智慧,从民众中凝聚力量,以“社会民众”所编制的“大网”,共同形成“全面依法治国”和“全面从严治党”的强大社会氛围,保障“四个全面”成果不断走向深入和持久。

(二)群体和组织的“自觉行动”

社会民众的“汪洋大海”要形成强大的浪花、浪涛,形成冲破阻力的力量,必须通过各种形式的“群体运动”体现出来。这也就是“集体行动”逻辑魅力之所在。在西方政治学、管理学、社会学学科领域中,致力于各种自发的“群体行动”结构、功能、特点的研究,一直是一个重点话题。现在所盛行的各类民间自发群体(趣味群体、志业群体)、各类志愿者服务组织、非盈利组织(NGO)等都属于此。在概念逻辑和实践逻辑上,如果能够形成一定程度的群体和组织的“自觉行动”,其力量一定比松散的、自发的个体行动,具有更大社会影响力。在“四个全面”战略的实施过程中,善于利用“群体协调”和“中介组织控制”的力量,发挥社会各类中介组织,如各类行业协会对于促进社会主义市场经济秩序建设的重要作用,这对于减少社会波动,增强社会运动的灵活性(弹性和韧性)都具有积极的重要作用。

(三)中国共产党的“自觉行动”

在所有的正式组织中,中国共产党无疑是其中“最特殊”的一个政治组织。因为党的领导是中国特色社会主义的本质特征,也是推进“四个全面”战略实施的组织保障。按照《共产党宣言》以及列宁的建党原则,共产党是一个十分特殊的“政治组织”,它超越“一般性”的社会利益群里的组织架构,肩负着神圣的“历史使命”,是实现人类解放的“伟大工具”。中国共产党作为一种特殊的“政治组织”,没有自身的利益,只是实现带领全国人民实现民族复兴梦想的“伟大工具”而已。“我们的事业崇高而神圣,我们的使命艰巨而光荣。”①“四个全面”是中国共产党完成这一历史任务的战略举措。“全面从严治党”是在新形势下对于党提出的新的要求,尤其要抓住领导干部这个“关键少数”,坚持思想建党、制度建党相结合(制度建党是“本”,思想建党是“魂”),全方位把控“权力牢笼”,以强大的“组织战斗力”来积极抵制各种享乐、奢靡之风的诱惑。习近平总书记指出,没有远大理想,不是合格的共产党员;离开现实工作而空谈远大理想,也不是合格的共产党员。强调在坚定共产主义信仰上,既不能“庸俗化”,天天高喊共产主义口号,去干“跑步进入共产主义”那种事;也不能“神秘化”,认为崇高信仰、坚定信念是高不可攀的,共产主义是可望而不可及的;而是要“具体化”,把能否坚持全心全意为人民服务的根本宗旨,能否吃苦在前、享受在后,能否勤奋工作、廉洁奉公,能否为理想而奋不顾身去拼搏、去奋斗、去献出自己的全部精力乃至生命作为衡量的标准。②

---

① 习近平:《丢失了共产党人远大目标就会变成功利主义者》,载凤凰网,http://news.ifeng.com/mainland/detail_2014_03/23/35055984_0.shtml,2014年3月23日。

② 习近平:《毫不动摇坚持和发展中国特色社会主义》,载新华网,http://news.xinhuanet.com/politics/2013-01/05/c_114258698.htm,2013年1月5日。

综上所述,我们认为,“四个全面”战略布局本身是马克思主义中国化总结过去实践的产物,也是中国走向未来的重要战略指向。“四个全面”战略布局之所以具有这种重要功能,就在于其借鉴西方现代化的成功经验,同时又超越西方经验的狭隘性和悖论性,能够自觉地把握时代的律动,自觉地走在时代的前列。这种“时代自觉”体现了科学社会主义作为理论、运动、制度的“全面性”,体现了社会主义建设事业发展的“全面性”要求。而这种全面性必然是建立在资本主义文明、资本主义时代“全面扬弃”的基础上的。只有达到这种“自觉地”全面认识和把握,才可能全面的、持续的推进社会主义事业不断前进。“四个全面”的提出是中国特色社会主义事业发展的一大进步,体现出中国共产党已经走向成熟。已经登临世界舞台中心的中国共产党,必然逐步以自己的姿态塑造一个崭新的时代。

(作者为同济大学马克思主义学院教授)

陈云基于“熟人调查”的质性研究方法

李继力

调查研究是我们党长期以来一贯倡导的优良传统。陈云长期担任党和国家的重要领导职务，是第一代、第二代中央领导集体的重要成员，一生都非常注重调查研究，并在几十年的实践中，形成了其所特有的调查研究思想和宝贵的理论精华。他在革命战争年代和经济建设时期，长期坚持调查研究并取得显著成效。在工作中遇到的许多难题，陈云总是能通过调查研究找到正确的出路，使问题得以解决，越是在关键时刻遇到关键问题，陈云越能在调查研究方面显示出深厚的功力。对于陈云的调查研究，学术界有较多研究，主要侧重陈云对于调查研究的思想论述和陈云开展调查研究的实践活动。在此，本文将以陈云四次回乡调研为基础，对陈云开展调查研究的一种重要方法——熟人调查，进行微观分析，并用质性研究理论探析陈云的“熟人调查”的宝贵经验。

一、 陈云调查研究方法的哲学基础——实事求是

陈云是实事求是的典范。在调查研究中，他始终坚持实事求是。“实事求是地研究处理问题，这是最靠得住的。”他把实事求是称为可以抵抗百万大军的力量。他说：“如果我们的同志都把心摆得非常正，非常实事求是，毫无个人主义，可以抵得十万军队，一百万军队，这是无敌的力量。”①

首先，搞清楚“实事”。陈云说：“实事，就是要弄清楚实际情况；求是，就是要求根据研究所得的结果，拿出正确的政策。”②他进一步指出“不唯上，并不是上面的话不要听。不唯书，也不是说文件、书不要读。只唯实，就是只有从实际

---

① 《陈云文选》第1卷，人民出版社1995年版，第297页。

② 《陈云文选》第3卷，人民出版社1995年版，第187页。

出发”。①在字面上把实事求是分为两节，而求实事比求是更重要。1978年陈云说，“首先弄清事实，这是关键问题。”②1979年陈云再次强调，“讲实事求是，先要把‘实事’搞清楚。这个问题不搞清楚，什么事情也搞不好。”③

第二，搞全面“实事”。进一步讲，怎样把“实事”搞清楚？陈云说，“在延安，毛主席起草的文件、电报，我都看过，最后得出一个结论，就是要实事求是。这里的关键是要把‘实事’看全面。”④可以说，实事求是的目的是求是，求是的基础是求实事，而求实事的关键是全面。“片面的情况不是真正的实际。”⑤实际本身是全面的，全面才是实际，才是实事求是，片面就是反实事求是。全面就是正面和反面的综合。1960年他在浙江考察时指出，一个领导机关听不到反面意见是危险的。我们提倡讲老实话，但要有讲老实话的条件。现在除了第一书记、组织部长还可以讲一点干部的真实情况外，其他人都不敢讲，这是党内一种不正常的现象。⑥1961年10月，陈云主持召开煤炭工业座谈会时指出，在座谈会上讲话，不是在喇叭前面讲话，“大家要无所顾忌地随便地讲，要左思右想地考虑问题，不要怕什么右倾机会主义或‘左’倾机会主义，不从各个角度考察问题，就不容易全面。过去工作上有很多的缺点，往往是由于考虑问题有片面性而产生的。所以我们要左思右想，从各个角度考虑问题，才能使人们考虑得周到些。”⑦“不听反面意见，一边倒，一定要失败。”⑧陈云同志说：“从实际出发的关键是，从片面的实际出发，还是从全面的实际出发。”⑨“重要的是要把实际看完全，把情况弄清楚，其次是决定政策，解决问题，难在弄清情况，不在决定政策。只要弄清了情况，不难决定政策。”⑩调查研究很重要，真正做好调查研究却比较难，难就难在真正了解清楚实际情况。因为受调查者有着种种顾虑，不愿说真话、不敢吐实

① 《陈云文选》第3卷，人民出版社1995年版，第371页。

② 《陈云文选》第3卷，人民出版社1995年版，第235页。

③ 《陈云文选》第3卷，人民出版社1995年版，第251页。

④ 《陈云文选》第3卷，人民出版社1995年版，第361页。

⑤ 《陈云文选》第1卷，人民出版社1995年版，第343页。

⑥ 《陈云年谱》（下），朱佳木主编，中央文献出版社2000年版，第50页。

⑦ 《陈云传》（下），中央文献出版社2005年版，第1276页。

⑧ 《陈云年谱》（下），朱佳木主编，中央文献出版社2000年版，第68页。

⑨ 《陈云文选》第3卷，人民出版社1995年版，第343页。

⑩ 《陈云文选》第3卷，人民出版社1995年版，第46页。

情。受调查者心存顾虑的情况是客观存在的，重要的是领导干部要善于打开他们的心结，让他们主动说出掏心窝的话。陈云在实际调查研究实践中，在各行各业广交知心熟人朋友，可以“真、快、广”地发现问题、解决问题，不失为破解调查研究难题的有效办法。

第三，调查是“搞清楚”“搞全面”的途径。“实事”从何而来，“是”从何而来，陈云的名言是“必须改变忙于决定政策而不研究实际情况的本末倒置的工作方法，要用百分之九十以上的时间作调查研究工作，最后作决定、制定政策用不到百分之十的时间就够了。”①对此陈云前后共有四次强调。②毛泽东在“大跃进”后重新考虑让陈云主持经济工作时，曾称赞说：“陈云同志，特别是他，懂得较多。他的方法是调查研究，不调查清楚他就不讲话。”③

可以说，“只唯实”的实事求是的科学方法和态度，是陈云调查研究方法的哲学基础。“只唯实”的提出为正确掌握和坚持实事求是思想路线提供了具有补充意义和可操作性的思想原则，它要求在实践中迈出每一步都必须坚持实事求是的原则。

二、陈云的“熟人调查”及其内涵

1.“熟人调查”的典范

对于调查研究，陈云有其独到见解和丰富的经验。进行调查研究，最重要的是要弄清实际情况，敢讲真话。1990年4月22日，85岁高龄的陈云在同吴宗锡、周良、何占春、施振眉等评弹界的朋友们谈话时说：“希望你们能定期来看看我，一起来也好，单独来也好，你们听到社会上有什么反映，群众有什么意见，也可以写信告诉我，使我能多听到真话，多了解实际情况。我们的干部，特别是高中级干部，能交一点敢于反映真实情况的知心朋友，多听到些真话，是很有好处

---

① 《陈云文选》第3卷，人民出版社1995年版，第188页。

② 张檀琴：《陈云关于实事求是的思想体系和逻辑结构》，《山西高等学校社会科学学报》2012年第6期。

③ 《陈云年谱》下卷，中央文献出版社2000年版，第106页。

的。”①陈云的谈话,不仅是对老朋友的亲切关怀和殷切嘱托,更是提出了领导干部开展调查研究的一个重要方法。陈云进一步把调查方法概括为两种,“搞调查研究有两种方法:一种是亲自率工作组或派工作组下乡、下厂,这当然是十分必要的;另一种是每个高中级领导干部都有敢讲真话的知心朋友和身边工作人员,通过他们可以经常听到基层干部、群众的呼声。”②他认为,这两种方法都有必要,缺一不可,从一定程度上来说,陈云更注重后一种方法。陈云接着叙述了该方法的典范,即著名的青浦调查:

一九六一年六七月间,我在青浦县小蒸公社搞调查,住了半个月。这里是我一九二七年搞过农民运动的地方,解放后也常有联系,当地的干部、群众能够同我讲真话。当时在养猪问题上已经确定实行“公私并举、私养为主”的方针,但对母猪是公养还是私养,并没有明确规定,而这是关系到养猪事业能否迅速恢复和发展的一个重要问题。小蒸公社当时有十五个养猪场,我去看了十个,还看了农民私养的猪,并召开了几次座谈会。③

陈云对其调查方法的表述具有如下特点:其一是知心的熟人朋友,其二是讲真话,其三是长住。为了行文方便,且能把握本质,本文姑且称之为“熟人调查”。

2. “熟人调查”的内涵:长期接触、感情融合为基础,互不保留、追求细节为方向,访谈求教、逐一研究为工夫,物证检验、开会综合为形式

长期接触,是指调查的工夫。调查要有时间保证,日久生情,双方共一片天和地,才能打成一片,分不出你我,从而建立开展工作所需要的适当的社会关系。从1952年10月初开始陈云就特别约定青浦两名表现较好、敢于说实话的农民曹象波、曹兴达作为他了解农村变化的长期联系人,多次交往和面谈。1952年10月,陈云请曹象波、曹兴达来北京谈农村土改后农民得到什么好处,又有哪些坏处。④1955年1月,陈云来到青浦县调查统购统销工作,又一次约见曹象波、曹兴达,并与当地农民、商人、干部等座谈。谈话中,陈云了解到了统购统销工作中存在的一些问题,如干部购了“过头粮”(即超计划收购的粮食),农民留粮过少、

---

① 《陈云年谱》下卷,中央文献出版社2000年版,第432页。

②③ 《陈云文选》第3卷,人民出版社1995年版,第372页。

④ 《陈云年谱》中卷,中央文献出版社2000年版,第150页。

口粮短缺等。①经过广泛深入地调查，陈云提出了粮食定产、定购、定销的建议，为中央找到了坚持和改进粮食统购统销政策的具体办法。

感情融合，是指调查双方的关系。双方不仅有组织关系，更是知心的熟人朋友。知心朋友的实质是关系的完全平等，是党和人民群众的血肉联系。1961 年 6 月，陈云决定再次深入农村调查研究，并派出一个工作组先行到青浦县小蒸人民公社做摸底调查。据曾担任小蒸乡领导的吴福林老人回忆：“记得 1961 年陈云同志到小蒸乡搞调查研究时，只带了 3 个人，也不住饭店，住在当年和他一同开展农民运动和地下斗争的战友陆铨生的普通农舍里。吃的是粗茶淡饭，每顿饭只有两小碟菜，喝的是农家大麦茶。”②通过共同的生活和工作，建立感情基础，这是熟人调查的关键。双方的生活和感情相对融合，就会心灵相通。

互不保留，主要是受调查者的态度。互不保留就是讲真话，实质是倾听基层干部和广大群众的心声，获得事物的真相，是该方法的价值所在。陈云在基层干部中有许多知心朋友，包括上海青浦县小蒸乡的乡干部吴福林、村干部张富清等。自 1953 年冬建立联系后，吴福林、张富清长期坚持给陈云写信，及时汇报当地的经济生活情况。统购统销政策实行后，二人写信向陈云反映说：下面有人虚报产量，所有的粮食都扣掉还不够上交的；实行先购后留，粮食购掉后就没有了，任务是完成了，但老百姓没得吃了。陈云对此问题很重视，于 1955 年到青浦实地调查统购统销工作中存在的问题。当 1961 年粮食紧张的时候，二人又给陈云写信反映问题：一是瞎指挥问题，一会主张插秧二二见方，一会是三三见方；二是群众种菜的杂边地都收掉，吃菜都成问题；三是养猪问题，中央的政策是公私并举以私为主，而上海却不能私养，猪都很瘦，市场上见不到猪肉。③基层干部是各项政策的具体执行者，对政策设计得合理不合理、执行得顺利不顺利具有实践层面的发言权。对于决策者而言，基层干部反馈上来的意见对修订完善一项政策或作出新的决定部署具有重要的参考价值。

追求细节，是调查者的追求。调查不能“抓本质”和以偏概全，细节决定真

① 《陈云传》下卷，中央文献出版社 2005 年版，第 926 页。

② 刘明钢、金敏求：《陈云四次回乡调研记》，《党史纵览》2009 年第 7 期。

③ 《走近陈云——口述历史馆藏资料辑录》，中央文献出版社 2008 年版，第 145、146 页。

实,细节才是科学,本质恰恰存在于细节之中。陈云对东来顺、全聚德等的调查都体现了一个“细”字,青浦调查尤其如此。例如怎样保护奶猪(吃奶的小猪)呢?他说,“对最后生下来的比较瘦弱的奶猪特别照顾,把它放在奶水最多的第三个奶头上吃奶。经过安排,奶猪就习惯于在固定的奶头上吃。”①他的调查报告通篇都是这样的科学知识,水平可与内行媲美,足见其细致绵密的程度。

逐一研究,是在特定的地域,尽量提高调查研究的覆盖面,直到抓住课题相关的全部对象。也就是提高样本在对象中的比重。科学不能停留于事物的一般性,应该逐步深入个体,把握其特殊性。陈云用的就是这种“笨”办法,例如小蒸公社的十五个养猪场,他去了十个。一把钥匙开一把锁,个体才是实际,全体才是真理。抓典型是认识过程必经的环节,但是停留在这一环节,必然脱离实际,因此认识的最终目标是每一个的个体。

物证检验,是熟人调查的本质,就是用脚和手来调查。用脚走近群众,用手体验生活,实现主观与客观的零距离。尽量用直接经验,而不是间接经验来支持自己的观点。要融入人民的生产和生活,因为生活才是实践,行动才是研究。例如青浦调查,陈云“自己还去农民家中跑了若干次,观察他们养猪、种自留地、住房和吃饭等情况”。②开会综合,是指熟人调查不排斥调查会,相反作为必要补充。例如青浦调查听了公社党委两次汇报,开了十次专题座谈会。③

3.“熟人调查”的效果和定位

陈云亲自阐述了它的效果——真、快、广。“所谓真,就是他们敢于反映真实情况,敢讲心里话。因为他们信得过你,知道你不会整他们。我就有这样一些朋友。所谓快,就是当问题处于萌芽状态时,就能够及时发现。所谓广,就是全国各省市各行各业,都有许多高中级干部(包括离休、退休的)。”陈云认为亲率工作组或派工作组下乡、下厂和熟人调查两种方法都有必要,缺一不可。他还认为在某种意义上讲,后一种调查研究比前一种调查研究更重要一些这个意义就是“真、快、广”的特点。为了搞好后一种调查研究,他提倡领导干部“要在各行各业广交知心朋友”。这一评价实际是对“熟人调查”的定位。

---

① 《陈云文选》第3卷,人民出版社1995年版,第172页。

②③ 《陈云文选》第3卷,人民出版社1995年版,第171页。

三、 基于"熟人调查"的质性研究经验

（一）质性研究①是在自然情境下，研究者与被研究者直接接触，通过面对面的交往，实地考察被研究者的日常生活状态和过程，了解被研究者所处的环境以及环境对他们产生的影响。问题就是通过什么样的"关系"使研究者进入到被研究者的世界中去，这层"关系"在很大程度上搭建起了研究者与被研究者各自所属的两个不同世界的桥梁，在很多的实地研究中，如果没有这层关系资源的利用，研究者往往很难进入到所要研究对象的生活世界中去的。这种"关系"的表现形式有很多种，可以是研究对象本身就是研究者的家乡，熟悉程度高，②也可以是亲戚朋友本身就涉及相关的研究对象范围，等等。但无论怎样，双方发展友好甚至亲密无间的熟人的关系是必要条件，从而消除被研究者对研究者的警戒和排斥。

质性研究的两种最主要的方法是访谈和行动研究。访谈就是凭借研究者的访谈技巧，通过谈话，引导被研究者完整地陈述自己的经验。行动研究是在专业人员的帮助下，对自己实际所做的工作或所过的生活进行研究，形成一定的科学认识，然后在理论的指导下提高自己的工作力，改善自己的生存状况。研究者通过参与被研究者的实际工作和现实生活，对问题进行研究。理解质性研究还必须注意到它更注重过程和细节。

质性研究方法的出现，其实质有二，一是注重特殊性，二是实践性。和马克思主义的发展趋势有共通之处。列宁说，"具体问题具体分析是马克思主义活的精髓"，毛泽东主张把马克思主义的普遍真理和具体实践相结合，在《矛盾论》说：矛盾的普遍性即寓于矛盾的特殊性之中。矛盾的特殊性问题，应当着重地加以研究。③邓小平主张"走自己的道路，建设有中国特色的社会主义，这就是我们总结长期

---

① 与质性研究相对应的社会科学研究方法是量化研究。量化研究要求绝对客观的研究方法和可测量的研究结果，包括观察、实验和问卷调查的方法。作为科学精神的体现，量化研究是社会科学的巨大进步。它的优点同时是缺点，由于把客观性绝对化，要求排除研究者对研究对象的干扰，在调查阶段或双方的接触阶段，研究者处于完全被动而不能深入问题，特别是不能深入个体。

② 刘博：《质性研究中的"关系"资源利用与身份介入差异——基于个案研究的社会学研究方法思考》，《青年研究》2009 年第 6 期。

③ 《毛泽东选集》第 1 卷，人民出版社 1991 年版，第 304 页。

历史经验得出的基本结论”。

马克思的实践精神无须赘述,但是其发展同样没有止境。邓小平说:“实事求是是马克思主义的精髓。要提倡这个,不要提倡本本。我们改革开放的成功,不是靠本本,而是靠实践,靠实事求是。”①在质性研究的各种方法中,行动研究最具实践性:从主体看,是做事者进行研究;从对象看,是对所做的事进行研究;从目的看,是为做事而研究;从过程看,是在做事的过程中研究;从方法看,是一边做事,一边研究;因而是研究者和做事者的高度统一。行动研究是实践和理论的结合,参与行动研究则是理论和实践的结合。基于质性研究和马克思主义的联系,可以用质性研究理论分析陈云“熟人调查”的研究方法的宝贵经验。

(二)陈云基于“熟人调查”的质性研究经验启示

1. 样本数量集中。1987 年陈云第一次提出调查方法的问题。他介绍了自己的方法,又和别的方法做了对比。他说,“调查研究的方法,我看不是一百多个部一个一个地都拿本子在书记处会上念一道,大家东插一句、西插一句,最后主持会议的讲一讲就通过了。调查研究的方法,也不是一个星期跑二十二个县,那样无非是坐汽车走一圈就是了。这种工作方法太简单。”②从实践看,他的调查样本的数目都很小,或者说,很集中。质性研究从样本数量看,基本是个案研究,样本也很少。

2. 认知的目标指向事物的自然状态。陈云的熟人调查通过敢讲真话的知心朋友进行调查,或者是通过较长时间的实地考察,从而深入事物的本来面貌。质性研究的方法的访谈,通过叙事和讲故事,从而实现对生活的完整再现。1961 年 6 月 27 日到 7 月 11 日,陈云亲自到青浦县小蒸人民公社进行了 15 天周密细致的实地调查。陈云就公养猪、私养猪、农作物种植安排、自留地、农村商业、公社工业和手工业、粮食包产指标和征购任务以及农民积极性、干部问题和群众监督、防止小偷小摸和保护生产等 10 个问题,召开了 10 次专题座谈会。“这些座谈会,陈云吃住在农民家里,多次到农民家中访问,视察了集体养猪场、公共食堂、工厂、供销社和仓库,深入了解和听取了从农民到公社党委等各个层面的情绪、意见和建议”③,从而既有利于全面、细致、准确了解调查地的真实情况,又有

① 《邓小平文选》第 3 卷,人民出版社 1993 年版,第 382 页。

② 《陈云文选》第 3 卷,人民出版社 1995 年版,第 358 页。

③ 冷兆松:《陈云实地调查新方法的创立过程、科学价值和实践意义》,载中国社会科学网,http://www.cssn.cn/ddzg/ddzg_ldjs/rwyj/201009/t20100914_806856.shtml,2010 年 9 月 14 日。

利于提高调查效率，达到调查的目的。

3. 研究的路径历史研究法。事物都要形成自己的历史，随着调查的深入，必然碰触事物的历史，而有历史就有历史的比较。陈云的调查一般都要详细了解事物的前因后果。例如在青浦调查中陈云详细了解了不同制度下养猪的效果，还详细了解养猪的整个过程，包括喂食、垫圈、母猪怀孕、接生、哺乳、防暑。他的调查报告《母猪也应该下放给农民私养》犹如一部猪的生活史。

4. 重视参与和互动。量化的研究方法为了保证客观性，研究者竭力避免对受调查者的影响，从而处于完全消极的状态。与此不同，质性研究的根本要求的根本要求是研究者与受调查者的互动，对社会行动的参与。为了提高参与和互动，研究者和被研究者较长时间的接触是基本要素。熟人调查的前提是研究者与受调查者的相互信任，实际是双方的互动。陈云对青浦县小蒸公社一个地方的调查就花了半个月，期间到大部分养猪现场做了考察，虽然说不上对社会生活的参与，但是互动已经非常充分。

四、结　　语

调查研究是党的优良传统和工作作风。如果我们的领导干部都能像陈云那样，以“只唯实”的实事求是的科学方法和态度，在各行各业有广交熟人知心朋友作为调查研究的一项重要办法，“真、快、广”地获取有关实际情况的宝贵材料，那么科学决策就有了更丰富的依据。习近平同志说：调查研究方法也要与时俱进，而正确方法的关键是避免出现“被调研”现象。①质性研究总体上是关于社会调查的方法，基于和马克思主义思想方法的共性，和陈云的熟人调查的相似，因而有必要互相学习和借鉴，丰富我们党调查研究的方法。

（作者为中共青浦区委党校教师）

① 习近平：《谈谈调查研究》，《学习时报》2011 年 11 月 21 日。

大学生社会主义核心价值观培育和践行的多重维度与实现方式

徐　磊

党的十八大将社会主义核心价值观概括为“富强、民主、文明、和谐，自由、平等、公正、法治，爱国、敬业、诚信、友善”，这24个字从国家、社会、公民个人等三层面反映了社会主义核心价值观的基本理念。社会主义核心价值观的理念形成之后，接下来的问题就是践行、落实问题，即由理念层面走向实践层面，“一个具有积极意义的核心价值观必须完成从理论形态到实践形态的转变”①。从某种意义上讲，践行、落实比理念的形成更关键、更重要。“核心价值观的养成绝非一日之功，要坚持由易到难、由近及远，努力把核心价值观的要求变成日常的行为准则，进而形成自觉奉行的信念理念。”②习近平总书记的重要讲话指明了当代青年践行社会主义核心价值观的时代责任和努力方向，也指明了当代青年作为培育与践行社会主义核心价值观的重要主体地位和重大社会历史意义。

一、 研究的缘起和理论基础

（一）研究的缘起

社会主义核心价值观是我们党凝聚全党全社会价值共识作出的重要论断，积极培育和践行社会主义核心价值观是学校落实立德树人根本任务的核心要求。面对世界范围思想文化交流交融交锋形势下价值观较量的新态势，面对改革开放和发展社会主义市场经济条件下思想意识多元多样多变的新特点，③抓好大学生价值观教育养成的任务十分艰巨而紧迫。培育和践行社会主义核心价

① 周琳:《哲学视阈下社会主义核心价值观的形态与实践探析》,《学术交流》2012年第11期。

② 习近平:《青年要自觉践行社会主义核心价值观》,《人民日报》2014年5月5日。

③ 《关于培育和践行社会主义核心价值观的意见》中办发〔2013〕24号。

值观对于培育德智体美全面发展的社会主义建设者和接班人，实现中华民族伟大复兴中国梦具有十分重要的意义。为积极培育和践行社会主义核心价值观，中共中央、教育部联合共青团中央、上海市相继出台了一系列文件，为进一步探索社会主义核心价值观培育和践行的实现方式，本文拟从大学生社会主义核心价值观培育和践行的多重维度进行探讨。

（二）理论基础

马克思主义关于社会主义意识必须灌输的理论和思想教育螺旋式上升规律的理论是社会主义核心价值观培育和践行的理论基础。

灌输理论是指无产阶级政党反对自发论，坚持把科学社会主义思想灌注和输送到无产阶级和人民群众中去，提高其政治意识和阶级觉悟的学说。“工人本来也不可能有社会民主主义意识，只能从外面灌输进去，各国的历史都证明：工人阶级单凭自己本身的力量，只能形成工联主义的意识”①。在教育的现实中，有人把灌输这种非常必要的教育理念等同于简单生硬的教育方式方法，等同于机械地“填鸭”式的“满堂灌”，教育对象厌烦和抵制灌输，教育者不敢不愿灌输，以致在思想意识领域各种非马克思主义甚至反马克思主义的东西或多或少地存在。随着中国特色社会主义事业的不断发展，面对多元多样多变的思想意识、纷繁复杂的社会现实，面对主体素质不断提高的大学生，灌输理论仍然是思想政治教育的重要理论原则，但在运用过程中应注意理论灌输的原则性和发展性，引导和帮助大学生通过自己的切身体验去理解，方能有效。

列宁在谈到唯心主义的认识论根源时说：“人的认识不是直线（也就是说，不是沿着直线进行的），而是无限地近似于一串圆圈、近似于螺旋的曲线”。②“一个正确的认识，往往需要经过由物质到精神，由精神到物质，即由实践到认识，由认识到实践这样多次的反复，才能够完成”。③由于价值观的形成和发展也是一个反复的、长期的过程，这就决定了价值观教育的实施也应该是一个螺旋式的上升运动。这就为我们培育和践行社会主义核心价值观提供了科学的方法论。

---

① 《列宁选集》第1卷，人民出版社1995年版，第317页。

② 《列宁选集》第2卷，人民出版社1995年版，第560页。

③ 《毛泽东著作选读》下册，人民出版社1986年版，第840页。

二、 大学生社会主义核心价值观培育和践行的现状和原因分析

(一) 现状描述

此次调查主要遴选了上海市6所高校进行了问卷调查,共发放问卷500份,回收有效问卷465份,有效回收率93%。通过数据统计和分析,发现大多数大学生能够正确认识到自己肩负的社会责任和历史使命,能够自觉把社会主义核心价值观作为自己的行为规范。但是,受到主流意识形态和非主流意识形态相互碰撞的影响,致使一部分大学生在价值选择和行为选择上感到困惑和迷茫,具体表现在以下方面:

1. 理性认知缺失

调查显示,大学生知道"社会主义核心价值观"这个提法的,占98%。在被问及"社会主义核心价值观具体内容"时,很了解的占30%,一般了解的占55%,不太了解的占12%,不知道的占3%。这一调查数据表明一部分大学生对于社会主义核心价值观了解不够深入,了解程度比较低。可见,要使大学生了解、掌握和运用社会主义核心价值观的具体内容,必须一方面精确提炼、浓缩核心价值观的具体内容,另一方面也必须采取适合学生接受的教学方法和教育方式。

2. 情感认同欠缺稳定性

意识形态的认同并非仅仅依靠理论的科学性征服人,还要靠情感打动人,"意识形态作为制度化体系化的思想,在本质上是实践的,因而作用机理本质上是情感认同,真理性认识也要通过调动激情的方式才能奏效。"①"意识形态的认同本质上是一种价值契合、价值满足的实践过程。"②大学生对社会主义核心价值观的情感认同缺乏稳定性,摇摆不定,具体表现就是当社会主义核心价值观的价值承诺与社会现实相悖或差距甚远时,大学生的情感认同很低,在被问及"当生活中遇到不文明行为、社会上一些不公正待遇,看到'扶不扶'事件、腐败现象、暴力动拆迁事件出现时",对社会主义核心价值观的认同度一般的占20%、低的

① 侯惠勤:《我国意识形态建设的第二次战略性飞跃》,《马克思主义研究》2008年第7期。

② 陆树程、崔昆:《论社会主义核心价值体系认同的元问题——基于对马克思主义意识形态观的一种理解》,《马克思主义研究》2011年第8期。

占25%、非常低的占10%；当社会主义核心价值观的价值承诺被一一兑现，或者国家、民族行为满足了大学生的期望时，大学生对社会主义核心价值观的情感认同是相当高的。当被问及“呼格案，当事人被判无罪，并予以国家赔偿等类似事件出现时”，对社会主义核心价值观的认同度高的占90%。

3. 知行分离现象明显

虽然90%以上的受访者认为树立社会主义核心价值观重要，但是问及“是否把为中华复兴、以天下为己任作为自己的理想”，80%的受访者认为“尊重有这种理想的人，但离自己太远”；在被问及“作为一个大学生，应抵制各种错误和腐朽思想。你愿意这样做吗?”，74%的受访者表示“只能管自己，无法帮别人”和“难以做好”。可见，大学生在认同与践行社会主义核心价值观两个层面还存在一定的脱节现象。

（二）原因分析

1. 国内社会政治经济转型期多元社会思潮的影响

改革开放37年来，中国社会的现代化进程急速发展，当下中国社会正在经历社会转型。“社会转型是在社会根本性质、国家根本发展方向不变的前提下，具体的社会形态、社会结构、社会观念等发生变化”。①在社会主义民主法治的推进过程中，在从计划经济体制向社会主义市场经济体制变迁的过程中，在从旧有价值观向新的价值观变迁的过程中，在从农业社会向工业社会继而向信息社会变迁的过程中，②当下中国社会转型深刻出现，并对社会主义核心价值观培育和践行提出了新的任务和挑战。随着改革开放的深入和社会转型的深化，各种社会思潮潜移默化地改变着广大民众的思想品德和行为方式，不同社会价值观之间的碰撞与冲突日益凸显，而大学生作为思想活跃的群体，处于学术自由的高校，群体特征与高校特有的氛围为多元社会思潮在他们之中传播提供了有利的条件，因而高校大学生价值观更容易首当其冲地受多元社会思潮的影响。

2. 核心价值观宣传教育形式单一

显性宣教主要解决的是“知”的问题，即解决的是“知道社会主义核心价值

---

① 李宏斌、钟瑞添:《中国当代社会转型的内容、特点及应然趋向》,《科学社会主义》2013年第4期。

② 马缘园、王灿发:《论社会转型期新闻工作者的责任担当》,《新闻爱好者》2014年第11期。

观是什么"的问题;而认同要经过内化和外化的过程,只有显性教育是不够的,还需要大量的潜移默化的隐形教育,包括实践教育、体验教育、养成教育等。

目前在培育和践行社会主义核心价值观的过程中,宣传教育方面主要存在两个问题,一是显性宣教针对性不足,缺乏吸引力。目前在不断创新社会主义核心价值观的宣传教育方式上,受到了社会的认可和好评。但是也还存在一些宣传的"盲区",比如根据同济大学的一项调查显示,大学生用网习惯普遍,只有9.2%的学生表示很少使用网络,但是却只有2.5%的大学生通过网络了解到社会主义核心价值观的相关信息。因此,在大数据时代,宣传工作的策划应该更加精细化。采取何种宣传方式能够使大学生群体更易于接受,如何调动大学生受众参与其中的积极性和主动性,等等,都应该做更加详细的调查分析,从而针对不同的对象做更加有针对性的宣传。

二是隐性宣教力度不够,缺乏渗透力。根据调查,对大学生政治信仰和人生信念影响最大的是家庭教育和父母,达47.99%,远高于书本知识(19.92%)和新闻媒体、网络和舆论宣传、英模事迹(12.56%);而在学校教育中,对青年学生思想言行和成长影响最大的三项是同学、室友等同辈群体(61.70%)、导师(34.21%)、书籍资料(34.02%)。①这从一个侧面反映了融入日常生活中不经意的"言谈举止"比灌输性的教育更具影响力。但是调查也发现,虽然88.88%的大学生认为"人生的价值在于奉献",但是经常参加志愿服务的学生只有13.71%,偶尔参加的78.08%,从不参加的有8.21%。②因此,我们还应该创造更多的平台和途径,大力发挥受教育者的主体作用,通过自我实践、自我教育更好地领会和认同并积极践行社会主义核心价值观。

3. 大学生自身因素的影响

从大学生的心理特征来分析,虽然他们的知识相对比较丰富,思想比较活跃,也比较容易接受新事物,但他们对于许多事物往往难辨真伪。当代大学生正处在社会大变革时代,我国经济社会的深刻变化,必然引起思想意识的多元、多样、多变。强烈的社会参与意识和兴趣、能力、人生观的不同,使得大学生的道德认识呈现出多种多样的特点,在其实际的学习和生活中很容易出现道德认知上

---

①② 天津大学党委学工部:《2014年天津大学学生思想动态滚动调查报告》,2014年。

的矛盾现象。

在善与恶的抉择中优柔寡断，在物欲和外力的干扰下难以构筑起坚固的道德城墙；而且缺乏基本的道德情感与道德信念的培养，丧失了大学生应有的义务感、责任感与羞耻感，甚至连最起码的“有所为有所不为”的基本的生活准则也难以遵循，这就造成了他们的道德心理素养残缺。正是这种残缺的心理素养，不仅使他们对道德知识与规范的认识和内化缺乏深度，而且使他们对道德之“行”的追求缺乏力度，尤其是影响了他们在道德生活中的抗惑力与排难力的提高，以致在外界的干扰下轻而易举地就放弃了对道德之“行”的追求，从而也就使他们在道德生活中产生了“知行脱节”的现象。①

三、 大学生社会主义核心价值观培育和践行的维度和实现方式

习近平总书记2014年5月在上海考察时强调：培育和践行社会主义核心价值观，贵在坚持知行合一、坚持行胜于言，在落细、落小、落实上下功夫。培育和践行社会主义核心价值观是知行合一的过程，培育以“知”为认识出发点，是“行”的思想指引，是道德意识的内化；践行以“行”为效果落脚点，是“知”的实践转化，是道德行为的外显。

（一）教育培育维度

培育和践行大学生社会主义核心价值观，重在增加认同认知上下功夫。因此，社会主义核心价值观教育教学方式，不应脱离实际的盲目吹嘘和轻视多样化价值观，而应充分运用宣传效能，在知识传授中更加注重思辨精神培养，采用调动学生主体的讨论模式，引导青年学子将个人理想与国家、民族未来紧密相连，实现理论思想上的认知认同。

首先，要充分做好合理组织学习教育内容与多方拓宽宣传渠道两方面工作。②合理组织学习内容指要科学设置宣传教育的内容，要结合学生的实际与接受心理；要接地气，分阶段设置具体的内容体系，使得学生易于掌握且经过实践

① 石共文：《大学生道德生活中的“知行脱节”现象探析》，《现代大学教育》2002年第2期。

② 朱维霞：《大学生社会主义核心价值观培育和践行路径探析——解读〈关于培育和践行社会主义核心价值观的意见〉》，《科教导刊》（上旬刊）2014年第4期。

能够实现。拓宽教育渠道指要充分利用各种媒介、场合全方位地实事求是地对青年学生关注的热点、焦点开展教育活动。

其次,要统筹教育育人、管理育人、服务育人,让学校各个岗位的工作人员能够以身作则,带头践行社会主义核心价值观,起到很好的示范效应;组织宣讲团,经常性地深入学生就某个专题进行剖析、解释;发挥环境育人的作用,在教学楼、办公楼、宿舍楼所有能利用的实体空间张贴社会主义核心价值观和价值体系的文字和图片宣传画、宣传册;结合大学生社团活动,让学生在学习讨论的思辨过程中接受教育并自觉践行;充分利用网络的特点,运用被大学生所喜爱和接受的话语体系,化劣势为优势,化优势为特色,建构完善的网络管理,对大学生的价值观导向进行正确引导。

再次,在宣传教育中要注意方式、方法,有针对性。高年级学生和低年级学生要有所不同,研究生和本科生要有所区别,不同类型、不同层次的学生,应安排不同的教育内容,贴近实际,贴近学生,要体现由低到高、由浅入深的层次性原则,努力做到宣传教育分清主次、层层递进,才能收到良好的育人效果。①

(二) 实践养成维度

强化实践体验,促进行为养成。要强化大学生价值观实践养成机制,注重增强大学生在日常行为和生活学习中对社会主义核心价值体系的认同感。要将个体意识转化为良好行为,必须要经过反复实践、反复强化,由外而内、由内而外,相互促进,最终养成行为习惯。

首先,要注重大学校园文化建设,努力为他们提供丰富的精神食粮,努力营造思想自由碰撞的舆论氛围,让大学生在理论的思辨中,在观点的比较中把握社会主义核心价值体系的科学性。充分发挥校园文化活动的感染熏陶作用,弘扬民族精神和时代精神;利用重要节日、纪念日的契机,开展各种纪念和庆祝活动;围绕优秀传统文化的继承、发扬开展一系列主题活动;等等。要针对不同层次的教育对象提出不同的教育目标,使用不同的教育方法,在尊重差异、包容多样的前提下突出先进,带动后进。

其次,拓宽教育形式,加强实践锻炼。有计划、有目的、有步骤地充分利用

① 邱伟光:《大学生榜样和偶像的示范价值与育人效应》,《思想政治课研究》2014 年第 10 期。

学生的第二课堂、社团活动、假期社会实践、实习实训、西部志愿者活动、开展社会调查、社会公益活动、参观访问等多种形式的教育实践活动，把理论教育与实践教育有机结合起来，把自我价值与社会价值统一起来，从而在实践中受到教育，得到提高。多方开拓校外社会实践基地，带领学生走出校园，依托博物馆、美术馆、纪念馆、科技馆、爱国主义教育基地等对学生进行爱国主义的教育熏陶。在各项实践活动的开展过程中，让大学生感知和体悟社会主义核心价值观。

（三）传统文化涵养维度

习近平总书记在文艺工作座谈会重要讲话中指出，中华优秀传统文化是中华民族的精神命脉，是涵养社会主义核心价值观的重要源泉，也是我们在世界文化激荡中站稳脚跟的坚实根基。弘扬中华优秀传统文化，要致力于涵养社会主义核心价值观。传统文化教育过程，既是一个“润物细无声”的品味过程，也是一个潜移默化的涵养过程。中华传统文化中的优秀内容承载着“真善美”的价值理念，对大学生社会主义核心价值观的培育和践行有着直接的引导教育功能。

首先，要加强传统文化课程建设，发挥课堂教学的价值观渗透作用。精心设计一批传承和解读传统文化的主干课程；精心选择教学手段和授课方式，引导学生从现代视角，在新时期语境下，进行解读，做到古为今用，激发大学生对中华传统文化的浓厚兴趣。

其次，要建设一支具有深厚文化素养的传统文化课程专任教师队伍。通过访学进修、项目资助、实践锻炼等形式，培养一批熟悉中华传统文化、国学功底扎实的专家型教师。培训一批既有较高专业造诣，又有一定传统文化素养的专业教师队伍，各学科教师在言传身教中，将中华优秀传统文化融入专业课程教学中。

再次，要营造传统文化氛围，发挥校园文化的熏染陶冶作用。充分利用各类网络平台，普及宣传优秀传统文化；运用微信等手机网络，发起有关优秀传统文化和社会主义核心价值观的主题讨论；充分借助传统节日，挖掘传统节日的教育元素，通过开展主题班会、传统节日论坛、传统文化展演等校园文化活动，引导大学生将优秀传统文化精神内化到自己的价值观念中。

（四）榜样引领维度

抓好示范引领，树立榜样的感召作用。榜样示范法是思想政治教育的一种基本方法，是指通过具有典型、榜样意义的人起到示范引导、警示警诫作用，教育人们提高思想认识、规范自身行为的方法。榜样引领是社会主义核心价值观与大学生之间沟通和交流的有效中介，大学生可通过这种榜样学习激发自我成长的动力，达成自我认同，明确自己的人生目标等。大学生群体具有较强的好奇心和模仿性，选择的榜样要具有真实性和生活化，就是指所选择的榜样和典型是真实存在的，不是功利化选取"打造"和"高大全"地任意拔高出来的，他们在某一方面或某几方面的品质值得我们学习和借鉴，而不是遥不可及的"圣人"，是广大学生经过努力可以到达的高度，这样的榜样才具有示范引领作用。总之，树立典型榜样要打碎笼罩在榜样头上的不切实际的神圣"光环"，要做好真实性和生活化的结合；榜样的宣传也要坚持真实，避免无限拔高，遥不可及会使教育效果大打折扣。

（五）制度保障维度

社会的核心价值观要依托一定的制度基础才能更好地发挥道德教化、凝聚人心、稳定社会、推动发展的效能。这也是目前培育和践行社会主义核心价值观过程中的薄弱环节。①首先，要加快现代大学制度建设步伐。加快建设中国特色现代大学制度，促进高校深化改革，提高质量，内涵发展，培养千百万合格建设者和优秀接班人，要结合国家治理体系和治理能力现代化的实践，结合大学改革发展的进程，以社会主义核心价值观为评价准则，做好有关制度、政策的制定和修订。其次，要注重制度设计的科学性。协调推进制度建设的科学性和系统性，注重制度之间的有效配合，既体现社会主义核心价值观的价值取向和目标定位，又保障践行社会主义核心价值观的有效运行。再次，要注重制度的有效性。要加强落实制度的力度，坚持惩恶扬善，切实发挥好制度规约和制度关怀的作用，使得社会主义核心价值观真正确立起来，能够为大学生内心所认同，真正成为他们的内心信念和外在实践。

---

① 李家俊：《培育和践行社会主义核心价值观：现状分析和路径》，《中国党政干部论坛》2014 年第 10 期。

总而言之，只有符合当代大学生的内心期待和利益诉求，坚持“以人为本”，注重宣传教育和传统文化涵养，利用好榜样的力量，重视实践养成，在实践中由认知认同延展向情感认同，将主观意志和内心信仰相结合，才能更好地引导大学生积极践行社会主义核心价值观。

（作者为上海大学社区学院讲师）

社会主义核心价值观对个体自我认同的引导

李　玲

一、 渴望承认的自我认同

唯物史观认为，任何一个国家的历史都是由历史上的人和现实中的人的活动构成的。这种历史上的人和现实的人，是基于社会需要和自身需要的统一进行实践活动、处于社会关系中，是具有主观能动性的人。所以自我不是静止的，而是要与他人形成一种互动关系，在这种关系中，一方面形成个人的品质，另一方面也体现着他人对自我品质的理解和确认。众所周知，马克思关于人的本质的学说，科学地揭示了人的自然属性和社会属性，对个体而言，这意味着他/她在自我认同的过程中渴望获得承认的要求。对于这种要求，查尔斯·泰勒说，"我的认同是通过与他者半是公开、半是内心的对话协商而形成的。……我的认同本质性地依赖于我和他者的对话关系。"①因此，人的这种自我同一性需要在一个互动关系中形成，而且这种互动关系需要是一个被肯定和认可的过程，换言之，这种互动就是自我所需求的一种彼此相互承认。

（一）自然属性中的依存需求

自然属性是人脑对自然界面貌、现象、规律的认识。作为自然人，我们的一切活动都存在于自然界中，既要维护自然界的创造又要向自然界寻求吃、穿、住等必需品。动物只是按照它所属的那个种的尺度和需要来建造，而人却懂得按照任何一个种的尺度来进行生产，并且懂得怎样把自己内在尺度运用到对象上去。②所以，人的生命活动在本质上区别于动物。人类发挥聪明才智制造工具，在利用工具认识自然界改造自然界的同时也认识和改造自己。换言之，就是说

① ［加］查尔斯·泰勒：《承认的政治》（上），董之林、陈燕谷译，《天涯》1997年第6期。

② 马克思：《1844年经济学哲学手稿》，人民出版社2008年版，第53—54页。

人作为个体,有自己所属的自然特性,而这个特性是个体生命存在和延续的基础。人在进化的过程中,大脑逐渐形成,成为控制运动、意识的高级神经中枢,拥有了细腻情感和创新思维,并具备了使用双手和工具的能力。

人与动物的本质区别在于社会实践活动,生产劳动是人存在的最基本社会实践活动。而生活中的人既表现出自己的社会属性,同时也表现出人的自然属性,无论人的社会属性程度如何,毫无例外地都渗透着人的自然属性。因为自然界是自我与他人保持联系的纽带,作为自然界中的重要组成部分,人必须同周围的环境和谐相处,必须始终依存这种自然属性,进而才能直接或间接地影响他人。人的自然属性同社会属性是一对矛盾的统一体,人的自然属性是社会属性的基础。

(二)社会关系属性中的承认需求

在《关于费尔巴哈的提纲》中马克思指出:"人的本质不是单个人所固有的抽象物,在其现实性上,它是一切社会关系的总和。"①这是人的社会性和本质特性。虽然人存在的基础是其自然属性,但人之所以成为人,并不在于人的自然属性,而在于人的社会属性。社会和人是密不可分的,社会是由现实的人及其活动构成的,人是组成社会和实施社会活动的人,只有二者合一,才能够产生意义。这说明人总是处于一定的历史条件下和人际关系中。生产关系在人的所有社会关系中是第一位的,是最基础最原始的。对于公民个体来说,自呱呱坠地起,就已置身于国家这片土壤上,成为国家的一员,并享有国家所提供的物质条件和文化教育。伴随自己的成长发展,公民拥有独具特色的民族语言和生活习惯,形成浓厚的地方性、本土性特色,并在实践基础上逐渐形成各种社会关系,这是人的本质需求。人只有做到很好地处理这种社会关系,促进社会的发展、稳定、有序和自己的全面发展,才能够在社会中得到很好的赞许与承认,满足人的社会属性,达到很好的自我认同。

个人层面的价值准则体现了公民生存和发展所必需的社会属性。因此公民有义务也有责任认同和遵守国家所倡导的各种政策和制度,特别是国家的核心价值观。如果个人不能做到爱国就会找不到归属感,如果处理不好职业关系,不

---

① 《马克思恩格斯选集》第1卷,人民出版社1972年版,第60页。

但会影响自己才能的发挥,还可能无法维持自己的生活,如果不能友善对待自己以外的人,就无法经营自己的人际关系等等。当公民无法遵守这“八个字”的准则时,就会产生上面的种种问题,公民会感觉与自己相关的一切都一团糟,无法生存于国家、立足于社会、交往于他人,在社会的各种关系中都得不到承认,从而否定自己,批判自己。无法使自我的社会属性得到满足,自我认同问题就可能由此而产生。“我们的认同部分地是由他人的承认构成的;同样地,如果得不到他人的承认,或者只是得到他人扭曲的承认,也会对我们的认同构成显著的影响。”①所以,自我认同离不开他人和社会的承认。个体总是生活在一定的社会关系中,在这种关系的建立过程中,通过与他人的互动来认识自我、评价自我。社会关系是个体自我归属感的物质基础,也是个体所体现的人的本质的客观根据。②如果公民个体能很好地接受社会主义核心价值观的教育,并外化为实际行动,发展处理好自己在社会中的各种关系,得到国家社会以及他人的承认与认同,那么就可以充分实现自己的社会属性,并正确地指导和引领对自我的认同。

二、 追求超越的自我认同

世界上一成不变的东西是不存在的。唯物辩证法认为,一切事物都是动态的,处于变化发展的动态过程中。无论是自然界、人类社会还是思维领域中的一切现象都是作为过程而存在、作为过程而发展。社会性是人的本性,即本质。而社会性的实现必须以人的不断自我超越为基本任务和目标。③人类认识是永无止境的,是在不断超越既定状态的过程中逐渐丰富起来的,超越是人类的一个属性。所以,无论是社会的主流意识形态还是作为社会实践主体的个人,都要遵循客观规律,有着超越现在、发展未来的过程。

---

① [加]查尔斯·泰勒:《承认的政治》(上),董之林、陈燕谷译,天涯杂志社 1997 年版,第 49 页。

② [美]查尔斯·霍顿·库利:《人类本性与社会秩序》,包凡一、王源译,华夏出版社 1989 年版,第 118 页。

③ 刘保民:《社会个体实现自我超越的根本途径及其生成依据》,《陕西理工学院学报》2007 年第 2 期。

（一）由自觉到制度的本体超越

社会主义核心价值观是马克思主义中国化的重大课题，坚持“一体两翼”的建设路径，即以不断增强马克思主义意识形态的吸引力和凝聚力为主体，从全球化的共时态语境和从中国传统价值观向社会主义核心价值观历时态出发进行逻辑反思、理性批判和创新发展。这项建设经过全党和全国人民的不断努力，已经取得了很大的发展和进步，实现了一次又一次的超越。如社会主义核心价值观在每个历史阶段都有特定的凝练和概括，对于爱国、敬业、诚信、友善这四个方面的内涵和特征的发展变化，在本文的第二章中已经分别介绍。通过对这些内涵的追溯和概括，可以看出这四组个人价值准则都是在汲取中华民族优秀传统文化、借鉴西方合理价值观内容的基础上，突破既定，根据新时代的特点和需求不断完善和开拓创新的结果，都是一个个具体的、历史的范畴，是一个个不断生成的概念。换句话说，每一次的前进都是对既定的传承和超越。

无论是爱国、敬业还是诚信、友善，其实在古代社会中也都是很受重视的，为社会的稳定有序发展起到了很好的规范作用，但再怎么强调也都是作为一种社会道德范式来规范大多数人的言行，表现为一种自觉，即愿意或不愿意，而没有成为一种强制定式，这无形中就会给那些“无德”或“低德”的极少数人横行霸道、乱语蛊惑的机会。在现代社会，这四组概念已经不再仅仅是社会道德规范，而是已经适应时代发展的要求，上升为国家制度，成为一种核心价值观和公民品质的标准，表现为一种强制性的制度。更重要的是，通过这种制度，可以促使公民将其知识内化为自己的价值观，在潜移默化中自觉地实践，从被动的“接收”跳跃至主动的“接受”，这种效果是党和国家目标的达成，更是一种超越。

（二）与社会同步的自我超越

唯物史观主张人民群众是历史的创造者，社会历史的发展是无数个人合力的推进。在《1844 年经济学哲学手稿》中，马克思就提出：“历史什么事情也没有做……历史并不是把人当作达到自己目的的工具来利用的某种特殊的人格。历史不过是追求着自己目的的人的活动而已。”①他的这个思想说明人类历史的发展不是一蹴而就，永恒不变的，是伴随着人类在社会中的实践活动而生成前进

---

① 《马克思恩格斯全集》第 2 卷，人民出版社 1957 年版，第 118—119 页。

的。马克思在19世纪上半叶就曾指出:“思想从来也不能超出旧世界秩序的范围:在任何情况下它都只能超出旧世界秩序的思想范围。思想根本不能实现什么东西。为了实现思想,就要有使用实践力量的人。”①由此可知,社会历史随着人类实践活动的发展实现着自身的历史性超越,而人和社会是分不开的,在实践中人既能够推动社会的发展,又可以借助于社会的发展程度和状况发展自我,超越自我,追求与社会发展的同步。所以自我认同不是既定的,而是能动的。从这点上来说,人的自我认同具有超越性。

人立足于社会,发展于社会。那么,若想获得人的全面发展,就必须依托于社会的进步。因为社会的进步能够为人的发展提供客观前提和现实基础。价值论认为,人的自我价值与社会价值拥有不可分割和断裂的实现途径。放到社会现实中,具体地来说,一个人如果能够通过扎实的理论知识和锲而不舍的实践,积极地为社会事业服务,那么他不但可以增强自己的社会发展能力和创造能力,而且还可以提高自我认识能力,实现自我价值和社会价值的同步增长。社会主义核心价值观的界定和不断演变是历史的发展,而这个过程也正彰显出了人类的自我超越。所以,高校必须要高度重视,把培育社会主义核心价值观当成一项艰巨而伟大的任务,引导大学生以爱国、敬业、诚信、友善为价值准则,否定既定自我,为“我”重新定位,追求与社会同步的自我,促进对自我的肯定和认同。

三、 激发动力与确立方向

(一)现实需要是一切活动的原始动力

在现实生活中,人类各种需要的满足是其行动的原动力。马克思曾指出“人的每一种本质活动和特性,每一种生活本能都会成为一种需要。”②这种内在需要的存在,激发人们不断地通过实践追求人生价值。关于人的需要,从哲学角度来说,就是指主体对物质生活条件和精神生活条件的内在自觉的指向,换言之,就是物质需要和精神需要的双重性。个人需要是循序渐进、辩证有层次的。毫

① 《马克思恩格斯全集》第2卷,人民出版社1957年版,第152页。

② 《马克思恩格斯全集》第2卷,人民出版社1957年版,第95—153页。

无疑问,生存大计是摆在第一位的,满足生存需要的衣、食、住、行等物质生活条件是需要的基础。在基本的生存需要得到满足之后,人会随之追求观念方面的需求,在这种需求的刺激下,不断提高自己的社会性,发挥自己的智慧和主观能动性发展或创造出精神上的需要对象,追求精神上的充实,如通过学习提高自己的知识素养,参加社会慈善公益活动培养自己的公德心,出席各种商业娱乐活动,加强与他人的互动,促进彼此之间的诚信友爱和谐交往等等,这些都通过实践活动具体表现为对真、善、美的追求。从辩证唯物论角度来说,社会的发展进步,驱动人的需要层次的加深;反过来,人的需要的丰富和发展,又进一步推动着物质生活条件的改善和精神价值的追求。也正是在这样一个过程中,人不断地调整自我、发展自我,超越自我,达到自我认同。

个人层面的社会主义核心价值观集真、善、美于一体,全面而丰富,这正是人的精神需要的重要组成。人得到这种需要的满足,就可以激发自己的动力,在推动社会发展的同时追求自己的全面发展,达到很好的自我认同。人若不能得到这种需要的满足,不能得到社会主义核心价值观的指导和引领,那么人就不能很好地提高思想境界和价值追求,无法与社会发展相适应创造出健康愉悦的生存生活环境,从而丧失贡献社会和发展自己的双重动力,造成自我认同问题。

(二)目标理想为一切活动指明了方向

对于公民个体来说,无论是发展社会还是个人自身,如果空有一腔热情或动力但却驶错方向,那么将会是零效果或负效果。社会主义核心价值观的认同和内化不但可以激发个体内在的发展动力,而且还为个体指明了方向,包括“宏观”发展和“微观”发展。一方面,现代社会中,“炫富”、“拼爹”等一些现象时有发生,这些现象有展示社会发达的一面,但更多地是扰乱一些人的选择和努力方向。在这些面前大部分人都能够顾全大局,坚定自己的社会任务,确定自己的努力发展方向,但总是不能排除一些人在面对这些现象时会动摇内心,一味地追求效仿,耗费自己大好青春的时间和精力,淡化自己的社会责任和义务。按照党和国家的发展需要,作为一名社会成员,尤其是当代大学生,应该以大局为重,努力学习文化知识,增长自己的才干,齐心践行中国梦,为实现中华民族的伟大复兴而努力。只有这样才能够在国家发展和个人发展中获得“双赢”,实现自己的价值。社会主义核心价值观内容中所包含的国家目标和社会价值追求,为全民族全社会指明了发展方向和价值取向，这两个方面的合力就是为实现中华民族的伟大复兴而努力。所以从国家和社会的角度来说，社会主义核心价值观确立了当代大学生为国家和社会发展（即“宏观”发展）所要努力的方向。

另一方面，对于公民个体来说，只有不断地发展完善自身，才能够获得全面发展，在内心认同自己。在《自我的根源：现代认同的形成》中，泰勒说：“与我们对认同的需要相关的自我概念，意指突出人类主体性的这个关键的方面，在没有趋向善的某种方向感的情况下我们无法获得这个概念，正是依靠它我们每个人才本质上（即至少特别是规定我们自己）拥有立场。”①这种主体性的理解是一种应然维度的探讨，是对自我发展应当朝向何种方向的辨析，它意味着自我完善。然而，在现实生活中，很多人会不加辨析地盲目崇尚西方价值观，甚至内化为自己的价值准则。例如在西方资本主义社会中，一切以追求利益最大化为目的，以自我为中心是常态，所谓的敬业、友善等都是建立在自己的利益需求之上，否则无从谈及。如果我国当代大学生不能够对这种价值观做出正确的判断和选择，就有可能会导致其养成唯利是图的拜金主义，这对于个人的发展是极其不利和危险的。社会主义核心价值观的个人价值准则是根据中国的国情和优秀传统做出的高度凝练，可以指引当代大学生在社会这个大环境中发展自己、完善自己，以期获得自身的全面发展，达到自我满意和自我认同。所以从个人层面来说，社会主义核心价值观为当代大学生的自身发展（即“微观”发展）确立了发展方向。

四、 自我认同的调整契机

自我认同是主体性和社会性的统一，自我认同的强化是主观能动与客观存在共同作用的结果。培育和践行社会主义核心价值是当前的客观需要，为大学生自我认同的调整提供了良好的契机。

（一）断裂、模糊的认同危机提出自我认同调整的迫切需要

自我认同在主观方面是个人对自我身份的认同，表现在客观物质方面就是对所处社会环境的认同，是人通过社会交往对自身价值进行的定位。因人的社

① ［加］查尔斯·泰勒：《自我的根源：现代认同的形成》，译林出版社2001年版，第46页。

会属性的差异,自我认同表现出自我的主体性和差异性。正是因为这种主体性和差异性的存在,大学生群体中存在着不同程度的认同问题,甚至是认同危机。

当代大学生主体价值观尚未成型,呈现出不稳的特征,容易受到多元思潮和文化的影响。以网络为主要平台的新媒体成为各种评论和思潮传播的主要渠道,各种主流与非主流文化、现代与传统文化、东方与西方文化等思潮激烈碰撞,各种错误的、负面的信息都能够利用各种渠道和方法展现在大学生面前,具有较大的影响力,对思想活跃、开放,兼容性强、易于接收新鲜事物的大学生在认同方面产生影响,使大学生原有的认同模式被打乱、打断,使尚未成熟的价值观、理想信念变得模糊、混沌。

作为主流意识形态,社会主义核心价值观是中华优秀传统文化的体现,能够对当前大学生存在的认同问题、认同危机提供适时的调整。

（二）变化、发展的动态特性提供自我认同调整的客观可能

恩格斯说,运动被理解为存在方式,是物质的固有属性,囊括宇宙中发生的一切变化和过程,从单纯的位置变动起直到思维变化。①所以说,运动、变化和发展的属性特征,为大学生依靠社会主义核心价值观进行自我认同的调整提供了客观可能。

社会主义核心价值观与毛泽东思想、邓小平理论、“三个代表”重要思想和科学发展观是一脉相承、与时俱进的,都是基于客观环境的运动、变化和发展,符合全社会最迫切的需要,具有客观必然性。社会主义核心价值观都体现了国家与民族复兴道路上的价值追求和选择,与以往追求的目标相比,无一不体现了事物运动、变化和发展的特性,是国家梦与社会梦、个人梦的统一。

大学生对事物的认识和认同也是运动、变化和发展的,具有一定的过程性。尽管社会主义核心价值观的提出是一种新生事物,大学生对它的认同需要一个过程,但是个人层面的社会主义核心价值观是大学生行为的道德准则,也是公民社会所倡导的道德准则。作为社会主义核心价值观的组成部分,时代赋予个人层面的社会主义核心价值观以新的认识和高度,它与个人的日常生活最为密切,是最为贴近个人感知和最易于产生自我认同的。

---

① 《马克思恩格斯选集》第4卷,人民出版社1995年版,第346页。

（三）奉献、付出的人生价值奠定自我认同调整的主观能动

人具有主观能动性，人从客观实际出发，充分发挥人的主观能动性，可以改变自我和改造世界，对符合客观规律的事物产生认同，对不符合客观规律的事物进行改造。

社会主义核心价值观是一种客观实际，它的提出符合客观规律，符合最广大人民最根本的利益。社会主义核心价值观要达到的目标是国家富强、社会文明和人的全面发展，因此，广大大学生要基于这种客观实际和规律，充分发挥自己的主观能动性，积极地调整自己的价值观。

人的价值由人的自我价值与社会价值组成。对社会主义核心价值观的认同毫无疑问地可以实现大学生的自我价值，满足自身需要。但是，人具有社会属性，自我价值的实现是以社会价值的实现为基础和前提的。爱国、敬业、诚信、友善等方面体现了人与国家间的关系、与职业间的关系、与社会间的关系、与他人之间的关系，这些都在交往中体现出了人的社会性。因此，大学生要通过对社会主义核心价值观的认同，积极发挥自我的主观能动性，为国家、社会和他人奉献、付出，最大程度地实现个人的社会价值，从而能够更好地实现自我价值、形成正确的自我认同。

（作者为上海大学悉尼工商学院专职辅导员）

大数据时代高校学生网络话语的转化与引导

崔海英

大数据时代，网络话语表达的跨文化性、认同的非标准性、形式的散结构性、价值取向的多元性、传播速度的即时性、传播方式的不确定性等特征，使得主流意识形态话语的网络传播面临复杂多变的困境，也对高校网络思想政治教育提出严峻挑战。作为网民生力军的大学生群体，使用和传播了大量网络话语，是网络话语的自主创作者、自觉接受者和大胆使用者。实现大学生网络话语的转化和引导，不仅是消解主流意识形态话语网络传播困境的现实途径，更是提升高校网络思想政治教育实效性的客观需要。

大学生网络话语转化有二层含义：一是指从社会网络话语转化为学生网络话语，即将社会公共网络话语进行语义内涵转换、明确价值内涵、为我所用，这是实现有效转化的前提和基础；二是指大学生网络话语与思想政治教育话语相对接，即使思想政治教育话语成为大学生网络话语的主要构成，这是实现有效转化的核心和终极目标。目前，大学生网络话语与思想政治教育话语之间尚缺乏有效转化的话语链接，亟须对大学生网络话语的应用特点、转化的契合点、指导原则、评价体系、引导策略等进行深入研究。

一、大数据时代高校学生网络话语的应用特点

大数据时代，大学生网络话语应用具有符合其自身身份、年龄阶段、心理特征的个性特点。

（一）“工具主义”：大量应用传递情感意蕴的符号表情语

大学生在网上交流时，很多感受和情绪无法用文字表达，必须寻找其他工具，于是大量运用符号表情语。符号表情语将原本无意义的符号组合在一起，利用生动形象、逼真传神的特性，给人们带来直观的情绪感受，传递情感意蕴。如

“ :)”表示微笑,“@-@”表示头晕眼花等。符号表情语不仅能直接拉近同学亲友之间的情感距离,也能加快信息交流的速度,因此深受大学生的青睐和欢迎。可见,大量运用内容丰富、形式简单、使用方便的符号表情语,体现了大学生群体“工具主义”的个性特点。

(二)“拿来主义”:擅长快速转用网络流行话语

大学生善于快速吸取“新”网络文化,与网络热播信息同步,“来自星星的＊＊”迅速成为校园日常用语,他们将美好的、难以企及的、比较荒谬的事物加上定语,如“来自星星的学霸”、“来自星星的辩手”等。淘宝体、甄嬛体、元芳体、凡客体、琼瑶体、咆哮体等网络新兴文体成为校园生活时尚被追捧使用,如“亲,不要开教室空调哦”、“元芳,你怎么看菜又贵了?”等表达对教室温度、食堂用餐的不满情绪;“纠结”、“郁闷”成为校园口头禅,以表达交友失恋、考试挂科的失落情感。因此,快速地将网络流行语转用到日常学习生活中,体现了大学生群体“拿来主义”的个性特点。

(三)“娱乐主义”:喜欢运用网络话语自娱自谦自嘲自吼

在社会转型期,多元社会思潮和多样文化碰撞交融,各种社会问题频发,身感学习、生活、就业等“鸭梨山大”的大学生运用网络话语流露出追求新奇、减负排压的娱乐心理。他们乐于通过模仿流行歌曲、畅销书、电视剧、新闻事件和经典台词等在网络上自娱自乐,如“做人不能太 CNN”、“打败你的不是天真,是无鞋”等。日常学习生活中,他们既喜欢“损友”,又喜欢“损已”,常以“屌丝”、“打酱油”等自嘲,又不乏“自谦”之意。一些无房、无车、无女友的刚毕业的人在网络空间自吼为“低碳哥”,引起共鸣。因此,运用网络话语自娱、自谦、自嘲、自吼,体现了大学生群体“娱乐主义”的个性特点。

(四)“现实主义”:频繁运用网络话语表达个人发展的价值诉求

“语言是思想的直接现实”,①大学生借助网络话语表达自身发展的价值诉求,体现在其学习观、成才观、就业观、生活观之中。清华大学一位考试满分的理科生,引爆各大高校的论坛、贴吧对“学霸”的热烈追捧,更有人创作出“学渣”、“学婊”等意义相反的网络词语,以表达对学习与成才的价值诉求。“面霸”既表达了愈面愈“强”的就业状态,也表达了屡面屡败的无奈心理。“屌丝”因广泛应

① 马克思、恩格斯:《德意志意识形态》,人民出版社 1961 年版,第 515 页。

用而含义宽泛,有的人自我嘲讽为"屌丝",以表达对学习生活的失落和无奈;有的人用"屌丝"自我设障,以降低成功期望;有的人严格要求自身而自称"屌丝",以自我激励。所以,在学业、生活、就业等切身利益方面,借助网络话语表达个人发展的价值诉求,体现了大学生群体"现实主义"的个性特点。

(五)"民生主义":习惯运用网络话语抒发关注民生社会的家国情怀

大学生密切关注民生境况与社会发展,具有高度社会性、传播性的网络话语是他们参与社会事件、抒发家国情怀的重要渠道。如"我爸是李刚"被广泛传播和使用,体现了他们关心社会时事的心理特点。再如"蒜你狠"、"豆你玩"、"姜你军"等表达了他们对物价和民生的关注;借问"元芳",表达了他们参与社会事务管理的诉求;谴责"范跑跑",凸显了他们对某些人道德下滑的忧虑;使用"楼脆脆",表达了他们对房地产安全生产的担忧。虽身处校园,但敢于运用网络话语评判社会事件,提出质疑,体现出大学生群体忧国忧民的家国情怀。

综上,大学生运用、传播的大量网络话语均来源于社会网络话语,基本上都与一定"社会背景"或"社会事件"相联系,并随发展变化而变化,尽管凸显出"民生主义",但在对待权力滥用与腐败等社会问题时、在评价收入分配不公等社会现象时、在表达自身成长成才的价值诉求时,尚不能理性、客观地运用网络话语,更不能主动传播主流意识形态话语。因此,实现大学生网络话语的转化与引导已成为大数据时代高校网络思想政治教育迫在眉睫的重要问题。

二、 大数据时代高校学生网络话语转化的契合点

大数据时代,网络话语体量的"大"、来源的"多"、传播速度的"快"、价值选择的"散",对大学生网络话语如何有效转化提出了现实考验,无论是从社会网络话语转化为大学生网络话语,还是使大学生网络话语与思想政治教育话语相对接,都必须寻找到"转化"的契合点。

(一)只有满足大学生成长成才的主体情感需求,才能实现从社会网络话语向大学生网络话语的转化

"没有'人的感情',就从来没有也不可能有人对于真理的追求"。①虽然,大

① 《列宁全集》(第25卷),人民出版社1988年版,第117页。

学生迅速转用和广说传播与既得利益密切相关的社会网络话语，但多数人仅是从自身兴趣爱好出发，片面追求“工具主义、拿来主义、娱乐主义”，表现为自发自主、自说自话，在社会网络话语如何承载主流意识形态价值观念的语义转换方面，尚缺乏深入思考与语体创新的责任意识，更缺乏积极创造的激情与热情。“激情、热情是人强烈追求自己的对象的本质力量”，①只有当大学生在情感上体验了主流意识形态价值观念对于其成长成才的真正意义，才会积极地对社会网络话语进行语义内涵转换为我所用。

因而，教育者应以满足大学生成长成才的主体情感需求为切入点，帮助大学生强化与自身成长成才一致的网络话语信息的接收与回忆，以此激发其主动性、积极性与创造性，引导他们不仅要甄选运用富含主流意识形态价值观念的网络话语，而且要乐于转换社会公共网络话语的语义内涵为我所用，更能够主动创造和传播弘扬社会主义核心价值观的网络话语，以夯实主流意识形态网络话语的主导地位，实现从社会网络话语到大学生网络话语的有效转化。

（二）只有增强思想政治教育话语的吸引力和感召力，才能实现大学生网络话语与思想政治教育话语相对接

与广泛使用社会网络话语形成鲜明对比，思想政治教育话语的运用局限于应付考试，很少有人在日常交流中运用思想政治教育话语，即使是政治上进取心强的学生，也不过是在入党谈话等政治性活动中有限运用思想政治教育话语，他们在与同学、亲朋之间交流时往往使用自己转化的网络话语。这一方面是因为思想政治教育话语的抽象性、意识形态性强，与日常学习生活实践联系不密切，难以被人理解与接受；另一方面是因为大学生对思想政治教育话语的接受能力与认识水平有限。“实践是思想政治教育过程的基础”②，只有在日常学习生活实践中，切身感受到思想政治教育话语的吸引力和感召力，大学生才能将平时喜欢运用的网络话语与思想政治教育话语相对接。

“个人怎样表现自己的生活，他们自己就是怎样。”③在课堂传授、网络互动、日常交流等思想政治教育实践活动中，教育者应努力将“理想信念”、“三个自

---

① 《马克思恩格斯全集》（第42卷），人民出版社1979年版，第169页。

② 邱伟光：《思想政治教育学》，学林出版社1990年版，第132页。

③ 《马克思恩格斯选集》（第1卷），人民出版社1995年版，第67—68页。

信”、“社会主义核心价值观”等思想政治教育话语有机渗透进大学生的日常学习与生活之中，从而与学生个体的生活体验式的网络话语相对接，使其逐渐融入学生喜闻乐见的网络话语体系，最终根植于学生心中，使他们熟知、乐用。

三、 大数据时代高校学生网络话语转化的指导原则

面对大数据时代的瞬息万变，要实现大学生网络话语的有效转化，教育者必须遵循以下指导原则。

（一）意识形态安全性原则

大学生网络话语转化须谨遵意识形态安全性原则。网络无边界，但网络意识形态有边界。大数据时代，我国的主流意识形态面临着来自国内外的诸多挑战，高校网络思想政治教育的第一要务是捍卫和保证意识形态安全性。在进行大学生网络话语转化时，教育者必须坚持马克思主义在意识形态领域的一元化指导地位，切实认识到马克思主义是中国特色社会主义的旗帜和灵魂，时刻注意“中国特色社会主义理论体系”的一些基本概念与内涵不能改变，始终坚持“社会主义核心价值体系”的社会主导地位，正确处理好坚持一元化的指导思想与大学生思想多元化的关系，从而最大限度地包容多样网络话语，化解大学生多元思想与一元指导思想的矛盾，调动一切积极因素，提升马克思主义意识形态话语的网络传播能力，营造意识形态安全的网络文化环境。

（二）层次性原则

大学生网络话语转化应区分层次性。首先，依据人在大学阶段需要解决的不同问题进行不同的转化设计。比如，按问题性质分类，第一层次要解决大学生的政治问题，可以在政治方向、政治原则、政治立场、政治信仰等方面进行网络话语转化；第二层次要解决大学生的思想认识问题，可以结合个人的世界观、人生观、价值观，以及社会公德、职业道德、家庭美德、个人品德等方面进行网络话语转化；第三层次要解决大学生的个人实际问题，可以结合大学生在日常学习与生活中的实际问题与情感困惑进行网络话语转化。其次，针对思想政治教育话语内涵的不同层次进行不同的转化设计，比如“理想”包括生活理想、职业理想、社会理想、政治理想等从低到高的四个层面，对于起点低的生活理想，可以以“中国

梦”与“个人梦”相结合的视角进行网络话语转化,而对于最高点的政治理想,则可以从国家认同高度进行网络话语转化。

(三)差别性原则

大学生网络话语转化应体现差别性。不同年龄、不同性别、不同学科、不同年级、不同民族、不同生活经历、不同思想境界、不同心理状态的学生,他们对于思想政治教育话语的形式、内容及所传递的信息的接受能力、接受程度和接受范围等存在着差别,因而进行网络话语转化的目标、内容及方式方法也不尽相同。教育者在进行大学生网络话语转化过程中,应因人制宜、因地制宜、因事制宜、因时制宜,根据不同学生的不同特点,确定不同的转化目标、转化内容和方式方法,有的放矢、因材施教、因人利导,努力贴近大学生的日常学习生活与思想实际,在网络话语转化过程中切忌“高而空、大而全”,具体情况具体分析、具体转化,切实帮助大学生解决成长成才的困惑、困难与问题。

(四)平等性原则

大学生网络话语转化应紧跟大数据时代的发展步伐,贴近大学生话语实际。教育者应摒弃“权威至上”的传统教育理念,冲破“前喻文化时代”的观念束缚,开放心态,热情接受并主动适应与大数据时代并肩前行的“后喻文化时代”,充分尊重大学生的主体地位,遵循网络思想政治教育规律,努力发掘学生网络话语应用表象背后所隐藏的心理状态与态度立场,找到大学生网络话语和思想政治教育话语之间的结合点、共通点,减少不同话语之间的误读、抵制和冲突,化解思想政治教育话语的“信息垄断性”和“传播排异性”的困境,实现两种话语之间的良性交流和平等互动,充分调动大学生的积极性和创造性,引导他们主动进行网络话语转化。

此外,还要注意,很多以符号、表情构成的网络话语是大学生自己创造的,仅代表其当时的思想和心情,不需要进行转化,教育者要学会辨别分析。

四、 大数据时代高校学生网络话语转化的评价体系

目前,大学生网络话语转化尚没有构建科学的评价体系,对于转化的效果评价多以定性评价为主,不能客观地反映大学生网络话语转化的有效性。构建科

学有效的评价体系，是一项庞大的系统工程，本文仅从主体、过程、质量等方面初探大学生网络话语转化的评价体系。

（一）在主体上，开展多元主体评价

多元主体评价，是指由实施大学生网络话语转化活动的各个相关主体进行评价，主要包括教师自评、同行互评、学生评议、社会评价、舆论评价等。首先，大学生网络话语转化是教育者的岗位职责，作为教育主体，教育者可以自我评价，也可以在不同院校、不同教研科室之间进行同行互评；其次，作为教育客体，网络话语转化也是大学生自身肩负的时代使命，他们既可以评价自己、与同学相互评价，也可以评价教师；最后，大学生网络话语转化的社会效应至关重要，通过社会反响、舆论报道会得出相应评价结论。多元主体评价保证了大学生网络话语转化评价的全面性和客观性。

（二）在过程上，实施动态过程评价

动态过程评价，是指对大学生网络话语转化的过程进行跟踪评价，具有导向性、渐进性，强调关注大学生网络话语转化的动态过程，但不是单纯地观察转化的过程，而是要关注转化过程中所发生的结果，做出正确的价值判断、肯定合适的语义内涵，并找出与主流意识形态大相径庭的话语问题，及时予以正确的引导与解决。动态过程评价的主要功能不是体现在评价大学生网络话语转化内容与行为的某个等级或者定性评语方面，更不是要区分比较教师、学生等主客体的态度和行为表现，而是体现在评价对象的个体差异上，也就是纵向比较大学生网络话语应用的过去与现在，或者横向比较思想政治教育话语，从而得到客观合理的评价结论。动态过程评价保证了大学生网络话语转化评价的客观性和真实性。

（三）在质量上，注重传播效果评价

传播效果评价，是指对大学生网络话语转化所要达到的预定目标的实现程度进行评价。大学生网络话语转化的主要目标是传播主流意识形态话语，包括二点：一是对大数据时代的网络媒体传播而言，要规范网络用语，净化网络空间，捍卫与保证网络意识形态的安全性；二是对大学生个体而言，要将思想政治教育话语与大学生网络话语相对接，从线上到线下，以自身言行积极推动和谐社会建设。传播效果评价可以通过诊断、鉴别和激励的方式进行。诊断是对大学生网络话语转化的运行状况是否有助于达到转化目标做出诊断，可以通过问卷、测试、谈话等各种方式进行。鉴别是对大学生网络话语转化的成果、效率、效应作出科学的判断。激励是运用合理的激励方式,充分调动教师、学生进行网络话语转化的积极性。传播效果评价保证了大学生网络话语转化的科学性和时效性。

五、 大数据时代高校学生网络话语转化的引导策略

大数据时代,网络话语的语义内涵变化层出不穷,教育者应在时、度、效等方面引导大学生自觉进行网络话语转化。

(一) 在网络宣传上,顺应时代、打造时势、抓住时机

首先,顺应大数据时代潮流,创新大学生网络话语转化的宣传理念,是实现从社会网络话语转化为大学生网络话语的必要途径。“明者因时而变,知者随事而制。”①大数据时代,网络宣传工作“要树立以人民为中心的工作导向,把服务群众同教育引导群众结合起来,把满足需求同提高素养结合起来,多宣传报道人民群众的伟大奋斗和火热生活,多宣传报道人民群众中涌现出来的先进典型和感人事迹”,②在满足人民精神需求的公共网络话语中,为大学生网络话语转化提供“取之不尽,用之不竭”的丰富来源。

其次,打造中国特色社会主义宣传教育时势,引导大学生全面客观地认识中国特色社会主义,是实现大学生网络话语与思想政治教育话语有效对接的首要前提。充分运用网络媒体的传播优势,在网络空间宣传阐释“中国特色”的来龙去脉,“讲清楚中国特色社会主义植根于中华文化沃土、反映中国人民意愿、适应中国和时代发展进步要求,有着深厚历史渊源和广泛现实基础。”③为大学生网络话语转化营造清朗的网络空间。

最后,抓住新形势下的宣传时机,改善大学生网络话语转化的舆论生态。一方面,对待全面深化改革的国内新形势,应牢牢掌握网上舆论的领导权、管理权、话语权,定期设置议题,发布权威信息,提高开展网络舆论热点问题正面评论和有效引导的水平,让大学生爱听爱看、产生共鸣、达成共识,充分发挥正面宣传鼓

---

① 桓宽:《盐铁论》,卷二之忧边第十二篇。

②③ 习近平:《讲好中国故事,传播好中国声音》,http://news.xinhuanet.com/zgjx/2013-08/21/c_132648439.htm。

舞人、激励人的作用,为大学生网络话语转化营造良好的国内网络舆论生态环境。另一方面,对待世界形势的新发展新变化,对各国出现的新思想新观点新知识,要加强网络宣传报道,以利于积极借鉴人类文明创造的有益成果;还要创新对外网络宣传方式,着力打造融通中外的新概念新范畴新表述,讲好中国故事,传播好中国声音,为大学生网络话语转化营造良好的国际网络舆论生态环境。

(二) 在网络思想文化上,划定限度、加大力度、凝练精度

首先,划定网络意识形态的边界限度,明确大学生网络话语转化的指导思想。党的十八大以来,中央高度重视在全社会培育和践行社会主义核心价值观,社会主义核心价值观已经成为大学生网络话语转化的指导思想。教育者要善于把培育和践行社会主义核心价值观与大学生的日常生活与实践相结合,使社会主义核心价值观融入大学生的日常学习生活和精神世界,引导大学生运用马克思主义立场、观点、方法观察和解决日常生活与实践中的问题,从而自觉进行网络话语转化。

其次,加大中华优秀传统文化的网络传播力度,丰富大学生网络话语转化的思想政治教育资源。在网络思想文化供给上,应持续不断地将中国古代思想文化的重要典籍与精髓,输入到网络上,不仅输入原著与原创,而且输入对原著或原创的现时代解读,创新与创作适于网络传播、格调健康的文化作品,引导大学生正确把握中华优秀传统文化与中国化马克思主义、社会主义核心价值观的关系,以源源不断的"文化软实力"的丰厚滋养,不断强化大学生的文化主体意识和文化创新意识,完善人格修养,从而自觉进行网络话语转化。

最后,凝练社会主义思想道德建设的内涵精度,增强思想政治教育话语的吸引力和感召力。"国无德不兴,人无德不立。"①"社会主义核心价值观,其实就是一种德,既是个人的德,也是一种大德,就是国家的德、社会的德。"应广泛开展社会主义核心价值观的网络传播,用正面声音和先进文化占领网络阵地,不断夯实中国特色社会主义的思想道德基础,努力提高思想政治教育话语的吸引力、感召力,积极引导大学生在生活实践中讲道德、尊道德、守道德,追求高尚的道德理

---

① 习近平:《青年要自觉践行社会主义核心价值观》,http://www.wenming.cn/specials/zxdj/hxjz/hxjz_yw/201405/t20140505_1916869.shtml。

想，从而自觉进行网络话语转化。

（三）在网络育人阵地上，讲求效益、提升效率、集聚效应

首先，讲求校园网络阵地的育人效益，融入大学生网络话语转化的教育艺术。教育者要积极关注网络话语的发展趋势，实时研判校园网络的舆情动态，与学生的兴奋点、兴趣点保持同步，设计创造并运用融思想性、知识性、趣味性、服务性于一体的思想政治教育话语。在校园网站、微博、微信、报刊等开辟专栏与学生进行碰撞心灵的网络话语互动；在信息发布、新闻报道中适度使用网络话语并融入教育艺术，表意平等亲切，形式新颖时尚，学生喜闻乐见，使思想政治教育话语成为学生成长成才的有益帮手。

其次，提升思想政治教育网络新媒体的建设效率，加快大学生网络话语转化的速度。应大力推进辅导员博客、党团博客、思想政治理论教师博客、校务微博、班级微博、校园微信公众账号、校园易班等思想政治教育网络新媒体的建设效率；要多设计与创造言简意赅、意境优美、准确表达的思想政治教育话语；在日常交流时，教育者还应多多运用生动、形象的符号表情语，既加快交流的速度，拉近与学生之间的情感距离，也加快大学生网络话语转化的速度。

最后，集聚各类思想政治教育网站的育人效应，发挥大学生网络话语转化的功效。面对网络话语的各种语义歧义问题，教育者应优化与整合各类思想政治教育网站的育人资源，采用科学方法，观察与比较大学生网络话语应用的各种表象，分析与阐释各种表象背后所隐含的大学生自身的价值观念及影响因素，概括和推理大数据时代网络话语转化的规律，并依据规律，设计实施网络话语转化的方式方法，引导网络话语的发展趋势，使大学生能在“眼花缭乱”的网络世界中，明辨是非、增强自律、规范言行，从而发挥大学生网络话语转化的功效。

（作者为华东师范大学信息科学技术学院副教授）

生态理性人的培育

——以大学生教育为视角

金家厚

一、问题的提出

对于生态危机及其严重后果，人们相对而言有了较多认知，而尚存分歧并亟待探讨的则是破解生态危机何以可能以及破解路径究竟何在。实际上，从生态危机的发生来看，既有自然因素的作用也有人的因素的作用，但最根本的还是由于人的活动所造成的生态系统破坏或引发生态环境的变迁。毋庸置疑的是，生态危机的日益加剧不是自然原因而主要是由人为原因造成的。①因此，探讨生态危机的破解最终必然指向对现实社会中人的生存活动与存在方式的深层反思。

立德树人应是当前对大学生进行思想政治理论教育的根本任务。所谓立德树人，关键在于引导大学生自觉对理性世界乃至意义世界进行自我建构，使其价值观念、人格品质和人生理想得到塑造，并树立正确的世界观、人生观和价值观。换言之，为时代发展和社会进步培养合格的人应是高校思想政治理论教育工作者的天职和使命。

那么，如何将对大学生的立德树人教育置于生态危机这一时代背景中施行，无疑是个重要命题，因为这种教育的合法性其实就源于时代发展和社会进步对人的发展的内在要求。当人类面临前所未有的生态危机甚至在它危及人类文明的时候，如果对此视而不见，还继续向大学生灌输不相干的知识和理论，让他们的大脑装满一些真实但却“无现实感”、“无活力”的东西——与现实社会或社会现实问题严重脱节的知识和理论，这对以立德树人作为根本任务的大学生教育

① 庄友刚：《生态建设在人的发展中的历史定位——基于唯物史观视野的考察》，《中国特色社会主义研究》2014 年第 1 期。

来说显然是令人质疑的。

有鉴于此,本文将大学生教育与生态危机问题结合起来,尝试提出“培育生态理性人”议题并对此展开讨论,旨在引发思考:针对当下日益凸显的生态危机,依托于高校思想政治理论课教学而施行的大学生教育该做什么,又能做什么?

二、 生态理性人培育的分析框架

(一) 生态理性人及其意义

首先,何谓理性。理性总是针对人而言的,它是人区别于动物的一种根本特征。从认识论角度来看,它表现为人正确认识世界的能力;从价值论角度来看,它表现为人正确评价主客观关系以及社会关系的能力;从方法论角度来看,它表现为人正确改造和建设世界的能力。由此,理性乃人之本性的一种反映,它是人在劳动和交往实践中获得的一种本质属性,它对社会进步乃至人类文明进程发挥着重要的推动作用。

其次,何谓生态理性。由于人之本性的丰富性和完整性,因而对人的理性的内涵可作多种理解、揭示和开发应用。生态理性主要是针对工业文明时代占据着统治地位的“经济理性”或“科技理性”而提出来的,它是人从生态伦理学意义上选择思想和行为模式的一种理性,它是以人、自然与社会的整个生态系统的整体利益作为最高原则和目的的,从而保证理性在处理人与自然、人与社会等关系时达到内在的和谐统一。显然,生态理性是内涵丰富、标准及要求都很高的一种价值理性。

再次,何谓生态理性人。由于理性具有多种内涵,加之人们的不同认知,因而人的理性潜力有朝着不同方向发展的可能性。一般来说,在不同方向理性力量的支配下,人的生活选择会有较大差异。在这种情况下,本文提出“生态理性人”概念。所谓生态理性人,可理解为在生态理性支配下所形成的一种现代人格,具备此种人格的人能够自觉将生态理念和生态原则内化为自身的价值观念、人格品质和人生理想;①从行为表现来看,这种人往往具有强烈的生态意识、生

---

① 张召、路日亮:《塑造生态理性人的实现路径》,《山西大学学报(哲学社会科学版)》2012年第1期。

态认知以及相应的生态行动。

最后,生态理性人的意义。无论是理性还是生态理性,它们都还只是一种理念,没有真正转化为现实生活中的实际行动。那么,若要试图解决生态危机难题,则需要能够将生态理性这一理念转化为社会中实际行动的主体人,即生态理性人。因为只有生态理性人才会自觉以生态为原则,全面系统地改造工业文明下所形成的人以及社会世界,这样就为个体人投身于生态文明建设找到了一种内在动力,同时也为生态危机的最终破解找到了一条可行路径。

所以,生态文明建设在某种意义上就是生态理性人的建设,因为在个体化社会中只有对“人”这一行动主体实行生态化的改造和建设,所谓的生态文明建设才真正获得了“实践者”这一基本条件,这也正是当下中国生态文明建设由理论转化为实践的逻辑前提。之所以作如此判断,这是与现代性境遇下社会结构变迁及其发展趋势相吻合的。假如我们抛开了具体的社会结构,只是一味地从政治意识形态出发来寻思生态危机的破解路径,这种做法显然是偏执的,也是难以奏效的。基于此,本文提出生态理性人的意义在于,我们是站在现代个体化社会这一社会基础之上,将“生态理性”与现实社会中具体的“人”结合起来,来探讨走出生态危机的可能性与可行性。

(二)生态理性人培育模式:个人素质与社会结构

生态理性人的培育是在现代性境遇下所提出来的命题。由于现代性本身的综合性和复杂性,生态理性人的培育必然是嵌入到现代性的社会结构中进行的一项系统工程。进一步来说,尽管我们是以对个体化社会中人的培育作为切入点,但必须把它置于整体性的社会结构中进行分析,否则我们所提出的生态理念和生态原则有可能与现实中的社会结构相冲突,以至其效力会被社会结构所抵消。

这里,从两个层面对生态理性人的培育展开讨论,一是“个人”层面,另一是“社会”层面。就个人层面而言,主要涉及个人素质问题,而对社会层面而言则主要是社会结构问题。生态理性人的培育,就是要通过个人素质与社会结构之间的相生相成机制,尤其是以“生态理性”为轴来系统地改造和建设社会中的人以及社会结构,从而使原有的人和社会结构在基本“质”上实现整体性跃迁。这样一来,关键点就在于如何将生态理性人的培育嵌入到社会结构之中来施行。为此,本文尝试从“物质领域”、“社会领域”和“意识领域”三个维度作分析。

其一,关于物质领域。从个体人生活的物质领域来看,个人素质大致有两种类型:一种是自然化生活,另一种是技术化生活。二者的区别主要在于,在生活的物质层面上有没有大量使用机器或现代技术。随着现代生产力的发展和劳动效率的提高,有越来越多的机器或现代技术应用于个人生活的物质层面上。这些机器或现代技术的使用确实给个人生活带来了舒适,同时也赋予个人以更多的改造和控制自然的权力。那么,伴随着这种趋势的深入,个体人便逐渐从自然世界中异化出来,甚至与自然世界形成一种对立关系。显然,这不是生态理性,因为根据生态理性,任何人都是从属于自然世界中的有机组成部分,离开了自然世界这一整体也就永远无法界定孕育于其中的“人”这个部分。

那么,该如何看待以上两种素质类型之间的关系呢?有一种观点认为,这两种素质类型本身就是截然对立的,任何个体人只能从二者中取其一,即要么自然化生活,要么技术化生活。若果真如此,像在今天工业化和现代化已成为国家发展战略的情况下,要让我们来解决生态危机问题其实是相当困难的,也是不太现实的。所以,必须改变这种简单的非此即彼的极化思维,着力寻找以上两种素质类型的中间统一体。也就是说,这两种素质类型并非必然是对立关系,它们完全是可以互补的。基于此,重点是要探寻兼顾二者合理内核的“生态技术化生活”素质类型,即在生活的物质层面着力将“生态化”与“技术化”有机统一起来。如果个体人在日常生活中能秉持并践行这种新的生活素质类型,那就必然要同时在社会的制度和文化等社会结构层面进行相应的重建,即以人们日常生活的“生态技术化”为内涵和要求,对社会的制度和文化作匹配性地重建。因为我们深知,理性的个体人永远只是社会制度和文化的一种载体或化身,①假如不对社会制度和文化进行重建,那么生态理性人本身所彰显的“生态理性”与现实中的社会制度和文化所蕴含的“非生态理性”实际上是相悖的,在这种情况下,生态理性人的培育又何以可能。

其二,关于社会领域。尽管生态危机的形成与个人对生活方式的认知和实践选择直接相关,但其根源还是在于社会,尤其是社会的利益关系结构是否公

---

① 种海峰:《生态理性:现代人生存困境的文化澄明》,《河北学刊》2010年第6期。

正、是否平衡。因为人总是生活在现实社会,或者说社会关系中的人,一方面存在着个人利益,另一方面会同他人发生各种各样的社会关系,因而必然存在着不同程度和范围的公共利益,而生态文明则是最大程度和范围的一种公共利益。其实,个人利益并不必然与公共利益相对立,相反它们具有根本意义上的一致性。我们知道,在人类社会出现私有制之后,个人利益便与公共利益产生了分裂,个人利益甚至成了与公共利益相对立的私人利益,从而私人利益成为个体人进行生活实践选择的直接出发点。正因如此,尽管目前生态文明的价值理念受到人们的普遍认可,但生态危机并没有得到有效遏制。所以,在深层次的社会结构意义上,培育生态理性人还得在社会的利益关系结构层面着力调整人与人之间的利益关系,最大限度地平衡人们利益的“私人性”与“公共性”之间的关系,从而建立起公正的社会利益关系结构,以至在日趋个体化社会的人之间形成一种利益共同体乃至价值共同体。在这种共同体中,人与人之间的关系是平等的、民主的、互惠共赢的。

其三,关于意识领域。意识关乎个体人的直觉、情感、态度、意志等心理活动乃至认知活动,因而会对个体人日常生活实践的选择起到影响作用。就个体人而言,主要有两种意识影响着他对“生态理性”生活实践的选择。

一是“参与意识”机制。参与意识源于个体人对生态文明社会的一种认同感和归属感,一般是通过直觉、情感以及身体在场而将个体人与现实社会联系起来。由这种意识转化为生活实践的显著特征在于个体人参与行动的简单性、直接性和具象性。

二是“自反性意识”机制。自反性意识是个体人能够通过思维、概念和逻辑来反思自身以及传统工业社会的经验教训,尤其是重新审视工业文明形态下所形成的理性世界和意义世界。这种意识表明,现代性境遇下个体人具有越来越强的反思能力。与上述的第一种参与不同,这种意识下的参与显得更加深刻、间接和抽象。在这种意识的作用下,个体人会对“为何提出生态理性”、“如何行动”等问题进行分析,以至他有能力对日常生活实践做出选择,同时对生活乃至社会意义做出自我建构。这样一来,个人的整体素质会得到大幅度提升,从而可以更加自觉地改造自我、改造社会、建设社会。

同理,上述的意识机制也同样是存在于制度、文化以及利益关系等社会结构之中的,其作用发挥也当然是以具体的社会结构作为场域条件的。

三、 培育生态理性人的可能路径

毫无疑问,生态理性人的培育属于“育人”范畴,而育人向来是极其复杂的创造性过程。尽管如此,它还是有规律可循的。以上,将生态理性人的培育放在社会结构中论证,这在某种意义上就是对其规律的一种宏观把握。那么,作为承担高校思想政治理论课教学的一名教师,这里仅在教学方式方法意义上探讨针对大学生培育生态理性人的可能路径。

(一) 通过体验式教学,引导大学生实现生态意识的自我建构

生态意识是对人与自然、人与社会的关系以及这种关系的变化时刻给予关注的一种内在倾向性,它是形成生态理性人这种现代人格中不可或缺的一种心理品质。因而,它对人们有关生态危机的认知乃至行动选择都有着较大影响,对生态环境和生态系统保护也有着重要意义,尤其像上文所述的那种自反性意识更是这样。所以,对正在成长中的大学生而言,若他们能真正成为生态理性人,首先得让他们在内在的心理品质中建立起强烈的生态意识,从而为形成生态理性的自我创造内部条件。

那么,如何让大学生建立生态意识呢?这里,针对生态意识的生成性特点,提出体验式教学。这种教学所依据的是当代西方教育家怀特海(Alfred N. Whitehead)的过程教育思想。根据这种思想,每个学生都有自身独特的精神世界、经验基础、情感需求和心灵体验,他们又都处于各自有别的社会关系之中。因此,在对大学生进行生态理性教育时,教师应以人为本、以学生为中心,积极创设有助于他们生态意识自我生成的具体场景和情境。如,《瓦尔登湖》的作者梭罗(Henry David Thoreau)正是在潜入并用心体验大自然本身的无穷美妙之中,才在他的独特自我中悄然生发了强烈的生态意识,从此他便自觉以“生态理性人”作为自身精神生活和灵魂成长的目标追求。

以上案例的启发意义在于,只有当大学生置身于有关生态危机问题的鲜活的场景和情境之中,让他们经历亲身体验和心灵感悟这一心路历程,他们才有可能在心灵深处产生“生态危机如何严重”、“生态文明究竟是什么”等意识。这种

“意识”的获得一定是通过自我建构而实现的，而且它是在学生的主体性和个体性都得到充分尊重下发生的。那么，在此意义上，师生各自的角色以及相互间关系都要重新定位。教师主要是以“意识建构”、“意义建构”和“价值建构”等为旨向把学生引向“活”路，而不是用无生命的“知识传授”去挤压他们本身所具有的创造空间，从而把他们逼上“死”路。同时，师生之间的关系也主要是围绕主体间性并服务于“意识建构”、“意义建构”和“价值建构”等主旨而展开的。

（二）通过实践式教学，引导大学生实现生态生活的自觉选择

生态理性人的培育，最终还是取决于大学生生态生活理念以及生态生活方式的养成，这种养成无疑只有通过自我的生活实践才能逐步实现，这也是支撑“生态理性人”由概念、理念和原则向社会现实转化的根本途径。

作为教学过程的设计者、组织者和引导者即教师来说，重点是要抓好大学生生活实践教育这个环节。首先，得树立“生活育人”、“实践育人”教育理念。任何人都不是真空中的人，而是现实生活着的人。若脱离了生活实践这一现实根基，也就很难在心理意识、价值观念、道德品质乃至精神信仰上引导大学生全面“成人”。正如有人所言，道德本身与生活具有同质性，若要培育一个人健全的德性，就务必通过主体的实际的道德生活、通过别人无法取代的亲自实践来洞察道德的真义。①由此可见，只有通过日常“生态生活”的自我实践，大学生才能真正在生态理性上得到成长。这里，值得一提的是，现实社会中不乏有人格分裂的人，这种人往往在口头上叫嚣“低碳生态”，而在实际生活中却极力崇拜“高碳生活”。这种分裂型人格的形成，与传统的那种严重脱离生活实践的说教式教育是不无关系的。其次，要明确生态生活的具体内涵。所谓生态生活，就是将生态理性和生态原则作为我们日常生活的最高理性和原则，其他方面的理性和原则都得处于服从地位。这就需要对我们的日常生活领域作全方位的生态检视，一切与“生态”相违背的生活理念以及生活方式都要被摒弃。如，在美国西部克莱蒙地区具有生态理性的一群人建了一个生态社区，在这个社区人人致力于生态生活，包括“衣”、“食”、“住”、“行”、“购”、“游”等全部实行生态化，他们就是这样

① 唐汉卫：《生活：道德教育的根本途径》，《华中师范大学学报（人文社会科学版）》2005 年第 6 期。

通过实际生活来践行生态文明。最后,还要最大限度地宣传、放大个人生态生活对社会的生态文明化建设效应。

(三)通过研讨式教学,引导大学生实现生态理性的理论升华

以上通过对生态意识和生态生活的论证,似乎在揭示一个道理:生态理性人的培育启于"心"(生态意识),成于"行"(生态生活)。尽管如此,它在基于"理"(理论)上还显得不够充分。因为仅仅着眼于个体理性,这种推断会遭遇康德式理性理论的困境,即它认为完全可以通过个体理性的自我升华与自我制约来达到改变现实社会的目的;而马克思主义哲学则认为,还必须诉诸现实的力量来推翻那种不合理的社会制度,进而实现社会关系的合理化(社会理性)才能真正化解现实困境。①从社会现状来看,的确是这样,而且本文在架构分析框架时也是基于这种判断。也就是说,培育生态理性人不光要重塑个体理性,同时还要直面并化解社会结构性的挑战。正因如此,还有很多问题有待在理论上作深入探讨,如经济理性造成人的物化、生活世界殖民化以及资本逻辑中"生态自然"和"生态文化"的缺失、资本关系带来的社会矛盾,等等。对于诸如此类社会结构性问题,如果不能给充满求知欲的大学生在理论上提供深度分析和解答,必然会影响生态理性人培育的实效性。因为没有理论自觉,岂有高度的实践自觉。

针对这种情况,教师可聚焦于"生态理性人与社会结构"等核心议题,精心设计、组织和引导大学生参与专题理论研讨。通过师生间以及学生间思想的互动、参与和讨论,一方面大大拓展了教学场域,包括由课堂向课外、由科内向科外、由线下向线上等延伸,另一方面也能启发学生逐渐学会理论思考。这既有助于提升高校思想政治理论课堂的内涵和质量,同时也有助于增强学生对生态理性的理论认知乃至理论自觉。

(作者为华东理工大学人文科学研究院副教授)

---

① 李成旺:《何谓"理性"?"理性"何为?——完整理解"理性"内涵对当代中国社会发展的启示意义》,《新华文摘》2015年第15期。

大都市农村教育、卫生领域人才队伍均衡化研究

——以浦东新区均衡化政策分析为例

郑晓燕

教育、卫生事业是民生的基础,关系人民群众的素质和健康,关系一个社会的和谐与稳定。教育、卫生系统又是专业技术人才高度集中的行业,而且与其他行业相比,教师和医生具有更高的能动性和更多的特殊性。因此,要发展和提高教育和卫生事业水平,必先从加强人才队伍入手。

浦东开发开放25年来,始终坚持把教育、卫生事业放在重要的战略位置,特别是2009年浦东、南汇两区合并以来,新区着力从建立均等化的公共财政体系入手,对偏远农村地区的教育、卫生事业给予了更多倾斜。但由于历史长期形成的城乡二元差别短期难以猝除,近年来又伴随着人口的大量流入,造成浦东农村地区的教育、卫生事业发展与城市化地区相比仍然存在较大差距,在一些基本指标方面,新区农村追赶城区、新区追赶全市的总体格局没有得到根本改变,在人才队伍建设方面尤为突出。因此,浦东目前尽管从规模体量上讲已经是名副其实的教育大区、卫生大区,但离教育强区、卫生强区的目标还有不小距离。对此,区委书记沈晓明同志指出,同浦东在上海的社会地位、经济地位相比,教育、卫生事业还有差距。并进一步强调,教育、卫生事业发展关键靠人才;当前在人才队伍建设上既有数量缺口问题,又有流向和结构问题;要更加重视引进优秀人才,拿出一些特殊的政策和办法,让更多的人才到农村、到基层去。

为了全面系统地了解和掌握浦东新区教育、卫生领域人才队伍情况,课题组通过大量的咨询访谈、调研座谈、实地走访和调查问卷,与相关的专家学者、政府官员、校(院)领导以及教师和医生代表交流沟通情况、听取意见诉求。在此基础上,课题组对当前的现状进行分析、对存在的问题作出判断、对先行的重要政策加以评估,并从学术角度开展研究探讨、提出参考建议。

一、 浦东新区教育、卫生领域人才队伍现状分析

（一）总体结构

截至2014年9月，浦东新区有各级各类基础教育阶段学校623所，拥有市实验性示范性中学11所，共有教职工3.84万人，其中专任教师3.24万人。在职在岗教师的学历结构为：中专及以下占0.7%、专科占16.7%、大学本科占79.9%、研究生占2.6%；职称结构为：正高级教师2人、高级教师2 581人、一级教师1.29万人；年龄结构为：30岁以下占24.8%，31—40岁占31.8%，41—49岁占33.4%，50岁及以上占10.0%。

现有各类卫生机构1 070个，高端医疗机构如上海国际医学中心、质子重离子医院也均开门运行。共有卫生技术人员1.64万人、其他技术人员1 619人、管理人员665人。学历结构为：大学专科及本科1.4万人、硕士研究生1 193人、博士研究生285人；职称结构为：正高职称占1.94%，副高职称占6.59%；中级职称占35.07%；年龄结构为：35岁以下10 085人，36—50岁7 077人，51岁以上的2 205人。①

（二）分析判断

1. 人才资源总量不少、人均偏低、结构失衡

教育方面：呈现总量不小（学校数、学生数、教师数均占全市的五分之一），但分布不均匀的特点。从地域上看，教育资源集中在沿江片和优质学校，郊区和农村学校整体发展水平不高，也很难吸引和留住优秀教师（新区农村教师具有本科以上学历和中级以上职称的比例分别为77.5%和53%，低于城区82%和60.9%的比例）；从学段上看，教育资源呈现出高中较多、初中合理、小学和幼儿园偏少的现象；从学科上看，教育资源特别是优质教师在主科较为集中，副科与小学科偏少。卫生方面：相对于教育，卫生事业在人才队伍总量上也不够富余［按常住人口统计，新区每千人口卫生技术人员数为4.9人、执业（助理）医师数为1.82人、注册护士数为2.11人。全市的三个数字分别是6.48人、2.41人和2.81人，新区

① 卫技人员年龄结构数据为2014年1月数据。

均不占优势]。特别是农村地区的公共服务人才紧缺，全科医师、乡村医生极度匮乏(农村和城郊结合部地区31家社区卫生服务中心核定编制4 242个，目前空编1 100个)。偏远农村社区卫生服务中心编制数明显低于实际用工需求，近四分之一的用工缺口通过派遣及退休返聘解决；偏远地区人才质量明显低于城区，农村社区卫生服务中心的卫生技术人员具有本科以上学历和中级以上职称的比例远低于城区；骨干人才招不进、留不住，近三年，农村社区卫生服务中心共招录306人，但流出334人。

由此我们判断，未来几年，特别是随着几个大型居住社区的建成投用和人口的继续流入，新区在教育、卫生人才队伍方面的压力将继续增大，而问题的症结有三点：一是从政府部门的角度，对教育、卫生资源的调配上虽然已经意识到了均衡化的问题，但做得还不够，因此分布不均、结构失衡的状况并未完全改变；二是从老百姓的角度，传统观念根深蒂固，为了得到更好的教育、卫生服务，宁可舍近求远，花费更大的成本去城区甚至到浦西去求学、求医；三是从教师和医生的角度，普遍认为偏远地区交通不便、经济不发达、生活质量较差、语言沟通可能还存在障碍，特别是薪酬待遇、编制和发展等问题导致吸引力不足，积极性自然也不高。

2. 薪酬待遇城乡差异较大

从对样本所在辖区/单位人才引进中存在问题的调查看：被访问的分管领导中，“待遇低”被列为引进教师、乡村医生的“第一难题”，超过了编制、门槛等其他方面的障碍瓶颈，并已成为影响相关工作人员积极性、稳定性的重要因素。

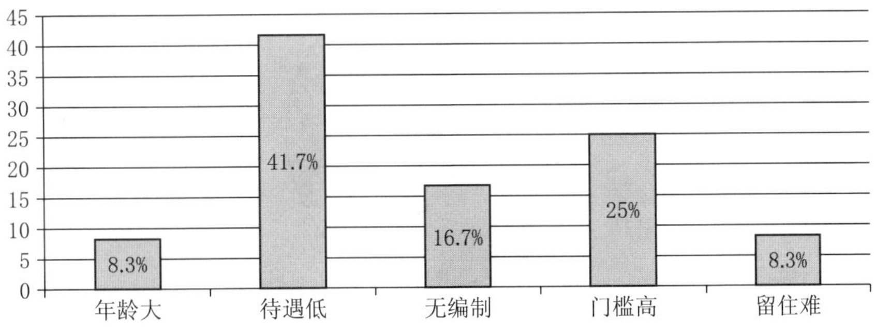

辖区乡村医生、教师在引进中存在的最主要问题

而从对教师和医生本人的调查中显示，有高达90%的人认为目前在薪酬管理中存在很多问题，主要为：基数工资太低、绩效政策控制太严、工资多年没有提高、奖励缺乏力度等。但相对来说，教师对薪酬的满意度总体高于医生，这是因为目前浦东新区的教育已经进行了全区统筹管理，而卫生还没实现。事实上，同样一个毕业十年的医生，在中心区域三级医院工作的工资可能是偏远地区卫生中心的2—3倍，因此有57.1%的受访谈医生表示对目前社区医生的薪酬很不满意。除此之外，在薪酬方面存在的问题还有同工不同酬、缺乏奖惩机制、对薪酬管理重视程度不够、有关部门服务意识淡薄等。

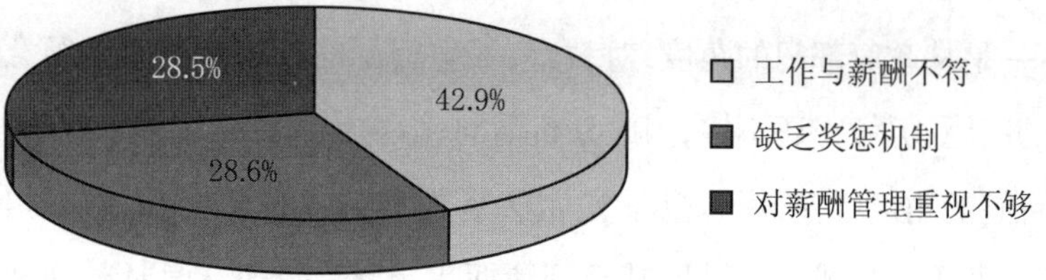

乡村医生和教师目前薪酬管理中存在的主要问题

3. 职业发展空间有限、通道不明朗

从调研过程中各方面的反映中我们感到，浦东新区对人才发展环境的营造总体是好的，绝大部分的访谈对象都认为新区选人用人总体是公平公正的，认为晋升主要靠工作能力和工作业绩。

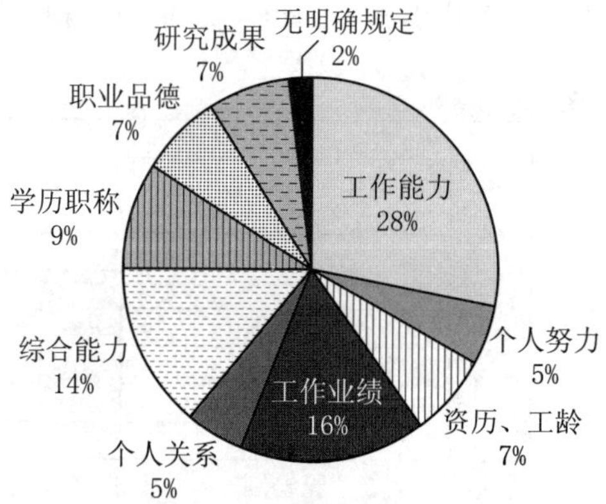

影响单位个人职务晋升的主要因素

但对于职业发展，教师和医生的困惑也有不少，比较聚焦的有两点：一个是城乡差距明显，许多被访对象表示农村地区职称晋升非常困难，机会很少；另一个是职业发展潜力不足，特别表现在专业发展潜力不足上，未来发展的前景不够明朗、路径不够清晰。除这两个问题之外，被访对象也普遍感到社会压力大，群众、舆论等方方面面的要求过高过全，导致教师和医生在业务工作上“疲于奔命”，很难协调自身工作与学习发展之间的平衡，这也会导致职业发展趋于缓慢。其余像交流学习机会少、社会地位与工作不匹配、职业倦怠等也都逐步成为制约职业发展的因素。

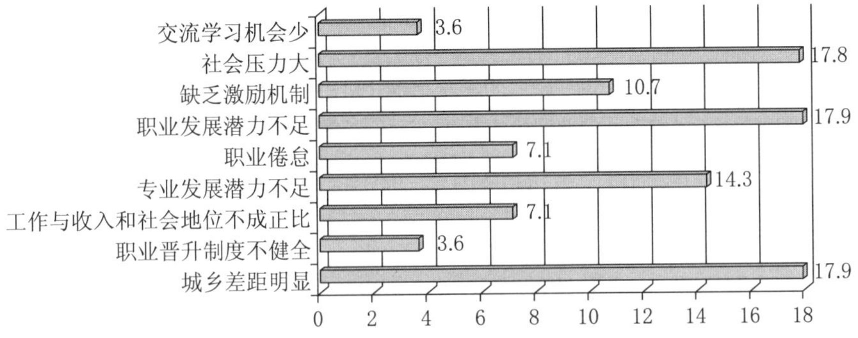

职业发展中最困惑的因素

4. 人才队伍建设的机制不畅

这方面主要与政府主管部门有关。从我们对教师、医生的访谈中了解到，目前在考核、激励、培训、管理上都存在不少问题。考核的最大问题在于考核与薪酬的挂钩不明显、考核后奖励力度较小。教育和卫生领域的考核评价制度不少，但在实际操作中因为相关的制度保障体系不健全，而往往流于形式，没能起到奖优罚劣的作用。同时，考核的“尺子”精度不够，对“好”和“差”尚能区分，但对“好”和“较好”的界定就相对模糊，缺少能量化的评价标准，也容易受人为及其他因素影响，导致难以作出科学准确的绩效评价。

激励的最大问题在于不接地气、作用发挥有限。近六成的被访教师认为目前绩效工资制度的管理存在问题，甚至在一定程度上制约了地方和单位自主灵活的激励措施，“大锅饭”、“人情分”等现象时有发生，分数几乎没有差距，奖励变得“看起来很美”，而绩效则沦为“空谈”。在被调研的医生中，有42.9%的人认

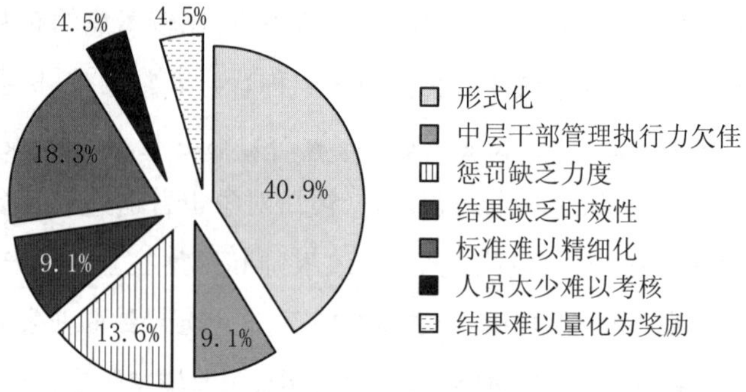

单位目前考核制度中存在的主要问题

为激励机制还不够健全,表现在:激励制度过于简单,很难量化;缺乏统一的文件和标准,激发矛盾造成不稳定;部分考核成绩占比重太大,缺乏公平性;由于财务制度的限制,奖励缺乏时效性;缺乏监控评价制度,无法在全体员工中推行。这些都说明,目前的激励机制虽然也存在着,但不接地气、实用性不高。

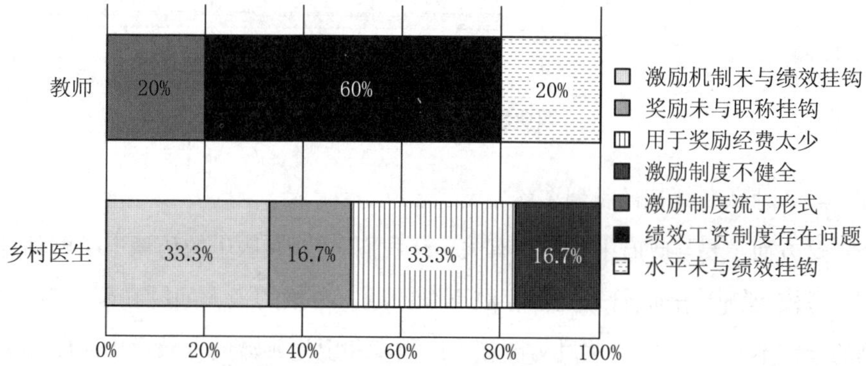

辖区目前乡村医生、教师奖励制度中存在的主要问题

培训的最大问题在于质量不高、保障制度不健全。我们了解到,新区教育、卫生主管部门在培训上也下了不少功夫,比如新区教育局同高校、专业社会培训机构合作建立培训基地;新区卫计委开展“千名村医培训10项中医技术”等,效果都不错,但教师和医生的认可度还不够高,特别是乡村教师和医生对培训的诉求尤为突出,该群体中有21.6%的人认为培训的形式化问题严重,系统化和课程化程度不够,而且很多培训内容与专业不对口。也有人认为参与的培训路程太

远、交通不便、培训时间的安排也不够合理。对此,我们又专门对一些地区和单位的分管领导进行了集中访谈。从调查结果上看,超过三分之一的人承认,目前对乡村教师和医生的培训制度保障确实不够,培训机会少、时效性差、效果不佳,没有真正为他们设计有针对性的培训方案和模式。

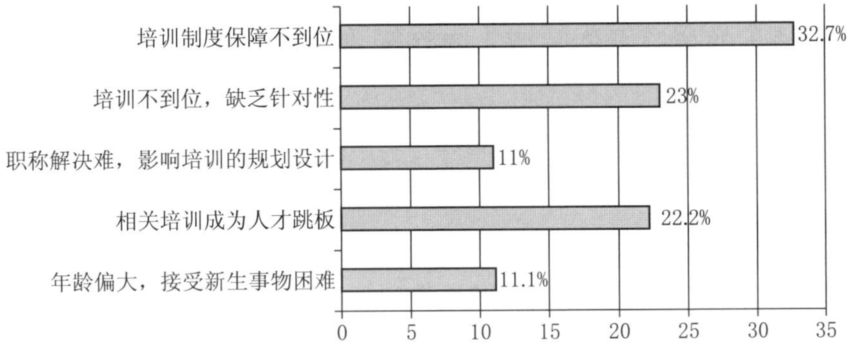

辖区目前乡村医生、教师培训中存在的问题

管理的最大问题在于整体流动不畅、农村地区流失明显。流动不畅造成人才流失,首先有制度缺失的因素,调查中有半数的分管领导认为,尽管当前针对农村教育、卫生人才流动也出台了一些政策,比如制定《新区义务教育阶段人力资源配置的实施意见》,但在落实上做得不够,从而导致人才自发地从农村向城市流动、一级医院向二、三级医院流动,偏远镇村人才只出不进。其次也有理念缺失的因素,在被访谈的教师和医生中,很多都反映人才老龄化严重、后续人才不足;人才引进与人情产生冲突;一味苛求高学历、高职称,导致实际应用能力不

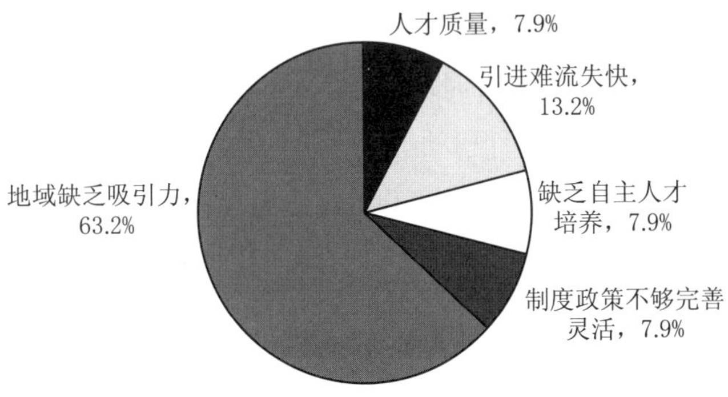

单位目前引进人才中最主要的问题

强;人才专业对口性不强;人才引进缺少试用期等问题,有很多都是受到一些传统观念的束缚和影响。第三是偏远地区留才能力较弱,主管部门对农村教育、卫生人才缺少保护性措施,比如没有明确规定引进人才在单位服务的年限要求,也缺少因地制宜的政策性照顾。

二、浦东教育、卫生领域人才均衡政策的执行情况及执行预估

(一)《卫生八条》政策的执行情况

2014年7月1日,新区出台《关于加强浦东新区农村卫生人才队伍建设的实施意见》(简称《卫生八条》),这是促进新区公共卫生服务均等化、优质化的一个重要举措,受到了各方的热切期待和高度关注。对于《卫生八条》半年来的执行情况,本课题组从A(偏远农村)、B(一般农村)、C(城郊结合)三类地区各选取具有代表性的镇社区医院管理人员及一般医生代表分开进行访谈调研。课题组也从A、B、C、D(城区)四类地区各选取具有代表性的中小学校长及中小学一般教师分开进行访谈跟踪调研。

1. 总体执行情况是好的,已经初步起到了政策激励、稳定人心的作用。目前各地区(社区医院)都还在制定具体实施细则,暂时还未落实到个人。尽管如此,社区医院管理人员和一般医生都普遍表示支持《卫生八条》。比较显著的变化:一是高度认可,认为该政策是实事求是的,对不同地区进行分类,操作性、可行性很强,体现了区委、区政府对偏远地区卫生事业发展的关心和重视;二是听到增加收入都很高兴,本来想跳槽的医生,现在不跳了,比如社区医院人均工资大约7万多,现在加上奖励能达到11万左右,吸引力还是很大的;三是以前招不到人,现在开始有了愿意签约的人;四是政策起到了一个好的导向,比如,全科医生奖励额度比专科医生要大,因而很多非全科医护人员去考全科。

2. 存在的担忧和困惑:一是制度设计是否具有持续性。很多访谈对象都讲到,《卫生八条》感觉像是专项、是补助,什么时候开始、什么时候结束,不确定性很大,如果享受补贴和奖励的人只是为了利益而来,过了几年激励政策没有了,人也就走了,反而不好。另外,在评职称等方面,如果为了吸引人才而简单降低门槛,长此以往农村地区就会变成评比职称的“洼地”。二是政策实施可能导致

不平衡。有区域类别划分上的争议，比如川沙既有成熟的城区，也有纯粹的农村地区如黄楼，但现在一刀切列为城郊结合区，可能会产生新的不平衡，也容易引发管理人员和专技人员之间的不平衡。不少人认为，只奖励专技人员而忽视管理人员，也不利于基层卫生事业发展，特别是目前新区有6个社区医院的书记因为不是专技而拿不到奖励，可能会影响他们工作的积极性。还有专技人员之间的不平衡问题，全科和专科补贴有所区分是对的，但有些科目如放射等也很紧缺、工作量也很大，但现在待遇却低于全科医生。再像一些护士岗位工作很辛苦，但与医生奖励差距较大。三是执行中的变通问题。三类地区的具体情况不一、奖励力度不一，对该地区的影响大小也不一。比如A类地区的奖励差距较大（6 000元、5 000元、2 000元三档标准），一些地方更倾向于采取核算奖励总额度，在具体发放中按照适当拉开奖励额度的原则充分分配；而B类（4 000元、3 000元、1 500元三档标准）、C类（2 000元、1 500元、1 000元三档标准）奖励额度差距不大，就按照《卫生八条》规定进行发放。在听取意见时，很多人都认为，尽管各地情况有所差异，但既然是政策，就是具有刚性的，应该以此口径为准，政策上面有的就做，目前没有的就不做。在此，建议相关部门予以研究。

3. 对完善《卫生八条》的建议：一是加强政策的宣传和动员；二是进一步完善政策的系统性，特别是对一些有争议区域的划分进行微调，避免一刀切；三是加强现有卫技人员的培养，偏远农村卫生医疗事业的发展不仅靠引进人才，也要注重对现有人才的培养，建议使外出进修、培训等机会向其倾斜，形成梯度培养；四是对政策实施进行跟踪调查和研究，好的政策不仅是制定好，更关键的是执行好。在执行过程中，新的政策可能会碰到各种情况、多种障碍，只有及时有效处理这些问题才能保证政策朝着既定方向运行。建议可以通过第三方评估的方式，继续对政策实施进行跟踪调研，及时反馈政策执行中的意见及建议，为政策修订及完善提供依据。

（二）“教育六条”政策的执行预估

除了《卫生八条》，我们也了解到浦东还在积极研究教育方面的相应机制，初步有了“六条考虑”。因此我们在调研中也有意识地作了一些摸底，并听到了许多不同声音。

1. 校长的反映。校长们承认优质教师资源分配和流动确实存在不均衡现象，但多数校长特别是偏远地区的校长，又明确表示不希望政府通过物质奖励来吸引人才，担心出现新的不平衡，因为在绩效工资改革以后，学校管理人员收入降低很多，已经有了矛盾的苗头。而如果新的政策也是简单以物质奖励为主，担心将进一步拉大教师与职工之间的收入差距，从而激化矛盾。因而校长们更希望教育主管部门能把现有的福利和政策落实好，比如每位教师每年都有 2 000 元的培训费，但没说怎么用、能用在什么地方；能在硬件投资上更侧重于偏远地区，有的农村学校的硬件设施还比较简陋，希望加大投资建设力度。

2. 教师的反映。教师们表示希望政府能够采取各种激励措施使教师得到实惠，尤其对农村教师很有好处，能够吸引更多外来教师服务本地区，同时也能让本来就在校的教师更安心、更稳定。但他们也担心，新的政策施行后，是否会造成不同区域间、不同级别教师间的新的不平衡。同时，从对教师的谈话中我们也了解到，很多教师认为一般不会为了奖励的差额而跳槽，如果待遇条件差得不多，更看重已形成的工作环境、生活环境等。

3. 教育主管部门的反映。目前也有一些顾虑，比如随着人口管理服务力度的加大，外来无序人口的锐减，偏远地区师资力量的紧缺程度会大大降低，如果再加大人才引进的力度，政策会不会放空？此外，在细分上也有难度，浦东的地区情况复杂，如果简单根据行政区划来作为划分依据，容易产生因一街之隔而导致享受的政策不一的情况，部分群体可能会有意见。

鉴于这些声音，我们建议，如果说《卫生八条》更侧重于解决当务之急的医生缺口问题；那么，“教育六条”应侧重于引进优秀教师、减少骨干教师流出。在实施政策的时机上来讲，一是要把这件事同新区人口长期规划结合起来做，坚持整体思考、循序渐进。先选择一些偏远的人口导入区和已经确定发展的新市镇作为试点，然后再慢慢延伸推广到其他地区。二是要把这件事同校长、教师流动结合起来做，事实上《义务教育法》中规定，在义务教育阶段，校长和教师不可以在同一学校长期任职，要有流动、而且是以均衡为目标进行流动。这两点内在也是有关联的，目的都是要促进流动，只是一个利用的是经济杠杆，一个则利用法律杠杆。因此，我们建议可以先从一些骨干校长、重点培养教师入手，既晓之以理，又同时给愿意下去的人加工资，提升其积极性，让他们更可接受。三是政策实施要体现人性化和灵活性，要把组织安排同个人意愿结合起来，发动各方力量尤其是学校进行充分的宣传和解读,把政策的出台背景、目的、做法告知教师,从而减少因信息不对称而产生的矛盾;要周密研究政策的区域划分,避免简单的一刀切;不建议简单地靠物质奖励和职称评定优势来吸引人才。

三、 加强浦东教育、卫生领域人才队伍均衡化发展的政策建议

已实施的《卫生八条》和将要推出的"教育六条",其思路从本质上讲,是以教师、医生的薪酬奖励和职业发展为切入点,来加强人才队伍建设。而我们在调研过程中,除了薪酬和发展之外,最多的是关于人才管理体系建设的问题。对此,我们吸收和借鉴了国内外的一些先进理念和做法,结合浦东新区实际情况,提出以下政策建议。

(一) 要以创新引领教育、卫生人才队伍建设

一方面是观念上要勇于创新,要像重视经济人才建设一样重视教育、卫生人才队伍建设,参照经济、科技、金融人才的有关政策,研究设计优秀教师和医生的相关扶持政策,在人才进编、职称评定、落户、家属随迁、租赁房屋等方面实行适度的倾斜政策。在这方面,可借鉴印度的做法,对社区医生加强保障,为在初级、社区保健中心的医生和主要工作人员提供住宅和充足的住房补贴,并且还使之享有接受继续医学教育的薪酬待遇。一些邦政府规定,医学生毕业后要到农村初级保健站义务服务 1 年。此外,在印度农村服务 3 年以上的医生如果报考研究生,可获得一定的加分,2014 年印度医学会建议加分 30%,以鼓励医学生服务农村。另一方面是在做法上要敢于创新,这一点深圳做得比较好,正如 2013 年浦东新区教育局原副局长程红兵辞去政府职务,到深圳办学校,享受百万年薪,当时引起了社会上不小的热议。程红兵所在的学校利用政府拨付的经费和自行筹集的资金,在国家法律允许的条件下,实行自主绩效工资福利体系,自行设定薪酬标准,体现优绩优酬,不搞铁饭碗,教师解聘后自行择业,这些做法都得到了深圳相关部门的积极支持。同年,深圳市宝安区又制定出台《进一步加强高层次社会事业人才队伍建设的实施办法》,明确提出在中小学教育领域,支持和鼓励建设"名校长工作室"和"名师工作室",对省级、市级名校长或名师工作室每年给予 5 万元的经费资助,每培养 1 名省级、市级名校长,分别给予 8 万元、5 万元

的奖励,每培养1名省级、市级名师,分别给予5万元、3万元的奖励,决心可见一斑。这些都值得新区有关部门认真学习研究,推出一批适合浦东的好政策。

(二)要以流动来盘活教育、卫生人才池子

一方面不仅要充实现有的缺编岗位,以解决人员不足问题(特别是卫生领域);另一方面,可以在现有基础上适当增加编制数量,以解决员工外出培训、学习所造成的"临时性缺编"问题。此外,建立重点人才需求信息库,重点引进国内外有一定影响和造诣的专家学者以及具有丰富实践经验的专业人才,以各种方式如调动、兼职、合作等进行引进。同时,建议在新区内形成多向流动,同级同类、不同级别、不同种类学校之间都可以流动,而不是简单地从好的学校流向相对较差的学校,以此来增加教师积极性。配套制度要完善,教师的合法合理权益应该得到充分保障,其职业发展通道应有完备的设计和考虑。

(三)要以培训来提升教育、卫生人才的能力素质

实行轮训以扩大培训覆盖面,把人才队伍业务素质和综合素养的提升作为绩效考核的重要内容,在继续实施现有培训制度的同时,规定每位教师、医生在一定期限内必须实行若干次的专业培训;充分挖掘优秀人才的潜能,建立新区教育、卫生带头人制度,通过授课、帮带等形式更大限度地发挥人才的效用。注重骨干人才培养。加强岗位培训和继续教育,探索建立跨界合作、政社合作的实验室、实训基地、实习基地;实施"请进来"和"走出去"培训计划,组织邀请专家学者来新区讲学、交流,同时积极开展同国外及港澳台地区的人才培训合作项目,建立培训基地,有计划地定期组织一批领军标志性的优秀人才到香港、台湾及英国、美国等培训、考察、研修和实践交流。既要积极引进优秀人才充实医生队伍,也要努力挖掘和用好现有人才。在调研中我们了解到,新区同上海医药高等专科学校定点培养一批"乡村医生",我们认为这样的探索是值得深入推进的,对于这样的模式,新区相关部门应该加大研究和探索的力度。

(四)要以榜样示范来营造教育、卫生人才发展的良好环境

榜样的力量是无穷的。建议相关部门评选教育、卫生领域优秀人才服务浦东农村地区的先进典型,媒体积极做好先进典型的宣传工作,在全社会形成服务基层、服务农村是光荣的良好氛围,吸引更多的有志之士充实到浦东的教育、卫生人才队伍中。另外,建议在组织部、党校设置教育、卫生领域"英才班",学员由

服务农村、表现优秀的教师和医生组成，类似于公务员后备班，加强组织部门对优秀人才的组织关怀和政治关心，把组织部、党校、行政部门的优势发挥出来。

（五）要以优秀管理者来带领教育、卫生事业的发展

好的校长和院长对一个学校、一所医院及其人才的成长与发展至关重要，因此，建议在重视专业技术人才的同时，也要通过精神、物质等办法激励教育、卫生领域的管理人员。这不仅能调动其积极性，更能使现有好的政策真正落到实处，从而促进教育、卫生事业的良好发展。

参考文献

余正顺：《农村社会事业发展与公共服务均等化研究》，《内蒙古农业大学学报（社会科学版）》2010 年第 5 期。

李培志：《论我国社会事业的理论内涵、现实意义与发展策略》，《天津社会科学》2013 年第 5 期。

周全德：《在破解民生难题中提高我国民生建设的质量及效能》，《中州学刊》2013 年第 7 期。

李培志：《维护公民社会权利：改善民生是发展社会事业的题中之义》，《前沿》2013 年第 7 期。

杨宜勇：《推动社会力量积极参与社会事业发展》，《宏观经济管理》2014 年第 5 期。

（作者为上海市浦东新区行政学院副教授）

推进型法治模式下的“关键少数”与全面依法治国

上官酒瑞

历史地看,十八大以来的法治国家建设按下了“快进键”、步入了“快车道”,明确了任务书、时间表、路线图,并被置于国家治理现代化的高度,与全面建成小康社会、全面深化改革、全面从严治党一道构成了“四个全面”的战略布局。在2015年2月2日省部级主要领导专题研讨班开班式上,习近平总书记强调:“各级领导干部在推进依法治国方面肩负着重要责任,全面依法治国必须抓住领导干部这个‘关键少数’。”从后发现代化国家法治发展模式与多年来中国法治建设的困境看,这一论断有深刻的理论内涵和现实针对性,它指明了全面依法治国的关节点、着力点、聚焦点。如何抓住并抓好这个“关键少数”,让他们真正成为依法治国的组织者、推动者、实践者,成为示范者、引领者、维护者,而不是 阻碍者、破坏者,这决定着中国特色社会主义法治建设的成效乃至成败。

一、“关键少数”与中国法治逻辑

任何国家要走向现代,推进国家治理现代化,都必须建构起法治的价值目标、结构体系,并形成相应的治理能力。这是因为,与人治、神治等其他治国理政方式相比,法治具有鲜明的优势。法治以宪法法律至上、法律面前人人平等为原则,蕴含着自由、公正、人权等价值理念,构成了现代国家的精神内核;法治以一套周延的法律制度体系为框架,以合理自洽的程序为遵循,是平衡社会利益、调节社会关系、规范社会行为、凝聚社会共识最为制度化、常态化的力量,也是成本低、绩效好、风险可控的治理方式;法治意味着权由法定、权依法行、权受法督,其重要使命是约束政府权力、保障公民权利,有助于实现良政善治,并决定着国家的治理秩序与治理水平;等等。这些认识都是法治研究已形成的共识。如美国学者福山对政治秩序起源进行追问就得出结论认为，国家能力（建设）、法治和负责制政府构成三大重要政治组件。①正是从这些层面看，法治构成现代国家治理的基本方略。

法治兴则国兴，法治强则国强，这是比较现代化研究得出的结论。虽然法治是现代国家建设的“必由之路”，但由于历史进程、文化基因、经济结构、政治制度等的差异，不同国家法治发展的条件、路径、动力等是不同的。从现代化类型学看，法治发展模式大体可分为社会演进型、政府推进型、政府社会互动型三种。其中，社会演进型以英美等早发内生型现代化国家为代表，主要是在市场经济、民主政治、理性文化、社会自治等内生性因素推动下，遵循法治内在发展规律，相对自发地形成的法治发展过程与实现状态。与此不同，作为现代化后来者，中国法治的传统、基因、条件等在总体上是缺乏的，法治化运动是在国家建设面临外部挑战和压力下而采取的一种积极回应，也是与先进国家治理比较中做出的一种主动努力；当然，这也是执政党总结治国理政的历史经验和教训形成的共识，还是为解决市场经济和现代化发展所滋生的诸多国家治理难题而进行的选择。这是较为典型的政府推进模式，即党和政府既是法治化的推动者，法治目标的设计者，也是法治路径的规划者，法治资源的开发者和供给者。要说明的是，随着改革开放以来“总体性社会”的解体，流动资源与自由空间的不断增多，社会内生的法治需求逐步增长。近年来各地越来越多的各式维权或争权行动，表明中国民众及社会组织的民主、法治及权利意识日益强化，法治化的社会力量在不断成长，这可与政府推动法治建设形成互动格局。如果说改革初期治理方式由人治转向“法制”，是十年“文革”悲剧促成的，那么从法制到法治，再向法治国家的全方位迈进，相当程度上则是在中国社会转型发展推动下实现的。这主要表现为在政党、国家与社会逐步分化与互动基础上，形成了法治发展需求、空间、资源和力量。正因此，中国法治建设呈现为“自上而下”与“自下而上”双向互动推进的特征与趋势，不过，这并没有在根本上改变党和政府在法治国家建设中的主导地位及关键作用。

---

① ［美］弗朗西斯·福山：《政治秩序的起源：从前人类时代到法国大革命》，毛俊杰译，广西师范大学出版社 2012 年版，第 395—437 页。

如果说国家的现代化及法治化运动,总是与人的意识和行动联系在一起的,那么法治发展越是由政府主导,就越受制于或取决于人的因素。尤其是那些掌握公共权力的人,他们的法治信念和法治素养,法治思维和法治能力,以及尊法学法守法用法的实际状况,对法治进步和成效的影响就会越直接、越广泛、越深刻。英国思想家密尔提醒人们:“首先要记住,政治制度(不管这个命题是怎样有时被忽视)是人的劳作;它们的根源和全部存在均有赖于人的意志。”“还须记住政治机器并不自行运转。正如它最初是由人制成的,同样还需由人,甚至由普通的人去操作。”①一个国家的政治运作如此,法治建设也是如此。在中国的话语体系和政治体系中,这些“人”也就是领导干部。而且,近代以来,中国历史地形成了政党建设现代国家的逻辑与格局,其中,党的领导干部在制度建设、权力运作等各领域、各环节都发挥着主导作用。有人曾因此提出了“干部国家”的概念,“依照这个历史和逻辑,一定意义上讲,在由政党、军队和政权这些要素所构成的国家共同体的基本体系里,国家体系的架构可以内缩和集中到一个轴心支点上,这就是干部。”②在这样的逻辑和架构下,政府对法治建设的主导,也就现实性地转换为各级领导干部对法治发展目标、方向的决心和信心,对法治精神、原则的信仰和信念,对法治条件、基础、规律的认识和把握,并在很大程度上取决于他们对法治建设进程、节奏、路径的选择、掌控和驾驭,对法治建设的组织、推动和实践,对法治建设成果的尊崇、维护和运用。这从法治领域证明了共产党治国理政的一条“基本规律”,即:办好中国的事情关键在党,关键在人。

“奉法者强则国强,奉法者弱则国弱”的古训表明,领导干部是党执政兴国的骨干力量,是全面依法治国的关节点和着力点。与中国总人口或是8600多万共产党员群体相比,领导干部虽然在数量上是少数,但在“质量上”也就是地位与作用上则非常重要,是“关键少数”。如果能够抓住这个“关键少数”,也就在根本上抓住了依法治国的“牛鼻子”,可以为法治国家建设提供强大的牵引力和重要保障。如果说在政府主导型法治模式下,全面依法治国需要顶层设计、系统规划,需要确定任务书、路线图、时间表,那么它更需要各级领导干部承担起责任,

---

① [英]约翰·密尔:《代议制政府》,汪瑄译,商务印书馆1982年版,第7、8页。

② 王海峰:《干部国家——一种支撑和维系中国党建国家权力结构及其运行的制度》,复旦大学出版社2012年版,第16页。

真抓实干,运用法治思维和法治方式深化改革、推动发展、化解矛盾、维护稳定。作为“关键少数”,领导干部手中握有的权力,既是政治责任,同样也法治责任。他们能否“奉法”,真正做到民主科学立法、严格执法、公正司法,带头做好尊法学法守法用法的模范,对整个社会产生的示范、引领和导向作用,可能是润物无声、潜移默化的,但肯定极其深刻的。这直接关系到法治国家、法治政府和法治社会一体建设的水平与质量,并可能影响到建设中国特色社会主义法治体系、建设社会主义法治国家这一全面依法治国总目标的实现。

二、“关键少数”与中国法治困境

政府推进型法治模式也有比较优势,这主要包括:可强制实现特定的法治目标,缩短法治化建设时间;可降低探索法治建设路径成本,节约法治建设资源;可借鉴早发国家法治化经验,充分发挥“后发优势”;可发挥政府在法治化进程中的掌控能力,减少政治冲突,保持社会稳定。①改革开放以来,尤其是1997年十五大提出依法治国以来,正是在党和政府推动下,中国法治建设取得了历史性成就。这表现为:在“什么是法治”、“为什么要建设法治国家”、“如何全面依法治国”等关乎法治发展的问题上,在全社会形成了比较一致的共识;在法治观上,逐步从工具论走向了价值论,从“效率”价值开始转向“公正”价值;依法治国已确立为国家治理的基本方略,依法执政成为党治国理政的基本方式;中国特色社会主义法律体系已经形成,实现了有法可依,立法重心从数量转向质量;依法治国的战略部署从法律体系完善迈向法治体系建设;社会发展与国家治理的内生性法治诉求和动力不断增加,民众的法治意识和观念不断增强,法治发展的条件、基础不断成熟;等等。对于法治国家建设和国家治理现代化而言,这些进步的意义无论如何估量都不过分。

不过,政府推进型法治模式内含着一个悖论:政府是法治进步的推动力量,也是法治发展的阻碍力量,甚至是破坏力量;同样的道理,领导干部可能是法治

① 郭学德:《试论中国的“政府推进型”法治道路及其实践中存在的问题》,《郑州大学学报》(哲学社会科学版)2001年第1期。

建设的积极推进者，也可能是消极阻挠者。这也就不难理解，中国法治建设仍然存在的很多问题，至少与社会主义法治原则、党和国家事业发展要求、人民群众期待、推进国家治理体系和治理能力现代化目标及国际社会评价相比，还存诸多不适应、不协调、不符合的地方。特别是，政府推进型法治要求政府必须拥有相当的权力，否则推进法治只能是一句空话。但法治的要义又在于治政治权，根本在于治官，目的是约束、规范掌握权力的领导干部，以维护法治秩序，保障公平正义。从现实性看，政府并非一个抽象存在，它由无数活生生的现实的人组成，也是一个带有自利化倾向的组织，而领导干部"天然"具有不断扩张权力、极力规避限权、侵犯公民权利的特性与取向。有人将这概括为"注意力倾斜现象"："如果政府长时间地延续这种注意力倾斜的状态，则市民社会借助法治对政府权力的限制显然有落空之嫌，而如不能对政府权力进行有效规制，中国法治的实现只能理解为一种'真实的谎言'。"①果真如此，政府及领导干部就成为法治进步的"拦路虎"，这是推进型法治需要克服的最大难题。十八届四中全会报告明确指出了目前中国法治存在的诸多问题，表现在立法、执法、司法和守法各领域、各环节。如立法工作中的部门主义倾向、争权诿责现象；有法不依、执法不严、违法不究，多头执法、选择性执法，以及执法司法不规范、不严格、不透明、不文明，执法司法不公和腐败问题。尤其是，一些国家工作人员特别是领导干部依法办事观念不强、能力不足，不屑学法、心中无法，甚至是知法犯法、以言代法、以权压法、徇私枉法。这些现象无不与领导干部相关，无不反映的是中国法治建设面临的困境。

如果说人治状态下，国王即法律，那么法治状态下，法律即国王。一个国家是否是法治国家或法治化水平的高低，主要可从两个方面衡量：一是官权是否受到约束，二是民权是否得到保障。美国学者福山将法治定义为："一系列的行为规则，这些规则反映了一个社会内部的广泛共识，能够约束一个社会中甚至最有权力的行为者——无论是国王、总统或总理。"特别强调："如果统治者能够改变法律以适应自己所需，法治就不会存在——即便这些法律是无差别地适用于社会的其他所有成员的。"②就社会主义法治原则和法治国家建设要求看，这两面

---

① 汪太贤等:《法治的理念与方略》,中国检察出版社 2001 年版,第 239 页。

② 引自包刚升:《"福山的菜单"与政治现代化的逻辑——评〈政治秩序与政治衰朽〉》,《开放时代》2015 年第 3 期。

都存在不少差距,并都与领导干部的违法乱纪,权力任性、腐败等联系在一起。诸多现象表明,"关键少数"已成为法治建设的阻力,甚至是破坏力量。

从官员权力约束看,由于受到官本位思想的长期影响,一些领导干部目中无法,重权轻法,法治观念淡薄,法治思维缺乏,习惯将个人等同组织,将法律当作治民的工具,善于搞"一言堂""一支笔",按"长官"意志、态度和看法随意改变制度与政策。他们大肆追逐权力,享受权力美味,大搞权权交易、权事交易、权钱交易、权色交易。在他们那里,黑头(法律)不如红头(文件),红头不如笔头(批示),笔头不如口头(命令),"千里来做官,为了吃和穿;当官不发财,请我也不来"成为为官哲学。这是中国法治不彰的表现,也是法治的"痛点"。可以想象,在权力得不到规训、官员不受法纪约束的情况下,必然会滋生形形色色的特权现象,出现各种形式主义、官僚主义、享乐主义和奢靡之风,腐败问题也定然会大面积蔓延。十八大以来腐败案件的存量之多、增量之大令人震惊,反腐力度、广度、成效也前所未有。其中,每个腐败分子都是从逾越法律红线、触碰法律底线开始,滑向腐败泥潭的;甚至是周永康、令计划等位高权重的干部也是因为蔑视法治、破坏法治,蜕化为腐败分子的。需要说明的是,腐败"井喷"现象是在有贪必肃、有腐必惩、重拳出击的高压反腐态势下,以往腐败"潜伏"的集中爆发;这也是中国清廉指数被国际透明组织评低的原因。而不少地方、部门和领域发生系统式、塌方式腐败,更说明领导干部的权力并没有得到有效约束和监督,他们以权谋私、贪赃枉法、违法乱纪的行为并没有得到及时有效的追究和惩罚。尤其是,一些单位和部门的一把手,拥权之中重、用权之随意、监督之缺失、危害之大,非常让人吃惊。这也就不难理解,为什么坊间形容一把手为"一霸手""一扒手",并将社会法治状态描绘为:"三个基本法:领导想法、领导看法、领导说法;三种法治状况:严格立法、普遍违法、选择性执法。"即使在全面从严治党、从严管干部的环境下,党纪国法在不少干部那里仍没有"硬起来",依然是"橡皮泥""稻草人"。中央八项规定执行严格前所未有,对扭转党风政风发挥了重要作用。但据统计,2014 年全年全国在查处违反中央八项规定精神问题上,查处 52 572 个问题,处理 70 870 人,给予党政纪处分 23 573 人。这是一些领导干部已养成无视法纪、不受监管的"习惯",在党风廉政建设"新常态"下无法适应的表现。中国法治秩序、政治生态的恶化由此可见一斑,而根源正在于权力不守法,甚至是超越或凌驾于法律之上。

从民众权利保护看,如果说中国的法治建设总体上呈进步趋势,那么一些领域、某些方面,在过去一段时期内出现了不同程度的退步,也是客观事实,至少从普通群众的法治体验看是如此。当下的中国社会,正处于矛盾凸显期与改革深水区。近年来,大凡在"暴力强拆"、"钓鱼执法"、群体性冲突等舆论反响强烈的公共事件背后,都直接间接、或多或少存在政府依法治理、依法处置不力的情况,存在官员违法乱纪、任性用权的问题,但都是对民众合法权益的侵害。如信访作为一种制度化的政治参与途径,也是民众权利救济的一种途径,可是在刚性维稳和一票否决责任机制约束下,不少地方官员不是"奉法"办事,按法治思维和方式有效解决矛盾、化解纠纷,而是奉行"摆平就是水平,没事就是本事,搞定就是稳定,妥协就是和谐"的行为准则,在侵犯访民合法权益的同时,也极大损害了法治权威。尤其是对那些上访"钉子户",一些政府官员或是用"人民币解决人民内部矛盾",或是打压、威胁、恐吓,或是非法拘留教养、施以暴力,甚至是采取关押精神病院、蹲黑监狱等非人性、非法治的极端措施来对付。更值得关注的是,一些司法人员作风不正、办案不廉,办金钱案、关系案、人情案,司法不公、腐败等不同程度存在;一些领导干部则直接插手干预司法案件,或通过"红头文件"否决司法判决,造成刑讯逼供、徇私判案、冤假错案等时有发生;"民告官"案件又常常面临"立案难、审判难、执行难"的尴尬。如果说司法是维护公平正义的最后一道防线,是构筑法治秩序的根基,那么司法腐败对法治的损伤必定是硬伤和内伤,因为司法不公"把水源败坏了"①。这带来的后果是:社会风气与法治生态恶化,权力秩序、法治秩序出现不同程度的失控与紊乱,民众的维权机制出现失灵和坍塌,社会对法律权威、司法诉讼的信心和信任不断流失。在群众合法权益难以通过法治途径得到维护的情况下,"仇官、仇富","信访不信法、上网不上诉",或是官民之间纠葛、疏离、对立,或是暴力抗法、违规上访、群体泄愤等也就不足为奇。当然,这些问题背后有相关制度安排、体制压力、传统文化等复杂原因,但官员法治意识淡漠,用法治思维和方式化解矛盾能力不足,甚至是无视法纪、知法犯法、专断任性,无论如何都是重要原因。如果法律沦为权力的工具和奴仆,只是印在

---

① 《培根论说文集》,水天同译,商务印书馆1983年版,第193页。

纸上、挂在墙上、说在嘴上的一纸空文，那法治也将名存实亡，丧失生命力，如此形成的法治状态只能是“形式法治”、“虚假法治”，与法治国家建设的方向背道而驰。

三、“关键少数”与中国法治发展

没有法治就没有社会主义的现代化。只有全面依法治国，中国社会在深刻变革中，才能既生机勃勃又井然有序，也才能完善和发展中国特色社会主义制度，推进国家治理体系和治理能力现代化。中国国家建设的历史逻辑与现实使命决定了法治建设必须在共产党领导下进行，这在现实中又取决于领导干部这个“关键少数”。如果说在中国这样一个有几千年人治传统的国家，全面依法治国是国家治理的一场广泛而深刻的革命，那么这也必须是领导干部思想观念与行为方式的一场革命。如果说全面依法治国要求全社会都必须尊法学法守法用法，但更要求领导干部“认认真真讲法治、老老实实抓法治”，要发挥模范带头作用，为社会做出表率，要将法治思维和法治方式贯彻到治国理政的全过程、落实到改革发展的大棋局。唯此，法治才能成为中国前进的坚强保障。正因此，习近平总书记把领导干部定位为全面依法治国的“关键少数”，并提出要求：“做尊法的模范，带头尊崇法治、敬畏法律；做学法的模范，带头了解法律、掌握法律；做守法的模范，带头遵纪守法、捍卫法治；做用法的模范，带头厉行法治、依法办事。”①这样的期待和要求，无疑是有针对性的，也是很有意义的。

但是，“天下难治，人皆以为民难治也，不知难治者非民也，官也。”②这是清初思想家唐甄对官僚政治规律的揭示。中国政府推进型法治发展面临的困境抑或阻力，不是民而是官，是领导干部这个“关键少数”。如果没有他们的推动，法治建设可能止步不前；如果不深刻认识到他们的负面作用，着力抓住抓好这个关节点、聚焦点，或者不能最大限度减少负面影响，尽可能发挥正态能量，并将阻力有效转换为动力，法治发展同样可能停滞不前。就国家治理的战略部署来说，依

---

① 人民日报社评论部编著：《“四个全面”学习读本》，人民出版社 2015 年版，第 216 页。

② 黄敦兵：《潜书校释》，岳麓书社 2010 年版，第 206 页。

法治国应当是“全面”的，不可以有侧重、有选择、有偏失，并只可“进”不可“退”，这既是对法治发展的一般规律的遵循，也是对过去较长时期内法治发展结构失衡状况的积极回应。其中，突出表现就是：在治民方面，法治发展较快、成绩显著，而在治官方面，法治进步不明显，有所滞后，甚至出现了不同程度的倒退。这显然有违法治本质与法治精神，是有失偏颇的。正因为官权没有得到有效规范与监督，才造成法治不彰，引发法治困境。就此而言，从依法治国的实际推进看，应当有所重点，或是要有优先的“切入点”。这最恰当的选择应当是依法治官，即依法治“关键少数”。这是因为，领导干部握有公共权力，而权力又具有工具性，是一把双刃剑，运用得好可以造福四方，滥用则必然祸害社会。如权力腐败是国家机体的毒瘤，本质就是掌权者公权私用，以权谋私，不受制约的权力极易滋生腐败，而严重腐败则会导致政权倾覆，甚至是国家失败。因此说，法治的要旨正是依法治权、限权、督权，防止权力任性，保障权力依法运行，进而维护民众的合法权益。如果从当下的法治生态看，法治建设必须确立一种认识，即：是否规范并约束好了领导干部的权力，是否真正把权力关进笼子里，是法治发展状况最根本的检验标准，是试金石。

治国必先治吏。全面依法治国必须抓住领导干部这个“关键少数”，这里的“抓住”至少有两个内涵：一是充分发挥好领导干部在法治发展上的模范带头作用，二是要依法制约和规范领导干部权力。只有这两方面都做好，才能最大程度克服政府推进型法治的悖论，推动法治发展。如何抓住并抓好“关键少数”呢？

一靠教育之培养。学法知法，是领导干部尊法守法用法的前提，也是他们形成法治观念、确立法治思维、提升法治素养、增强依法办事能力的重要途径。为此，要拓宽学习途径，创新学习形式，通过党委（党组）中心组学习、参加党校培训、组织专题研讨、法制讲座、网络学法、法律知识考试考核等形式和途径，全面系统地学习法律；增强法制教育的感染力、吸引力，让法治素养和能力成为干部教育的必修课，让学法讲法成为领导干部的新共识，守法用法成为新常态。各级领导干部通过学法，尤其要弄明白法律规定我们怎么用权，什么事能干、什么事不能干，心中高悬法律的明镜，手中紧握法律的戒尺，知晓为官做事的尺度。这正是法制教育之目的。

二靠环境之涵养。这需要适应国家治理现代化要求,将以往普法宣传转变为法治转播,健全机制、拓展空间与形式,将法治传播贯穿至立法、执法、司法、守法等全过程、全环节;建构起包括宣传、文化、教育部门及社会团体、媒体等在内的多元参与、立体式的传播体系,在全社会传播法律知识、弘扬法治精神,将法治转化为行动、贯彻到实处。习近平指出:“领导干部要牢记法律红线不可逾越、法律底线不可触碰,带头遵守法律、执行法律,带头营造办事依法、遇事找法、解决问题用法、化解矛盾靠法的法治环境。谋划工作要运用法治思维,处理问题要运用法治方式,说话做事要先考虑一下是不是合法。领导干部要把对法治的尊崇、对法律的敬畏转化成法治方式和行为方式,做到在法治之下、而不是法治之外、更不是法治之上想问题、作决策、办事情。”①如果考虑到中国历来有“民以吏为师”传统,这样的要求显然是必要的。不过,法治环境的有效形成,更有赖于领导干部与国家工作人员的民主科学立法、严格执法、公正司法,有赖于每项维护民众权益的制度改革与政策完善,每次合法公正透明的执法活动,每件公开公平公正的司法案审判,每次社会公平正义的真诚捍卫。这样,国人就可与法治发展之间建立起密切关联,成为“利益共同体”关系,并可增加法治“获得感”、体验感和认同感。这样,有助于在全社会形成对法治的信心、信任和信赖,法治也能够逐步发展为人们的一种习惯、一种生活,并内化为一种信仰。这是建设良好法治环境和法治生态的根本途径、深层动力,它反过来又可“倒逼”并涵养领导干部的法治素养,提升其法治能力。

三靠制度之约束。有效的法制教育和良好的法治环境,对“抓住”“关键少数”无疑是重要的,但这要求领导干部“以身作则”、“率先垂范”,要求“自觉”、“明白”、“牢记”、“模范”,并在根本上需要他们内化于心、外化于行。这是从领导干部党性的角度,而非人的理性角度提出的要求,一定程度上带有韦伯说的“英雄伦理”色彩。但问题在于,人是理性的,即使党的领导干部在根本上也是“社会关系的总和”,在官本位思想、人治传统、“熟人社会”等因素影响下,要求他们自觉带头尊法和遵法,在一些情况下、对一些人来说可能是靠不住的。甚至,在利益和权力驱使下,人性“幽暗”意识就可能放大,权力就会变得任性、失控

① 人民日报社评论部编著:《“四个全面”学习读本》,人民出版社 2015 年版,第 217 页。

乃至腐化堕落,这样“关键少数”就蜕变为法治“绊脚石”与破坏力量。这可解释,多年来虽然一再强调法治重要,也总对领导干部提要求,但法治环境没有根本改善,法治发展成效并不明显,也是在法治“提速”情况下出现“为官不易”、“为官不为”呼声和现象的原因。十八大以来治国理政的探索与布局,已经充分注意到了这一点,并形成了有针对性的思路。这就是,“抓住”领导干部也必须遵循法治思维,运用法治机制,根本是通过进一步健全制度机制来治官限权,将权力关进制度笼子里。

从工作推进看,这几方面可能最为重要:(1)科学的政绩考评机制。也就是引入“法治 GDP”,纳入政绩考核指标体系,将法治建设成效作为衡量各级领导干部工作实绩的重要内容。这需要用好干部制度这个“指挥棒”,坚持奖惩并举,选任法治素养好、依法决策管理、办事能力强的领导干部,让那些目无法纪、违法乱纪之人“出局”,由此激励领导干部奉公守法,造就法治型领导干部队伍。(2)有效的权力制约机制。要树立“法有授权方可为,法无授权不可为,法定职责必须为”理念,坚持有权必有责、用权受监督、失职要问责、违法必追究原则;充分用好人大、政协、司法、巡视、约谈、审计、网络等各种监督形式,发挥体制内外、上下的监督力量,形成监督合力;要运用权力清单思维和机制,依法确权、晒权、用权、督权;要依法为权力定边界、定规矩,形成依法治权、以权治权、以民制权的局面;要扎进制度笼子,堵塞权力漏洞,“全面推进权力运行的法治化,做到权力延伸到哪里、监督就跟随到哪里,权力多大、监督就多强,公权力监督没有死角、没有空白、没有特权和例外。”①(3)严格的责任惩处制度。严格执行领导干部干预司法活动、插手具体案件处理的记录、通报和责任追究制度;建立并全面落实重大决策终身责任追究制度与责任倒查机制;全面实施行政执法责任制,严格确立不同部门及机构、岗位执法人员执法责任和责任追究机制;严格落实党风廉政建设的主体责任和监督责任,全面从严治吏、管干部,健全不敢腐、不能腐、不易腐的制度机制,依靠法治反腐,标本兼治,对任何腐败行为和腐败分子依纪依法坚决惩处;对违法滥用公权力、违法推卸应尽责任的行为,不论职位多高、权

① 《党的十八届四中全会〈决定〉学习辅导百问》,党建读物出版社、学习出版社 2014 年版,第 20 页。

力多大,都必须依法追究责任,依法加以惩处,杜绝监督、问责和惩处上出现“破窗效应”;等等。这样,通过有效管用的制度机制,才能建立起严密的法治监督体系,将“英雄伦理”转换为“责任伦理”,建好法治的笼子,抓住抓好“关键少数”,维护法律权威、法治权威。这是推动中国法治发展的根本。

(作者为中共上海市委党校副教授)

比较政治制度分析的否决者理论：框架与局限

王礼鑫

一、导　　言

近年来，国内比较政治研究兴起，学者们对西方学术理论不再停留在介绍、运用等层面，批判性研究也日渐深入。①不过，比较研究需突破的问题仍旧较多。比如，由于引介工作没有基于学术脉络而带有较大随意性，②对颇有影响力的否决者（veto players）理论等关注不够。当然，对否决者理论的忽视也可能与这一理论适用范围局限、论证方法独特（欧式空间模型，Euclidean spatial model）以及学界不够重视政治制度比较研究而缺乏知识积累等有关。本文旨在对否决者理论进行批判性研究。

否决者理论由切贝里斯（George Tsebelis）于20世纪90年代初提出，最早的论文发表于1995年，集大成之作是2002年的《否决者：政治制度是如何运作的》。否决者即“当改变现状时，那些可以针对现状改变表示同意与否的行为者”。③否决者分析框架的核心论点是：某一制度规定了否决者数量，而否决者数量及其意识形态偏好等导致政策稳定性（policy stability）程度，政策稳定性则带来一系列结构性后果，如议程设定重要性降低、政府不稳定（内阁制）、政体不稳

---

① 代表性论文包括李路曲、杜雁军：《比较政治研究中三大范式的兼容趋势评析》，《天津社会科学》2014年第6期；杨光斌：《复兴比较政治学的根本之道：比较历史分析》，《比较政治学评论》2013年第1辑，中国社会科学出版社2013年5月；包刚升：《共识民主理论有“共识”吗？——对利普哈特研究方法的学术批评》，《经济社会体制比较》2014年第5期。

② 李辉、熊易寒、唐世平：《中国的比较政治学研究：缺憾和可能的突破》，《经济社会体制比较》2013年第1期。

③ George Tsebelis, *Veto Players: How Political Institutions Work*, Princeton, N.J.: Princeton University Press, 2002, pp.36—37.中译本：《否决者论》，吴文钦译，台北：韦伯文化国际出版有限公司2009年版。笔者对该译本参考较多。

定(总统制)、官僚(行为)独立性、司法独立等。①其分析框架可扼要表示为“制度——否决者——政策稳定性——影响”。其优势或特色包括:解释机制简洁,但覆盖的分析范围较广泛,包括政治制度分析的多个主题;许多观点通过了经验证据检验;论证方法独特,使用欧式空间模型的局心尤其是胜集(winset)方法,直接明了。②近年来,否决者理论与新制度论中的否决点理论③有融合趋势。

否决者理论引起一股学术潮流,启发多个国家或地区的学者运用否决者分析框架开展研究。如,通过检索国际知名的文献引文数据库 ISI Web of Science (SCIE, SSCI, A&HCI)可知,2002 年至 2014 年间,以否决者为主题的文献共 285 篇,同主题的索引总量是 1 384 次。文献数量在 2009 年至 2013 年达到迄今为止的高峰,每年均在 30 篇以上;被引频次则在 2013 年达到顶点,接近 350 次。④否决者分析框架被运用于多国或多个议题研究,相关论文发表在学界公认的核心期刊上,典型如《立法权、否决者和代议民主的兴起:菲律宾和韩国总统制的比较》⑤、《政党政治、政党竞争与否决者:科尔时期德国经济政策》⑥、《新兴民主国家的法治与否决者》⑦、《预算政治与否决者理论》⑧、《代议的限制:否决者理论、中央银行的独立性和货币政策》⑨。我国台湾地区较早引介否决者理论,2009 年

① George Tsebelis, *Veto Players:How Political Institutions Work*, Princeton, N.J.: Princeton University Press, 2002, pp.2—4.

② 由于笔者在空间几何模型方面的知识缺陷,未能透彻地理解《否决者》部分章节相关证明。

③ 否决点常常用于解释福利制度的变迁。最早文献是 Ellen M. Immergut, The Rules of the Game: The Logic of Health Policy-making in France, Switzerland ,and Sweden, in Sven Steinmo, Kathleen Thelen, and Frank Longstreth, eds. , *Struturing Politics*, *Historical Institutionalism in Comparative Analysis*, Cambridge: Cambridge University Press, 1992.

④ 章居光:《切贝里斯否决者理论研究》,上海师范大学政治学理论硕士学位论文,2015。

⑤ Croissant A. Legislative powers, veto players, and the emergence of delegative democracy: A comparison of presidentialism in the Philippines and South Korea. *Democratization*, Vol.10, No.3, 2003, pp.68—98.

⑥ Zohlnh Ouml Fer R.Partisan Politics, Party Competition and Veto Players: German Economic Policy in the Kohl Era. *Journal of Public Policy*, No.23, 2003, pp.123—156.

⑦ Andrews J T, Montinola G R.Veto Players and the Rule of Law in Emerging Democracies. *Comparative Political Studies*, Vol.37, No.1, 2004, pp.55—87.

⑧ Koenig T. V. Budgetary Politics and Veto Players. *Swiss Political Science Review*, Vol.11, No.4, 2005, p.47.

⑨ Philip Keefer, David Stasavage, The Limits of Delegation: Veto Players, Central Bank Independence, and the Credibility of Monetary Policy, *American Political Science Review*, Vol.97, No.3, August 2003, pp.407—423.

出版了切贝里斯著作的中译本，且出现运用这一途径的论著，代表作如《政务领导、国会监督与官僚自主：台湾全民健保政策“否决者”之研究，1986—2004》①、《默克尔大联合政府立法决策体系的党政关系》②③近年来，香港、内地也出现了受到否决者理论影响的论著，如《从“共识政治”到“否决政治”：香港行政立法关系的质变》④、《政策否决的社会建构——以我国几次立法禁止“人肉搜索”的失败为例》⑤、《政策执行过程中的否决点问题——以煤炭安全生产管理为例》⑥、《贸易自由化、国内否决者与国际贸易体系的法律化——美国贸易政治的国际逻辑》⑦等。2009 年以来，笔者基于否决者理论的启示，围绕“政策否决”开展了研究。

除运用否决者理论的论著外，还有一些批判这一理论的文献，如《否决者分析的前景与困境》⑧、《德国共识政治与英国博弈政治？否决者理论视角下德国与威斯敏斯特政体评述》⑨等。相关批评集中在否决者的辨识、偏好测定、定性或定量研究方法等方面。⑩国内批评否决者理论的文献屈指可数，且未及展开。

---

① 王光旭、陈敦源：《政务领导、国会监督与官僚自主：台湾全民健保政策“否决者”之研究，1986—2004》，《行政暨政策学报》第 50 期，2010 年 6 月，第 107—157 页。

② 原文为“梅克尔”，这里依大陆翻译改为默克尔。

③ 刘书彬：《默克尔大联合政府立法决策体系中的党政关系》，《欧美研究》2011 年第 1 期（第 41 卷第 1 期），第 309—382 页。

④ 李彭广：《从“共识政治”到“否决政治”：香港行政立法关系的质变》，《香港社会科学学报》第 34 期，2008 年春/夏卷。

⑤ 王程韡：《政策否决的社会建构——以我国几次立法禁止“人肉搜索”的失败为例》，《公共管理学报》2011 年第 4 期。

⑥ 曾毅、李月军：《政策执行过程中的否决点问题——以煤炭安全生产管理为例》，《中国行政管理》2013 年第 2 期。

⑦ 田野：《贸易自由化、国内否决者与国际贸易体系的法律化——美国贸易政治的国际逻辑》，《世界经济与政治》2013 年第 6 期。

⑧ Steffen Ganghof, Promises and Pitfalls of Veto Player Analysis, *Swiss Political Science Review*, Vol.9, No.2, 2003, pp.1—25.

⑨ Gerd Strohmeier. Consensus Politics in Germany Versus Adversary Politics in the United Kingdom? An Evaluation of the German and the Westminster Model of Democracy on the Basis of the Veto Players Theory, *Debatte*: *Journal of Contemporary Central and Eastern Europe*, Vol.14, No.3, 2006, pp.229—245.

⑩ 2011 年，为回应批评等，切贝里斯等出版了论文集。König. Thomas, Tsebelis. George, Debus. Marc (Eds.), *Reform Processes and Policy Change*: *Veto Players and Decision-Making in Modern Democracies*. New York; London: Springer, 2011.

如王程韡曾提出,否决者理论制度先验的倾向、理想选择的倾向、轻内容的倾向、期望共识的倾向等。①不过,他未予以深入分析、阐述。

笔者在另一篇论文中从政策否决角度进行了评论,②本文则针对否决者理论的本体论、认识论展开分析与批判。笔者认为,否决者理论“制度—否决者—政策稳定性”背后,或隐或显包括了三个主要假设:政治形态稳定假设、否决者行为假设、静止的多维空间假设,三个假设构成其分析框架和解释机制的基础。但三个假设均存在问题,从而导致理论的局限。总体来说,基于政治形态稳定假设而分析否决者及其结构的取向限定了适用范围,基于“否决者”行为假设而导致的行动者政治身份的认知不足损害了理论的解释力,基于静止的多维空间假设导致的分析框架无法解决比较政治制度分析的一些问题等。本文接下来依次详述。

二、“政治形态稳定”假设及其适用范围局限

否决者概念是否决者理论的逻辑起点。这一分析性概念的前提是切贝里斯所谓的“制度躯壳”。“躯壳”比喻形象地说明了否决者分析框架关于政体的假设,即“政治形态稳定”假设。这一假设的缺点虽然没有影响否决者分析框架的应用价值,但限制了其适用范围。

切贝里斯在定义否决者之后,即说明了否决者的来源:一方面,一个国家的否决者可以根据其宪法来定义(如美国宪法规定的总统、众议院、参议院),另一方面可以透过政治体系来区分,通常经政治博弈而产生。前者为制度型否决者,后者为党派型否决者。③可见,否决者,或源于宪法这一根本性制度,或源于政治生活。换句话说,否决者分析框架中,政治制度、政治博弈是既定的,是否决者产生或存在的基础、条件。据此,笔者认为否决者理论的前提或基本假设是“政治

① 王程韡:《政策否决的社会建构——以我国几次立法禁止“人肉搜索”的失败为例》,《公共管理学报》2011年第4期。

② 王礼鑫:《政策否决、政体类型与比较政治:一项研究议程》,《浙江社会科学》2014年第5期。

③ George Tsebelis, *Veto Players: How Political Institutions Work*, Princeton, N.J.: Princeton University Press, 2002, p.2、p.19.

形态稳定”。所谓政治形态稳定，指政治制度、政治运作等在较长时间内所形成的一种耦合、稳定的状况。作为否决者理论的基本假设，具体包括以下含义：制度明确规定了具有法定否决权的政治主体或机构，即否决者，同时在政治决策程序上设定了否决点，以给予否决者行使否决权的法定时机；政治运作中产生了较稳定的政党、利益集团结构；制度、政治等经长时间运转，各种政治机制耦合，政治博弈陷入均衡，社会对关键政治程序有稳定预期。这一假设与前述“制度先验的倾向”的评价较接近，即否决者理论认为是作为博弈规则（Rules of Game）的制度决定了谁是否决者。①基于这一假定，切贝里斯认为：“否决者结构因政体类型不同而有差异：总统制和内阁制在制度型否决者的数目上有差异，在谁控制立法议题以及控制程度多寡这个议题上也有差异。联邦制国家和单一制国家也是由于制度型否决者数目而有差异。多党联合内阁和单一政党政府则在党派型否决者的数目上有差异。刚性政党或柔性政党则是在它们的政党凝聚力上有差异。所有的体系则因否决者的意识形态距离而有差异，政策稳定性也受此影响。”②

切贝里斯将制度比喻为“躯壳”的做法，明确地表明了其“政治形态稳定”假设。他写道：“本书所探讨的制度，就像是不同的躯壳，只有当确认这些躯壳的主人以及现状的位置之后，才可能针对政策结果进行预测。”③“我的论证集中在制度及其影响。当有些研究者试图探讨某些制度的特定蕴涵时，我相信某些特定结果是由某些占优势的制度和其中行为者的偏好所造成。也就是说，制度像是一具躯壳，它会造成何种结果乃是取决于身处躯壳之内的行为者。”④不无夸张地说，制度“躯壳”比喻，即政治形态稳定假设，是否决者理论的第一假定。

在政治形态稳定的情况下，否决者理论的分析逻辑是：“这个理论可以在知

---

① 王程韡：《政策否决的社会建构——以我国几次立法禁止“人肉搜索”的失败为例》，《公共管理学报》2011 年第 4 期。

② George Tsebelis, *Veto Players: How Political Institutions Work*, Princeton, N.J.: Princeton University Press, 2002, p.284.

③ George Tsebelis, *Veto Players: How Political Institutions Work*, Princeton, N.J.: Princeton University Press, 2002, p.18.

④ George Tsebelis, *Veto Players: How Political Institutions Work*, Princeton, N.J.: Princeton University Press, 2002, p.8.

道所有否决者位置、议题设定的是谁、现状在哪里以及所有否决者都知道这些答案的情况下(即完全讯息的情况),相当正确地预测政策结果。”①

但是,“政治形态稳定”是一个严苛的假设。如果制度及其运转不构成所谓“躯壳”——新的否决者出现打破既有格局,制度、政治运作并未形成稳定状态,特别是制度并未明确设定否决者、否决点,那么,否决者分析框架就难有用武之地。

切贝里斯部分地意识到上述问题,也作了一定处理,有的处理办法在可接受范围,但有的不尽然合理。首先,他注意到稳定政体下特殊政策领域可能出现的新否决者,并以“例外”方式予以处理,有一定合理性。他说,“我刻意强调每个民主体系的制度型与党派型行动者,并忽略其他在特定政治体系中可能存在的潜在否决者,像是法院或特定的个人(有影响力的部长、有可能是军事将领)……至于其他行动者,我在分析层次上把他们当作随机杂讯,但是我认为应该将他们纳入特定政策领域或个案研究的分析之中。例如,在统合主义国家的政治体系中,否决者应该被换成劳方及资方,亦即参与劳动契约的谈判的行为者。”②显然,他以特例方式解决除制度型否决者、党派型否决者以外的否决者的问题,为否决者分析途径的严谨性进行辩护。在稳定政治制度中,这样做合理、可行。但是,意外产生的否决者,能否全部按例外的办法处理,是一个悬而未决的问题。

其次,对于所谓的非民主政体的否决者问题,否决者理论其实无能为力。切贝里斯曾试图讨论非民主政体的否决者问题:“最后,非民主体制必然有单一否决者的说法并不正确。通常对于充分了解决策过程的局外观察者(像是记者或政治学家)来说,虽然民主体系的决策过程较为透明,在非民主政体中却不然。不过,决策透明度却不必然表示有多重否决者,而缺乏透明度并不意味着只有单一否决者。雷默强力主张威权政体在拉丁美洲有相当不同的结构,其中有些国家是个人对政治决策负责,但有些却是将否决权赋予许多行为者。我认为这种情况与民主国家内部政党的政治决策相去不远。”③这段话表明,切贝里斯所批

---

① George Tsebelis, *Veto Players: How Political Institutions Work*, Princeton, N.J.: Princeton University Press, 2002, pp.284—285.

② George Tsebelis, *Veto Players: How Political Institutions Work*, Princeton, N.J.: Princeton University Press, 2002, p.81.

③ George Tsebelis, *Veto Players: How Political Institutions Work*, Princeton, N.J.: Princeton University Press, 2002, p.77.

评的观点是“威权政体只有单一的否决者”,而他引述他人的经验研究成果尝试反驳,认为威权政体可能有多个否决者。在这里,切贝里斯对非民主政体的分析基于同一个逻辑:与民主政体一样,威权政体具有稳定的制度,而制度规定了否决者及其数量,制度、政治运作在长时间内保持稳定。但是,问题恰恰在于:威权政体最大的特点也许是并未明确规定哪个机构或政治主体是否决者;这种不明确性并不能阻止其他否决者的出现以及采取实质性否决行为;进而,威权政体的基本政治制度并不稳定,因为新的否决者可能打破既有政治均衡。概言之,否决者分析框架的“政治形态稳定”假设,对于非民主政体并不成立。而且,否决者理论并未发现这一问题。

我国台湾学者王光旭、陈敦源也有相似发现,认为否决者分析框架因其制度稳定前提而影响其解释力、预测力。他们指出:“就西方的法治观而言,制度所展现的特质在于行动者本身政治权力的内容、取得、更迭及授权方式,皆是由社会所认可的成文法则,或是由习惯法来规范,因而权力的制度化在于保障理性且合法的权力运作,行动者可以在制度的框架下借此极大化自己本身的行动利益、资源的掌握、及生存的能力,排除非理性的竞争手段。因而,就切贝里斯的否决者的分析,有一个重要的逻辑,便是政治的操作不能凌驾于宪政对于决策程序的规范,因此否决者对于政策产出的结果,在西方社会的经验中,具备某种程度的可预测性。然而(在非西方社会)……,决策并非完全展现在对法律(宪法)的尊重。”①

综上所述,“政治形态稳定”假设较严苛,经验上仅可以指那些政治制度设定了否决者且政治制度以及政治博弈格局长期稳定的国家或地区政体,因此否决者理论适用范围有限。学者们进行理论创新、提出分析框架,势必追求其说明、解释或预测能力的最大化。作为比较政治制度分析的框架,所能覆盖的政治制度类型数量当然越多越好。虽然否决者理论有可能对那些不符合“政治形态稳定”假设的国家或地区的政治研究有启发意义,比如也可以从否决权、政策否决等视角展开分析,但是,正如我们不能适履削足一样,不能把否决者理论适用到

---

① 王光旭、陈敦源:《政务领导、国会监督与官僚自主:台湾全民健保政策“否决者”之研究,1986—2004》,《行政暨政策学报》第50期,2010年6月,第107—157页。

不具备假设条件的国家或地区。这意味着,如果以适用范围大小作为评判标准,否决者理论不仅难以企及比较政治学的经典框架如政治系统论,而且也不比其“竞争性”理论即利普哈特共识民主论[①]更胜一筹。

三、否决者:理性人还是政治代理人?

否决者理论出现以来,评论这一理论的文献常常聚焦于否决者这一概念。笔者认为,否决者理论是比较政治制度分析中行动者途径的新发展,具有合理且有效简化复杂现实的功能,为政治制度分析提供了一种新的工具;但该理论关于否决者的行为假设,忽略了否决者与一般政治行动者的区别,是这一分析框架的关键缺陷。否决者理论的发展与完善,应合理界定否决者的行为特征。

一方面,将“否决者”作为研究起点,是政治科学乃至社会科学研究中行动者或能动途径的一种策略,同时也是这一途径的新发展。所谓能动或行动者途径,指“那些主要诉诸能动性(或行为者)因素的解释类型”。[②]主流观点认为,与行动者途径相对的是结构途径;于是,“政治科学的理论建构,主要发生在个人主义的基于行动者理论和抽象的基于系统的演化等各极点之间”。[③]笔者认为,否决者作为一种行动者途径,其优势是能更清晰地辨识关键行动者,即具有议程设定权、否决权的政治行动者,从而达到理论分析简化复杂现实的功能。

合理且有效地辨识行动者,即否决者,作为行动者途径的新发展,是否决者分析框架尚未被充分肯定的一种特色。社会科学中,从个体、群体或组织意义上的行动者出发来观察、分析、研究政治生活、政治现象等,是常见的研究路径。但这一途径经常要面对政治行动者数量众多、行为易变等局面,有时难以合理且有效地辨识。在特定领域、范围的研究中,可能会穷尽且清晰地找到关键行动者,但政治制度这类研究领域,行动者数量众多、类型复杂,在缺乏合理且有效的概

---

① 在《否决者》等论著中,切贝里斯主要评论了共识民主理论;许多学者将否决者理论视为共识民主论的竞争性理论。共识民主论的适用范围等,请参阅包刚升:《共识民主理论有“共识”吗?——对利普哈特研究方法的学术批评》,《经济社会体制比较》2014年第5期。

② Colin Hay. *Political Analysis: A Critical Introduction*. Palgrave Macmillan, 2002, p.94.

③ [美]罗伯特·古丁、汉斯-迪特尔·克林格曼主编:《政治科学新手册》,钟开斌等译,生活·读书·新知三联书店2006年版,第745—746页。

念工具的情况下,努力建立起的分析框架不仅可能庞大杂乱,而且难免挂一漏万,也无法成为一种比较研究框架。而切贝里斯的策略是“从不同的政治制度(包括政体类型、国会设计、政党体系、政党组成等)中提出一些规则,而这些规则主要是将政治制度中的行为者视为一系列的否决者”。①由此可见,否决者理论从政治制度、政治运作出发,辨识出否决者这一政治生活中的关键行动者——(政治形态稳定状况下,一定时期内)不仅数量有限、易于辨识、偏好稳定,而且可用于比较研究,是一种合理且有效的行动者途径。正是在这个意义上可以认为,否决者理论为比较政治制度分析提供了一种新的工具,丰富了比较政治学的工具箱。

另一方面,迄今为止的否决者理论对于否决者行为的认知存在严重缺陷,未能辨识出否决者作为政治代理人的关键特征,从而限制了否决者分析逻辑的解释力、预测力。

一个基本问题是:切贝里斯所界定的制度型否决者、党派型否决者在多大程度上能按照自己的意志行使否决权?——对于这个问题,规范政治理论家的答案是:他们行使的是公共权力,应该代表公意,致力于公益,并尽力协调好价值、利益在不同群体间、不同时间内冲突等方面的问题;政治科学家的回答是:他们行使权力到底是出于“经济人”所假设的自身利益最大化,还是致力于实现他人的利益,或是基于多种权衡,这都需要经验证据来验证。重点在于,无论否决者的行为特征有多么复杂,但不容忽视的是:否决者不同于一般政治行动者,他们是一般政治行动者的代理人;公民、一般政治行动者与否决者(尤其是制度型否决者)之间,是权力委托、代理关系。进而,政治制度建立、演变的基本目的之一就是控制代理人以实现委托人的利益或目标。因此,无视行动者的政治代理人属性而建立的否决者分析框架,恐先天不足。另外,这一问题还导致对政治制度的理解存在不足,本文第四节将进一步阐述。

否决者理论基本上回避否决者作为政治代理人的属性,但处理策略的回旋余地较大,其框架具有可修补而更加完善的基础。切贝里斯关于否决者的行为

---

① George Tsebelis, *Veto Players: How Political Institutions Work*, Princeton, N.J.: Princeton University Press, 2002, p.17.

假设是:不接受一个他们认为会比现状更差的政策。他认为,这是一个采用了最少而且不具争议性的假设,是否决者理论的一项优点,因为:“事实上,很难去质疑理性行为者会接受一个他们认为会比现状更差的政策,除非将这些行为者所收到的间接利益也纳入分析。我不想主张这种间接利益不会发生,然而,如果考虑这种情况的话,大多数(如果不是全部的话)的结果都变得有可能发生,而且理论会变得包山包海,而不能够针对它进行测试。”①本来,“不接受一个比现状更差的政策”是一个包含了直接利益导向的行为选择的集合,但切贝里斯把二者混为一谈。他的解释说明,他把否决者理解成独立的行动者,而且基于理性而行动,基本未考虑否决者作为代理人的属性与行为特征。不过,否决者分析框架在阐述时,主要基于否决者“不接受一个比现状更差的政策”假设。正如他自我辩护:“这个假设虽然不能精确地找出议题设定者和否决者的身份与偏好,而且坚持他们会选择比现状更好的方案,但它却是一个相当适切的概括性假设,使得否决者理论对于政策稳定性的预测更为正确。结果位于体系中的其他行动者(如政府、官僚、或是法官),便会根据这项预测中的政策稳定性而行动。”②这一处理方式可包括的情况大大增加,有可能将作为代理人的否决者的部分行为纳入其中。概言之,否决者分析框架虽然对于否决者行为特征的认知存在严重缺陷,但其实际策略在一定程度上弥补了那一缺陷——尽管切贝里斯并未意识到否决者是代理人。

具体来看作为政治代理人的否决者,行为特征具有多重性。在选举、监督机制等较为完备的情况下,一则,个体意义上的否决者,如民意代表或政治家,尽管他或他们不必然代表民意或公共利益,但至少要将自己装饰为代表;二则,机构或组织意义上的政治行动者,如议会或政党,首先是一个利益聚合者,其依据决策规则做出的决定,可能内含了多种均衡;三则,否决者通常对现行政策(现状)、拟取代现状的政策的直接/间接、短期/远期利益等有一定了解,在不能以自己的好恶来做出判断或采取行动情况下,有可能考虑间接利益、协调多种利益,甚至会接受一个比现状更差但预期收益增加的政策;四则,某些政治家(同时也是

①② George Tsebelis, *Veto Players: How Political Institutions Work*, Princeton, N.J.: Princeton University Press, 2002, p.285.

否决者），具有“企业家”特质，能采取一定策略去打破既有利益格局，甚至损害部分群体利益，而致力在未来社会中实现利益增加、分配均衡。简而言之，否决者不能简单地理解成追求否决者自身价值或利益的行动者，而必须基于代理人来理解。显然，切贝里斯虽然辨识出否决者，但对否决者的理解或假设不全面。

毫不意外的，因为否决者是否决者分析框架的起点，所以批评者已聚焦于切贝里斯对否决者的界定与分析。不过，主要批评并未从否决者作为代理人这一角度展开。如，斯特罗姆的批评是：不能把制度型否决者与党派型否决者相提并论，而且应该考虑否决者的动机与机会，因为一位可信赖的否决者必须同时有机会及动机去行使他（她）的否决权。党派型否决者也许有动机，但是一般来说他们并没有机会行使否决权。虽然制度型否决者就定义上来说有机会，但是并不必然有动机行使否决权。①更为关键的批评是认为切贝里斯将否决者的偏好视为外生变量，也就是否决者理论不讨论偏好如何形成与改变②；进而，“由于否决者理论并不细究否决者政策偏好的形成与改变，必然会忽略同一个否决者在不同回合进行跨否决者之间利益交换的现实，也就是说，否决者有可能进行‘策略投票’。由于一个决策合法化的过程，绝对不是仅有决策当下的惊鸿一瞥，每个否决者的政策意识形态在空间上的分布应该是在不断的妥协中，做某种程度的位移……。”③否决者偏好问题，切中要害，但批评者并未进一步探讨代理人属性问题。我国台湾学者王光旭等提出的一个批评，与笔者的批评较为接近，他们认为：“一个政策的场域中，否决者的立场与策略，仍然会受到外在行动者的限制，例如在民主国家，民意与舆论对于国会的影响便相对巨大，而这些因素基本上是否决者的模型中，基于简化分析的态度较不被考量的。”④显然，他们意识到否决者会受到民意、舆论等其他行动者的影响，已注意到否决者与一般政治行动者直接的区别。不过，并未明确指出否决者的代理人行为属性。

---

① Kaare. Strom, Delegation and Accountabity in Parliamentary Democracies, European Journal of Political Research, No.37, pp.261—289.

② 译者导读，《否决者论》，吴文钦译，韦伯文化国际出版有限公司 2009 年版，第 xi—xii 页。

③④ 王光旭、陈敦源：《政务领导、国会监督与官僚自主：台湾全民健保政策“否决者”之研究，1986—2004》，《行政暨政策学报》第 50 期，2010 年 6 月，第 107—157 页。

总之，否决者途径，将种类异常复杂的行动者予以简化，合理而有效；但是，对否决者行为的认知，也许可以继续通过简化来假设，但简化不能以忽视其关键特征的方式进行。

四、基于否决者的“配套论”：优势与劣势

切贝里斯指出，比较政治制度分析的框架，传统上大多从单一标准出发，或制度分析（如总统制与内阁制、政党制度、选举制度、联邦制与单一制、一院制与两院制等），或主题分析（如立法、官僚、司法制度等），但是分类彼此间的关系并未厘清。他本人则致力于找出一个理解政治体系运作的简单方法①，并且用结果性（consequential）和一致性的（consistent）方法去研究、分析它们。他的方法，是一种“配套论”或组合论方法，正如其研究问题所言“不同政党、立法机关、政党属性、政党体系之间的组合，又会造成哪些互动影响？”②有学者认为，同样是配套论，利普哈特的共识民主理论，即以共识决、多数决为标准的分析框架，是一种“加法”途径，而否决者理论是一种“减法”途径——“他从各种制度之下抽离出更根本的性质，并涵盖所有的制度。对切贝里斯而言，这个性质就是否决者的数目。”③

否决者理论从制度出发，确定否决者及其数量等，建立了核心分析概念——政策稳定性，然后讨论了政策稳定性对政治体系一系列结构性特性的影响，如议题设定的重要性问题、内阁制中政府稳定性、总统制中政体稳定性、官僚与司法部门独立性等。在《否决者》以及运用否决者理论的文献中，其“制度—否决者—政策稳定性”解释逻辑的优势已有充分展示，无需赘述。然而，进一步地看，“制度—否决者—政策稳定性”所依循的前文已述的“政治形态稳定”假设、否决者“不接受一个他们认为比现状更差的政策”的假设以及胜集方法，具有认识论

---

① George Tsebelis, *Veto Players: How Political Institutions Work*, Princeton, N.J.: Princeton University Press, 2002, p.xiii.

② George Tsebelis, *Veto Players: How Political Institutions Work*, Princeton, N.J.: Princeton University Press, 2002, pp.1—3.

③ 林继文：《政府体制、选举制度与政党体系：一个配套论的分析》，《选举研究》第十三卷第2期，2006年11月。

上的一致性，是其解释逻辑的基础，从而构成一个配套的分析框架。其中，如上文所述："政治形态稳定"假设是否决者的前提，而"否决者"的行为特征是"不接受一个他们认为比现状更差的政策"；二者结合，推导出"政策稳定性"问题；论证政策稳定性的方法则是"胜集"。在切贝里斯看来，胜集与一致决局心类似，都可用来表征政策稳定性。①但是，这一互相配套的分析框架，将其讨论限定在一个静止、封闭的多维空间，有可能面临无法回应政策所在空间的变化、开放、政策子系统等属性，从而带来一些否决者理论所无法解决的政治制度分析问题。具体来说：

其一，胜集方法等无法解释或预测政治制度的产出，即政策结果。笔者认为，否决者分析框架的基本功能是政治制度比较，而非解释或预测政策结果（政策过程、政策产出、政策变迁等）。但是，这一特点即使在否决者理论提出者那里也未予以清晰地认知，以至于切贝里斯本人在讨论政策稳定性的各种影响后，也将政策结果预测作为一个目标。如此，或可能"画蛇添足"。

否决者理论的分析框架及其基本观点，在政治形态稳定、否决者行为特征设定的情况下，具有解释力。但是，在进一步预测政策结果时，则陷入困境。切贝里斯关于解释或预测政策结果的基本立场是："关于特定结果的预测，这个理论可以在知道所有否决者位置、议题设定的是谁、现状在哪里以及所有否决者都知道这些答案的情况下（即完全信息的情况），相当正确地预测政策结果。"②当然，他立刻意识到"完全信息"问题，进而阐明其关于否决者的行为假设，以解决这一问题。他写道："然而，大多数时候议题设定者的身份和偏好是未知的。否决者理论采取找出所有可能结果的方法，即找出现状的胜集，来回应这个问题，并且预期行动者将在胜集之内进行推论。……在缺乏这类知识的情况下，否决者理论基于以下这个最小的假设，提供了可能结果的轮廓：每个否决者只会接受他觉得比现状还要好的解决方案。……"③但问题在于，即使如此，也解决不了无法

---

① George Tsebelis, *Veto Players*: *How Political Institutions Work*, Princeton, N.J.: Princeton University Press, 2002, pp.19—30.

② George Tsebelis, *Veto Players*: *How Political Institutions Work*, Princeton, N.J.: Princeton University Press, 2002, pp.284—285.

③ George Tsebelis, *Veto Players*: *How Political Institutions Work*, Princeton, N.J.: Princeton University Press, 2002, p.285.

解释或预测政策结果的问题,因为:(1)就否决者行为特征而言,如果不能把握其关键,则难以进行行为结果的预测。前文已指出,否决者理论的关键不足是忽视了否决者的政治代理人身份。(2)就政策稳定性概念而言,作为否决者理论的核心概念,主要表明某种状况,它可以用程度来表征,但其反义词并非“政策变迁”,即是说,无法从稳定性来推导出关于政策制定或变迁的一般性知识。在特定且具体的某些政策领域,或许可以推出政策结果,但需要补充更重要的其他信息、使用其他方法。原因在于,推导出政策稳定性的“胜集”这一空间几何方法,内嵌于一个静态、封闭的空间,尽管可以发现政策朝哪个方向改变——胜集大小通常与现状改变的可能性相反,但是无法确认改变过程以及形成何种结果。政策结果的预测,即政策议程、制定、政策变迁等,往往发生于一个相对开放的政策子系统——与政策相关的行动者组成的一个论坛,行动者之间讨价还价,而适合求解结果的分析方法恰恰是否决者理论弃之不用的均衡方法。

概言之,否决者理论的基本假设与核心概念、分析框架等,本不适合于解释或预测政策结果。如果否决者理论在不改变基本假设等的情况下,匆忙进行政策结果的解释、预测,可能就是画蛇添足了。

其二,基于否决者理论建立的制度分析框架,可研究的制度类型受限,未能触及制度的本质问题。《否决者》及运用否决者理论的文献,尽管讨论的制度类型足够多,如民主与非民主政体、总统制与内阁制、一院制与两院制、两党制与多党制、刚性政党与柔性政党等,但仍然未能涉及政治制度的其他重要议题,如选举制度等,而且未能触及政治制度的本质。这一问题与前述否决者行为假设问题如出一辙。政治制度当然有许多面向或功能,不过,鉴于现代社会普遍承认国家权力由公民权利派生,因此,政治制度可以简明地定义为公民权利、政治权力、国家权力等之间关系的规范化形式,主要政治制度均涉及公民如何控制其代理人问题。前文已说明,否决者的行为假定,基本与政治代理人属性无关,这在某种程度上显示理论提出者对政治制度的认知不够完整。导致的后果之一:否决者框架对于涉及权力委托等方面的制度无法展开研究,也很难回应政治制度的本质问题。

其三,否决者理论回避了制度优劣问题。《否决者》开篇即有一个声明:“我的目标并不是要指出何种制度较优秀,而是要找出不同政体中各自殊异的决策面向,并进一步研究这些差异所造成的影响。”①切贝里斯这一立场贯彻始终,既未对否决者数量尤其是核心概念政策稳定性高或低作评价,也未对其分析的各种具体制度、政策结果等进行价值判断。如在讨论政策稳定性问题时,切贝里斯“采取了一个不可知论(agnostic)的立场”。②他提出:“理解政策稳定性的一个方法是将它看成是政治体系做出不干预、或是规范经济、政治、社会互动的可信承诺。另一个理解政策稳定性的方法,则是将它看成政治体系无法回应经济、政治或社会环境所发生的改变。这两个面向都是内在相连且不可分离的。有些分析家也许偏好其中某一种方法,直到发生以下两种情况才会知道两者的关联性:一种是当那些被赞许能做出可信承诺的制度结构无法回应某些冲击时,另一种则是当富有决断力而令人称道的政治体系不能做出可信承诺时。”③在这里,虽然可以接受他定义的政策稳定性,但显然无从进一步了解哪种政治体系或制度结构能做出可信承诺,抑或富有决断力而令人称道。

纯粹的、基础性的政治制度的经验研究,不对研究对象或获得的发现进行价值评价,或许可以接受。但是,笔者认为,一方面,否决者理论作为一种比较研究框架,完全回避制度优劣,作为社会科学家的研究者有“卸责”嫌疑。更重要的是,基于前文指出的这一理论在政治制度本质认知方面的问题,笔者认为否决者理论对制度优劣的回避,显示了一种知识本体论方面的缺陷。所谓本体论,按照大卫·马什、保罗·弗朗的观点,社会科学本体论讨论的主要目的是发现“事实”,“本体论追问,有什么东西可以知道”④。对于政治科学中的本体论,马什等指出:当人们说他们在“研究政治”,其实就是在做出一个本体论的陈述,因为在这一陈述中隐含着对这样一些问题的理解,即政体(polity)是由什么组成的,其一般性质是什么。⑤进而,对政治制度的认知即构成政治制度研究者的本体论。显然,研究者在

---

① George Tsebelis, *Veto Players: How Political Institutions Work*, Princeton, N.J.: Princeton University Press, 2002, p.1.

② George Tsebelis, *Veto Players: How Political Institutions Work*, Princeton, N.J.: Princeton University Press, 2002, p.7.

③ George Tsebelis, *Veto Players: How Political Institutions Work*, Princeton, N.J.: Princeton University Press, 2002, p.207.

④⑤ [英]大卫·马什、格里·斯托克:《政治科学的理论与方法》(第二版),景跃进、张小劲、欧阳景根译,中国人民大学出版社2006年版,第7页。

理解政治制度时,如果把"政治制度建立、演变的基本目的之一就是控制代理人以实现委托人的利益或目标"纳入其中,那么,完全回避优劣问题是不可接受的。

五、结　　语

切贝里斯曾自述其分析框架的三个优点,"为了解释一系列的政策和其他重要的政治特征,否决者理论聚焦于立法政治,以及如何完成立法决策。它的优点是仔细地追溯立法程序,……"。①进而,当否决者理论最初的优点是能够正确描绘立法过程,结果衍生出其他额外的优点:第一项优点是它采用了最少而且不具争议性的假设,即否决者不接受一个他们认为会比现状更差的政策;第二项优点在于它的基本模型是根据多维议题空间发展而来,即胜集分析。②迄今为止,笔者对衍生出的两项优点明确地提出了批评。否决者理论的原初优点,基本上是对观察政治制度视角的说明——从立法程序或政策过程切入,笔者赞同这一做法。不过,当衍生出的(与原初优点配套)两个优点尚存在一定缺陷时,基于原初优点的否决者理论则有进一步完善的必要。

曾受教于切贝里斯的林继文在《否决者》中译本推荐序中写道:"我们永远都可能犯错,但你若不先证明自己可能是对的,又如何让别人证明你是错的?"诚如斯言。笔者一方面颇为赞叹否决者理论在既定假定下的解释力、洞察力,肯定否决者这一工具对于比较政治制度研究工具箱的增量意义,以及胜集方法的明晰性等等,但另一方面认为:这一理论的政治形态稳定假设、忽视否决者作为政治代理人的属性、胜集方法嵌入空间的静止封闭特征等,限制了这一理论的适用范围、削弱了其解释力、无法解决比较政治制度分析的一些问题等。总之,其缺陷导致它基本丧失了作为一个适用范围更广的分析框架的可能性。

(作者为上海师范大学法政学院副教授)

① George Tsebelis, *Veto Players: How Political Institutions Work*, Princeton, N.J.: Princeton University Press, 2002, p.283.

② George Tsebelis, *Veto Players: How Political Institutions Work*, Princeton, N.J.: Princeton University Press, 2002, p.285.

比较政治中的文化主义：一种单元化的研究议程

章　远

比较政治学经过多元化的理论发展，在研究内涵和研究方法等诸方面逐渐聚合形成相对明晰的理性主义（rational choice theory）、文化主义（culturalist analyses/theme）和结构主义（structuralist approaches）三个主要理论流派。与强调概括、解释理性行为主义的行为后果的理性主义不同，比较政治学的文化主义流派在本体论、方法论上均具有鲜明的诠释主义特色。同样区别于专注行为主体之间整体关联的现实比较、探讨因果模式和动态发展关系的比较政治学结构主义流派，文化主义的研究更关注从个案中探讨认同、秩序这些共同的价值判断。

政治文化研究关注的是包含价值判断、意识态度等在内的相对稳定的文化要素。研究力图探寻文化变量和政治制度、政治变化之间的因果关系。本文主要梳理比较政治学文化主义理论流派延续至今的五个阶段学术发展史来全面介绍政治文化传统阐释结构，继而分别简述比较政治学中涉及文化主义的经典议题，最后通过集中讨论文化冲突和正义、女权主义以及全球宗教复兴等前沿命题来探讨文化主义的前景。

一、比较政治学文化范式的学术史

政治文化的比较研究是政治理论学者主要探讨和研究生训练的核心内容之一。与影响力广泛的理性选择理论一样，比较政治文化的研究方法是基于经验性案例分析的问题解决路径。自启蒙运动以来，沿袭马基雅维利、孟德斯鸠、霍布斯诸位思想先驱的足迹，从马克斯·韦伯、埃米尔·涂尔干到加布里埃尔·阿尔蒙德（Gabriel Almond），政治科学在宏大自身领域的同时，也逐渐确立了理论化的分野。理论分野不同于歧见，许多研究彼此之间也存在互相影响、互相融合甚至互相取代的情况。理性主义、文化主义和结构主义作为比较政治学最核心三大竞争流派,这其中理性主义、理性选择理论从霍布斯、斯密以及帕累托一系发展而来;文化主义的源头是孟德斯鸠、而马克斯·韦伯进而发展了理论体系;结构主义则与韦伯同样渊源深厚。

(一) 古典主义经典时期

政治文化作为独立的概念其起源可以追溯到亚里士多德。亚里士多德将政治学置于社会科学的首位,他提出的经典问题和使用的方法与当前政治研究中仍然流行的方式类似,因此亚里士多德也被认为是整个政治理论大厦的奠基人。①亚里士多德对政治革命和政治变迁的心理因素曾做过专门论述:如果人们关注的是主动意义上的生活,那么人的功能就是心灵遵循着一种理性原理的主动作用,而人的善是合乎心灵德行的活动。②换言之,人的外在行为是由人的意志力自觉确定的目标控制的。

(二) 后传统时期:20 年代至 60 年代前期

毋庸置疑,卡尔·马克思、马克斯·韦伯和埃米尔·涂尔干是现代社会学的最重要的奠基人。涂尔干注意到了文化在不同社会环境中的差异性,认为制度应该适应文化。韦伯本人的思想非常复杂,并不适合简单划分类型。不过在政治的文化层面上,韦伯思考的是人应该生活和实现公义,支持这样生活的最好制度是什么。这些反思是一种规范的政治理论观点,将思考逐渐引向现代性的理性主义思考路径。韦伯一辈的学人所追求的更好的制度,脱胎于僵化的中世纪思想风格,带着启蒙主义光辉,在社会结构的诸多方面追求理性秩序。韦伯的诘问也被认为是文化的科学。③研究方法上,韦伯辩护的研究方法是"关于具体现实的经验科学",目标是"理解我们行动于其中的现实的独特性"。④如果将韦伯

---

① Harry Eckstein, "A Perspective on Comparative Politics, Past and Present," in Harry Eckstein & David E.Apter, eds., *Comparative Politics: A Reader*, New York: The Free Press of Glencoe, 1963, p.3.

② [古希腊]亚里士多德:《政治学》,吴寿彭译,商务印书馆 1983 年版,第 351 页。

③ See Wilhelm Hennis, "Max Weber's 'Central Question'," *Economy and Society*, 1983; Benjamin Nelson, "Max Weber's 'Author's Introduction' (1920): A Master Clue to His Main Aims," Sociological Inquiry, 1974, 44, No.4, pp.269—278; Ralph Schroeder, *Max Weber and the Sociology of Culture*, Newbury Park, CA: Sage, 1992, Chap.1.

④ Max Weber, *The Methodology of the Social Sciences*, New York, Free Press, 1979, p.72.

视为文化主义者,他的宗教伦理分析是对非理性推动理性的解释框架。从韦伯开始,文化主义者强调文化建构了理智,确立了理性的边界。

(三)现代兴起时期:60 年代至 80 年代前期

系统地学理化地界定三个竞争性流派的努力最早出现在 20 世纪 60 年代初。哈利·埃克斯坦(Harry Eckstein)和戴维·阿普特(David E.Apter)编辑的论文集率先评估三个比较政治研究流派的发展情况。①严格意义上来说,脱离了传统政治研究路径桎梏的政治文化研究开始于 20 世纪 60 年代,并由此独立和兴盛起来。

政治文化概念的相对明晰是与阿尔蒙德、西德尼·维巴(Sidney Verba)、罗伯特·普特南(Robe Putnam)、哈里·艾克斯坦(Hary Eckstein)和罗纳德·英格尔哈特(Ronald Inglehart)等人对政治现象的判断、预测及解释息息相关。依据阿尔蒙德的观点,政治文化是公众对政治的态度和他们在政治体系中的角色定位,政治文化能够影响和反映一个国家现在和未来行为趋势。②用于分析的政治文化涵盖了政治生态中的成员在政治体系、政治过程和政策输出三个层面上的倾向。③政治文化的体系层面是指身处某一个国家或者某一个政府中的政治参与者对自身所处的国家、政府这些政治体系的认同程度,而偏好某一政治体系的政治文化往往与民族认同、国家认同息息相关;政治文化的政策层面包含的是政治参与者对政治和政策运行过程的预期,还意指公民与政治过程之间的相互关系;政治文化的政策层面表达的是政治个体对政治在政府政策层面的输出和结果的看法和期望。

与强调运用数理逻辑的理性主义研究群体不同,比较政治的文化主义学者多秉持着社会和文化人类学的研究视角。阿尔蒙德倡导将政治思想、社会理论、社会心理学等等研究都作为政治文化研究的论据来源。人类学家克利福德·格尔茨(Clifford Geertz)认为文化是由含有意义的符号和仪式、习俗等等实践所构

① Harry Eckstein and David E. Apter, eds., *Comparative Politics: A Reader*, New York: The Free Press of Glencoe, 1963.

② [美]加布里埃尔·A.阿尔蒙德、拉塞尔·J.多尔顿、小 G.宾厄姆·鲍威尔、卡雷·斯特罗姆等:《当代比较政治学:世界视野(第八版)》,杨红伟、吴新叶、方卿、曾纪茂等译,上海人民出版社 2010 年版,第 53 页。

③ [美]加布里埃尔·A.阿尔蒙德、拉塞尔·J.多尔顿、小 G.宾厄姆·鲍威尔、卡雷·斯特罗姆等:《当代比较政治学:世界视野(第八版)》,杨红伟、吴新叶、方卿、曾纪茂等译,第 54 页。

成,而政治则需通过这些经验性表达予以实现。①理性主义用抽象的数学推理辨明选举行为、革命过程、政治经济变化等等政治议题,其基本前提是提升利益在政治行为中的主导性地位和作用,强化的是通则特质。理性主义理论者是高度抽离研究对象的政治内容解剖社会人,而显然文化主义则选择了更具人文关怀的分析立场,更偏好基于实地考察社会单元来引发出各种行为方式、生活意义上的价值观研究。

在文化主义比较政治研究者看来,克利福德·格尔茨所提出的"厚重描述"(thick description)是极为重要的。他们的研究常常细化到某一个村庄,某一地域上的特定民族,某一个群体的代表政党等非常具体的案例。文化主义者认为,正是对活生生的社会现实的阐释,而非对冰冷生硬的数据提炼,才是充分理解研究对象的研究态度。当然,强化人类学、社会学研究方法的文化主义理论范式也容易招致对研究者主观能力的质疑,此外还有对研究者不够客观的情绪偏好的怀疑。然而从当前学者看来,这一时期研究者并没有真正将政治文化研究规范起来,也没有构建出相对完整的文化与政治之间的结构关系。②

(四)经验聚合时期:稳定和繁荣的 80 年代

进入 80 年代后,文化主义研究者继续具体化政治文化的内涵和定位,肯定文化在差异性之外可以与政治建立起制度性关联。这一时期经验研究的聚合帮助文化主义避免了狭隘研究的趋向。文化主义对国家与民族和民族主义之间关系的探讨和分析是本时期的重要特征。个人在身份选择上是将国民作为首要顺位还是民族的集体认知,决定了个人利益的实现与国家福祉之间是否可以相互捆绑。民族身份是个体成员大脑中活跃的共同体意象,继而与民族国家的概念相联系,也给予国家管理以整体主义的政策选择可能性。③作为政治学者,詹姆斯·斯科特(James C. Scott)认可自己的文化主义者身份。在《弱者的武器》一书中,斯科特考察马来西亚赛达卡(Sedaka)的农民反抗的日常,"赛达卡的农民并

---

① Clifford Geertz, *The Interpretations of Culture*, London: Basic Book, 1973, p.312.

② 李路曲:《政治文化研究的概念困境》,《上海师范大学学报(哲学社会科学版)》2013 年第 3 期,第 31 页。

③ Benedict Anderson, *Imagined Communities: Reflections on Origin and Spread of Nationalism*, London: Verso, 1991, pp.6—7.

不简单地对当前的客观条件本身作出反应,而是对他们置于这些条件之上的解释做出反应。价值观塑造具体实践,而上述客观条件受价值观的调节”。①斯科特的分析将理性的秩序和非理性秩序的阶级反抗发生的基础都追溯到社群身份形成上来。经验聚合时期,诠释法作为考察工具在族群和民族身份建构中发挥了关键作用。②群体之间围绕历史神话的隐喻得以强化,无论是政治事件的当事人还是政治学研究者都由此迎来了下一个关键性历史时期。

(五)新兴盛时期:90 年代、9·11 事件至今

在马克·I.利希巴赫(Mark I.Lichbach)和阿兰·S.朱克曼(Alan S.Zuckerman)主编的《比较政治:理性、文化和结构》一书中,马克·霍华德·罗斯(Marc Howard Ross)是文化主义流派的总结者。在罗斯看来,文化有两种与比较政治有关的不相关特征,分别是意识系统和社会与政治身份的基础。人们运用前者来管理纷繁的日常世界,人们被后者影响着面对某个时间采取特定的立场和行动。③2001 年 9·11 恐怖袭击事件对既有的政治研究和文化研究提出了前所未有的挑战,而与之相应的是,比较政治的文化主义研究迎来了新兴盛时代并延续至今。

这一时期代表人物以戴维·莱廷(David D.Laitin)最为典型。与经验聚合时期的斯科特不同,莱廷在共识领域之外,还认为文化强调争议性的关注点。莱廷认为观念不能产生直接的行动效应,制度才是从世界观到投票、示威等政治行为的中介变量。④与经验聚合时期不同,新兴盛时期不再热衷将文化主义视角与民族国家研究结合,相反,莱廷认为文化相较于理性选择和结构,前者对国家建构

---

① James C.Scott, *Weapons of the Weak*: *Everyday Forms of Peasant Resistance*, New Haven: Yale University Press, 1985, p.305.

② See Eric Hobsbawm and Terrence Ranger, *The Invention of Tradition*, Cambridge: Cambridge University Press, 1983; Benedict Anderson, *Imagined Communities*: *Reflections on Origin and Spread of Nationalism*, London: Verso, 1983; Ernest Gellner, *Nations and Nationalism*, Ithaca: Cornell University Press, 1983; Stanley JeyarajaTambiah, *Sri Lanka*: *Erhnic Fratricide and the Disnzantling of Democracy*, London: I. B.Tauris, 1986; Anthony D. Smith, *The Ethnic Origin of Nations*, Oxford: Basil Blackwell, 1986.

③ [美]马克·I.利希巴赫、阿兰·S.朱克曼:《比较政治的研究传统和理论介绍》,载[美]马克·I.利希巴赫,阿兰·S.朱克曼编:《比较政治:理性、文化和结构》,储建国等译,中国人民大学出版社 2008 年版,第 11 页。

④ David D.Laitin, “National Revivals and Violence,” *Archives Europeennes de Sociologie*, 1995, No. 36, pp.3—43.

和国家能力影响甚微，因此对政治及文化进行系统研究是走不通的，更异质性的多元主义的田野调查案例分析才是文化主义的未来。

文化本身难以严格量化，进而比较政治中文化主义的论证过程也面临科学性的质疑。文化主义研究的文化单位的范围和文化分析形势争议众多，文化主义研究群体内部也常常陷入争执和分裂，并没有唯一的学院正统派。社会学和文化人类学对比较政治文化主义影响深远，来自于田野调查的具体案例往往生动而鲜活，但随之而来的是理论概括和提炼方面的缺失。可以预见的是，文化主义者强化诠释性理解的深度、抛弃概括意义上的广度，限制了学术成果的认可范围，但这一困境似乎还将持续相当长的时间。

比较政治文化主义发展流变简表

时间阶段	代表人物	理论特质	观　点	论证过程
古典主义经典时期（20世纪30年代以前）	亚里士多德	形而上学	意志、需求、伦理等非理性因素是行为的心理动机。	逻辑理论
后传统时期（20世纪20年代至60年代）	韦伯	宗教社会学 政治社会学	对意义和救赎的非理性追求如何有助于创造理性的个体和现代世界的制度。	反实证主义
现代兴起时期（20世纪60年代至80年代前期）	阿尔蒙德	系统分类	政治体系中的行为会受到人们意识的引导，公民的政治态度可以是行为背后的导向因素。 政治发展是政治系统、过程和政策变化的结果。	强调心理的历史经验研究
	格尔茨	厚重描述 诠释理论	文化是由带有特定意义的符号和专门的实践组成。 文化与政治之间的关系是系统性地共享某些符号和实践。	案例研究
经验聚合时期（20世纪80年代至90年代前期）	斯科特	诠释主义	文化的意义是建构现实身份认同、行为和秩序的原因。	案例研究
新兴盛时期（新千年至今）	莱廷	博弈论逻辑	制度是个体观念到集体行动之间的中介变量，文化并不能产生直接的行为效果。	案例研究 统计检测 模型演绎

二、 比较政治学文化主义的经典议题

政治文化能够谈及的范围相当广泛和多元,其内容能够深刻影响国家的政治选择,也反映着群体的政治态度以及价值观偏好。政治文化被认为不是绝对永恒固定的,但尽管如此,文化范畴的变化仍然应该说是比较迟钝。正因为政治文化整体转化较为缓慢的特性,其反映出的政治行为才能成为可考察的对象。在结构性层面上,政治规范、政治制度这些政治文化的变化往往一定程度上是各种政治参与者的价值判断、政治偏好以及对政策的态度的变动情况相互影响的结果。

(一) 身份、认同、价值

理性的、相对长期和固定的政治身份、政治认同、情感和价值判断均是组成政治文化的常规心理表现形式,是文化主义研究的主流和传统的议题。文化主义者强调认同政治(identitarian politics)的地位和意义。在文化主义者看来,认同的重要性在20世纪后期逐渐增长,其后果是族群和民族之间原本可能脆弱的分界线因为认同的强化而更加真切和清晰。①认同观念的基本理论解释是:文化是定位自我与他者的世界构架,认同则是区分自我和他者的关键认知,是在社会大环境下被建构的观念。罗斯总结诠释是行动者共享的交互主体间意义,是文化主义的方法论工具,用以理解民族、国族这样想象共同体的建构过程。②

利希巴赫总结文化主义者是整体主义的簇拥,他们以社群为单位来看待主体间的规范。共同知识和共享价值可见于所有的社会制度,包括政治的、宗教的、经济的和社会的。共同的认知和"传统的道德逻辑"也即良知构成了社群,世界是由赋予了意义与价值的社会互动与沟通行动构成的。文化与社群是社会控制的基石。角色定位决定着社会尊重、认同、荣誉、地位与声望的标准。与此同时,逐利的个人主义个体也不得不面对集体义务的约束,极端情况下将面临社会

① [美]本尼迪克特·安德森:《比较的幽灵:民族主义、东南亚与世界》,甘会斌译,译林出版社第54页。

② [美]马克·霍华德·罗斯:《比较政治分析中的文化和身份》,载[美]马克·I.利希巴赫、阿兰·S.朱克曼编:《比较政治:理性、文化和结构》,储建国等译,第84—90页。

公义的制裁。①但利希巴赫评价这些看法往往是主观的、目的论的。②

(二)诠释法和地方性知识

诠释是比较政治文化方法论上比较的核心。文化主义的比较政治研究顺序是先针对某个特定案例或者案例群,然后将其可覆盖的重要性最大化,在诠释具体研究对象时避免一般性普遍理论。相对于理性主义和结构主义,文化主义对个体的重视程度更高。在抽象的提炼逻辑上,文化主义偏重的是诠释性的(interpretive)解释,也就是说诠释主义是比较政治文化主义的社会科学哲学。罗斯认为诠释这个概念是“行动者共享的交互主体性的意义,也指社会科学观察者理解这些意义,并将所理解的意义展示给别人的具体努力。”文化的形式多种多样,文化主义的研究方法所要关注的政治领域也并没有绝对的共识。

文化主义者大都认为要深入了解行为者互动的价值与意义,要了解人的主观情感,并分析这些柔性要素是如何构成并影响着现实走向的。诠释学有四个基础性假设。其一,诠释方法建立在参与者的看法不可能与科学家的看法一致的基础上,也就是韦伯所说的“人们无需为了理解凯撒而成为凯撒”。③因此诠释法的目的在于对行为发起者出发,产生对其他人的经验的同情性理解。其二,能动者的行动与所处的社会规范有价值关联。其三,整体与部分不可分离,个体与社会必须联结才有意义。最后,对社会的理解需来源于人类社会内部,而不是来自于外在的物质世界。④也正因此,分析者研究的进展将会受限于人类自我理解能力。诠释法的关键在于理解,而不是解释。

诠释法的典型例证是格尔茨在《地方性知识》中通过案例比较,深入探讨依据人类学、社会学、文化学出发对地区研究所获得的认知。《地方性知识:阐释人类学论文集》这部论文集由三个部分组成,分别集合了“模糊的体裁:社会思想的重塑”、“诠释中的察知:论道德想象的社会史”、“文化持有者的内部眼界:论人

① James C.Scott, *Weapons of the Weak: Everyday Forms of Peasant Resistance*, New Haven: Yale University Press, 1985, p. 234.

② [美]马克·I.利希巴赫:《社会理论与比较政治学》,载[美]马克·I.利希巴赫、阿兰·S.朱克曼编:《比较政治:理性、文化和结构》,储建国等译,第322—323页。

③ Craig Calhoun, *Critical Social Theory: Culture, History, and the Challenge of Difference*, Oxford: Blackwell, 1995, p.48.

④ [美]马克·I.利希巴赫:《社会理论与比较政治学》,载[美]马克·I.利希巴赫、阿兰·S.朱克曼编:《比较政治:理性、文化和结构》,储建国等译,第327页。

类学理解的本质"、"作为文化体系的常识"、"作为文化体系的艺术"、"核心、王者和魅力:权力符号的反照"、"我们现在思考方式:现代思想的文化人类学讨论"和"地方性知识:从比较的观点看事实和法律"等八个章节。

"地方性知识:从比较的观点看事实和法律"一文设置了"地方性知识"的概念,在人类学和法学两种学科径路中使用阐释学的比较方法分析具体问题。格尔茨的比较研究集中于文化诠释部分,比较了伊斯兰世界的哈克(haqq)、达摩(dharma)和风俗(adata)三种不同法律文化意识形态中的法律与事实关系。格尔茨把对所发生的事件的本地认识与对可能发生的事件的本地联想联系在一起,认为地方性知识受限于文化体系的自主性。

(三)公民文化

公民文化是伴随政治文化的独立,同时进入文化主义者视野的传统议题。阿尔蒙德和西德尼维巴在1963年出版的《公民文化》一书中采取了从五个国家收集数据的大规模社会调查方法,依据个人态度评估国家政治系统,开创了政治文化的实证研究道路。根据阿尔蒙德和西德尼·维巴的经典定义"政治文化是由得自经验的信念、表意符号和价值观组成的体系。这个体系规定了政治行为所有发生的主观环境。"①政治文化与公众行为息息相关。功利主义个人和理性人在文化主义的研究中是基本前提。社会个体的政治态度和政治行为的社会化形成了涉及全体公民的政治文化。政治制度和公民态度之间彼此契合则有助于推动当前实施中的政治体系运行乃至发展,而反之,那些否定既有制度设计的公民态度则可能阻碍当前政治体系中政策的施行。极端情况下,缺乏足够公民认可的政治制度将丧失维持有效治理的政治根基。

与维巴和阿尔蒙德相对粗放的数据采集参考指标相比,英格尔哈特(Ronald Ingelhart)将公民文化的态度内涵更加细化为"个人生活满意、政治满意、人际信任、对社会秩序的支持、民主稳定性和经济发展程度"等特征群②。政治文化产

---

① [美]加布里埃·A.阿尔蒙德、西德尼·维巴:《公民文化——五个国家的政治态度和民主制》,徐湘林等译,东方出版社2008年版,第359页。

② Ronald Inglehart, *The Silent Revolution in Europe: Changing Values and Political Styles Among Western Publics*, Princeton University Press, 1977; Ronald Inglehart, "The Renaissance of Political Culture," *American Political Science Review*, 1988, Vol.83, pp.1203—1230.

生重要的政治结果,与民主制度的存活密切相关。①之后的学者继续增加了"政府绩效"、"经济总量"、"政治参与度"结合"政治精英访谈" 等考量指标,以期增加结论的说服力。②

一般而言,文化规范变化缓慢,反映了政治行为的持久模式。③

(四)政治仪式

在文化主义者看来,社会秩序是社会构成的基础,这其中习惯、礼仪和规范界定了社群中各个角色的定位或期望。④符号和仪式是宗教学传统关注议题。比如涂尔干认为宗教本质上可以归结为两个基本范畴:信仰和仪式。宗教是"神话、教义、仪式和仪典"综合起来的复杂体系。⑤信仰者赋予宗教仪式各种效力,并按需要加以诠释,另一方面仪式"在道德上重新塑造了个体和群体"⑥。政治社会学家所定义的宗教,是为了激发崇敬和敬畏的一整套"象征符号"⑦,是些"集体表象和文化现象"⑧。吉登斯看来定期在专门场所举行的宗教仪式"行为的目的都是指向宗教的象征意义"⑨。在系统论学者看来"文化世界本质上是符号世界"⑩。从宗教的角度来看,仪式是将经验外在化,是不断修正经验的表达。

---

① [美]罗纳德·英格尔哈特:《政治文化的复兴》,载[美]尼考劳斯·扎哈里亚迪斯主编:《比较政治学:理论、案例与方法》,宁骚、欧阳景根等译,北京大学出版社2008年版,第89页。

② David D.Laitin, "The Civic Culture at 30," *American Political Science Review*, 1995, No.89, pp.168—173; Sidney Tarrow, "Making Social Science Work Across Space and Time: A Critical Reflection on Robert Putnam's Making Democracy Work," *American Political Science Review*, Vol.90, pp.389—397.

③ [美]加布里埃尔·A.阿尔蒙德、拉塞尔·J.多尔顿、小G.宾厄姆·鲍威尔、卡雷·斯特罗姆等:《当代比较政治学:世界视野(第八版)》,杨红伟、吴新叶、方卿、曾纪茂等译,上海人民出版社2010年版,第53页。

④ James C.Scott, *Weapons of the Weak: Everyday Forms of Peasant Resistance*, New Haven: Yale University Press, 1985, p.234.

⑤ [法]爱弥尔·涂尔干:《宗教生活的基本形式》,渠东、汲喆译,上海人民出版社2006年版,第32页。

⑥ [法]爱弥尔·涂尔干:《宗教生活的基本形式》,渠东、汲喆译,第354页。

⑦ [英]安东尼·吉登斯:《社会学(第4版)》,赵旭东等译,北京大学出版社2003年版,第506页。

⑧ [法]莫里斯·迪韦尔热:《政治社会学——政治学要素》,杨祖功、王大东译,东方出版社2007年版,第39页。

⑨ [英]安东尼·吉登斯:《社会学(第4版)》,第507页。

⑩ [美]冯·贝塔朗菲:《一般系统论:基础、发展和应用》,林康义等译,清华大学出版社1987年版,第187页。

按照罗斯的整理,直到1964年默里·埃德尔曼(Murray J. Edelman)《政治的符号运用》发表①,之前的政治学家并没有认真把政治符号和政治仪式纳入考察的对象。②与符号和仪式是宗教广泛信仰的外在表达类似,政治也是一系列符号的展示。政治仪式可以起到政治动员的作用。“文化上的共享隐喻”和“根治于文化的恐惧”是政治符号和政治仪式的根基,诱导着形成共识,同时规避潜在的分离和冲突的可能③。极端情况下,政治符号和仪式会激发对他者的强烈威胁感而引发群体对立。换言之,政治仪式既影响人们对政治系统中的政策、精英、时间等内容的看法和观念,又对政治身份认同有重要的建构或者维系意义。

(五)政治变迁与文化

文化变迁的主要来源是代际更替。④一般认为文化是相对稳定的,变化缓慢,而政治往往有可能出现急速的变革或者突发的重大政治事件,二者之间似乎存在内生性悖论。文化主义者一方面承认文化层面的解释力有局限性,另一方面也坚决否认文化是绝对静态的固定现象。比如在艾莉森·布莱斯克(Alison Brysk)看来,如果政治文化要素有关政治动员、有关政治表达或者有关道义支持,那么政治文化的日程表就发生了某种程度上的事实改变,于是文化与变迁之间就建立起了联系。⑤

在有的理性主义和结构主义比较政治研究者看来,文化主义者否定一统化的通则,否定涵盖面宽泛的因果分析,严格地限定诠释的适用范围到特定的研究对象,因此彼此之间发展并不同步,然而事实并非如此。除了上文所介绍的五个文化主义传统研究议题之外,文化主义还探讨了理性主义和结构主义的传统议题领域,差异则在于研究方法或者考察对象。比如选举和投票行为背后的文化

---

① Murray J.Edelman, *The Symbolic Uses of Politics*, Urbana: University of Illinois Press, 1964.

② [美]马克·霍华德·罗斯:《比较政治分析中的文化和身份》,载[美]马克·I.利希巴赫、阿兰·S.朱克曼编:《比较政治:理性、文化和结构》,储建国等译,第75页。

③ Donald V. Kurtz, "Strategies of Legitimation and the Aztec State," in Frank McGlynn and Arthur Tuden, eds., *Anthropological Approaches to Political Behavior*, Pittsburgh: University of Pittsburgh Press, 1991, p.149.

④ [美]塞缪尔·H.巴恩斯:《选举行为与比较政治》,载[美]马克·I.利希巴赫、阿兰·S.朱克曼编:《比较政治:理性、文化和结构》,储建国等译,第158页。

⑤ Alison Brysk, "'Heart and Minds': Bring Symbolic Politics Back In," *Polity*, 1995, Vol.27, pp.580—582.

或意识形态支持，又或者是特点的政治仪式打乱了基于物质利益分析的理性主义框架；比如社会运动与革命中的斗争文化、宗教文化；①比如以文化为变量、观念导向的政治经济学；②比如用主体间观念的张力来叙述国家建构的文化主义解释视角③。文化、观念、规则和秩序在其他流派的传统议题领域与利益、结构同样非常重要。

三、 比较政治学文化主义的前沿问题进展以及方法的运用

近些年，随着全球范围交往进程的加剧，越来越多关乎全球层面的治理和国家内部治理的新政治性话题进入比较政治研究的视野。这其中，文明冲突、文化正义、性别平等、宗教复兴等属于观念上的变化或更新，修改了既有文化-社会-政治关系的因果链条，据此文化主义的议题范围得以延伸、拓展和深化。

（一）文明冲突和文化冲突

斯科特在《弱者的武器》和《农民的道义经济学》等著作中反思世界资本主义经济发展蚕食了传统农民的生存空间，工业化和城市化使得农民渐渐成为社会的边缘弱势群体。斯科特把社会下层群体反抗暴力国家机器的非暴力抵抗称为“弱者的武器”，而弱者可以利用的手段多为文化意义上的宗教、语言、艺术等等。斯科特考察包括极权社会中受制人群的日常抵抗行为，这些非暴力形式包括含有反抗意味的怠工、小偷小摸、耍赖、不合作、搞破坏等生存策略。通过分析弱者的日常政治反抗行为，斯科特建立起下层群体抵抗理论，是不同阶层文化冲突的抗争理论。斯科特2009年的新著《没有治理的艺术：东南亚高地的无政府主义史》干脆摒弃了底层民众与国家机器、官僚制度之间的关联性，他选择了继

① William Roberta, “Political Discourse and Collective Action,” in Bert Klandermans et al., *From Structure to Action: Comparing Social Movement Research I.*, Greenwich, CT: JAI, 1988, pp.219—244; Mansoor. Moaddel, “Ideology As Episodic Discourse: The Case of Iranian Revoltion,” American Sociological Review, 1992, Vol.57, pp.353—379.

② Nicholas Ziegler, *Governing Ideas: Strategies for Innovation in France and Germany*, Ithaca: Cornell University Press, 1997.

③ Clifford Greertz, *Negara: The Theatre State in Nineteenth Century Bali*, Princeton: Princeton University Press, 1980, pp.13—19.

续研究全球化发展的盲区。那些国家中央集权难以触及的贫困边远地区，激进地追求自决，把留在国家视为被内部殖民。斯科特的新研究展示了高度工业化资本主义文明与滞后的农业文明之间难以调和的严重冲突。

（二）文化正义

正义问题是西方政治哲学讨论已久的一个核心问题，它涉及政治哲学立论的基本出发点。谈论社会正义理论，就要包含“正义”、“正义观”、“正义理论”和“社会正义理论”等彼此相互联系着的多层面的问题。正义问题是关系社会发展的价值意蕴的深层次问题，是社会伦理学、社会哲学的基本内容。社会正义的实质是社会成员与社会关系的协调方式，即社会成员的利益分配、权利与义务的均衡方式。正义应该是合规律性、合目的性、和谐性的社会实践的概括和总结。

本尼迪克特·安德森最为知名的成就是他1983年首版的《想象的共同体：民族主义的起源与散布》。最初安德森试图回答中国、越南、柬埔寨三个同属社会主义阵营的国家何以在70年代兵戎相见，在他看来民族主义才能解释这种冲突，而不是马克思主义或者自由主义。书中安德森教授从民族情感和文化根源探讨全球各地、不同民族属性的“想象的共同体”。宗教信仰的领土化、古典王朝家族的式微、时间观念的改变、资本主义与印刷术之间的交互作用、国家方言的发展等因素决定了“想象的共同体”的崛起。安德森1998年出版的新著《比较的幽灵》中，他更多元地运用比较史、历史社会学、文本分析与人类学，再次探讨民族主义问题。他考察比较了后殖民时代各个东南亚国家具体的民族主义表现，从中梳理政治文化脉络。《比较的幽灵》是利用具体案例研究提出深远观点的精彩范例。

（三）女性主义和性别平等的政治文化

尽管无人否认女性是涉及人权的正义斗争的前沿话题，然而女性向度的政治认知却并没有及时转化为有效政治行为。以国际机制层面战争罪行认定为例，直到2001年，前南斯拉夫的国际刑事法庭才开始将强奸女性作为独立的战争罪行，即等同于种族屠杀行为。①应该承认，此后，国际社会对于针对性别差异

---

① Todd Landman & Neil Robimson eds., *The Sage Handbook of Comparative Politics*, Los Angeles: Sage, 2009, p.581.

的恶行有了更为深化和广泛的认定，比如战争期间出于政治目的的被迫怀孕或强制终止妊娠等都被认为是战争犯罪。作为回应，更多的女性身份转化为政治变革过程中的积极参与者，而不是过去的被动受害者。①观念上的更新继而意味着理论上的进一步发展。

女性主义、女权主义的基础理念是认为女性在过去一直受到不公正待遇，为了性别之间的平等而争取和维护女性的政治和自然权利，并拒绝对女性下定义。女性主义的观念运用了自由主义思想，在权利争取上也借鉴了理性主义。传统的女性主义曾集中于争取女性选举权、女性参与政治生活的权力和反对男权制度的压迫。随着女性主义以往争取目标的逐步实现，近年部分女性主义和"非异性恋"(LGBT)运动一起，致力于缩小性别认同歧见。

（四）宗教全球复兴

宗教是重要的文化表现，是社会意识形态，是人们精神和群体意义上的联系纽带。宗教情感、宗教习俗、宗教仪式等等宗教的多重内涵也一直是人类学、社会学等社会科学学者所热衷研究的对象。然而在政治学领域，专注宗教议题的研究的崛起和兴盛则与苏东剧变和9·11事件联系密切。

苏东剧变带来的民众对意识形态广泛怀疑的舆论氛围和心理环境，给予了宗教发展的机遇。冷战的终结随之而起的是宗教重新主宰民众的精神生活。也是从这个时期开始，中亚、东欧等诸多动荡地区出现了分裂主义的新转向。以往分裂势力依据威斯特伐利亚体系以来的既有逻辑，从世俗的民族主义寻求分裂合法性，强调基于文化族群的共同体认同。然而这些努力在争取独立的道路上受挫之后，分裂主义转而利用宗教的心理感召力和社会聚合功能，将分裂行径粉饰成捍卫宗教利益，藉此获取更多的支持以瓦解既有的合法主权结构。

宗教回归国际政治的变化不仅仅是前苏东地区的特例。全球范围的伊斯兰教力量得到强势复兴，基督教福音派特别是五旬节教派在拉美以及更大范围的人口大规模增长，世界基督教中心向南方国家转移，亚洲传教人士的急速增长，西欧地区非欧洲裔天主教神职人员引进比例的提高，世界宗教的原教旨主义的

---

① See Katherine. M.Franke, "Gendered Subjects on Transitional Justice," *Columbia Journal of Gender and Law*, 2006, 15(3), pp.813—827.

出现,新宗教运动的快速发展,非世俗化的中欧,宗教结社方式的自由化转变等等都被视为宗教复归的信号。

随着全球化的扩展和深化,这类宗教地位提升的趋势日渐增强。传统国际关系理论的描述中,国际关系的行为体包括民族国家、国际组织、非政府组织、各种利益集团等等,现在宗教的迅速发展使之成为不可忽视的新要素,宗教群体和宗教组织相应的逐渐有了国际关系行为体的地位。对于曾经一度被“流放”和边缘化出国际关系实践的宗教来说,参与领域的政治性拓展是宗教在国际政治范围的一种回归和复兴。正如美国宗教社会学学者彼得·伯格(Peter Berger)所断言:现代化并没有导致宗教的消亡,因而简单化得出世界已经“世俗化”的结论是不确切的。

自美国“9·11”事件发生之后,以神圣之名而发起的宗教冲突和宗教暴力事件一直都处在逐步升级的状态中。塞缪尔·亨廷顿(Samuel P. Huntington)的“文明冲突论”成为自我实现的预言,而亨廷顿的假设中各个文明正是基于宗教文化划分敌我同盟的。有观点认为全球化下的宗教复兴现象的本质与其说是宗教被引入政治,不如说政治生活中曾经的边缘群体掌握了越来越多的政治权力更为正确。宗教群体对回到政治事务中保有主动的热情,基于宗教回归和复兴政治舞台的大环境,宗教群体得以把渗透着他们的伦理观、价值观的政策主张比冷战时期更便利地影响国际事件的走向。

在硬币的另一面,经济全球化不可回避的都市化和工业化趋势将不断地侵蚀着宗教赖以生存的传统文化价值土壤。对除美国以外的多数发达国家内部而言,全球化对传统的破坏,导致国内宗教势力进一步世俗化,一个明显的现象是教堂礼拜的参与率持续下降。但是在发展中国家,同样的外部挑战却引发了相反的应对情况。在发展中国家里,宗教安抚了经济技术发展落后导致的失落情绪,慰藉了茫然的心灵,结果宗教反而在这些国家大举复兴。对那些宗教复兴中的不稳定的发展中国家来说,宗教的介入带来的未必都是安抚人心的正面效应。那些原本政治力量和政治资源就分散的国家不得不面临更多的干预者。宗教内部存在封闭性宗教和开放性宗教之分,无论何种宗教传播态度,都并不免于与其他宗教之间发生竞争关系。这是深植到群体内核的排他精神。宗教内在的排他属性和无国界属性使得区域冲突的可能性反而增加了。

2011 年,本·拉登被击毙,宗教的政治参与有了新的形式。2010 年开始的"阿拉伯之春"(Arab Spring)带给阿拉伯国家的政治效果还在继续发酵。阿拉伯世界众多国家的基层民众国家通过各种抗争手段推翻现有的世俗国家政权。在随后的民主选举中,以穆斯林兄弟会为代表的伊斯兰力量反借民选获得了组建新联合政府的机会。其中埃及的穆兄会和突尼斯的伊斯兰复兴运动都是新竞选既得利益的伊斯兰教政党,尽管外界对宗教特质浓郁的新兴中东政党有疑虑,但这些政党自身对外多持温和的伊斯兰教立场。

比较政治文化主义学者戴维·莱廷曾在索马里、尼日利亚、西班牙、爱沙尼亚和法国等地进行田野研究。这些田野研究一直专注于语言和宗教议题,解释以宗教为主要参考变量的文化环境如何将民族与国家联系起来。在研究方法上,莱廷提出比较研究应娴熟运用案例研究、统计检测和模型演绎三种方法。莱廷多曾与詹姆斯·费伦(James Fearon)合作发表关于种族、种族合作、内战根源和抑制内战的政策研究方面的文章。此外,莱廷还与艾伦·克鲁格(Alan Krueger)合作研究国际恐怖主义,与艾里·伯尔曼(Eli Berman)合作研究自杀性恐怖主义。莱廷在 2008 年到 2009 年期间受国家科学基金资助,访问法国巴黎政治学院,研究"比较视野下的穆斯林融入欧盟社会"课题。他通过民族学、调查和实证研究关注法国的穆斯林融入问题,评估宗教歧视的程度并探讨避免的机制。

比较政治学的文化主义在研究方法上经历从宏观理论到中层理论的转变。随着对价值、意义都是特定文化特定表象认识的加强,文化主义研究认识到案例的个性,也愈加偏好独特的案例研究。这种对案例研究的推崇不以全球范围的比较为目标,而看重个案在时间上和空间上的节点意义,同时兼顾历史关联性。普世原则显然不适用于基于具体案例和详尽数据的比较政治学意义上的特定文化分析。到今天的文化主义研究都有明确指向的国别研究、区域研究、制度研究,比较的规模都远称不上宏观,支持解构宏大叙事的论证风格。极端或说激进文化主义者的另一个重大缺陷是将规范、理念的地位提高到有"黑格尔主义"倾向的高度,反而损害了研究的唯物主义要素。

结　语

不管社会现象如何复杂、如何变化，比较是社会科学的中心。文化与政治之间含有恒久且普遍的联系。文化主义将文化概念作为分析的基点，拓展到影响政治生活的方方面面。普遍看来，比较政治的文化主义者多采取基于案例比较的经验研究，反对过于笼统的概括通则。文化主义者比较的目的是寻找差异性，而不是归纳模糊的相似性，由此研究因刻意强调多元而变得碎片化。严格地说，在政治生活中，政治文化太过抽象也并不太具有操作性，因而在政治实践中容易被忽视。文化主义的研究方式可以丰富理性分析、结构分析，并在价值良知、共享认识和规范秩序方面提供独到见解。

（作者为华东政法大学政治学研究院副研究员）

扩展型信访：对中国信访僵局的一个基础性解释①

刘正强

一、 信访分类的实践困境

作为中国本土性、辅助性政治设计的信访制度，构成了中共重要的执政资源和治理手段，并不断演绎着社会变迁与转型之痛，成为屡屡被戳击的社会"痛点"。由于资讯的发达，尤其是互联网的震荡效应，信访治理面临困境，信访困局尚未得到根本缓解，成为不断消耗国家治理资源、让政府甚为纠结的所在。而信访研究的兴盛，显然与信访制度在现实运行中的情境尤其是困境密切相关。基于现实中逼仄的信访窘境，大约10年前借由"信访洪峰"的出现及《信访条例》的修订而展开的信访研究带有浓厚的论争色彩，此后逐步趋于常态化并有所消长，研究旨趣也更加多元、更富理性，丰富了我们对信访现象的认知。

在依法治国、以人为本等理念的彰显下，国家治理不但要符合政治原则，还要契合法治理念。法治范式一度成为信访研究的主流，不少学者期望在信访制度中增加法治的元素，甚至把信访化约为一个民主法治、选举权与被选举权的问题②，直至干脆呼吁废除建立在"人治"基础上的信访制度，将其承担的各种功能回归相关职能部门；或者提出各种完善意见，为其打上各种补丁③，以实现法治对社会问题的全盘治理。但在国家机器逐步健全的情况下，信访所赖以运行的理念与民主、法治等话语产生了越来越深的抵牾。信访研究中视角的转换，以治理范式的提出为代表，而信访的分类治理作为"治理范式"的一个基干概念，就是

---

① 本文系2012年度国家社科基金项目(12BSH030)的阶段性成果。

② 张千帆:《上访体制的根源与出路》,《探索与争鸣》2012年第1期;任剑涛:《信访制度是否适应时代潮流》,《探索与争鸣》2012年第1期。

③ 相关研究以于建嵘为代表,其文章:《信访的制度性缺失及其政治后果》,《凤凰周刊》2004年第32期;《中国信访制度批判》,《中国改革》2005年第2期;《当前农民维权活动的一个解释框架》,《社会学研究》2004年第2期等。

试图从这种困境中突围。在这种视野中，信访问题之所以难以解决，原因之一就是缺乏一套合法有效的分类治理体系，致使政府未能通过有效的制度装置来对上访者的问题性质进行区分。

在诸学者的研究中，申端锋认为乡村治权的具体体现就是分类治理，而当前信访治理的困境就是无法对上访者进行定性，信访治理没有原则。人民公社时期之所以能够完成国家政权建设的任务，根本原因就在于建立了以阶级划分为基础的分类治理体系。申进而提出的治理方案是，运用各种手段（村庄规范、村庄结构等）对治理对象（即农民）做出区分，并强化治权以达到有效治理。①田先红则依据农民上访的行为和动机提出了维权型上访和谋利型上访的区分，维权型上访是税改前农民上访的主导特征，税改后农民上访行为的逻辑发生变化，谋利型上访凸显出来②。杨华则在谋利型上访和维权型上访基础上提出治理型上访，这是指在农村治理缺位情况下，农民借助上级政府对下施压的方式要求乡村组织，尤其是村级组织履行治理责任的上访。③陈柏峰根据上访诉求的合法性程度，将上访分为有理上访、无理上访、商谈型上访三大类及若干具体小类。其中，有理、无理上访沿用了政府部门的分类，是基于行政管理角度所做出的治理性区分。商谈型上访的合法性比较模糊，上访人的合法权益未必受到侵犯，却认为相关法律和政策不合理，因此上访“商谈”④。王德福提出，当前农村群体性事件的一种新类型就是政策激励型群体性事件的出现，农民通过群体性行动向基层政府施加压力谋取利益。他认为农民利益诉求由国家惠农政策激励形成，农民的国家观念是其形成的心理和文化基础，高压维稳的政治生态则提供了制度空间⑤。陈锋提出了在富人治村背景下一种主要基于社会情绪释放而非群体利益表达的维权式上访，并在此基础上通过考察“气场”探究在先富能人主政的分化村庄里，贫与富、公与私之间的怨气通过集体上访这种方式发泄的原因⑥。此

① 申端锋：《乡村治权与分类治理》，《开放时代》2010 年第 6 期。

② 田先红：《从维权到谋利——农民上访行为逻辑变迁的一个解释框架》，《开放时代》2010 年第 6 期。

③ 杨华：《重塑农村基层组织的治理责任》，《南京农业大学学报（社会科学版）》2011 年第 2 期。

④ 陈柏峰：《农民上访的分类治理研究》，《政治学研究》2012 年第 1 期。

⑤ 王德福：《政策激励型表达：当前农村群体性事件发生机制的一个分析框架》，《探索》2011 年第 5 期。

⑥ 陈锋、袁松：《富人治村下的农民上访：维权还是出气?》，《战略与管理》2010 年第 2 期。

外,尹利民以表演型上访作为"作为弱者的上访人"的武器的展示①,饶静等以要挟型上访作为农民上访分析框架的使用②,魏程琳对非正常人、边缘人(实确精神病人)上访行为的刻画③,都揭示了分类治理的思路与逻辑。

上述研究基本上都是试图在对信访进行分类或者提出某种信访类别基础上,为信访治理提供前提和策略,因而启发了我们对信访的思考和认识。其实,分类本身就具有深刻的哲理:现代社会产生于一个不断分化和理性化的过程,通过人类与自然、物质与神灵、虚无与实在乃至主观与客观、自我与他者、动物与植物等等的区分,人类加深了对世界和自身的认识。可以说,没有分类,我们将无法采取任何行动,生活本身也会变得杂乱无章、一塌糊涂。随着科技的进步,人们对事物的分类也超越了自身经验可以把握的限度,像暗物质、超声波、红外线这些概念就大大延长了事物分类的谱系。社会领域的分类则与价值预设密切相关,关于阶级成分、"三个世界"、人民—敌人等带有意识形态色彩的分类上升到了话语的高度,构成统治与治理的基础。目前关于信访分类与治理分析的一个通病,就是在研究中渗入了过多的现实关怀和浓厚的"治理"情结,从而导致在研究中形成了许多价值预设,这表现在关于有理——无理、合法——非法、谋利——维权、强势——弱势、刁民——良民等非此即彼的对立二分上。比如上述申端锋认为乡村治理的一个基本事实是以户为单位进行分类治理,而不是就事论事式的治理,也不是以有组织的人群为单位进行治理,更不是以个体为单位的治理。他甚至主张针对治理对象(即农民)而不是事端进行分类,过于先入为主。而陈柏峰则以是否符合法律规定为标准,来划分有理访与无理访,这也值得商榷:且不说目前中国社会问题可法律化程度如何④,也不说法律在现实生活有没有至上性,法律对合法与非法的评判尚且勉强,遑论对有理与无理的判断? 由于中国人秉持实体正义的理念,又有着独特的情理法观念结构,并兼受市场化的洗

① 尹利民:《"表演型上访":作为弱者的上访人的"武器"》,《南昌大学学报(人文社会科学版)》2012 年第 1 期。

② 饶静、叶敬忠、谭思:《"要挟型上访"——底层政治逻辑下的农民上访分析框架》,《中国农村观察》2011 年第 3 期。

③ 魏程琳:《边缘人上访与信访体制改革——基于个案的实证分析》,《南京农业大学学报(社会科学版)》2015 年第 2 期。

④ 或曰法律对现实生活的填满度,即法律规范有没有覆盖社会生活的方方面面,某一社会问题能否最终化约为一个法律问题。

礼,个人逐利的动机也不断释放,对同样的问题会有不同的看法,因而对于是非对错、有理无理很难形成一个统一的标准,进而为信访治理提供殷鉴。

二、 扩展型信访的解释基础

从某种意义上说,当前中国信访制度所面临的困境特别是信访治理所遭遇的乱象亟须研究者调整研究的思路、兴趣和策略,改变对于研究对象过于超然的态度,从而将道义、伦理等现实关怀注入研究过程。这又回到了"价值中立"这一经典思想的语境中。价值中立在西方社会科学研究中带有唯客观主义的色彩,按照价值中立的要求,在进行社会研究时要力求反映研究对象的真实状况,避免介入政治现实和作善恶、好坏的评价,从而摆脱先入为主的价值判断。自马克斯·韦伯明确提出并系统论证了价值中立这一命题以来,尽管西方学术界普遍将其确立为各自学科的方法论基本原则,但关于价值中立与价值关联的争论却没有停止。由于价值中立本身就有内在的矛盾,一些学者甚至认为价值中立只是一种幻觉。20世纪80年代,价值中立的理论被引入到中国后,学术界对其亦褒贬不一。面对中国当前的诸多现实问题,不管是公平正义理念的倡行,还是民权的保障、民生的改善,都离不开学者的道义关怀。在某种程度上,问题常常不是要不要价值中立的问题,而是价值的介入够不够的问题。

目前,对信访制度存废、臧否论争的一个核心问题是其对持续不降的信访洪峰的应对能力,即目前的制度框架和运作机制对信访的接纳和治理能力。撇开政府治理能力和资源不论,有两个因素必须考虑到:一是信访总量,二是治理成本。前者,高位运行的信访总量往往是社会关注、政府担忧的所在。确定目前全国信访的总量有一定的难度,一般认为每年党政口(不含人大及法院、检察院、纪委等系统)的数字在1 000万以上,同时官方宣布从2005年起至今总量连续下降但没有给出基础数字和下降幅度①。其实,高估与低估访量这两种相反的情况

① 我国不同信访系统之间信息没有共享、联网,统计口径也不一样,导致不同信访系统的信访量可能既有重复的情形,也有漏登记的情形。赵凌在《中国信访制度实行50多年走到制度变迁关口》(载《南方周末》2004年11月4日)一文中提到,"中国去年全年信访超过1 000万件",陈里在《关于创新社会管理的几点思考》一文中指出"2010年,全国信访总量970万件次"(见http://theory.people.com.cn/GB/49154/49156/17376590.html),总体趋势是下降的。

是并存的,一方面,一些访民可能会增加上访的频次、部门乃至来电来函的数量①,网络的普及、复印的便利乃至各部门信访信息不能互联共享等都可能增加信访的账面数据;另一方面,自上而下的考核机制迫使各地信访部门不得不极力压低信访总量,如减少登记、运作销号、变更统计数字等。后者,关于治理成本,由于信访构成多样化,来信与来访、个体访与集体访、网络信访与线下信访、初信初访与重信重访、正常访与"非正常"访等在消耗信访资源方面迥然有异,难以判断总体的治理难度。因而,信访总量及治理成本这二者似乎都难以解释目前的信访状况。但进一步分析,信访总量是一个流动的概念,其沉淀的部分即信访的存量部分耗费了大部分的系统资源,这就好像一家医院,单纯门诊量的上升并不要紧,但如果住院率不正常升高,已治愈的患者迟滞出院,就将危及医院的正常运转。信访正是如此,即使信访总量不断上升,由于信访部门的不断扩容,协调议事处断能力的不断增强,乃至政府近几年在人力、物力、财力等方面的投入,似乎不是一个严重的问题。如果把信访受理、处理看作是一个"吞吐"机制的话,当前信访的一大弊病就是吐出不畅,造成信访事项的不断"驻留"、积压。显然"吐"出量,即当事人是否案结事了、息诉罢访,真正退出信访处理流程更有实际意义,信访的存量才是信访承载力的核心。从治理成本来看,不同类型信访的治理难度迥然有异,尤以重信重访和所谓"非正常访"为甚,各地为接访、截访乃至劫访,为化解所谓的"钉子案"、"骨头案"等占用了大量的治理资源,但却难以精确化。

从这个意义上说,信访存量或信访积案比信访总量及治理成本更接近信访问题的核心。基于此,本研究尝试回归价值中立这一经典立场,在超越上述各种分类基础上,提出原发型信访与扩展型信访这对分类类型,通过揭示信访的扩展、衍生逻辑及其消长机制来对当前中国信访"爆棚"的现象作出基础性、还原性的解释,就可能在一定程度上为中国目前的信访状况提供一个有意义的宏观解释(图1)。所谓原发型信访,顾名思义,就是符合信

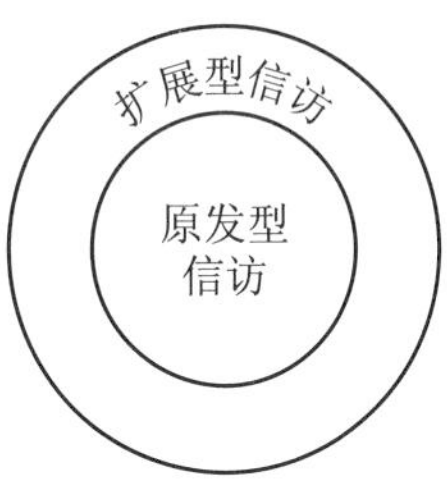

图1　原发型信访与扩展型信访

① 上海一访民在约5年中为同一事项赴京近百次、发封上千封。根据笔者的访谈资料:《上海疑难信访个案访谈之WXF》,2013年5月。

访事项受理要求的初信初访,所谓扩展型信访,是由原发型信访衍生、再生、扩展出来的信访,这是在前一类信访的基础上生长起来的,可以依附于前访,也可以单独存在。大体在1990年代以前,信访是以原发型为主的,信访的内容也比较纯粹。然而,在这以后,特别是农村税费改革、城市取消收容遣送制度以来,在信访量窜升的同时,信访个案呈现出了一些新的特点——官方一般用"重信重访"来部分地描述这种情形——如上访频次、层级、事项、要求等的增多、提高,上访更具组织性、策略性及和更高的利益诉求。有人会数年如一日为几毛钱的问题上访,有人会撇开地方政府而常驻北京上访,有人会在上访过程中不断追加新的事项,提出新的要求。这种在以前比较少见的信访类型——信访+,是令各级政府、官员头痛的所在,"钉子户"、无理访、缠访、闹访等大抵指的是他们,更是政府稳控力量、精力的主要指向。

这种分析的要点,一是暂时悬置对信访个案的价值判断,特别是不做有理无理的分析,自然也回避对当事人人格品性等方面的评议;二是从动态的角度来揭示信访量扩张的机制和特点,揭示原发型信访与扩展型信访的消长关系,从而对当前信访量的上升提出一种技术性的解释;三是在前面分析基础上,就信访治理提出对策,给出削减信访存量的操作方案。而这些对策也恪守"价值中立"的立场,治理的依据不是靠贴(有理无理之类的)标签,而是靠完善技术流程等措施。最后想证明:价值中立与现实关怀并不必然有内在的冲突与矛盾,在事实分析与判断阶段,价值中立的立场有助于我们厘清和洞彻事实的真相,而这并不妨碍我们在后期的价值干预,相反会提高干预的精准和效果。

三、 信访存量的扩展逻辑及其形态

原生型信访与扩展型信访的划分同初信初访与重信重访的分类类似但有本质的不同。初信初访与重信重访划分的主要依据是信访的频次,这是信访部门中常见的分类,且重信重访率还是一个重要的考核指标,其初衷在于对访量的控制。信访的原生型与扩展型则立足于信访的生长机制来揭示信访的动态变化过程,即一部分原生型的信访是为何及如何演变为扩展型信访的。扩展型信访的扩展形态多样,它是原生型信访的衍生、并发、发酵、吸附、积聚、累积、演绎,因而可以从不同的角度作出阐释。比如实体性扩展,即信访问题与诉求本身的扩张,常常表现为一些“钉子户”不断提高要价或提出新的要求,尽可能将生活中的不幸、苦难与麻烦打包导入上访流程;程序性扩展,即当事人同时启动信访、司法、仲裁、举报等多种救济渠道①,同时向人大、政协、政府、党委等多个部门多头投诉②,上百次进京、上千次投信的访民并不鲜见,极大地耗用了行政与司法资源。扩展型信访的外部特征也五花八门,如被邀请、碍于情面而参加的上访,跟风上访、效法上访,甚至“拼访”(结伴访,非同一事项的集体访)也日益普遍——这是一种“抱团取暖”的扩展形式,可以使个体上访者找到“组织”、获得归属感、降低长期信访的风险③。为简洁起见,本文从时间维度、展开类型、启动方式等方面通过案例来揭示信访扩展的逻辑。

(一)扩展的时间维度:追溯性扩展与预期性扩展

扩展的时间维度刻画了信访诉求可以延展的限度。在中国人的情理法结构中,对某事某因的看法与判断绝不限于一时一事一地,而是弥漫于更广阔的人际关系网络与更长程的时间演变中,对于事物的因果关系更有溯及力和预期性。因而,这种思维方式更有整体性、宏观性,不就事论事,而是就理论事。但与此同

---

① 东北访民单亚娟,一度来京上访反映本单位“弄虚作假、损害国家及职工利益等问题”。据其自述,2007 年她被接访人员送到京郊一家收容所,“在这里遭遇殴打,致其骶 5 椎体粉碎性骨折。”北京市公安局法医鉴定中心的结论是陈旧性骨折。单不服,自己先后跑了 5 家医院拍片做会诊,结论都不是陈旧性骨折。于是单亚娟放下与原单位的仇怨纠葛,“她的主战场,转移到了与北京公安、司法机关的争执上。”她同时在北京打了 31 场官司,涉及北京 8 个区的公检法。她在 5 个区法院各起诉了曾为其做鉴定的医院。同时,单亚娟在北京 4 个区的公安局、检察院都投诉或报了案。她到检察院告公安机关行政违法,检察院认为不够立案条件,她又去法院对公安局提起行政诉讼。一审法院不出裁定也不受理,她就告到上级法院。她还在老家打着两场官司:她去当地公安局告单位领导对她“非法拘禁”,公安局不立案,她就到检察院申请立案监督,又到法院刑事自诉。最近,单亚娟在北京上访村又联系了十几位曾被“黑监狱”关押的访民,去法院提起刑事自诉,控告黑监狱对其“非法拘禁”。集体起诉时,法院说他们没有证人,单亚娟就给大家出主意,一个人一个人起诉,受害人互相作证。根据石破:《进京上访死结怎样化解?》,《南风窗》2010 年第 16 期。

② 在京访民往往抱着普遍“撒网”的心态,每天赶场子般频繁去各接访场所(不管与己事项是否相关)“划卡”、登记。

③ 除了纯粹的集体访(比如因整个村庄的土地被征而导致的上访),抱团有两种情形:一种是将个体访转化为集体访,即召集家人、亲戚、朋友甚至花钱雇人来制造声势、施加压力;一种是访民自发或有组织的集体行动,尽管组织方式比较松散。上海访民形成了每月尾周五赴京上访的惯例,如同候鸟一样行动,连往返的车次也大致统一。另外,多起被外媒报导的上海访民在北京申请游行、在天安门金水桥抛撒传单等亦是集体行动。

时，这种思维方式又比较模糊、圆滑和世故，它会为人们提供更富弹性的行动依据。信访存量的一部分就是这样扩展而来的。随着政策的调整和政治环境的宽松，与历史问题有关的上访群体会渐次呈现出来①。目前，一些地方开始出现因计划生育中被强制终止妊娠而导致后遗症的妇女上访群体，而涉军类的上访近年来也不断涌现。除了纯粹历史型的上访外，由其他信访附带的倒找型上访也不断出现。如T市某区煤矿李××的信访案件②：

李××系煤矿工人，1955年生，8级伤残。其子1996年在上小学期间被同学用玩具手枪误伤右眼，经诉讼对方一次性赔偿3800元。事隔六年后李又因此事要求为其子安排正式工作，并长期进京上访。因煤矿已于2001年破产，无法满足，但社区为安抚李一家，从2003年至今(2008年)，每月发给其生活补助120元。李此后在上访中又提出了一系列其他要求。2004年李因赴京“非正常访”被本地派出所拘留15日。李在拘留期满释放后随于当日到社区理论，与民警发生争执，称被打伤。2007年，为使李息诉罢访，有关部门一次性支付李33 000元，李保证不再就此问题上访，但又食言。李同时不断要求伤残等级复查和伤病治疗，1995年经T市劳动鉴定为伤残8级，但本人不满，要求复查，提高伤残等级。2006年省有关部门复查后保留原认定。同时，煤矿公司及市、省医疗事故鉴定委员会也认为其医疗纠纷不构成医疗事故，李一直不服。李还提出了住房采光通风问题，社区为其调换住房，但事后李拒绝交出原住房，社区只好让步，不再追索原住房，当时李非常满意，但现在仍进京上访反映采光问题。

从时间上看，李提出的信访事项，既有追溯性的扩展，又有预期性的扩展。李的上访发端于其子作为受害方的民事侵权诉讼，其内容却是要求破产的煤矿安排其儿子的工作，即为谋求一种预期的利益，虽未达到目的，但却获得了定期补助。此后，李不断提出新的上访诉求，如因进京“非正常访”而被拘留并与公安的冲突获赔33 000元，以住房采光通风为由最终空手套狼，赖到手一套房屋。特别是又旧事重提，不断翻出旧账“倒找”，要求对伤情和医疗重新鉴定，属于追溯

① 陈柏峰曾对一些上访群体进行了分析。见《特定职业群体上访的发生机制》，载《社会科学》2012年第8期。

② 根据T市某区某社区管理中心《关于李××进京非正常上访问题的查处报告》，2008年4月。

性的扩展。信访制度没有时效限制,理论上无论多么久远、多么微小的事项都可以不断提出。而司法制度关于时效等的规定可以阻却、限制诉求的提出。

(二)扩展的展开类型:依附性扩展与独立性扩展

李××案集中体现了扩展型信访在运作中的扩展模式。由于中央不断强化"以人为本"的发展理念,持续加强和改善民生,民众的个人权益在得到保障的同时,也存在着过度释放的倾向,而信访则为此提供了一个宽松的平台,常常为一些不良信访人不当利用。中央向地方传导了越来越重的维稳责任,而地方政府在传统治理手段不断萎缩的情况下还要顾及法治的原则与要求,致使对访民息事宁人、一味迁就的情况屡见不鲜。而不少访民趁机不断添加不同的信访要求。从信访事项的相互关系来看,李××的信访要求除拘留及"被打"与上访相关外,其他的则是"打包"、"捎带"的内容,通过捆绑若干内容的方式,达到集约的效果,以提高问题解决的命中率,这可以称为独立性扩展,因为信访事项之间并不直接关联。依附性扩展则常见一些,以一个问题为基础展开,增加上访的频次、层级、事项、要求等。田先红曾介绍了这样一个例子,一个人通过持久的上访,获得了5个低保指标和不少救济①:

> 杨××系6口之家,包括他们夫妇、父母及儿子、儿媳。杨自己无业,儿、女都不在身边,妻子在镇上一小工厂上班。2000年,杨因病至穷。2004年为争取低保开始上访,理由有两条,一是其父母曾赡养过烈士之母,要求政府补偿;二是他家多人患病,自己患慢性肾功能衰竭,78岁的老父患高血压、脑溢血,76岁的母亲患高血压、胃病和风湿病,要求政府给予救助。经各方协调,民政局直接为其父母分配了2个低保指标(不占镇、村名额),2007年杨又通过上访给自己和儿子分别弄了1个农村低保和1个城镇低保。除此之外,杨××还不断找镇领导,要求给予特困救助、大病救助和过年生活补贴。至2008年6月止,民政局和镇政府总共给予杨一家大病救助7次,资金额度1.7万元。另外,杨还通过上访将村里欠他多年的1万多元债务讨回。2009年,又为儿媳弄到低保指标。至此,杨××家已经获2个城镇低保和3个农村低保。

---

① 田先红:《治理基层中国——桥镇信访博弈的叙事,1995—2009》,社会科学文献出版社2012年版。

一些上访人不但会将原初事项,甚至会将生活中几乎所有的意外、不幸与烦恼都归因于政府部门,把上访持续期间的直接、间接支出都计为索赔内容,形成不断扩展的利滚利式的复式诉求。当前信访的“钉子案”、“骨头案”之所以难以化解,就与他们畸高要求的扩展密切相关,他们上访过程中所形成的问题往往超过了最初上访时要求解决的问题,与自己因上访而受到的“不公正”待遇相比,最初反映的问题显得微不足道,因而动辄几十万、数百万的索求,让信奉“用人民币解决人民内部矛盾”的地方政府实难承受,在财力有限的情况下,只得动用低保等民生资源。目前,因对信访人采取稳控措施(拘留、劳教、进“黑监狱”、关“学习班”等)而引起的信访以及因对政府或司法部门的处理不满,转而把矛头对准了政府或司法部门的信访占了很大比例。这一类事项介于独立性扩展与依附性扩展之间,往往与信访人对此的认知及处罚的正当性、妥当性有关,比如当前公安机关面临着越来越多的后期涉警或无责涉警信访问题,公安机关及其民警依照法律规定开展执法工作,不存在不履行或不正确履行法定职责的问题,但一些当事人对公安机关的执法活动就是不满意、不认可,使其公务活动往往动辄得咎①。

(三)扩展的启动方式:激励性扩展与习得性扩展

信访的扩展是一个动态化的过程,一些上访的老户正是在与政府部门打交道的过程中逐步习得了上访的知识与技艺,也渐渐地掌握了政府部门的“软肋”。他们习惯于研判政策、法律乃至报纸社论、领导人讲话,像“公平正义比太阳还要有光辉”、“要把权力关进制度的笼子里”等抽象论断都可以成为论证他们具体诉求的依据,从而不断地强化支持自己上访的话语体系,这种信访的扩展是习得性的②。信访治理的一些措施和策略,如领导包案、干部下访、矛盾隐患排查等

① 例如,公安机关依法对犯罪嫌疑人采取取保候审、监视居住等刑事强制措施,但在一些受害人及其亲属看来,公安机关是违法把坏人“放”了。他们认为,有罪就应该被“关”起来,无罪才会被“放”出来。公安机关这样做,就是包庇坏人,放纵犯罪。见黄真顺:《无责涉警信访产生的原因和解决对策》,《公安研究》2009 年第 11 期。

② 笔者对许多老访民进行了跟踪调查,深感信访亚文化在塑造访民方面的作用。他们了解上层的政策、动向,掌握上访的技巧、策略,许多人为此学会了上网,甚至申请了 QQ,开通了博客。他们知道怎么在去北京的火车上逃票、如何防止身份证被扣押,在北京哪怕身无分文,也总能解决吃住的问题,总有找到归属感。

往往也会被访民反制和利用,这尤以信访考核机制所引发的博弈为甚,许多上访行为甚至是治理政策与策略所激励与释放的结果。访民频频利用信访运作机制和考核制度来达到自己的目的,这就带有政策激励性的特点。每当一项惠民政策出台,就会造就一批新的上访谋利者和食利者。不管是习得性的还是激励性的,都体现了上访的复制、示范、诱导、激励、放大等"+"效应。如T市某区下属企业(拖拉机厂)退休工人王××仅在2001年至2004年3年间就在国家信访局记账50次并多次"非正常"进京访①:

王××,1938年生人,原市拖拉机厂基建办工人。王家原有四口人,除老伴外两个儿子一个被判死刑,另一个被判17年已刑满释放。王因"工作一直表现不好,不能按质按量完成领导交给的任务"在1978年调级中(1977年调级为40%的升级面)由于职工不同意未通过。王对此不服,开始到中央、省、市上访,期间因其有"过激行为",曾被拘留10天。1979年因其"不服从管理",再次受到降一级工资的处分。为此,王××于1983年起到农业机械部上访,1985年,根据农机部建议,拖拉机厂为王晋升一级工资。但王继续上访坚持晋升1978年40%调级面的工资,并提出赔偿因上访造成的误工费、损失费等。1998年省经贸委主持市、县经贸委及拖拉机厂参加的协调会议,议定所降一级工资不予恢复,王不服。2003年区承诺给其4万元困难补助,让他息诉罢访,王依然坚持不低于30万元的要求。自2001年7月20日至2004年5月底,王已在国家信访局记账50次。当地至2008年已付给王20万元,并欲出资将其送入镇敬老院专人看护、供养,未成。王消停了约一年,又开始进京上访,并认为已死的儿子按照现在的法律不会被判死刑。

王××从1983年开始孜孜不倦地上访,迄今已届满30年。在这期间,王的家庭生活是不幸的:两个儿子都触犯了刑律,一个被执行死刑,另一个被判17年。同时,这个时期国家的信访政策也越来越宽松,信访逐步演化为一种不同利益主体之间博弈的平台。在几十年的上访历程中,王××与时俱进、不断学习,同时,愈益宽松的信访政策使当地政府很难奈他如何。上访的生活已经融入了王××的生

① 根据T市某区信访局《关于王××反映问题查处情况的汇报》(2004年8月)、《区集中整治行动典型案例》(2006年7月)等。

命,成为他人生中不可或缺的组成部分,舍此,尚未有另外一种东西可以寄托他的心灵。一位70多岁的老人让乡镇政府诚惶诚恐,这应该是制度设计的问题。

四、 信访扩展的结构背景

信访存量的扩展逻辑显然受制于更宏大的社会结构与变迁之类因素的制约。只要我们假设信访存量的扩展逻辑是信访运行现阶段的特征,那么我们同样可以肯定,正是社会结构的变迁等要素造成或促进了信访的这种逻辑的显现。起码,以下这几种因素是不可以不考量的:

(一) 社会与政治变迁的失调

改革开放以来,中国社会发生了急剧的变迁,社会的控制方式发生了根本性的转变。在经济突飞猛进的同时,政治与社会发展的速度不但远远滞后,而且他们本身之间也不协调。“中国的经济社会转型从总体上看,是经济和社会从原先的相互耦合状态以不同节奏转向各自的发展路径。现实中,当市场的要素被不断释放的时候,与之相应的社会机会结构还没有形成;市场对资源配置的作用越来越显著,而与此相匹配的社会生活秩序和社会整合方式还没有形成。”①由于经济改革的辐射效应,中国的社会控制开始从高度整合的刚性结构转向低度整合的弹性或柔性结构演变。单位制的解体、户籍制度的松动、流动人口的剧增等在不断释放社会活力的同时,也对社会整合与控制的目标、方式提出了更高的要求,这需要有政治体制改革与变迁的回应。但囿于中国的国情,中国政治变迁相对滞后,仍然沿用了改革开放前的政治制度框架,党政机关习惯于以政治手段来应对社会问题:“中国目前的所有问题,都是因为国家结构造成的,国家权力体系无法清晰分工,因此造成机构乃至人事责任不够清晰,都是因为后面有一个通纳一切的政党机制在发挥作用。全能型政党需要全能型政府,因此执掌国家权力的政党必须将政府打扮成包办一切的国家保姆。”②在这同时,基于现代法治的要求,行政体制改革的目标却是建设有限、法治政府。中国共产党一方面致力于

---

① 李友梅:《经济社会转型期上海社会矛盾态势分析及源头治理机制研究》,载《“十二五”规划重点研究课题成果摘编》(内部资料)2011年6月,第267页。

② 任剑涛:《信访制度是否适应时代潮流》,《探索与争鸣》2012年第1期。

调整执政方式,努力实现从革命党到执政党的转变,另一方面又必须保持社会动员能力,以"三个代表"等论断展示马克思主义政党的政治伦理。信访的扩展机制在某种意义上就是在社会与政治变迁失调的缝隙中产生出来的,从政治伦理上,执政党被赋予了对社会的无限责任,只有"一切依靠党和政府"才能"一切相信党和政府",才能增强执政的合法性基础,从理论上讲群众可以通过信访向党和政府提出任何要求。但由于意识形态的变迁与淡化,在传统执政资源和手段萎缩、执政环境和条件变化的形势下,政治的运作过程更多地受制于技术、财力等硬实力。因而,信访的扩展有其深层的根源,这是在社会结构趋于松散、国家控制能力趋于弱化情况下出现的一种不可避免的现象。

(二)法治与民生话语的导入

倘若梳理一下近30年来中国斑驳陆离的社会发展进程,"法治"无疑是色彩较为浓重的一笔。20世纪70年代末,刚刚结束"文革"的中国痛中思定、乱中求治,拉开了以举国体制推行法制的帷幕。由于在立法中秉持形式法治的理念和"粗放式立法"的偏好,再兼对传统伦理习惯等本土资源的排斥及对工具性、技术性的片面追求,导致这套法律体系缺乏应有的历史、文化视野,"合法性"基础较弱,它在使中国用尽可能短的时间获得与西方国家在表面上一样完整的法律体系的同时,也在这个法律体系与现实社会之间留下了深深的鸿沟。由于法治具有普适性的价值并且已上升为治国理政战略,人们开始习惯于以法治来建构自己的行动依据,并不断地将个体权利释放出来。对访民而言,法律已成为他们常备的、主要的话语形式,成为与政府博弈的武器,并且对法律的不当使用也越来越普遍。由于政府不仅仅要受制于政治正确,而且要受制于法律正确,在维权的语境中,政府常常处于尴尬的境地。①另一方面,中央确立了以人为本的发展战略,关注民生、保障人权、普惠大众,却往往导致意想不到的结果。在农村取消税费之后,农村的上访有了显著的上升,在城市废除收容遣送办法后,城市的上访急剧窜升。每当国家出台一项惠民政策时,总会引发相应类型的上访波动,政府却面临治理手段匮乏的问题,无法对部分食利者进行鉴别乃至有效打击。

---

① 不少人借助法律规定来纠缠一些历史问题,如利用《物权法》来主张20世纪50年代被没收的房产等。

（三）压制与收买模式的误区

从20世纪90年代开始，信访治理发生了一个重大转向，即信访作为联系群众、政治参与，从而通过信访而治理（社会）的功能逐渐淡化，而削减信访存量，应对信访给社会造成的冲击，即（社会）对信访本身的治理成为凸显的目标。从指导思想上，维稳成为信访的最高原则，"不出事"逻辑成为了底层干部必须信奉的准则，导致基于增强政治认同的说服型治理手段式微，而基于强化整合力度的稳控型治理手段不断强化。由于被赋予绝对化的属地责任，自上而下的考核压力迫使地方政府陷入了压制和收买的双重误区。在信访实践中，对于提出过高要求的钉子户、缠访户，笼统的要求是积极化解、疏导、教育以致稳控，压制与收买是别无他途的选择。这一硬一软的治理模式不但没有起到应有的效用，反而让访民摸清了政府的软肋，扬言进京、靠访发财、以访谋生、择机上访、凡事必闹、遇节必访，从某种意义上说就是其反向激励的结果。

五、 扩展型信访与中国信访治理

目前信访存量的高企集中反映了社会转型期国家治理的失灵和困顿，其复杂性已溢出信访制度的框架，危及了社会的良性和安全运行。关于原发型信访与扩展型信访的分类在一定程度上揭示了中国信访存量扩张的逻辑和趋势，也为抑制和缓解信访的扩展势头提供了思路和启发。近期，在大的社会结构和信访体制不会有根本改变的情况下，必须在形成新的信访治理共识基础上，走出压制型和收买型的双重误区，摆脱运动式和非常态的治理惯性，形成多元化和包容性的治理结构，通过信访治理机制创新突破信访僵局，为深化信访体制改革创造条件。

（一）治理思路：松动"属地"责任，走出"维稳"误区

自20世纪90年代以来，维稳成为最大的政治。此后，治理责任的属地化得到强化，自上而下的压力型信访体制形成。维稳压力加属地责任，导致了无原则的治理，即不分青红皂白地要求把问题解决当地、把人员稳控在当地。访民进京赴省上访屡屡触动中央和地方的敏感神经，在某种程度上规制了地方政府的行政行为，但往往为访民不当利用，演化为对抗地方政府的有效武器。正是由于中

央对各地进京访、集体访、非正常访等的排名,使许多访民热衷于进京给地方政府施压,这迫使地方政府衍生出许多荒唐的治理手段,只能对访民围追堵截、分化收买或攻关“销号”①。由于依法治国和依法行政的要求,国家治理手段受到法治的约束,必须顾及程序正义的要求,而访民则藉由法治文化的熏陶,维权意识高涨,善于运用法律武器与政府博弈。因此,应该重估“维稳”的价值、策略,将社会稳定建立在弹性、可控的基础上,而不能将社会治理建立在社会是静态的假设基础上,相应地,信访通道应该成为社会的重要“减压阀”,以吸纳而不是制造社会矛盾,抑制而不是激发政治抗议。

僵硬的属地化责任也应该予以松动,而理顺央地信访关系是其关键环节。中央不需要受理具体信访事项,而只需起督导、政策研究等作用即可。而各地信访量特别是进京访的高低与地方治理状况也没有必然的联系,信访排名理由不充分,而无原则的问责更是荒唐。只要中央不再进行排名,访民以进京上访要挟地方的消耗战就会消停,而地方政府截访的积极性也会降低,起码基于中央、地方和访民三者之间攻防而造成的信访虚高扩展的这一部分存量会自然消退。同时,由于各地对一些全国性信访问题治理的空间日益逼仄,亟须加强信访治理的全国统筹力度,由中央对一些政治性、历史性问题重申或调整政策。要强化信访的专业化分类与治理,以批量解决一些共性的问题。

(二)治理资源:盘活传统治理资源,实行适度社会动员

信访治理模式显然与国家拥有的治理资源密切相关。改革开放前,信访治理以政治说教为主,行政压制为辅。改革开放后,由于社会的急剧变迁,国家治理资源的结构也有了重大变化,以利益平衡为主、法律规范为辅,治理的程式化、技术化不断提高。收买式的治理,“用人民币解决人民内部矛盾”的恶果已凸显,前文已有表述。而依法治理的局限性也不断显现。信访制度来源于群众路线等中共执政理念,是一种具有中国特色的政治参与和权利救济制度,与法治的要求

① 销号有两种,一种是从国家信访局中销掉某些信访登记,这其中不乏恶意上访、即专门为地方挂号而进行的上访,另一种是“非访”,这是由北京警方来登记的,需要在警方处理前把人“捞出来”。当然,也有乡到县、县到省这样地方版本的销号。2010 年全国两会时,某省给各地市下达了死命令,要求会议期间进京非正常访“零”记录。事后,果然全省实现了“零”非访。其实,这只是在销号上下了大功夫,“零”上访是不现实的。2013 年两会时,某地为销掉一个 14 人集体赴京非正常访记录,花费 6 万。

既不能背离，也不能替代。对于现行的法律制度必须客观地、实事求是地看待。法律制度并不是衡量社会治理的目标和手段的最高或唯一标准，如果只以现行法律为准，而不考虑信访治理的实际需要，实际上是以削足适履的方式来落实依法治国，这不仅会带来严重的后遗症，而且也难以取得民众的支持。中国多年厉行法治（制）的实践表明，法治是一种非常美好的理想，但法治本身并没有至上性，“法治控”却是一种非常危险的倾向。当前中国的法治实践，似乎多以诉讼、特别是鼓励讼争为路径，这是有很大的副作用的，值得警觉。执政党治国理政主张和治理资源只能逐步转化为法律的精神和要求，法律可以对人的行为进行调整，但它不能深入到人的精神、信仰、情感等层面，必须慎重处理信访与司法的关系，慎提信访法治化或司法化的设想。

因而信访治理，还需要盘活传统的治理资源，将群众路线、人民调解等内容贯穿于信访运行过程中。尽管民主、法治可以实现对基本社会关系的建构及对利益关系的调整，但却不能独立完成推进社会整合、促成社会团结的任务。在中国的国情下，即使民主与法治建设有了很大进展，群众路线、群众工作也是须臾不可或缺的。群众路线是法治化、民主化、市场化的配套、平衡、减震、缓冲装置，更是执政合法性的补强装置和获取“实质合法性”的主要渠道，它被一些国外学者看作是中国对马克思主义理论最具原创性的贡献，王绍光则将其诠释为一种逆向公众参与模式，它所强调的是决策者必须主动、持续地深入到群众中去，而不是坐等群众前来参与。①现在许多地方设置了叠床架屋式的机构，甚至许多“窗口”，一些地方大力推行所谓“市长”、“县长”热线，公布领导个人邮箱，建立个人微博，但唯独不愿直接面对群众，对于信访这类送上门来的群众工作躲躲闪闪，这是非常危险的。目前信访治理中的“包保责任制”、领导“包案”、下访等办法，功利色彩很浓，主要是基于维稳工作的被动需要而不基于群众工作的内在要求。传统治理资源都或多或少地具备社会动员的功能，这不但有助于释放政治

① 王绍光：《毛泽东的逆向政治参与模式——群众路线》，《学习月刊》2009年第23期。王还认为，对公众参与政治模式的讨论假定，政策制定过程中存在一扇门，决策者在里面，公众在外面，建立公众参与制无非是把原来紧锁的门改装成虚掩的弹簧门，公众参与就好比公众推开了那扇门，得以登堂入室参与屋内的游戏。不过矜持的决策者却不会走出户外。毛泽东等中国革命的领导人对参与的理解截然不同，他们主张决策者必须走出户外，主动深入到民众中去，这就是著名的“群众路线”。

活力,而且也是进行社会控制与整合的重要通道。在信访治理中发挥社会动员的作用,不但可以帮助国家机关优化政务流程、提高工作效率,而且可以通过发动访民借助辩论、听证、质询等方式,扩大访民中的正面因素和积极影响,在一定程度上可以挤压缠访、闹访等现象的发生。

(三)治理结构:完善信访流程,优化治理机制

我国信访制度更多地体现了中国传统文化中“实质正义”的价值追求,强调“事要解决”,对信访事项的受理并没有设置一套严密的过滤程序。要借鉴诉讼立案制度,在信访受理环节引入审查机制,使信访受理适度司法化,实现对信访事项审查的“关口前移”,即改变信访力量配置,将工作重心设置在前端。通过时效、证据、当事人资格等条件的设置,建立起科学的信访案件准入机制,形成前端拦截网,可以将一些疑似无理访、无解访过滤掉,从而形成良好的信访事项受理秩序,以抑制信访的扩展。当然,由于信访制度是当事人可以依赖的兜底性的救济渠道,受理司法化的要求可适当宽松于诉讼受理的要求。受理环节的拦截过滤与保障访民的实体权益并不矛盾,信访人尚有司法和民政救助等通道可资利用。虽然拦截过滤过程需要费一些时力,但相比让其进入信访流程后再终止上访要事半功倍,这有助于有效利用和节约信访资源,将有限的精力用在处理紧要的信访问题上。访民往往会把信访事项的受理视作对他们要求的肯定,会认为信访部门有先行的义务,他们就有了一种更加明确的“有理”感,对实现自身诉求的期望也会不断提高。对于已受理事项的处理则仍应以行政化的方式运作,即受理司法化,而处理则要实体化,以沟通、协调、谈判为主,将每一个个案梳理清楚。对有理访应该迅速解决,不要小事拖大、大事拖炸,延至答复期届满。对重大、疑难、复杂的事项可及时导入司法渠道。在处理过程中,要加强情感、心理等方面的干预,并且要充分利用地方性的知识进行沟通说服,必要时要让社工的力量介入进来。要守住底线,摒弃收买与稳控两种极端的化解方式,特别是禁止动用低保等民生资源维稳。对无理缠访、闹访的治理手段要完善。

要在治理机制中导入社会力量,强化社会关怀,形成开放式的治理结构。在信访存量中,有很大比例的信访事项渗入了个人情感、心理的因素,或者纯粹属于个人精神方面的问题,这就适合社会力量的介入,通过做工作对象的外围工作来转移其注意力、为其提供情感支持、使他们回归社会,从而促成信访人的转化和信访矛盾的化解。由于社会组织处于第三方的位置，比较超然，具有专业知识，可以广泛运用心理、情感等手段及熟人关系等资源，其运作更具人性、更富温情、更加细腻，是社会运行中的润滑机制、调压装置和减振系统，这是政府部门所不具备的优势。

六、小结与反思

本文基于大量实证调查的分析，提出一种新的分类方式，即原发型信访与扩展型信访，用以解释和揭示信访的衍生、扩张趋势。这样，起码使我们可以认识到：第一，信访的总量可能被高估了（当然也可能存在导致其被低估的因素），因为一部分信访者由于交通、通讯、网络等的便利乃至政策的宽松，会增加上访的频次、层级，会不断去北京的各信访部门登记，会不断给各级领导人发信，可以将一个信访事项扩张为成百上千，而信访部门却难以识别；第二，信访治理的难度可能被低估了，扩展型信访占信访总量的比例不断提高倒在其次，更重要的是，一件扩展型信访案件中，常常包含了当事人一揽子的要求，这些要求有些与其最初的上访有关，有些是额外提出来的（前者如因上访受到警方处理而提出的要求，后者如提出为子女安排工作、落实右派身份进而享受平反待遇等），解决难度大，往往当前的问题解决了，当事人又会提出新的问题。信访的扩展逻辑可能有助于我们对信访的总量判断和治理分析形成更清晰的思路。在此基础上，本文提出了若干基于抑制扩展型信访的治理建议。

对于信访问题的思考，需要我们具备一种更加超越的视野，从国家的总体性治理体系中去理解和把握。一般认为，改革开放前，中国社会是一个政治、经济、意识形态高度重合的总体性社会①。在这种社会条件下，其实也存在着一套与其相对应的总体性治理体系。这套治理体系，以强大的意识形态认同为核心，形成了刚性的国家机器，具有强大的基础和专断权力。除了公检法司等常规化的国家治理制度外，这套架构还包括基于中共执政的理念、伦理而形成的泛政治化制度集合，比如统一战线与政治协商制度、信访制度、人民调解制度、劳动教养制

① 孙立平等：《改革以来中国社会结构的变迁》，《中国社会科学》1994年第2期。

度、收容遣送制度等。不仅如此,这套治理体系还具有极强的政治教化功能,并且不同制度间紧密衔接、相互耦合,具有较好的系统性、整体性、协调性。

今天,经过30多年的社会变迁,昔日总体性的社会已经发生了分化。由于社会发展的不平衡,社会各个部分变迁的速率、节奏乃至方向等并不完全一致,导致社会更加多元、复杂,尤其是市场机制成为了影响与控制社会的另一重力量。但由于中国以经济为主导的改革路径选择,尽管整个经济社会结构发生了翻天覆地的变化,总体性的治理格局却维持了下来,没有显著变化。这使得在社会及其治理之间产生了缝隙。不仅如此,总体性治理体系本身的效能也在不断减弱。一方面,国家积累了雄厚的社会治理资源,具有强大的社会管控的物质和技术手段,大部分治理制度借由理性化、科层化的目标得以强化,另一方面,治理体系内部各治理层次、手段、制度的共享性、兼容性在下降,它们之间的联结也变得松散。尤其是按照事本主义的要求,治理体系中不断祛魅、去政治化,政治治理、运动治理逐步被扬弃或趋于仪式化。基于法治、人权等的要求,一些治理手段(如收容遣送制度、劳动教养制度等)先后被废弃,治理体系各部分之间有所松动并不断形成缝隙。由于废旧立新是一个过程,新的基于法治的治理手段的形成完善尚需时日,这就造成了治理体系的缺口。

当今中国的信访困境,折射了国家与社会、政治与法律等等的复杂关联。信访的源头是作为政治原则的群众路线,而法治理念已上升为国家方略,同时信访又承担了艰巨的治理功能。在这种情况下,信访问题其实凸显了国家的总体治理的困境,在这种格局下,信访作为最基础、最有效的治理安排和制度设置之一,实际上在以一种总体性、综合性的制度发挥作用,尤其是承担了“维稳”、救助等诸多勉为其难的功能,演化为一种兜底性的制度。所以,信访问题的严峻以及信访治理的窘境并非纯由信访制度本身使然,相反,更多的是因为信访制度承受了整个治理体系低效的代价。相应地,破解信访困局也离不开国家治理的整体设计。

(作者为上海社会科学院社会学研究所助理研究员)

公共服务、服务型政党与国家治理现代化

胡志平

党的十八届三中全会公报指出:“全面深化改革的总目标是完善和发展中国特色社会主义制度,推进国家治理体系和治理能力现代化。”如何推进国家治理现代化成为当前及未来学界研究的重大议题。对于如何推进国家治理现代化的路径,主要有两大观点。第一种观点就是国家治理的法治化路径,实现依法治国。因为法治是执政基本方式、运用法治思维和法治方式治国理政。国家治理现代化的过程也就是国家治理法治化的过程,法治化是国家治理现代化的必由之路。①由此,推进国家治理体系现代化必须走法治道路,以提升法治能力为核心内容。②第二种观点就是国家治理的社会化创新路径。从马克思主义国家理论的角度来看,推进中国国家治理现代化,需要实现现代国家治理的主体结构要从政府单一主体转变为多元复合主体;现代国家治理的主要方式要从政治统治转变为社会治理;现代国家治理的未来发展方向是走向社会自主治理。③通过社会治理来推动国家治理,关键就是如何进一步理顺政府、市场与社会的关系,仍然是完善和提升国家治理体系现代化的基本途径。④政府将自己的工作重心转到社会建设上来,是实现国家与社会耦合的根本前提。⑤显然推进国家治理现代化不仅是治理方式的法治化,而且还是治理主体的多元化,实现政府、市场与社会的协同合作治理。更重要的是,无论是国家治理的法治化还是社会化都离不

---

① 张文显:《法治化是国家治理现代化的必由之路》,《法制与社会发展》2014 年第 5 期。

② 张琴羽:《推进国家治理现代化首先要推进国家治理法治化》,《理论学习》2014 年第 6 期。

③ 刘军:《从马克思主义国家理论看中国国家治理现代化》,《中国特色社会主义研究》2014 年第 5 期。

④ 刘海潮:《当代中国国家治理体系建构的内在逻辑诠释——基于政府与市场、社会关系的分析》,《新视野》2014 年第 3 期。

⑤ 陈天祥、高锋:《中国国家治理结构演进路径解析》,《华南师范大学学报(社会科学版)》2014 年第 4 期。

开中国的特色国情，即政党的作用。国家治理现代化进程内在包含着政党治理现代化的进程。中国共产党的领导和执政地位决定了国家治理现代化进程离不开党的治理现代化。党的十八大报告首次提出建设服务型政党的要求。因而，政党转型——服务型政党建设与国家治理现代化之间的内在逻辑，仍然需要进一步的阐释，政党如何影响和约束国家治理现代化？同时，国家治理现代化的法治化和社会化路径都是比较宏观的路径，宏观需要微观基础支撑，需要一个支撑点，这个支撑点就是公共服务。图1基本勾勒了这一逻辑。本文的逻辑在于国家治理现代化的社会化路径，要以公共服务治理作为切入口；但公共服务的有效治理需要政党政府的转型为前提；因而通过公共服务、政党转型的联动来推动国家治理现代化。

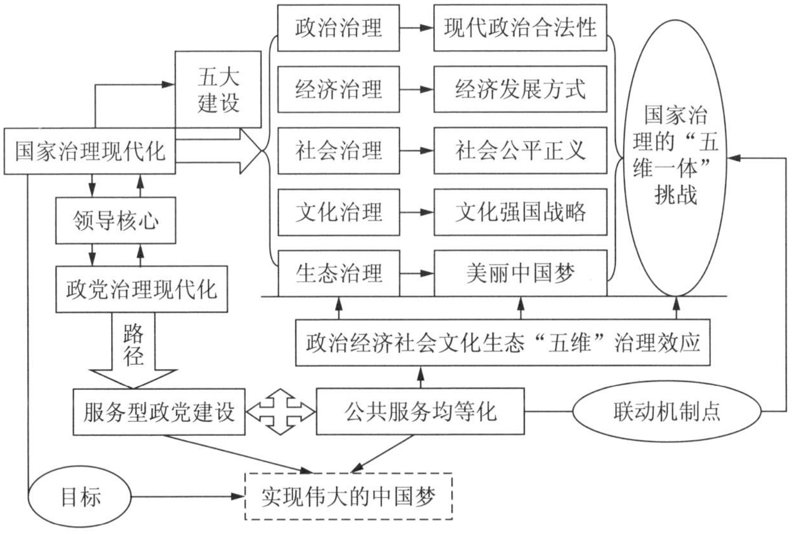

图1　公共服务、服务型政党与国家治理现代化

一、国家治理现代化路径转向：宏观转向微观公共服务

国家治理现代化的社会化路径，在于以社会治理为突破口，构筑政府、市场、社会三方的协同合作。所谓国家治理现代化，就是要在执政党、政府、市场、社会之间，构建一种规范理性的权力分享、责任分担、资源共享、合作共治的稳定关系

模式和社会治理格局。①中国国家治理有两条主线：一是中央与地方关系；二是国家与民众关系。②但随着当代社会在全球化过程中的扩展，特别是利益分化和社会媒介的兴起，国家与民众关系这一主线日益占主导地位，正在改变和重塑着中央与地方关系，推动着国家治理模式和机制的演变和创新。③要系统、整体、协调地实现政治、经济、文化、社会和生态的现代化，同时又要让相关制度成熟定型，形成系统完备、科学规范、运行有效的制度体系，关键的步骤是形成政府、市场和社会三方的协调协同、良性互动。④由此，推进国家治理现代化的宏观路径就是理顺政府、市场、社会三方关系。理顺政府、市场和社会三方关系，选择一个突破口。有的学者就指出社会治理创新是国家治理现代化的突破口。社会治理创新就是重构政府、市场和社会三者关系，形成多元化的治理主体。这也就是国家治理现代化的宏观社会化路径。由于宏观是来源微观，有微观基础的支撑，即宏观要建立在微观基础之上的。那么国家治理现代化的这个微观路径是什么呢？重构中国的政府、市场和社会三者关系，形成新的治理格局？

公共服务是社会治理的重要内容。社会治理的重要目标就是预防和化解社会矛盾，促进社会公平正义。当前社会矛盾凸显的原因之一来自公共服务享有权利的不平等，城乡公共服务之间的不公平配置。同时公共服务涉及重大的民生问题，像教育、医疗和社会保障等公共服务都是社会关注的重大民生问题。公共服务治理水平直接关系到社会治理能力的高低，也直接关系到社会治理目标能否实现。试想如果政府公共服务提供能力不足，基本公共服务的供给非均等化，居民之间的公共服务享有权利不平等，社会治理的公平正义目标能够实现，社会矛盾能够化解吗？结论是不可能的。显然社会治理创新的一个重要机制就是通过提升公共服务治理水平来关注民生、化解社会矛盾，促进社会公平正义，推动社会治理现代化。公共服务与社会治理的关系表明，公共服务是宏观社会

---

① 刘波、王力立：《国家治理现代化及其推进路径》，《理论探索》2014年第5期。

② 周雪光：《权威体制与有效治理：当代中国国家治理的制度逻辑》，《开放时代》2011年第10期。

③ 周雪光：《中国国家治理及其模式：一个整体性视角》，《学术月刊》2014年第10期。

④ 胡宁生：《国家治理现代化：政府、市场和社会新型协同互动》，《南京社会科学》2014年第1期。

治理的微观路径。

社会治理体制创新需要重构中国的政府、市场和社会关系，实现政府、市场、社会三者的协同合作，构筑社会治理的多元化主体。依据埃莉诺·奥斯特罗姆(Elinor Ostrom)的"多中心制"理论，公共服务实现有效的治理，必须推动公共服务的"多中心制"，形成多元化的公共服务治理主体。由此，公共服务供给的多元化主体也是社会治理的多元化主体。公共服务的"多中心制"，政府、市场和社会形成协同合作，发挥各自的优势，满足居民的多样性的公共服务需求，实现公共服务供求均衡。公共服务供给过程中的多元化主体也正是政府、市场和社会三者关系的重构，政府向市场、社会的集权的一元化供给主体转向政府向市场、社会赋权，激发社会组织活力形成的多元化供给主体，实际上就等于政府需要释放社会成长空间，让市场来配置资源，让竞争来提升公共服务供给效率。同时公共服务的供求要实现均衡，需要民众的公共参与，改变政府与社会的关系，促进了公民社会的形成。因而，公共服务不仅是社会治理的重要内容，而且是重要的突破机制。从公共服务供给过程中逐步重构政府、市场和社会关系，成为国家治理现代化的社会化路径的新机制。

公共服务作为社会治理的重要机制，推动社会治理创新，那么如何进一步推动国家治理现代化，真正成为国家治理现代化的微观路径呢?

二、 国家治理现代化的公共服务路径："五维"效应分析

由于治理包括统治和管理的意思，包含一定的强制力和非强制力，是介于统治与管理之间的一种行为或活动，基本要素是治理主体、治理客体、治理目标和治理方式。①有学者认为，国家治理体系与治理能力的现代化包括以下几个方面：一是国家治理的制度化、法治化、规则化与规范化；二是治理主体的多元化；三是治理手段的网络化；四是国家治理的价值取向既关注效率，更关注社会公平正义。②也有学者认为，国家治理体系现代化的核心内涵包括治理主体的多层

① 丁志刚：《全面深化改革与现代国家治理体系》，《江汉论坛》2014 年第 1 期。

② 卢洪友：《从建立现代财政制度入手推进国家治理体系和治理能力现代化》，《地方财政研究》2014 年第 1 期。

化和多元化、治理结构的分权化和网络化、治理制度的理性化、治理方式的民主化与法治化、治理手段的文明化与治理技术的现代化①。综合治理的内涵和国家治理现代化的内涵,以治理价值、治理主体、治理结构、治理方式和治理模式作为基本的要件。

1. 公共服务的国家治理现代化效应,体现在与国家治理现代化五个要件的高度契合性

因为从国家管理到国家治理最大的区别就在于治理主体由单中心向多中心转变,治理手段由刚性管制向柔性服务转变,治理空间由平面化向网络化转变,治理目的由工具化向价值化转变。②这种契合性就是公共服务治理与国家治理的价值追求、主体、结构、方式和模式"五个维度"的高度契合,见图2。

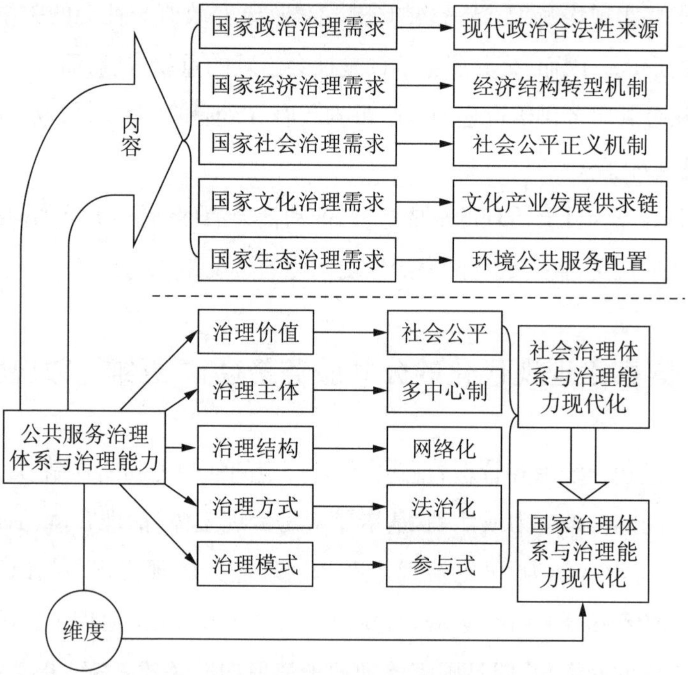

图2　公共服务的国家治理现代化效应

---

① 唐皇凤:《中国国家治理体系现代化的路径选择》,《福建论坛(人文社会科学版)》2014年第2期。

② 姜晓萍:《国家治理现代化进程中的社会治理体制创新》,《中国行政管理》2014年第2期。

(1) 公共服务治理价值的追求也是国家治理现代化的价值最求

任何国家治理有其价值取向,中国的国家治理现代化也有自身的价值取向。民主法治、公平正义、安定有序、充满活力是社会治理的价值追求。作为社会治理的重要内容之一的公共服务治理的价值追求也是公平正义。从现代化的走向来看,推进国家治理现代化,应该包括国家治理的科学化、民主化、公平化和法治化这四个主要趋势。①“法不阿贵,绳不绕曲。”这是法治精神的真谛。法律面前人人平等,实现社会公平正义,这是我们党治国理政的一贯主张和根本追求,也是中国特色社会主义的内在要求。②公共服务治理的价值理念与国家治理的价值理念具有一致性。目前公共服务的非均等化供给产生的公共服务享有权利的不公平性,体现在城乡居民、不同单位性质职工的公共服务享有差别化对待,不是公共服务治理遵循的理念,恰恰是需要改革的价值理念。党的十八大报告就指出:“逐步建立以权利公平、机会公平、规则公平为主要内容的社会公平保障体系,努力营造公平的社会环境,保证人民平等参与、平等发展权利。”社会保障的公平正义价值理念,就是公共服务治理的价值理念的有效体现。基本公共服务均等化有利于改变传统少数人垄断性享有社会权利的状况使社会每一个个体都能基于公民资格而普遍享有基本社会权利从而有利于减少传统由制度化排斥所造成的权利贫困和机会不均等。③基本公共服务均等化的公平性要旨,推动了国家实施基本公共服务均等化战略,实现居民公共服务享有权利的公平,这与国家治理现代化的价值追求是高度契合的。

(2) 公共服务治理主体也是国家治理现代化的重要治理主体

从“管理”(management)到“治理”(governance),一字之变,却有着根本差别。和自上而下的“管理”相比,“治理”是一个自上而下与自下而上互动的过程,强调政府与社会通过合作与协商、建立伙伴关系、达成相互认同的共同目标,以此来实现对社会公共事务的管理。④十八届三中全会决定就指出:“适合由社会组织提供的公共服务和解决的事项,交由社会组织承担,支持和发展志愿服务

---

① 刘俊祥:《论国家治理的公平化》,《福建论坛(人文社会科学版)》2014 年第 2 期。

② 张琴羽:《推进国家治理首先要推进国家治理法治化》,《理论学习》2014 年第 6 期。

③ [印]阿玛蒂亚·森:《资源价值与发展》,杨茂林、郭婕译,吉林人民出版社 2008 年版,第 280 页。

④ 张琴羽:《推进国家治理首先要推进国家治理法治化》,《理论学习》2014 年第 6 期。

组织”。公共服务治理的主体从一元走向多元,形成“多中心”治理主体。过去政府的“全能型政府”包揽了公共服务所有生产与提供,政府是公共服务的唯一中心主体,导致公共服务供给绩效低,不能够有效应对居民日益增长的公共服务需求。“全能型政府”存在“政府失灵”,市场也存在“市场失灵”,社会志愿组织同样存在“自愿失灵”,同时这三个主体在不同领域具有优势,因而需要有机协调,发挥优势,共同成为公共服务治理主体。特别是中国公共服务供求矛盾突出,公共服务治理须有效应对居民的公共服务增长需求就更加需要实现政府、市场和社会组织的有效合作,发挥各自的优势,形成互补,构筑公共服务供给的多中心主体。同样国家治理的主体同样也是多元的,因为治理最为突出的特征就是要求人们重新理解政府的作用,科学合理地界定政府、市场、社会组织与公民之间的关系。治理的主体从一元走向多元,即从以政府为唯一治理主体的治理模式,转向以政府市场企业社会组织公民为多元主体的共同参与治理模式。①因而国家治理现代化的主体多元化与公共服务治理主体的“多中心制”是高度一致的,公共服务治理主体也同样是国家治理的重要主体。国家治理体系和治理能力现代化是多元主体的治理体系和治理能力现代化,在公共服务治理领域的多元主体的治理体系与治理能力现代化。

(3) 公共服务网络治理结构也是国家治理现代化的治理结构选择

传统社会向网络社会转变的同时,网络化时代的治理需求也发生了重大转变,要求国家治理结构的网络化。因为随着各种经济、社会、环境问题日趋多样化、动态化和复杂化,国家再也无法单独依靠官僚体制处理这些公共事务,迫切需要民间组织、利害相关者、专家学者的合作协助,动员分散的社会资源,在多元、持续、互赖的集体行动中解决庞杂、专业、分割的政策问题。②国家治理的结构从垂直型走向扁平化,即从科层制的垂直治理结构向扁平化的网络治理结构转型,③这是国家治理结构的演变趋势。公共服务治理结构同样也要求网络化。

---

① 唐亚林:《国家治理在中国的登场及其方法论价值》,《复旦学报(社会科学版)》2014 年第 2 期。

② 唐皇凤:《中国国家治理体系现代化的路径选择》,《福建论坛(人文社会科学版)》2014 年第 2 期。

③ 唐亚林:《国家治理在中国的登场及其方法论价值》,《复旦学报(社会科学版)》2014 年第 2 期。

传统的公共服务的政府垄断式供给难以有效的反应居民的公共服务的真实需求，导致供求结构的不均衡，居民需求的公共服务没有及时得到政府有效回应，而居民暂时不需要的，像凸显政府官员的“政绩工程”、“面子工程”的大型图书馆、广场等公共服务设施却相对供给过剩。社会的分化、利益的多元化、居民的公共服务需求也日益多元化，自然供给主体也需要多元化，政府再也不再是唯一的供给主体，公共服务的供给走向“多中心制”而非“单中心制”。社会的变迁，公共服务治理结构也在变化，从唯一的政府供给主体，按照政府的官僚科层制正逐步向按照多元化主体的协调合作要求的网络化治理结构转变。在网络治理结构中，治理主体是多元的，各治理主体之间在信任与协商的基础上互动，因而互动秩序是良性的和多向度的，它体现的是一种合作治理，因而也是一种民主治理。①另外，国家治理现代化要求重构国家、市场和社会关系，就是政府向市场放权、政府向社会放权，形成政府、市场和社会互动合作，有效解决政府失灵、市场失灵和志愿失灵，提升国家治理绩效。公共服务治理结构也同样需要重构政府、市场和社会的关系，让市场和社会充分发挥作用，让市场在资源配置中起决定性作用，激发社会组织活力。政府购买公共服务，市场和社会组织承接政府的公共服务供给责任，政府从微观干预转向宏观调节。因而，公共服务的有效治理转向网络化治理结构，这同样是国家治理现代化的治理结构选择。

(4) 公共服务的法治化选择也是国家治理现代化的治理方式

党的十八大报告指出：“法治是治国理政的基本方式”。显然国家治理现代化的基本方式就是实现法治化。公共服务治理的方式与国家治理现代化的方式也是基本一致的，就是实现法治化。基本公共服务不均等化供给已是社会不争的事实，不仅是政府财政投入不足，更重要的是背后体现了政府公共服务供给的法治化治理缺乏。党的十八届四中全会的依法治国主题，要求建设法治中国、法治政府和法治社会的宏伟蓝图。通过法治实现基本公共服务均等化，成为现代公共服务治理方式的必然选择。国外的公共服务保障体系的经验表明，法治化也是必然选择。党的十八届四中全会提出了新的 16 字方针，“科学立法、严格执

① 刘雨辰：《试析转型期我国公共治理结构的重塑——基于线型治理结构向网络治理结构转换的考察》，《四川行政学院学报》2012 年第 3 期。

法、公正司法、全民守法”;其中首要的是科学立法。反观现实是,中国基本公共服务均等化迄今没有科学立法。一个基本的事实是城乡公共服务非均等化供给格局从改革开放以来一直延续,其中法律缺失是重要根源。目前中国没有科学制定城乡公共服务均等化供给的《基本公共服务法》。由于《基本公共服务法》的缺位造成基本公共服务均等化供给没有法治保障,基本公共服务均等化还处于一种梦想而非现实。科学立法,这个法是良法而非恶法。良法善治的现代法治精神缺位是导致基本公共服务不均等的关键。法治精神的缺位导致基本公共服务理念出现异化,法律制度的缺位导致基本公共服务权利出现异化。①理论上,良法善治追求公平正义,然而现实的城乡分割的户籍制度所体现的公共服务享有权利的差别明显与法治化的公平正义精神相违背。一个经常的现实案例是城市人和农村人在交通事故赔偿金标准的明显差异,就是最为现实的注解。公共服务治理方式的法治化是保障最广大人民群众利益的最有效方式,是实现可持续发展的必然选择。基本公共服务均等化供给不是梦想而是梦想照进现实,必须国家方针、政策的制度化、规范化,走法治治理道路。公共服务治理方式与国家治理现代化治理方式的法治化选择是高度一致的。

(5) 公共服务的参与式治理也是国家治理现代化的治理模式选择

既然公共服务治理的主体是多元的,是国家(政府)、市场和社会组织多个主体的有效互动,而不是单一的;各个治理主体发挥各自的优势,形成有效的互补合作,形成参与式治理模式。参与式治理被称为“赋权参与式治理”(empowered participatory governance),即赋权给那些与政策具有利害关系的个人或组织,扩大其参与公共政策的决策过程。②国家治理现代化的一个重要维度就是政府、市场和社会之间的协同关系,政府向市场和社会分别放权,就是赋权给予市场和社会主体参与国家治理。显然国家治理现代化的重要维度就是实施参与式治理,推动社会力量成长,激发社会活力,推动社会治理体制创新。目前公共服务的多元化治理主体远未形成,重要原因就是政府依然没有向社会放权,激发社会活力,

① 孙旭宁:《基本公共服务均等化法治体系建构与民生底线保障》,《中国行政管理》2014 年第 8 期。

② Carole Pateman, *Participation and Democratic Theory*, Cambridge: Cambridge University Press, 1970.

单纯依靠政府力量提供公共服务,结果就是公共服务供给不足。2012 年,中央财政用于教育、医疗、就业、住房和社会保障等支出达 13 848 亿元。其中公共服务支出占总支出的 31.42%,同比国外财政支出中用于公共服务的比重高达 60%到 70%。我国财政用于公共服务投入明显低于世界中等收入国家,甚至低于低收入国家的平均水平。①显然,政府的单一治理主体能力有限,需要发挥社会力量来弥补政府供给不足。另一方面,社会组织力量比较薄弱。根据 2010 年中国经济体制改革研究会的一项课题研究表明,从每万人拥有的社会组织数量看,法国为 110 个,日本为 97 个,美国为 57 个,新加坡为 14.5 个,巴西为 13 个,而我国仅为 3.2 个。②公共服务供求均衡需要需求方的信息表露,即居民充分显示自身的公共服务需求信息,这一过程肯定是要居民的公共参与才能够实现的,否则就是供给方没有依据需求方的需求,而是"屁股指挥大脑"的官僚科层式反应,出现大量的公共服务供求结构失衡现象。因而公共服务实现供求均衡要实施参与式治理,推动社会力量成长,激发社会组织活力,与政府形成有效协调关系。公共服务参与式治理与国家治理现代化进程中有效构筑政府、市场和社会的协调关系进行的政府放权与赋权的分权化要求是高度一致的。国家治理现代化也寻求一种参与式治理模式。

2. 公共服务的国家治理现代化效应,体现在公共服务是国家的"五大建设"的重要机制

公共服务成为现代政治合法性的重要来源,在于公共服务对民众的政治认同具有重要作用。公共服务能够有效满足民众的公共生产生活需要,减少社会分歧,凝聚社会共识。传统的意识形态、经济增长作为现代政治合法性基础正日益受到挑战。对现代国家来说,不断开发新的合法性资源,从而维护基本政治制度的稳定和有效,便成为一项现实而紧迫的任务。在这一背景下,有效供给基本公共服务,增加社会成员的普遍福祉便成为政府合法性新的增长极。③对转型国

① 孙旭宁:《基本公共服务均等化法治体系建构与民生底线保障》,《中国行政管理》2014 年第 8 期。

② 刘敏:《构建现代社会组织治理体制:创新社会治理的突破口》,《广西大学学报(哲学社会科学版)》2014 年第 3 期。

③ 杨雪冬:《公共权力、合法性与公共服务型政府建设》,《华中师范大学学报(人文社会科学版》2007 年第 2 期。

家而言，其现代国家制度体系尚未有效建立，其政治合法性和有效性更加依赖基本公共服务均等化的有效推进。①因而，政府能否有效的提供公共服务，成为当前及未来的政府政治合法性的重要依据。特别是，中国改革开放以来，经济迅速发展，私人产品的生产效率极大提高，产品日益丰富，供求矛盾从短缺走向相对过剩；而公共产品的供求矛盾却越来越突出了。有学者就指出："中国社会的主要矛盾，即人们日益增长物质文化需要与落后的社会生产之间的矛盾虽然从根本上说没有改变，但矛盾的主要方面正在从私人产品的供求矛盾转向公共产品的供求矛盾，社会保障、公共基础设施、均等的公共服务以及相关法律法规等公共产品的供给瓶颈越来越明显。即便是某些私人产品的供求矛盾（数量或质量）依然突出，如住房及食品，但主要不是生产能力问题，而是与公共产品（包括政策、法律法规等制度安排）本身的缺陷所致"。②甚至也有学者就直接说现在的社会主要矛盾是公共产品和服务的供求矛盾。这也就是为何中国经济增长了居民的幸福感却下降了的重要原因。有效提供公共服务，实现公共服务治理体系和能力的现代化，解决中国经济社会发展不平衡，提升居民的幸福感，从而有效提升对政府和国家的政治认同，具有重要的现代政治合法性效应。

公共服务治理是实现中国经济增长健康可持续发展的需要，能够有效促进经济发展方式转变。有效提供公共服务，是中国内需结构，即从投资驱动型增长转向消费驱动型增长的需要。中国居民的"不能、不敢、不愿"消费是中国公共服务有效不足的消费体现。居民人力资本（公共教育、医疗卫生服务形成）不足，进而获取收入和机会的不足，消费能力有限；教育医疗社会保障等公共服务有效供给不足，形成消费预期，而不敢消费；同时即使有消费能力、有消费欲望，但政府公共服务（食品药品安全公共服务制度建设）有效不足，形成不愿消费。因而，公共服务有效提供与居民消费能力、居民消费预期、居民消费环境有关键联系。公共服务治理是推进中国经济发展从投资驱动转向消费拉动的关键环节，实现中国经济健康可持续发展，是实现国家经济治理现代化的重要机制。公共服务有效供给不仅能够改善中国的内需结构，也同时能够有效促进产业结构、要素结构

---

① 丁忠毅：《基本公共服务均等化促进社会合意性转型的机理分析》，《理论与改革》2014 年第 3 期。

② 谢地：《中国梦的经济学解析》，《经济学家》2014 年第 1 期。

的转型升级,而且对城市化发展具有重要的推动作用,成为经济发展方式转变的动力支撑点。①另一方面,中国经济增长要实现从数量型向质量型转变,更加注重经济增长的质量。公共服务与经济增长质量之间存在有机联系。因为基本公共服务均等化水平可以缩小区域差距和城乡差距,其带来的机会公正和初始条件均等化,使得最终的收入分配更加均等化,体现经济增长“质”的提高;其对基础设施和教育投入的完善和扩大,又有利于经济发展环境的改善和人力资本的提高,还可以促进经济增长“量”的提高。②因而,公共服务是经济增长质量化的重要内在机制,具有经济增长质量化效应,也是国家经济治理现代化的重要机制。

公共服务治理是社会治理的重要内容,甚至是核心内容。国家社会治理现代化的重要目标就是实现社会公平正义。社会公平正义的实现机制在于公共服务均等化,即公共服务有效治理。因为,基本公共服务均等化的深入实施,一方面有利于通过国民财富的二次分配,对初次分配造成的过大差距进行一定的弥合,从而有效避免民众基于贫富差距过大所产生的社会不公正感;另一方面,基本公共服务均等化,有利于改变传统少数人垄断性享有社会权利的状况,使社会每一个个体都能基于公民资格而普遍享有基本社会权利,从而有利于减少传统由制度化排斥所造成的权利贫困和机会不均等。③众所周知,改革开放以来实施的效率优先兼顾公平的分配模式背景下,居民之间、城乡之间、地区之间的收入差距逐步拉大已成为不争的事实。2014 年中国国家统计局公布的基尼系数为 0.469,高于警戒水平,成为世界上收入差距比较大的国家之一。面对收入差距,显然需要政府进行再分配的干预,实现社会公平。社会再分配是解决社会不公问题的基本途径,而公共服务又是社会再分配的重要方式,是政府的基本职能之一,是实现社会公平的基本途径。公共服务属于公共资源,是公平分配的重要内容;公平性是公共服务的基本属性。④公共服务治理是国家推进社会公平正义的重要机制,在于能够通过社会再分配资源缩小差距。更因为均等化的公共服务

---

① 胡志平:《构建转变经济发展方式的动力支撑点:公共服务均等化》,《现代经济探讨》2012 年第 3 期。

② 郭晗、任保平:《基本公共服务均等化视角下的中国经济增长质量研究》,《产经评论》2011 年第 4 期。

③ 丁忠毅:《基本公共服务均等化促进社会合意性转型的机理分析》,《理论与改革》2014 年第 3 期。

④ 严明明:《论公共服务公平性》,吉林大学博士学位论文 2012 年。

为广大民众构筑了相近水准的生活平台，把社会大多数成员整合在共同的生活场景中，缩小了多元化社会结构和不同社会群体之间的差异，为市场经济条件下的转型期提供了重要的社会和谐机制。①由此，公共服务治理是实现社会公平正义的重要机制，有效实现国家社会治理现代化的要求，具有社会公平效应。

国家文化治理现代化，就是要实现中国文化强国梦。2010 年中国 GDP 位居世界第二位，而中国的文化软实力却不是第二位，形成中国国家的经济实力与文化软实力不匹配的格局。面对 21 世纪越来越激烈的“软实力”竞争，中国更加需要加强国家文化软实力建设。那又如何提升文化软实力？由于在市场经济的大环境下，让市场在资源配置中起决定性作用，通过市场手段来发展文化产业，进而推进中国国家文化软实力的提升，是文化软实力的市场逻辑。发展文化产业的目的不是为了经济，而是为了完善国家治理，是以经济——市场经济的方式实现文化的政治、经济、社会和文化的价值性转换，进而改变和重塑国家治理模式。②显然，市场经济时代，提升文化软实力的有效路径就是大力发展文化产业。西方发达国家的文化软实力就是在于有强大的文化产品支撑，例如美国的新闻媒体产业、电影产业的发达就是美国文化软实力的最好注解。因而，公共服务如果能够有效提升文化产业的竞争力，进而增强文化软实力，实现伟大的文化强国梦；公共服务就是国家文化治理现代化的有效机制。市场经济时代，发展文化产业，就是增强文化产业的需求和供给。文化产业的需求和供给是文化产业能够发展的关键。文化产业发展的需求来自居民的文化消费需要，包括有文化消费的能力、意愿，这些都恰恰是以有效的公共服务提供为前提的。没有发达的教育医疗等公共服务提供，就不可能有庞大的有知识有文化的消费群体去欣赏、去观看文化艺术类产品。文化产业发展的供给需要科技发展平台、人才等生产要素，这些同样也需要有效的公共服务提供。原因在于，政府公共服务如公共文化基础设施是文化产业发展的基本平台，政府教育医疗公共服务有效提升劳动者的人力资本水平，为文化产业发展提供人才基础。公共服务治理、文化产业发展，进而文化软实力提升，到实现国家文化治理现代化的目标之间存在清晰的逻辑。③公共服务治理是

① 南振声：《以公共服务均等化推动社会公平》，《解放日报》2011 年 11 月 27 日。

② 胡惠林：《国家文化治理：中国文化产业发展战略概论》，上海人民出版社 2012 年版，第 9 页。

③ 胡志平：《文化强国梦、文化产业和公共服务机制及其创新》，《社会科学研究》2015 年第 2 期。

构建国家文化治理现代化的重要内容，进而实现伟大的中国文化强国梦的重要机制。

党的十八大报告从“四位一体”上升到“五位一体”建设，凸显了生态文明建设的极端重要性。实现国家生态治理的现代化也成为国家治理现代化的重要内容。面对改革开放以来日益严峻的生态环境问题，生态治理现代化就是要进行生态文明建设，实现美丽中国梦。从经济学的角度来看，生态环境问题，实质就是生态环境的资源没有实现帕累托效率。因而，优化资源配置、提高资源利用效率是生态文明建设的基本路径。①公共服务，其中之一的环境公共服务又是如何有效推动生态文明建设，进而实现生态治理现代化呢？由于，环境保护作为一种地域性的纯公共物品，具有典型的外溢效应，因其公共程度高，受益和消费者数量多，是政府应当首先提供的公共物品。②环境公共服务成为政府公共服务提供的重要内容。生态环境问题的解决需要环境公共服务有效配置，这正是公共服务在环境类公共服务中的有效治理要求。因为解决环境问题的关键因素在于需求“环境正义”。而环境正义的实质是一种对“环境利益”的合理分配，这种合理分配意味着对自然资源的合理分配和环境公共服务的合理分配。③环境公共服务的合理分配，就是要建构有效的公共财政体制，形成公共服务提供的财力基础，这是公共服务有效治理能力的内容之一。1994 年分税制改革形成的分权型治理模式，让中国地方政府作为主要的环境公共服务提供者没有动力，更没有能力去提供环境公共服务。环境公共服务均等化的过程实质就是环境公共服务资源的最优化配置，实现环境公共服务的有效治理。环境公共服务的有效治理，就是实现环境公共服务治理体系和能力现代化，进一步改变传统的生态环境治理架构，建构一个环境公共服务的合理配置体系和能力，有效解决生态环境问题，建设生态文明，实现美丽中国梦。因此，环境公共服务治理，实现环境公共资源的有效配置，解决经济增长过程中出现的生态环境问题，成为国家生态治理现代

① 赵成福：《基本公共服务均等化价值意蕴的多维解析》，《河南师范大学学报（哲学社会科学版）》2014 年第 6 期。

② 杨妍、孙涛：《农村公共服务与生态环境发展》，《华中师范大学学报（人文社会科学版）》2007 年第 4 期。

③ 王树义、郭少青：《我国环境公共服务合理分配问题研究》，《中国软科学》2014 年第 7 期。

化的重要内容和机制。

因此，公共服务治理对国家的政治治理、经济治理、社会治理、文化治理和生态治理现代化都有重要的意义，是国家治理现代化的有效机制，参见图2。

三、公共服务路径约束：政党、政府、社会组织的“三维”约束

中国共产党作为中国特色社会主义现代化建设事业的领导核心，因而可以说中国国家治理现代化很大程度上，甚至是关键，体现为中国共产党的治理现代化。中国共产党治理水平直接关系国家治理能力的高低。政党转型发展是国家治理现代化的关键路径。政党、国家和社会是现代政治的主体要素，三者的有机化是现代政治的本质规定，而现代政治发展的内在逻辑又决定了政党是其走向成熟的关键。①同时政府治理现代化是国家治理现代化的重要组成部分。推进国家治理现代化，要求同步推进政府治理现代化。②政府转型发展也是实现国家治理现代化的重要前提。社会建设已经作为中国“五大”建设的重要部分，社会治理也作为国家治理的重要组成部分，推进社会转型自然也是国家治理现代化的重要内容，其中关键是激发社会组织活力。有学者就指出：“改革开放以来中国国家治理的基本进程主要是围绕以下三个结构性主题展开的。第一是政府与公民的关系，二是中央与地方的关系，三是政党与国家的关系，这三组关系在全局上具有决定性意义”。③因而如何实现政党、政府、社会三者的转型发展是实现公共服务体系与能力现代化的前提，进而也是推进国家治理现代化的前提条件。图3基本勾勒了实现公共服务治理现代化的前提基础。

中国共产党的历史地位及现实实践，决定了中国国家治理现代化必须实现政党治理现代化，因为党建国家的历史逻辑决定了，中国共产党在中国现代政治

① 郑长忠：《有机政治建设的政党使命——未来十年中国共产党发展的本质规定》，《当代世界与社会主义》2013年第6期。

② 薄贵利：《推进政府治理现代化》，《中国行政管理》2014年第5期。

③ 陈明明：《国家现代治理中的三个结构性主题》，《中国浦东干部学院学报》2014年第5期。

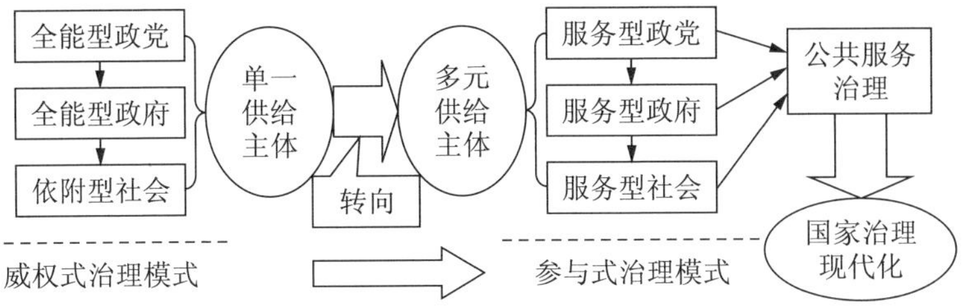

图3　政党、政府、社会转型与国家治理现代化

结构要素生成阶段扮演着领导者和推动者角色。①由于改革开放前，我国实行计划经济体制与“单位制”。国家几乎垄断着全部重要资源，并几乎对全部社会生活实行着严格而全面的控制，同时对任何相对独立于国家之外的社会力量，要么予以抑制，要么使之成为国家机构的一部分，从而建立起强国家、弱社会的模式。对于当时的国家行为模式，邹谠(Tsou Tang)将之形容为“全能主义”(totalism)国家。②因而中国的政党、政府被学者称为全能主义的政党和政府。改革开放前的中国，加上实行计划经济模式，国家几乎控制了所有的资源，政党、政府和社会呈现高度一元化特征，社会几乎没有自己独立的空间，社会组织难以获得生存的基本资格，失去了成为治理多元化主体一元的可能性。国家与社会之间的关系，呈现是强国家、弱社会格局，社会力量比较弱小，社会是一种依附型社会的形态。改革开放后，面对社会转型和发展的现实需求，政党、政府与社会三者的关系出现了新的变化，党的十八大报告中指出：“要围绕构建中国特色社会主义社会管理体系，加快形成党委领导、政府负责、社会协同、公众参与、法治保障的社会管理体制。”报告明显的就是要求实现社会治理的多元化主体。政党、社会、社会的关系从传统以政党一元化治理模式要向以政党主导的多元合作治理模式转变。

公共服务治理目前的重要缺陷在于政府垄断式供给，政府提供的公共服务与居民的公共服务需求之间存在较大的脱节，现实中的“政绩工程”、“面子工

① 郑长忠：《有机政治建设的政党使命——未来十年中国共产党发展的本质规定》，《当代世界与社会主义》2013年第6期。

② 郁建兴、关爽：《从社会管控到社会治理——当代中国国家与社会关系的新进展》，《探索与争鸣》2014年第12期。

程”等现象层出不穷，背后的原因就是公共服务的“单中心制”而非具有多元治理主体的协同合作的“多中心制”。需要真正回应有效回应居民的公共服务需求，实现公共服务供求均衡配置，显然的前提就是多元化的治理主体的存在，其中就是社会组织，这一重要的治理主体。党的十八届三中全会报告就指出：要改进社会治理方式，激发社会组织活力，创新有效预防和化解社会矛盾体制，健全公共安全体系。但是，社会组织的成长是需要有相对独立的空间，也就是政党、政府、社会之间的高度一元化转向政党主导的多元化。也就是说，政党、社会的转型，实现全能型向服务型政党、政府转变。目前，政党政府转型进程依然比较慢，“1978 年以来，党和政府通过不断推进的改革将原本属于社会的权力和资源交还给社会，但核心权力、关系党的生存和发展的资源以及政治战略性资源仍然牢牢掌控在自己的手中。”①实现政党转型，就是按照党的十八报告要求建设服务型政党，从主要抓经济建设为中心转向经济社会并重，更加重视社会建设，为社会成长提供应有的空间。

中国的党领导国家体制，政党是全能主义的，自然政府也是全能主义的。全能主义的政府形成了政府主导资源配置的格局，改革开放后，我们党提出了把阶级斗争转移到经济建设上来，自然政府的中心工作是经济建设，政府主导大量资源集中经济建设，形成“重经济轻服务”（重视经济建设忽视公共服务提供）格局，导致经济社会发展不平衡，公共服务供给不足且非均等。全能主义政府更重要的是没有为社会成长创造空间，政府自身承担了几乎所有的责任，但是这种有限的能力和基于效率的评价，政府提供的公共服务是没有效率的，政府公共服务治理体系和治理能力远没有现代化。显然构筑公共服务治理现代化首先必须是政党转型，从抓经济转型到抓经济社会建设；同时政府也相应的需要转变，从经济建设型政府转向服务型政府。这就是一方面需要把错装在政府身上的“手”拿掉，把行政干预的全能型政府改革成市场充分发挥作用的有限型政府，把与民争利的政府改革成面向公共利益的服务型政府，重塑政府形象；另一方面，要分权、放权社会（中义），积极培育、发育社会，鼓动社会参与，激发社会活力，重塑社会

① 史成虎、张晓红：《当代中国政治体制改革的困境与进路》，《西南大学学报（社会科学版）》2013 年第 2 期。

形象,不仅形成“国家在场、市场在场”而且形成“国家在行动、社会在行动”的社会治理体制,在社会建设和社会治理中促进国家与社会之间的合作,推进社会治理主体多元化。①也就是说,有了政党政府的转型,同时社会组织转型也需要加以配合,形成服务型社会组织。党的十八以来,新一届政府通过简政放权,推动政府职能转变,建设服务型社会,“把该放的权力放掉,把该管的事务管好”,为社会组织在公共服务领域发挥更大作用提供了良好的空间。

国家治理现代化的重要前提条件就是治理主体的多元化,不仅有政府,更重要的是社会力量,社会组织的成长。社会组织要实现从依靠政府资源的生存转向依靠自身的能力在市场竞争中生存。政府购买公共服务,需要社会组织去承接。虽然政府拿出购买公共服务的资金容易,现有的社会组织有没有实力承接却是个问题,想要成为足够提供公共服务的现代社会组织,还有不小的差距。②政府转型了,社会组织却没有成长起来,倒逼政府回到过去的全面干预的全能主义政府,这又进一步压缩了社会空间,社会组织的依附型格局更加不能够实现转变。由此,需要更加培育社会组织的承接政府公共服务能力,成为公共服务治理的“多中心”的重要中心之一。社会组织需要有活力,有创新力,是在政党政府的转型下有了更大发挥的空间,成为了社会治理的重要主体。因而,服务型政党——服务型政府——服务型社会组织是有机联系在一起的,任何一方的缺少都会导致转型难以实现,国家治理现代化的目标就无法变成现实。

四、结　　语

推进国家治理现代化要从宏观路径转向微观路径,选择社会治理作为突破口,其中社会治理中的公共服务有效治理更是突破口中的关键点。政党、国家和社会,还是政府、市场和社会的关系都是实现社会治理创新的重要前提,更是公共服务治理体系和治理能力现代化的前提条件。没有政党转型,政府

① 郭风英:《“国家—社会”视野中的社会治理体制创新研究》,《社会主义研究》2013年第6期。

② 彭波:《看服务型社会组织如何成长》,《人民日报》2013年10月9日。

转型，社会转型，多元化的治理主体难以形成，公共服务有效治理难以实现，国家治理现代化也就是空中楼阁。要实现治理现代化就必须实现政党、政府和社会组织的有效转型，形成服务型政党、服务型政府和服务型社会组织的“三维”联动。

（作者为华东政法大学政治学与公共管理学院副教授）

论党的领导、人民当家作主、依法治国的“有机统一”关系

袁　峰

自中共“十六大”以来，坚持党的领导、人民当家作主、依法治国有机统一，作为一种正式表述，就一直出现在历次中国共产党全国代表大会的政治报告之中，对指导我国民主政治建设和政治体制改革具有决定性意义。随着我国社会主义民主法治建设的推进，党的领导、人民当家作主、依法治国，作为我国民主政治的三项基本要素，得到了坚持和完善，三者“有机统一”的程度与水平得到了提升。当前，为了加深对改革开放以来我国政治发展进程的理解，进一步明确中国政治的发展走向，坚定继续走中国特色社会主义政治发展道路的信心，有必要从历史形成、价值取向及当前进展等方面深入剖析三者“有机统一”关系。

一、三者“有机统一”关系形成的历史背景

“文化大革命”的惨痛教训，使中国社会各界对民主与法制（法治）发出了强烈呼唤。改革开放以来，中国共产党积极回应民众的政治诉求，并将民主与法制（法治）作为社会主义现代化建设的重要目标。早在1978年邓小平就提出，解放思想是当前的一个重大政治问题，民主是解放思想的重要条件。他强调，“当前这个时期，特别需要强调民主。因为在过去一个相当长的时间内，民主集中制没有真正实行，离开民主讲集中，民主太少。”①同时，他将民主巩固与法制建设联系起来，主张“为了保障人民民主，必须加强法制。必须使民主制度化、法律化，使这种制度和法律不因领导人的改变而改变，不因领导人的看法和注意力的改

---

① 《邓小平文选》第2卷，人民出版社1994年版，第144页。

变而改变”①。1980年8月邓小平在中央政治局扩大会议上讨论党和国家领导制度改革时提出,发展社会主义民主是社会主义现代化建设的重要目标。他认为,“我们进行社会主义现代化建设,是要在经济上赶上发达的资本主义国家,在政治上创造比资本主义国家的民主更高更切实的民主,……。”②1980年12月邓小平在中央工作会议上再次强调,“要继续发展社会主义民主,健全社会主义法制。这是三中全会以来中央坚定不移的基本方针,今后也绝不允许有任何动摇。”③在科学总结我国社会主义民主和法制建设经验教训的基础上,同时也是为了适应发展社会主义市场经济的客观需要,1997年中国共产党在十五大报告中,将建设社会主义法治国家确定为社会主义现代化的重要目标。中共十五大报告中指出,“我国经济体制改革的深入和社会主义现代化建设跨越世纪的发展,要求我们在坚持四项基本原则的前提下,继续推进政治体制改革,进一步扩大社会主义民主,健全社会主义法制,依法治国,建设社会主义法治国家”。将“法制”与“法治”并提,表明中国共产党不仅要加强法律制度建设,而且要从治国方式上根本抛弃“人治”传统。1999年九届全国人大二次会议通过《宪法修正案》,在宪法总纲第五条中增加一款规定,即“中华人民共和国实行依法治国,建设社会主义法治国家”。2001年江泽民首次明确提出“政治文明”概念,并强调法治属于政治建设、属于政治文明。中国共产党在十六大、十七大确立的全面建设小康社会目标基础上,根据我国经济社会发展实际,在十八大报告中就经济、政治、文化、社会、生态等方面提出了新的要求,其中将全面建成小康社会的政治目标明确为:“民主制度更加完善,民主形式更加丰富,人民积极性、主动性、创造性进一步发挥。依法治国基本方略全面落实,法治政府基本建成,司法公信力不断提高,人权得到切实尊重和保障”。中国共产党不仅在民主法治领域上有明确的建设目标,同时也清醒认识到当前民主法治建设中存在的一些不足。2014年习近平在庆祝全国人民代表大会成立60周年大会上的讲话中指出:“我们一直认为,我们的民主法治建设同扩大人民民主和经济社会发展的要求还不完全适

① 《邓小平文选》第2卷,人民出版社1994年版,第146页。
② 《邓小平文选》第2卷,人民出版社1994年版,第322页。
③ 《邓小平文选》第2卷,人民出版社1994年版,第359页。

应,社会主义民主政治的体制、机制、程序、规范以及具体运行上还存在不完善的地方,在保障人民民主权利、发挥人民创造精神方面也还存在一些不足,必须继续加以完善。”①

为什么中国共产党在发展社会主义民主,健全社会主义法制,建设社会主义法治国家的进程中,要求坚持党的领导,并强调三者之间“有机统一”的关系？这需要结合特定的历史背景来加以理解。

改革开放过程中,在我国大力推进民主政治建设的同时,西方敌对势力企图利用“民主”牌来“西化”、“分化”中国,让我国实行西方式民主。1997 年 9 月至 2001 年 4 月间,江泽民针对这一政治图谋反复多次强调党在政治体制改革中的领导作用以及党的领导与民主法治建设的关系。他指出,“西方一些人对我们在农村进行村民委员会直接选举很感兴趣,有的评价拔得很高。这里面,有的人可能确实认为这样做好,但也有不少人是有政治目的的。他们实际上就是想要我们按照西方的那一套办。……扩大社会主义民主要坚定不移,但必须有计划有步骤,必须看是否有利于加强和改善党的领导、有利于坚持和巩固社会主义制度、有利于保持社会安定团结的局面。”②“推动社会主义民主政治建设,必须处理好党的领导、发扬民主、依法办事的关系。……政治体制改革,必须在党的领导下,有步骤有秩序地进行。以为发扬民主、强调法制就不需要党的领导,这是错误的。”③随着我国民主政治建设在理论与实践层面探索的深入,丰富了我党对建设社会主义民主政治建设规律性的认识。2002 年 5 月江泽民进一步将三者之间的关系表述为:“党的领导、人民当家作主和依法治国的统一性,是社会主义民主政治的重要优势。发展社会主义民主政治,最根本的是要坚持党的领导、人民当家作主和依法治国的有机结合和辩证统一。”④

在“政治文明”概念提出后,有些人错误地认为,只有西方议会制、多党制等才是人类政治文明的成果,认为我们应该全盘照搬西方政治制度模式。2003 年

① 习近平:《在庆祝全国人民代表大会成立 60 周年大会上的讲话》,人民出版社 2014 年版,第 20 页。

② 《江泽民文选》第 3 卷,人民出版社 2006 年版,第 235 页。

③ 江泽民:《论党的建设》,中央文献出版社 2001 年版,第 293 页。

④ 《十五大以来重要文献选编》(下),人民出版社 2003 年版,第 2416 页。

2月胡锦涛在十六届二中全会讲话中指出，“推进政治文明建设，最根本的是要坚持党的领导、人民当家作主和依法治国的有机统一。这是我们推进政治文明建设必须遵循的基本方针，也是我国社会主义政治文明区别于资本主义政治文明的本质特征。”①

在我党提出“依法治国”、“依宪治国”、“依法执政”、“依宪执政”等概念之后，有人借题发挥，用西方“宪政”理念来解读这些概念，其混淆概念的实质是妄图取消中国共产党在中国的领导地位。习近平在关于《中共中央关于全面推进依法治国若干重大问题的决定》的说明中明确指出：“把坚持党的领导、人民当家作主、依法治国有机统一起来是我国社会主义法治建设的一条基本经验。我国宪法以根本法的形式反映了党带领人民进行革命、建设、改革取得的成果，确立了在历史和人民选择中形成的中国共产党的领导地位。对这一点，要理直气壮讲、大张旗鼓讲。要向干部群众讲清楚我国社会主义法治的本质特征，做到正本清源、以正视听。”②《中共中央关于全面推进依法治国若干重大问题的决定》中也明确指出：“汲取中华法律文化精华，借鉴国外法治有益经验，但决不照搬外国法治理念和模式。”③

二、有关三者“有机统一”关系话语中的价值取向

自中共“十六大”以来，中国共产党在发展社会主义民主政治、推进政治体制改革、建设社会主义政治文明、开拓和坚持中国特色社会主义政治发展道路以及中国特色社会主义法治发展道路过程中，都强调要坚持党的领导、人民当家作主、依法治国有机统一。这句话究竟蕴含着怎样的价值取向？笔者认为，理解“有机统一”这一概念是解答这一问题的关键。根据《辞海》第六版对“有机”一词的第二种解释，它是指事物构成的各部分互相关联协调，而具有不可分的统一

---

① 《十六大以来重要文献选编》(上)，中央文献出版社2005年版，第146页。

② 习近平：《关于〈中共中央关于全面推进依法治国若干重大问题的决定〉的说明》，载《中共中央关于全面推进依法治国若干重大问题的决定》，人民出版社2014年版，第49—50页。

③ 《中共中央关于全面推进依法治国若干重大问题的决定》，人民出版社2014年版，第7—8页。

性，就像一个生物体那样的。①同样根据《辞海》第六版对“统一”一词的第二种解解，是归于一致的意思。②因此，我们可以循着“有机统一”概念的内涵，结合改革开放以来中国共产党对三者关系的一系列具体的正式表述，去探寻相关话语中蕴含的价值取向。

（一）肯定性的价值取向。“有机统一”概念的第一个要点，是肯定事物的各个构成部分的作用与价值，因为它们是形成统一体不可或缺的组成部分。党的领导，在我国专指中国共产党的领导与执政。从价值取向的视角来分析，代表着我国政治生活中需要有使人信服的力量与威望，即权威。权威是指人类社会实践过程中形成的具有威望和支配作用的力量。王岐山曾经指出：“绵延5 000年的中华民族传统文化，决定了我们的国家和民族发展必须有一个主轴；中华民族要走向繁荣、富强和文明，必须有一个坚强的领导核心，这个领导核心无可替代，就是执政的中国共产党。”③当前我国的政治生活，既反对否定一切权威的无政府主义，也反对把权威绝对化、个人化，搞个人崇拜。人民当家作主，是强调人民民主的价值取向。它与专制的政治制度对立，是统治阶级中多数人享有管理国家的权力的政治制度。在社会主义国家中，社会主义民主是为绝大多数人所享有的民主。依法治国，代表着按照法律治国的政治价值取向，与“人治”相对。它要求执政主体崇尚法律并对法律负责，把自身的权力自觉限制在法律的范围内。在我国，法治的原则是：有法可依、有法必依、执法必严、违法必究。“党的领导”强调权威，“人民当家作主”强调民主，“依法治国”强调法治。“党的领导、人民当家作主、依法治国有机统一”的政策表述，要求中国政治重视其中每一种政治价值，三者均为中国政治生活所必需，缺一不可。1998年7月江泽民指出了“党的领导”、“发扬民主”、“依法办事”三者在推进社会主义民主政治建设中的作用与价值。他认为，“党的领导是关键，发扬民主是基础，依法办事是保证，绝不能把三者割裂开来、对立起来。”④当前党的领导、人民当家作主、依法治国在推进

① 夏征农、陈至立主编：《辞海》（缩印本），上海辞书出版社2010年版，第2305页。

② 夏征农、陈至立主编：《辞海》（缩印本），上海辞书出版社2010年版，第1893页。

③ 王岐山：《坚持党的领导　依规管党治党　为全面推进依法治国提供根本保证》，《人民日报》2014年11月3日。

④ 江泽民：《论党的建设》，中央文献出版社2001年版，第293页。

我国政治发展中仍然具有重要的作用与价值。中共十八大报告指出:“要更加注重改进党的领导方式和执政方式,保证党领导人民有效治理国家;更加注重健全民主制度、丰富民主形式,保证人民依法实行民主选举、民主决策、民主管理、民主监督;更加注重发挥法治在国家治理和社会管理中的重要作用,维护国家法制统一、尊严、权威,保证人民依法享有广泛权利和自由。”①

(二)关联性的价值取向。“有机统一”概念的第二个要点,是强调事物的各个构成部分之间是相互关联的,即其中任何一个部分的变化发展,必然会与其他部分相联系,并且互为条件,产生出相互制约或相互促进的作用。改革开放以来,中国共产党在积极致力于推进社会主义民主与法治的过程中,一直强调三者之间的关联性。1979 年 3 月,邓小平提出了“没有民主就没有社会主义,就没有社会主义的现代化”命题之后,1980 年 12 月,他就强调,“社会主义民主和社会主义法制是不可分的。不要社会主义法制的民主,不要党的领导的民主,不要纪律和秩序的民主,决不是社会主义民主”②。1996 年 2 月,江泽民在中央举办的第三次法制讲座之后的总结发言中,首次全面阐述依法治国问题,指出了依法治国对实现人民当家作主的作用,即“实行和坚持依法治国,……就是广大人民群众在党的领导下,依照宪法和法律的规定,通过各种途径和形式,管理国家事务,管理经济和文化事业,管理社会事务;就是逐步实现社会主义民主的制度化、法律化。”③1997 年 9 月,在中共十五大报告中,不仅再一次强调了上述观点,而且进一步指出了依法治国对实现党的领导的积极作用,即“依法治国把坚持党的领导、发扬人民民主和严格依法办事统一起来,从制度和法律上保证党的基本路线和基本方针的贯彻实施,保证党始终发挥总揽全局、协调各方的领导核心作用。”依法治国不仅对实现人民当家作主、发挥党的领导作用具有推动作用,而且人民当家作主、党的领导对于全面推进依法治国同样具有重要意义。《中共中央关于全面推进依法治国若干重大问题的决定》中指出,“人民是依法治国的主体和力量源泉”;“党的领导是中国特色社会主义最本质的特征,是社会主义法治最根本的保证。把党的领导贯彻到依法治国全过程和各方面,是我国社会主义法治建

① 胡锦涛:《在中国共产党第十八次全国代表大会上的报告》,人民出版社 2012 年版,第 25 页。

② 《邓小平文选》第 2 卷,人民出版社 1994 年版,第 359 页。

③ 《江泽民文选》第 1 卷,人民出版社 2006 年版,第 511 页。

设的一条基本经验。”①

（三）协调性的价值取向。“有机统一”概念的第三个要点，是强调作为一个有机统一的整体，各个组成部分之间不仅要有关联性，而且要有协调性。因此，作为具有协调性的统一整体，不仅三者之中的任何一项不能过分突出自身，而且要提高三者相互间结合的程度。通过分析中国共产党的正式文件以及领导人的讲话中有关三者“有机统一”关系的表述，可以发现其中蕴含着协调性的价值取向，并可以归纳出如下的一些观点：1.不能因为要强调党的领导，就排斥民主与法治，而是要提高党的领导的民主化、法治化水平。因为中国共产党不仅在党章中要求党必须在宪法和法律的范围内活动，而且提出要提高自身科学执政、民主执政、依法执政的水平，保证领导人民有效治理国家。2.不能因为要发展民主，就忽视党的领导与法治，而要使民主的发展具有正确的方向，并且与多种具体的社会条件相适应、相协调。江泽民曾经指出：“民主是相对的、具体的，不是绝对的、抽象的。发展民主，必须与一定社会的具体条件结合起来。”②邓小平认为：中国人民今天所需要的民主，只能是社会主义民主或称人民民主，而不是资产阶级的个人主义的民主。③社会主义民主在实行过程中要坚持民主与专政、民主与法制、民主与纪律、民主与集中、权利与义务的统一。如果只讲民主而不讲专政、法制、纪律和集中，就不是真正的社会主义民主，而是对民主的滥用和破坏，就会导致“文化大革命”那样的无政府状态，就会使我们国家和民族再次陷入经济崩溃和政治动乱的灾难之中。④3.不能因为要推进法治，就不要党的领导与人民民主，而是要以此作为推进法治的原则及目标。1998 年 2 月江泽民在十五届二中全会上就曾经指出：“依法治国，要贯彻两个原则：一是必须坚持党的领导和社会主义方向，二是必须保证广大人民群众充分行使民主权利。”⑤《中共中央关于全面推进依法治国若干重大问题的决定》中也清楚地表达了同样的主张，即“坚持党的领导，是社会主义法治的根本要求，……，是全面推进依法治国的题中应有之义”，

---

① 《中共中央关于全面推进依法治国若干重大问题的决定》，人民出版社 2014 年版，第 5、6 页。

② 《江泽民文选》第 3 卷，人民出版社 2006 年版，第 236 页。

③ 《邓小平文选》第 2 卷，人民出版社 1994 年版，第 175 页。

④ 李铁映：《论民主》，中国人民大学出版社 2007 年版，第 134 页。

⑤ 《江泽民论有中国特色社会主义（专题摘编）》，中央文献出版社 2002 年版，第 328 页。

“把党领导人民制定和实施宪法法律同党坚持在宪法法律范围内活动统一起来”；“必须坚持法治建设为了人民、依靠人民、造福人民、保护人民，以保障人民根本权益为出发点和落脚点，保证人民依法享有广泛的权利和自由、承担应尽的义务，维护社会公平正义，促进共同富裕。”①

三、当前推进三者“有机统一”关系的政策思路

要坚持党的领导、人民当家作主、依法治国有机统一，不仅需要从一系列具体的政策话语中明确其中蕴含的价值取向，而且更为重要的是要明确当前推进三者“有机统一”的政策实施思路。要做到三者“有机统一”，即三者成为一个统一整体，首先是要三者中的任意二者能够做到有机统一，成为一个统一体。三者“有机统一”，共涉及三对二者“有机统一”的关系，即第一对是党的领导与人民当家作主有机统一的关系；第二对是党的领导与依法治国有机统一的关系；第三对是人民当家作主与依法治国有机统一的关系。这里二者“有机统一”的观点，并不具有折中主义的成分，而是合乎“两点论”、“重点论”的观点。“两点论”是指在认识某一矛盾时，既要看到矛盾的主要方面，又要看到矛盾的次要方面。与“两点论”相统一的“重点论”是指在认识某一矛盾时，矛盾的主要方面是重点。毛泽东在《矛盾论》中曾经指出：“一个质有两方面，但在一个过程中的质有一方面是主要的，是相对安定的，必须要有所偏，必须偏于这方面，所谓一定的质，或一个质，就是指的这方面，这就是质，否则否定了质。所以墨子说‘无偏’是不要向左与右的异质偏，不是不要向一个质的两方面之一方面偏（其实这不是偏，恰是正），如果墨家是唯物辩证论的话，便应作如此解。”②从“两点论”及“重点论”的要求出发，在探讨上述任何一对关系时，应当要明确二者中何者为重点。例如，在探讨党的领导与人民当家作主的关系时，应当要明确如果以党的领导为矛盾的主要方面，即所谓“重点”时，二者是一种怎样的关系；或者如果以人民当家作主为矛盾的主要方面，即所谓“重点”时，二者又是一种怎样的关系。因此，考

---

① 《中共中央关于全面推进依法治国若干重大问题的决定》，人民出版社2014年版，第5、6页。
② 《毛泽东文集》第2卷，人民出版社1993年版，第158页。

虑到二者"有机统一"中矛盾主要方面转换的情况，上述三对关系中一共存在六种情形：第一对是党的领导与人民当家作主之间的关系，其中包括两种情形，一是在党的领导的前提下，如何实现人民当家作主？下图所示①；二是在人民当家作主的前提下，如何实现党的领导？下图所示②。第二对是党的领导与依法治国之间的关系，其中包括两种情形，一是在依法治国前提下，如何实现党的领导？下图所示③；二是在党的领导的前提下，如何实现依法治国？下图所示④。第三对是人民当家作主与依法治国之间的关系，其中包括两种情形，一是在人民当家作主的前提下，如何实现依法治国？下图所示⑤；二是在依法治国前提下，如何实现人民当家作主？下图所示⑥。

党的领导、人民当家作主、依法治国有机统一关系示意图

党的领导	人民当家作主	依法治国
"党的领导" 强调"权威"	"人民当家作主" 强调"民主"	"依法治国" 强调"法治"
① 党的领导 + 人民当家作主 = "党领导人民有效治理国家"	② 人民当家作主 + 党的领导 = "民主执政"	③ 依法治国 + 党的领导 = "依法执政"
④ 党的领导 + 依法治国 = "党领导立法、保证执法、带头守法"	⑤ 人民当家作主 + 依法治国 = "人民是依法治国的主体和力量源泉"	⑥ 依法治国 + 人民当家作主 = "保证人民依法享有广泛权利和自由"

第①种情形是要在党的领导的前提下实现人民当家作主。在政策话语中的表述，可归结为"党领导人民有效治理国家"①。习近平在谈到人民代表大会制度在治理国家的作用时指出：中国共产党通过人民代表大会制度，保证党的路线方针政策和决策部署在国家工作中得到全面贯彻和有效执行；通过人民代表大会制度，弘扬社会主义法治精神，依照人民代表大会及其常委会制定的法律法规

① 胡锦涛：《在中国共产党第十八次全国代表大会上的报告》，人民出版社 2012 年版，第 25 页。

来展开和推进国家各项事业和各项工作。①

第②种情形是要在人民当家作主的前提下实现党的领导。在政策话语中的表述,可归结为“民主执政”②。习近平在谈到人民当家作主如何体现到党的执政活动时指出:中国共产党的一切执政活动,中华人民共和国的一切治理活动,都要尊重人民主体地位;人民当家作主必须具体地、现实地体现到中国共产党执政和国家治理上来,具体地、现实地体现到中国共产党和国家机关各个方面、各个层级的工作上来,具体地、现实地体现到人民对自身利益的实现和发展上来;实行人民民主,保证人民当家作主,要求我们在治国理政时在人民内部各方面进行广泛商量;找到全社会意愿和要求的最大公约数,是人民民主的真谛。③

第③种情形是要在依法治国的前提下实现党的领导。在政策话语中的表述,可归结为“依法执政”④。宪法是保证党和国家兴旺发达、长治久安的根本法,具有最高权威。中共十八届四中全会就健全宪法实施和监督制度在《中共中央关于全面推进依法治国若干重大问题的决定》中指出:坚持依法治国首先要坚持依宪治国,坚持依法执政首先要坚持依宪执政。全国各族人民、一切国家机关和武装力量、各政党和各社会团体、各企业事业组织,都必须以宪法为根本的活动准则,并且负有维护宪法尊严、保证宪法实施的职责。一切违反宪法的行为都必须予以追究和纠正。完善全国人大及其常委会宪法监督制度,健全宪法解释程序机制。建立宪法宣誓制度,凡经人大及其常委会选举或者决定任命的国家工作人员正式就职时公开向宪法宣誓。⑤

第④种情形是要在党的领导的前提下实现依法治国。在政策话语中的表述,可归结为“党领导立法、保证执法、带头守法”⑥。《中共中央关于全面推进

① 习近平:《在庆祝全国人民代表大会成立60周年大会上的讲话》,人民出版社2014年版,第6、8页。

②④ 胡锦涛:《在中国共产党第十七次全国代表大会上的报告》,人民出版社2007年版,第28页。

③ 习近平:《在庆祝中国人民政治协商会议成立65周年大会上的讲话》,人民出版社2014年版,第13、18页。

⑤ 《中共中央关于全面推进依法治国若干重大问题的决定》,人民出版社2014年版,第9页。

⑥ 习近平:《关于〈中共中央关于全面推进依法治国若干重大问题的决定〉的说明》,载《中共中央关于全面推进依法治国若干重大问题的决定》,人民出版社2014年版,第43页。

依法治国若干重大问题的决定》(以下简称《决定》)中明确指出:“党的领导是全面推进依法治国、加快建设社会主义法治国家最根本的保证。必须加强和改进党对法治工作的领导,把党的领导贯彻到全面推进依法治国全过程。”①习近平在关于《决定》的说明中就如何把党的领导贯彻到全面依法治国全过程进行了具体阐述,即“党领导人民制定宪法和法律,党领导人民执行宪法和法律,党自身必须在宪法和法律范围内活动,真正做到党领导立法、保证执法、带头守法。”②

第⑤种情形是要在人民当家作主的前提下实现依法治国。在政策话语中的表述,可归结为“人民是依法治国的主体和力量源泉”③。民主立法是全面推进依法治国过程中体现人民当家作主的重要方面,是使每一项立法都反映人民意志、得到人民拥护的重要保证。《中共中央关于全面推进依法治国若干重大问题的决定》(以下简称《决定》)中提出了一系列深入推进民主立法的制度安排:依法建立健全专门委员会、工作委员会立法专家顾问制度;完善公众参与政府立法机制;健全向下级人大征询立法意见机制;建立基层立法联系点制度;健全法律法规规章起草征求人大代表意见制度;完善立法项目征集和论证制度;探索委托第三方起草法律法规草案;探索建立有关国家机关、社会团体、专家学者等对立法中涉及的重大利益调整论证咨询机制;拓宽公民有序参与立法途径,健全法律法规规章草案公开征求意见和公众意见采纳情况反馈机制等。《决定》还对人民群众有序参与司法作出了制度安排:以司法调解、司法听证、涉诉信访等司法活动保障人民群众参与;完善人民陪审员制度,保障公民陪审权利,扩大参审范围;完善人民监督员制度,重点监督检察机关查办职务犯罪的立案、羁押、扣押冻结财物、起诉等环节的执法活动。

第⑥种情形是要在依法治国的前提下实现人民当家作主。在政策话语中的表述,可归结为“保证人民依法享有广泛权利和自由”④。法治建设是以保障人民根本权益为出发点和落脚点的。《中共中央关于全面推进依法治国若干重大

① 《中共中央关于全面推进依法治国若干重大问题的决定》,人民出版社 2014 年版,第 33 页。

② 习近平:《关于〈中共中央关于全面推进依法治国若干重大问题的决定〉的说明》,载《中共中央关于全面推进依法治国若干重大问题的决定》,人民出版社 2014 年版,第 43 页。

③④ 《中共中央关于全面推进依法治国若干重大问题的决定》,人民出版社 2014 年版,第 6 页。

问题的决定》中提出:加快完善体现权利公平、机会公平、规则公平的法律制度;实现公民权利保障法治化;要强化法律在维护群众权益、化解社会矛盾中的权威地位;构建对维护群众利益具有重大作用的制度体系;把信访纳入法治化轨道,保障合理合法诉求依照法律规定和程序就能得到合理合法的结果。

(作者为中共上海市委党校教授)

法治建设与公民品格

——基于现代国家治理的视域

叶方兴　高国希

在以制度为基本特征的现代社会,人们对法律的认识容易流于形式主义,将法治简单化理解为法律制度建设,忽视其内在的主体向度。作为系统性的社会事实,法治离不开多重要素(权力、制度、教育、环境、组织、文化等)的支持与配合。其中,人的因素在法治建设中起着尤其突出的作用。尽管法治(rule of law)侧重于法律制度体系的动态运行,突出法律在国家与社会治理中的主导地位,但法律制度的制定、运行、监测和评价等无不承载着人们的价值期待,依赖人们的理性判断,体现服务社会大众的终极目的。在现代社会,法治的构成、运行和最终落实更是离不开公民的积极参与,法治建设成为法律制度与现代公民相互作用、相互塑造的动态过程。培育公民品格,塑造现代公民能够为法治建设提供坚实的主体支撑。因而,从理论上揭示法治建设的主体向度,发挥法律制度建设与公民品格培育的协同、互动,不仅能够更为完整地把握法治内涵,提升法治的实践效果,也有助于系统推进国家治理现代化。

一、 制度建设与人的建设:现代国家治理的双轮驱动

社会语境的差异决定了国家治理模式的不同。传统社会是建立在宗法血缘之上的"熟人社会",社会成员之间的相互交往依赖道德规范的调整。家国同构的社会结构与伦理型文化塑造了道德治理在国家治理方式中的主导地位。传统社会比较注重社会成员个体的道德品质,通过个体由内向外、内圣外王、由家及国式的推延成就有效的国家治理。"修身、齐家、治国、平天下"既是一个人不断地由个体自我走向社会自我的过程,也是个体的道德生命与政治生命一步步拓展的过程。一个恪守道德规范,道德品质高尚的人自然能够在社会生活和政治

生活中身先士卒、积极表率,依靠自身优良的道德品质管理整个国家。

然而,伴随着社会语境的转变,传统国家治理背后的社会支撑系统发生变化,道德作为国家治理主导范式也随之发生改变。与道德治理所依赖的熟人社会、宗法血缘、小农生产方式等社会条件不同,现代社会建立在商品经济、陌生人社会、主体平等的社会基础上。在社会系统中,活跃的市场经济将个体从传统社会的束缚中解放出来,并塑造了个人的主体性地位。黑格尔曾将主体性视为现代世界的根本原则,认为"近代哲学的出发点,是古代哲学最后所达到的那个原则,即现实自我意识的立场;总之,它是以呈现在自己面前的精神为原则的。中世纪的观点认为思想中的东西与实存的宇宙有差异,近代哲学则把这个差异发展成对立作为自己的任务。"①主体性原则表现为社会成员对与生俱来的自然权利的自我主张,并通过政治社会制度设计中加以合法地实现。启蒙时期的霍布斯、洛克、孟德斯鸠等人纷纷从自然权利的视角论证个体权利的正当性,自然权利成为了现代社会大厦赖以构建的稳定基石。可以说,现代国家治理以尊重个体的主体性为前提,并将个体所追奉的自然权利(自由、平等、人权、财产等)以制度设计的方式体现并加以保护。

一旦个体从社会结构的依附中释放出来,社会链接不再建立在传统社会团结依赖的宗法血缘之上。英国法学家梅因在《古代法》将全部的社会运动归结为"从身份到契约的运动"②。所谓的契约很大程度上指的是现代社会的制度化。制度是人与人之间相互达成的用以调节物质、资源、利益分配的规范体系。制度建立在人与人之间的不可信基础上,是在对人性不信任情况下达成的最优化的社会调节方式,契合现代社会陌生人化的特点。在现代社会,以制度为中介是实现个体之间社会连接的重要方式。当现代社会割断传统社会的宗法血缘纽带,挣脱伦理的情感羁绊之后,制度无疑将会是社会交往与国家治理最便捷、最经济和最有效的方式。

这样,与传统社会突出"人"的因素不同,制度化是现代国家治理的基本方式,民主化的政治制度、内蕴契约精神的经济制度、理性化的管理制度、体现个体

---

① [德]黑格尔:《哲学史讲演录》(第四卷),贺麟、王太庆译,商务印书馆1995年版,第5页。

② [英]梅因:《古代法》,沈景一译,商务印书馆2011年版,第23页。

多元价值的文化制度等都是现代社会制度化的体现。这源于现代国家治理立足如下的社会事实:一是主体的平等、个体化。如前所言,主体性是现代社会的基本特征,保护个体基本权利成为社会制度设计、民主法治建设基本的价值取向。二是现代社会的公共化。公共性是现代社会的突出特征,社会领域分化出独立的公共领域,我们与陌生的“他者”之间的交往,社会成员之间的相互合作,以及公共性社会问题的解决都离不开制度的有效规约。“公共领域因为有了制度规则,从而极大地提高了人类共同体生活(活动)的空间和质量。自由、平等、自愿的合作体系之所以可能,是因为有各种有形无形的‘制度’保障,制度需要公民的品德支撑。”①三是社会的理性化。理性化是现代社会的精神气质——现代性——的重要内涵。韦伯将“理性化和理智化”②视为现代社会的基本特征,整个社会以条理化、程式化、科层制的方式有效组织、管理起来,社会事务甚至社会成员在科层制管理系统中被“编码”为可以便捷统计和安排的符号,以便能够井然有序地统筹现代社会。四是社会的复杂性与风险性。现代性发展到晚期阶段或后工业社会,其复杂性、风险性、碎片化的特征日趋明显。此时,制度所具有的稳定性、普遍性、公共性的品质能够有效地加以应对和处理。

在制度建设过程中,最为重要的也是最具权威的自然要数法律制度。制度具有稳定性、公共性等特征,能够对社会公共事务进行有效地统筹、安排,实现国家治理所要追求的秩序、效率等基本价值。与其他社会制度相比,法律制度因其自身具有的强制性成为国家治理各项社会事务的保障力量。一切在宪法和法律制度的框架下活动成为现代国家治理的基本信条。崇尚法治、追求法治、践行法治也成为现代文明的突出特征。这么说,并非意味着现代社会是一个只讲究制度(法律)而不注重人(公民)的社会。只是说,相比较传统社会人治的特征,现代社会首先会突出法律制度在国家治理中的作用。

从制度与人的关系来看,一切制度总是要还原为人的因素。人启动了制度,运用了制度,赋予制度以生命。制度是原则、规范、体系的总和,但僵死的制度最终需要借助人的力量。制度与人总是需要处于相互适应的状态:现代制度需要

---

① 高国希:《现代性与公民品德》,《上海财经大学学报》2013 年第 3 期。

② [德]马克斯·韦伯:《学术与政治》,冯克利译,三联书店 2010 年版,第 48 页。

现代人来操控,制度的活力依赖于有公民品格的现代公民。“对于充满复杂性以及不确定性的现代社会,制度因其普遍性,抽象性难以考量具体复杂的社会情境。公民品格是公共生活依赖的品质,能够在复杂的政治,公共生活中对社会成员进行理智的公共理性引导。”①现代制度的动力、活力都依赖于现代公民,及其具备的积极合作、自律、契约意识的公民品格。可见,对现代制度建设来说,塑造现代公民品格将会制度建设提供坚实的主体支撑。

事实上,即便那些注重法律制度或制度建设的思想家们,也十分注重人(公民)的塑造。自由主义者密尔甚至把塑造公民品格看做是政府的责任。“好政府的第一要素既然是组成社会的人们的美德和智慧。所以任何政府形式所能具有的最重要的优点就是促进人民本身的美德和智慧。对任何政治制度来说,首要问题就是在任何程度上它们有助于培养社会成员的各种可想望的品质”②英格尔斯人的现代化理论认为,如果仅仅是改变了制度、管理和技术,而没有改变人也是不得要领的。“如果一个国家的人民缺乏一种能赋予这些制度以真实生命力的广泛的心理基础,如果执行和运用着这些现代制度的人,自身还没有从心理、思想、态度和行为方式上都经历一个向现代化的转变,失败和畸形发展的悲剧是不可避免的。”“一言以蔽之,那些先进的现代制度要获得成功,取得预期的效果,必须依赖运用它们的人的现代人格、现代品质。”③法治建设是现代国家治理的基本方式。一切社会活动都被纳入宪法和法律的框架之下,制度建设显得尤为重要。但塑造好公民同样也是政府的责任,成为现代国家治理不可或缺的环节。

总之,即使是在高度重视规则之治的现代社会,人的建设问题、现代公民的塑造也依旧不容小觑。在现代国家治理中,制度建设与人的建设不可厚此薄彼,既要认识到制度是契合现代社会和国家治理的方式,发挥制度在现代社会中的价值,也要认识到制度与人的关系,现代公民塑造对于制度运行、法治建设乃至现代国家治理的重要意义。

---

① 叶方兴:《现代社会与公民品格》,《西南大学学报(社会科学版)》2014年第6期。

② [英]密尔:《代议制政府》,汪瑄译,商务印书馆2010年版,第26页。

③ [英]阿历克斯·英格尔斯:《人的现代化》,殷陆君译,四川人民出版社1985年版,第4页。

二、公民品格:法治建设的主体向度

人们对法治的讨论往往从亚里士多德的法治概念开始。“法治应包含两重意义:已成立的法律获得普遍的服从,而大家所服从的法律又应该本身是制订得良好的法律。”①亚氏的法治概念包括了两个元素:一是良法,二是良法获得普遍遵守。前者是对法律构成的要求,即法律本身应当包含价值要素,满足人性和社会发展的需要;后者是法律运行的条件,它需要法律在具体运行的过程中能够获得普遍执行。前者本质上是法治的正当性,是属于法的自我确证范畴,涉及法的价值问题;而后者涉及法治的具体落实问题。

无论是良法的构成,还是法治的具体落实,无不体现法治的主体维度。良法是包含了道德价值的法律规范,必然体现了公民所要追求的道德价值。对良法可以从形式与实质两个方面理解:形式上的良法应该是良法的制订反映了立法应该具备的程序性价值;而实质性的良法则应当包含了人类社会发展所要追求的道德价值。就良好的普遍遵守来说,它本质上是一个如何让公民接受法律的问题。法治要求公民接受良法,而要真正地接受良法必然要求公民将法治的基本要求、精神、价值内化于自身。只有当公民形成稳定的内在品质,并凝固成为公民稳定的品格时,公民才能真正自觉地接受、认同并信仰法治。法治要求人们普遍遵守法律,其实质就是让法治价值内化于心,让每个人自觉把法律作为值得奉行的价值,当成自己的信仰。这种自觉的意识需要公民把法治作为构成自己的生活方式。在社会生活和社会交往中要求公民必须具备契约意识、主体意识、自律意识等。

这样,公民作为法治建设的构成性要件,是理解法治不可或缺的主体维度。法治建设不仅仅是制度建设,更是一种公民尊重、运用、信仰法律的精神品质。法治的深层意蕴是由具有法治意识、法治精神乃至公民品格的现代公民将法律真正地运用、贯彻、落实起来。这样,法治必然对制定、执行法律的现代公民提出要求,需要现代公民具备自主性、理性化、契约化、自律性的公民品格。如果将法

① [古希腊]亚里士多德:《政治学》,吴寿彭译,商务印书馆2013年版,第202页。

律制度比作舟,拥有公民品格的现代公民如同优秀的舵手,在立法、司法和执法的过程中做出审慎、合理的判断。从法治的构成要素来看,法治的核心要素包括制订良好的法律与法律的普遍、有效落实。而法律的最终普遍落实根本上是一个涉及公民如何具体运用法律的过程。只有当法治内在的精神品质内化成公民稳定的品格特质的时候,公民才能够真正彻底地将法律执行与运用下去。这样,对法治的完满理解就必然内蕴了公民——这一主体纬度,公民品格也由此成为法治建设的主体和心理依据。

公民品格是公民在长期政治、社会实践中形成的对共同体生活所需要的价值、原则、规范等内化而成的稳定的精神定势(dispostion)。公民品格是公民对现代法治精神进行内化的结果,承载着法治所传递的契约精神、主体意识、法权人格等,是法治人格化的表征。公民品格从根本上承载着政治、法律生活所奉行的基本价值。法治追求的秩序、安全、自由等基本价值,也是现代公民所必须具备的。从历史的维度看,公民品格是一定社会的法律文化累积与沉淀的反映。法治具有的深沉文化积淀会附着于社会成员个体身上,成为公民品格的重要组成部分。相应地,公民品格的实践过程也就是一个法律价值实践和法律历史文化传递的过程,这其中的每个公民所内蕴的法律素养、法律文化都是完整历史文化传统的法律叙事的一部分,承载着法律文化传统的继承与创新。

此外,公民品格还是法治建设的重要中介。法治建设的具体落实需要发挥公民品格的中介作用。法治建设最终要将法律原则、规范等落实到人们的具体行动之中。公民品格内蕴了现代法治精神的品质,包含了现代法治所要传递的原则、规范和价值。只有具有法律人格特征的现代公民才是符合现代法治需要的法律人。他们的行为会体现出法治所需要的规则意识、权利意识、平等意识等,他们的思维方式能够做到"像法律人一样思考和行动"(thinking and acting like a lawer)。公民将法律承载的价值、文化内涵和内在精神付诸实践,并将这种法治精神融入到社会生活的各个领域。法治是一项实践性的事业,法治建设是一个需要公民不断地法律实践的操练过程。而法治精神要寄寓在公民身上,并转化为人们的行动,公民品格便是最为有效的承载。

从根本上说,塑造现代公民品格是实现法治建设目标的必然要求。法治的最终目标是要让人们的具体行为方式和社会关系的调整都应当置于宪法和法律之下,按照法律的意志和要求行动。法治由此表现为"化制度为行动"的力量,它不仅需要公民有准确的法律认知,而且要求公民对法律抱有敬畏、崇敬、信仰,并期许公民将这种内在的精神力量落实为具体的行动。这样,法治的最终目标是要能够将法治意识、观念内化为心并最终落实到实践层面。一个社会的法治建设水平最终要看这个社会的人们是否在宪法与法律的框架下行动。公民品格是公民在实践中形成的获得性品质,是公民在政治、公共生活中的实践智慧。公民品格内蕴了公民参与法律生活所需要的内在价值,体现出按照法律意志的行动倾向,具有鲜明的实践性。因而,一旦法治内蕴的精神凝固成为公民的稳定品格,公民便会自觉地投入法律实践。

这样,现代法治自然体现现代公民的需要,表达现代公民必备的自主性、理性化、契约化、自律性等基本价值。公民品格是法治建设的稳定、可靠的载体,对现代法治的运行起到重要的中介作用。此外,法治建设的最终目的必然要求塑造公民品格,培育现代公民,守护法治应有的基本价值。因而,公民品格系统展示出法治应有的主体向度。

三、 公民品格与现代法治运行

作为现代国家的基本方式,现代社会的法治运行需要依赖公民品格的补足与保障。法治是一个具体、历史的社会范畴,现代社会是法治建设依凭的社会土壤。但在现代社会,理性化的社会特征容易使法治流向只注重法律制度建设的单项思维,由此出现的法治工具主义、万能主义都会降低法治的社会效果,致使法律难以应对复杂的现代社会。而公民品格能够有助于法治进入现代社会,实现法治与社会的协调发展,有效地应对现代法治建设常见的各种问题。具体包括:

(一) 防止法律万能主义

对法治的盲目推崇容易滋生法律万能主义,认为法律能够解决现代社会所有的社会事务,能够解决我们社会生活中出现的所有的纠纷、矛盾。法治万能主义是法治建设中一种常见的社会现象,特别是在人治向法治的社会转型、法治建设起步的初期,人们往往会摒弃人治的传统,高扬法律的社会价值。诚然,在法治社会,以法律渠道解决社会问题是现代公民必须具备的法律意识。但如果将一切社会问题的解决都依赖法律的手段,过分放大法律的功能,反而逐渐远离了法律、远离了社会生活。现代社会是一个功能日趋分化的社会,社会结构出现“领域分化”,社会关系充满多样性与多变性,因而,任何单一的社会治理方式都难以统摄多元化的现代社会。法律仅仅只是调节社会关系的手段之一,既体现出对国家治理的积极价值,也需要对其作用边界保持清醒的界限。法律无法处理的社会领域为公民品格开放出广阔的作用场域。面对充满公共性与流动性的社会生活,公民依凭自己的实践智慧,对情境性、随机性的社会境遇作出审慎的思考与审时度势的判断。这样,公民品格能够对法治运行起到有效的补充作用,矫正法律万能主义带来的现实危害。

(二)克服形式法治观的危害

形式法治观是对法治作出规则主义、形式主义的理解,将法治视为已经产生法律效力的原则、规范的具体运用。“形式法治并不寻求就法律的实际内容做合格性的判定。他们不关心在那个意义上法律是善法或是恶法,条件是他们符合于法治的形式规范。”①形式法治观建立在“法律是什么”与“法律应当是什么”的严格区分之上,是法律实证主义的表现之一。形式法治观把握现代社会的基本特征——个体主义与理性主义,但却也使得法治变成机械适用规则的活动。如同韦伯揭示的那样,“现代的法官是自动售货机,投进去的是诉状和诉讼费,吐出来的是判决和从法典上抄下来的理由。”②法律被认为是冷冰冰的、与人无关的机械规则的集合,丧失对人类生活终极意义的追求,呈现“非人格化”③特征。法律是一项需要公民根据内化的法治精神将法律原则具体应用到各种不同社会条件下的实践智慧。法治运行“要重视判断者的反思和自我调整能力,个人的经验,而非从预设的规定性出发。”④也就是说,法治运行还需要公民的心性、品质、精神等为之提供支持。法律作为实现人之终极目标的工具性价值以及法治作为

---

① [英]保罗·克雷格:《形式法治与实质法治的分析框架》,王东楠译,《行政法译丛》2011年第13卷,第647页。

② 转引自[美]科瑟著:《社会学思想名家》,石人译,中国社会科学出版社1990年版,第253页。

③ [美]哈罗德·伯尔曼:《法律与宗教》,梁治平译,中国政法大学出版社2010年版,第15页。

④ 郑永流:《法是一种实践智慧》,法律出版社2010年版,第137页。

现代人生活方式的本体价值在形式法治观的面前不复存在。公民品格能够保证立法者在立法的过程中将公民个体以及社会发展所追求核心价值融入到法律体系中。司法从业者在司法实践过程中能够凭借自己的良心、自觉、法律素养对法律运行中出现的疑难问题作出审慎、合理的判断。在执法的过程中,执法者能够根据公民应有的向善、利他品质,展现出法律应有的人文品质,体现法律对社会群体的关怀品格。

(三)避免法治建设的活力低下

从思想语境来看,当代西方社会在制度发育中之所以注重公民品格的作用,其重要原因在于制度运行中遭遇的"钝性"需要公民品格来提供活力。在法律制度的适用过程中,规则的机械重复已经让社会制度丧失了应有的活力,人们政治参与、立法参与的积极性不断在降低。而要在一个机械适用规则的共同体中,使得制度有活力地运转起来,就需要发挥道德、文化和精神力量对制度的守护价值。"如果我们的政治制度不再能够有效地运转——也许是由于过度的政治冷漠或者权力的滥用,公民就有义务去保护这些制度并使之不至于被摧毁。"①法治运行的活力低下会降低法律的适用性、司法过程的效率,最终影响到法治的实际效果。从本质上说,法治是人们社会交往的产物。具有公民品格的公民能够通过调动公民的情感,激发公民的参与热情,以"人"带动制度的方式增加法治的活力。因而,公民品格成为现代法治建设重要的"润滑剂"。充满自主意识、参与精神、契约意识、利他品质的公民能够投入政治生活和法律生活,缓解机械适用法律所致的"钝性"。这样,现代法治运行离不开具有现代公民品格的社会成员的积极投入。

(四)发挥法治运行中的衡平作用

在司法实践中,很多现实的社会纠纷是规则、法律制度所无法预测和统摄的,这就对司法从业者带来巨大的挑战。此时,为了实现法律所追求的正义,价值引导和权衡显得尤为重要。有公民品格的现代公民内化了法治精神,能够超越狭隘的个体自我,体现对他人、社会和国家的整体关照。一旦复杂的社会现实无法通过明确的制度加以解决的时候,就需要司法主体进行权衡。现代法治中

---

① [加]威尔·金里卡:《当代政治哲学》(下),刘莘译,上海三联书店2005年版,第542页。

的“法官造法”不仅是法律行为,也是一个道德行为,是以道德、良心、人性作为标尺加以考量和衡平的过程。在很多法官心目中,公民品格的地位甚至需要超出实在法。此外,民法中“公序良俗”原则之所以成为“帝王条款”就在于它是法律之外的“法”,是公民主体内心中的“确信”(belief)。无论是“法官造法”,还是司法实践中的“衡平法”,两者本身都是法律主体进行价值判断的结果。这个过程本身是一个根据现代社会复杂的社会实现,依凭法律主体的实践智慧所作出的审慎选择。当抽象的法律难以穷尽复杂的社会生活时,如何在法治的框架下行动就必然涉及公民根据情境作出合宜的判断。此时,无疑需要公民品格的补缺。

因而,公民品格能够有力化解现代法治运行中出现的各种问题。它为现代法治注入了主体和价值的向度。公民品格能够有力阻止现代法治的形式主义之殇,避免法治建设出现“见规不见人”的局面,并通过有效补缺法治共同应对现代社会的多元复杂局面。公民品格是法治意识的人格承载,是现代法治内蕴的主体性、契约化、理性化等内化于公民的人格特征。法治的实施需要相应的主体要求,需要现代公民具备与之相应的品质。

四、 法律制度建设与公民品格培育并举

法治建设是一项系统工程,它不单单是制定完善的制度、规范那么简单,而是让这些制度真正能够运转(work)起来,实现法治的价值。法治建设需要公民品格的支撑和保障,铸造公民品格,培育现代公民也就成为法治建设的必然要求。法治建设应当注重法律制度建设与公民品格培育协同并举、相互配合,将制度建设与人的建设放置同等重要的地位,共同推进国家治理现代化。

(一) 公正的制度环境是法律制度建设与公民品格培育互补的前提

法律制度建设需要建立在公民品格基础上。制度的运行需要一个由良好公民所构筑的社会氛围和充满关怀的道德氛围之中。否则,制度难以获得人们内心深处的认同。正义是制度的基本德性。法律制度建设就是建立公平、正义的法律制度,这既是法治建设对制度的基本价值要求,也为公民品格培育营造良好的环境。罗尔斯在《正义论》中将正义看做是社会制度的首要美德。“一个社会,当它不仅旨在推进它的成员的利益,而且也有效地受着一种公共的正义观调

节时,它就是良序的社会。"①在一个正义的制度环境中,人们自然会通过社会交往形成良好的规则意识、理性精神、契约观念等。"作为民主政治产物的公民,其品德的塑造、养成更要以民主制度、法律制度为前提和基础。"②当代中国社会的法治建设需要建立、健全与中国特色社会主义制度相适应的法律制度体系,覆盖到政治、经济、文化、社会等生活各领域。对于法治文化薄弱和传统力量惯性强大的中国社会,法律制度建设能够为当代中国公民品格培育提供良好的制度环境,帮助公民塑造主体意识和法律意识,培育现代公民品格。

(二)塑造法权人格是当前法律制度建设与公民品格培育的共同议题

公民是法治建设的主体基础,是法律制度制定、运行、具体落实的主体。公民在司法实践通过平衡利益关系、协调社会交往,展现出自身优良公民品格,为法治建设提供主体与道德保证。公民品格本身是个包容性的内涵,尤为注重的是公民的法律人格,与公民的法律生活相关的基本品格,如自律、自主、理性、契约等品质。其中,最为根本的是塑造公民的法权人格,法权人格是公民对法权关系的主体自觉,是权利义务关系在人们内心中得到确信和生根的表现,因而成为现代人自我确证的根本标准。"由于人的主体地位得到最终确立,契合法治生成的观念要素如科学精神、社会契约观念、政治市场观念、思想市场观念、公民意识、权利义务观念、平等自由观念才有了可以依凭的新载体。"③一个合格的现代法律人,也将是合格的现代公民,他们的身上都应当具备法权人格特征。无论是法律制度建设,还是公民品格培育都需要将法权人格的塑造作为两者结合的基本任务。对我国来说,受传统社会的专制集权和臣民文化影响,公民的个体权利还有待法律的进一步确认。在公民的政治、法律生活中,应充分尊重、保护个体权利不受侵犯,培育公民自主、自律的品质,才能塑造出真正的现代公民,为现代法治提供主体支撑。

(三)法律制度建设与公民品格培育结合需要充分吸纳社会的核心价值

有效地通过法律制度建设和公民品格内化的双重形式加以定型、落实。法律制度与公民品格的内在结合点在于它们都是社会核心价值的不同承载和表达

---

① [美]约翰·罗尔斯:《正义论》,何怀宏等译,中国社会科学出版社 2009 年版,第 4 页。

② 黄丹:《论公民品德养成的制度环境》,《道德与文明》2012 年第 3 期。

③ 汪太贤、艾明:《法治的理念与方略》,中国检察出版社 2001 年版,第 204 页。

方式，即价值体系的外化与内化。“所谓外化，包括价值体系与一定的社会体制、文化形态、日常生活之间的相互融合，具体地渗入相关的层面。”价值体系内化意味着“与人的内在意识、精神相融合。”①制度以外在的、强制性的规范方式承载价值，而品格是价值在人内心中的凝聚化，是价值内化于个体的表现。在现代国家治理中，法律制度建设与公民品格培育都应该将现代社会的核心价值融入其中。法治建设应该最大程度反映社会成员普遍关注的价值规范，立法过程中应体现出法律明确的价值导向，同时，公民品格培育也应该体现对社会主义核心价值观的吸纳，将社会主义核心价值观内化于公民个体。公民品格培育与法律制度建设应该反映出社会的价值需要。现代国家治理应充分将社会主义核心价值以法律制度与公民品格的方式体现出来，为两者的结合寻求稳健的价值根基。

（四）注重发挥制度建设与道德建设在现代国家治理中的互补作用

在充满复杂性、多样性的现代社会，社会治理需要多重治理方式，特别是需要道德治理与法律治理的协同并进。道德的基础是人类精神的自律，道德治理的方式主要依赖于主体的内在自觉。道德治理固然能够传递道德情感，理顺社会关系，呈现温情化的面向，但其“柔性”特征在面对陌生人环境并不足以充分地实现社会信任，化解社会矛盾，协调社会交往。相比较来说，制度、规范是现代社会主导型的治理手段。制度的社会背景被假定为陌生化社会，人性假设为人性恶，它以约束力与强制力的方式保证实施。而且，制度具有普遍性，面对现代社会中的普遍化人群，制度更加体现出其实用价值。面对社会公共领域与私人领域的分野，在遵照道德与法律不同社会治理方式的差异性之上，需要对两者进行互相配合、有机协调。道德与法律两种治理方式刚柔相济、相辅相成，同其他社会治理方式协同作用，完满地覆盖社会生活各个领域，系统调节全部社会关系。

（第一作者为复旦大学马克思主义学院博士后，第二作者为复旦大学马克思主义学院教授）

---

① 杨国荣：《哲学的视域》，三联书店 2014 年版，第 41—42 页。

治理新模式？亦或政企重聚？

王　峰　尹海涛

一、导　言

政府与企业或者非营利组织通过合作的方式来共同解决公共问题，已经成为中国公共管理领域的新趋势。例如，北京和深圳地铁四号线都是政府与私营部门一起投资和运作的（谢伟东、何雯 2006；Liu and Yamamoto 2009）；2008 年汶川地震之后，政府也与各种非营利组织合作，共同进行灾害救援和灾后重建（林闽钢、战建华 2010）。在中国的许多省份，政府与保险公司合作提供自然灾害保险（张跃华、何文炯 2009）。

许多中国学者借用西方近年来兴起的合作治理或者跨部门合作这些概念，来描述中国的这些现象（郭小聪、李洪涛 2010；谢思全、任一 2008）。表面看来，这些现象的确符合合作治理的概念：由政府、企业和非营利组织通过合作的方式，共同对单一部门无法有效解决的公共问题进行决策和管理（Ansell and Gash 2008；Emerson，Nabatchi，and Balogh 2011）。但是，西方合作治理的理论是否能够充分解释中国跨部门合作的形成、过程和结果，仍然是一个有待回答的问题。这主要是因为中国的社会经济环境与西方国家不同，而制度环境是直接影响合作治理的目的、结构和结果的重要前提条件（Bryson，Crosby，and Stone 2006；Ansell and Gash 2008；Emerson，Nabatchi，and Balogh 2011）。

在这篇文章中，我们集中探讨一个关键的制度要素：模糊的部门边界以及政府与其他类型组织之间明显的不平衡的权力关系。我们主要将视野集中于政府与企业的关系。在西方社会，政企关系的发展主要是遵循自由或新自由主义的传统，即强调在国家与私人利益之间的历史的、实然的和应然的清晰边界（Francis 2001）。在西方，私营部门是一个独立于公共部门且有自身利益取向的、具有合法性的社会力量（Weintraub and Kumar 1997；Hirschman 1982）。但是在中国,在改革开放以前,追求商业利益在政治和社会上被视为大禁忌(Nee 2000)。改革开放之后,私营部门再次出现,但是中国的政企关系仍有两个和西方社会不同的基本特点。第一,政府与市场的边界模糊。例如 Francis(2001)在文章中指出,中国的国家和市场混在一处,相互重叠和渗透,难以明确两者的边界。第二,政府和私营部门的权力关系非常不平衡。政府经常强势干涉私营部门的经济活动。

这些特点对中国的跨部门合作的形成和结果有着重要的影响。现有的合作治理理论对这些制度特点如何影响跨部门合作还缺乏足够的研究。在这篇文章里,我们主要研究中国浙江省通过跨部门合作来提供农村住房保险体系的尝试。通过这个案例研究,我们提出要全面理解中国的跨部门合作治理,就不能忽略合作治理形成的初始条件(Ansell and Gash 2008)。我们发现尽管这个保险体系在设计上是政企合作,并由保险公司基于市场机制来经营运作,但在操作上,政府和企业的角色与计划经济体系下如出一辙。通过合作来充分发挥两个部门优势的初衷并没有实现。

本文共七个部分。在第二部分,我们将探讨我国政府和企业的关系以及这种关系对两者合作的影响。第三部分主要讨论通过政企合作发展自然灾害保险体系的必要性以及政企合作的潜在优势。第四部分介绍浙江省农村住房保险体系中的政企合作模式,重点分析建立政企合作的主要动因和制度设计。在第五部分,我们主要通过访谈和田野调查数据,根据第三部分提出的政企合作的潜在优势,分析浙江农村住房保险体系的实施效果。我们认为该保险体系没能充分发挥政企合作优势,而这是由政府和企业的关系以及该体系的制度设计所决定的。我们同时也探讨了美国国家洪水保险项目(National Flood Insurance Program, NFIP)的运作,并总结了该项目在政企合作方面与我国体系的不同之处。第六部分我们讨论浙江农村住房保险体系在运作中存在的问题和可资借鉴的经验教训。最后一个部分总结文章的要点,并展望未来的科研方向。

二、 我国政府与企业的关系

跨部门合作是要建设性地跨越政府、企业和社会组织的边界,动员各个部门的力量，共同解决单一部门无法有效解决的公共问题（Emerson，Nabatchi，and Balogh 2011）。各部门之间的初始关系非常重要。西方学者非常重视政府和企业组织之间过去的对立或合作关系对目前政企合作的影响（Ansell and Gash 2008）。在西方，政府、企业和市民社会的边界相对比较清晰，而我国的跨部门关系相对比较复杂。在20世纪80年代的改革开始之前，我国企业组织在政府的直接控制之下，并不是一个独立的部门。

1949年以后，中国逐渐建立计划经济体制，国家干预经济发展，限制商品经济，并且以消灭市场经济为最终目标（Nee 2000）。在那时，独立的商业部门或者自由市场是不存在的。直到1980年代后期，这种强调行政控制的模式才加速转变，中国迅速走向市场经济体制。1991年，国有企业对国民生产总值的贡献是56.19%，到了2009年，这个比例下降到12.34%（中国统计局 2010）。一些国企已经改制，剩余的国企也被要求进行改革，成为以营利为目的、参与市场竞争的真正的市场主体（杨瑞龙 1995）。改革后的国企成为现代企业，在运营上遵循市场原则而非过去的行政命令。

中国市场经济的发展是个渐进的过程，并且受到过去政企关系的影响（Nee 2000）。在考察中国政府与企业关系转型的时候，路径依赖是一个非常有用的分析概念（Nee and Cao 1999）。路径依赖理论强调历史对当代制度发展的重要作用（Liebowitz and Margolis 2000）。在转型过程中，长期存在的国家与经济主体之间的纵向等级制关系，决定了经济和社会发展中的政企关系模式（Nee and Cao 1999）。在本文，我们主要探析两种制度传统对中国政企合作发展的影响：政府和企业的模糊边界；企业相对于政府的弱势地位。

（一）部门边界模糊

尽管“政企分开”是中国多轮经济改革的主题，但是政府和企业的边界仍然不够清晰。政府和企业之间长期存在的历史纽带很难完全割裂。除了国有企业之外，许多企业的前身是国有企业，有些企业则是政府的三产。政府经常通过持股、任命高层管理人员等各种途径来影响企业的运营。另外，许多在行政改革中撤销的政府部门通常变身为行业协会，继续执行原有的对企业的监督控制职能。这种现象被一些学者称为国家法团主义（Unger and Chan 1996）。例如，国家轻工业局在2001年被撤销，变身为具有社会组织身份的中国轻工业联合会，继续执行过去的一些行政职能。

不仅历史纽带难以割裂,政企关系的一些新发展也导致了政府部门和企业组织之间的模糊边界。Francis(2001)把中国政企关系新的发展描述为中国市场经济中的半公-半私趋势。她发现这种趋势反映在四个方面:政府把一些规制任务授权给私营或者准政府组织去执行;政府部门衍生并维护自己的经济利益;政府通过授予经济组织合同的方式将其整合进政府体系;政府部门通过开办三产的方式参与商业活动。Nee(2000)认为中国的政府机构和企业组织之间的边界是开放式的,政府和企业可以相互影响。由于这种模糊的边界,政府部门可以方便地干涉企业组织。我们认为,政府有动力维持这种模糊边界。政府常常依赖企业去获取合法的或者隐藏的经济利益,实现增加就业率、维持社会稳定与和谐等社会目标(龙苗、郑勐 2008)。

这种政府和企业之间的模糊边界对跨部门合作治理有着重要影响。首先,政府倾向于只和那些与政府保持良好关系的企业组织合作——这种策略被冠名为"国家依附"策略(Jing and Savas 2009)。这种政府偏好可能导致企业组织过分关注于培养与政府的关系,进而导致无效率(Thorelli 1986)和腐败(Mu, Jong, and Koppenjan 2011)。这种情况与建立政企合作的初衷背道而驰。其次,如果政企合作项目被政府赋予社会经济和政治的涵义,政府官员会为了保证合作项目的成功而过度干涉企业合作者的运营。为了避免合作项目的失败,政府会动员行政资源来协助合作项目的实施。某些时候,这种干涉是全方位的,甚至取代了商业合作者的角色。这样的干涉也会扼杀企业组织的创新性。商业企业通常坐享垄断利益,只做政府要求其做的。事实上,企业也有动力让政府多做,这样会帮助他们减少自身的成本和规避失败的风险。敬乂嘉和Savas(Jing and Savas 2009)指出评价合作治理模式的一个重要标准是政府对市场和市民社会的赋权,以推动市场和市民社会的发展,为进一步的合作创造更好条件。由于国家依附策略和政府全方位的干涉,我们认为,合作治理模式在中国到底是正在危害还是帮助市场的形成,还需要进一步研究。

(二)企业的弱势地位

尽管中国的经济改革力图创造一个独立的商业部门,企业组织与政府部门相比仍处于弱势地位,面临新形态的政府控制。中国的市场经济不是自然形成的，而是通过政治改革创造的（Chaudhry 1993），这个政治创造的过程还没有完成。一方面，市场制度还没有成熟起来。企业组织还无法通过制度对抗政策性干预或者寻租行为。另一方面，政府仍有很大的空间，通过自由裁量和各种行政功能对企业施加直接的压力。正如Oi（1992）所指出的，市场在中国的引入并没有减少政府的作用。例如，为了很好地发展，一家保险公司必须和多个政府部门保持良好的关系，如金融局、税务局、工商管理局等，其中尤其重要的是保险监督管理委员会（访谈记录，2010年3月27日）。与政府的良好关系不仅意味着企业在政府决策过程中可以发出自己的声音，还可以在政府有行政裁量的问题上受到优惠对待。Saich（2000）对中国社会组织发展的评论完全可以用来描述企业组织。他说，“就算是最独立的组织，也需要与党和国家保持强有力的关系”（第139页）。他认为社会组织的发展受制于国家权力，尤其是在地方层面，与国家权力保持良好的关系不是社会组织发展的权宜之计，而是最优的策略。

政府和企业组织之间权力的不平衡，对合作治理同样有着深远的影响。当政府部门对某个企业表达出强烈的合作意愿时，企业很难拒绝。当然企业也很愿意和政府建立合作，获得政府带来的资源和权威。这是中国企业与西方国家的企业不同的地方（MacManus 1991）。企业甚至愿意和政府共同实现与利润最大化无关的一些社会目标。例如，徐尚昆和杨汝岱（Xu and Yang 2010）在对中国1268家工业企业进行调研时发现，中国企业常常把“提供工作机会、缓解就业压力”和“维护社会稳定与和谐，增强爱国主义”作为其企业社会责任。在这种情境下，合作很容易达成。但是缺陷是，作为合作者的企业与政府并没有平等对话的权力和平台，可能无法有效地参与到决策过程中去。政府可能单方面地决定合作的目标，企业在合作中只是被动接受，而非真正地认同这些目标。诸多学者都非常强调目标取向在合作治理中的重要作用（例如Brown, Potoski, and Van Slyke 2006; Sagawa and Segal 2000; Austin 2000）。如果没有共同的目标取向，企业组织只能是被动的合作者，而不会成为积极的创新者。

浙江省农村住房灾害保险体系就反映了政府部门和企业组织之间的模糊边界和不平衡关系对合作体系的形成、结构和结果的巨大影响。我们将在第四部分对此进行详细分析。在此之前，我们需要探讨通过政企合作提供自然灾害保险的必要性和合作的潜在优势。

三、跨部门合作提供自然灾害保险的必要性和潜在优势

（一）在中国通过政企合作提供自然灾害保险的必要性

合作提供自然灾害保险是为了克服市场或政府在单独提供灾害救助方面的能力不足。首先，纯粹的自然灾害保险市场在中国的运作尚不成熟。中国财产保险涵盖的风险虽然也包括地震和台风以外的自然灾害，但是市场渗透率几乎可以忽略不计。根据世界银行（World Bank 2008）的报告，中国仅有5%的财产投保，而且其中绝大部分是工业组织和商业机构的财产。大概只有百分之一的私人住户拥有自然灾害保险。而在自然灾害保险普及的发达国家，保险赔付覆盖了40%—100%的由自然灾害引起的直接经济损失（Gurenko and Lester 2004）。

保险市场的不发达源于供求两方面的问题。从需求角度来讲，居民购买自然灾害保险的意愿很低。我们在一个台风区的调研（详见第四部分）发现，43%的受访者表示无论保险政策如何设计，他们都不愿意购买台风保险。当问到不愿意购买保险的原因时，我们发现主要原因如下：第一，44%的受访者认为其住房在台风中受损的可能性较小。这种“这事不会发生在我身上”的想法是自然灾害保险购买意愿不足的最常见的一种认知原因（Kunreuther and Pauly 2004; Kunreuther, Sanderson, and Vetschera 1985）。第二，大约29%的受访者认为自然灾害保险是一种视情况而定的开支，只有当生活必需得到保证后才予考虑。第三，大约12%的受访者表示根本不相信保险。基于这些原因，居民对保险的需求尚不能支持发达的私人保险市场，也就是说，Freeman 和 Kunreuther（1997）所强调的保险市场存在所必需的“可市场性”条件不能满足。

从供应方来讲，中国的保险公司也不愿意提供自然灾害保险。主要原因有三个。第一，自然灾害发生概率及其造成损失的不确定性使保险公司难以确定保险费率。第二，道德风险和逆向选择使保险公司怯于提供自然灾害保险。例如，保险公司很难确定一台笔记本电脑的受损是因为使用电源不当还是因为在雷雨天受到闪电的电击。第三，中国相关的税收和会计法规降低了保险公司建立提供自然灾害保险所必须的储备资本的动力。当私人保险市场无法为自然灾害救助提供好的解决方案时，国家的介入就成为必然。

但是，政府直接提供灾后救济经常被批评会造成负面影响。如果潜在的受灾者都期望灾后会获得政府资助，他们就不会为预防在自然灾害中受损而做必要的投资，例如购买保险。实践表明，事前的风险防范和控制永远都是应对地震、洪水等巨灾风险的最有效方式。从长期来看，风险防范和控制的成本也小于灾后救济的成本。另外，由政府提供的灾后救济往往是杯水车薪。表1表明，中国中央和地方政府灾后救助支出只能覆盖3%的经济损失。（本文调研地点苍南县的数据也表明，2009年莫拉克台风造成全县居民住宅损失1.66亿元人民币，但是政府住房救济款为180万元，仅占居民住宅损失的百分之一强。）

表1　中国政府灾害救助支出和自然灾害造成的经济损失

年份	灾害救助（单位：10亿元）	自然灾害造成的直接经济损失（单位：10亿元）	灾害救助/经济损失（%）
1990	1.33	61.6	2.16
1991	2.09	121.5	1.72
1992	1.13	85.4	1.32
1993	1.49	99.3	1.50
1994	1.80	187.6	0.96
1995	2.35	186.3	1.26
1996	3.08	288.2	1.07
1997	2.87	197.5	1.45
1998	4.12	300.7	1.37
1999	3.56	196.2	1.81
2000	4.75	204.5	2.32
2001	4.10	194.2	2.11
2002	5.55	171.7	3.23
2003	5.29	188.4	2.81
2004	4.00	160.2	2.50
2005	4.31	204.2	2.11
2006	4.94	252.8	1.95
2007	6.56	236.3	2.78

来源：民政部（2012）。

对于有重大政治意义的自然灾害，例如汶川地震，政府救济可能涵盖更高比例的居民财产损失。2008年汶川地震后，某地方政府提出一个“公平”的补贴方案,提供每个家庭 70 平方米的住房(冯俏彬 2008)。但是对于绝大多数自然灾害,政府救灾救济款非常有限。这就反映出灾害保险的必要性。发展保险市场可以减轻对国内外灾后重建救济资金的依赖。

(二)政企合作提供自然灾害保险的潜在优势

许多国家和地区都有政府和企业合作提供自然灾害保险的实践。例如,西班牙成立了一个国有企业(Consorcio de Compensation de Seguros, CCS),来提供强制性的包括自然灾害的巨灾保险。这个强制险作为财产保险的一个附属项目,由保险公司来推广。CCS 在三种情况下会提供保险赔付:私人商业保险没有覆盖损失时,没有购买商业保险的低收入家庭受灾时,以及保险公司破产或无赔付能力时(Freeman and Scott 2005)。日本、土耳其、中国台湾、美国加州也有类似的地震保险项目(Fan, Gu, and Ni 2011)。政府和企业合作提供自然灾害保险主要有三个潜在优势,包括提供充足的救灾资金,降低损失风险和提高服务水平。

首先,政府和企业合作可以为灾后救济提供充足的资金保障。在世界上大多数跨部门合作的实践中,政府的作用是承担风险或者至少与保险公司共同承担风险。在美国国家洪水保险项目(NFIP)中,政府负责保险赔付,因此是承担完全的风险。日本的地震保险则是政府和保险公司通过再保险机制共同承担风险(详见 Fan, Gu, and Ni 2011)。政府通常可以提供资金支持,但是缺乏市场渠道和营销经验,很难营销保险政策。由于保险营销是保险公司的日常工作,这为保险公司与政府的合作创造了条件。政府和企业的合作可以更有效地推广保险,使更多的居民获得保障。

充足的资金保障不仅仅指筹集更多的资金,另外一层含义是指保险可以满足居民的不同需求。例如,居民可能会因其房价的不同而选择不同的投保金额。政府常常没有足够的保险知识、经验和人力来发展多样化的保险政策,进行个性化的财产价值评估和风险评估,因此通常没有能力提供不同的保险政策以满足多样的家庭需求。这是保险公司的又一优势所在——保险公司比政府部门更能针对居民的不同需求而提供不同的保险产品。

第二,政府和企业合作提供保险可以更好地鼓励居民的减灾行为。在保险市场上,保险费率的确定通常是以风险大小为依据的。以风险为基础的定价机制,可以鼓励风险降低行为,并因此显著地降低风险(Yin, Kunreuther, and White

2011)。但是,由于政治上的公平取向,政府通常很难制定与风险直接挂钩的保险费,而只是确定一个固定的保险费。但是保险公司会基于风险来收取保险费。保险公司在向投保人提供风险保障时,往往会以投保人的实际风险状况进行定价,投保人的风险越高,保费越高。通过实行这种以风险为基础的定价机制,保险公司向投保人传递出关于保险标的的风险信号,进而起到了激励投保人主动防范和控制风险的作用。同时,投保人因为降低风险的努力会获得相应保费上的优惠,这会进一步鼓励居民采取各种风险防范和控制的措施。例如,居民会选择在低风险区域建新房,用结实的钢铁构架,加固屋顶等等(Mills 2007)。另外,Kunreuther 和 Michel-Kejan(2009)提出政府对保险购买进行补贴,不能以保险费优惠的形式。因为保险费优惠降低了保险费,从而扭曲了保费传递风险信号的功能。他们建议用保险凭单等类似的形式提供补贴,既保证保费的风险信号传递功能,又能保证低收入家庭获得购买保险的资金支持。

第三,政府和企业合作可以借助保险公司的力量为投保人提供更好的服务。如前所述,保险公司在发展保险品种、损失评估和理赔过程上有其技术优势,因而可以为投保人提供更好的服务。如果政府选择和多个保险公司同时合作提供灾害保险,鼓励保险公司之间的竞争,保险服务水平会进一步得到提高。从长远看,这种合作可以帮助保险行业获得独立运营自然灾害保险的经验,进而提高整个保险行业应对自然灾害风险的能力。

四、 个案研究：浙江省通过政企合作提供农村住房保险的体系

中国是一个灾害多发的国家,台风、洪涝、雪灾、雷雨和山体滑坡等各类自然灾害频发,每年由自然灾害造成的经济损失高达 2 500 亿元(民政部 2012)。本文前一部分指出政府和企业通过合作方式提供自然灾害保险的必要性,这一制度将有助于提高灾区的灾后重建能力。自 2006 年起,中国部分省市(例如浙江)开始试点建立政府和企业合作的针对自然灾害的保险体系。在本节中,我们将以浙江省农村住房保险体系为例,探讨这一体系的运行机理及特点。

(一) 研究方法

本研究采用多种数据收集方法,包括问卷调查、实地访谈以及从文献档案中

收集定量和定性的数据。为了解浙江省政企合作农村住房保险体系的形成机制和运行特点，我们不仅查阅了相关的政府文件资料，还对诸多学者和政府官员进行了采访。访谈的内容涉及合作保险体系中政府和保险公司的作用、目标和动机以及该体系的运行状况等多个问题。通过查阅相关资料，我们掌握了政企合作保险制度的基本信息，例如保险普及率、赔付和盈利情况等；通过进一步的访谈，我们更好地了解了政府和保险公司之间的关系。

为完善定性研究数据，我们选取浙江省苍南县展开调查研究，该调查旨在了解当地居民如何看待这个合作保险体系。苍南县历史上多次遭遇台风袭击，2005 至 2009 年期间，苍南县因台风灾害造成经济损失 159 亿元。由于灾害频发，苍南县的居民更加了解灾害保险问题，也加更期待灾害保险制度的建立和完善。

本研究采用两阶段整群抽样方法，该方法比随机抽样调查耗资少，而结果又比单阶段整群抽样更加精确。两阶段整群抽样的步骤如下：首先，从苍南县灵溪镇选出 36 个村委会；接着，从每个村委会选取 10 个家庭作为样本。调查在 2011 年 3 月至 5 月展开，此间我们共收到 203 份有效问卷。在此项调查中，我们询问受访者是否加入到合作保险体系中，并进一步询问加入者对投保额和保费的看法，以及未参保者不选择该保险的原因。

（二）建立合作保险体系的原因

对政府文件的研究和我们的访谈都清楚地表明，浙江省政企合作农村住房保险制度的建立主要是由政治驱动的。该合作保险制度被视为有益于农村居民的“民心工程”（郑可青 2009）和促进社会和谐发展的举措，它因此被评为浙江省 2007 年“十大民生工程”之一。构建和谐社会、提升社会福利水平是最高领导层经常提及的两个政治观点。由此可见，合作保险制度有着重要的政治意义。

政企合作农村住房保险制度的目标和政府赈灾基金使用的最终目标相一致。1999 年财政部和民政部联合下发《关于进一步加强救灾款使用管理工作的通知》，明确救灾款使用的原则是确保自救能力差的受灾群众的基本需求能得到满足。浙江省建立合作保险制度之后，省政府为其制定了更具体的目标，即“提高参保农户灾后重建家园、恢复基本生活的能力”。

作为政府驱动的项目，浙江省政府从建立合作保险制度之初，就发挥着积极的领导作用，对项目给予极大的支持。2006年初，在浙江省政府的领导下，省发改委、保监会对农村保险情况展开联合调查。随后，省政府要求中国人保财险浙江省分公司制定计划，开始试点政企合作保险制度。为保证项目顺利进行，政府还对制度如何运行做出详细规定。

浙江省政府选择中国人民财产保险股份有限公司（PPIC P&C，简称“中国人保财险”）作为商业合作伙伴，是因为政府自身缺乏人力资源和相关的操作经验，而这些又是企业所具备和擅长的。中国人保财险是一家国内领先的财产和伤亡保险公司，为顾客提供多种多样的保险产品和服务。作为财产保险领域的领头羊，中国人保财险拥有丰富的实践经验，熟知保险产品开发、营销、损失评估、索赔处理等各环节的操作流程。中国人保财险成立于2003年，由中国人民保险集团公司这所央企创建。2003年11月，中国人保财险在香港证券交易所上市交易。目前中国人保财险以110亿元的注册资本，成为中国最大的非寿险保险公司。2008年，中国人保财险保费收入超过1 000亿元人民币，排在世界非寿险保险公司的第十位。

浙江省政府选择中国人保财险是因为两者之间有着特殊的历史渊源，这正符合本文关于中国政企关系的描述。中国人保财险的前身是一家国有企业，虽然经过改造后已成为现代企业，但中国人保财险仍然和政府有着千丝万缕的联系。中国人保财险浙江分公司在历史上一直和浙江省政府保持着合作关系。例如，它和另外十家商业保险公司联合成立了“浙江省政策性农业保险共保体”，为省内的农业生产损失提供保险服务（Shi et al. 2008）。这种合作关系使得中国人保财险在竞争者中脱颖而出。

从企业的角度来看，中国人保财险浙江分公司通过和省政府建立协作关系，极大地提升了企业的市场竞争力，使其在市场上占据有利地位。截止到2007年，中国已有42家财产保险公司，市场竞争十分激烈（Shi et al. 2008）。Unger和Chan（1996）提出，中国每一级地方政府在其“境内”拥有对所属组织的控制权。这些控制权在通过政治构建形成的市场环境下显得尤为强大。浙江省财政厅、税务局、工商局和保监局（负责监督浙江省保险市场）等行政机构都能对中国人保财险浙江分公司产生影响。因此，参加农房保险体系的合作能够加强中国人保财险和政府间的关系,使企业获得额外的政治资本,从而帮助企业赢取市场份额(Nee and Opper 2010)。

中国人保财险浙江分公司加入合作保险制度后,可获得两种短期利益。首先,浙江分公司可以通过收取运营费用获得稳定的现金流,浙江分公司可以将保费收入的20%用于运营开支。一位受访者表示:“政府已经意识到保险公司是经营性企业,因此不会让公司亏损”。其次,合作制度为浙江分公司提供了占领农村保险市场的先机。一位学者在接受采访时表示:“农村市场蕴含着巨大的发展潜力,待开发和完善的农村保险产品包括寿险、农用车保险、鱼类养殖保险等等,这是一个绝好的占领市场的机会。”因而,浙江分公司以此次合作项目为契机,可以获得在农村保险市场上占据垄断地位的机会。

浙江省农村住房保险中政府和保险公司间的合作,反映了本文所讨论的中国政企关系。第一,政府和企业边界模糊。政府向企业寻求合作,其动机仍是完成一项有政治色彩的任务。在选择企业时,政府首先考虑的是企业的国企背景和与政府过去的合作关系。政府和企业间的合作关系最初就是由政策驱动的。政府动员其所属的机构来实现既定目标。政府在合作中的主导性地位过于突出,导致企业的作用被边缘化了。第二,政府和企业的地位不平等。基于中国人保财险和政府的关系和该项目在政策上的重要性,中国人保财险无法拒绝与政府的合作。事实上,大多数中国保险公司出于长期和短期经济利益的考虑,都会选择和政府合作。

(三)政企合作农村住房保险体系的制度安排

浙江省政府下发的《关于开展政策性农村住房保险工作的通知》为合作保险制度的运行做出了具体的规定:

第一,规定了农村住房保险制度覆盖的范围。制度仅覆盖农村地区,城市居民不在保障范围内;覆盖重大家庭损失,而不涉及轻微到中等的家庭经济损失。也就是说,只要房屋没有倒塌,仍可居住,受损者就不能提出赔偿申请。这一规定反映了合作保险制度的目标,即满足基本生活需求。

第二,规定保障水平。经济损失被分为三类,Ⅰ类损失每间农房赔付1 000元,Ⅱ类每间农房赔付2 000元,Ⅲ类为最严重的类型,每间农房赔付3 600元。每户农户住房保险金额最高赔付1.8万元。

第三，规定保费和补贴水平。全省按照风险系数划分为两大风险区域：高风险区和低风险区。高风险区域每户农户每年保费15元，其中农户交费5元，省财政补助4元，市、县财政补助6元；二类风险区域每户农户每年保费10元，其中农户交费3元，省财政补助3元，市、县财政补助4元。低收入家庭免费参保，所需费用由政府承担。

第四，中国人保财险浙江分公司是唯一的合作企业。通知还规定了浙江分公司收取的运营费用的数额。浙江分公司可将保费收入的20%用于运营开支。政府要求其设立一个单独的账户，专门管理政府划拨的资金、收集保费及支付赔偿金。

五、 浙江省合作保险体系的实施效果

在这一部分中，我们将分析浙江省合作保险体系的发展初衷和制度设计如何影响其实施效果。表2总结了政企合作保险制度的潜在优势和要充分实现这些优势所需具备的制度要素。我们进一步考察浙江省的合作保险体系是否具备这些制度要素，并将之和美国NFIP的制度设计进行比较。通过对比，可以看到中国的合作保险体系与市场经济条件下类似体系的根本差异。

表2 自然灾害合作保险体系的潜在优势、制度安排和中美实践比较

潜在优势	制度安排	浙江省合作保险体系	美国国家洪水保险项目
向受灾居民提供充足的经济支持，减少居民损失	利用政府和商业部门各自的优势提高保险渗透率	依靠行政手段提高保险渗透率；由于中国人保财险的市场垄断地位和个人需支付的低廉保费，它没有市场营销的动力。	发展“自书保险”项目，允许财产保险公司出售洪水保险，这样可以充分利用商业保险业的营销渠道，以及洪水多发地区有很多保险公司的优势；联邦监管的贷款机构在向处于洪水高危地区的住房提供购房贷款时，必须要求贷款人购买洪水灾害保险。
	根据不同保险需求提供不同保额	居民不能选择投保额；最高赔付为3 000美元，能满足基本住房需求。	保险公司可以根据不同的保险需求提供不同保额，房屋结构最高承保25万美元，房屋内财产最高承保10万美元。

（续表）

潜在优势	制度安排	浙江省合作保险体系	美国国家洪水保险项目
鼓励投保人采取降低风险的行为	保费由风险决定	全省被分为两个风险区域；保费在每个区域内是固定的。	保费取决于风险区域和社区评级系统，对采取减灾活动的社区给予降低保费0%~45%的奖励；参与自书保险项目的保险公司委托国家评级机构，调查社区和个人的风险情况，并确定洪水保险的保费。
	名义保费不能因补贴而降低	有政府补贴，个人只支付扣除补贴后的低廉保费。	在洪水保险费率地图公开之后的新建筑，都要按照真实的风险评估计算保费。
提升对投保者的服务水平	和多个保险公司合作，鼓励保险公司之间的竞争	中国人保财险是唯一的合作者。	目前86家商业保险公司通过“自书保险”项目出售洪水保险。

来源：美国国家洪水灾害保险的数据来自 Kunreuther and Michel-Kerjan（2009）和网站 http://www.fema.gov/business/nfip/wyo.shtm。

（一）向受灾居民提供充足的经济支持

通过政企合作方式提供自然灾害保险的首要好处是可以提高保险的市场渗透率，以便最大限度的为可能受灾的居民提供保护和帮助。浙江省政府表示，经过三年的实施，农村住房保险的市场渗透率有很大提升。郑可青（2009）的研究表明，截止到2008年6月，浙江省已有1 000万户农村家庭加入到合作保险体系中，保险渗透率达到98.61%。

然而需要注意的是，行政手段是达到如此高的保险渗透率的主要动因。政府利用高额补贴和其他政策工具吸引居民参与到合作保险制度中。例如，当地政府官员必须挨家挨户宣传合作保险制度（郑可青 2009），参保家庭受灾后不仅可以领取到中国人保财险的赔付，还能优先获得政府提供的救灾资金。但在部分地区，动员居民参保并非易事。在这种情况下，村委会——名义上是村民自治组织但实际上拥有很多行政权力——通常动用公共资金垫付保费，或者要求集体企业代为支付保费（郑可青 2009；张跃华、何文炯 2009）。尽管通过行政力量推广农村住房保险非常有效，但利用这种方式提高参保率存在两个主要的问题。第一，如前所述，政府让保险公司加入合作保险体系，主要是为了利用他们的销售渠道和经验，但在现实情况下，保险公司参与合作所带来的这种潜在好处没有实现。原因在于政府希望通过提高参保率来彰显政绩，因此会积极投身到动员居民参保的行动中，这使得保险公司可以搭上政府的免费便车。从另一方面来看，中国人保财险也没有营销农村住房保险的经济动力。这是因为居民所需支付的保费很低，剩下的由省级和地方财政提供补贴，并直接把补贴转到保险公司的账户上。一位受访者解释道："每户只需支付 5 元的保费，甚至还不够弥补保险公司员工拜访居民家庭的成本"。因此，从市场营销的角度来看，中国人保财险的作用已被边缘化了。这无助于提升保险公司提供自然灾害保险的能力和发展整个保险行业。第二，有证据表明，政府主要通过强制手段提高参保率，而不是通过教育和沟通的方式。根据报道（温从军 2007），苍南县的参保率在 2007 年 3 月已达到 89.1%。在我们的调查中，我们询问当地居民是否加入到农村住房保险制度中，结果显示，在 196 名对该问题做出回答的受访者中，有 53%的居民表示他们并未参与该保险项目，这与官方提供的统计数据大相径庭。我们进一步询问居民为何不参保，72%的受访者表示他们甚至从未听说过该保险制度。鉴于政府官方报告中提及的高达 89.1%的参保率，我们有理由相信，村委会和集体企业代付保费是相当普遍的现象。

此外，有证据表明，很多参保的居民并不很了解自己参保的这个保险体系。在调查中，我们询问那些表示参加了农村住房保险体系的居民，他们自己所需缴纳的保费金额，和受灾时能够获得的最高赔付。大约有 69%的居民正确回答了关于保费的问题，仅有大约 25%的受访者正确回答了保险最高赔付的问题。

总而言之，高市场渗透率主要是行政力量驱动的结果。由于行政动员占主导地位，保险市场并没有得到很好地培育，结果导致居民对合作保险制度知之甚少。因此，自然灾害保险市场，以及对自然灾害保险的有效需求都尚未形成。如果降低或者取消行政补贴，合作保险制度是否能够持续发展，类似的保险制度是否能推广到经济状况相对较差而不是像浙江省这样相对富裕的地区，这些问题都很值得探讨。

与浙江省农村住房保险体系不同，美国 NFIP 项目主要通过两种重要途径扩大洪水保险的渗透率。第一，它要求受联邦监管的贷款机构，在向处于洪水高危地区的住房提供购房贷款时，必须要求贷款人购买洪水灾害保险。第二，NFIP

有“自书保险”项目，允许财产保险公司出售洪水保险，这样可以充分利用商业保险业的营销渠道，以及洪水多发地区有较多保险公司的优势。研究表明这种自书保险项目的实施效果很好。Kunreuther 和 Michel-Kerjan（2009）发现，2000 至 2005 年间，美国佛罗里达州近 99%的居民财产保险，都是由参与自书保险项目的商业保险公司出售的。

“充足的资金保障”的另外一层含义是指所提供的保险政策能满足不同居民的需求。如前所述，合作农房保险体系的目标是确保受灾居民的基本生活需求得到满足。这一政策目标决定了政策的赔付范围。从这一目标出发，保险仅覆盖失去住所的居民。如果房屋损坏但仍可居住，即墙体和屋顶仍存在，那么受灾居民就不能提出赔付申请。如果达到受损要求，居民最多也只能获得 18 000 元保险赔偿金，这笔钱仅够修建面积约为 50 平方米的房屋。①采访中，我们向参保居民了解他们对保险赔付额度的感受，约 75%的受访者认为保险赔付标准过低。如果可能，他们会选择有着更高赔付标准的保险。一位受访者清楚地表示，他不愿意参保的原因就是赔付标准过低。张跃华和何文炯（2009）提出，固定的保险标准会导致显著的社会福利损失。

在浙江省的农村住房合作保险制度中，中国人保财险缺乏灵活的自主空间，难以提供契合不同需求的保险产品。因此，保险公司参与合作的另一潜在优势也无法实现。与此不同，美国 NFIP 的“自书保险”项目要求合作的保险公司采用商业惯例来销售国家洪水保险产品和提供服务。这些保险公司可以向居民提供不同赔付标准的保险产品，房屋结构最高承保 25 万美元，房屋内财产最高承保 10 万美元。美国大多数居民在洪水灾害中的住房和财产损失都不会超过这个额度，因此，业主可以在这个额度范围内自行选择投保额。

（二）鼓励投保人采取降低风险的行为

将保险公司纳入合作保险体系的另一优势，是建立基于风险的保费制度，此举有助于鼓励投保人采取降低风险的行为。在实际操作中，政府很少设置基于风险的保险费率，而是倾向于制定统一的费率。然而，商业保险公司通常根据风险确定保费，这样可以鼓励投保人实施降低风险的行为（Yin，Kunreuther，and

① 该信息来自苍南县的访谈，苍南县是浙江相对不发达的地区。

White 2011)。

在浙江省合作农村住房保险体系中,全省被分为两大风险区域。在同一区域内,保费并不会根据房屋位置、结构、建筑材料和房龄的不同而进行调整。中国人保财险无法通过设置风险费率或给予优惠折扣的方式,来奖励投保人主动防范和控制风险的行为。因此,保险公司的风险评估知识和评级技能没有得到充分的利用。与此不同的是,NFIP 将参保地区的洪水风险绘制在地图上,并按不同层级的风险收取保费。它还开发了一个社区评级系统,对采取减灾活动的社区给予降低保费 0%~45%的奖励。此外,参与自书保险项目的保险公司还可委托国家评级机构,调查社区和个人的风险情况。风险的大小成为确定保费高低的重要因素。这些措施都可激励投保人采取避免和降低风险的行为。

另一项影响投保人行为的因素是补贴及其提供方式。在浙江省农村住房合作保险制度中,有三分之二的保费由政府补贴,由省级和地方财政直接划拨给中国人保财险专门账户。财政补贴使得居民只需支付极低的保费,这使得保费的风险信号功能完全丧失。保费本应作为反映风险的价格信号,而人为降低保费的做法会扭曲这一价格信号,使业主误认为风险比较低而不去采取必要的降低风险的措施(Kunreuther and Michel-Kerjan 2009)。在 NFIP 体系中,在洪水保险费率地图(Flood Insurance Rate Map, FIRM)公开之后的新建筑,都要按照真实的风险评估计算保费。费率地图公布之前所修建的建筑物将获得补贴,但适用范围有所限制,只适用于建筑物本身前 35 000 美元的投保额,和房屋内财产前 10 000 美元的投保额。据估计,保费地图公布之前的建筑物将从 1997 年的 64%降低至 2022 年的 37%(PricewaterhouseCoopers May 14, 1999)。

总而言之,在保费由政府补贴而不是根据风险确定的情况下,通过保费价格的调节来鼓励投保人主动降低风险行为的保险功能不再有效。尹海涛、Kunreuther 和 White(Yin, Kunreuther, White 2011)在对美国地下储油罐保险的研究证明,与从商业保险公司(根据风险定价方式确定保费)获得保险的投保人相比,那些参加政府发起的保险项目(通过政府补贴、向投保者收取固定保费的地下储油罐项目)的投保人更疏于财产管理和保护。保险公司的参与使风险定价成为可能,这种定价方式将促使投保人主动规避风险。

（三）提升对投保者的服务水平

由政府和企业合作提供自然灾害保险的第三个潜在优势在于改善服务质量。但这个优势能够实现的前提条件是企业之间存在竞争，进而督促企业提升服务水平（Savas 1987；Van Slyke 2003）。在浙江省农村住房合作保险体系中，政府并没有给其他财产保险公司与中国人保财险竞争的机会。中国人保财险浙江分公司被指定为省政府唯一的商业合作方。张跃华和何文炯（2009）研究显示，所收取的保费中仅有34%用于支付索赔。一位受访者表示，目前浙江省的自然灾害保险产品有很大盈利。此外，根据合作约定，中国人保财险浙江分公司可将保费的20%用于运营开支。2007年，该保险体系收取保费1亿元，中国人保财险就可保留2 000万元用于日常开支。鉴于政府承担了全方面的工作，诸如动员销售，中国人保财险获得的是一笔稳定的、无风险的现金流。有了稳定的现金流，公司在农村住房保险市场上又处于垄断地位，中国人保财险几乎不会考虑去完善和提高其所提供的服务。与此不同，美国NFIP项目允许86家参与自书保险项目的保险公司自由出售洪水保险，目的之一即通过竞争提升保险业的服务水平。

浙江省农村住房合作保险体系的这种制度安排，可能会继续遏制保险行业在未来农村市场上的竞争。如前所述，中国人保财险借助在农村自然灾害保险市场上的垄断地位，能够很容易地延展至农村的其他保险领域。在运营农房保险体系的过程中，中国人保财险将其业务网络延伸到许多农村地区。更为重要的是，公司可借此更加了解农村保险市场，并获得了一定的市场认可。我们的受访者认为，这将有助于中国人保财险在未来的竞争中抢占先机，尤其是中国农村保险市场有着很大的潜力，有许多待开发和完善的保险产品，如寿险、农用车保险和鱼类养殖保险等。

六、讨　论

经过三年的运作，浙江省农房合作保险体系看起来运转得很好，尤其是投保率非常高（郑可青2009）。但是问题在于，这种合作是否代表着一种新的治理模式，并可以在其他地区或者其他政策领域进行复制。我们认为需要谨慎判断。

该住房保险体系的发展和运作表现出两个类似计划经济的特征。第一，政府全方位的介入。自上而下的行政动员取代了基本的市场培育。第二，企业辅助政府完成既定的政策目标而没有动力进行市场创新。作为回报，企业享受由行政权力创造的垄断利益。因此，这种合作体系看起来更像是在多年的政企分开的市场化改革努力后，政府权力和企业组织的重新聚首。

《浙江省人民政府关于开展政策性农村住房保险工作的通知》明确规定该保险体系的运作原则是“农户自愿参保、政府补助推动、保险公司市场运作”。根据该原则，保险公司应该是合作保险体系的主要运作者，并且应该作为独立的市场主体进行运作。而政府角色应该限定为补助提供者。我们的研究表明，这三条基本原则在实践中都被摈弃。

首先，在合作保险体系的运作中，自上而下的行政动员取代了市场培育。政府从合作起初就起着主导作用。该合作项目被赋予政治涵义，即保证每个农户灾后重建家园、恢复基本生活的能力。因此，浙江省政府专门成立了由常务副省长任组长的领导小组，并且动员相关政府部门给予配合以成功完成该项目。省发改委指导和监督整个项目，负责协调解决工作中存在的问题。省民政厅负责制定农村住房保险倒塌房屋界定标准和裁定办法，成立了理赔仲裁机构开展倒塌房屋裁定工作。省财政厅负责安排省级补助资金，并督促各地财政落实补助资金。浙江保险监督局指导和帮助保险公司完善农村住房保险条款。公安、消防部门负责交通事故和火灾造成农房倒塌的界定和统计工作。而留给中国人保财险浙江省分公司的只是承保和理赔工作(郑可青 2009)。在推广保险政策时，也是政府动用各级行政权力和资源来宣传动员居民投保，保险公司发挥的作用非常有限。

该合作项目依赖行政动员，却忽视了市场机制的作用。这不仅表现在住房保险政策的推广，主要依赖政府动员而非保险公司的市场营销策略，更主要的是，浙江省政府指定中国人保财险作为唯一的合作者。截止到 2008 年，全国有 42 家保险公司提供财产保险。这些企业都具备合作所需的知识和经验。但是省政府没有通过市场竞争遴选，而直接指定中国人保财险为合作者。如前所述，美国国家洪水保险项目中有 86 家保险公司可以通过“自书保险”项目向居民出售洪水保险。自书保险项目的两个目标分别是提高服务质量和培育民营的洪水保险市场。由于缺乏市场竞争,浙江省的农房保险制度显然不能达到这两个目标。

第二,企业协助完成政策目标而无创新的动力。作为其提供协助的回报,企业享受行政权力带来的垄断利益。因为在整个合作中,政府起着主导性作用并且全方位地干涉合作保险体系的具体运作,保险公司没有空间和动力进行市场创新。中国人保财险浙江分公司在某种意义上说,只是个受邀的辅佐者,而非具有平等协商权利的合作者。正是因为这样,一个有效的保险市场还远远没有建立起来。保险公司参与提供保险的潜在优势,例如,提供满足不同保险需求的保险产品,通过保费价格的调节促使投保人主动防灾减损等,都没有实现。

因此,浙江省的农房保险项目并没有体现其政策设计时所宣称的市场运作。该项目从设计之初就是作为一个政治任务去实现既定的政策目标。保险市场可能带来的潜在优势都被忽略了。我们并不是反对利用有效的手段实现特定的政策目标,但是认为,过度的行政干预可能会抹杀合作治理本应带来的潜在好处。

比没有实现合作治理的潜在优势更严重的问题是,这种合作不具有可持续性。Brown, Potoski 和 Van Slyke 在其文章(2006)中指出,价值取向、制度和市场是确保合作治理成功的非常重要的因素,是公共管理者在启动合作时必须慎重考虑的。在浙江省农房保险项目里,政府的目标是完成一项"民生工程",而保险公司的目标是获取垄断租金和占领农村保险市场。合作双方并没有共享的目标和价值取向。此外,市场机制没有得到培育和发展。过度的行政干预和商业合作者的垄断地位,都抑制了可能的市场创新和市场机制的发展。如果该项目的政治意义不再显著,由于共享价值观和市场机制的缺失,我们有理由质疑该合作项目是否能够持续下去。

七、结　　语

政府、私营和非营利部门之间的合作在中国逐渐成为公共管理的新趋势。从表面上看,这种合作与西方社会的合作治理很相似。但是,在进一步考察这些合作治理的本质时,我们必须考虑中国社会特有的社会经济和政治条件。这些社会经济和政治条件是合作治理发展的初始约束,其中很重要的两点是:模糊的部门边界和公共组织与其他部门组织之间不平等的权力地位。在合作治理的构建过程中，政府通常占据主动性和主导性的地位，经常单方面地确定合作的对象与合作的方式。政府经常把自己作为企业和社会组织的天然管理者、而非平等的合作者。在合作过程中，政府也经常处于主导地位，过度干预合作者的运营。与此同时，其他部门组织也习惯于服从政府，维持与政府的和谐关系，以此换取长期和短期的利益。这些特点影响着中国的跨部门合作治理的本质。

自然灾害保险的提供，通常被认为应当通过政府和企业的有效合作来实现。我们通过中国浙江农村住房保险体系和美国洪水保险体系的比较发现，虽然表面上都是合作保险制度，但是浙江的合作保险制度无论在构建上还是在实施结果上都与美国有很大不同。导致这些不同的一个主要原因就是政府与商业部门之间的历史关系不同。如果浙江省的合作保险体系能引入更多的竞争机制，企业被赋予更多的灵活性，这种合作可能会提供更多创新性的保险产品，充分发挥自然灾害保险的社会功能。

在西方国家，合作治理被视为民主社会公共管理的新范式（Emerson，Nabatchi，and Balogh 2011；Vincent-Jones 2000）。在公民参与制度和公民投票逐渐衰退的美国，合作治理被视为促进公众参与的新机制。但是中国有着一段很长的强政府和计划经济的历史。与西方长期自由主义下比较清晰的部门边界不同，中国的政府、企业和非营利部门的边界比较模糊，而且权力地位很不平衡。在这种制度背景下，行政干预的历史传统使得一些合作治理演变成政府和企业的重聚。这种合作只是政府达到其政策目标的新工具，而非发展自由市场和市民社会的有效平台。

本文强调制度背景对合作治理的构建和实施结果的重要影响。但是本文只考察了中国制度因素的一个方面，专注于一个政策领域。未来研究可以在我们研究的基础上进行扩展，研究中国的其他政策领域或制度要素。这些研究可以帮助我们进一步了解合作治理与其产生的历史制度条件的内在联系。

致　谢

作者感谢 Trevor Brown 教授、公婷教授、敬乂嘉教授给予的非常有帮助的评论。我们也感谢上海财经大学的宋健敏教授在我们田野调查时给予的帮助。本研究受到国家自然科学基金(项目编号 71202008、71202071),教育部人文社科基金(项目编号 10YJC630231)和 International Development Research Centre(项目编号 05899-011)的资助。

参考文献

Fan, Jenny, Lawrence Gu, Xiaochun Ni:《国际灾难保险项目:对中国的教训和启示》,《公共治理评论》2011 年第 1 期。

冯俏彬:《汶川地震灾后重建资金的筹集与管理》,《地方财政研究》2008 年第 9 期。

郭小聪、李洪涛:《社会政策执行过程中的合作治理研究——以广州市农村社会养老保险政策为个案》,《学术研究》2010 年第 10 期。

林闽钢、战建华:《灾害救助中的 NGO 参与及其管理——以汶川地震和台湾 9 · 21 大地震为例》,《中国行政管理》2010 年第 3 期。

龙苗、郑勐:《市场与地方保护主义:一个基于市场产权的分析框架》,《商业研究》2008 年第 3 期。

《民政事业发展统计报告(1990—2007)》,http://www.mca.gov.cn/article/zwgk/tjsj"。

谢伟东、何雯:《公私合作模式融资在我国城市轨道交通项目中的实践》,《城市轨道交通》2006 年第 3 期。

谢思全、任一:《政府与协会合作治理的模式探索——以中关村科技园区为例》,《天津行政学院学报》2008 年第 4 期。

温从军:《温州苍南县力推政策性农村住房保险》,《上海金融报》2007 年 3 月 7 日。

杨瑞龙:《国有企业股份制改造的理论思考》,《经济研究》1995 年第 2 期。

张跃华、何文炯:《政策性农房保险、社会福利与绩效评估——基于浙江省农村固定观察点 499 个农户的微观数据分析》,《保险研究》2009 年第 7 期。

郑可青:《浙江省政策性农村住房保险工作实践与思考》,《中国财政信息资料》2009 年第 7 期。

《中国统计年鉴 1996—2010》,中国国家统计局,http://www.stats.gov.cn/tjsj/ndsj/。

Ansell, C., and A. Gash. 2008. "Collaborative governance in theory and practice." *Journal of Public Administration Research and Theory* 18(4):543—571.

Austin, J.E. 2000. *The collaboration challenge*. San Francisco: Jossey-Bass Publishers.

Brown, T.L., M.Potoski, and D.M. Van Slyke. 2006. "Managing public service contracts: Aligning values, institutions, and markets." *Public Administration Review* 66(3):323—331.

Bryson, J.M., B.C. Crosby, and M.M. Stone. 2006. "The Design and Implementation of Cross Sector Collaborations: Propositions from the Literature." *Public Administration Review* 66:44—55.

Chaudhry, K.A. 1993. "The myths of the market and the common history of late developers." *Politics and Society* 21:245—245.

Emerson, K., T.Nabatchi, and S.Balogh. 2011. "An Integrative Framework for Collaborative Governance." *Journal of Public Administration Research and Theory*:doi:10.1093/jopart/mur011.

Francis, C.B. 2001. "Quasi-public, quasi-private trends in emerging market economies: the case of China." *Comparative Politics* 33(3):275—294.

Freeman, P., and K. Scott. 2005. Comparative Analysis of Large Scale Catastrophe Compensation Schemes. In *Catastrophic Risks and Insurance*, edited by F.-A. Messy. Paris: Organization for Economic Cooperation and Development.

Freeman, P.K., and H. Kunreuther. 1997. *Managing environmental risk through insurance*. Vol.9. Norwell, MA: Kluwer Academic Publishers.

Gurenko, E., and R.Lester. 2004. Rapid Onset of Natural Disasters: The Role of Financing in Effective Risk Management, Insurance and Contractual Savings Practice. Washington, D.C.: World BankPolicy Research Paper 3278.

Hirschman, A.O. 1982.*Shifting Involvements: Private Interest and Public Action*. Princetion: Princeton University Press.

Jing, Y., and E.S. Savas. 2009. "Managing collaborative service delivery: Comparing China and the United States." *Public Administration Review(Special Issue)*:101—107.

Kunreuther, H., and E. Michel-Kerjan. 2009. *At War with the Weather: Managing Large-Scale Risks in a New Era of Catastrophes*. Cambridge: The MIT Press.

Kunreuther, H., and M. Pauly. 2004. "Neglecting disaster: Why don't people insure against large losses?" *Journal of Risk and Uncertainty* 28(1):5—21.

Kunreuther, H., W.Sanderson, and R.Vetschera. 1985. "A behavioral model of the adoption of protective activities." *Journal of Economic Behavior & Organization* 6(1):1—15.

Liebowitz, S.J., and S.E. Margolis. 2000. "Path dependence." *Encyclopedia of Law and Economics* 1:981—998.

MacManus, S.A. 1991. "Why Businesses are Reluctant to Sell to Governments." *Public Administration Review* 51(4):328—344.

Mills, E. 2007. "Synergisms between climate change mitigation and adaptation: an insurance perspective." *Mitigation and Adaptation Strategies for Global Change* 12(5):809—842.

Mu, R., M.d. Jong, and J.Koppenjan. 2011. "The rise and fall of Public-Private Partnerships in China: A path-dependent approach." *Journal of Transport Geography* 19:794—806.

Nee, V.2000. "The Role of the State in Making a Market Economy." *Journal of Institutional and Theoretical Economics* 156(1):64—88.

Nee, V., and Y.Cao. 1999. "Path dependent societal transformation: Stratification in hybrid mixed economies." *Theory and Society* 28:799—834.

Nee, V., and S.Opper. 2010. "Political capital in a market economy." *Social Forces* 88(5):2105—2132.

Oi, J.C. 1992. "Fiscal reform and the economic foundations of local state corporatism in China." *World Politics: A Quarterly Journal of International Relations* 45:99—126.

PricewaterhouseCoopers. 2012. *Study of the Economic Effects of Charging Actuarially Based Premium Rates for Pre-FIRM Structures. Final Report*. PricewaterhouseCoopers, LLP, [cited March 7 2012]. Available from http://www.google.com/url?sa=t&rct=j&q=&esrc=s&frm=1&source=web&cd=1&ved=0CCEQFjAA&url=http%3A%2F%2Fwww.fema.gov%2Flibrary%2Ffile%3Ftype%3DpublishedFile%26file%3Dfinalreport.pdf%26fileid%3Dbb53c1a0-ef67-11db-8f7c-000bdba87d5b&ei=MCh8T7jIK6ediAe05oSSCQ&usg=AFQjCNGUtpmumSs4KhDurHarIcYMRLxo ZQ&sig2=ulnMFIuf4OJ0MocsA9KGZg.

Sagawa, S., and E. Segal. 2000. "Common interest, common good: Creating value through business and social sector partnerships." *California Management Review* 42(2):105—122.

Saich, T. 2000. "Negotiating the state: The development of social organizations in China." *The China Quarterly* 161(1):124—141.

Shi, P., D. Tang, J. Liu, B. Chen, and M. Zhou. 2008. Natural Disaster Insurance: Issues and Strategy of China. In *Asian Catastrophe Insurance*, edited by C.Scawthorn and K. Kobayashi. London: Risk Books, A Division of Incisive Financial Publishing Ltd.

Thorelli, H.B. 1986. "Networks: Between markets and hierarchies." *Strategic Management Journal* 7:37—51.

Unger, J., and A.Chan. 1996. Corporatism in China: a developmental state in an East Asian context. In *China after Socialism: In the Footsteps of Eastern Europe or East Asia*, edited by P. Bowles, B. L. McCormick and J. Unger. Armonk, NY: M.E. Sharp.

Vincent-Jones, P. 2000. "Contractual governance: Institutional and organizational analysis." *Oxford Journal of Legal Studies* 20(3):317—351.

Weintraub, J., and K.Kumar, eds. 1997. *Public and Private in Thought and Practice: Perspectives on a Grand Dichotomy*. Chicago: University of Chicago Press.

World Bank. 2011. *World Bank Good Practice Notes: Catastrophe Insurance Policy for China*, [cited May 17 2011]. Available from http://siteresources.worldbank.org/CHINAEXTN/Resources/318949-1217387111415/Catastrophe_Insurance_en.pdf.

Xu, S., and R. Yang. 2010. "Indigenous characteristics of Chinese corporate social responsibility conceptual paradigm." *Journal of Business Ethics* 93(2):321—333.

Yin, H., H. Kunreuther, and M. White. 2011. "Risk-Based Pricing and Risk-Reducing Effort: Does the Private Insurance Market Reduce Environmental Accidents?" *Journal of Law and Economics* 54(2):325—363.

（第一作者为上海财经大学公共经济与管理学院副教授，第二作者为上海交通大学安泰经济与管理学院副教授）

“排除合理怀疑”的实践适用研究

王　戬

“排除合理怀疑”是英美法系刑事证明标准的经典表述，对于我国的案件适用则是一个重要的实践命题。从立法规定看，我国修订后的刑事诉讼法通过对“确实、充分”加以解释的方式间接地引入了“排除合理怀疑”的证明标准，使我国刑事案件的证明标准具有了主客观相结合的特征，这对一线办案人员的实践适用会产生相当程度的影响和冲击。由此，对“排除合理怀疑”的中国式适用及其面临的结构性障碍进行分析，就显得尤为重要。

一、我国刑事证明标准中的“排除合理怀疑”

“排除合理怀疑”的证明标准源自英美法系。21 世纪初，随着自由心证的内涵及隐喻被重新认知，对其体系下的重要组成部分——证明标准，形成了一轮学术热潮，关于英美法系的“排除合理怀疑”与大陆法系的“内心确信”的研究更加深入，形成了“事实清楚，证据确实充分”、“内心确信”、“排除合理怀疑”三者并存的局面。①而“排除合理怀疑”在我国由完全否认、排斥到现今由并行到融合的这样一种程度的确认，一方面缘于理论界对“排除合理怀疑”的理解的加深，另一

① 与此相对应，有关证明标准研究的第一轮学术热潮出现。此间，从证明标准的概念之争到是否需要和真正存在所谓的“标准”，从证明标准的哲学基础到运用中的阶段可分性，从对域外相关证明标准的介绍到我国证明标准的分析，等等，学界从不同层面和维度进行了极为热烈的讨论。其中代表性论文如樊崇义教授 2000 年发表于《中国法学》第 1 期的《客观真实管见》，将有关证明标准的确立同客观真实与法律真实的理念追求和价值选择紧密相连。所以，综观这个阶段对于“排除合理怀疑”的研究，大都从客观真实与法律真实之争逐渐拓展开来。而后期的研究，对于二者之间的价值取舍，亦有论者发出了不同的声音，指出：值得注意的是，法律真实论者起初并没有提出明确的证明标准，随着学术讨论的展开，现在有的人提出以“排除合理怀疑”来取代“犯罪事实清楚，证据确实充分”的标准，但“排除合理怀疑”怎么就成了法律真实的证明标准，却令人感到有点“拉郎配”式的牵强感。参见张建伟：《证明标准研究中的模糊视阈》，《政法论坛》2005 年第 6 期。

方面则是“事实清楚，证据确实、充分”这一标准在实践办案中所遭遇的瓶颈和困境使然，其中后者更为重要，根植于一线办案的实践需求和多地的实务探索更加现实的推进“排除合理怀疑”走入我国的刑事证明当中。

综观我国1979年《刑事诉讼法》和1996年《刑事诉讼法》，案件“事实清楚，证据确实、充分”一直为刑事案件无可争议的证明标准。学界普遍认为，这一标准在理论上要求穷尽一切办法查明案件真实，侧重于对证据本身量与质的要求，并不对控诉者和裁判者的主观认识活动作严格要求。但刑事诉讼活动的推进离不开公安司法人员对案件事实的主观认知。就审判而言，尽管有罪证据确实、充分时法官应当作出有罪判决，但证据确实、充分并不会公式化的自动与有罪判决产生关联，客观上的“证据确实、充分”只有转化为裁判者主观上的有罪确信，有罪判决才能最终生成。换言之，法官作出有罪判决是依据证据所形成的对于事实的内心判断而作出的，实际上是一个主观的过程。很明显，我国法律规范中所规定的“证据确实、充分”的证明标准与司法实践存在着一定程度的错位。实践办案的现实需求表明“司法证明的目的可以带有一定的理想性，但司法证明的标准必须具有现实性”，①即证明标准于案件应强调可操作性和具体适用性。应该说原来的“证据确实、充分”的证明标准是一个很好的司法证明的目的，但不是一个很好的司法证明的标准。它本身不具有判断、操作功能，更多的是具有目的或目标功用。而定罪的证明标准其主要功能是在诉讼活动中，指导审判人员对于尚未定罪的案件就控方提供的证据做出是否达到对被告人定罪程度的判断。

正是因为现有的证明标准不能较为完整地为刑事证明提供最终判断的指南，2012年《刑事诉讼法》第53条第2款规定：“证据确实、充分应当符合以下条件：（一）定罪量刑的事实都有证据证明；（二）据以定案的证据均经法定程序查证属实；（三）综合全案证据，对所认定事实已排除合理怀疑”。上述三项具体要求中，第一项要求定罪量刑的事实都有证据证明，是一项体现证据裁判原则的基础性要求；第二项要求定案证据经法定程序查证属实，是对程序合法性与证据客观性的要求；第三项综合全案证据，对所认定事实已排除合理怀疑，是衡量案件

---

① 何家弘：《论司法证明的目的和标准——兼论司法证明的基本概念和范畴》，《法学研究》2001年第6期。

事实清楚及证据确实充分的重要标准。至此,“排除合理怀疑”在我国正式入法,其要求刑事诉讼的证明不仅要注意证立,而且要排伪,作为证明标准的解释方法之一,“排除合理怀疑”已经与“证据确实、充分” 的证明标准相融并生,不可分割。

对于这样一种“解释型”亦或“概念中的概念”的立法体例,必然关乎二者的既存关系问题,对此,官方的解释是:“证据确实、充分”具有较强的客观性,但司法实践中,这一标准是否达到,还是要通过侦查人员、检察人员、审判人员的主观判断,以达到主客观相统一。只有对案件已经不存在合理的怀疑,形成内心确信,才能认定案件“证据确实、充分”。这里使用“排除合理怀疑”这一提法,并不是修改了我国刑事诉讼的证明标准,而是从主观方面的角度进一步明确了“证据确实、充分”的含义,便于办案人员把握。①对于上述的二者关系,学界给予了基本相同的理论回应,如认为:证明标准是承担证明责任的诉讼一方对待证事实进行证明所要达到的真实程度,它有客观层面和主观层面之分。与英美法中的“排除合理怀疑”和大陆法中的“内心确信无疑”不同,中国法确立了“事实清楚,证据确实、充分”的证明标准。我国刑事诉讼法近年来对这一证明标准作出了较为精细的解释,并将英美法中的“排除合理怀疑”引入到这一证明标准中来。②“2012 年《刑事诉讼法》对原有的证明标准做了一些修补”。③“从法解释的角度看,新刑事诉讼法中的证明标准,仍然是案件事实清楚,证据确实充分。而新法第 53 条中规定的排除合理怀疑,只是证据确实充分的判断依据,亦即对证据确实充分的一种解释……是刑事诉讼中认定案件事实的一项辅助性标准。因此,中国法中排除合理怀疑作为证据判断规则的定位,与英美法和日本法以其为证明标准的主要表达方式存在区别”。④

无论怎样界定“排除合理怀疑”与“证据确实、充分”的关系,“排除合理怀

① 全国人大常委会法制工作委员会刑法室:《关于修改中华人民共和国刑事诉讼法的决定:条文说明、立法理由及相关规定》,北京大学出版社 2012 年版,第 53 页。郎胜:《中华人民共和国刑事诉讼法修改与适用》,新华出版社 2012 年版,第 123 页。

② 陈瑞华:《刑事诉讼中的证明标准》,《苏州大学学报》2013 年第 3 期。

③ 杨宇冠:《论死刑案件证明标准之完善——新〈刑事诉讼法〉实施问题思考》,《清华法学》2012 年第 3 期。

④ 龙宗智:《中国法语境中的“排除合理怀疑”》,《中外法学》2012 年第 6 期。

疑”都现实地步入我国的司法实践中。对于其适用的效果及是否可以完成其负有的实现证明标准“可操作性”及“主客观相结合”的使命,有论者对此表示担忧,并提出了其具体适用的实践把握问题。如有论者指出:这一新规定显示的立法意图是将刑事证明标准予以细化,使之更具有可操作性。当然,由于出现了“排除合理怀疑”这样的表述,也有理由认为这是一种转变——从“客观真实的证明标准”向“法律真实的证明标准”的转变,至少,人们可以理解为这是对“法律真实的证明标准”的吸收。“证据确实、充分”细化为三个方面的具体内容,有助于促进人们对刑事证明标准的理解,因而可以视为为解决证明标准的“可操作性”问题而作的一种努力。然而,对此虽然应予肯定,但如果说证明标准的细化是为了使证明标准更为具体从而有助于解决其“可操作性”问题,以解决人们对“证据确实、充分”这种过于抽象的概念可能产生的分歧,那么,其效果将是十分有限的。①“证据确实、充分”标准在我国当前存在两种具有法律效力的解释版本:不存在合理的怀疑并形成内心确信的“排除合理怀疑”版本和由证据得出的结论为唯一结论的“唯一性”版本。两者之间显然存在差异。前者强调裁判者的最终心理状态,而后者强调案件事实实际上得到证明的客观状态。立法者期望把“证据确实、充分”解释为“排除合理怀疑”后实现证明标准的“主客观相统一”,遗憾的是他们对“排除合理怀疑”的解释却有意无意间落在了“主观”心理状态方面,那么它的“客观”方面是什么呢?能否以“唯一性”作为它的“客观”标准呢?如果不能以“唯一性”作为它的“客观”标准,那么是否存在其他的客观标准?总之,我们该如何解释“排除合理怀疑”才能使它成为一个“主客观相统一”的标准?②

综上,我们可以做出这样的理解,即我国刑事案件的证明标准仍为“证据确实、充分”,“排除合理怀疑”是以一种补充式、辅助性和解释化的形式共存于现有的证明标准“之中”或“之下”,其立法设置的根本目的是用以解决旧有刑事证明中的操作性问题,是为主观意识伸出手来把握客观存在提供现实的方法和路径。然而,在这种“主客观相统一”的证明标准的具体适用中,案件的证明生成则是先

---

① 王敏远:《论我国刑事证据法的转变》,《法学家》2012 年第 3 期。

② 李昌盛:《反思排除合理怀疑标准》,《南京大学法律评论》2013 年春季卷。

要解决合理怀疑是否排除的问题,然后才是案件事实是否清楚,证据是否确实、充分的定案结论。由此,尽管在立法体例上“排除合理怀疑”只是以进一步说明“证据确实、充分”的方式被引入,其服务或受制于这一目的或要求,但于具体案件的适用而言,“排除合理怀疑”是“证据确实、充分”的前道关口。进一步讲,无论“排除合理怀疑”怎样存在于现行的证明标准中,其都必将对我国刑事案件的处理产生重大影响,从长远来看有助于推动我国刑事证据制度的系统变革。而“排除合理怀疑”无论是走入还是撞开我国刑事证明标准的大门,当下应当充分关注的问题是如何实现合理怀疑的排除适用以及如何理解这一标准的中国意义。

二、何为“怀疑”及如何“合理”的传统思路解构

确立排除合理怀疑的证明标准,是建立在人们对案件事实的认识最大可能地接近于客观真实的基础之。在其结论生成过程中,有罪的可靠性得到有力的证明,从证据事实中得出被告无罪的结论则没有合理理由支持,法官相信或者说服法官相信被告有罪是唯一的结论。在这种相信或说服的过程中,案件或者证据是否存有疑点,心证或判断是否还存有怀疑以及这种怀疑是否在合理限度之内,是“排除合理怀疑”具体适用必须要面对和解决的问题。因此,即便人们普遍认为这些内容难以或根本无法界定,但却从来没有放弃或停止对这一问题的讨论。

如以适用“排除合理怀疑”为刑事证明标准的国家,通常认为:“排除合理怀疑”是一个最严肃的法律术语,但是,在现实中,将其解释清楚并真正适用于具体案件则让人感觉是一件极其困难并令人沮丧的事情。在任何案件中,都可能存在着某种不确定性。何种不确定性可以精确地被视为一个法律上的“怀疑”? 有关被告有罪的法律上的“怀疑”在什么样情况下,到什么程度才能属于“合理”的? 很多时候,在理解上陪审团被搞得一头雾水。①对此,即便是法律界最精于

① Peter Tiersma, The Rockey Road to legal Reform: Improving the Language of Jury Instruction, 66 Brooklyn L Rev.1081, 1087(1999).

此道的某些业内人士也发现难以明确回答这一问题。①其实在许多判例法中,法官们在界定"合理怀疑"时经常不得已地闪烁其词。威格摩尔曾言:"试图对这一难以捉摸、无法界定的大脑状态给出详细的定义是不明智的"。②根据传统的普通法规则,法官禁止对该术语进行解释。无论陪审团如何强烈要求得到指导,他们都要独立地凭借自己的理解体会"合理怀疑"的含义。③甚至在那些允许法官对该标准进行界定和解释的州,通常也罕有法官这样做。美国最高法院清楚地表明,在界定"合理怀疑"上所犯的错误从来都不是无害错误。④从根本上来讲,排除合理怀疑规则太重要了。然而,另一方面,美国最高法院自己也索性放弃了界定该标准的任何努力。⑤最高法院曾经坦白地讲到:"试图解释合理怀疑这一术语,通常从来都不会使陪审团的头脑更加清醒。"⑥

虽然"怀疑"难以解释和无法界定,然而由于其适用的不可回避性和常态存在特征,对其进行某种类化分析,以使其核心内容最大程度精确化和适用边界最大可能清晰化的理论探讨却从没有停止过。如由于"怀疑"通常意指一种心理状态。在这种状态中,大脑徘徊于两种相反的命题之间而不能定夺,无法完全认同其中的任何一个。根据不同的状态,有论者指出:"怀疑有积极性与消极性之分,在前者中,支持与反对的证据旗鼓相当,无法定夺;在后者中,怀疑起因于任何一方均无充分的证据……另外,怀疑可以分为理论上的与实际上的。前者是关于抽象的真实与错误,后者是关于义务的问题,或者行为合法性的问题,或者仅仅是权宜性的问题。还可以做出进一步的区分:关于一个特定事实存在(dubium)的怀疑;关于法律戒律(dubium juris)的怀疑。根据对怀疑存在之基础考量的合理与否,可以分为谨慎的怀疑与轻率的怀疑"。⑦此外,怀疑还可以分为"积极的

---

① Jon O.Newman, Beyond "Reasonable Doubt",68 NYUL Rev.979, 982~990(1993).

② J.Wigmore, A Treatise on the System of Evidence in Trials at Common Law, 3d ed, (repr. Holmes Beach: Gaunt, 2003), 4:3542(=2497).

③ Jessica Cohen, The Reasonable Doubt Jury Instruction: Giving Meaning to a Critical Concept, 22 Am. J.Crim. L 677, 687~688(1995).

④ Sullivan v. Louisiana, 508 U. S. 275(1993).

⑤ Victor v.Nebraska, 511 U.S. 23~28(1994).

⑥ Miles v.United States, 103 U.S. 304, 312, 26 L Ed.481(1881).

⑦ [美]詹姆士·Q.惠特曼:《合理怀疑的起源——刑事审判的神学根基》,佀化强、李伟译,中国政法大学出版社2012年版,第170页。

怀疑"和"沉睡的怀疑","积极的怀疑源自证据、一般性知识、常识等,它既可以是对单个构成要件事实(如主观要件)的前提、推论和结论的质疑,也可以是对全部构成要件(如主张不在犯罪现场)的质疑。沉睡的怀疑既可以是现有证据无法说明的怀疑,也可以指被告人单纯的辩解。这两种怀疑在任何案件中都是无法完全消除的,因为诉讼反演推理的本质决定了它们的数量是无限多的。因此,即使存在沉睡的怀疑,也不应当成为阻却定罪的理由"。①

相较于"怀疑"的产生,"怀疑"生成后的"合理"判断则更加复杂,也更加难以把握和定义。对此,论述者大都从如何为"合理"的正面证成和怎样为"不合理"的反面认知层面进行传统的解构和评析。尽管在排除合理怀疑的个案应用中,"怀疑"、"合理"、"排除"这些问题并没有简单或自然的答案,并不能真正和彻底解决人们心中的概念困惑和适用明确性问题,但综观域内外对于"排除合理怀疑"的传统解构研究,其不同面向的点断式解读对于中国式"排除合理怀疑"的适用,至少有以下启发:

首先,虽然不能对"怀疑"、"合理"、"排除合理怀疑"进行概念式的定义,但可以对"怀疑"的产生原因和表现方式进行一定的类化分析。怀疑生成具有一定的分散性,但也具有某种规律性,对"怀疑"生成所指向的证据问题进行规律性分析和总结,进而对"怀疑"的合理性内容进行某种去抽象化适用,这样一方面有利于追诉方在办案中事先防控可能产生的怀疑,并做预防式的证据补强;另一方面有助于审判机关事先把脉"怀疑"合理与否的显性和隐性争点,从而正确适用排除合理怀疑,正确定罪量刑。如在相当多的毒品犯罪案件中,是否"明知是毒品"的主观心理成为一个类化的证明难点,大量案件在通过客观行为来判断主观明知中遭遇障碍,并常态似的成为控辩焦点和法庭审查的难点。

其次,任何案件的处理都与一定程度的"怀疑"相伴而行,实践认定的关键点在于"合理性"与"合理限度"之间的界域。针对"合理性"面临的证明困惑,对诸如幽灵抗辩、间接证据定案、孤证问题、推定适用等实践办案难点,从合理性的来源、合理性的逻辑、合理性的证成等不同面向,进一步勾勒"怀疑"在个案和类案中呈现的"合理"、"非合理"、"合理掩盖中的非合理"样态,有助于去伪存真,一

① 李昌盛:《反思排除合理怀疑标准》,《南京大学法律评论》2013年春季卷。

方面可以一定程度上防止出现借“疑”生“疑”，使真正的犯罪分子逍遥法外；另一方面可以使各种显性和隐形的疑案浮出水面，在案件办理的最初环节即引起足够的重视，并得到有针对性的区别化处理，从而集中优势办案力量解决疑难复杂案件，有效避免冤假错案的产生，实现疑罪从无的司法适用。而这种对案件掌控能力的提高，在当下的中国还有助于防止司法办案人员受新闻媒体和“社情民意”的过度影响，恢复二者之间的逻辑，实现司法对社会价值的正向引导功能。①

再次，“排除合理怀疑”与“证据确实、充分”无论二者怎样并存于现行的证明标准体系中，它们都有其特定的精神和运用要求，不是立法上将“排除合理怀疑”的表述安排进“证据确实、充分”中，二者就会形成天然的对接。“排除合理怀疑”的入法，应带来系列的案件证明的转变，如要改变传统办案人员对案件的证成方式，等等。由此，对于我国当下的司法适用而言，应注意防止立法上的规定与实践中的处理产生断裂，即证据要求和事实的认定依然采用过往的惯性思维，而将排除合理怀疑的适用仅束之高阁于法律规范当中，仅形式化的存在于各种文书的表述中，而不是作为一种法律适用存在于具体案件的办理中，应注意法律规范新内容的正确理解，避免各种可能方式存在的异化执行。

最后，排除合理怀疑既应用于证据的综合判断，也在证据个别判断中使用，针对“怀疑”的不同样态、“合理”的不同程度以及不同的案件要求，其“合理”的判断不同，亦应采用不同的方法进行具体的排除适用。提起公诉同样适用“排除合理怀疑”这一标准是我国特有的司法现状，但其与审判阶段的具体适用应进行差异化区分，如对怀疑的合理化认定程度、排除的关键点以及排除的底线与立场等方面均存有不同。通过对合理怀疑可能产生的环节，如证据生成、证据取得、证据审查、证据质证、证据认定等阶段的细化分析，探讨其不同的成因和表现方

① 在办案过程中，可能会经常遇到严格的法律适用会与普通的社情民意产生碰撞。法律适用的过程一定意义上讲就是要满足群众对正义感的合理期待。法律适用与民众的感受发生冲突的时候，问题可能不在于法律规则本身的不周延和滞后，而在于我们对于规则的理解可能出现了偏差。但是吸纳民意不是对民意中判断性和情绪性因素的简单妥协和接纳，更重要的是对民意中包含的价值观和正当需求的正确判断。以不同利益诉求呈现的纠纷，可能隐藏的是不同法制理念的博弈，这个时候我们可能更加需要的是足够的智慧和勇气对各种利益诉求进行甄别。社情民意你不能强求它要理性，最朴素的民众情绪可能是最不理性的，也可能是最善变的。这个时候，我们更加需要法律适用机关通过自身的法律行为，实现对社会价值的牵引和导向功能。

式,并进行证明类化的概括和总结,从而确立具体的应对策略和排除方法,有利于为一线办案人员提供更加直接、实用的指导,使"排除合理怀疑"更加现实地运作在法律实践者的逻辑分析和案件证成中,或者于无形中内化为一种精神或原则指引一线办案人员处理具体案件。

三、"排除合理怀疑"与"无罪推定"结合的现实意义

就近期而言,要实现排除合理怀疑的中国意义,就必须充分认识到,作为对"证据确实充分"证明标准的解释和补充,"排除合理怀疑"意味着我国的刑事诉讼证明不仅仅是关注证立,而且要排伪。这是我国证据制度在证明方法上的重大理论突破。排伪的做法可能在之前的司法实践中事实上也在使用,但被明确写入法典,意味着这成为了法律的具体要求。如果说国外谈及排除合理怀疑证明标准是在证明责任的完成上作为逻辑的终点的话,我国使之成为确实充分证明标准的解释和补充,其更大的理论意义是提供了一个证明方法的起点。

证明标准是承担证明责任的诉讼一方对待证事实进行证明所要达到的真实程度。"任何一种决策标准,有三个命题是公理性的,第一,在需要证据考量的法律语境中,存在着旨在为几乎每一个决定提供指导的公认标准。第二,几乎所有那些决定,不仅需要通过证据分析使潜在逻辑关系得到鉴别,而且还需要通过证据评价来判定推论的相对程度,因而可以合乎逻辑地宣称为其提供了某种支持。第三,无论如何表述,决策标准通常都是为评价和分析提供指导而构建的"。①在刑事证明标准适用中,上述三个公理性命题同样成立。如果说定义证明标准永远会存有争议,甚至于其边界设定都难以实现某种统一,因为毕竟证明标准太抽象也太具体;如果说对吸入式并入"排除合理怀疑"是否能真正解决我国刑事证明的任意性问题我们还存有担忧,对其与"事实清楚,证据确实、充分"实现完美结合而进行主客观相统一的案件认定还存有质疑,因为毕竟二者都只是关于主观信念的一种要求;如果说就我国现状而言,二者的结合适用还存有如配套制

① [美]特伦斯·安德森、戴维·舒姆、[英]威廉·特文宁:《证据分析》,张保生、朱婷、张月波等译,中国人民大学出版社2012年版,第307—308页。

度、诉讼规则和体系化建设的诸多缺陷和问题,且短时间内难以客服和消弭,那么当下我们可以着力解决和急需面对的,则是其作为一种证明方法的适应和改变。

在排除合理怀疑与证据规则的关联适用中,有一个问题需要引起关注,就是如何通过排除合理怀疑的吸收式运用,提高无罪推定原则的可适用性。无罪推定的理论来源,可以上溯到古代罗马法的“有疑,为被告人的利益”的原则和“一切主张在未证明前推定其不成立”这一法律公式。①一般认为,无罪推定可以派生出许多刑事诉讼规则,如证明被告人有罪的责任由控诉一方承担,被追诉人不负证明自己有罪或无罪的义务;对被追诉人采取强制性措施有严格的程序限制,不允许任意进行;被追诉人享有沉默权,不得强迫其作出供述;禁止采用刑讯逼供及其他非法方法获取证据,否则,获得的证据不能作为定罪的依据;被追诉人享有以辩护权为中心的各项诉讼权利;最终认定被告人有罪的主体只能是法院,法院对被告人作出有罪判决必须建立在“无疑”的证明基础之上,“有疑问”时作有利于被告人的解释,等等。“美国联邦最高法院则明确提出,排除合理怀疑证明标准为无罪推定提供了实质性的内容。”②在布里南(Brennan)大法官所代表的多数派看来,“排除合理怀疑标准是降低基于事实错误的定罪风险的首要工具,并为无罪推定提供具体的内容”。③“正是在这一证明标准正式确立之后,无罪推定才引申出这样一条著名规则:如果对被告人有罪的证明存在合理的怀疑,则应作有利于被告的推定或解释。因此,现代意义上的无罪推定,只有在‘排除合理怀疑’证明标准的配合下,才能展示出完整的内容。”④

在我国,由于无罪推定的两大基石:沉默权和律师在场权都没有得到确立,因此,有关无罪推定于我国的适用一直都存有争议。⑤“排除合理怀疑”要求,控

---

① 陈光中:《应当批判地继承无罪推定原则》,《法学研究》1980 年第 4 期。

② In Re Winship, 397 U.S.358, 365(1970).

③ In Re Winship, 397 U.S.358, 90 S. Ct. 1068(1970).

④ 汤维建、陈开欣:《试论英美证据法上的刑事证明标准》,《政法论坛》1993 年第 4 期。

⑤ 我国并未真正确立无罪推定原则,我国刑诉法第 12 条规定的“未经人民法院依法判决,对任何人都不得确定有罪。”只是明确了法院的统一定罪权,较之普适意义上的无罪推定尚有距离。但无论其具体落实的程度如何,不容否认的是,无罪推定原则在我国的司法实践中,一直在理念和实务两个层面上发挥着重要的、不可忽视的影响力。

方承担证明被告人有罪的责任，以消除裁判者对指控事实的“合理怀疑”；而被告方则既不承担证明有罪的责任，更加不承担证明无罪的责任，但可以反驳指控，进行辩解或辩护，以增加裁判者对指控事实的“合理怀疑”，最终达到维护自己权益的目的。从这个意义来说，排除合理怀疑标准的主要目的不仅在于查明案件事实，而且为控辩双方设定权利义务，防止追诉权的滥用，以证明标准的要求保证公民权利得到切实保障。2012年我国《刑事诉讼法》第53条吸收式地引入了“排除合理怀疑”，同时在第49条中规定：公诉案件中被告人有罪的举证责任由人民检察院承担。这既对控方的证明程度做出要求，同时也为刑事诉讼中证明责任的分配提供了重要的指导准则。据此，构成指控犯罪所必须的事实必须由控方排除合理怀疑地予以证明，不允许通过任何程序性工具转移到被告人身上。由此，作为卸除证明责任标志的“排除合理怀疑”使无罪推定原则的可适用性提高。反之，无论“排除合理怀疑”是以怎样的一种形式存在于我国的证明标准体系中，其具体适用都应以无罪推定为基础理念，任何有悖这一原则的立法和司法样态，都会成为适用“排除合理怀疑”的实践障碍。

四、“排除合理怀疑”的远期前景和作为一种证明方法的跟进与突破

裁判思维是法官解决案件问题的具体思考过程，因为法律最终都是一个“如何解决问题”的问题。①从心理学而言，问题解决是指一个在现有手段和目标之间进行分析，根据相关策略，从而达到目标的过程。②从认知心理学而言，查明案件事实是法官在特定场域进行的认知活动。法官的认知是在原有“知识库”的基础上进行，③原有“知识库”潜移默化地影响着法官的认知。事实的新信息只有被法官原有知识库同化或顺应才能被理解和运用，因此，对于事实的认知加入法官自己的理解也就不可避免。在排除合理怀疑的适用中，哪些是合理的，哪些是

---

① ［美］波斯纳：《法理学问题》，苏力译，中国政法大学出版社2002年版，第198页。

② 梁宁建：《当代认知心理学》，上海教育出版社2009年版，第277页。

③ ［加］玛里琳·T.迈克瑞蒙：《事实认定：常识、司法任职与社会科学证据》，徐卉译，载王敏远主编：《公法》（第四卷），法律出版社2003年版，第276页。

不合理的？哪些是妄想？哪些是推测？可能是一个常态式的组合问题。而“排除合理怀疑”更多的是给你一个思维的方法，无论怎样与证据确实、充分实现关联，其实还是自由心证。这其中心证的形成方法和公开路径就显得尤为重要。

那么心证是怎样形成，又是怎样展示其结论以达到一种自向证明和他向证明过程呢？在证据与案件的关联中，任何一种司法证明，结论的生成都要串联起系列的证据，按照符合逻辑和经验的方法被演绎归纳和分析总结，其中任何一种证据的采纳和与其他证据的组合都离不开裁判者的判断行为。如果说法律规范可以完备和改变一个证据的能力和资格，那么依据证据的证明过程和据此而生的结论则要依赖裁判者的“心证”去串联和拼图。“证据心证主义在于建构证据、证据资格、证据调查程序、证据评价之前置过程，并就形成事实心证之过程中，对于如何之证据得证明至如何之事实加以适用”。①但是在具体案件的处理中，司法证明并不是或黑或白的绝对二分化的存在于真伪之间，其常态化的状态是处于证明的某种中间位置，也就是说，承担证明责任的一方对待证事项的证明，达到了一定程度的真实，而不是没有任何可信性，但这种可信性又达不到百分之百的真实程度，尤其是在对方提出了相反的主张和相应的证据时，裁判者对待证事实是否存在既形成了一定程度的相信，又存在着不同程度的怀疑。由此，通过一定的证明方法，将裁判者辨别真伪的过程，将“疑”与“不疑”的产生和排除过程，将心证的判断和取舍的过程路径化，就成为司法证明的重要一环。而在不同的证明标准体系中，其选取的路径，即心证的公开方式，亦即其适用的证明方法是存有较大差异的。“证据是法律程序的逻辑形态。具体言之，所谓构成要件该当性的包括或涵括，其实就是逻辑法则的适用，而现在只不过是增加‘证据这个事项而为证明之数据’”。②在运用证据这个数据进行说明和说服的时候，“总的看来，法、德等典型大陆法国家的证明是以‘确信’为中心概念，而英美法以‘排疑’为中心概念，由此似可将前者概括为‘在建构过程中解构（排疑）’；后者则可概括为‘在解构过程中建构’。二者的相同之处在于‘以解构保障和促进建构’……从我国的情况看，我们长期实行确实充分的证据

---

① 黄翰义：《论证据心证主义》，《军法专刊》第55卷第1期（2009年）。

② 陈志龙：《超越合理怀疑与证据证明》，《台北大学法学论丛》第69期。

标准,强调其‘建构性’”。①

在以“证据确实、充分”为要求的建构式证明中,由于强调客观存在,强调彼此的真实印证,因此在具体的司法适用中,一线办案人员经常会着力回避一些确定性因素不高的证明方法,如推论、经验法则等等。这是我国刑事诉讼证明长期以来以坚守客观性为由,强调外部印证,忽略内部心证,因此对经验法则的运用重视不够的反映。②以推论、经验进行的逻辑分析通常难以避免存在缝隙,会面临较大的风险。“一根熔断的保险丝将要影响的,可不仅是造成其熔断的插座”。③为了规避这种风险,事实认定者们有意无意的都会排斥一些不确定方法的适用,加上证据与事实、证据与证据之间逻辑链接的“确定性”本身就是非周延存在的,存有一定的弹性空间,这势必会对结论的生成提出挑战。④为了规避和遮掩这种事实认定的无力感,裁判者们对心证脉络的形成少有显性化论证,相关的逻辑链接也尽可能简化,这在我国判决文书缺少“说理”中得到了印证,这些都与建构式证明方式存在一定的因果联系。

在我国,“排除合理怀疑”无论怎样与“确实、充分”进行主客观结合,也无论我们对其进行怎样的界定和理解,它都承担着防范错案的重要功能。但由于“排除合理怀疑”并不能天然阻断错案,其运行中的某些因素甚至极易生成错案。“导致错误有罪判决的真正原因是在适用‘排除合理怀疑’的证明标准过程中的偏见或者过度热情,以至从有问题的证据或者夸大了的证据中得出的没有根据的结论”。⑤所以将“排除合理怀疑”进行点段式的分割,即将何为怀疑,如何合理的心证路径进行公开和释明,还可以提高控辩双方对判决的检验能力,具有对错案进行防范和纠正的隐形价值。

---

① 龙宗智:《中国法语境中的“排除合理怀疑”》,《中外法学》2012 年第 6 期。

② 龙宗智:《薄熙来案审判中的若干证据法问题探析》,《法学》2013 年第 10 期。

③ [美]特伦斯·安德森、戴维·舒姆、[英]威廉·特文宁:《证据分析》,张保生、朱婷、张月波等译,中国人民大学出版社 2012 年版,第 321 页。

④ 论据和论题之间要有确定的逻辑联系,这里的“确定的逻辑联系”不能理解为“必然的逻辑联系”和“能成为充分条件的理由”,因为必然的逻辑联系和能成为充分条件的理由意味着论据真则论题必然为真,实际上只有演绎论证能够满足这一要求,而一般非演绎论证不具有这种必然性……一句话,确定性存在着一定的弹性空间。参见李树真:《精细化司法证明中逻辑与经验基本问题研究》,中国社会科学出版社 2012 年版,第 94—95 页。

⑤ 邱福军:《刑事证明标准研究》,中国人民公安大学出版社 2012 年版,第 94—95 页。

根据现代证据法的基本假设，证据法所要规范的主要是证据的法律资格和司法证明的基本方式。“排除合理怀疑”是一种法的理念与标准，只有物化为具体的证明方法，才可能成为最具有实效性的法制度。其在我国被吸收式的引入，无论是否能完成立法预期，都应当带来证明方式的改变，这是现代刑事证明的必然要求，也是解决当下中国刑事证明困惑的关键所在，应当引起足够的重视，也应该能够带来巨大的转变。

（作者为华东政法大学法律学院教授）

改革背景下审查逮捕模式的改造路径探究

陈庆安　张雅芳　张楚昊

逮捕,因其对人身自由的限制功能而被认为是最为严厉的强制措施,犯罪嫌疑人、被告人一旦被逮捕,立即失去人身自由,且可能面临较长时间的羁押。逮捕本应是我国刑事诉讼进程中的一种具体性措施,却因立法规定缺乏可操作性、强制措施体系不完善以及执法理念上重打击、轻保护的传统思想与构罪即捕的观念,导致其并未得到很好的适用。司法实践中存在的"构罪即捕"、羁押率高、超期羁押等现象,严重侵害了犯罪嫌疑人、被告人的基本人权。究其原因,一方面是对逮捕条件审查和适用规定笼统,可操作性有待加强,造成司法实践中逮捕措施适用混乱,另一方面,当前检察机关所采用的逮捕条件审查和适用模式存在缺陷,导致审查逮捕程序行政化严重、逮捕措施适用的随意性较强等问题十分突出。随着检察改革被逐渐推向深入,审查批准逮捕职权作为检察机关的重要职能之一也被提上了改革的日程。在全面推进依法治国的宏大背景下,在贯彻宽严相济刑事政策的司法实践中,审查逮捕模式研究应引起足够的重视。

一、 完善我国审查逮捕模式的必要性

(一) 逮捕审查信息来源单一化

在现行的审查逮捕模式中,检察机关的审查逮捕的材料来源十分有限,且多来自侦查机关移送的案卷材料,封闭性问题严重。当事人及律师缺乏相应途径提供相关证据,虽然刑诉法第 86 条对批捕、讯问及听取意见作了相关规定,但由于过于原则且缺乏具体操作措施,而多停留在"可以"的表述上,实践操作也多流于形式。例如审查逮捕过程中讯问犯罪嫌疑人,虽然讯问已成为常态,但由于办案时间局限、轻视逮捕必要性审查等方面的问题,讯问常常成为确认犯罪嫌疑人有无犯罪事实的必要过程而流于形式,违背了听取意见的本意。因此,检察机关

审查批捕的决定往往基于侦查机关提供的案卷及相关材料。而侦查机关作为犯罪追诉机关，在收集证据过程中证明犯罪嫌疑人有罪的倾向十分明显，本就很少关注无罪或罪轻的证据。证据与查明事实又通过侦查人员的整理体现在侦查案卷之中，大量有罪的事实和证据体现集结其中，而在侦查阶段所发现的无罪或罪轻证据，多不会出现在侦查案卷中。虽然法律明文规定侦查机关在收集证据过程中，既应当收集有罪证据，也应当收集无罪或罪轻的证据。但要求追诉机关在侦查过程中自觉做到保持中立，显然是存在苛求成分。

审查逮捕权之所以要交给检察机关行使，就是希望通过中立的机关跳出追诉意识的桎梏，能够客观公正地对待权力的行使，对于侦查机关的权力进行约束，对于犯罪嫌疑人的相关权利的保障，能在此阶段更多地体现对于其“自由”的充分重视。①因此，为保障审查逮捕决策过程的“客观性”，有必要对当前的逮捕信息来源和收集方式进行改造，给与被追诉方充分表达的机会。

（二）忽视逮捕必要性的审查

根据我国刑诉法第79条规定规定，除了转逮捕和径行逮捕等少数情况之外，其余都要具备“逮捕必要性”条件才能予以逮捕。逮捕必要性条件是指，犯罪嫌疑人在符合“犯罪事实条件”和“刑期条件”的基础上，还需要达到“采取取保候审尚不足以防止发生社会危险性”的条件，②法律以列举的形式明确了五种情形。但是由于重打击犯罪轻保障人权的观念的长期存在，以及法律对社会危险性的评价标准不健全，导致在办案实践中，常常出现“够罪即捕”的情形，逮捕必要性条件被严重虚无化。逮捕措施的设立本意应为取保候审等强制措施的补充，在迫不得已情况下，通过对犯罪嫌疑人人身自由的限制，达到保障诉讼顺利进行的目的。本应是强制措施中的例外手段，却在实践中演变成为一种常态化强制措施。③这直接导致大量虽然有犯罪行为，但不满足“逮捕必要性条件”的犯

---

① 肖中华：《审查逮捕听证制度研究》，《法学杂志》2013年第12期。

② 《中华人民共和国刑事诉讼法》第79条第一款：对有证据证明有犯罪事实，可能判处徒刑以上刑罚的犯罪嫌疑人、被告人，采取取保候审尚不足以防止发生下列社会危险性的，应当予以逮捕：（一）可能实施新的犯罪的；（二）有危害国家安全、公共安全或者社会秩序的现实危险的；（三）可能毁灭、伪造证据，干扰证人作证或者串供的；（四）可能对被害人、举报人、控告人实施打击报复的；（五）企图自杀或者逃跑的。

③ 胡胜：《刑诉法修改后逮捕条件适用若干问题探析》，《上海公安高等专科学校学报》2013年6月第23卷第3期。

罪嫌疑人合法权益受到侵害。

对比逮捕条件的三个要件我们不难发现,逮捕必要性的审查相较于另外两个要件,需要更多的主观裁量。而主观裁量本身具有较大的不确定性,为保障裁量结果公正,就必须基于大量的信息和专业的分析。这种信息采集,不应仅局限于侦查机关提供的材料,犯罪嫌疑人及其律师的供述、辩解和意见也十分重要,需要通过有效手段进行收集。因为逮捕与否,与犯罪嫌疑人切身利益密切相关,如果检察机关不应完全依靠封闭式的书面裁决,而缺乏犯罪嫌疑人的充分参与,很难保证决定的公正与审慎。因此,创建一个控辩平等,充分反映情况的审查起诉环境就显得尤为重要。

（三）办案主体缺乏责任感和专业性

当前检察机关审查起诉的办案主体是基于主办检察官办案责任制下的主办检察官办案组,每个办案组由一名主办检察官、若干名检察官、检察官助理及书记员组成。在这种制度下,组内办案人员独自承办案件,主办检察官主要负责案件把关和案件审批职能。但该制度由于权责不明确,定位不明晰等问题而受到诟病和质疑。检察办案审批行政化、案件集体决策泛滥等问题,导致"审案者不定案,定案者不审案"现象突出。这就一方面导致承办人办案积极性受损,对案件投入精力减少,另一方面由于办案职责不明,案件责任无法明确归属,承办人的责任心就无从谈起,在案件办理过程中容易放松警惕,难以做到严格审查,杜绝错案,影响案件质量。同时,笔者在前文提到,审查逮捕实际上是带有强烈主观能动性的一项工作,它需要检察官综合分析各方信息、证据来作出判断,需要有专业化的办案组织作为支撑。但是从司法实践情况看,符合检察机关司法性质的检察办案组织尚未形成,相关配套工作机制尚不健全,检察官的办案主体地位并未得到很好落实,直接影响到专业化办案组织的形成,这种情况下,亟须对审查起诉模式进行改造。

二、 完善我国审查逮捕模式的可行性

（一）司法改革为逮捕制度完善提供契机

2012 年 10 月 9 日,国务院新闻办公室发表了《中国的司法改革》白皮书,保

障犯罪嫌疑人辩护权、限制适用羁押措施、保障被羁押人的合法权益,成为司法改革的重点和方向。随着司法改革的不断深入和刑事诉讼法的修改,检察机关监督权得到强化,侦查监督职能不断拓展,任务不断增加。审查批准逮捕程序诉讼化改革进入了重要机遇期。翻开近年来最高人民检察院工作报告,不难看出,批准逮捕人数历来都是作为衡量检察机关打击犯罪力度的重要指标,仔细研读不难发现,2009年和2010年的报告中只一味地强调高额的批准逮捕人数,对不批准逮捕人数只字未提,2011年和2012年的报告中列出了批准逮捕和不批准逮捕两项数据,且不批准逮捕人数增加明显,2013年的报告则重点突出了不批准逮捕人数,且这一数字达到了2012年报告中不批准逮捕人数的两倍之多,至于批准逮捕方面,只强调了对黑恶势力犯罪、严重暴力犯罪、多发性侵财犯罪、毒品犯罪等严重刑事犯罪的打击力度。可以说,这是我国刑事司法改革朝着正当化迈进的有力讯号,审查批准逮捕程序诉讼化、司法化已成为大势所趋。为积极投入司法改革大潮,审查批准逮捕程序只有改变"以案办案"、"走程序"的行政化审查方式,及时调整工作思路,畅通办案渠道,提升办案质效,做好新法的传播者、实践者、捍卫者,才能适应新形势、新任务的要求,更好地担负起宪法和法律赋予的神圣职责。

(二)世界各国重视审前程序的立法完善

各国均认识到审前程序的完善对整个刑事程序的运行有着重要作用。美国联邦最高法院近几十年来针对审前程序尤其是警察活动作出了大量判例,加强了对侦查程序的控制。法国在2000年相关法律的修订中进一步完善了审前程序,特别增强了审前程序中被追诉人的权益保障,体现在加强对拘留的法律控制,增强检察官对侦查的控制能力,弱化预审的强职权化和集权化色彩,增设自由羁押法官与预审法官并列、审前程序中的分权机制等方面。

审前程序日益受到重视是源于侦查程序的特性,基本上是单方追诉程序,容易侵占当事人的权利空间,尤其体现在限制人身自由的逮捕措施上。逮捕措施的合理运用有利于侦查活动的顺利开展,但强制措施不具备惩罚性,在程序设计中应注重人权保障。因此,各国均比较注重逮捕程序立法,立法完善逮捕措施是国际社会普遍趋势。

(三)国际人权公约确立被告人权保障的国际标准

我国签署的《公民权利和政治权利国际公约》(以下简称《公约》)是当今世

界具有广泛代表性的国际人权公约，其中，程序性权利中涉及刑事诉讼的内容在整个公约中占有很大比重，这些内容构成了有关刑事诉讼的基本的国际准则。这充分表明我国政府对待被告人人权保障国际标准的开放性姿态，必将对我国刑事诉讼立法及司法实践产生深远的影响。如公约第9条规定了人身自由和安全的程序保障，任何人不得加以任意逮捕或拘禁。除非依照法律所规定的根据和程序，任何人不得被剥夺自由。

《公约》制定后，联合国大会及其所属组织还通过了一系列有关刑事诉讼的单项法律文书，规定了某一方面的准则，将《公约》确立的刑事诉讼国际准则具体化。关于拘捕方面的有：《保护所有遭受任何形式拘留或监禁的人的原则》、《联合国非拘禁措施最低限度标准规则》、《执法人员行为守则》等。这些法律文件确认：逮捕、拘留或监禁应严格依法进行；被拘捕的人应获得人道待遇和尊重其人格，有权获得律师的帮助，有权在合理期间内接受审判。警察和执法人员在执行拘捕等任务时应当维护人权，只有在绝对必要时才能使用武力。

三、改造我国审查逮捕模式的路径探索

（一）观念改革

1. 培养与诉讼化模式相适应的逮捕观

我国传统的刑事诉讼模式带有义务本位主义的特点。该模式中，犯罪嫌疑人常被作为追诉对象，失去了与追诉者平等、理性对抗的机会。修改后刑诉法改变了我国传统的刑事诉讼模式带有义务本位主义的特点吸收了权利本位主义诉讼模式的因素，进一步完善了犯罪嫌疑人的权利保护机制，建构了诉讼化构造的审查逮捕模式。要使修改后刑诉法确立的诉讼化构造的审查逮捕模式在刑事追诉实践中运作起来：第一，要求检察人员树立权利本位主义的司法观，把获悉被追诉方意见作为是否批准逮捕的重要依据，摈弃依据侦查主体提供的单方案情信息决定是否逮捕的做法，真正树立犯罪嫌疑人刑事追诉中的主体地位的观念，确保平等对抗的司法观扎根于检察人员的脑海中，促使其养成平等对抗的思维习惯。第二，要在全社会营造平等对抗的司法文化氛围，因为“先进的制度要获得成功，取得预期的效果，必须依赖使用它们的人的现代人格、现代品质”，“如果

一个国家的人民缺乏一种能够赋予这些制度以真实生命力的广泛的现代心理基础，如果执行和运用这些现代制度的人，自身还没有从心理、思想、态度和行为方式上都经历一个向现代化的转变，失败和畸形发展的悲剧结局是不可避免的。"①诉讼化构造的审查逮捕模式一旦被检察人员的内心所确信，一旦为社会公众普遍接受，"就会沉淀为一个社会及其成员稳定的深层心理结构，就能规范着他们的思想、态度、价值取向和判断方式等各方面。"如此，就为诉讼化构造审查逮捕模式的实践运行做好了观念和舆论上的准备。行政化的审查逮捕模式在走向法治的中国社会的司法实践中寿终正寝，诉讼化构造的审查逮捕模式诞生，并扎根于我国刑事追诉程序就指日可待了。②

2. 树立宽严相济司法理念

转变执法工作人员长期的重刑主义思想，转变构罪即捕，以捕代侦的思想，转变重实体，轻程序的观念，树立慎捕观念，树立宽严相济的观念。逮捕只是为防止出现逃跑，串供或者毁灭罪证等妨害刑事追诉的情况发生及发生其他社会危险性而设置的一种例外性的强制措施，③因此，无逮捕必要应该不捕，在司法实践中树立慎捕观念。

第一，执法人员要在办案中严格遵循宽严相济的两大原则，即严格依法原则和区别对待原则。严格依法原则要求办案人员在办案中在法定范围内严格依法办案，要做到以事实为依据，以法律为准绳，体现宽严相济中严的一面。区别对待原则要求办案人员在执法工作中应当根据犯罪嫌疑人的犯罪性质，犯罪情节，社会危害性等区别对待，该宽则宽，该严则严，体现宽严相济中宽的一面。第二，要长期在司法机关宣传宽严相济的观念，人权保障的重要性，树立程序公平的思想，在人民群众中加大普法宣传，宣传宽严相济的观念，使人民群众了解宽严相济所取得的良好结果，促进人民群众以宽严相济的观念监督执法工作。④同时要提高执法人员的综合素质水平，利用业余时间加强执法人员的法律教育，能够对

---

① ［美］英格尔斯：《人的现代化》，殷陆君译，四川人民出版社 1985 年版，第 4—5 页。

② 田勇：《慎用逮捕措施，充分保障人权》，《高教研究：西南科技大学》2007 年第 2 期。

③ 吴灵均：《浅谈宽严相济刑事政策下对逮捕条件的认识与把握》，《广西职业技术学院学报》2010 年第 6 期。

④ 谢小剑：《背离与融合：我国逮捕制度的功能与程序》，《海南大学学报（人文社会科学版）》2012 年第 4 期。

制定的法律法规灵活的运用到实践中来;加强政治教育,了解我国当前的社会发展背景,社会发展的方向,当前的国家政策,因为国家的政策是法律制定的依据和方向,法律是国家政策的条文化。第三,检察机关和检察人员要深入学习宽严相济刑事政策施行的目的和意图。转变司法理念就要时刻树立人权至上、人权保护的意识。在法律、政策运行中要去除重执行、轻保护的错误的执法习惯和执法思想,观念的改变才能促使着执法行为的转变。①这种执法理念的转变就要求人民检察机关通过多种形式的执法或培训来实现,从而使执法人员能够自觉的运用宽严相济刑事政策来进行司法执法活动。

(二)体制完善

1. 实行主任检察官办案责任制

一直以来,审查逮捕程序的办案组织运作模式为"三级审批制"。司法实践中,侦查监督部门正在以主办检察官办案责任制为主要运行制度,这种制度强调的是一种办案责任,没有形成固定的专业化办案组织制度,且因为延续了浓重的行政化色彩,相关配套制度未及时跟上,人员专业化不足等因素,导致主办检察官在办案组织体系中作用体现不充分,其身份难以获得应有的认同。因此,侦查监督部门应在司法改革中着眼于检察官管理的扁平化和案件办理的去行政化,实行主任检察官办案责任制。

具体的,依检察机关的批准逮捕职能在相应部门设若干主任检察官办案组,在主任检察官组织下依法行使批准逮捕权。主任检察官办案组由主任检察官、检察官、检察官助理、书记员等组成。一般来说,主任检察官下设2—3名检察官,1名检察官助理,1名书记员,人员规模基本上在5人左右,这种梯队式的人员配置,便于主任检察官组织协调,也有序地安排了人才接力和后备培养对象,有利于培养办案人员积极性与责任心。主任检察官直接对分管副检察长、专职委员和检察长负责,省去科(处)层管理,实现检察官办案组织的专业化和扁平化。在职权方面,主任检察官职权配置遵循检察长授权原则,检察长的放权应采取普遍放权和特别例外相结合的原则,即对于除法律和司法解释明文规定应由检察长或者检察委员会行使的权力之外,其余均可放权,但是对于特别重大、疑

---

① 张海峰:《逮捕权运行的实证分析》,《西南政法大学学报》2011年第3期。

难复杂、上级交办、社会关注的案件，检察长可临时收回权力，由自己决定或提交检委会讨论决定。

实行主任检察官责任制有利于审查批准逮捕的检察官真正成为批捕工作的主体，将检察官从科层式的行政化管理模式解脱出来，提高办案质量和效率，激发办案人员的荣誉感和责任感。①

2. 建立专业化办案组织

探索开展“专业审查逮捕”，探索与主任检察官制度相适应的类案专办机制。类案专办机制是指，规定每个主任检察官办案组办理某一或某几类型的案件，使审查批捕办案组织实现类型化、专业化，负责类案类罪办理，形成“毒品类”、“诈骗类”、“两抢一盗”等多发案件的专门办理。以上海市普陀区人民检察院为例，该院将审查批捕案件分为“经侦及新类型案件”、“治安类及性犯罪”、“毒品、赌博类犯罪”和“‘两抢一盗’案件”四类，分别由四个办案组专门办理，形成类案专办模式。

这样类案专门办理模式有如下优势：第一，类案专办的实行，可以有效应对当前办案任务不断增加、新类型犯罪不断涌现的现状。目前我国社会正处于转型期，刑事案件多发，审查逮捕工作案件数量巨大，办案时间较短，人案矛盾突出，需要改变当前的案件办理模式，提升办案效率。类案专办无疑是提高办案效率的有效方法，办案人员通过对某类案件的长期办理，积累丰富的经验，对案件的处理时间将会缩短，同时办案质量也会得到保障。第二，容易收集办理某一类案件过程中遇到的问题，便于类案研究。各主任检察官办案组可根据办案类型组织类案研讨，总结办案经验，形成工作案例，对办案中遇到的疑难复杂案件提供个案指导或法律适用意见，对有研究和推广价值某类专门问题可以开展调查研究并形成调研成果。第三，能够促使年轻干警快速成长。青年检察干警在刚接触业务工作时需要一个成长过程，类案专办可以使青年干警分至某一类型专办组，专门接触某一类案件，遇到问题直接请教组内有经验的人员，快速积累工作经验，成为某一类案件办理的能手，同时树立信心，之后接触其他类型案件也会有成熟的办案方法，可尽快成为独当一面的专家型检察官。

① 陈旭：《建立主任检察官制度的构想》，《法学》2014 年第 2 期。

（三）机制到位

我国目前的逮捕制度中，犯罪嫌疑人的主体地位仍未得到充分保障。刑事诉讼基本理论认为，主体间的平等是参与程序的前提。被追诉人被逮捕后，应当享有对逮捕理由答辩的权利，这也是大多数法治国家的通例。①在我国逮捕制度中，嫌疑人承担如实陈述的义务，也就是自证其罪，没有对羁押有效的防御能力。辩护律师为嫌疑人提供的法律帮助十分有限。犯罪嫌疑人诉讼权利及其保障的缺失，削弱了其主体地位，从而可能沦为被追诉的客体。因此，建议在逮捕条件司法审查和适用过程中，改变以往的"审批"模式，对逮捕条件审查程序进行诉讼化改造，引入"审理"模式，让犯罪嫌疑人有更多的机会参与到逮捕审批、审核程序中，同时扩大这一阶段律师的介入的深度和广度，给犯罪嫌疑人提供有效的法律支持。通过构建控辩审三方结构，保证逮捕审查程序的公开与公正。

1. 实现逮捕条件司法审查和适用程序的诉讼化

在审查批捕程序中，应当建立起控、辩、审三方组合的诉讼格局，控方为侦查部门（包括公安机关的侦查部门和检察机关的自侦部门），辩方为犯罪嫌疑人及其律师，裁判方为检察机关的侦查监督部门。这种构造有利于确保检察机关在对逮捕条件进行司法审查和适用时保持中立，严格依法。改革逮捕制度，必须改变以往的行政审批模式，建立抗辩式的审查批捕模式，这样可以使办案人员获取更多的、更全面的信息，有来自犯罪嫌疑人、被害人及其律师的信息来判断是否有必要羁押，可否采取取保候审、监视居住等非羁押性措施，做到兼听则明、居中裁决，从而在羁押与采取非羁押性的替代措施之间作出正确的决定。

根据批捕程序应当具有诉讼形态的程序要求，课题组认为逮捕条件的司法审查和适用应当采用听证程序。听证程序可以满足三方主体参与诉讼构成，即控辩双方加上居中裁决的中立机构。逮捕条件的司法审查和适用中的听证程序具体设计如下：公开听证程序，由检察机关的侦查监督部门主持进行，听证各方当事人到场参加。第一，由决定采取逮捕的控方陈述其作出决定的理由，并由控方承担举证责任，提交证据证明采取逮捕的必要性和合理性。逮捕的必要性的证明应达到清楚和有说服力的证明程度。逮捕的必要性只能是具有现实可能性

---

① 万永海、孙连钟：《程序正义与逮捕制度的正当性》，《理论前沿》2003 年第 8 期。

逃避审判、妨害证据等妨害诉讼顺利进行以及进一步犯罪等情形。①第二，犯罪嫌疑人及其律师有权当面陈述申请不予羁押的理由。由犯罪嫌疑人及其辩护人就控方提出的理由及证据同控方展开辩论，双方可以就是否适用逮捕及相关证据发表意见。同时，被害人也可以就是否逮捕发表自己的观点。第三，由中立的裁决方在听取各方意见的基础上，结合有关证据进行评议，并根据评议的结果作出是否逮捕的决定。

2. 推进逮捕条件司法审查和适用程序的公开化

着力构建公开、公正、可监督的司法审查程序，是逮捕条件审查改革的重心。逮捕条件审查应当遵循“公开性”的原则，即在进行逮捕条件审查时，应当听取受害人、犯罪嫌疑人及其辩护人的意见，并对其意见进行分析，接受社会监督。一方面有助于实现程序正义。任何法律都应当在阳光的规则下运行，尤其是程序法。随着西方“程序先于实体”法谚的践行，人们越来越注重程序正义，要求在刑事诉讼中受到有尊严的对待，对逮捕条件进行公开审查，可以满足人们对于程序正义的需求。②另一方面，能够控制警检的配合倾向，有利于三角诉讼结构的建立。我国的刑事诉讼结构从其特征上看，属于线型结构，司法一体化特点明显。我国司法一体化的一个重要特征就是警检关系密切。在逮捕的必要性审查公开以后，检察机关对侦查机关提请批准逮捕案件的事实和证据公开，并接受检察机关内部和外部的监督，这一措施可以限制警察权，有利于我国由单纯的线形诉讼结构向三角诉讼结构的转变。

在制度的具体构建上，第一，建立告知制度。对犯罪嫌疑人进行审查逮捕时，应当告知其有无逮捕必要的理由，必要时还要将有关情况告知辩护人、受害人和相关单位，听取他们对于适用逮捕措施的意见。第二，健全说理制度。对于有逮捕必要批捕的案件应制作《批捕理由说明书》，对于无逮捕必要不捕的案件应制作《不捕理由说明书》，具体说明捕或不捕的理由。特别是对于不捕的案件检察机关在向侦查机关送达相关文书时，应当陈述不捕的事实和理由，最大限度

① 李强：《新刑诉法实施后审查批准逮捕制度运行的调研报告》，《中国刑事法杂志》2013年第12期。

② 柯志欣：《当前审查逮捕程序诉讼化改革之思考》，《中国检察官》2014年第7期。

地消除公、检两家在逮捕必要性认识上的分歧。对被害人不服的,检察机关应当面陈述不捕的理由,听取被害人的意见。逮捕的必要性证明和说理赋予了公安机关、被害人知情权,使公安机关、犯罪嫌疑人、受害人能够并乐于接受该决定,有利于公、检两家在办案中互相配合、互相监督,能够有效防止被害人不服不捕决定而上访,又使审查逮捕程序具有典型的司法审查的性质,因而更具公正性。

(第一作者为上海社会科学院副研究员,第二作者为上海市普陀区人民检察院研究室副主任,第三作者为上海市普陀区人民检察院研究室检察官)

检察院人事管理体制改革探究

杜文俊　张　洁

一、 检察院人事管理体制现状述评

长期以来,我国检察院的人事管理制度呈现出比较浓厚的地方化、行政化色彩,宏观上仍然沿袭以地方为主、条线为辅的"块块"管理模式。地方检察院实质上仍归地方领导,上级检察院对下级检察院主要是业务的指导,这样的管理模式长期主导我国检察事业的发展。

(一) 检察机关的双重领导制制约着检察事业健康发展

学界普遍认为检察机关的领导体制为双重领导制。①地方检察院受上级检察院以及地方党委的领导,实质上后者的领导占主要地位。党的领导是检察机关领导体制的核心和基本原则,也是中国特色社会主义检察制度的重要标志。检察机关是人民民主专政国家的法律监督机关,是保障在全社会实现公平和正义的司法机关,而中国共产党是人民民主专政国家的领导核心,因而检察机关必须接受中国共产党的领导。党领导检察机关和检察工作的基本方式是:(1)各级党委领导本级人民检察院的党组,并通过党组实现党的政治、思想和组织领导。各级党委在上级人民检察院的协助下考察决定本级人民检察院检察长和副检察长的候选人;(2)通过存在于各级检察机关的党委、党总支、党支部、党小组和党员深入群众,宣传党的政策和主张,并带头在工作中贯彻执行党的方针政策。

但实践中,个别地方党委通过地方政法委影响地方司法政策、干预个案的办理的现象仍有发生;同时,检察机关常常为了配合党委中心工作,担负起区域招商引资、计划生育、扶贫、维稳等一系列非职责范围内的工作。

---

① 谭明、罗琳、郎艳辉:《我国检察机关领导体制的决定因素、现状及发展方向》,《湖北文理学院学报》2013 年第 10 期。

在对广东、江苏、上海及宁夏、甘肃几地的466名受访者进行调查中，有333名受访者表示影响检察权依法公正、独立运行的因素包括地方党政机关的干扰，这样的观点占所有受访者的71.5%，其中广东、上海、江苏三地占各受访总数的66%，西北两省占各受访总数的77.2%，这就意味着在全国范围内地方党政机关对检察机关的干预系较为普遍现象，尽管东部沿海地区法治较为健全，但与相对欠发达的西部地区一样，地方党政机关对检察机关的干预不容忽视。

（二）检察人员的人事任免地方化

在人员任免上，检察院检察长及干警的任免权多在地方，采用了地方主管、上级司法机关协管这样一种传统的干部选拔任用机制。《中华人民共和国宪法》第101条第2款规定："县级以上地方各级人民代表大会选举并且罢免本级人民法院院长和本级人民检察院检察长。选出或者罢免人民检察院检察长，须报上级人民检察院检察长提请该级人民代表大会常务委员会批准"。《中华人民共和国检察官法》第12条规定："地方各级人民检察院检察长由地方各级人民代表大会选举和罢免。"《中华人民共和国地方各级人民代表大会和地方各地人民政府组织法》第8条也有相同规定："县级以上地方各级人民代表大会行使下列职权：……（六）选举本级人民法院院长和人民检察院检察长；选出的人民检察院检察长，须报经上一级人民检察院检察长提请该级人民代表大会常务委员会批准。"同时该法第21条规定："县级以上的地方各级人民代表大会常务委员会的组成人员，乡、民族乡、镇的人民代表大会主席、副主席、省长、副省长、自治区主席、副主席、市长、副市长、州长、副州长、县长、副县长、区长、副区长、乡长、副乡长、镇长、副镇长、人民法院院长、人民检察院检察长的人员，由本级人民代表大会主席团或者代表依照本法规定联合提名。"上述规定不难看出，检察长的任免决定权基本归地方人大，尽管宪法和法律都规定在检察长任免时，须报经上一级人民检察院检察长提请该级人民代表大会常委会批准，但理论上，上下级人大系监督和被监督关系，并非领导关系，故由上级人大批准下级人大的决定在法理上本身就存在一定问题；在实践中，由于上级人大对被任免的检察长并不了解，无法作实质性的审查，这样的批准往往流于形式。同样的，根据《检察官法》规定与实践做法，副检察长、检察委员会委员和检察员由本院检察长提请本级人大常委会任免。根据我国地方人大组成的国情，我们不难发现，地方政府的领导人员在本级人大的组成人员中通常占大多数,因此,地方政府实际上握有检察院人事的升降去留之大权。

(三)检察人员管理类同公务员

在人员管理上,检察院的干警归同级党委及其组织部门的管理。在我国,检察人员的招录、遴选、培养、任用等方面,实行与普通公务员相同的模式,按照公务员的标准享受工资和福利,进行考核、奖惩和晋升。检察人员的进、留、出、升级、降职等等由同级党委及其组织部门决定,工作称职情况由同级人民政府的人事部门进行考核。检察院作为地方司法机关与地方政府机关部门一样,其内部人员作为地方公务员,参与到地方机关人事交流、选调中。

二、 检察院现行人事管理体制存在的问题

检察院地方化、行政化的人事管理制度固然有着符合地区发展特色、工作效率快、政令畅通等等诸多优点,但其弊端也不容忽视。

(一)检察事务地方化

首先,地方检察院在人事方面受地方党委及政府干预首先体现在案件办理过程中,地方党委通常会通过地方政法委指定地方刑事政策、地方案件适用标准,这就使得法律在地区和地区之间适用的不平衡。更有甚者,有的党委直接干预个案的办理,人为地给检察院办理职务类犯罪案件、刑事案件制造阻碍,这使得检察机关对一些有地方保护伞和关系网的案件往往难以突破。第二,地方党委的过多干预使得检察机关往往要担负起较多地方发展任务,检察院干警与地方其他公务员一样同属地方管理,同样要参与到一些非检察职务的工作中。在有的地方,地方政府动辄给每个检察干警下达十万、几十万甚至上百万元的招商引资指标。一些欠发达的地方,政府部门会给检察院布置计生工作、下达扶贫开发任务指标,这样的现象屡见不鲜。党委和政府随意抽调检察人员从事与检察工作无关的工作,造成检察院院人员的不足,极大制约了办案质量与效率的提高,严重影响了检察工作的正常开展。

(二)人事任免地方化

首先,在检察长的任免上。由于现实中地方人大的任命实际上仅仅是一种

程序上的审查，导致了在检察长这种重要领导职务的任命上，一般均由地方党委的组织部门推荐、考察，经地方党委决定后，再提请人大任免。地方党委是主管方，拥有实际上的主导权；上一级检察机关仅为协管方，实际在任命下一级检察院的检察长的问题上的发言权极小。若上级检察院与地方党委在检察长人选意见不一致时，多以地方党委意见为主。第二，在其他检察人员的任免方面。如前文所说检察院副检察长、检察委员会委员和检察员由本院检察长提请本级人大常委会任免，而人大中政府领导占多数，就使得地方政府实际上掌握着检察院主要人员的任免权。①此外，在人员交流制度方面。司法机关与其他行政机关不同，司法人员的专业性更强。检察院干警除了需要必备的行政管理能力之外，还需要过硬的业务能力，而在现存体制中，检察院干部的留任、升降和调离均由当地党委及其组织部门控制和管理，因此一些素质比较高的合格人才想进又进不了，而与此相反，一些不符合检察院需要的人员，特别是不懂法律的一批行政官员按照宪法及法律规定的组织程序进入检察院体系，而检察院所急需的法律专业人才却被排斥在外。同样的，检察院干部中表现比较突出、素质比较高的人才，经常被党委及其组织部门调离检察院，造成检察员人才流失及空缺。实践中，干部的调配权在地方，地方组织人事部门可以安排检察机关的干部进行轮岗和交流。这就是多年来检察院人员素质得不到保障的原因之一。

（三）检察官保障普通化

检察院行政化的人事管理制度将检察官实质上视为公务员，管理模式高度行政化。表现在录用上，进检察院必须通过公务员考试，而不是参加专门的检察官考试；检察官级别也简单套用行政级别，甚至法律职务的资格评定、晋升都取决于其行政级别乃至行政职务的状况，对检察官的惩戒处分也带有明显的行政色彩。按公务员的管理方式进行检察官的选拔培养忽视了检察官职业的特殊性，这在内在价值理念与外在利害关系两个方面影响检察官的独立性，导致检察官独立职业人格的缺失。主要表现在：一是检察官缺乏身份保障。虽然《宪法》、《检察官法》分别对检察院和检察官的地位、身份予以明确，但由于缺乏具体的保

---

① 谭明、罗琳、郎艳辉：《我国检察机关领导体制的决定因素、现状及发展方向》，《湖北文理学院学报》2013 年第 10 期。

障制度,检察官的身份经常处于不稳定状态,随时可能因各种理由被免职、降职、调动,没有严格的程序约束。二是检察官缺乏职务保障。我国没有规定检察官职务的保障机制,检察官依法履行职务受到打击报复或者人身伤害的难以得到有效保护。实践中,常常会有检察官因工作受到诬陷、侮辱、攻击、承受巨大的压力。出于自我保护的需要,无论是法官审判权的中立行使还是责任的承担都难以得到有效保证。

三、人事管理体制上要实行垂直领导

考虑到我国将长期处于社会主义初级阶段的基本国情,将司法机关的人财物完全由中央统一管理,尚有一定困难。调查中也有超过半数的受访者认为根据我国现在国情,不适宜彻底实行全国检察系统垂直管理,而应该本着循序渐进的原则,逐步改革司法管理体制,先将省以下地方人民法院、检察院人财物由省一级统一管理。借鉴金融体制改革的经验和海关、国税系统的做法,由省检察院垂直管理下级检察院至基层检察院,将检察机关人事管理权收归上级检察机关,从而构建"垂直领导、预算单列、统一协调、分级负责"的检察一体化大格局。

(一)要摒弃双重领导,构建检察一体化大格局

在我国,坚持执政党的领导地位,是历史发展的必然选择。坚持党的领导,有利于检察机关在行使检察权的同时自觉和正确地贯彻党和国家的政策,也有利于排除其他干扰,改善司法环境,维护司法公正,保障检察机关依法独立行使检察权,有利于依法治国方略的实现。党的政治领导是检察机关独立行使检察权的政治前提、政治基础和政治保障。

检察机关是我国的法律监督机关,其基本的职能就是维护国家法制的统一。从法理上说,它必须处于超脱的地位,才能严格执行法律,抵御各种阻碍。但在现行体制下,地方政府及党委以其在人财物方面的影响力对检察机关不断限制干预,这就导致党的领导和检察权独立行使之间产生不协调的因素。

检察工作如何在坚持党的领导这一总体原则下,破除地方对检察权的干预。这就要求必须改革现行的双重领导体制,将宪法和法律所规定的检察机关上下级领导关系实质化,加强纵向的一体化领导关系,减弱地方对检察权行使的影

响,在人员管理、财政管理上实行纵向为主、横向为辅的保障制度。

具体来说,各级检察院的党委应当由上一级检察院的党委领导。即地方各级检察院的党委由其上一检察院的党委领导和管理。也就是说,县级检察院的党委由其上一级即市(地区)级检察院的党委领导和管理,市(地区)级检察院的党委(党组)由省(自治区)级检察院的党委领导和管理,省(自治区)级检察院的党委由最高检察院的党委领导和管理,而最高检察院的党委由党中央直接领导和管理。各级检察院成立各级党委。如此设置理由如下:第一,由于省(自治区)级检察机关党委仍然受同级党委领导,如此设置并不违背党管干部的原则。省级检察院党委对下级检察院党委的工作一般都是宏观的、政治上的领导,在检察方针政策上的引领、指挥、在政治、思想上的领导、在组织上的领导和监督,在整体工作上的协调和支持,并不会干涉检察机关具体的案件;第二,省级检察机关党委主要领导一般都由检察长、副检察长或检委会委员担任,而这些人都非常熟悉检察事务,更利于检察权的独立、正确运行;第三,根据《中国共产党党章》第48条的规定,对下属单位实行集中统一领导的国家工作部门可以建立党委,党员在100人以上的党组织理论上便可成立党委,无论是省级检察院还是地方检察院,其管理的党员显然都满足上述要求。

(二)改革领导任免机制,破除地方干预

基层检察院和检察分院的检察长、副检察长、检察委员会委员应当由省(自治区)人大及其常委会选举和任免,各省(自治区)高级检察院由全国人大及其常委会选举和任免。

地方检察机关的检察工作人员大致可以分为检察长、副检察长、党组成员、检委会委员、检察员、助理检察员以及其他检察辅助和司法行政人员。根据宪法、检察官法的规定,省级以下检察机关的检察官包括检察长和副检察长都由同级人大或其常委会选举或任命产生,其中检察长还要经上级检察院检察长提请同级人大常委会批准。在省级以下检察院实行垂直管理的情况下,地方各级检察院中检察长的任免应当实行省级以下垂直管理,地方各级检察院的检察官都应当由上级检察院提请本级人大常委会任命。理由如下:首先,如上文所述,地、县级检察院党委委员或党组的成员由上级检察院党委领导,而党委委员或党组成员一般都包括检察长、副检察长或部分检委会委员,在此情况下,仍由同级人大常委会任命就可能在权力层级上不相匹配，容易出现冲突的情况；其次，将检察院领导职务的任免权上移，可以一定程度地破除地方对检察院人事权的控制。

（三）改革检察人员编制管理机制

在机构编制管理上，应当尝试由高一级人民检察院统一负责，省一级人民检察院根据各地检察院所实际承担的司法事务的多少，确定各地检察院的编制。

检察机关的机构编制管理包括内设机构管理以及人员编制管理两个方面。实践中，地方各级检察机关的机构编制由地方党委领导的地方编制委员会予以管理，其法律依据则是国务院颁布的《地方各级人民政府机构设置和编制管理条例》第 17 条规定：根据工作需要，国务院机构编制管理机关报经国务院批准，可以在地方行政编制总额内对特定的行政机构的行政编制实行专项管理，这里的专项管理的对象指的就是包括检察机关在内的政法专项编制。

在机构设置管理方面，根据上述条例规定，机关要设立或者变更某个业务机构，必须报本级地方编制部门进行审查批准。地方编制管理部门因考虑各部门之间的平衡，即使上级检察机关要求设立的机构，也不一定批准。而检察机关将要进行的检察制度改革如检察人员分类管理制度、主任检察官制度等往往都涉及内部机构的增添、变更、合并或削减，在此情况下，上述规定既不利于检察机关独立行使检察权也阻碍了司法改革的进程。根据《中华人民共和国人民检察院组织法》第 20 条的规定，“最高人民检察院根据需要，设立若干检察厅和其他业务机构，地方各级人民检察院可以分别设立相应的检察处、科和其他业务机构”，从该规定的精神实质来看，检察机关内设机构设置的管理权应当由最高人民检察院行使。因此，在最高人民检察院对现行的机构设置进行改革之前，地方检察院的内设机构设立、合并、撤销等，应当由最高人民检察院授权给省级检察机关，由省级检察机关提出申请，报省级机构编制委员会批准。

在人员编制管理方面，根据现行的检察人事制度，检察院工作人员作为普通公务员进行管理，而公务员编制是由地方各级机构编制委员会管理，归属于地方行政编制，而根据《地方各级人民政府机构设置和编制管理条例》第 18 条的规定：地方各级人民政府根据调整职责的需要，可以在行政编制总额内调整本级人民政府有关部门的行政编制，因此，实践中出现了一些地方占用检察编制的状况，导致一些基层检察院出现人少案多的矛盾。省级以下垂直管理应当改变这种状况，检察人员编制的管理权，应统一收归省一级编制委员会行使，地、县级检察机关的所有人员编制应由省级编制部门会同省级检察院核定和下达，省级检察院的人员编制，由省级编制部门根据最高人民检察院与中央相关机关确定的数目予以核定和管理。地方检察院的编制则由省级检察院根据各地、县的具体情况，在省检察院总编制的范围内，经同级组织部门、编制部门同意后，予以确定。①

（四）司法行政管理人员的职务由各级检察院的上一级检察院直接任命和管理

县级检察院的行政管理人员的职务由市（地区）级检察院任命和管理，市（地区）级检察院的司法行政管理人员的职务分别由省（自治区）级检察院任命和管理，最高检察院的司法管理人员直接中央任命和管理。

根据规定，地方政府对检察院的人事管理没有决定权。然而，由于现行检察机关工作人员属于公务员编制或属于事业单位编制，且其工资、待遇等由地方政府承担，因此，一方面，上述人员的招录都由地方政府的公务员管理部门负责，另一方面，检察机关工作人员的职务、级别等某些变动必须到当地公务员局备案，只有如此才能保证相应的待遇，这样就可能有影响地方检察机关独立运行情况的出现，如检察机关任命的人员无法备案进而导致相应的工资、福利等待遇无法提升的问题。为此，在实行省级以下垂直管理之后，相应的，一方面应当由省级检察院根据各市县院的编制情况和业务需要，确定其招录人数并统一负责本辖区内新进检察工作人员的招录，另一方面，改变现有的备案制度，下级检察院的工作人员报上级检察院备案。

（五）检察院的干部考核和管理也全部由其上一级院考核和管理

改革后的检察院人事管理体制，其人事管理权完全与同级党委、人大和政府脱钩。从职业保障的角度来看，我国检察官没有任职终身制，弹劾程序法定化也没有成为现实，检察官因秉公执法触犯地方利益、开罪地方政府而被免职、调离或处分的现象难以避免。如何在人事管理制度上解放检察官、让检察

① 天津市西青区人民检察院课题组：《检察权独立运行保障机制研究——以司法体制改革为视角》，《天津法学》2014 年第 2 期。

官秉公执法,这需要改革目前将检察官作为地方普通公务员管理的体制,应当根据检察官的特殊职能及其作用,形成职业的检察官管理体制,主要包括检察官的统一开始、选拔、任用、晋升等方面的制度。由上级检察院对检察官进行统一考核和管理可以使检察官履职较少地受到地方政府的干预和制约,检察官在办理涉及地方利益的案件时能够严格遵守法律,确保承办案件得到公平公正处理。

检察干部人事管理权收归上级,重点是要做到以下几点:

首先,要完善检察干警选任招录制度。建立初任检察官统一招录、集中培训、基层任职、有序流动、逐级遴选的机制。建立预备检察官训练制度,将完成预备检察官职业训练并考核合格作为检察官的法定任职条件。建立选拔律师、法律学者等专业法律人才担任检察官的制度机制。针对不同级别检察院的检察官,设置不同的任职条件,实行检察官逐级遴选制度。建立与检察官职业相适应的晋升和退休制度,确保检察官只要身体和能力许可,其晋升不受年龄限制直到退休。

第二,要完善检察官任免、惩戒制度。建立科学合理、客观公正的业绩评价体系和考核晋升机制。人民检察院成立吸收社会有关人员参与的检察官选任委员会、惩戒委员会,制定公开、公正的选任、惩戒程序,确保政治素质高、职业操守好、业务能力强的优秀法律人才进入检察官队伍,检察官一旦被任命,其级别的升降应按照其工作能力、办案质量等进行考核,降低其他方面的影响因素。明确错案责任追究机制和激励机制,使检察官全身心投入到执法办案中。同时,要确保检察官的违法违纪行为及时得到应有惩戒。上海作为司法改革首批试点地区,早在 2014 年 12 月就成立了法官、检察官遴选(惩戒)委员会,这是全国首个省级法官、检察官遴选(惩戒)委员会,遴选委员会由上海市政法委牵头组建,由政法部门和社会知名人士、专家学者共计 15 名委员组成,并附设专家库,由资深的法学专家、律师代表组成,共 20 人左右。遴选(惩戒)委员会分别在市高级法院、市检察院设立法官遴选(惩戒)办公室、检察官遴选(惩戒)办公室。遴选(惩戒)委员会负责全面考察法官、检察官参选人选的各方面表现和业绩,从专业角度提出遴选建议。通过遴选委员会遴选的法官、检察官,要求标准更严,社会公信度更高。

第三，要强化检察官的职业保障制度。建立一套检察官准入、晋升、遴选、职业保障、薪酬以及检察机关各类人员的职业保障和管理制度，同样是世界各国的通常做法，也是确保检察人员公正执法、廉洁自律和崇高社会地位的制度保障。从职业特点看，检察官既要精通法律专业知识，又要有一定的工作经验和社会阅历，只有通过国家司法资格考试和公务员考试，并从事一段时间的法律工作，才能被任命；从职业风险看，当前我国正处于社会矛盾凸显期，矛盾的对抗性、敏感性增强，检察人员的职业风险增大。现有检察人员保障制度没有体现其职业特点和职业风险，不利于推动检察队伍的专业化、职业化、正规化建设。按照责权利相统一的原则，在严格检察人员任职条件，强化检察人员办案责任的同时，尽快建立和完善与检察官职责相适应的待遇、职务、身份等职业保障机制。①

四、 检察院人事体制改革值得注意的两个问题

在我们的调查和座谈中，466 名受访者有 348 名受访者认为实行人财物垂直管理存在一定的弊端，这就说明人事制度在省级以下统一管理虽是历史的必然选择，也是本轮司法体制改革力推的重大改革事项，但我们对此应该有清醒的认识，有两个问题特别值得注意，无法回避。

（一）法律障碍

如上所述《宪法》、《检察官法》以及《地方各级人民代表大会和地方各地人民政府组织法》等都规定地方检察院检察长由本级人大选举或罢免。尽管基于我国检察机关上下级系领导关系的现实，宪法及法律又规定了地方检察院检察长的选举或罢免须报上级人民检察院检察长提请该级人民代表大会常务委员会批准。看似必须经过上级人大批准，但实际上人事任免权仍旧在地方人大。倘若改革后将地方检察院检察长任免权上移至上级人大，那么必然会与现行宪法法律相冲突。检察人事体制改革究竟是在当前的制度框架下进行还是抛开现有法律制度进行？这是值得考虑的问题。笔者认为现有的宪政制度是符合中国的

① 侯智、刘利庆等：《检察权独立运行保障机制研究》，《人民检察》2014 年第 3 期。

国情和人民民主的需要的,我们在推进检察人事改革的进程中要坚持宪法确立的根本政治制度和司法制度。①

(二) 现实困境

首先,在如何处理地方各级检察机关与同级地方党委关系问题上。从实践情况来看,自现行双重领导体制确立二十多年来,地方各级党委对检察机关的领导从来没有动摇过,即使没有宪法和检察院组织法的明文规定,也早已成为一种客观事实。在今后检察机关领导体制改革中,取消地方各级党委对检察机关的领导地位会遇到很大的困难和阻力。因此我们必须采取审慎的态度,以一种渐进稳妥的改革方式来进行。

第二,已经实行垂直管理的工商、国税、质监等部门,初期在打破地方保护、有利于资源配置和树立法律政策权威和统一性方面起到明显作用,但在部门运行过程中出现了其仍然受制于地方、容易滋生腐败行为、造成同一地区不同部门利益差异出现不公平效应,以及架空地方管理、弱化地方政府职能等等弊端,正因为以上弊端,审计、环保等准备“垂直”的部门被暂时搁置。因此,检察机关的垂直领导固然有其必要性和优势,但也应认真研究实行垂直领导的阻力问题,尽可能避免不利因素。

第三,由于我国目前尚未实行检察官精英化和专业化,检察干警的待遇也相对较低。实行垂直领导之后,干部的提升机会也会相对减少,而且只能在检察系统内部流动,流通方向更窄,从而限制了干部的出路和发展,在此情况下,如何保持检察官队伍的稳定,并吸引更多的优秀人才投身检察官队伍,是值得深思的问题。此外,省级统一领导也会造成省内不同地区收入的“一刀切”,无法体现不同工作量,造成另一种不公平。

第四,从目前的现状来看,地方党委、政府或者地方某些领导固然会对检察院人事制度进行干预,但不能忽视检察院内部上级院对下级院的干预实际也确实存在,改革后人事权在省级以下统一管理,上级院对下级院的人事工作有领导权,那么就是否会导致诸如将基层院优秀人才频繁上调至上级院,造成基层院人

① 高其才:《省以下地方法院、检察院人财物统一管理改革的法律障碍》,《苏州大学学报》2014年第1期。

才流失的现象,值得我们思考。调查中有70%的受访者有这样的担忧,担心省级统筹会造成省级院权力独揽,重新加剧检察内部行政化。

（第一作者为上海社会科学院副研究员;第二作者为上海市金山区人民检察院公诉科检察官）

我国刑事诉讼中“以审判为中心”的基本理念*

张　栋

当前,我国诉讼制度的改革定位于以审判为中心,贯彻证据裁判规则,提高证据质量,确保案件的事实认定的可靠性①,这反映了我国司法实践的迫切要求。

所谓以审判为中心,“意味着整个诉讼制度和活动围绕审判而建构和展开,审判阶段对案件的调查具有实质化的特征,侦查是为审判进行准备的活动,起诉是开启审判程序的活动,执行是落实审判结果的活动,审判中控诉、辩护、审判三方结构成为诉讼的中心结构。”②这有两层含义:“一是在整个刑事程序中,审判程序是中心,只有在审判阶段才能最终决定特定被告人的刑事责任问题,侦查、起诉、预审等程序中主管机关对于犯罪嫌疑人罪责的认定仅具有程序内的意义,对外不产生有罪的法律效果。二是在全部审判程序当中,第一审法庭审判是中心,其他审判程序都是以第一审程序为基础和前提的,既不能代替第一审程序,也不能完全重复第一审的工作。”③在司法实践中,正如有学者指出的“我国是少数以诉讼阶段论布设刑事诉讼格局的国家”④。诉讼阶段论将刑事诉讼区分为立案、侦查、审查起诉、审判和执行

＊ 本文系国家社科基金重大课题《依法独立行使审判权、检察权保障机制研究》(课题编号:14ZDA017)的阶段性成果。

① 《中共中央关于全面推进依法治国若干重大问题的决定》指出:“推进以审判为中心的诉讼制度改革,确保侦查、审查起诉的案件事实证据经得起法律的检验。全面贯彻证据裁判规则,严格依法收集、固定、保存、审查、运用证据,完善证人、鉴定人出庭制度,保证庭审在查明事实、认定证据、保护诉权、公正裁判中发挥决定性作用。”

② 张建伟:《审判中心主义的实质与表象》,《人民法院报》2014 年 6 月 20 日第 5 版。

③ 孙长永:《审判中心主义及其对刑事程序的影响》,《现代法学》1999 年第 4 期,第 93 页。

④ 张建伟:《审判中心主义的实质与表象》,《人民法院报》2014 年 6 月 20 日第 5 版。

几个阶段。①各个阶段事实上具有相对的独立性，我国的侦查终结标准、起诉标准和定罪标准基本上是一致的，也就是说，对案件的实质性的调查活动是在侦查阶段完成的，导致犯罪嫌疑人、被告人有罪与否在审前基本已成定局，无罪判决率极低，到了几乎可以忽略不计的程度。庭审只不过是对侦查阶段所确定有罪的再次确认而已。②与此同时，在整个侦查阶段，没有建立起控、辩、审的三角结构，审判权不介入侦查的过程，律师的调查取证权受到很大的局限。③我国刑事诉讼的基本结构属线性构造，具有"司法一体化"特征。由于该构造中的主体是国家刑事司法机关，配合制约均在三机关之间发生，这就使得犯罪嫌疑人、被告人的地位相对客体化。而且，由于三机关地位平行而不承认司法至上，反而使得侦查阶段的地位逐渐受到强调，成为了事实上刑事诉讼的中心。④侦查成为我国刑事诉讼事实上的中心的极端表现就是一些争议极大的案件，根本没有机会进入审查起诉和审判阶段。如湖北谢业新案件，湖南游济安案件，山西郭斌案件。这些案件都引发了巨大的社会争议，从诉讼法的视角来看，这些个案的事实真相可能只是次要的。最关键的问题在于，如果类似疑案多有发生，其实意味着我们的相关程序一定存在着不可忽视的问题，也就是说，真正值得反思的是：对于形成一个有公信力的案件结论，我们是否进行了充分的制度安排。⑤而钱云会等案

---

① 代表性观点包括：认为中国刑事诉讼结构不同于西方的审判中心论，因为侦查、起诉与审判是处于平行地位的"三道工序"，法院对审判程序的司法控制十分微弱。（陈瑞华：《二十世纪中国之刑事诉讼法学》，《中外法学》1997 年第 6 期）支持这种意见的人甚至提出，"由于司法领域分工越来越细、分权学说的影响、人权思想的发达以及适应同犯罪做斗争的需要，诉讼职能在不断的分化、发展并不断地整合，传统的审判中心论已为诉讼阶段论所取代。"（樊崇义：《刑事诉讼法学》，中国政法大学出版社 1996 年版，第 39 页）还有人认为："从政体模式看，中国的法院既不能扮演如西方三权分立制度中同议会和政府相制衡的政治角色，在具体的司法体制中也不能如普通法系法官那样以法院的司法审判为中心"，因此，"法院（法官）中心论不适合中国的现实司法状况"。（尹伊君：《检法冲突与司法制度改革》，《刑事法评论》1997 年第一卷，第 424—425 页）。

② 张建伟：《审判中心主义的实质与表象》，《人民法院报》2014 年 6 月 20 日第 5 版。

③ 修改后的刑事诉讼法第 40、41 条规定，对律师在侦查阶段的取证权没有争议的仅为有关犯罪嫌疑人不在犯罪现场、未达到刑事责任年龄、属于依法不负刑事责任的精神病人三种证据，其他情况下，通常认为依然没有取证权。

④ 参见龙宗智：《论建立以一审庭审为中心的事实认定机制》，《中国法学》2010 年第 2 期，第 147 页。

⑤ 参见张栋：《论死因裁判制度在我国的建构与前景》，《法律科学》2014 年第 4 期，第165 页。

件则暴露出:对于我国已经进入刑事程序的案件,由于死因的调查完全是警方单方面封闭进行的,有关当事方并没有像国际通行的做法那样,通过法定的途径直接参与调查结论的形成,导致死因结论公信力的不足,必然引发不必要的社会争议。

凡此种种,究其根本就在于司法未能对侦查权形成有效控制,侦查权封闭运行。我国1996年和2012年两次修改刑事诉讼法,在庭审实质化的问题上并未取得大的作为,而一再扩大简易程序的适用范围,客观上导致庭审的作用更加虚化。

侦查在我国司法实践中事实上成为刑事诉讼的中心,这一现实状况对诉讼制度的重大影响就在于,各种从审判中心主义出发的证据规则和制度在这一现实面前统统失灵。对一个司法权缺位的侦查程序而言,证据法学的思维理路和法律逻辑常常显得无能为力。审判中心主义是法治国家普遍认同的刑事司法基本原则,是社会公平公正地解决刑事冲突的客观需要。而要真正理解以审判为中心,以下几个问题应当予以厘清:

一、以审判为中心不能理解为以“审判阶段”为中心

所谓以“审判阶段”为中心,实质上就是“重心论”,认为刑事诉讼应当是有重心的,当前我国的刑事诉讼的重心偏侦查,以审判为中心就是应当把这一重心放在审判阶段。①笔者认为,这种理解可能存在一定的偏差。如果这一逻辑成立的话,美国百分之九十以上案件的审判阶段由于辩诉交易都是形式化的,那肯定不是以审判为中心。事实上,以审判为中心的立足点是反对“诉讼阶段论”,“重

① 实务界相关文献可参见陕西省高级人民法院:《推进以审判为中心的诉讼制度改革》,《西部法制报》2014年12月16日第008版;鲁桂华(北京市第二中级人民法院):《筑牢庭审中心地位提升公正审判水平——北京市二中院关于构建以庭审为中心的公正审判机制的调研报告》,《人民法院报》2014年11月27日第008版。

理论界相关文献参见陈卫东:《以审判为中心推动诉讼制度改革》,《中国社会科学报》2014年10月31日第A05版;陈瑞华:《案件笔录中心主义——对中国刑事审判方式的重新考察》,《法学研究》2006年第4期,第78—79页;何家弘:《从“庭审虚化”走向“审判中心”》,《法制日报》2014年11月5日第010版;顾永忠:《试论庭审中心主义》,《法律适用》2014年第12期,第7页;袁登明:《刑事冤错案的形成与以“审判为中心”》,《人民法院报》2014年12月24日第002版;

心论”以反对“诉讼阶段论”为立论基础，但实质上还是建立在“刑事诉讼是分阶段的”这一前提之上，之所以有“重心”，其实心里想的还是“诉讼阶段”，并没有跳脱出“诉讼阶段论”的窠臼。以审判为中心最有力量的部分就在于强调刑事诉讼的整个过程都要体现权力的制衡，体现司法权对刑事程序的充分控制，这是绝对的、无远弗届的，与“阶段”无关，与侦查和审判孰轻孰重无关。

由此，强化对侦查阶段程序的探究和正当程序的建构，并不能理解为与以审判为中心的方向相悖，而是以审判为中心的题中应有之义。因为刑事诉讼规律从证据法角度来讲，决定性的诉讼动作越早发生越有利于真实发现，越有利于证据的搜集和固定。决不能将以审判为中心理解为所有的证据问题都应当留待庭审来解决，侦查只是为庭审尽可能地提供“弹药”和做好准备。这实际上是望文生义，曲解了以审判为中心，在实践中必然是非常有害的。因为在侦查中解决不了的问题，在以后的庭审中要扭转乾坤几乎是不可能的。以传闻证据规则为例，国内很多学者都强调了传闻证据规则在审判中心主义中有很重要的地位，认为以审判为中心（甚至有主张直接称为以庭审为中心）首当推进法庭上的直接和言辞。“传闻证据规则被视为英美证据法上最具特色的规则，其受重视的程度仅次于陪审制，是杰出的司法体制对人类诉讼程序的一大贡献。”①但是近些年来，传闻证据规则在英、美两国都不同程度地受到了限制。在英国1995年制定的《民事诉讼证据规则》中取消了传闻证据规则，在2003年制定的《刑事司法法》中虽未明示，但由于极大地放宽了对传闻证据的限制，实际上已经从根本上动摇了传闻证据规则在英国刑事审判程序中的运用。②在美国，《联邦证据规则》第803条列出了23种传闻例外和一个概括例外，第804条又设定4种传闻例外和一个概括例外。也就是说，明确规定了27种例外。如此繁多的例外使得“传闻排除成为传闻采纳的海洋中的一个孤岛”③。欧洲人权法院近期的几个判例，越来越多地肯定在庭审中书面证言的效力，认为传闻证据规则最核心的内容应该是对质

① 威格摩尔语，转引自［美］约翰·W.斯特龙主编:《麦考密克论证据》，汤维建等译，中国政法大学出版社2003年版，第479页。

② 参见《英国2003年〈刑事审判法〉及其释义》，孙长永等译，法律出版社2005年版，第104—106页。

③ Jack B.Weinstein, “Probative Froce of Hearsy”, 46 Iowa L.Rev. 331, 346(1991).

权,而不应纠结于直接言辞。侦查法官特别鼓励尽早地在他那里就将供述、证言等证据固定下来,只要在审判的架构下让被告进行对质,充分保障了对质权,这个书面证言就是可以接受的,而并不强求对质一定发生在审判阶段。①这些变化可以看出,顺应证明规律,在审判的架构之下,将重要的诉讼动作尽可能早地进行才更加合理,但这并不是侦查中心主义或者侦查重心主义,而是真正体现了以审判为中心的本质要求。“在冷战结束后,全球化的浪潮增添了犯罪流动的动能,更彻底改变了以国为界的地缘政治及犯罪形态,经济犯罪、组织犯罪、贩毒与走私、人蛇集团及方兴未艾的恐怖攻击(以911为代表),往往都加入了跨国性因素。”②这些因素都使得审判的困难度不断攀升。譬如,有的案件“卷证多到以几推车来计算,到底要如何让所有的证据资料全部在法庭上呈现?……有些在侦查中就已经安排了几个共同被告及证人的相互(对)质(诘)问并记明笔录,试问这些侦查笔录对于审判的意义到底是什么?如果全都不能用,审判庭讲的才算,证人不出庭供述或证词矛盾时也都以审判时为准,那么最为简单与基本的问题是:保留正式的侦查程序阶段,还有意义可言吗?还有,侦查中的质问与保障,岂非多此一举?”③从证据的可靠性而言,侦查阶段在不影响取证的前提下,对控方已有证据的尽早进行“对抗”更有利于揭示真相。一旦辩方“输了”侦查阶段,在审判程序中设置再多的程序保障或许也是为时已晚、无济于事了。首先,从时间上考虑,案件刚发生之时,证人的记忆最为清晰,此时对其询问并制成的书面证言相对于间隔较长时间,证人记忆模糊以后出庭提供的口头证言更能反映案件事实真相;其次从提供证言的空间上来考虑,当前我国刑事诉讼之所以不断强调证人出庭作证,是由于我们认为在一般情况下证人在法庭这一空间内更容易吐露实情,但这并非表面上看起来那么简单。从司法实践来看,如果“法庭本身的权威不够强大,难以追究不作证或者不真实作证证人的责任,加之缺乏宗教以及道德感约束,缺乏对诚实承诺的不渝信守,那么,法庭空间及法庭的宣誓,具结就

① 林钰雄:《共犯证人与对质诘问——从欧洲人权法院裁判看释字第五八二号解释》,《月旦法学杂志》2005年第4期。

② Vgl.Vogel/Grotz, Perspektiven des internationalen Strafprozessrechts, 2002, S.1 ff.; vgl. Auch Eisele, Internationale Bezuge des Strafrechts, JA 2000, 424 ff.

③ 林钰雄:《改革侦查程序之新视野——从欧洲法趋势看我国法走向》,《月旦法学杂志》2008年第6期,第203页。

难以有效发挥证言提供及其可靠性的保障功能。”①以前“案重初供”的实务法则固然存在不可忽视的弊端，但一味否定其实务价值也是罔顾现实的。这其实涉及一系列的相关问题，比如律师最质疑的侦查不公开原则的滥用，以及在这个大帽子底下剥夺侦查中辩方最起码权利（如对会见权和阅卷权的不必要限制）的种种作法，都是与以审判为中心原则相违背的。

二、以审判为中心不能理解为仅对“定罪”证据必须经过审判确定

有观点谈及以审判为中心的相关问题之时，强调以审判为中心意味着凡是据以定罪的证据一定要经过法庭的认证，②这是与我们传统证据法规则相关的，任何证据未经法庭质证不得作为定罪的根据。这一点固然重要，但仅强调定罪问题实际上对以审判为中心的理解是不全面的。笔者认为，以审判为中心一定是控制“出罪”和“入罪”两端的，而不仅仅是控制“入罪”。在我国当前的司法实践中强调对“出罪”的控制意义同样重大。以康菲漏油事件为例，根据《最高人民检察院、公安部关于公安机关管辖的刑事案件立案追诉标准的规定（一）》，环境污染犯罪造成超过30万人民币以上的损失就应当追究刑事责任。③而康菲事

① 龙宗智：《证据法的理念、制度与方法》，法律出版社2008年版，第122页。

② 顾永忠：《试论庭审中心主义》，《法律适用》2014年第12期，第10页。

③ 《最高人民检察院、公安部关于公安机关管辖的刑事案件立案追诉标准的规定（一）》第六十条规定：违反国家规定，向土地、水体、大气排放、倾倒或者处置有放射性的废物、含传染病病原体的废物、有毒物质或者其他危险废物，造成重大环境污染事故，涉嫌下列情形之一，应予立案追诉：

（一）致使公私财产损失三十万元以上的；

（二）致使基本农田、防护林地、特种用途林地五亩以上，其他农用地十亩以上，其他土地二十亩以上基本功能丧失或者遭受永久性破坏的；

（三）致使森林或者其他林木死亡五十立方米以上，或者幼树死亡二千五百株以上的；

（四）致使一人以上死亡、三人以上重伤、十人以上轻伤，或者一人以上重伤并且五人以上轻伤的；

（五）致使传染病发生、流行或者人员中毒达到《国家突发公共卫生事件应急预案》中突发公共卫生事件分级Ⅲ级以上情形，严重危害人体健康的；

（六）其他致使公私财产遭受重大损失或者人身伤亡的严重后果的情形。

本条和本规定第六十二条规定的“公私财产损失”，包括污染环境直接造成的财产损毁、减少的实际价值，为防止污染扩散以及消除污染而采取的必要的、合理的措施而发生的费用。

件究竟造成了多大的损失虽然在正式的渠道不得而知，仅以其拿出10亿人民币作为环境补偿基金来看，相信绝非30万所能涵盖。类似的事故，在美国墨西哥湾原油泄漏事件上，英国石油公司（BP）除了设立200亿美元的环境补偿基金之外，还支付了40亿美元的刑事罚金以解决其刑事责任。而康菲石油泄露事件并未听闻有一人为此承担刑责，听到的只是该公司与渔民为2亿元人民币的损失赔偿进行诉讼。这种疑问在我国的很多事件当中都引发关注，比如“温州动车追尾事故”中，民众第一反应竟然是关心究竟伤亡了多少人，连真实的伤亡人数都成为了一个问题；再如前文所述的湖北谢业新、湖南游济安、山西郭斌案件等，这些事件当中事实的真相本身并不重要，最关键的是，作为程序法的专业人士，我们发现当出现这些疑问的时候其实是没有一个程序的途径来解决的——这一定是制度上出现了重大的问题。也就是现有的制度在控制“出罪”上存在重大弊端。如果警方独自的、不受制约地得出了一个非他杀的结论，案件根本就不会进入刑事诉讼程序。那么，我们在刑事诉讼程序中一切正当化的制度设计与努力都将落空。①侦查阶段封闭运行的结果就是“出罪”问题完全听任侦查机关的一家之言，即使是有疑问也无法通过程序性渠道来解决，这是与以审判为中心的要求直接相悖的。仅仅将以审判为中心解读为解决“入罪”，未免过于狭隘。网络上曾热传所谓北周宇文泰和苏绰谈及“用贪官、反贪官”的政治权术，这种政治权术只有在专制的非法治国家才有可能，它必须借助于“出罪”失控，才能实现“入罪”的选择性。可见，“出罪”与“入罪”同样应当受到司法的严格控制，这是以审判为中心的完整内涵。

三、以审判为中心，法官的角色定位应适应我国的现实需要

要真正实现以审判为中心，一个无可回避的问题就是法官在一国的刑事诉讼制度中的角色究竟如何定位。与此相关，刑事诉讼模式问题也就成为了首先需要明确的基础理论问题，因为模式所要解决的就是公检法专门机关以及各方诉讼参与人在刑事诉讼中的地位及其相互间的关系问题。“刑事诉讼模式是刑事诉讼活动的支架，是刑事诉讼目的的实现手段，所有诉讼制度和证据制度都依

① 张栋：《论死因裁判制度在我国的建构与前景》，《法律科学》2014年第4期，第164页。

附于诉讼模式之上。”①当前，为刑事程序法学界普遍采行的制度分类模式是“英美当事人主义/欧陆职权主义”。经典理论认为，英美法系国家普遍采行“当事人主义”诉讼模式，欧陆法系国家则广泛运用“职权主义”诉讼模式，两者在诉讼理念和程序结构方面存在重大差异：英美当事人主义诉讼模式以人权保障为优位价值理念，注重程序的正当性和较之实体的优先性；而欧陆职权主义则以犯罪控制为指导性理念，甚至为此不惜在一定程度上牺牲对公民的人权保障，程序运作也更为注重发现实体真实。②关于诉讼模式之争在我国由来已久，远在光绪三十二年（1906 年），当事人进行主义与职权主义之战即已开启。沈家本及伍廷芳等当时所拟之“刑事诉讼法”草案为中国第一个单行诉讼法，所采用的审判方式即为英美的当事人进行主义和交叉询问。但因为以张之洞为首的礼教派人士反对，未予公布即宣告作废。四年后（宣统二年，1910 年）之“大清刑事诉讼律”草案为中国第一部刑事诉讼法草案，转而改采大陆法系的职权主义，法官就有罪与否，应调查一切必要事证，奠定了之后我国法律与大陆法系密不可分的关系，影响后世百年。此后，有关模式的争论一直经久不息。

由于当事人主义模式又被称为对抗制模式，在我国刑事诉讼制度改革的实践中，增加程序的“对抗性”是一个长盛不衰的话题，司法改革的大方向容易被解读为增加对抗性，而增加对抗性又常常有意无意的与“当事人主义”或者“对抗制模式”等同起来，像有学者指出的那样，“暗含着‘重视当事人主义、否定职权主义’的偏见立场”。③

分类是对制度进行学术分析的一种研究方法，而分类本身并不具有先验的立场选择性。一方面，法律制度的建立，不是一种预设立场的表决，如果我们对目前的制度不够满意，“转向”另一种已被证明行之有效的制度就能够毕其功于一役，类似于一个意识形态的大选择，什么东西就都变过来了，这是一种过于简单化的理想主义思维方式。因为真正富有生命力的制度的演进过程往往表现为

---

① 沈德咏：《中国刑事证据改革与发展需要处理好的几个关系》，《中国法学》2011 年第 3 期，第 14 页。

② 万毅：《超越当事人/职权主义——底线正义视野下的审判程序》，中国检察出版社 2008 年版，第 3—4 页。

③ 万毅：《超越当事人/职权主义——底线正义视野下的审判程序》，中国检察出版社 2008 年版，第 4 页。

日积月累的“建构”,而不是天翻地覆的“抉择”。另一方面,过于强调差异性,将“讨论标签化”,①容易助长无视法律制度共性的倾向——人们不是对诉讼法的改进的可能性进行思考,而是通过强调“其他制度”的缺陷而将现实合法化。这两种倾向对于法律实践都是有害的。

笔者认为,二者并非是截然对立的诉讼方式,过分夸大两大法系诉讼制度之间的差异,将两者间的技术性差异夸大为本质性差异,将具体制度安排上的差异夸大为价值导向上的差异,并简单地判定英美当事人主义诉讼模式重视人权保障,而欧陆职权主义诉讼模式注重打击和控制犯罪,这显然是不符合经验事实的,二者之间不存在孰优孰劣的比较关系,只是在推动诉讼进行的方式上,有各自不同的考量,不论哪一种进行模式都有其具体限制,在欲达成的目标上并无二致,即保障人权与程序公正。

就刑事证据规则的设置而言,英美法系国家和大陆法系国家呈现出一种明显的差异。英美法系国家的证据规则通常体系化存在,如其包括传闻规则、品格证据规则、任意自白规则、意见规则、最佳证据规则、补强规则、非法证据排除规则,等等。这种证据规则体系化的完整发展与陪审制度和其固有的诉讼模式紧密相关。因为相较于专业法官对案件的审理而言,陪审团组成人员因其知识结构的先天缺陷,必须辅以系列的证据规则才能完成对案件事实的认定。“鉴于陪审员对于证据之评价,不甚熟悉,自应由经验丰富的裁判官加以说示,而其说示,又不能无一定之标准,乃设有排除规则限制无关联性之证据、偏颇之证言、虚伪之证言或足致陪审员因本身之感情与同情之偏见、易与发生错误之证据,提出于法庭,使陪审员,仅得凭其合理性且富有安全性证明力之证据,而为合理之判断”。②因此,由于陪审制将法官裁判权进行了实质性的分割,从而强化了审判活动过程中的证据规则的要求,其设置证据规则的初衷主要是基于对事实认定的考虑。同时由于英美法系采当事人主义,提出证据并揭示其证明价值是当事人的当然责任,裁判者只能依据当事人提出的证据认定事实,而当事人双方举证,没有证据规则将无法有序进行。当事人双方举证不但要在顺序上要规则,判断

① [瑞士]萨拉·J.萨默斯:《公正审判:欧洲刑事诉讼传统与欧洲人权法院》,朱奎彬、谢进杰译,中国政法大学出版社2012年版,第12页。

② 陈朴生:《刑事证据法》,海天印刷厂有限公司1980年版,第205页。

证据真伪以及是否采纳上亦应有规范,否则双方很难划清是非。证人出庭的问题上,谁来进行传唤,怎样进行主询问和反询问;怎样质证;当双方有分歧时,由谁来裁断;一时难以确认时,在程序上如何处理;证据的采信上存在重要分歧时,按什么方式和标准作出决断,等等,都需要一定规则。这些规则的设置同样来源于事实认定的要求。而在大陆法系国家,证据调查是法官的职责之一,专业法官对案件事实的查明和证成过程具有更强的掌控力,因此,大陆法系国家更强调法庭调查对法官的实质性影响,更加注重法官的职责发挥。为此,其在传统上并不通过设立普适的证据规则来指引法官的某些认知行为。观察大陆法系关于证据资格的规定,可以发现,其排除特定证据的着眼点并不完全在于保障事实的认定,更多的是在于实现特定的政策,如促使警察守法、维护特定的社会基本价值等。尽管随着时间的推移和两大法系的不断融合,这种差别在不断缩小。“大陆法系国家,在强调法官裁量权的传统上,开始通过立法确立了一定数量的规则,促进了证据资格的法定化;而英美法系国家,则在证据规则的基础上,赋予了法官广泛的裁量权。由于二者的出发点不同,这种方向相反的发展却缩小了两大法系在证据资格问题上的差别,并逐渐形成了一些为多数国家所公认的证据规则”。①但由于受制于证据规则本源目的的制约,加上以此为基点架构的整个诉讼制度的差异性,所以即便部分证据规则具有看似相同的文辞表述,但在具体适用上往往具有不同的效力范围,而这种一定程度的共性化发展更容易掩盖其实质存在的不同之处。强调刑事诉讼模式一定程度上的“同质性”,②并不意味着将二者混同,抹杀区分的理论意义,甚至乐观地以一种中庸的习惯性思维认为最佳的路径是“兼采众长”。有学者认为,路径选择应为兼采当事人主义与职权主义诉讼制度的优势,即“我国刑事诉讼制度改革不仅应当向当事人主义诉讼制度学习,也应当向真正的职权主义诉讼制度学习。”③曾有学者把这种做法总结为:“中国文化之长加西方文化之优点等于理想文化”,并进一步论及:“这一种想法

---

① 宋英辉、吴宏耀:《外国证据规则的立法及发展——外国证据规则系列之一》,《人民检察》2001 年第 3 期,第 61 页。

② 万毅:《超越当事人/职权主义——底线正义视野下的审判程序》,中国检察出版社 2008 年版,第 5 页。

③ 左卫民、万毅:《我国刑事诉讼制度改革若干基本理论问题研究》,《中国法学》2003 年第 4 期,第 146 页。

是可欲的，但却是不合经验的，在根本上，保持这一观点的人，在性质上是情绪的，因此所发的言论常真诚感人；在认同的对象上，可能自觉地是理想文化或世界文化，但不自觉的却是‘乌托邦文化’。”①当然，兼得两种诉讼制度之长是法律制度移植的最佳境界，但这种做法不免过于简单。忽视程序的制度背景，忽视程序间的相互关联，对孤立的制度不加分析，试图采取简单的拿来主义，难免会出现排斥反应，甚至可能适得其反，搞不好会集所有缺点之大成。

笼统地讨论“德国车好还是日本车好”，这是个愚蠢的问题，但如果这样问，日本车的零件是否可以安到德国车上去，这个问题就有意义了。也就是说，笔者反对以某种主义作为刑事诉讼改革的终极纲领，但坚决主张改革的具体举措应符合我国实际的制度现状，而这一现状应当对我国的现存刑事诉讼模式具有一定的理论自觉，这一理论自觉起码包括以下内容：

（1）需不需要转向当事人主义？晚近对刑事诉讼法进行了大修的俄罗斯、意大利以及我国台湾地区，在修法之前对于是否需要“转向”当事人主义都曾经有过激烈的讨论。日本在这一问题上也几度摇摆。明治维新前，日本原受中华法系的影响，带有较大程度的纠问式色彩，与大陆法系的刑事诉讼制度具有极强的相似性。自明治维新起，日本开始了刑事法治的近代化转型。1880 年的《治罪法》与 1890 年的《刑事诉讼法》都是在大陆法系的法国刑事诉讼法影响下完成的。此后，日本又在一定程度上采纳了德国刑事诉讼的相关制度与理念，使之与自身现有制度相融合，继而在 1910 年确立了起诉便宜主义，并列入了 1923 年的《刑事诉讼法》之中。自此完成了自身刑事诉讼的第一次转型。可以说，这是日本的刑事诉讼根基于大陆法系的体系与模式之中所必然产生的结果。二战后日本开始受到英美法系美国法的强烈影响，但是美国法上的一些重要特征，例如警察与法院在运作上的地方自治性，检察官公选制，起诉陪审以及审理陪审制等等，却在日本严重的水土不服。譬如，日本曾在 1922 年制定《陪审法》，但是陪审的案件却逐年递减，直到 1938 年全国仅有不到十起适用陪审团的案件，因此日本被迫于 1943 年废除了陪审制。②其不成功的原因据信就在于“陪审团与日本

---

① 金耀基：《金耀基自选集》，上海教育出版社 2002 年版，第 20 页。

② 参见刘晴、段明学：《日本精密司法评述》，《西南师范大学学报（人文科学版）》2006 年第 5 期，第 125 页。

的国情不相符合,一般国民宁愿受'上级'而不愿受'同伙'之审判。"①虽然2009年日本又再次施行陪审团制度,然而其效果如何仍处于有待观察的阶段。

我国刑事诉讼法1996年、2012年两次"大修"模式之争并未凸显,这与我国的修法方式有关,基本上是立法机关与公、检、法等各出机杼,然后总体平衡。这种立法方式关注具体条文,而对于立法本身的研究和讨论是不充分的,这一弊端几乎必然造成我国刑事立法上的先天不足,因为从某种程度上讲,对一个可欲的目标而言,方向比距离更重要。

笔者认为,就法官的角色定位而言,当事人主义的诉讼模式并不适合中国的现实状况,当事人主义有两大基本特征:一是法官绝对中立,二是平等武装。这两点在中国都很难实现。1996年我国刑事诉讼法修改,为达成"吸收当事人主义模式的经验"之目标,改变之前全卷移送的做法,学习"起诉状一本主义"②的"复印件主义"③,目的是"防止法官预断"。这种从概念到概念的思维理路与司法实践圆凿方枘,必然会引发很大的问题,这一点在我国1996年修改刑诉法之

① 王盼:《审判独立与司法公正》,中国人民公安大学出版社2002年版,第287页。

② 当事人主义的英美法系能够施行"起诉状一本主义"是有其深刻的制度与体系根源的。首先,英美法系国家普遍实行陪审制;其次,英美法系国家刑事诉讼的主导权由当事人掌握;最后,英美法系国家法官庭前活动是极其有限的。

③ 检察院起诉时,不得移送案卷,只能移送起诉书、证据目录、主要证据复印件和照片。在1996年修法时的理由是:既能防止法官审前预断,又能使法官驾驭庭审过程。然而,实践中移送主要证据复印件的做法积弊重重,由于制度上的缺失又滋生了意料之外的弊端……刑事诉讼法第150条在后来的实际运作中已名存实亡。例如,烟台市检察系统由于缺乏足够的人力和经费,在决定提起公诉时就象征性地复印几份主要证据,然后连同全部案卷材料一并移送法院,法院合议庭的全体成员依然是对整个案卷材料进行实体性的审查。参见陈卫东:《刑事诉讼法实施问题调研报告》,中国方正出版社2001年版,第130页。有些地方的法院为了保证判案的准确率,他们往往事先私下和检察院协商采取"借卷看"的变通方法,而检察机关考虑到两家的关系一般乐意于为之。参见陈永革:《论主要证据》,《中国刑事法杂志》1998年第6期,第84页。"由于上述问题的存在,六部委作出了补充规定,赋予了检察院在移送起诉时根据案件具体情况决定主要证据范围的权力。这样,为了保证控诉犯罪的准确率,代表国家追诉犯罪的检察机关就可以名正言顺地进行法律规避,只向法院移送有利于己方的控诉证据。"陈卫东:《刑事诉讼法实施问题调研报告》,中国方正出版社2001年版,第131页。"以至于司法实践中,控方就可以随心所欲地选择,往往只提供被告人口供、部分证人的证言,而且掐头去尾,让辩护律师无法全面地了解案情。"孙国祥:《步履维艰的当代中国刑事辩护制度》,载中国人民大学报刊复印资料《诉讼法学·司法制度》1999年第10期,第168—169页。对此,有学者就一针见血地指出:较之原有方式,目前这种阅览主要证据的做法似乎更容易造成法官预断的扭曲。参见龙宗智:《刑事诉讼庭前审查程序研究》,《法学研究》1999年第3期,第60页。

后的具体实践中已经表现得很充分。

我国的刑事诉讼总体而言是一个职权主义的架构，法官依职权调查是职权主义诉讼模式的一个根本特征。例如，“《德国刑事诉讼法》第 244 条第 2 款规定，为了探究真相，法官的证据调查职权(von Amts wegen)及于所有对裁判具有重要意义的事实和证据方法。”①我国 1996 年刑诉法对法官依职权调查取证进行了一定的限缩，②2012 年修法时保留了限缩的做法。加之，实践中法官依职权调查的案件量过少。③因此，有学者认为我国法官依职权调查义务是与我国刑事诉讼制度与体系不相符合的，应予废除或者改造。④也有学者将依职权调查义务归入了法官的自由裁量权之中⑤。在职权主义诉讼模式下，法官依职权调查取证属于法官基本的的责任与义务，也就是说，法官虽然不承担证明责任，但承担着查明案件真相正确适用法律的义务，因此除了进行消极的判定之外，还需在必要时运用职权直接调查证据，查明案件情况。⑥其强调法官在发现案件事实中的能动作用，不受当事人意思表示的约束。而基于当事人主义诉讼模式下的形式真实发现主义则不同，法官关于事实及证据，恒为当事人意思所约束，而仅需发现形式上之真实……尽管由于特定时间和空间内人的认识能力有限，面对少数

① 王一超：《论法官的职权调查范围——以法官对被告不利事项的职权调查为视角》，《中国刑事法杂志》2013 年第 8 期，第 61 页。

② 我国 79 年刑诉法第 108 条、第 109 条规定，人民法院对于公诉案件审查后，对主要事实不清、证据不足的案件，既可以退回检察院补充侦查，也可以自己进行勘验、检查、搜查、扣押和鉴定；根据第 123 条第 2 款的规定，在庭审过程中，合议庭认为证据不充分，或者发现新的事实，可以退回检察院补充侦查或者自行调查；根据第 126 条的规定，对于缺乏罪证的自诉案件，人民法院也可以进行调查。而 1996 年刑诉法则仅在第 158 条规定：法庭审理过程中，合议庭对证据有疑问的，可以宣布休庭，对证据进行调查核实。人民法院调查核实证据，可以进行勘验、检查、扣押、鉴定和查询、冻结。

③ 福州市某区人民法院 2007—2011 年刑事庭审法官庭外调查，5 年仅 1 起案件。参见熊裴彦、林忠明：《论刑事诉讼中的法官庭外调查权：基于实证研究的讨论》，载《建设公平正义社会与刑事法律适用问题研究——全国法院第 24 届学术讨论会获奖论文集(上册)》，人民法院出版社 2012 年版，第 686 页。

④ 有学者认为，1996 年《刑事诉讼法》的改革不彻底，应当彻底废除法官依职权调查取证的权力，以与审判模式的当事人主义方向改革相协调。参见林劲松、朱珏：《对法官庭外调查权的反思——从刑事诉讼价值角度的分析》，《中国刑事法杂志》2002 年第 3 期，第 46—47 页。

⑤ 有学者认为，我国关于法官依职权调查取证的法律规定是一种抽象规定模式，这种模式具有灵活性的优势，但没有太多的操作性，它往往需要委诸法官的自由裁量权。参见陈如超：《论法官的查证责任与控辩双方证明责任的边界》，《中国刑事法杂志》2011 年第 3 期，第 71—72 页。

⑥ 龙宗智：《证明责任制度的改革完善》，《环球法律评论》2007 年第 3 期，第 42 页。

无法发现真实的情况,不得不在"宁枉勿纵"与"宁纵勿枉"二者之间选择后者,将对实质真实的追求修正为消极的实质真实主义,①但这毕竟只是无可奈何的次优选择,且前提是已穷尽合法的调查手段但仍无法发现案件真实或者发现真实成本过高。然而这绝不是不尽或者异化调查义务的理由。在职权主义诉讼模式下,裁判取决于"什么事被澄清了",而非"什么人澄清了这件事"。②这一点对于体系化的证据制度意义重大,因为只有法官的强力的平衡作用,才能解决控辩双方在证据收集和核实能力上的差距。法官依职权调查是法官"澄清义务"的重要体现,是刑事诉讼中真实发现的重要途径。在职权主义诉讼模式下,"基于'法和平性'的考量,即通过澄清义务的履行,达到毋枉毋纵,开释无辜并处罚犯罪之人,因此法官不能只袖手旁观,而必须查明真相,始能达到法和平性。"③即便受到当事人主义较大影响的日本,在强大的职权主义传统之下也依然保留了法官职权调查取证的义务。④

在我国实践中经常可以听到的一个说法是:"证据不足就应该直接判无罪呀"。这种似乎对现实很无奈的说法听起来理直气壮,其实缺乏对我国诉讼模式和证据制度的清晰认知,体系化的证据制度的逻辑是:穷尽可能的调查手段和途径之后方可作出证据不足的无罪判决,因为这是法官的法定义务。审判中心主义对职权主义证据制度的直接影响就体现在对法官调查义务的坚持上,强调法官对证据收集和审查的无可推卸的责任。

以法官庭前阅卷为例,我国 1996 年刑诉法规定,检察机关起诉时只向法院移送"证人名单"、"证据目录"和"主要证据的复印件、照片",其他证据材料不予移送。该做法尽管没有完全引进"起诉状一本主义"的起诉方式,却对检察机关

① 张建伟:《从积极到消极的真实实质发现主义》,《中国法学》2006 年第 4 期,第 177—178 页。

② [德]克劳思·罗科信:《刑事诉讼法》,吴丽琪译,法律出版社 2003 年版,第 215 页。

③ 林钰雄:《刑事诉讼法》,中国人民大学出版社 2005 年版,第 52 页。

④ 虽然在被告人举证不充分的时候,应当肯定法官有进行证据调查的义务,而检察官举证活动不充分,法官不负有补充的义务,但是在审理中,如果法官偶然获得了重要的证据,而检察官又因明显的疏忽未对此证据提出申请调查这样的双重偶然的情况下,作为例外,应当确认法院负有督促检察官举证的义务。最高法院判例也认为,对于法官审理共同被告人时发现的证据,因检察官没有注意而未提出该证据时,法官不应立刻作出被告人无罪的判决,至少应负有催促检察官提交上述证据的义务。[日]松尾浩也:《日本刑事诉讼法》,张凌译,中国人民大学出版社 2005 年版,第 329—330 页。

移送法庭的案卷范围作出了较为严格的限制。一般认为,这种起诉方式作为中国“抗辩式审判方式”的组成部分,十分接近于意大利1988年所确立的由大陆法系向英美法系靠拢转型的制度安排,①形成了一种所谓混合制诉讼模式。②然而这样的移送起诉方式,不仅没有防止法官的预断,反而在实践中形成了“上有政策、下有对策”的各类变通做法,更是造成了对法官预断的扭曲。③原本为学界寄予厚望的做法最后在2012年修改刑诉法时再次改弦更张,不得不退出历史舞台,其根本原因就在于1996年刑诉法规定的带有浓厚当事人主义色彩的“起诉书一本主义”(或有称之为“复印件主义”),理论上寄希望于“防止法官预断”,却因实践中水土不服给诉讼各方都带来了极大的困难与诉讼上的不便利,最终使得该做法不得不取消。

诉讼模式的构建与选择,并不是将各国实行良好的制度简单拿来就得以完成的,任何制度与做法都必须要符合本国的国情与诉讼文化。譬如,日本之所以能够良好地运行“起诉状一本”,主要原因是其精密司法的诉讼传统和现实基础。在侦查与起诉阶段投入大量司法资源,在证据规则较为完备的情况下,证据制度的体系化使得各项证据的质量相对较高,极高比例的定罪率使用法官很容易形成强烈的定罪预期,防止法官预断自然成为了刑事诉讼中的重中之重。然而,反观我国刑事司法环境,我国目前处于司法资源相对匮乏,案件数量又十分巨大的矛盾之中。数据表明,2013年,无锡市江阴法院收案24 247件,结案21 498件,一线法官人均年办案量高达213件。④有的省市地方案件数量则更多。以上海为例,上海市高院院长崔亚东在2014年工作报告中指出:2013年上海法官年人均

---

① 陈瑞华:《刑事诉讼的中国模式》,法律出版社2010年版,第162页。

② 陈瑞华:《案卷移送制度的演变与反思》,《政法论坛》2012年第5期,第15页。

③ “根据修改后的刑事诉讼法,检察官在开庭前只向法院移送‘主要证据的复印件或者照片’。这就有可能导致多份相互矛盾的被告人供述笔录只被移送其中的一份,多份不一致的证言笔录也被移送其中的一部分,甚至任何证据都有可能被有选择地移送,而不是‘全案移送’。按照多年的刑事司法惯例,法官对案件事实的认定又必须有足够的证据支持,尤其不能与案卷笔录发生明显的矛盾。而这一点单凭法庭上那种有选择的、摘要式的宣读案卷笔录的调查方式,是根本不可能得到实现的,甚至还不如直接阅卷来得更加可靠。在这种情况下,法官对这种限制庭前移送案卷范围的改革,就可能产生普遍的抵触情绪。”陈瑞华:《案卷移送制度的演变与反思》,《政法论坛》2012年第5期,第19页。

④ 参见江苏法院网:《法官的一天》,来源:http://www.jsfy.gov.cn/fyfc/ck63/2014/01/16142219582.html,2014年12月13日访问。

办案数为全国2.25倍。①可以说，法官两天甚至是一天一个庭，撰写一份判决书已是常态。那么，在实践中，如果法官不在庭前对案件全面把握，指望其单单通过庭审就对案件作出精准的判断几乎是不可能的。

法官庭前接触案卷，甚至主动收集证据的确容易形成预断，但从预断到主观确信还是有距离的。随着审判进行，通过法庭活动和证据攻防，心证事实上是起伏的，要到法庭结束后，才有法官确信与否的问题。这牵扯到卷证并送、空白心证的问题。对此，真正的空白心证是很难实现的。日本的“精密司法”起诉有罪率是99%，②正是由于周密的侦查、慎重的起诉及法院细致入微的审理，导致了极高的有罪判决率。在日本刑事诉讼中，基本上起诉了，大家就会有很强的定罪的心理预期。当然，概率与个案思考还是有区别的，但如果说对心证截然无影响，显然也是罔顾现实。

笔者认为，从证据法的角度而言，真正的危险不是产生预断，而是预断根深蒂固无法改变，甚至对改变预断存在制度性障碍。而要改变预断，恰恰需要强调法官的依职权调查义务，强调法院在判决中履行说理义务和上级审的有效控制。法官庭前阅卷并一定就不利于被告。在我国的具体刑事案件办理中，常有法官阅卷发现控方证据存在的问题，钉住公诉人不放，而这些问题经常连被告的辩护律师都没有意识到。在无辩护律师的案件中，强调法官的庭前阅卷就更加重要。③以我国目前的庭审质量，在开庭时间短和大量采信传闻证据的情况下，不

---

① 参见人民网:《上海法院2013年受理48.6万案件法官人均办案为全国2.25倍》，来源http://sh.people.com.cn/n/2014/0121/c360041-20446735.html，2014年12月13日访问。

② 精密司法注重发现真实，其目标向探明真相倾斜，要求周密侦查，最大限度地挖掘事实真相。日本的精密司法是建立在以职权主义为基础，吸收美国法影响的产物。“英国以‘有罪的盖然性高于无罪的盖然性’为基准，俗称为51%基准(51 percent test)。如果对照这一标准的话，日本就是99%的标准了。”([日]松尾浩也:日本刑事诉讼法(上卷)，丁相顺译，中国人民大学出版社2005年版，第162页)。

③ 虽然关于我国刑事诉讼辩护率的数据有所不同，但是总体上全国律师辩护的刑事案件约占全部案件的20%左右，这其中还包括了一定程度的指定辩护的情形(参见左卫民:《中国应当构建什么样的刑事法律援助制度》，《中国法学》2013年第1期，第80页)。西部某中心城市郊县D县2007、2008年一审刑事案件的调研显示，在统计的442件审结刑事案件中，涉及被告659人，147名被告人有律师辩护，包括指定辩护54人、委托辩护93人，比例分别为8.19%、14.12%，自行辩护512人，律师的总辩护率为22.31%(参见马静华:《刑事辩护率及其形成机制研究——以刑事一审为中心》，《四川大学学报(哲学社会科学版)》2011年第6期，第126页)。

强调法官庭前认真阅卷和依职权调查,空洞地主张"空白心证"和"起诉书一本"无异于草率司法,不肯在庭前做认真的案卷研究和证据分析的法官,绝不会是一个称职的法官。

关于法官的中立性,我们常听到球赛的比喻,①如果法官主动调查,就会变成帮一方踢球,但问题在于,在球赛中,没有人希望裁判不告不理,要等有人申请才去吹哨,如果这样,这场比赛大概也不用进行了。也就是,我们期待球赛的裁判依职权主动进行调查才是实践中的真相,绝不会因为调查,就说裁判不公,反而是有具体犯规嫌疑不查,裁判才是不公的。

其次,平等武装在我国目前的条件下很难做到。我国幅员辽阔,各地经济社会发展不均衡,尤其是刑事辩护率低。一般认为当事人主义被认为具有发现真相之功能,主要的原因是案件与当事人有切身关系,所以对于任何一项证据的优势和弱点,都会极尽攻击防御的能事,自己去把他推敲出来,法院站在中立的立场去观察整个过程,任何一项证据提出来的时候,每一个有利的、不利的面向都完全的呈现出来,这时候做出来的判断,会是一个最中肯、最周延的判断。但一方面,它的前提必须建立在双方都有充分的攻击防御的能力,比如说被告那边必须要有律师。这个时候马上就会有平等的问题出来:有钱的人可以找好一点的律师,没钱的人就找不到律师,或者只能找公设辩护人。另一方面就是伦理的问题,律师或是检察官可能会为求胜利不择手段,当事人主义因将诉讼的进行完全委诸当事人,但在实际上,对于当事人基于结果考虑而采用的拖延诉讼的战术,却缺乏有效的防止策略。因此,往往不能避免由诉讼延迟而产生证据散失,以致不仅不能迅速发现真相,并且,由于诉讼延迟而使法院的事务负担过重,导致制度的运作弊端丛生。由此,这个理论模型必须要有一些配套的条件,譬如说律师伦理的严格要求,与足够的律师和健全的公设辩护人制度的配合,才能够有效的运作。

第三,我国的案件数量之庞大也使得需要耗费更大诉讼资源的当事人主义模式成为不可能。我国每年审理的刑事诉讼案件数量巨大且呈逐年递增之势。

---

① 参见《法官调查义务的范围——以最高法院 101 年度第 2 次刑事庭会议决议为中心》座谈会纪录(上)http://www.lawtw.com/article.php?template=article_content&job_id=181262&article_category_id=2169&article_id=104032, 2014 年 12 月 8 日访问。

仅2014年一年，全国法院在刑事诉讼领域就“审结一审刑事案件102.3万件，判处罪犯118.4万人，同比分别上升7.2%和2.2%。”①在这样的现实状况之下，当事人主义的由法官空白心证为起点的旷日持久的审判模式基本上不具有可行性，由此与证据相关的很多方面都必须充分考虑其现实基础。

（2）在职权主义模式的大的框架下，并不排除具有当事人主义特征的某些制度的引入，也就是说，如果美国车上的某个零件能够为德国车所用，并提高车辆的性能，那何乐而不用呢？“当事人主义”的标签不能成为制度改革的障碍，事实上，职权主义的大陆法国家在其证据制度中也大量吸纳当事人主义的某些制度和规则。但对当事人主义有益经验的吸收，应建立在对职权主义的司法现状有充分体认的基础之上，不能不假思索地囫囵吞枣，像前述主要证据复印件主义所表现出来的那样，徒增混乱，无益法治的进步。

（3）需充分认知不同的诉讼模式有着不同的适用环境，相关证据制度也应做相应调整。例如以保释制度为例，在法德等国的职权主义形式诉讼中，被告人是一种独立的证据方法，强调羁押犯罪嫌疑人、被告人有利于搜集证据、保全证据。有德国学者在阐述此观点时认为：“我们所说的保释与英美国家不同，在他们那里，保释是如此重要，以至于被看作是宪法性的权利，而在我们这些欧陆国家，更为关心的是羁押的实质要件、羁押期间以及对羁押的审查制度，因为上述因素的存在足以保护被告人的基本人权。”②“与其他制度不同，德国不承认个人的保释权是否选择通过交纳金钱来减少逃跑的危险属于法官自由裁量的范围，实践中，法官通常不进行这样的选择。”③另外，在大陆法国家，往往更加重视保释是否有利于保护社会，更加强调充分考虑犯罪嫌疑人、被告人的人身危险性和再犯可能性。从这个意义上来说，在大陆法系国家，保释不是作为独立的制度来支撑其刑事诉讼程序的正常运作，而是作为羁押制度的组成部分，依附在羁押制度之中。正是如此，才有人说，在大陆法系国家，“羁押是原则，保释

---

① 参见2015年3月12日，第十二届全国人民代表大会第三次会议上，最高人民法院院长周强所作的《最高人民法院工作报告》。

② Armenta Deu, Die U-Haft *im span*, Rech usw., ZStW 104, 1992, p.211.转引自郭天武：《保释制度研究》，法律出版社2009年版，第65页。

③ ［德］托马斯·魏根特：《德国刑事诉讼程序》，岳理玲、温晓洁译，中国政法大学出版社2003年版，第100页。

是例外”①。近年来,保释制度在大陆法系国家的适用范围已经大为扩充,这一状况已经有很大的改变,但仍然不存在英美式的权利保释制度,保释仍然不被视为在押人的一项权利,法院在保释方面仍享有几乎不受限制的裁量权。②而当事人主义模式下,保释的唯一目的是确保被告人出庭受审,这种观点一个前提是无罪推定的原则。依据无罪推定原则,任何人在被法院定罪以前在法律上应该被认为是无罪的人,认为羁押在“法律上被认为是无罪的人”是一种不能够容忍的行为;另外一个前提是对抗制,认为只有允许保释,才能使对抗制进行下去,才能使嫌疑人、被告人有充分的机会进行辩护,特别是能够有力地协助其辩护律师调查案情、搜集证据,为案件向着自己有利的方向发展做积极的准备。如果被告人在开庭前一直处于羁押状态,使得被告人不能充分配合辩护人搜集证据,无法在法庭中形成对抗。③不同的诉讼模式下,制度出发点不同,在实践中必然有着微妙的差别,这对于证据制度的影响是显而易见的。

四、以审判为中心,必须按照审判的逻辑实现证明的目的

以审判为中心,要求证据制度的运作必须能够在审判中实现证明的目的,或者说证明必须按照有利审判进行的逻辑来组织和展开,必须符合审判的规律。

扬汤止沸不如釜底抽薪,以审判为中心要求一国的证据制度在构成上应给予前置式的证据规则以优位,这也更为契合审判中心主义与证据裁判主义的价值内核。这已经成为证据制度发展的一个大的趋势。如德国的前置式“参与式侦查程序”模式(partizipatorisches Ermittlungsverfahren)④,把本来只有在审判程序中才全面享有的辩方参与权,广泛地前置到侦查程序,并以此为前提,省略一部分繁复的审判程序。该侦查程序模式一方面将本来仅在审判阶段始能享有的

---

① Christine Van den, Wyngaert de, *Criminal Procedure in the European Community*, Butterworths, 1993, p.242.

② 郭天武:《保释制度研究》,法律出版社 2009 年版,第 65 页。

③ 郭天武:《保释制度研究》,法律出版社 2009 年版,第 67 页。

④ Vgl. Heghmannn, Aktuelle Reformkonzepte fur das Strafverfahren, JA 2002, 985 ff.; Jahn, Das partizipatorische Ermittlungsverfahren im deutschen Strafprozess—Theoretische Grundlagen und praktische Ausgestrltung, ZStW 115(2003), 815 ff.; Wohlers, a.a.O.(Fn.53), GA 2005, 11 ff.

辩方权利,全面性地前置到侦查程序,让辩方不至于错过有效辩护的关键时间点,另一方面将上述程序保障的践行,作为审判阶段援引侦查结果的前提。以此为标准,旨在有效解决诸如侦查程序中的阅卷难、审判程序中的不断翻供、非法证据排除规则"名存实亡"等等一系列问题,这对我国构建体系化的证据制度具有一定的借鉴意义。

真正要解决刑讯问题的措施必须是前置的,像沉默权和律师在场制度,而这些制度的确立又有赖于其他一些制度,是个系统工程,在不禁止夜间讯问的情况下,律师在场几乎是不可能的,难以想象律师们一夜一夜地赶到偏远郊区的看守所去"在场"。另一方面,在不解决对口供过度依赖的情况下,赋予犯罪嫌疑人被告人沉默权事实上就会产生侦查机关能否有效打击犯罪的连锁反应。非法证据排除规则的未来前景主要应体现在对非法获取物证的约束上,这是由这一证据规则本身的特性所决定的。

在传闻证据规则的设计上,不必过分纠结于法庭上的直接言辞,而应对保障犯罪嫌疑人、被告人的对质权为中心,优先制定对质规则,实现对传闻证据的实质排除。证据裁判主义是前置式证据制度的最坚实基础,它把证据问题优先于实体评价,体现了以审判为中心的核心要求,是体系化的证据制度不可或缺的组成部分。

我国刑事证据制度的发展应建立在对刑事诉讼规律充分认知的基础之上,在立法规划上,给予前置式规则和制度以优先的地位。比如:死因裁判制度作为典型的以审判的架构尽早解决证据问题的代表性制度,其构建和完善应当纳入立法日程。死因裁判是指对可疑或者法定的死亡情形进行立案前的调查并且予以法庭裁判从而确定死亡原因的一项制度。该制度起源于十二世纪的英国,经过数个世纪的发展逐渐成为遍及多个国家的"如今负责调查各种猝死、暴力致死以及非自然死亡的独立审判"制度,①是人类法律发展历史进程中最为古老而且至今仍然保持着勃勃生机的制度之一。②现在英美法系当中大陪审团已经逐渐没落,虽然美国还存在大陪审团,但是已经呈下坡趋势,大陪审团解决的问题是

---

① Peter Dean, Death certification and the role of the coroner, paras 4, p.95.

② 张栋:《论死因裁判制度在我国的建构与前景》,《法律科学》2014 年第 4 期,第 163—172 页。

“无罪而究”,而死因陪审团之所以至今方兴未艾,是因为死因陪审团解决的是“有罪不究”,它是负责举发犯罪的,具有中立的司法性质。死因裁判制度在制度设计上属于一种诉讼的架构。采用司法的模式去查明死因,在第一时间解决了死因问题,解决了案件是否需要进入刑事诉讼程序的问题,使得整个刑事诉讼进程都在以审判为中心的逻辑之下进行。该制度在极大程度上契合了真实发现的基本规律与以审判为中心的核心内涵。以被称为“中国网络第一案”的女教师黄静裸死案为例,在整个刑事诉讼程序中,为查清死因,多家鉴定机构在历经五次尸检、六次死亡鉴定之后却得出多份截然相反的鉴定结论。受到这一问题的困扰,法院迟迟不能做出判决。我国法律对刑事诉讼程序各个阶段设置了严格的期限,而黄静一案却让公众翘首等待了41个月才有了一个仍然饱受质疑的一审判决。在这漫长等待中有多少时间是花费在调查案情、抓获犯罪嫌疑人和案件的定性上?又有多少时间是花费在黄静死因的确定上?正是因为据以确定黄静死因的多份鉴定结论之间互相矛盾,导致真相真假难辨,进而拖累整个诉讼程序。在我国法律框架内设置死因裁判作为立案阶段之前的程序,将案件在进入刑事诉讼之前通过司法权予以控制,而不是将许多有关死因的未决疑问都混杂到后续的诉讼中去解决。同样也是因为死因问题,佘祥林、赵作海等“亡者归来”的案件,在连死者身份都没搞清的情况下就启动了针对特定主体的刑事追诉。此后历经数审,伤筋动骨,严重侵害公民权益,浪费了大量司法资源,造成了恶劣的社会影响。对此,死因裁判制度的缺失,未按照司法权的逻辑与理念对于刑事证据制度作出相应的前置式制度设计难辞其咎。

五、对实务部门的考绩也应服务于以审判为中心,以厘清三机关关系

中央政法委2015年1月20日要求,中央政法各单位和各地政法机关今年对各类执法司法考核指标进行全面清理,坚决取消刑事拘留数、批捕率、起诉率、有罪判决率、结案率等不合理的考核项目。但取消“不合理”的指标,并不是取消一切指标,从世界各国的做法来看,实际上都存在着一定的考绩制度,那么,什么样的考核才是有利于以审判为中心的三机关关系的建立呢?

曾有实务部门领导感叹考核制度对于实务工作的影响可能比刑诉法典更深。我国实践中长期以来对公安通常是考核批捕率，导致侦查机关搜集证据真正的发力基本都是在批准逮捕之前，只要批准逮捕检察机关就为其侦查行为背书了。根据我国国家赔偿法的相关规定，一旦批准逮捕，检察机关就是第一责任机关。在批准逮捕后的整个漫长的侦查羁押期限当中侦查机关取证的动力不足，因为此时其侦查行为缺乏评价，负责起诉的检察官要让侦查机关补充证据反而需要商请他们“帮忙”。这也就是为什么虽然“捕诉合一”从原理上讲是违反诉讼规律的，但在实践中仍然具有存在的合理性，因为其解决了公安如何为起诉服务的问题。笔者认为，应当通过修改国家赔偿法，转以不诉率来评价侦查。因为如果起诉失败，就是前面侦查机关搜集证据出现了问题，此时，以不诉率来评价侦查行为是最合理的。这样做同时也解决了我国无罪和不诉案件比例过低的问题，因为批捕在前，起诉部门考虑到本院的责任，往往对从严审查证据多有顾忌。考核以“不诉率”为标准，打通了侦查与起诉的联系，既可使侦查真正为审判服务，取消检察机关批捕对于侦查行为的背书责任，也解除了起诉部门的本位负担，对提高证据质量大有裨益，在三机关关系上，也体现了诉讼制度以审判为中心的价值导向。

（作者为华东政法大学副教授）

检察机关设立的域外考察

——以对跨行政区划检察院的借鉴为视角

陈海锋

为贯彻中共十八届三中全会、四中全会文件精神,2014 年底,我国先后成立了两家跨行政区划检察院——上海市人民检察院第三分院和北京市人民检察院第四分院,成为我国司法改革推进的重要标志。不过,作为我国检察改革的新生产物,跨行政区划检察院也受到多方面的质疑,特别是与境外检察机关设置上是否具有可比性?

我国的检察制度学习于苏联,受到大陆法系检察制度的深刻影响,而当前的检察改革同样也是一种开放的改革;作为法治相对落后的国家,对国外相关制度的学习与借鉴是我国实现依法治国重要的途径。不仅如此,作为一种对检察改革的背书和自信的提升,通过对主要法治发达国家检察机关设立的梳理,可以为我国的跨行政区划检察院设立与完善提供必要的启示。为此,笔者对英美法系中的美国、英国和大陆法系中的德国、法国及苏联继承者的俄罗斯检察机关设立情况进行考察,以为借鉴之用。

一、 联邦制下多套系统并行的美国检察机关

美国是联邦制国家,与法院设置上的联邦与州多系统并行相应,检察机构分设在联邦、州和市镇三级,检察官也相应包括联邦检察官、州检察官和市镇检察官。从管辖范围来看,美国虽然有 51 个州,但其国土被分为 94 个联邦司法管辖区,13 个联邦巡回上诉司法区;每个地区设一个联邦检察官办公室(巡回法院不设对应的检察官办公室),由一名联邦检察长和若干名助理检察官组成。在一般案件中,他们自行决定侦查和起诉,但要遵守联邦总检察长制定的方针政策。在涉及国家安全和重大的政府官员腐败等特殊案件中,他们通常会寻求司法部的

支持，且要得到联邦检察长或主管刑事起诉工作的副总检察长批准才提起公诉。而州检察官和市政检察官则原则上管理属于本行政区内的案件，但有的市政并没有检察官，其会委托或授权其他市政的检察官代管。

从管辖的案件来看，联邦检察官主要职权是对违反联邦法律的一般犯罪行为行使公诉权并支持诉讼，建议大陪审团对重罪提起公诉，对涉及合众国的民事案件向有管辖权的联邦法院起诉，①而此外的案件都属于州检察官的职权。

从检察官任命来看，联邦检察官包括联邦检察长在内都由美国总统直接任命，但须经联邦参议院同意。在州及其下属地区，各州任命各自的检察长，设立形态各异的检察署。州检察长的选举采取政党竞选的方式，任期 4 年或 2 年；州检察官一般由其所在县或地区的公民直接选举产生，任期 4 年或 2 年。除了州检察署，还有各地区检察署或称市级检察署。市镇检察官的产生有选举、任命和聘任三种方式。任命与聘任的主要区别在于前者有固定任期，身份为政府官员；后者无固定任期，身份为政府雇员。

在经费来源上，美国的司法经费实行按司法部门隶属关系分别由联邦、州、县或市镇分级保障的体制。联邦司法系统的经费由联邦政府统一负担，各州的保障体制不尽一致，但多数采取由州财政统一保障的模式。地方检察官主要由地方选举产生或组建，其经费分别由所属的州、县或市镇地方政府承担。虽然美国原则上对联邦和各州司法经费实行严格划分，但根据实际需要，联邦政府也会对州以及地方司法部门的执法活动进行一定补助。

二、 联邦制下相对统一的德国检察机关

德国是一个联邦制国家，其检察机关只分为联邦与州两个层次，即联邦总检察院和州检察系统，分别受联邦司法部长和州司法部长的领导。联邦和州检察系统内部各自实行垂直领导，系统之间不存在领导关系，而是一种协作关系。

从设立看，德国检察院的设置分别对应于普通法院的设置，检察院的案件管辖范围与其同级法院相一致。德国的普通法院共分四级：联邦最高法院、州级高

① 何勤华主编：《美国法律发达史》，上海人民出版社 1998 年版，第 399 页。

等法院、州级法院、初级法院。德国共16个州，每个州都设有至少一个州级高等法院，有的大州设有两到三个这样的法院，共有24个州级高等法院；每个州级高等法院下辖若干州级法院，每个州级法院又下辖若干初级法院。与此相对应，德国检察系统分为联邦总检察院、州级总检察院和州级检察院三级；初级法院的检察事务由州级检察院负责。在州一级，每一个高等法院和地方法院都设有检察机关。检察机关设置采用等级性的结构，州一级最高级别的检察官是总检察长；总检察长对州司法部长负责，并接受司法部长的指令；每个驻地方法院检察院都由一名检察长领导，检察长向总检察长负责。驻高等法院的检察官人数不多，一般不直接处理案件，主要负责监督下属的驻地方法院检察院是否正常运转，是否存在执法错误。

从职责上看，联邦总检察院的首要任务是在联邦法庭代表国家利益出庭，管辖危及德国内外安全的刑事案件以及上诉到联邦最高法院的刑事案件。同时，联邦总检察院又是联邦的“律师”，它在行政和审判程序中代表联邦。对涉及联邦整体利益之外的案件，绝大部分都由州检察系统承担。州级总检察院是辖下各检察院和州司法部的中间机构，其有权对其辖区内的检察院和检察分院进行监督。这种监督主要体现在检察业务和人事任免方面。在业务监督上，如果被害人对检察院作出的不提起诉讼决定不服的，可以向检察院的上级官员提出抗告，总检察院对此作出裁决；总检察院还要定期对其下辖检察院进行工作审查，这种审查每两年一次。在人事监督方面，总检察院有权要求下辖检察院提交关于其职责范围内的重要程序和事件的报告；经请示州司法部，总检察长有权对下属检察院的组织管理和日常工作上的重要事项作出决定；司法部在任免检察院领导人员时，也要听取总检察长的意见；总检察长在充分调查研究的基础上，有权协助司法部领导机关对有关立法计划和其他原则性问题提出建议。州级检察院是刑事侦查程序中的领导机关，审判程序中的起诉和监督机制以及执行程序中的职能机关。

从任免上看，联邦检察长以及联邦检察官是经联邦司法部建议，联邦参议院同意，由联邦总统任命的。各州总检察院的检察长也是联邦司法部长提名，由联邦总统任免。各州的检察官，均由州总检察院检察长提名，报州司法部长任命。

在经费上，德国检察机关未单独自成体系，完全隶属司法行政机关，所以，检察机关的经费、行政管理、包括检察助理人员的选择等后勤工作均由司法部负责。德国检察机关的经费也实行联邦和州财政两级保障,其预算申请途径和财务管理模式与法院相同,即由司法部报请同级议会批准,再拨付相应的检察机关使用。①

三、 单一制下统一的法国检察机关

法国是单一的议会共和制国家,其检察机关具有久远的历史,也是近现代检察制度的发源地;相比于当今主要的西方发达国家,其检察机关具有独特性。在检察机关设置上,法国实行的是审检合署制,即国家不设立与各级法院平行的检察院,而是由司法部向各级法院派驻检察官。检察官的等级和名称也都与法院相对应。检察机关在 181 个(主要的)大审法院的机构设置检察机关的初级工作机构。检察官代表检察机关在预审法官、轻罪法庭开庭时出庭,必要时在民事法庭开庭时出庭。检察官可以同时委托其代表人在其辖区内一些特别法庭(商事法院、仲裁法庭等)出庭。

在普通法院系统内,共和国设最高法院、上诉法院和大审法院。相应地,最高法院设驻最高法院检察总长 1 人,首席副检察总长 1 人,副检察总长若干人;上诉法院设驻上诉法院检察长 1 人,副检察长若干人,总检察官助理若干人;大审法院设驻大审法院共和国检察官 1 人,副检察官或首席检察官助理若干人,以及检察官助理若干人。法国的检察院由共和国司法部领导。检察官有严格的等级划分,同时按照法律规定,下级检察官要受其上级的指挥和支配。司法部长直接领导检察总长和上诉法院检察长,两级检察长需定期向司法部长汇报所有重要的案件;上诉法院检察长领导共和国检察官及其辖区内的所有检察官,定期对他们的工作进行评估;共和国检察官不仅领导其所在大审法院的所有检察官,而且领导其辖区内派驻在轻罪法庭以及违警罪法庭的所有检察官。

在检察官的任免上,检察总长和上诉法院检察长由司法部长提名,征求最高司法官委员会意见后,由总统在内阁会议上通过政令任命;其他检察官,由司法

① 王公义主编:《中外司法制度比较研究》,法律出版社 2013 年版,第 112 页。

部长提名，征求最高司法官委员会意见后由总统直接任命。

在职责上，驻最高法院检察院与驻上诉法院及大审法院检察院有所不同，它并不行使实质意义上的公诉职能，其首要任务是保证全国范围内法律解释以及法律适用的一致性，同时符合立法原意以及公共利益和公共政策。驻上诉法院检察院负责本辖区内所有上诉案件和重罪法院审理的案件，检察长代表驻上诉法院的检察院以及驻上诉法院所在地的重罪法院的检察院。上诉法院检察长授权任何一名属于本上诉法院管辖区的检察官，在重罪法庭行使职权；检察长有责任保障在上诉法院辖区内适用刑事法律以及该辖区内检察院的运作情况，是本辖区内所有检察官的上级，有权指派任何检察官的工作，并对其进行评估。驻大审法院检察院在预审、轻罪法庭开庭时行使职能，必要时出庭大审法院民事庭；由于重罪法院也可以设在有大审法院的城市，共和国检察官或代理检察官也代表其辖区内设立的重罪法院的检察院。

在经费安排上，检察院的财政管理是个复杂的问题。对所有法院和检察院人员和资源的集中管理，是由坐落在上诉法院层次的地区行政机构负责。检察官对于其机构预算的具体分配则具有很大的决定权。

四、 联邦制下相对集中统一的英国皇家检察署

英国包括北爱尔兰、苏格兰、英格兰和威尔士，但北爱尔兰和苏格兰都具有较大的独立性，使得典型的英国检察制度只限于英格兰和威尔士。

在机构设置上，1985 年《犯罪起诉法》的通过标志着英国统一、独立的全国性检察制度的确立；这套制度以检察长为核心，实行三级垂直领导体制，最高一级是总检察长与副总检察长，中间一级是检察长和皇家检察署，基层是地区首席皇家检察官及其他检察官，自下而上，逐级负责，组织上自成一体。目前，皇家检察署在全国按司法区域设立了 13 家地区检察署和 43 家分署，分别对应 43 家地区警察局，其中伦敦地区检察署对应两个警察局，即小伦敦警察局和大伦敦警察局，也即这 43 家分署是与警察局基本对应的。

在职责上，皇家检察署的工作宗旨是维护正义、保障人权，其职责是对英格兰和威尔士两地警察侦查终结的刑事案件提起公诉。具体而言，皇家检察署的

职责包括以下几项:对可能起诉的案件提出建议;对警察提交的案件进行审查;对决定起诉的案件提出指控;为出席法庭做准备;出席法庭支持公诉。

总检察长的主要职能是,任命检察长并经财政部同意决定检察长的工资;将检察长提交给他的年度述职报告副本呈交给议会;对检察长的实际工作进行监督检查。除此之外,总检察长还负责就一些重大争议的问题向政府部门提供法律咨询,在涉及国家利益的重大刑事诉讼中直接对罪犯提起公诉。总检察长在履行其职责时有义务保持中立,作出决策时不能考虑任何党派等政治因素,只能基于公共利益。

检察长作为皇家检察署的首长,要在总检察长的监督下履行如下职能:接办替方起诉的案件;就重大、复杂的刑事案件提起公诉;就有关刑事犯罪的法律问题向普方提出建议;在上诉案件中出庭支持公诉等。尽管多数案件由检察长手下的法律工作者办理,但检察长有权直接介入某些重大案件的处理,遇到特别重大的案件,检察长通常会与总检察长一起协商处理。检察长及其领导下的皇家检察署在作出决定时,完全独立于其他政府部门,特别是行政部门;只要证据确凿,即使被起诉的对象是政府资深大臣,检察长也可以直接对他提起公诉。检察长虽然要通过总检察长向议会负责,但议会只能关注皇家检察署如何有效地运作,而不得关注具林的决定,因此,检察长的起诉决定可以不受议会的影响。

在任免上,总检察长由首相从本党的议员中提名,由女王任命;总检察长是政府的组成人员,但一般不属于内阁成员,是英国政府的首席法律顾问,负责在下议院回答与法律有关的问题。检察长由总检察长从执业不少于 10 年的出庭律师或者事务律师中推荐,由首相任命。一般的检察官则必须由初级律师或律师担任,是通过公开竞争的方式由检察长依职权任命,这种任命可能是临时的、定期的,也可以是终身的。

英国的检察系统实行财政独立,经费单独核算。经费管理由总检察长办公室负责,从财政部获得经费后,再分配至各检察院。

五、 联邦制下集中统一的俄罗斯检察机关

俄罗斯是统一的联邦制国家,虽然各个联邦主体都具有较大的独立性,但传

统中的权威崇拜使得俄罗斯的国家机关都具有集中的特点。在检察机关设置上，俄罗斯联邦检察机关体系主要由三级组成，第一级是联邦总检察院，第二级是联邦各主体的检察院，第三级是区（市）检察院。此外，在这三个正式层级外还有两个过渡层级，即在第一级和第二级之间设有俄罗斯联邦区检察院，共7个，也是联邦总检察院驻联邦区的总局；介于第二级和第三级之间，在一些较大的市也设有检察院。联邦总检察长领导联邦总检察院的工作。

俄罗斯联邦各级检察机关和其他的联邦国家权力机关一样，是依照行政区域结构设立的。目前，在俄罗斯联邦，在现行行政区域结构的基础上，设有检察机关体系的两级机关：一级是各联邦主体（共和国、边疆区、州、联邦直辖市、自治州、自治专区）检察院，另一级是区（市）检察院。各联邦主体检察院、区（市）检察院，均由相应检察长领导。

在检察官的任命上，联邦总检察长由联邦议会根据联邦总统的提名任命，并根据联邦总统的提议，解除其职务；联邦总检察长每年向议会两院和联邦总统报告联邦的法制状况和总检察长为加强法制所做的工作。联邦总检察院的副总检察长，都由联邦委员会根据总检察长的提名任免。

市区检察院的检察长由联邦总检察长任命；联邦主体检察院的检察长由联邦总检察长与相应联邦主体的国家权力机关协商后任命，联邦总检察长对联邦主体检察院检察长享有领导权和任免权。一般检察官职务的任免，在联邦总检察院原则上由总检察长任免，联邦主体检察院与市区检察院的检察官则由各联邦主体检察院的检察长任免。

为维护法律的尊严和统一实施，加强法治，保护公民的人权和自由，依法维护社会和国家的利益，俄罗斯联邦检察院行使下列职权：对联邦各部、各国家委员会和局、联邦的其他权力执行机关和代表（立法）机关、联邦主体的执行机关、地方自治机关、军事指挥机关、检查机关及其公职人员，企事业组织管理机关和领导人员，实施执法监督以及守法监督；对侦查、预审和预侦活动实施执法监督；对民事审判进行执法监督；对执行法院决定的处罚和强制措施的行政机关、监管场所行政机关进行执法监督；根据俄罗斯联邦刑事诉讼法赋予的权能进行刑事追究；协调各护法机关同犯罪活动作斗争。

在经费保障上，由于联邦检察院体系属于独立的组织体系，其经费预算与保障也是独立的。联邦财政为俄罗斯联邦检察院及所属机构从事活动提供财政保障,对相关工作人员提供保障与补偿;检察机关的交通经费、技术经费与服装置备都由联邦政府统一保障。

相对于其他国家,俄罗斯有多个专门检察系统,除了大部分国家都存在的军事检察制度,俄罗斯还有运输检察制度、自然保护检察制度、监所检察制度和地铁检察制度等,其中的运输检察制度对我国影响较大。俄罗斯联邦运输检察机关以联邦总检察院为最高检察院,在总检察院设立运输和海关立法执行情况监督局,负责全联邦的交通运输检察工作;在 7 个联邦区设立 8 个第二层级的跨区交通运输检察院(在地域广阔的西伯利亚设立了两个),基本对应 7 个联邦区;在火车站、大型机场、繁忙航运线路等设立 186 个区级交通运输检察院作为第三层级。①俄罗斯的交通运输检察机关仍是检察体系内的专门机关,财政由中央保障、检察长由上级任免。

六、 域外检察机关设立的启示

虽然考察的境外五国在国家结构形式上有差异,甚至在检察机关的性质认定上也有较大的区别,②但从检察机关的设立与管理、检察机关的职权、检察官的任免和经费来源等角度出发,还是有不少的共性经验,值得我国在当下的检察改革中学习借鉴。

1. 检察机关的设立是否跨行政区划并没有一致的形式。检察机关的职责主要是惩罚犯罪,为此要方便公民举报犯罪、及时查获犯罪,检察机关的设置一般就会根据一定的区域面积、人口多少来设定。如人口和面积皆大的美国,其虽有 51 个州,却将国土分为 94 个联邦司法管辖权;同样是德国,有的州就设立了多个州级检察院。同时,因一般的检察机关并不直接侦查犯罪,与侦查机关的合作就显得尤为重要,为此,与警察机关的对应也不可缺少,典型的如英国皇家检察署

① 铁路运输检察厅赴俄罗斯培训考察团:《俄罗斯交通运输检察制度概括及启示》,《人民检察(铁检版)》2012 年第 1 期。

② 陈海锋:《刑事审查起诉程序正当性完善研究》,华东政法大学 2013 年博士学位论文,第 194—200 页。

的设置就是与警察机构基本对应，但同时又有超越行政区划的地区检察署。

具有特色的俄罗斯交通运输检察机关更是典型。其交通运输检察机关的设置基本根据管辖的需要，基层主要设置在与交通运输密切相关的地方，如机场、火车站等地，并不与各个联邦主体或其下属的行政区划对应，而在第二层级的交通运输检察机关则设置在7大联邦区，直接跨各联邦主体，跨区划特征明显。

2. 各国检察机关在管理体制、人员任免和经费上都具有统一性和中央性。在管理体制上，几乎所有国家的检察机关都存在一定程度的垂直领导关系。各国由于政治体制、法治传统等因素的差异，检察机关是否成为独立的组织体系并不相同，但上下级检察机关之间都存在一定程度的领导关系。美国联邦系统中的检察官之间关系最为松散，但在重大案件中仍然寻求上级的支持；同为联邦制的德国，在联邦和州各自的系统内也是垂直领导的。英国和俄罗斯虽是联邦制，但都建立了相对独立的检察组织体系，与单一制的法国一样，实行垂直领导体制。

在人员任免上，检察长对其他检察官员和检察官有较大的权力。总的来说，单一制国家和联邦制国家中联邦系统的检察官任免都受到中央的控制，主要是国家元首任免，并在一定程度上受制于议会，典型的如美国、德国的联邦系统检察官都是由总统任免，即使是德国州总检察院的检察长也是如此。不过，检察总长或一般的检察长对检察官的任免上还是享有较大的权力的，包括提名权和直接的任免权。在美国的基层检察系统中，不少助理检察官都是检察官自己任免或选择的；德国州的检察官都是由州总检察院检察长提名的；英国的检察长由总检察长提名，一般的检察官则由检察长任免；俄罗斯联邦总检察院的副总检察长由总检察长提名，而联邦主体的检察长和总检察院的检察官都是由总检察院检察长任免，其他检察官则由联邦主体检察院的检察长任免。

在经费保障上，单一制下的法国、联邦制中统一检察机关的俄罗斯、英国，检察机关的经费保障都是中央政府的职责，不少还在立法中明确规定。联邦制中的美国有多套检察系统，由此检察机关的经费保障也是多方面的，但从国家整体利益角度出发，虽然联邦检察机关由联邦政府保障经费，即使是地方检察系统，联邦政府也予以经费补贴，从而维护联邦利益。

通过垂直领导体制，结合司法政策、人事任免权或提名权、不同程度的经费支持,各国的最高检察机关实现司法公正、保障国家利益的目标。

检察机关的设置可能因各国的具体国情而有较大的差异,并没有一致的形式,但对检察权滥用的担心也是人之常情,为此,通过强化中央对检察机关在人事、经费和管理体制上的控制,维护司法公正都是他们的一致目标。我国当前的检察机关是根据行政区划设置的,而且检察机关经费保障与人事任免都是地方的权力,即使实现省级统筹,也仍然属于省级地方,这就使得我国虽然是单一制国家,但跨行政区划检察院的设立在当下就显得必要,特别是当前在司法公信力不高的情况下。

由此可见,检察机关的设立形式并非关键,人财物的控制才是核心。

(作者为上海社会科学院法学研究所助理研究员)

“一带一路”与哈萨克斯坦投资仲裁保障机制研究

宋锡祥

哈萨克斯坦是横跨欧亚两洲的国家，与中国的经贸合作与人员往来日益密切。丝绸之路经济带，大致在古丝绸之路范围内，包括西北陕西、甘肃、青海、宁夏、新疆等五省区，西南重庆、四川、云南、广西等四省市区，是中国与西亚各国之间形成的一个经济合作区域。创新合作模式，共同建设“丝绸之路经济带”这一倡议是2013年9月由中国国家主席习近平在哈萨克斯坦纳扎尔巴耶夫大学演讲时首次提出。“共建丝绸之路经济带”得到了包括哈萨克斯坦、吉尔吉斯斯坦和塔吉克斯坦在内的中亚国家的积极响应和支持，建设新丝绸之路经济发展带的一些重要的、实质性的工作已经提到议事日程，并有条不紊地在向前推进。为了推进实施“一带一路”重大倡议，让古丝绸之路焕发新的生机活力，以新的形式使亚欧非各国联系更加紧密，互利合作迈向新的历史高度，2015年3月28日国家三部委（发改委、外交部和商务部）经国务院授权联合发布了《推动共建丝绸之路经济带和21世纪海上丝绸之路的愿景与行动》，坚持共商、共建、共享原则，积极推进沿线国家发展战略的相互对接与合作。①与此相适应，同年6月29日，《亚洲基础设施投资银行协定》签署仪式在北京举行，亚投行57个意向创始成员国财长或授权代表出席了签署仪式，其中已通过国内审批程序的50个国家正式签署《协定》。总部设在北京，法定资本1 000亿美元。8月24日，筹建亚投行第六次谈判代表会议以共识方式推选现任亚投行多边临时秘书处秘书长金立群为亚投行候任行长，届时亚投行正式成立后他将被选为该行行长。按计划今年年底之前，经合法数量的国家批准后，《协定》即告生效，亚投行将正式成立并实际

① 《授权发布：推动共建丝绸之路经济带和21世纪海上丝绸之路的愿景与行动》，http://world.people.com.cn/n/2015/0328/c1002-26764633.html，2015年8月29日访问。

运作。①

"一带一路"建设是一项系统工程,只有为推进实施"一带一路"重大倡议,让古丝绸之路焕发新的生机活力,以新的形式使亚欧非各国联系更加紧密,互利合作迈向新的历史高度,中国政府特制定并发布《推动共建丝绸之路经济带和21世纪海上丝绸之路的愿景与行动》。如今的"一带一路"已经从一幅蓝图扩展为一个个的项目,并逐步开始付诸实施。

本着求同存异原则,协商制定推进区域合作的规划和措施,中国和中亚有关国家理应在政策和法律上为区域经济融合创造更加有利的法制环境。

通过丝绸之路经济带的建设,已有的合作将继续深化和巩固,新兴合作领域势必会不断涌现。如能源、交通、教育、科技、金融、文化、环保、农业等。以金融领域的合作为例,2014 年 9 月,哈萨克斯坦证券交易所正式启动人民币和坚戈的挂牌交易,并由哈萨克斯坦中国银行作为惟一指定人民币清算行,哈萨克斯坦也成为中亚第一个进行人民币挂牌交易的国家。这意味着今后中资企业将可以在哈本地银行用人民币进行贸易结算,而哈企业也可以选择人民币作为自身外币储备。同年 11 月,哈中央银行发行首张银联芯片借记卡。持卡人可在哈萨克斯坦、中国等全球 140 多个国家和地区的银联卡受理网络使用。值得一提的是,目前已有两家哈萨克斯坦大型企业在香港成功上市,两国本币互换规模和期限也都在不断上调。②

中国与中亚国家的经济贸易体制共性增多,全面加强务实合作,将政治关系优势、地缘毗邻优势、经济互补优势转化为务实合作优势、持续增长优势,打造互利共赢的利益共同体,为未来合作提供更广阔平台。

建设丝绸之路经济带,中国与中亚国家的经贸投资会越来越密切与频繁,伴随而至的投资、经济和贸易纠纷也会逐步增多,解决的途径不外乎协商、调解、仲裁和诉讼。按照国际上通行的做法,国际商事仲裁方式是今后解决中国与包括

---

① 《亚洲基础设施投资银行》,http://baike.baidu.com/link?url=X4ErYdwMU2Z3YbsiGoULcuARQfjMcbAlAPUrblpEy0ddq00s_khb2fMC4W_SezbDhYPb2KW3Qot8dOegP6ajLisFgaDVBD_X4RVWQqziU6kZyGgpv8OJaXh1gzZ7uH3iNnJ-3LeW_b8ngng-aY7nbqdqIGT06FJviZfOr6X0K8y, 2015 年 8 月 29 日访问。

② 参见《哈萨克斯坦"光明大道"如何对接中国"一带一路"(主要涉及能源行业)》,http://news.bjx.com.cn/html/20150511/616617.shtml, 2015 年 8 月 28 日访问。

哈萨克斯坦国家在内的经贸投资争议的首选,它势必会在解决中哈两国贸易投资纠纷中发挥积极有效的作用。因此,熟悉和了解哈萨克斯坦国际商事仲裁法律制度,知己知彼,百战不殆,并加强对其进行比较研究和借鉴其合理成分无疑具有重要的现实意义。

一、哈萨克斯坦国际商事仲裁制度现状透视

国际商事仲裁是指在国际商事活动中,当事人依据争议发生前或之后双方达成的仲裁协议,自愿将他们之间的争议交由常设或临时仲裁庭进行审理和裁决的一种争议解决方式。随着国际贸易的发展和跨境流通的频繁,发生在商事领域的争议越来越多且大都具有涉外性,需要国际商事仲裁予以解决。现如今,国际商事仲裁制度已经成为一国争议解决制度中非常重要的一项制度,对国际商事仲裁制度的研究也受到各国学者的重视。

哈萨克斯坦作为中亚五国中经济发展最好的国家之一,其自 1990 年独立以来在市场经济建设方面已经取得了巨大的进步,欧盟和美国商务部都已经承认了哈萨克斯坦的市场经济地位。由于哈萨克斯坦具有非常丰富的天然气和石油资源,自其独立以来,哈萨克斯坦引了大批的外来投资者,据美国商务部统计,到 2013 年 12 月,外来投资者在哈萨克斯坦的投资总额达到 209.1 亿美元,其中大部分是投资于天然气和石油。此外,哈萨克斯坦采取了更加开放的贸易政策并且以立法的形式确立了与世界贸易组织(WTO)相接轨的法律和贸易体制。1996 年,哈萨克斯坦提交了其对外贸易体制备忘录(MFTR)并在 1997 年就加入 WTO 进行了第一轮谈判。哈萨克斯坦为加入 WTO 和进行双边货物和服务贸易合作,一直在不断努力建立与之相适应的法律框架。

众所周知,贸易和投资的发展必然要求建立与之相适应的法律制度,特别是争议解决制度。作为在国际上广泛应用的国际商事仲裁制度,在哈萨克斯坦也得到了越来越多的人的欢迎,特别是外来投资者。因为国际商事仲裁相比诉讼而言程序更加简单,相对公正,效率高,不会像诉讼那样受到政府权力的影响。

如今,在发展国际商事仲裁方面,哈萨克斯坦可以说已经步入一个新的阶

段。2004年12月28日,几经修改的哈萨克斯坦仲裁庭法和国际商事仲裁法最终获得通过,以及对与仲裁庭相关问题立法的修正。由于之前哈萨克斯坦仲裁庭做出的裁决得不到法院的执行,仲裁庭一直都处于无人问津的地位,外国投资者和企业家不再申请仲裁,仲裁庭的运转几乎处于停顿状态。如今新法的通过必然会要求恢复几近瘫痪的哈萨克斯坦仲裁庭,否则新法就成为毫无意义的摆设了。因此,毫无疑问,新法将会对哈萨克斯坦国际商事仲裁的发展带来非常积极的作用。当前在哈萨克斯坦,关于仲裁裁决的承认与执行的法律框架已经建立,哈萨克斯坦已经加入并批准了绝大多数主要的国际和区域仲裁公约、协议。如今,它们都是哈萨克斯坦共和国的实体法,尤其是国内法律的通过:《哈萨克斯坦共和国国际商事仲裁法》,《哈萨克斯坦共和国仲裁庭法》,以及这些法律的修订,包括《哈萨克斯坦共和国民事诉讼法》。1995年10月4日,哈萨克斯坦加入了1958年《关于承认和执行外国仲裁裁决公约》(Convention on the Recognition and Enforcement of Foreign Arbitral Awards,简称《纽约公约》)。自此,哈萨克斯坦正式成为《纽约公约》的缔约国,并受其约束。相对来讲,哈萨克斯坦正式成为《解决国际与他国国民之间投资争端公约》(The Convention on the Settlement of Investment Disputes between States and National of Other States,简称《华盛顿公约》)的缔约国时间相对较晚,直到2004年7月9日才正式批准了《华盛顿公约》。而“解决投资争议国际中心”(International Center for Settlement of Investment Disputes,简称ICSID)是按照《华盛顿公约》的相关规定设立的作为受理投资争端的常设性仲裁机构。此外,哈国还加入了《欧洲国际商事仲裁公约》等,通过加入这些公约、协议,加上国内立法,哈萨克斯坦有义务承认仲裁协议约定的有关仲裁的效力,同时法院还要承认和执行外国和国际以及哈萨克斯坦仲裁庭做出的仲裁裁决。《哈萨克斯坦共和国国际商事仲裁法》中规定的拒绝承认和执行仲裁裁决的理由与《纽约公约》规定的理由是一致的。因此,哈萨克斯坦已经承认了公约成员国所做的仲裁裁决的效力。

为了加强国际商事仲裁的交流和联系,2005年,中国、俄罗斯、蒙古、日本、韩国、朝鲜和哈萨克斯坦七国的国际商事仲裁机构在哈尔滨举行了研讨会并签署了《哈尔滨宣言》。与会的七家仲裁机构就各自国家的国际商事仲裁制度的最新进展及各机构管理仲裁程序的经验进行了充分的交流和探讨,鉴于与会七个国家之间的经贸关系日益加深并有着深远的发展前景,七家仲裁机构均意识到进一步加强合作对于各自国家之间贸易和经济交往的重要性,并在会上达成共识。《哈尔滨宣言》的签署对哈萨克斯坦国际商事仲裁的意义是,将进一步加强哈萨克斯坦在国际仲裁领域的国际合作,便于哈萨克斯坦国际仲裁机构吸收和借鉴周边国家的仲裁制度,促进哈萨克斯坦仲裁立法的完善。随着中国与哈萨克斯坦国际合作的不断加深,在法律层面的交流与合作将会对两国经贸层面的发展至关重要。对哈萨克斯坦国际商事仲裁的研究,可以让我们更加深入的了解哈萨克斯坦的仲裁制度,为我国"一带一路"的推进与哈萨克斯坦进行商贸合作提供法律基础,同时通过与对哈萨克斯坦国际商事仲裁制度的研究也便于我们很好地吸收和借鉴其值得我们学习和对我们有用的制度。对哈萨克斯坦国际商事仲裁制度的研究,一方面要从哈萨克斯坦国内的法律入手,解析其国际商事仲裁方面的有关法律,了解哈萨克斯坦在国际商事仲裁实践中所取得的成绩;另一方面要从俄罗斯的国际商事仲裁中探寻哈萨克斯坦仲裁立法的起源和当初立法的目的,毕竟哈萨克斯坦的仲裁立法在很大程度上都是借鉴的俄罗斯的仲裁立法,这将有利于我们更好的学习和了解哈萨克斯坦国际仲裁制度。

目前,无论是国际层面还是在我国国内,研究哈萨克斯坦国际商事仲裁的学者还非常少,鲜有这方面的系统论著问世。一方面是因为哈萨克斯坦的国际商事仲裁起步较晚,体系还没有那么完善,而且其仲裁制度的很多方面在俄罗斯的仲裁制度中都有迹可循;另一方面是因为哈萨克斯坦毕竟还算不上一个贸易大国,与我国的商贸交流与合作相比较而言还不是特别多。因此,哈萨克斯坦的国际商事仲裁制度还没有吸引学者的目光,更多的学者选择研究俄罗斯的国际商事制度。他们认为,哈萨克斯坦国际商事仲裁来源于俄罗斯的国际商事制度,可以从俄罗斯的国际商事法看到哈萨克斯坦国际商事法的影子。但是,我们也应看到,毕竟哈萨克斯坦作为原苏联加盟共和国之一,1991 年 12 月 16 日宣布独立,成为哈萨克斯坦国已有近 24 年的历史,其国际商事制度已经有了许多的发展和变化,并有一定的自己特色。我们已不能用过去的眼光来看待今天的哈萨克斯坦商事仲裁法律制度。

二、哈萨克斯坦国际商事仲裁的基本原则和主要特点

哈萨克斯坦国际商事仲裁解决的是当事人在从事经营活动过程中、因国际民商事合同产生的争议。国际上在对此类争议进行仲裁的过程中主要遵循的一些原则也在很大程度上体现在《哈萨克斯坦国际商事仲裁法》第4条规定仲裁程序之中。但就其基本特点而言,既有与国际仲裁公约所具有的共同的特点,也在某些做法上颇具自己的特色和长处。

(一)哈萨克斯坦国际商事仲裁所遵循的基本原则

国际上在对此类争议进行仲裁的过程中主要遵循当事人意思自治原则、与仲裁有最密切联系原则、国际条约优先于国内法原则、保密性原则等等。哈萨克斯坦国际商事仲裁也继承了国际上这些通行的原则。

1. 当事人意思自治原则。所谓当事人意思自治原则来源于契约自由原则,指的是双方当事人通过仲裁协议对争议解决方式作出约定,一旦发生争议,就按照当事人合意选择的仲裁条件和程序提交仲裁解决。根据2004年颁布的《哈萨克斯坦国际商事仲裁法》第4条规定,当事人意思自治原则是双方当事人有权以事先协议的方式自主决定对争议进行仲裁的程序和条件,表明当事人意思自治原则也体现在哈萨克斯坦国际商事仲裁法之中,并作为其仲裁的首要基本原则。当事人意思自治原则同样也是国际商事仲裁的基本原则。这一原则也可称为协议仲裁原则,是仲裁作为一种有效地解决当事人争议之机制的前提,是仲裁体系得以建立的基础,是仲裁区别于其他解决非诉讼争议方式(ADR)而成为除法院诉讼之外最重要的纠纷解决方式的根源。然而,现代仲裁制度中的意思自治原则却不是绝对的,而是相对的。这种仲裁意思自治原则的相对性,就是仲裁具有强制性的体现,它根源于仲裁制度的本质,是仲裁具有司法权性的表现。

当事人意思自治原则在国际商事和仲裁中的体现是多方面的。首先,当事人之间业已存在的仲裁协议是通过仲裁解决他们之间争议的基本前提条件和基础。如果当事人之间未能以口头或书面形式在争议发生前或发生后签订表示愿意将争议提交仲裁解决的仲裁协议,就不会有仲裁解决争议的方法使用,仲裁庭也就无权拥有受理当事人此类争议。道理很简单,仲裁协议本身带有自愿的性

质,它是双方当事人共同意思表示的合意,缺乏当事人的自愿合意,就无法将争议交付仲裁解决。其次,当事人可以在仲裁协议中就如何通过仲裁方式解决他们之间争议的所有程序性问题作出约定,凭借仲裁意思自治这把尚方宝剑,可以自行确定仲裁事项、仲裁机构、仲裁适用的规则、仲裁庭的组成人员、仲裁地点、仲裁所使用的语言等。第三,当事人可以就仲裁过程中所适用的法律作出选择,甚至在某些情况下当事人可以选择仲裁进行所依据的程序规则。同时也可以授权仲裁庭作为友好调停人,按照公平合理的原则解决他们之间的争议。最后,在仲裁程序进行的过程中,当事人还可以共同选择由仲裁庭主持解决他们之间的纠纷。即使双方无法达成和解协议,还可以继续进行仲裁程序。

仲裁意思自治原则之所以受到青睐,原因也是其有助于当事人通过合意选择仲裁而实现纠纷解决的效率和公正。仲裁制度发展至今,意思自治原则已经当之无愧成为仲裁的首要原则,是仲裁制度向世人展示的最为突出的特点。但不管其重要性如何,我们应当清晰地看到,意思自治原则在本质上只是仲裁制度的一项原则,而非仲裁所追求的价值目标。实际上,后者是当事人选择仲裁的根本目的,是仲裁的“有用之处”。①分清意思自治原则和仲裁所追求的价值目标之间的区别,其意义就在于避免理论上将仲裁制度内部原则和当事人选择仲裁想达到的目标相混同,不能简单地认为意思自治原则就是当代仲裁制度的本质,任何对意思自治原则的违反或突破,哪怕只是很细微的部分,就是从本源上与仲裁制度背道而驰。②

仲裁制度中的意思自治原则除了指当事人选择仲裁以自愿为前提之外,还表现为仲裁程序中当事人享有广泛的自主权,具体表现为:当事人可以选择仲裁举行地点、决定争议的人选(仲裁员)、选任仲裁员的方法、仲裁所适用的程序规则和对争议实体所适用的实体法等,使当事人可以确保其争议可以中立机制来解决。如果争议涉及技术事务或专门领域时,也可获得专门仲裁机构的帮助,由专家担任仲裁员。③

---

① 石育斌:《国际商事仲裁研究》(总论篇),华东理工大学出版社 2004 年版,第 324 页。

② 王晓伟:《非仲裁协议表面签字人参加仲裁的实证研究》(中),《上海仲裁》2011 年第 1 期,第 22—23 页。

③ 参见杨崇森等:《仲裁法新论》,台湾中华仲裁协会 2008 年修订版,第 11 页。

2. 公正性原则。公正性原则是指在处理争议的时，仲裁员、仲裁庭、当事人应诚实守信，遵守法律规则、社会道德标准和职业道德准则。由于仲裁员是当事人指定的旨在解决他们之间争议的裁判官，其职责是公正、独立地解决双方当事人之间的争议。与法官不同，仲裁员来自于民间，他们只能在被当事人选定或相关机构指定时，才有权参与对某一案件的审理。除了解决争议之外，他们还都有自己的职业和专业。①

在国际商事仲裁实践中，尽管《哈萨克斯坦国际商事仲裁法》并没有就仲裁员的资格作出专门规定，但无论是当事人还是其他有关机构在指定仲裁员的过程中，所考虑的首要问题都是该被指定的仲裁员是否能够对当事人之间的争议作出公正、独立的裁决。一般来讲，仲裁员应当具备具有高尚的道德品质，并且在法律、商务、工业和金融等方面有公认的能力，可以被信赖作出独立的判断。

就仲裁庭而言，它应当遵守当事人约定的仲裁程序规则，在仲裁协议规定的地点或仲裁规则规定的地点，按照规则规定的方式审理仲裁案件，在查明事实真相的基础上，正确适用法律，并且只有在当事人授权的情况下，才能按照公平合理的原则解决当事人之间的争议，进而做出公正独立的裁决。

3. 保密性原则。保密性原则是指仲裁员在未经当事人或其法定继承人同意的情况下不得泄露在仲裁程序中知悉的信息，并且不得作为证人提供其在仲裁程序当中知悉的信息，除非法律明确规定市民有义务向有关机构报告。仲裁的保密性是国际商事仲裁的重要特点和优势之一，其内容主要包括"当事人提起仲裁申请、程序进展情况、仲裁庭开庭审理案件，均不得在新闻媒介予以披露，裁决结果也不公布"等。②世界上大多数国家的仲裁法或仲裁机构的仲裁规则都规定，在当事人没有特别约定时，仲裁案件的审理过程予以保密，不对外公开。除非当事人自己欲透露仲裁的事实或结果，一般情况下，只有当事人、仲裁员及仲裁机构知悉案情。除了仲裁机构的规则要求刊登和公布仲裁裁决，即使仲裁要刊行，当事人的姓名通常也不予透露。但是，有一点可以肯定，大多数国家和地区的仲裁制度都要求仲裁程序必须保密，哈萨克斯坦也不例外，根据《哈萨克斯

---

① 赵秀文:《国际商事仲裁法原理与案例教程》,法律出版社 2010 年版,第 24 页。

② 林钒:《我国现代时尚仲裁保密性相关问题研究》,载《现代商贸工业》2010 年第 4 期,第 267 页。

坦共和国仲裁庭法》第4条的规定以及《哈萨克斯坦共和国国际商事仲裁法》的规定，仲裁程序应该秘密进行。这意味着在没有经过当事人或其法定继承人的同意下，仲裁员没有权力泄露仲裁过程中披露的信息，并且不能作为证人被询问其在仲裁程序中知悉的信息，这两部法律都具体指明了国家不得干预仲裁。

另外，根据《哈萨克斯坦国际仲裁庭仲裁规则》第7条规定，仲裁庭主席、副主席、仲裁员和仲裁庭秘书处职员在未经当事人及其继承人同意的情况下，不得泄露已经知道的与处理的纠纷有关的任何信息。这表明，无论是《哈萨克斯坦共和国国际商事仲裁法》，还是《哈萨克斯坦共和国仲裁庭法》以及《哈萨克斯坦国际仲裁庭仲裁规则》均与国际上通行的做法是相吻合的，参与仲裁的相关人员有义务和责任不得将仲裁庭处理纠纷的有关情况和信息泄露出去。否则，仲裁的保密性就会丧失，其私密性的特点就会荡然无存。

实际上，仲裁遵循保密性原则是以仲裁解决当事人争议的一大优点，仲裁程序因不对外人公开，私密性强，在仲裁开庭时往往是在友好的气氛中进行，不伤和气，更何况利用仲裁解决彼此间的纷争，不仅当事人的隐私与业务秘密不致泄漏，而且日后仍可维系双方业已存在的商业关系。

在哈萨克斯坦以及其他国家，保密性被认为是仲裁最大的优势。在实践中，还有许多与保密性有关的问题仍然没有解决，具有争议性的问题包括对社会有着重要影响的案件信息的公开，在仲裁裁决执行阶段保密性的遵守，以及违反保守秘密的责任。

《哈萨克斯坦国际仲裁庭仲裁规则》第7条规定了未经当事人同意不得泄露仲裁庭处理的争端的有关信息，但是这仅仅是对仲裁庭主席，副主席，仲裁员以及秘书处成员而言的。类似的规定出现在斯德哥尔摩商会仲裁院仲裁规则的第46条，该条规定，仲裁程序的参与者，原告和被告，对信息的发布没有限制。但是，它允许具有利益关系的当事人在必要情况下可以通知第三人有关仲裁案件的重要信息。

至关重要的问题至今仍然还没有得到解决，那就是不遵守保密性的责任问题。哈萨克斯坦行政违法第497-03条规定了自然人和法人对包含秘密信息的信息资源的利用带来物质和精神损害的责任，权利和自由的限制，以及哈萨克斯坦法律对法人做出1 750美元的处罚。

然而,如何适用于仲裁?哈萨克斯坦的法律没有任何条款规定违反仲裁保密性原则的责任问题。在现存的绝大多数仲裁庭法中都没有这样的规定。不管现在还没有关于违反保密性原则责任的规定,很明显该责任将会以仲裁庭和仲裁员权利和威严的损失作为该责任的形式。

如前所述,《哈萨克斯坦国际仲裁庭仲裁规则》第7条规定了未经当事人同意不得泄露仲裁庭处理的争端的有关信息,但是这仅仅是对仲裁庭主席,副主席,仲裁员以及秘书处成员而言的。类似的规定出现在斯德哥尔摩商会仲裁院仲裁规则的第46条,该条规定,仲裁程序的参与者,原告和被告,对信息的发布没有限制。但是,它允许具有利益关系的当事人在必要情况下可以通知第三人有关仲裁案件的重要信息。

但是,不是所有的仲裁庭都规定禁止发布仲裁裁决或者去除当事人的姓名,如果有必要公开的话只公开其中的大概内容。

此外,还有合法性原则和对抗性原则和权力平等原则。前者是指仲裁员和仲裁庭在做出决定时只受当事人协议选择的可适用的法律约束;后者是指对抗性原则和权力平等原则指的是双方当事人在仲裁程序中拥有平等的权力,承担平等的义务,自主选择自己的立场和辩护的手段,独立于仲裁庭、其他机构和个人。

(二)哈萨克斯坦国际商事仲裁制度的主要特点

尽管哈萨克斯坦国际商事仲裁制度的建立时间短暂,仲裁实践也谈不上不丰富,但在某些方面却具有较为鲜明的特色。归结起来,主要有:

1. 承继前苏联的传统,设置候补仲裁员制度。通常情况下,如果仲裁员在仲裁过程当中因某些原因不能履行职能时应重新选出或任命新仲裁员接替原仲裁员。《哈萨克斯坦国际商事仲裁法》规定了当事人在选择或仲裁庭主席在任命仲裁员时,应一并选择或任命一名候补仲裁员,当仲裁员无法履行职能或者被要求回避时由候补仲裁员代替仲裁员履行职能。这就意味着申请人在选择一名申请人的同时,还需指定一名候选仲裁员,一旦需要,可以顶替上去。这一规定与俄罗斯国际商事仲裁法的相关条款是一致的,也是哈萨克斯坦国际商事仲裁的一大特色。其好处在于,候补仲裁员的选择与任命为仲裁的顺利进行节省了时间,提高了效率。当然,对于候补仲裁员,其应该和仲裁员一样具备一定的条件,《哈萨克斯坦国际商事仲裁法》规定了候补仲裁员是由当事人或者仲裁庭主席从常设仲裁庭的仲裁员名单中选出或任命的，所以对仲裁员的要求同样适用于候补仲裁员。另外，当事人如果协商一致或者常设仲裁庭规则对此有规定，可以对候补仲裁员提出更高的要求。但不管怎么说，候补仲裁员制度的设立对提高仲裁效率，更快解决纠纷具有积极意义。

2. 充分尊重仲裁当事人意思自治。在哈萨克斯坦国际商事仲裁制度中，一个非常明显的特点就是仲裁优先，或者说是当事人意思自治在仲裁中得到淋漓尽致的体现。尽管哈萨克斯坦的国际商事仲裁是最近几年才逐步发展起来的，但是，无论是从法律的制定还是仲裁庭的建设来看，哈萨克斯坦对此都给予了很大的投入，发展速度也非常之快。随着越来越多的投资者进入哈萨克斯坦进行投资，国际商事纠纷也越来越多，仲裁由于其公正性、秘密性受到了哈萨克斯坦外国投资者的青睐，包括越来越多的哈萨克斯坦居民选择仲裁作为他们纠纷解决的方式。通常情况下，如果当事人在发生纠纷之前或之后达成仲裁协议，那么争议应按照当事人的选择提交仲裁庭解决。但是，如果当事人在发生纠纷后没有达成仲裁协议，那么当事人就不能提交仲裁解决，只能选择诉讼或其他解决方式。《哈萨克斯坦国际商事仲裁法》第 6 条第 3 款规定："如果争议正在法院审理过程当中，当事人可以在法院做出判决之前达成仲裁协议，在这种情况下法院会做出驳回起诉的决定。"也就是说，即使当事人在发生纠纷之后没有仲裁协议，在法院受理案件之后做出判决之前，都可以达成仲裁协议提交仲裁解决。这样，对于本来有管辖权的法院在当事人达成仲裁协议后就变得没有管辖权了。哈萨克斯坦国际商事仲裁制度之所以有这样的规定，最主要的原因在于尊重当事人的意思自治。这样做一方面可以由当事人选择他们喜欢的争议解决方式，有利于双方争议的合理解决，这是当事人所预期和追求的目标；另一方面也有利于扩大仲裁的应用范围，提升仲裁在人们心目中的接受度，减少因司法程序的繁琐和不透明导致争议解决的效率降低。

3. 允许设立临时仲裁制度。临时仲裁最大的特点就是能充分体现当事人的意思自治原则，当事人具有更大的自主权，几乎可以对仲裁程序中所有问题进行规定。而如果当事人选择机构仲裁，一般情况下，当事人要遵守仲裁机构所订立的仲裁程序。临时仲裁在很多国际公约中都有规定，例如 1958 年《纽约公约》、

1961年《关于国际商事仲裁的欧洲条约》、《国际贸易法委员会仲裁规则》等。例如，《关于国际商事仲裁的欧洲条约》第4条规定，当事人可以将他们的争议提交常设仲裁机构或临时仲裁解决，在选择常设仲裁机构进行仲裁时，仲裁程序应当按该机构的规则进行；而在当事人选择临时仲裁时，当事人可以自行决定指派的仲裁员或确定如果发生争议时指派仲裁员的方法、确定仲裁地点和规定仲裁员遵守的程序。所以，相对于法院诉讼而言，仲裁不仅体现了当事人的意思自治原则，而且在仲裁体现内部，相对于机构仲裁而言，临时仲裁更加体现了当事人的自由意志。正是由于这一特点，使临时仲裁具有了程序灵活的特征。当事人可以根据自身的特点和具体情况，作出变通的处理，包括仲裁员的指定方法、仲裁程序、仲裁地点、法律适用、仲裁裁决的方式以及仲裁的费用分担方式等，使仲裁程序具有更大的弹性、高效率和经济性的特点，适应力更强，对于解决某些特殊案件具有较大优势。①

这表明，临时仲裁不仅被有关国际仲裁公约所推崇和确认，而且业已得到世界上绝大多数国家和地区的普遍认可。哈萨克斯坦也不例外，于1995年10月4日加入《纽约公约》后继承了《纽约公约》的临时仲裁制度。临时仲裁就是指依据当事人自己协商一致的规则或者根据仲裁庭拟定的规则进行的仲裁，临时仲裁制度具有灵活性、高效性、节省费用等特点，对于比较迅速地解决当事人之间的纠纷具有积极的作用。《哈萨克斯坦国际商事仲裁法》第9条第3款规定：“为解决具体争议，仲裁庭应按照双方当事人约定的程序组成。”因此，当事人为了解决具体的纠纷，可以协商一致组成临时仲裁庭解决纠纷。同时该法第16条规定：“为解决具体争议组成的仲裁庭应按照双方当事人协议的规则仲裁”，在临时仲裁中，当事人可以约定临时仲裁规则，临时仲裁庭应按照此约定的规则进行仲裁。

4. 崇尚调解。调解作为纠纷解决方式之一现在已经受到越来越多的人的欢迎，因为调解的进行不需要遵循一定的程序规则，调解结果一般不具有约束力，只有经过法院确认后才具法律效力和可执行力。哈萨克斯坦为此专门规定了《哈萨克斯坦国际仲裁庭调解规则》，在案件提交仲裁庭之前当事人可以尝试调

① 参见石育斌：《国际商事仲裁研究》（总论篇），华东理工大学出版社2004年版，第59—60页。

解,在调解过程中,调解员应给当事人双方提出对双方都有利的解决方案,但是该方案并不作为裁决约束当事人双方,调解的进行应符合哈萨克斯坦国际仲裁庭调解规则。为了提高调解的质量,调解员都是从哈萨克斯坦国际仲裁庭的仲裁员名册中挑选出来的,同时规定调解员是被挑选(任命)的自然人,在审理过程中与当事双方无直接或者间接利害关系,同意履行仲裁员职责,年满25周岁并接收过高等教育。调解在哈萨克斯坦国际商事仲裁中发挥了很大的作用,很多案件都是通过调解这种方式予以解决的,而且,哈萨克斯坦非常鼓励当事人在进行仲裁之前尽量通过调解解决纠纷,这样可以减轻当事人进行仲裁的负担。

5. 为仲裁作出提供行政服务。在《哈萨克斯坦国际仲裁庭仲裁规则》中有一项特别规定就是关于行政服务。该特别规定的目的是为了在《联合国国际贸易法委员会仲裁规则》下解决争议的人们提供指定机构的服务,以及其他技术和秘书性质的行政服务。说白了就是为在哈萨克斯坦进行国际商事仲裁的当事人提供行政上的指导和帮助。这些指导和帮助主要包括以下内容:一是任命的服务,是指根据《联合国国际贸易法委员会仲裁规则》仲裁庭可以在一定情形下为当事人任命仲裁员,既包括独任仲裁员的任命,也包括当事人没有选择仲裁员时仲裁庭的任命。二是行政服务,主要就是听证处所的安排以及仲裁庭进行仲裁的地点的安排;提供秘书和文书的服务;当事人或者仲裁员书面信息的交流;听证会的速记笔录;听证会口译服务的安排;其他仲裁庭可以提供的服务。为了使当事人能够把哈萨克斯坦国际仲裁庭作为指定机构,或者作为能够为其提供行政服务的机构,建议他们在合同中并入下列条款:“任何源自该合同或者与之有关的争端、争议,或者诉求,或者因合同的违反、终止、无效,都应按照《联合国国际贸易法委员会仲裁规则》的规定进行仲裁,从该合同订立之日起生效。”该条款应遵循有关请求提供服务的协议,例如:“哈萨克斯坦国际仲裁庭应作为指定机构,或者,哈萨克斯坦国际仲裁庭应按照指定机构一样行事,在《联合国国际贸易法委员会仲裁规则》之下按照它解决案件的行政程序来提供行政服务。”

三、 对哈萨克斯坦国际商事仲裁制度的基本评价

综观哈萨克斯坦的国际商事仲裁制度,我们可以清楚地看出,它具有其自身

的长处与优点,如有较为完整和齐全的仲裁法律制度和体系,仲裁形式呈现出多样化的态势,力求与国际仲裁规则靠拢或接轨,在选择仲裁员同时,允许确立一名候补仲裁员,以备所选择的仲裁员无法履行职责时可以及时顶替上去,以及当事人的意思自治在某些方面得到淋漓尽致的体现等。

(一)仲裁法律体系较为完整

在哈萨克斯坦还未独立之前其一直沿袭前苏联的仲裁制度,显得比较陈旧,难以适应国际商事仲裁需求和新形势下的发展需要。自1991年12月16日在独立之后,哈萨克斯坦仲裁制度有了长足的进步和发展,尤其是制定了自己的国际商事仲裁法和国际仲裁庭规则,时至今日,已经形成了内容相对齐全、体系较为完整的能够调整和规范包括国际商事仲裁制度在内的仲裁法规和规则。

《联合国国际商事仲裁示范法》(UNCITRAL Model Law)共有47个条款所组成,依据该《示范法》制定的《哈萨克斯坦国际商事仲裁法》是哈萨克斯坦国际商事仲裁法律体系的核心,在该法颁布的同时,颁行了《哈萨克斯坦国际仲裁庭仲裁规则》以及《调解规则》对仲裁机构的仲裁和调解进行规范。这些规范共同组成了哈萨克斯坦国际商事仲裁法律体系的基本架构。也就是说,哈萨克斯坦国际商事仲裁法是以《联合国国际商事仲裁示范法》为蓝本或基本格局,吸收了《示范法》的精髓部分和合理成果,既与最佳的国际惯例保持一致,也与本国的仲裁条款融为一体,便于本国和外国的仲裁服务使用者和仲裁职业者具体应用。除此之外,还出台了《哈萨克斯坦国际仲裁庭仲裁规则》和《调解规则》,与《哈萨克斯坦国际商事仲裁法》相配套和衔接,并崇尚调解制度,丰富了多元争议解决机制。

(二)仲裁形式多样

在哈萨克斯坦,不仅承认常设国际仲裁机构的仲裁,同时也承认临时国际商事仲裁机构做出的裁决。这与《纽约公约》的规定保持一致。为了使得《纽约公约》有关临时仲裁的条文落到实处,在《哈萨克斯坦国际商事仲裁法》中对临时仲裁的法律适用、临时仲裁中仲裁员的任命程序以及其他与临时仲裁有关的事项都进行了规范和细化。如前所述,临时仲裁不仅能够提高仲裁效力,同时也是当事人意思自治的体现,有利于当事人自己选择纠纷的解决的方式快速解决纠纷。仲裁形式多样化作为哈萨克斯坦国际商事仲裁的一大优点继承了国际上对仲裁形式的发展成果，将有利于推动哈萨克斯坦国际商事仲裁朝着国际先进仲裁制度进步。

（三）力求与国际仲裁规则接轨

哈萨克斯坦国际商事仲裁的国际化表现在两个方面：一是哈萨克斯坦的国际商事仲裁立法是在借鉴《联合国国际国际商事仲裁示范法》和国际通行做法的基础上制定的，因此，很多内容都是与国际规则接轨的，例如《哈萨克斯坦国际商事仲裁法》以及《哈萨克斯坦国际仲裁庭仲裁规则》。二是在仲裁实践中，哈萨克斯坦与许多国家包括中国的国际商事仲裁机构都建立了很好的合作关系，在相互合作与借鉴中不断充实和完善哈萨克斯坦的国际商事仲裁制度。

（四）在选择仲裁员同时，确立一名候补仲裁员

候补仲裁员制度作为哈萨克斯坦国际商事仲裁制度的一大特色，这在有些国家的仲裁法中并不多见。根据《哈萨克斯坦国际商事仲裁法》的规定，当事人在选择或仲裁庭主席在任命仲裁员时，应一并选择或任命一名候补仲裁员，当仲裁员无法履行职能或者被要求回避时由候补仲裁员代替仲裁员履行职能。这样做的好处是，即使所选择的仲裁员因故无法行使仲裁员的工作，也无需另行启动选择其他仲裁员的程序。

（五）当事人意思自治在某些方面得到淋漓尽致的体现

根据《哈萨克斯坦国际商事仲裁法》第 6 条第 3 款规定，如果争议正在法院审理阶段，双方当事人可以在法院做出判决之前达成仲裁协议，在这种场合法院会做出驳回起诉的决定。这样做对于本来具有管辖权的法院在当事人达成仲裁协议后就失去了对本案的管辖权，转而由仲裁庭来受理。这表明，即使双方当事人在发生纠纷之后没有仲裁协议，在法院受理案件之后做出判决之前，都可以签订仲裁协议而将争议提交仲裁解决。这种淋漓尽致地体现当事人意思自治原则是值得称道的，不能不说是哈萨克斯坦国际商事仲裁制度优点与特色之一。

四、“一带一路”战略对哈国经贸投资选择仲裁时应注意的几个问题

尽管哈萨克斯坦国际商事仲裁制度具有较鲜明的特色和长处，但也存在某

些不尽如人意之处，归结起来，主要体现在以下几个方面：

（一）仲裁机构职权不尽统一

前面已经讲到，哈萨克斯坦国际仲裁庭作为受理国际商事仲裁的常设仲裁机构，其不仅仅受理国际商事仲裁案件，同时还受理哈萨克斯坦居民之间发生的纠纷，因此，它的职能不仅仅局限于国际商事仲裁还包括国内的仲裁。这与国际上的做法是不一样的，国际上一般都是各国设立专门的国际商事仲裁机构，其职能也仅仅限于受理国际商事仲裁，这样做的好处就在于可以使国际商事仲裁更加专业化，提升仲裁庭解决纠纷的能力。像哈萨克斯坦这样有可能会造成国内普通仲裁机构与国际商事仲裁机构之间难以区分各自的职权范围，不利于国际商事仲裁机构很好地履行自己的职能。

（二）法律规定不够细致

尽管哈萨克斯坦国际商事仲裁的法律体系整体上比较完整，但是在具体内容上面有很多问题都规定的不是很清晰，这在实践当中往往会产生歧义并造成一定的困扰，势必影响国际商事仲裁机构的判断和裁决。例如，对于单方选择条款"当事人既可以把争议提交仲裁解决也可以提交具有一般管辖权的法院解决"是否承认其效力？对于哈萨克斯坦居民提交境外仲裁机构做出的仲裁裁决能否在哈萨克斯坦得到承认与执行？以及保密性与公共利益冲突时是否还要坚持保密性？这些问题目前在哈萨克斯坦的法律规定中还找不到现成的答案，实践中也没有可资参考的实际案例。随着哈萨克斯坦国际商事仲裁的不断发展，这些问题将愈加显现出来并会变得越来越突出，亟须有权机关对此予以解释或者通过完善立法的方式加以解决。

（三）国际化进程较为缓慢

尽管哈萨克斯坦加入和批准了不少的国际条约，《纽约公约》和《华盛顿公约》等，但是作为一个由社会主义向资本主义转轨，并朝着市场经济方向发展的国家，由于其自身的经济发展限制，哈萨克斯坦的外向型经济有待拓展，在整个国际经济与贸易发展的进程中还是比较缓慢的。早在 1996 年，哈萨克斯坦就提出了加入 WTO 的申请，近 19 年过去了，至今还未被世界贸易组织所接纳为正式成员国，表明它的法制体系还没有达到与国际完全接轨的程度。因此，哈萨克斯坦一直游离于全球贸易体系的边缘，其经济发展形式较为单一，与世界经济的差距仍然很大。有鉴于此,哈萨克斯坦在制定国际商事仲裁法律时就考虑了其自身的经济形势,这使得其国际商事仲裁法律制度都还有所保留,如何加快国际商事法制的国际化进程,并进一步与国际通行规则接轨,是摆在哈萨克斯坦立法部门的重要课题之一。

(四)仲裁保密性规定不够严密

归结起来,在哈萨克斯坦,有关仲裁保密性问题主要存在三方面的问题:

一是在仲裁裁决阶段,保密性问题具有特别重要的意义。《哈萨克斯坦共和国国际商事仲裁法》第31条规定了撤销仲裁裁决的理由。例如,仲裁裁决可以由管辖法院撤销,如果当事人提出请求并提供证据表明仲裁庭或者仲裁程序与仲裁协议或仲裁规则不符。这就是为什么问题是,我们能认为遵守保密性是仲裁规则的一部分吗?其不遵守保密性是不是也就证明了其没有遵守仲裁协议或仲裁规则?因此,为什么仲裁员违反保密性原则不能影响仲裁结果并使之撤销呢?这个问题仍然有待解决。

二是在仲裁裁决执行的过程中,国内法院如何遵守保密性。现实情况是,当仲裁庭受理争议做出裁决后由法院执行时,那么公众就可以了解到案件的所有信息。因此,遵守保密性原则在实践中很难执行,因为参与执行的人太多,包括:法官,法警,银行,税务机构和其他人。

三是哈萨克斯坦的法律没有任何条款规定违反仲裁保密性原则的责任承担问题。在现存的绝大多数仲裁庭法中都没有这样的规定。不管现在还没有关于违反保密性原则责任的规定,显然,该责任将会以仲裁庭的声誉和仲裁员权利信誉作为代价。

五、结　　论

从以上的论述和分析中不难看出,哈萨克斯坦的国际商事仲裁制度也并非无懈可击,它仍然存在一些缺陷与不足,我们不能简单地就认为在对外与哈国签订经贸合同或投资协议中应排除选择仲裁条款或事后发生纠纷不积极争取达成仲裁协议,就大错特错了。道理很简单,哈萨克斯坦毕竟是《纽约公约》和《华盛顿公约》的参加国,无论是私人对私人发生的投资和商事合同争议(Private to

Private),还是私人和东道国政府(Private to Government)因投资引发的争端,都可以找到相应的公约依据,并承担公约的责任和义务。

而外国仲裁裁决的承认与执行规定在《哈萨克斯坦国际商事仲裁法》第33条,《哈萨克斯坦民事诉讼法》第425条。根据第425条的规定,外国仲裁裁决,只要哈萨克斯坦共和国法律或者哈萨克斯坦共和国缔结或参加的国际条约基于互惠原则做出规定的,在哈萨克斯坦共和国境内予以承认和执行。因此,对于外国仲裁裁决在哈萨克斯坦境内申请承认与执行首先应该适用条约的规定,如果没有条约,就依据相应的法律规定。①

中国也是上述两个公约的参加国,1986年12月2日第六届全国人大常委会第18次会议上审议通过了关于我国加入该项条约的决定,公约自1987年4月22日起对我国生效。截至2015年6月,已有包括中国在内的153个国家或地区加入了这一重要公约。②《纽约公约》要求各缔约国应将公约适用于“在外国作出的裁决”。这就意味着缔约国一旦加入该公约,就有义务在本国领土内承认和执行在任何外国作出的仲裁裁决,而该外国是否属于《纽约公约》的缔约国在所不问,除非缔约国提出了“互惠保留”,即该公约的适用范围维持在“仅适用于在本国以外其他缔约国领土内作出的裁决”。根据我国加入该公约时所作的互惠保留声明,在另一缔约国领土内作出的仲裁裁决的执行适用该公约。根据我国加入该公约时所作的“商事保留”,我国仅对按照我国法律属于契约和非契约性商事法律关系所引起的争议适用该公约。所谓“契约和非契约性商事法律关系”,具体是指由于合同、侵权或者根据有关法律规定而产生的经济上的权利义务。③从中国企业投资哈国的法律风险出发,选择仲裁条款或事后达成仲裁协议是解决彼此之间经贸或投资纠纷的有效途径,因为中国企业和公司在哈国一旦发生经贸和投资纠纷既可以选择在中国仲裁,也可以选择在哈萨克斯坦的仲裁机构进行仲裁,只要遵循双方当事人意思自治,国际商事仲裁不受级别管辖和地域管

---

① Kazakh Law Differentiates Between Arbitral Awards Issued In and Outside of Kazakhstan, http://www.bmflegal.com/language/zh-CN/Podrobnee/ArticleId/50/-Kazakh-Law-Differentiates-Between-Arbitral-Awards-Issued-In-and-Outside-of-Kazakhstan.aspx, last visited: 2014/08/25.

② 《承认和执行外国仲裁裁决纽约公约》目前有153个缔约国,参见:http://www.uncitral.org/uncitral/en/uncitral_texts/arbitration/NYConvention_status.html,(访问时间:2015年6月16日)。

③ 参见宋航:《国际商事仲裁裁决的承认与执行》,法律出版社2000年版,第243页。

辖，而且一项有效的仲裁裁决，可以在世界范围内自由流动，依据《纽约公约》，一国的仲裁裁决可以在其他缔约国申请承认和执行，这势必有助于保护当事人的合法权益，也是当事人所期待的。相反，如果中国企业在哈从事投资或经贸活动而发生纠纷或争端，通过寻求当地司法途径解决，这种不确定因素是显而易见的，人们无法判断当地法院所作的判决结果如何，加之，哈萨克斯坦国正在争取加入WTO，其市场经济法制并不健全和完善，通过诉讼解决两国自然人和法人之间的经贸投资纷争无疑会增加法律风险和诉讼成本，即使胜诉，今后能否得到有效执行也是一个未知数。因此，仲裁以其快速、便捷、灵活、节省费用等优势和长处解决不同国家私人投资或商事合同之间的纠纷仍是一个不错的选择，它在一定程度上可以有效地防范和规避法律风险。

（作者为上海对外经贸大学法学院教授）

“一带一路”战略与中国自贸区建设

殷 敏

一、“一带一路”战略概况

（一）“一带一路”战略的提出

近年来，随着世界各国区域贸易协定的广泛扩散，我们已不能再把 WTO 看作是一种规则而把区域贸易协定看作是它的例外。为了既契合区域贸易协定发展的国际趋势，又发展出中国特色的自贸区道路，中国提出了“一带一路”战略。

2013 年 9 月和 10 月，中国国家主席习近平在出访中亚和东南亚国家期间，先后提出共建“丝绸之路经济带”和“21 世纪海上丝绸之路”①（以下简称“一带一路”）的重大倡议。中国国务院总理李克强在参加 2013 年中国—东盟博览会时亦强调，中国应铺就面向东盟的海上丝绸之路，打造带动腹地发展的战略支点。

2014 年 10 月 10 日，以“统筹推进‘一带一路’建设”为主题的 2014 年中国经济社会论坛在昆明举行，国家发改委秘书长李朴民在发言中指出，新时期应推进“一带一路”建设，加强与沿线国家 8 个方面重点领域的合作。具体包括：促进基础设施互联互通；提升经贸合作水平；拓宽产业投资合作；深化能源资源合作；拓展金融合作领域；密切人文交流合作；加强生态环境合作；积极推进海上合作。②

2015 年 3 月 28 日，习近平主席在博鳌亚洲论坛年会开幕式上发表题为《迈

---

① 参见 2015 年 3 月 28 日国家发展改革委、外交部、商务部联合发布的《推动共建丝绸之路经济带和 21 世纪海上丝绸之路的愿景与行动》。http://news.xinhuanet.com/gangao/2015-06/08/c_127890670.htm，2015 年 8 月 15 日。

② 参见发改委：《“一带一路”建设与沿线国家 8 领域合作 首推基础设施互联互通》。http://news.cnstock.com/news/sns_yw/201410/3203708.htm，2015 年 8 月 15 日。

向命运共同体 开创亚洲新未来》的主旨演讲,强调“丝绸之路经济带”和“21世纪海上丝绸之路”建设,要秉持共商、共建、共享原则。①为实现“一带一路”战略,习近平总书记强调了“五通”,即基础设施要通、商品要通、货币要通、政策要通、文明要通。②

“一带一路”战略的提出有其重要的经济动因。其沿线涉及众多国家和中国省份,其中有经济高度发达的中国沿海省份,也有经济高度发达的欧洲国家和经济相对发达的东南亚国家。在中国沿海省份及东南亚国家与欧盟之间有大量的欠发达国家或地区,但这些欠发达国家和地区有着巨大的市场潜力和资源优势,这些优势恰恰可以弥补经济高度发达国家或地区的劣势;而经济高度发达国家的技术优势、人才优势、资金优势又是经济欠发达国家或地区的劣势。“一带一路”战略的实施符合沿线不同国家或地区的利益诉求,可以为沿线国家及中国沿线省份带来经济利益,实现整个区域利益共赢和资源互通有无,建立经济利益共同体。

(二)“一带一路”沿线主要国家与中国主要省市

“一带一路”是世界上跨度最长的经济大走廊,发端于中国,贯通中亚、东南亚、南亚、西亚乃至欧洲部分区域,东牵亚太经济圈,西系欧洲经济圈。目前,“一带一路”涉及的主要国家有:(1)印度尼西亚、马来西亚、菲律宾、新加坡、泰国、文莱、越南、老挝、缅甸、柬埔寨、东帝汶等东南亚国家;(2)尼泊尔、不丹、印度、巴基斯坦、孟加拉国、斯里兰卡、马尔代夫等南亚国家;(3)哈萨克斯坦、土库曼斯坦、吉尔吉斯斯坦、乌兹别克斯坦、塔吉克斯坦、阿富汗等中亚国家;(4)伊朗、伊拉克、格鲁吉亚、亚美尼亚、阿塞拜疆、土耳其、叙利亚、约旦、以色列、沙特阿拉伯、巴林、卡塔尔、也门、阿曼、阿拉伯联合酋长国、科威特、黎巴嫩等西亚国家;(5)阿尔巴尼亚、波斯尼亚和黑塞哥维那、保加利亚、克罗地亚、捷克、爱沙尼亚、匈牙利、拉脱维亚、立陶宛、马其顿、黑山、罗马尼亚、波兰、塞尔维亚、斯洛伐克、斯洛文尼亚等中东欧国家;(6)俄罗斯、白俄罗斯、乌克兰、摩尔多瓦等独联体国家以

---

① 参见习近平:《迈向命运共同体 开创亚洲新未来》。http://news.xinhuanet.com/politics/2015-03/28/c_1114794507.htm, 2015年8月15日。

② 参见 http://www.scio.gov.cn/ztk/wh/slxy/31215/Document/1383607/1383607.htm, 2015年8月16日。

及蒙古、埃及等64国。①并且，随着“一带一路”战略的深入发展，“一带一路”沿线国家还将逐渐增多。

目前，“一带一路”已经得到近60个国家的积极响应，东盟、南盟、上合组织、阿盟、联合国亚太经社理事会、欧亚经济委员会、海合会、国际道路运输联盟等多个重要国际组织已表态支持“一带一路”建设或同意与中方对接合作，美国、俄罗斯、印度等国家也均对“一带一路”建设表示支持或欢迎。②

“一带一路”沿线中国主要省市包括：(1)丝绸之路经济带沿线省市，包括新疆、陕西、甘肃、宁夏、青海、内蒙古、黑龙江、吉林、辽宁、广西、云南、西藏、重庆等13省市；(2)21世纪海上丝绸之路沿线省市，包括上海、福建、广东、浙江、海南等5省市，共计18个省、自治区、直辖市。③

二、“一带一路”战略的政策环境

(一)“一带一路”战略的政策发展历程

自“一带一路”战略提出以来，截至2015年8月底，我国部分政府部门及个别地方政府已先后出台了一系列与“一带一路”有关的政策或案例。具体如下：④

序号	发布时间	发布主体	名　　称
中央部门层面			
1	2015年3月	国家发展改革委 外交部　商务部	推动共建丝绸之路经济带和21世纪海上丝绸之路的愿景与行动⑤
2	2015年4月14日	国家质量监督检验检疫总局	关于推进“一带一路”建设工作的意见

① 参见中国社会科学网《“一带一路”沿线国家名单》。http://www.cssn.cn/gj/gj_gwshkx/gj_jj/201504/t20150408_1578096.shtml，2015年8月16日。

② 参见杨厚兰：《“一带一路”——引领合作，推动发展》。http://www.fmprc.gov.cn/ce/cemm/chn/sgxw/t1268955.htm，2015年8月16日访问。

③ 参见 http://www.htbill.com/a/1110/10945.html，2015年8月16日访问。

④ 资料来源：北大法宝法律数据库。

⑤ 参见2015年3月28日国家发展改革委、外交部、商务部联合发布的《推动共建丝绸之路经济带和21世纪海上丝绸之路的愿景与行动》。http://news.xinhuanet.com/gangao/2015-06/08/c_127890670.htm，2015年8月16日。

（续表）

序号	发布时间	发布主体	名　称
3	2015年4月21日	国家税务总局	关于落实“一带一路”发展战略要求　做好税收服务与管理工作的通知
4	2015年6月4日	最高人民检察院职务犯罪预防厅	关于做好检察机关预防职务犯罪工作服务和保障“一带一路”战略的十条意见
5	2015年6月16日	最高人民法院	关于人民法院为“一带一路”建设提供司法服务和保障的若干意见
6	2015年7月7日	最高人民法院	为“一带一路”建设提供司法服务和保障的典型案例
地方政府层面			
1	2015年1月21日	辽宁省人民政府办公厅	关于贯彻落实“一带一路”战略　推动企业“走出去”的指导意见
8	2015年2月26日	无锡市人民政府	关于抢抓“一带一路”建设机遇　进一步做好境外投资工作的实施意见
3	2015年4月1日	陕西省人民政府办公厅	关于成立“一带一路”金融合作推进领导小组的通知
4	2015年4月14日	青海省人民政府办公厅	2015中国(青海)国际清真食品用品展览会暨“一带一路”绿色食品用品展览会总体方案
5	2015年4月16日	南通市人民政府	关于抢抓“一带一路”建设机遇　进一步做好境外投资工作的意见
6	2015年5月18日	河北省国家税务局	转发国家税务总局关于落实“一带一路”发展战略要求做好税收服务与管理工作的通知
7	2015年6月17日	陕西省人民政府办公厅	关于印发“一带一路”建设2015年行动计划的通知
8	2015年8月14日	湖南省人民政府	关于印发《湖南省对接“一带一路”战略行动方案(2015—2017年)》的通知

（二）“一带一路”主要政策介绍

1. 推动共建丝绸之路经济带和21世纪海上丝绸之路的愿景与行动

2015年3月，国家发展改革委、外交部和商务部发布《推动共建丝绸之路经济带和21世纪海上丝绸之路的愿景与行动》。该文件从时代背景、共建原则、框架思路、合作重点、合作机制、中国各地方开放态势、中国积极行动和共创美好未来等八个方面,就建设丝绸之路经济带和21世纪海上丝绸之路提出了行动指南。

2. 关于推进“一带一路”建设工作的意见

2015年4月14日,国家质量监督检验检疫总局颁发的《关于推进“一带一路”建设工作的意见》(国质检通〔2015〕151号)。该意见是以党的十八大和十八届三中、四中全会精神为指导,以“便利对外贸易、服务开发开放、促进外贸进出、密切国际合作、保障国门安全”为目标,以“遵循法治、服务大局、安全便利、突出重点”为工作原则,以“推动重点区域开发开放、更大力度服务对外贸易发展、加快‘三互’和大通关机制改革创新、加强质检国际交流与合作及切实履行质检工作职责”为主要任务,以“加强顶层设计、强化工作协同、密切各方合作、完善信息化保障和加强政策宣传引导”为保障措施,并制定《推进“一带一路”建设工作任务分工》。

3. 关于落实“一带一路”发展战略要求,做好税收服务与管理工作的通知

2015年4月21日,国家税务总局颁发《关于落实“一带一路”发展战略要求做好税收服务与管理工作的通知》(税总发〔2015〕60号)。该通知以“税务总局提出的税收服务‘一带一路’发展战略的总体要求”为目标,以“执行协定维权益、改善服务谋发展、规范管理促遵从”为主要任务,并要求各地将贯彻落实情况和意见建议请及时报告税务总局。

4. 关于做好检察机关预防职务犯罪工作服务和保障“一带一路”战略的十条意见

2015年6月4日,最高人民检察院职务犯罪预防厅印发《关于做好检察机关预防职务犯罪工作服务和保障“一带一路”战略的十条意见》。该意见强化主动服务“一带一路”战略实施的大局意识,加强与相关职能部门的工作联系沟通和整体谋划,围绕“重大项目建设”、“维护国际贸易流通秩序”、“防范金融风险和投资安全”、“保障和促进中国企业‘走出去’”、“保护知识产权”、“加强打击行贿犯罪”、“营造良好外部环境”提供预防服务,为“一带一路”战略实施提供积极有效的职能服务和法治保障。

5. 关于人民法院为“一带一路”建设提供司法服务和保障的若干意见

2015年6月16日,最高人民法院发布《关于人民法院为“一带一路”建设提

供司法服务和保障的若干意见》(法发〔2015〕9号)。该意见为“一带一路”建设提供司法服务和保障,充分发挥审判职能作用,提升“一带一路”建设司法服务和保障的国际公信力,为“一带一路”建设营造良好的法治环境,并要求人民法院充分发挥审判职能作用,为“一带一路”建设的顺利实施提供有效服务和保障。

(三)“一带一路”政策的主要特点

1. 规格较高

2013年9月和10月,中国国家主席习近平在出访中亚和东南亚国家期间,先后提出共建“丝绸之路经济带”和“21世纪海上丝绸之路”的重大倡议,得到国际社会高度关注。中国国务院总理李克强参加2013年中国—东盟博览会时强调,铺就面向东盟的海上丝绸之路,打造带动腹地发展的战略支点。习近平主席和李克强总理在公开场合的表态为“一带一路”的建设指明了方向,将“一带一路”的建设上升至国家战略层面,为后续政策的推出奠定了基础,显示出“一带一路”政策的高规格性。

2. 效力层级相对较高

虽然国家最高立法机关全国人大及其常委会尚未针对“一带一路”建设出台相应法律,但国家行政机关国务院的相关职能部门,已先后就“一带一路”建设制定了相关政策,最高司法机关也就“一带一路”的建设出台了有关司法解释及相关典型案例。这一系列政策的推出,为“一带一路”的建设提供了政策依据,为现阶段推进“一带一路”建设打下了坚实的基础。

3. 地方性政策逐步跟进

截至2015年8月底,除了中央各个部门出台了一系列政策外,地方政府也就推进“一带一路”建设相继出台了规定,比如《陕西省人民政府办公厅关于印发“一带一路”建设2015年行动计划的通知》、《陕西省人民政府办公厅关于成立“一带一路”金融合作推进领导小组的通知》、《青海省人民政府办公厅关于印发2015中国(青海)国际清真食品用品展览会暨“一带一路”绿色食品用品展览会总体方案的通知》、《辽宁省人民政府办公厅关于贯彻落实“一带一路”战略推动企业“走出去”的指导意见》、《湖南省人民政府关于印发〈湖南省对接“一带一路”战略行动方案(2015—2017年)〉的通知》、《河北省国家税务局转发国家税务总局关于落实“一带一路”发展战略要求做好税收服务与管理工作的通知》、《南通市人民政府关于抢抓"一带一路"建设机遇 进一步做好境外投资工作的意见》《无锡市人民政府关于抢抓"一带一路"建设机遇 进一步做好境外投资工作的实施意见》。

4. 涉及领域广

从已发布的各种政策文件来看,"一带一路"政策涉及领域广泛。具体包括"经济走廊建设"、"自由贸易区战略实施"、"核心区和节点城市建设"、"中欧铁路班列"、"跨境经济合作区"、"资源能源性大宗商品扩大进口"、"新型业态贸易发展"、"走出去"战略、"质量安全示范区建设"、"中国标准在沿线国家的应用"、"农产品食品安全卫生合作金融合作"等领域。

三、 中国自由贸易区建设

(一) 中国自由贸易区建设现状

截至2015年8月底,中国已先后与韩国、瑞士联邦等国家/政府签署自由贸易协定,具体如下:①

序号	签署时间	签署地点	签署主体	名　　称
1	2004年12月15日	北　京	中华人民共和国和巴基斯坦伊斯兰共和国	中华人民共和国和巴基斯坦伊斯兰共和国关于优惠贸易安排和自由贸易区问题的议定书
2	2005年4月5日	伊斯兰堡	中华人民共和国政府与巴基斯坦伊斯兰共和国政府	中华人民共和国政府与巴基斯坦伊斯兰共和国政府关于自由贸易协定早期收获计划的协议
3	2005年4月5日	伊斯兰堡	中华人民共和国政府与巴基斯坦伊斯兰共和国政府	中华人民共和国政府与巴基斯坦伊斯兰共和国政府关于自由贸易协定及其他贸易问题的谅解备忘录
4	2005年11月18日	釜　山	中华人民共和国政府和智利共和国政府	中华人民共和国政府和智利共和国政府自由贸易协定

① 资料来源:北大法宝法律数据库。

（续表）

序号	签署时间	签署地点	签署主体	名　　称
5	2006年11月24日	伊斯兰堡	中华人民共和国政府和巴基斯坦伊斯兰共和国政府	中华人民共和国政府和巴基斯坦伊斯兰共和国政府自由贸易协定
6	2006年12月4日	北　京	中华人民共和国商务部与冰岛共和国外交部	中华人民共和国商务部与冰岛共和国外交部关于启动中华人民共和国与冰岛共和国自由贸易协定谈判的议定书
7	2007年10月24日	北　京	中华人民共和国商务部与哥斯达黎加共和国对外贸易部	中华人民共和国商务部与哥斯达黎加共和国对外贸易部关于开展双边自由贸易协定联合可行性研究的谅解备忘录
8	2008年4月7日	北　京	中华人民共和国政府和新西兰政府	中华人民共和国政府和新西兰政府自由贸易协定
9	2008年4月11日	三　亚	中华人民共和国政府和智利共和国政府	中华人民共和国政府和智利共和国政府自由贸易协定关于服务贸易的补充协定
10	2008年10月15日	北　京	中华人民共和国政府和巴基斯坦伊斯兰共和国政府	中华人民共和国政府和巴基斯坦伊斯兰共和国政府自由贸易协定补充议定书
11	2008年10月23日	北　京	中华人民共和国政府和新加坡共和国政府	中华人民共和国政府和新加坡共和国政府自由贸易协定
12	2009年2月21日	武　汉	中华人民共和国政府和巴基斯坦伊斯兰共和国政府	中华人民共和国政府和巴基斯坦伊斯兰共和国政府自由贸易区服务贸易协定
13	2009年4月28日	北　京	中华人民共和国政府与秘鲁共和国政府	中华人民共和国政府与秘鲁共和国政府自由贸易协定
14	2010年4月8日	北　京	中华人民共和国政府和哥斯达黎加共和国政府	中华人民共和国政府和哥斯达黎加共和国政府自由贸易协定
15	2011年7月27日	新加坡	中华人民共和国政府和新加坡共和国政府	中华人民共和国政府和新加坡共和国政府关于修改《中华人民共和国政府和新加坡共和国政府自由贸易协定》的议定书

（续表）

序号	签署时间	签署地点	签署主体	名　称
16	2012年9月	联邦符拉迪沃斯托克	中华人民共和国政府与智利共和国政府	中华人民共和国政府与智利共和国政府自由贸易协定关于投资的补充协定
17	2013年4月15日	北　京	中华人民共和国政府和冰岛政府	中华人民共和国政府和冰岛政府自由贸易协定
18	2013年7月6日	北　京	中华人民共和国和瑞士联邦	中华人民共和国和瑞士联邦自由贸易协定
19	2015年6月1日	首　尔	中华人民共和国政府和大韩民国政府	中华人民共和国政府和大韩民国政府自由贸易协定

（二）中国自由贸易协定简要分析

1. 主要国家

如前文所述，与中国签订自由贸易协定的主要国家为巴基斯坦、智利、冰岛、哥斯达黎加、新西兰、新加坡、秘鲁、瑞士、韩国9个国家。在这些国家中，在“一带一路”范围内的国家主要为巴基斯坦、新加坡等国家，是海上丝绸之路的重要节点。

在中国与巴基斯坦等9个国家签署的自由贸易协定/备忘录等文件中，主要集中在巴基斯坦（6个协定）、智利（3个协定）、新加坡（2个协定）、冰岛（2个协定），哥斯达黎加（2个协定）、新西兰（1个协定）、秘鲁（1个协定）、瑞士（1个协定）、韩国（1个协定）。

2. 主要内容简要分析

在中国与前述国家签订的自由贸易协定中，主要内容简要分析如下：

（1）中国与巴基斯坦

中国与巴基斯坦签订《中华人民共和国和巴基斯坦伊斯兰共和国关于优惠贸易安排和自由贸易区问题的议定书》等多个自由贸易协定中，其涉及的内容主要集中在扩大双边经贸关系、启动自由贸易协定的联合研究、削减关税和非关税壁垒、零关税、优惠关税、建立自由贸易区、国民待遇、行政费用和手续、与边境措施有关的特别要求、设立货物贸易委员会、原产地规则、原产地标准、完全获得或生产的产品、非完全获得或生产的产品、累计原产地规则、产品特定原产地标准、微小加工及处理、直接运输、包装、附件、备件及工具、间接材料、原产地证书、贸易救济、卫生与植物卫生措施、技术性贸易壁垒、透明度、投资、争端解决、建立自由贸易委员会、自由贸易区服务贸易等领域。涉及范围较广，合作领域较深。

（2）中国与智利

中国与智利签订的《中华人民共和国政府和智利共和国政府自由贸易协定》、《中华人民共和国政府和智利共和国政府自由贸易协定关于服务贸易的补充协定》和《中华人民共和国政府与智利共和国政府自由贸易协定关于投资的补充协定》中，其涉及内容主要集中在建立自由贸易区、货物的国民待遇和市场准入、原产地规则、与原产地规则相关的程序、贸易救济、全球保障措施、反倾销和反补贴、卫生与植物卫生措施、技术性贸易壁垒、透明度、争端解决、管理、服务贸易、服务的国民待遇和市场准入、投资准入、投资者—国家争端解决等领域。

（3）中国与新加坡

中国与新加坡签订的《中华人民共和国政府和新加坡共和国政府自由贸易协定》及《中华人民共和国政府和新加坡共和国政府关于修改〈中华人民共和国政府和新加坡共和国政府自由贸易协定〉的议定书》中，涉及的内容主要集中在建立自由贸易区、国内税收和规制的国民待遇、关税、加速取消关税、数量限制和非关税措施、国营贸易企业、原产地规则、原产地标准、完全获得产品、区域价值成分、原产地累积规则、产品特定原产地规则、微小含量、微小加工或处理、直接运输、包装处理、附件、备件及工具、可互换材料、海关程序、贸易救济、合作和磋商、反倾销措施、补贴与反补贴措施、全球保障措施、双边保障措施、技术性贸易壁垒，卫生与植物卫生措施、服务贸易等领域。新加坡共和国作为"一路一带"重要战略性国家，自由贸易协定及其议定书的签订为"一带一路"的建设奠定了良好的基础。

（4）中国与冰岛

中国与冰岛政府签订的《中华人民共和国商务部与冰岛共和国外交部关于启动中华人民共和国与冰岛共和国自由贸易协定谈判的议定书》和《中华人民共和国政府和冰岛政府自由贸易协定》中，涉及的内容主要集中在促进中冰货物贸易和服务贸易，便利双向投资，从而加强两国的企业合作以及货物贸易、原产地规则、海关手续与贸易便利化、竞争、知识产权、服务贸易、投资、合作、争端解决等方面。

(5) 中国与哥斯达黎加

中国与哥斯达黎加签订的《中华人民共和国商务部与哥斯达黎加共和国对外贸易部关于开展双边自由贸易协定联合可行性研究的谅解备忘录》及《中华人民共和国政府和哥斯达黎加共和国政府自由贸易协定》,涉及的内容主要集中在加强双边经济和贸易合作、启动自由贸易区研究、建立自由贸易区、货物贸易的国民待遇和市场准入、原产地规则及相关操作程序、海关手续、卫生与植物卫生措施、技术性贸易壁垒、贸易救济、投资,服务贸易和商务人员临时入境、知识产权、合作、贸易关系促进与提升、透明度、协定的管理、争端解决等方面。

(6) 中国与新西兰

中国与新西兰政府签订的《中华人民共和国政府和新西兰政府自由贸易协定》主要就自由贸易区的建立、货物贸易、原产地规则及操作程序、海关程序与合作、海关程序与合作、卫生与植物卫生措施、技术性贸易壁垒、服务贸易、自然人移动、投资、知识产权、透明度、合作、管理与机制、争端解决等内容作出规定。

(7) 中国与秘鲁

中国与秘鲁签订的《中华人民共和国政府与秘鲁共和国政府自由贸易协定》主要就建立自由贸易区、货物的国民待遇和市场准入、原产地规则及与原产地相关的操作程序、海关程序及贸易便利化、贸易救济、卫生与植物卫生措施、技术性贸易壁垒、服务贸易、商务人员临时入境、投资、知识产权、合作、透明度、协定的管理、争端解决等内容作出规定。

(8) 中国与瑞士

中国与瑞士签订的《中华人民共和国和瑞士联邦自由贸易协定》主要就双方实现货物贸易自由化、服务贸易自由化、货物贸易、原产地规则和实施程序、海关手续和贸易便利化、贸易救济、技术性贸易壁垒、卫生与植物卫生措施、服务贸易、投资促进、竞争、知识产权保护、环境问题、经济技术合作、机制条款、争端解决等内容作出规定。

(9) 中国与韩国

中国与韩国签订的《中华人民共和国政府和大韩民国政府自由贸易协定》主要就双方建立自由贸易区、国民待遇和货物市场准入、原产地规则和原产地实施程序、海关程序与贸易便利化、卫生与植物卫生措施、技术性贸易壁垒、贸易救济、服务贸易、金融服务、电信、自然人移动、投资、电子商务、竞争政策、知识产权、环境与贸易、经济合作、透明度、机构条款、争端解决等内容作出规定。

（三）中国自贸区建设的主要特点

通过对上述中国已签署的自由贸易协定等文件的分析，不难得出，已与中国签订自由贸易协议等文件的国家较少，且多为经济相对欠发达国家。在这些为数不多的国家中，签署的协议具有某些共同点，主要集中在建立自由贸易区、国民待遇、原产地规则、贸易救济、海关程序与贸易便利化、卫生与植物卫生措施、技术性贸易壁垒、知识产权、透明度、投资、争端解决等方面。同时，在这些国家中，与“一带一路”沿线所涉及的国家重叠度较少，仅有巴基斯坦、新加坡等少数国家既与中国签署了自由贸易协定，又属于“一带一路”沿线国家。

四、“一带一路”战略与中国自贸区建设的完善

（一）扩大“一带一路”沿线国家和地区范围

虽然“一带一路”沿线国家已有60余个，但是从长远发展来看，“一带一路”战略的实施，离不开世界多个国家的支持，尤其是发达国家的支持。2015年6月，中韩自由贸易协定的签订就为拓展“一带一路”沿线国家提供了良好的样板。韩国作为世界上经济高度发达的国家，其技术、资金等优势对发展“一带一路”战略具有重要作用，从“一带一路”战略发展角度来说，应逐步将韩国、日本、我国台湾地区、澳门特别行政区及香港特别行政区纳入“一带一路”沿线国家，也不排除纳入朝鲜等东北亚国家。“一带一路”沿线国家的扩展，不仅可以拓展“一带一路”战略下的中国自由贸易区建设，还可以进一步增强“一带一路”战略的影响力，强化中国在世界上的国际地位，更有利于建立国际经济新秩序。

（二）推动国内政策法律化、制度化

如前文分析，“一带一路”作为中国的国家战略，得到中国政府的高度重视，从中央部门到地方政府，已先后出台了一系列政策。但这些政策是否能真正推动“一带一路”战略的实施还有待实践的检验。另外，这些政策是否能得到“一带一路”沿线国家和国内“一带一路”沿线省市的支持也需考验。“一带一路”战

略能否成功不仅涉及国际政治、地缘政治和经济力量的影响，还受到国内来自“一带一路”沿线地方政府不同利益诉求的影响。“一带一路”战略背景下的国内政策不仅应主动听取“一带一路”沿线国家的意见，同时也要因地制宜，满足国内不同省市的利益诉求，尽可能平衡不同利益主体的诉求，逐步推动国内政策的法律化与制度化。

（三）国内政策与双边/多边自由贸易协定的接轨

“一带一路”视角下，双边/多边自由贸易协定的签订应与“一带一路”战略相统一。一方面，“一带一路”战略制定的各项政策应服务于双边/多边自由贸易区的建设，同时，双边/多边自由贸易协定亦应体现“一带一路”战略的精神，即通过国内政策与双边/多边自由贸易协定的接轨，使“一带一路”沿线的国家适用统一的行动纲领，从而将“一带一路”战略与中国自由贸易区建设统一起来，使之相辅相成，构成统一的整体。

（四）加快与“一带一路”沿线国家自由贸易协定的签订

“一带一路”沿线国家中，已与中国签署自由贸易协定的国家/地区少之又少，这必将为“一带一路”战略的实施增添难度。在“一带一路”视角下谋求中国自由贸易区的建设，需要从“一带一路”沿线国家入手，逐个签署双边/多边自由贸易协定。通过签订多个自由贸易协定，一方面可以使“一带一路”战略得到多个国家/地区的支持，另一方面也可以通过双边/多边自由贸易区的成功实施，使“一带一路”战略能够真正落到实处，进一步加快“一带一路”沿线国家/地区及中国沿线省市的发展。

（五）制定“一带一路”与自由贸易国际规则

中国作为“一带一路”战略的发起国，当中国与多个国家/地区自由贸易区建设成功实现后，可以打破多个双边/多边自由贸易协定之间的界限，将已与中国签订自由贸易协定的国家/地区作为一个有机整体，签署统一的自由贸易国际规则，约束和服务于各成员国。同时，制定“一带一路”国际规则，对在自由贸易国际规则范围内的成员国，可以适用自由贸易国际规则和“一带一路”国际规则，对未在自由贸易国际规则范围内的成员国，适用“一带一路”国际规则，将“一带一路”国际规则与自由贸易区国际规则统一起来，服务于中国“一带一路”战略。

（六）保持"一带一路"和自由贸易国际规则与其他规则的一致性

中国特别重视在"一带一路"建设中推进生态环保合作，分别与印度、俄罗斯、柬埔寨、老挝、新加坡等国签署跨境河流、防洪减灾、水资源等方面合作谅解备忘录，与东盟各国合作制定并实施《中国—东盟环境保护合作战略（2016—2020）》，推动实施《南海及其周边海洋国际合作框架计划》，建立中泰气候与海洋生态环境联合实验室。①随着"一带一路"战略和自由贸易区建设的逐步推进，应保持"一带一路"、自由贸易国际规则和其他规则的一致性，使服务于"一带一路"战略和自由贸易区建设的各项政策、国际规则形成一个有机整体，互为促进，相辅相成。

（作者为上海对外经贸大学法学院副教授）

① 参见杨厚兰：《"一带一路"——引领合作，推动发展》。http://www.fmprc.gov.cn/ce/cemm/chn/sgxw/t1268955.htm，2015 年 8 月 18 日。

“一带一路”战略下我国开发性金融的发展方向及路径选择

张继红　吴　涛

“一带一路”战略是实现中华民族伟大复兴“中国梦”的重要抓手,将给我国国际贸易和国际投资领域带来更多机会,也有利于消化过剩产能、推动我国产业结构的调整和优化,并实现经济结构的再平衡。我国可以借由“一带一路”战略的贸易及金融渠道进一步加深周边及地区的经济合作,获得更多的理解、认同和尊重,以提升我国的经济及政治影响力,并扩大在周边和国际事务上的话语权。

然而,“一带一路”战略的实施存在诸多地缘性困难,沿线国家和地区经济发展不均衡、法律制度环境差异较大,尤其是诸如支付体系、法律环境、公司治理、会计准则、信用环境、反洗钱等金融基础设施的不健全、标准各异,这些问题对“一带一路”战略的金融支持提出了更高要求。开发性金融作为一种兼具政府信用和市场化运作的金融形式,可以在国家意志和商业需求上寻求最佳路径。在投资开发环境尚不明朗、金融支持需求又如此复杂多样的国际背景下,开发性金融基于其自身特点被赋予了国家大战略先遣军和排头兵的开拓使命。

一、“一带一路”战略实施与开发性金融

(一)“一带一路”战略实施中金融支持的特点

1. 资金需求大,融资周期长

“一带一路”战略涉及的国家经济状况差异较大,大部分都是欠发达国家和地区,在能源资源开发、交通基础设施建设等各个领域都存在投资需求。这些领域的融资项目往往期限长、资金需求量大、回报周期长,因此相应的投融资策略

应当树立“先期扶持,长期获益”的开发理念。①

根据亚洲开发银行公布的数据,在2020年之前,亚太地区基础设施建设投资需要8万亿美元,而目前亚洲开发银行和世界银行每年能够提供给亚洲国家用于基础设施建设的资金只有不到100亿美元。即使亚投行今年开始运作,先期也只能提供500亿美元,而丝路基金目前注册资本为100亿美元,依然存在较大融资缺口,需要广泛调动起“一带一路”沿线国家的公共资本、民间资本以及国际金融资本。

2. 商业动机低,集中度较高

“一带一路”战略所构建的是新兴金融市场,缺乏相对完善的商业环境和配套基础制度建设,商业性金融由于风险控制及盈利性等因素不愿意过多参与和介入。而且,“一带一路”沿线国家贷款业务主要集中在油气资源开采、管道运输等能源领域,信用结构较为单一,贷款集中度较高,不利于贷款风险的缓释。

3. 金融合作广,要求可持续性

“一带一路”涉及的国家及地区较多,基础设施投融资的规模较大,对货币制度、金融基础设施联通、监管协调等有较高要求。而“一带一路”沿线国家收入水平差距较大,缺乏经济金融的良性循环条件,很多项目的实施带有较强的政策性,基础设施建设和维护又是一个系统工程,因此,在国家大战略实施中与沿线国家的金融合作要避免简单的“扶贫”模式,即“一带一路”战略施行应具备长期金融的可持续性。

(二)开发性金融在“一带一路”战略施行中的意义

开发性金融是政策性金融的升级版,具有政策性金融的政府信用、国家意志性,同时又兼具商业性金融原则和市场化运作的特点。具体而言,开发性金融是指具有政府特定赋权的法定金融机构,以市场化的运作方式和市场业务为支柱,主动通过融资推动制度建设和市场建设,以实现政府特定经济和社会发展目标的资金融通方式。②

---

① 蒋志刚:《“一带一路”建设中的金融支持主导作用》,《国际经济合作》2014年第9期。

② 李志辉,王永伟:《开发性金融理论问题研究——弥补政策性金融的开发性金融》,《南开经济研究》2008年第4期。

1. 开发性金融实行的是自主经营和自负盈亏的市场化运作,具有针对性和包容性

对于融资端而言,开发性金融机构有着较为明确的门槛和标准。开发性金融机构有着基于市场业绩和收益保证的经营自主权,可以自行决定是否对企业或项目提供资金支持。开发性金融机构基于政策性和市场化的特点,需要监督资金的使用,确保拟投资企业或项目符合标准,且资金可以被有效地应用到特定战略产业和领域。

对于投资端而言,开发性金融可以确保政府资金更加有效地投资于目标行业,以实现对特定经济和社会发展目标的定向扶持,与此同时,开发性金融的市场化属性使得民间资本、私有资本也有了参与其中的可能性和可行性。

2. 开发性金融能够弥补政策性金融缺陷,克服道德风险并提高经济效率

政策性金融有两种典型的融资模式,即特定项目的融资、特定产业或区域的融资。在特定项目融资情况下,政府往往通过直接指定特定企业并指引政策性金融机构提供贷款,或通过筹建投资机构和平台来指示政策性金融机构向投资机构和平台提供贷款,存在被动执行政府指令的缺陷;在特定产业或区域融资的情况下,政府指定特定产业或区域,指示政策性金融机构自主选择企业或项目,但同样存在缺乏经营业绩和监督动机的缺陷。

相比较而言,开发性金融则是对传统政策性融资模式的进一步优化和升级。针对特定产业项目,开发性金融通常会要求政府用其收入做担保,这将激励政府挑选优质项目并优化监督管理;针对特定产业和区域,开发性金融因为存在业绩要求,在自主挑选或监督企业时会有更大动机遴选优质企业和项目,并更加注重贷后的监督管理,资金使用效率也会更高。

3. 开发性金融相比商业性金融更具政府信用优势,体现国家意志

为了实现特定产业政策,开发性金融在利率贷款期限、担保条件等方面显然更加优惠。政府信用背书又是开发性金融的一大特色,相较商业性金融具有无可比拟的先天优势。开发性金融是为了应对"市场失灵"和"政府失灵"而发展出来的独特形式,其以政府信用弥补市场信用缺失、体制不完善、储蓄转化为投资的渠道不畅等"市场失灵"的现象;①同时又以商业金融原则来开展政策性金

---

① 罗学东:《国家开发银行改革与发展的方案设想》,《银行家》2005 年第 7 期。

融活动，有效淡化了传统政策性金融的行政化色彩，避免落入“政府失灵”陷阱。

开发性金融的独特属性使其在“一带一路”战略施行中必然发挥引领和主导作用。依靠开发性金融可以集中资源投资到国家大战略项下的关键基础设施、技术产业和重点产业，并充分调动政府资本、民间资本和国际资本等多种类型资本，在遵循市场原则的前提下不断扩大战略金融支持的广度和深度。

过去十年中，我国在利用开发性金融探索市场建设中取得了瞩目的成就，并积累了一定的经验。①作为“一带一路”战略的开路先锋，未来开发性金融应充分利用实践成果并结合战略特点进行实践创新，不断完善基础制度建设，开拓国家信用多种实现形式，运用政府组织增信建设市场并解决基础设施建设中的热点难点问题，为“一带一路”注入活力。

二、“一带一路”战略实施中开发性金融的实践主体及创新

（一）我国开发性金融的实践主体选择

1. 国内政策性金融机构和开发性金融机构。中国进出口银行、农业发展银行和国家开发银行是我国政策性银行。2015 年上半年，3 家政策性银行进一步明确了各自的定位与分工；国家开发银行被确定为开发性金融机构，中国进出口银行和农业发展银行则延续了其政策性银行的身份。3 家政策性银行特别是国开行在对外项目融资、基础设施建设等方面积累了丰富的经验，例如国开行分别于 2007 年和 2013 年启动了中非基金和中葡基金，并已与域外 106 个国家和地区的 707 家银行建立代理行关系。②上述机构在“一带一路”战略初期可以继续发挥作用，引导开发阶段的金融服务，并将成功经验进一步复制和推广。

2. 专项基金管理机构。专项基金一般来源于外储资金、财政资金或政策性银行资金等，还可吸收诸如民间资本等其他类型资金。例如 2014 年国家开发银行福建省分行、中非发展基金和福州市政府共同设立的海上丝路基金，以及 2014 年央行牵头创设的丝路基金。国开行已设立中非发展基金这样的专项基金管理

---

① 李志辉：《开发性金融理论问题研究》，《南开经济研究》2008 年第 4 期。

② 详见国家开发银行官方网站：http://www.cdb.com.cn/web/Column.asp? ColumnId = 12，2015 年 8 月 29 日。

机构,并积累了一定的运作经验。

3. 国际开发性金融机构。除了早先的世界银行、亚洲开发银行等国际开发性金融机构,"一带一路"战略还催生出了亚洲基础设施投资银行(亚投行)这样的新兴开发性金融机构。目前亚投行意向创始成员国确定为57个,涵盖了除美日和加拿大之外的主要西方国家和亚欧区域的大部分国家,成员遍及五大洲。亚投行主要专注于亚洲发展中国家的基建开发,"一带一路"战略将是其开发活动的工作重点。

4. 国有商业银行。目前我国国有大型商业银行如中农工建,不仅实力雄厚,而且具有政府背景,在特定的商业化开发项目上可以大有作为。不仅如此,从产业基金、项目开发的中下游业务、国际银行业务等各个方面,国内商业银行都具有较丰富的经验。例如,建行将研究设立总规模为1 000亿元人民币的"21世纪海上丝路"产业基金;①中行已在"一带一路"沿线16个国家设立分支机构并跟进约300个境外重大项目,不断完善在"一带一路"沿线国家的机构网络布局,预期实现"一带一路"沿线国家的机构覆盖率超过50%,并通过远程服务和海外项目营销工作组等形式,将业务全面覆盖"一带一路"沿线国家。②

(二)开发性金融的业务模式

开发性金融从传统业务上可以分为五类主要的业务模式:境外投资或承包贷款,主要用于投资国本国银行对本国企业在境外的建设或承包项目提供的贷款;出口买方信贷,通过给境外买方提供贷款,用以购买投资国本国产品,从而同时促进对外投资和出口;出口卖方信贷,通过给境内卖方提供贷款,用以生产特定产品并出口;专项基金直接投资,例如我国海上丝路基金、丝路基金等专项基金可以借鉴中非发展基金的股权投资、准股权投资和基金等方式;日常国际银行业务,如信用证、保函、代付、汇兑等常规的结算和贸易融资等国际银行业务,以及财务咨询、风险管理和投资银行等业务创新。

除了传统的业务模式以外,开发性金融在实践中,限于自身的一些劣势和短板,往往与商业性金融合作。例如韩国产业银行(KDB)的混合合作经营模式,将

---

① 凤凰网:《建行支持福建建设 设立海上丝路产业基金》。http://news.ifeng.com/a/20150817/44449017_0.shtml, 2015年8月18日。

② 李岚,周萃:《中行为"一带一路"建设打造金融大动脉》,《金融时报》2015年8月21日。

政策性业务和市场业务混合经营，只是在业务单元上分开核算；德国复兴信贷银行（KFW）的分离合作经营模式，将与商业性金融产生竞争的项目独立成子公司，并作为行中行独立运作。①

为了弥补开发性金融在组织机构、信贷管理方面的劣势，同时进一步放大政府信用优势，开发性金融和商业性金融发展出互补模式，即资金运用层面的互补、业务领域的互补和经营方式的互补。②在共同经营、共担风险、共负盈亏的原则基础上，开发性金融和商业性金融进行了业务探索和资源整合，承担起共同融资的任务。合作经营的目的就是充分发挥开发性金融和商业性金融各自的优势：一方面，可以发挥商业性金融分支机构多、信贷管理水平高的优势；另一方面，可以发挥开发性金融政府信用和平台优势。具体的合作模式可以归为五种类型：第一，银团贷款，降低相互独立而产生的经营成本和风险；第二，批发贷款，适应"一带一路"中的大额融资需求；第三，担保贷款，开发性金融机构依托国家信用，将民间组织、融资优势组织、企业和商业性金融机构联合起来，共同组建"一带一路"战略项下的贷款担保和借款平台；第四，转包业务，开发性金融机构在其中可以起到桥梁纽带作用，可以从国际层面连接到国际金融机构，可以从国内层面连接到政府财政资金；第五，异地合作，充分发挥商业性金融在组织方面的优势，降低开发性金融的管理成本并提高管理水平。

（三）开发性金融的实践创新

1. PPP 模式的合理推广

在资本输出的背景下，境外基础设施投资将是我国"一带一路"开发性金融的重点发展方向。在基础设施投资领域，PPP 模式（Public-Private Partnership）目前在国际范围内应用较为广泛。

根据法律关系的不同，PPP 可以分为两种基本的融资方式，一类是合资公司模式，另一类是合同模式。前者体现的是股权关系，由于公共部门和私人部门的差异性，该模式存在较大的隐性壁垒；后者则体现权利的让渡与回报，由私人部门进行部分融资并提供相关公共服务，公共部门则赋予私人部门在合同项下

---

① 郑新华：《国外发达国家开发性金融经验借鉴》，《经济研究参考》2005 年第 62 期。

② 彭伟明：《基于开发性金融的珠三角战略性新兴产业融资模式研究》，武汉大学 2014 年博士学位论文。

的相关权利(如收费权),并提供政策和法律支持。从世界范围来看,第二种模式的应用显然更为广泛。

2012年公布的《公共合营操作规划2012—2020》中,亚洲开发银行将PPP合同分为四类:服务合同、管理合同、租赁合同和特许经营合同。①因为基础设施建设属于政府的公共服务职能范畴,私人部门在进入该领域开展建设和维护等相关工作前,需要政府的特许授权,这体现出了PPP模式较强的政府信用和国家意志。与此同时,为了解决"政府失灵"现象,PPP模式通过引入私有资本来提升项目融资能力和融资效率,并利用利益制衡的内部治理机制来提高项目运营能力和管理水平,实现公共服务的市场化运作。无独有偶,开发性金融在政府信用和市场化运作上与PPP模式一脉相承、契合度极高。在"一带一路"建设中,开发性金融采用PPP模式不仅可以一定程度上改观我国海外基础设施投资在东道国心目中政治色彩过浓的印象,还可以确保开发性金融的长期性和可持续性。

结合"一带一路"战略的特点,开发性金融在发展PPP模式时应当注重以下三方面的制度建设:

第一,组织和协调机制安排。由于开发性金融具有政府增信的特点,在发展PPP模式时可以充分发挥政府的组织优势,推动成立由财政部、发改委、商务部、外交部、交通部等多个部门组成的协调机构或专项委员会,重点解决我国企业在"一带一路"战略中的PPP项目国家选择、产业和项目选择、信息获取渠道、融资便利性、专业人才培养和选拔、对外投资保障、投资风险评估、应急危机处理等问题,②为我国企业提供具有政府背景的信息和服务。此外,还可以组织我国企业与东道国政府、行业协会或商会、公会或劳工组织建立交流活动,加强信息沟通,充分发挥政府的组织优势。

第二,拓宽PPP项目融资多样化渠道。PPP项目投资的基础设施建设的资金需求大、项目周期长,融资难问题是开发性金融推广PPP模式的一大阻力。一方面,我国政府可以积极鼓励和帮助国内企业加强与世界银行、亚洲开发银行等国际金融机构和大型金融银行财团的联系与合作,通过专项金融服务的形式,

① 刘旭:《外汇储备通过PPP模式对外投资法律问题综述》,《金融发展研究》第3期。

② 沈铭辉:《亚太地区基础设施投资PPP合作模式:中国的角色》,《国际经济合作》2015年第3期。

帮助其获得更多的国际金融资本;另一方面,应重视融资中“互联网+”思维,将开发性金融有效对接“长尾市场”,以帮助国内企业获得潜力巨大的民间资本。

第三,强化危机处理制度,加强对外投资的风险控制和预警。“一带一路”沿线国家经济发展不均衡、法律制度差异明显,再加上政局动荡及宗教文化冲突等问题,投资风险集聚。而普通的商业保险及其他风险分散机制难以涵盖复杂、多重的海外投资风险。在海外投资安全保障体系建设中,除了国际法层面在双边和多边合作机制中强化对我国企业海外投资的保障机制和构建畅通的司法救济渠道以外,我国政府还应及时提供动态的投资风险预警,必要时通过外交、军事等手段来保障我国企业海外投资中的正当权益,最大限度地降低“走出去”企业和人员的人身及财产所面临的危险。

2. 替代性金融创新

在“一带一路”建设中,为了有效引导公共资本、民间资本和国际资本,开发性金融应重视金融产品设计及金融服务的范围,积极探索金融业务的新形式。开发性金融不仅需要对融资端的项目质量和融资效率把关,还应当关注投资端的多元化投资需求。替代性金融(alternative finance)创新成为继传统金融之后充分调动金融配置效率、满足个性化和多元化投资需求、丰富资本市场层次的主要手段。

根据剑桥大学替代性金融研究中心2015年的研究报告,目前欧洲的替代性金融已经不再属于初生期和草根期,而成为欧洲金融市场的主流,并获得了大型金融机构和成熟投资者的青睐。仅在2012—2014年,替代性金融平台的交易量就翻了六倍,并且迎来越来越快的增长速度。替代性金融市场正在吸引更多、更成熟的投资者和投资机构,而这一点将进一步提升替代性金融交易量的增长速度。①在欧洲,属于典型且交易量较大的替代性金融形式根据交易量由高到低排列为:P2P借贷、奖励类众筹、P2B借款、股权众筹、社区股票和小额贷款、捐赠类众筹、票据交易、债权类证券和其他替代金融模式如SME迷你债券和可转换贷款等。

---

① Robert Wardrop, Bryan Zhang, Raghavendra Rau and Mia Gray, *Moving Mainstream-The European Alternative Finance Benchmarking Report*, University of Cambridge, 2015.

相比欧洲相继出台的《关于创新型初创企业通过网络平台融资的规则》(意大利)、《关于网络众筹和通过其他方式发行不易变现证券的监管规则》(英国)和《参与性融资条例》(法国),我国目前虽然有被誉为“国内互联网金融基本法”的、由十部委联合发布的《关于促进互联网金融健康发展的指导意见》,但是相关用语仍显模糊,细分市场还处于原则性规范的状态。

互联网背景下替代性金融的创新浪潮中,我国开发性金融的融资渠道和融资成本出现了演化,具体表现为互联网金融分流了传统金融模式的资金来源,并抬高了资金成本。①开发性金融在下一步发展中需要注重业务模式创新,以迎接新的挑战。例如,2012 年国家开发银行的国开金融和江苏金农公司共同开发的互联网投融资平台“开鑫贷”,以及 2012 年国家开发银行和陕西省金融控股公司共同开发的互联网金融产品“金开贷”,坚持开行孵化、政府引导、市场化运作、互联网技术支持、准公益性原则,采取线上线下双管齐下的方式,为中小微企业和“三农”客户提供金融支持。

“一带一路”战略涉及的区域幅员辽阔,开发性金融与替代性金融创新相结合可以有效解决地理问题和边际成本问题。由替代性金融构建起的“网上丝绸之路”可以更加高效、便捷地串联起广阔的欧亚大陆,在一定程度上克服地缘性困境。互联网金融平台先期的 IT 投入成本虽高,然而互联网金融生态圈一旦形成,其几乎为零的边际成本将带来“一带一路”建设无限延展的服务范围和服务边界,从而具备较大的战略意义。而先期的开发阶段更需要开发性金融作为支撑,以更长远的眼光打造出优化用户体验、对接长尾市场的“网上丝绸之路”。

三、 金融法制对“一带一路”战略的回应

金融领域的法律规制通常围绕效率、自由、公平和安全等价值。兼顾、并重所有价值是法律理想主义,实践中难免会产生价值冲突。其中,安全与效率价值的冲突更甚。这不仅是因为安全价值本身会与效率产生内生性对抗——安全价

① 王建军、周晓唯、刘昱:《互联网金融对开发性金融影响机理研究》,《井冈山大学学报》2014 年 7 月。

值的保守性和效率价值的激进性会产生约束与脱离约束的矛盾,还因为与效率价值息息相关的自由、公平价值会因为过度重视安全价值而受到抑制。

当实践中出现价值冲突的时候,价值位阶的选择决定了法律更加重视和保护何种价值。我国历来对金融领域重视和突出安全价值的重要性,通过压制型法律规制来保障金融活动的稳定、有序。诚然,安全价值对强化市场信心、保障市场有序、维护社会稳定等方面有着举足轻重的地位。然而,随着金融市场形势的不断变化,过分强调安全价值所带来的管制效率和社会效益是否具有优势,突出个别价值是否合理,这些都是新形势下立法者需要进一步考量的问题。

"一带一路"战略要求我国迎来以"开放"和"民生"为主线的金融法制改革。"开放"不仅要求减少对跨境金融活动的管制,加强国际金融合作;还要求在国内市场中减少准入和退出的限制,减弱政府对金融市场的干预,加强体制建设,以保障金融体系实现市场优化资源配置之功效。"民生"要求金融对风险的防控和对过度逐利的抑制,以人民生活和社会和谐为最终目标;"一带一路"战略并非简单扶贫,也非资本的单方面输出,而是以全体人民的福祉和金融发展普惠大众为最终目标。

金融法制对国家大战略的回应主要表现在两个方面:政策法律化,即将正确和长期稳定的政策以法律形式加以固定;原则法律化,即通过制度建设将抽象法律原则结合实践补充拓展成具体的法律规则。①在金融法制改革回应战略的思路上,主要以金融深化、金融安全和金融包容为主导。

1. 金融深化

从金融抑制走向金融深化的过程中,最重要的就是政府放松金融管制,发挥市场配置金融资源的决定性作用。我国长期以来奉行的是严格规制和过度干预的思路,使得金融法律规则的制定和实施明显具有部门化倾向,部门利益和权力寻租成为以往金融立法的一大"特色"。②随着金融市场的不断发展和"一带一路"建设的现实需求,继续强化金融抑制显然难以自适,而应转换思路,以推动金融深化为主旨方向。

---

① 冯果、袁康:《走向金融深化与金融包容:全面深化改革背景下金融法的使命直觉与制度回应》,《法学评论》2014 年第 2 期。

② 黄韬:《"金融抑制"与中国金融法治的逻辑》,法律出版社 2012 年版,第 5—15 页。

金融深化的主要目标在于完善金融市场体系并优化金融结构。金融体系只有在具有合理金融结构的基础上才能发挥促进经济增长的作用，而合理金融结构必须反映实体经济的需求。①“一带一路”建设要求开发性金融不仅能够有效利用政府资金，还必须积极拓展投资端，通过 PPP 项目、替代性金融等创新形式有效对接民间资本和“长尾市场”，从而实现投资方、融资方的多元化需求。在这一过程中，不仅要求金融市场的不断创新和发展，更要求金融改革来维持金融法制的及时性和前瞻性、服务和引导战略项下的金融支持。

在“一带一路”建设中，金融深化的历史使命被赋予了更高层次的要求，即金融法制国际化，金融的制度安排和法律构建主要围绕着如何让人民币更有效、更安全地走出去而展开。在货币国际化进程中，一般需要经过周边化、区域化和国际化的不同阶段；从业务类型上，要经过贸易结算使用、跨境投融资和金融交易的不同阶段。②这里，可以借鉴 1984 年日元国际化改革的做法。日本政府通过设立离岸市场、开放境外金融市场和取消资本管制等措施，使得当时的日元国际化程度显著提高。

2. 金融安全

安全价值在于保持金融深化的健康有序进行，防范金融风险并保证金融市场的稳定。金融市场化并不是单纯的放任自由，而是强调市场配置金融资源的同时施以完善的金融监管支持。政府在进行金融法制改革时需要平衡有效监管和放松监管之间的关系，合理引导市场并推进可控和渐进的金融法制改革。

如前所述，“一带一路”沿线国家的市场环境较为复杂，很多欠发达国家及地区的金融基础设施薄弱，“一带一路”战略提出了金融安全价值诉求更高层次的要求，即引导建立区域金融监管协作和金融安全网。如何有效保障区域投资安全和金融市场稳定，协调诸如反洗钱、反恐信息沟通和制度安排，普及金融安全理念，构建区域金融风险应急机制和安全网机制，是现阶段“一带一路”战略实施对金融法制的具体要求。

---

① 林毅夫、徐立新：《金融结构与经济发展相关性的最新研究进展》，《金融监管研究》2012 年第 3 期。

② 黄卫平：《“一带一路”战略下人民币如何“走出去”》，《学术前沿》2015 年第 3 期。

3. 金融包容

由于金融资源具有稀缺性,人们获取资源的禀赋、能力、地位又具有差异性,使得金融资源天生具有金融排斥的倾向,不同群体在提供和获取金融资源的能力上存在不同程度的障碍,这就需要以金融包容为核心的法制改革来加以克服。最典型的例证就是现如今兴起的"普惠金融"和多层次资本市场概念,力图拓宽金融服务的深度和广度,使得发展成果更多、更公平地惠及全体人民,满足投资者和融资者越来越丰富的多元化、个性化需求。

"一带一路"建设中,金融包容还被赋予更深层次的含义——文化层面的包容。例如,在国家大战略所涉国家中,伊斯兰国家的金融体系独树一帜。伊斯兰金融是指符合伊斯兰相关教义并和现代金融原则相调和的独特金融形式,最典型的特点就是"禁息"和"排斥投机"。在"伊斯兰复兴主义"的影响下,伊斯兰金融蓬勃发展,并在全球范围内产生愈来愈大的影响力。伊斯兰金融体系中,主要包括:银行类的Murabaha(成本加融资)、Mudaraba(利润分享)、Musharaka(股本参与)、Ijarah(租赁);伊斯兰债券;伊斯兰投资基金;伊斯兰保险等金融工具。① 而无一例外的是,伊斯兰金融工具的设计充分考虑了文化层面的伊斯兰教教义。我国在推行国内金融法制改革和引导国际金融法制合作的过程中,不仅需要考虑政治、经济层面的诉求,还要充分兼顾宗教、文化等方面的影响因子。

四、"一带一路"战略实施中我国开发性金融的路径选择

(一)"一带一路"战略下金融监管合作

在涉及域外投资时,投资风险成为推行"一带一路"战略的主要障碍。而沿线国家的发展程度和市场环境差异极大,地缘政治关系错综复杂,还存在历史遗留的民族宗教矛盾和局部冲突等诸多问题。为了防范、化解金融风险,维护"一带一路"区域内的金融稳定和安全,我国需要着重从以下三个方面引导和建立金融监管合作框架。

① 巴曙松,刘先丰,崔峥:《伊斯兰金融体系形成的市场基础与金融特性研究》,《金融理论与实践》2009年第6期。

1. 区域协调性金融监管

协调性监管主要目的是在各个国家独立的监管法律法规基础上,积极加强国家间的信息沟通和监管配合。获取充分有效的实时金融监管信息可以显著提高金融监管效率,目前国际社会已经对金融监管领域信息交流与共享形成了较为充分和一致的原则,即:每个监管者的有效监管依赖充分的信息;监管者应当以前瞻性的视角确定需要的信息集,并以此促进监管者之间的沟通和协调;监管者面临问题时应在所属合作框架下给其他监管者必要的信息反馈;及时有效地向其他监管者传达包括将要调整的政策信息、不利局面信息、监管行动等相关信息;监管者之间共同分享可能影响到自身行为的相关信息;积极签署相关区域性、国际性条约和协议,建立彼此间信任和合作机制。①

目前,“一带一路”战略下区域协调性金融监管合作已经开始,如2014年11月的博鳌亚洲论坛金融合作会议、2014年第九届亚洲保险监督官论坛等。我国在“一带一路”建设区域协调性金融监管框架中应进一步推动合作的深化,从政治、经济、文化多个层面消除合作可能存在的潜在阻力。

2. 区域标准化金融监管

这一层面的金融监管合作主要围绕着国家间备忘录等形式的协议,制定特定监管领域的共同或趋同的标准,比如银行最低资本要求、资本充足率要求、自有资本要求、存款保险制度规定和危机应对等方面的内容。这一监管合作的目标旨在统筹监管行为,形成区域范围内普适通行的监管标准。

从国际范围来看,确立国际金融监管标准是金融监管合作机制的核心任务,也是高效合作的实现途径。通过国际和区域性金融监管合作推出普适性行业监管标准是各个国际和区域监管组织进行沟通和协调的重要目标。从20世纪80年代开始,银行、证券、保险三大行业对应的三大国际监管组织已经分别就其行业监管协商制定出相对规范及系统化的国际监管标准,即:巴塞尔委员会的银行业监管规范、国际保险监管者协会的保险行业集团监管合作标准、国际证券业监管委员会的对国外证券机构在东道国进行证券承销业务时所必须遵守的相关要求。

---

① 吴超:《金融监管国际合作机制构建研究》,天津财经大学2012年博士学位论文。

"一带一路"建设中的金融监管标准化相比一般的区域性金融监管而言，所涉区域较为广泛，地缘性困难更加突出，此时的金融监管标准应当更趋向于国际性标准。加之，金融监管中国际标准的制定和发展已不仅仅局限于研究和制定国际上日益趋同的监管标准，而是更加注重确立和推行国际上能够普遍认同的最低标准，且经历过数次世界性金融危机洗礼之后，三大国际监管标准在不断发展中越来越具备普适性和合理性。随着经济全球化的逐步深化，国家和地区之间的经济和金融呈现相互依存趋势。国际货币基金组织主办的《金融与发展》杂志指出，"相互依存是指：其一，其他国家发生的事情将对一国的经济运行发生影响；其二，一国能够做的和将要做的事情将在一定程度上依赖于其他国家的行动和政策"。①这基本反映出国际经济相互依存性的最基本特征，即国际经济相互依存是一种互动的过程。在互动的过程中，具有相同的标准加以践行，将会降低两国的行动和政策成本，并与经济、金融合作形成相互促进的良性循环。

虽然存在地缘性困难，我国在其中仍然可以通过两方面的努力来推动"一带一路"区域金融监管标准化合作，促进国际监管最低标准在地区合作框架内逐步被认可和接受。一方面，我国应通过积极的协调与沟通，在已有双边和多边合作机制下探索战略下区域标准化金融监管框架；另一方面，扶持欠发达地区的金融发展和金融基础设施建设，将国际性最低监管标准推广到"一带一路"战略所涉地区。如此，不仅可以加快金融监管标准化进程，还可以起到与国际接轨、进一步提升"一带一路"金融战略的国际化。

3. 区域法律式金融监管

以监管合作是否具有强制力为标准，区域性金融监管可分为硬性约束力与软性约束力两种形式。相比而言，无论从时间进程还是执行效率上，具有硬性约束力的法律式金融监管合作是合作协议式监管的更高形态，具有先天优势。

然而，区域法律式金融监管实现难度很大，需要满足以下条件：东道国监管法律法规得到国际金融机构的认可；超越国家权力的区域性监管法律条款得到东道国的接受；众多国家在参与和协商的过程中，达成较为统一的共识。事实上，目前只有欧盟达到了这一要求。

---

① 国际货币基金组织：《金融与发展》1984年3月，第28页。

虽然“一带一路”战略仍处于“初生期”，还不能与欧盟比肩，但在区域性金融监管合作进程中，应当以前瞻性、审慎性的态度，努力寻求区域战略合作法律化。“一带一路”战略下双边和多边合作机制可以成为金融监管法律合作的基础。中国在近些年与东盟、巴基斯坦等九个“一带一路”沿线国和地区签署了自贸区协定，并陆续主导了上合组织银行联合体、中国—东盟银行联合体等多个多边合作机制，并在金融领域开展了银团贷款、银行授信等多边金融务实合作。我国在其中应当以更加积极的姿态，不断复制和扩大双边和多边合作机制成果，以区域法律式金融监管为目标，打通“一带一路”区域性金融监管合作的“任督二脉”。

（二）政府增信助力开发性金融

政府增信不同于财政信用和财政拨款，并非简单分配政府信用，而是通过运用政府信用在市场建设中的功能将政府的组织优势与开发性金融机构的融资优势相结合，通过建设市场来实现政府意志，并体现组织增信的社会功能。

改革开放以来，我国虽然一直保持较高的经济发展速度，但高投资低效率以及发展不均衡等问题，大大制约了市场配置资源的效率。经济体制制度性缺陷，一方面表现在政府难以调节地区间、社会成员间的收入分配和公共服务；另一方面则表现在企业法人治理结构不健全、社会信用缺失和监管低效。“一带一路”战略对金融支持的要求决定了我国开发性金融必须寻求新的突破。

开发性金融机构作为政府增信的载体，通过将国家法定信用作为基础、将自身市场业绩作为支柱，以增信措施实现二者的统一：用更加优秀的市场绩效来支撑政府信用，同时充分运用政府信用来进一步提高市场业绩。根据实践经验，目前主要的政府增信措施包括：开发性金融机构与地方政府之间的金融合作协议；信用共建、贷款支持、还款方式等约定；更加完善的风险控制体系和信用机制；政府的宏观调控职能等。①将政府增信运用于金融支持，国家开发银行城市基础设施贷款项目表现得尤为突出。政府充分发挥了组织优势，坚持规划先行并共筑信用和融资平台，着眼于治理结构、法人、现金流、信用四项建设，集中整合地方

---

① 李志辉：《开发性金融：政府增信理论的开创性应用——一个新的分析框架和视角》，《财经问题研究》2007 年 5 月。

财力、城市规划等资源，在项目成功运作的过程中也加强了城市规划管理。

“一带一路”战略要求政府不仅将组织优势运用于战略方针的制定，还需要将政府增信与开发性金融完美融合；不仅需要工商、财政、税收等政策方面的扶持，还需要实践层面具体项目的政府增信运用，以充分调动国内开发性金融投身于“一带一路”战略的积极性。

结　语

在“一带一路”战略下推进开发性金融，需要结合沿线国家的个性特点并密切关注国际金融市场的动态变化，注重实践层面的创新。开发性金融应结合政治、经济、文化等多方面要素，以更加多元化的投融资渠道和投融资方式，提供“一带一路”建设的金融支持。在业务创新方面，无论是 PPP 模式的引入，还是替代性金融的运用，都强调政府信用、国家意志和市场化的有机结合，要求开发性金融以更长远的眼光和更市场化的方式承担起引导“一带一路”金融支持的历史使命。政府在其中应当推动金融监管合作、强化政府增信机制，进一步为开发性金融的实践创新铺路，充分发挥开发性金融的政府信用优势和组织优势。我国“一带一路”战略下开发性金融的发展思路，应秉持金融深化、金融安全和金融包容三原则，进一步深化国内金融法制改革并与国际监管标准接轨，从国内、国际两个层面构建并完善“一带一路”金融法制。

（第一作者为上海对外经贸大学法学院副教授，第二作者为上海对外经贸大学硕士研究生）

流动人口居住空间获得的类型学：一个分析框架

李　蔚　刘　能

一、引言：空间情境化视角下的居住空间实践研究

中国社会学自恢复重建以来的一个最主要的研究关注焦点，就是城市化和与之相伴随的大规模人口流动这一重大社会事实；这一点，单单翻阅各主要社会科学杂志高被引论文的目录，就可以得到印证。对研究文献的进一步探视可以发现，即使在这个吸引了高强度学术关注的研究领域内，注意焦点的分配也并不均衡：学者们更多地将视野放在了城市化进程中处于流动状态的社会行动者身上。在相关的高被引论文中，标题中往往包含了"新生代农村流动人口"、"流动民工"、"城市滞留型青年农民工"、"流动人口"和"城乡流动人口"之类的主体称谓，而行文的内容，也是在抽离了具体空间情境的意味下，去讨论这一类社会行动者的社会命运：社会认同与城乡融合、社会网络与社会地位、文化适应与身份认同；或者是对促成他们流动的社会力量（无论是结构性的还是能动性的）的一个理论抽象，或相关理论问题的讨论。这一点，很可能与社会学实地研究的方法论策略有直接关系：无论是采取定量研究方法（社会行动者作为"问卷调查对象"），还是定性研究方法（社会行动者作为"深度访谈对象"），约束最少的选择，就是将这些社会行动者看作是研究者在各类可能的研究情境中，最有可能碰到的（因此也是成本最小化的）、具有抽象代表性的研究对象。这种研究对象的选择策略，是与成年社会学家稀缺的时间成本和空间社会学的式微直接相关的。

但是，在社会学关注城市化和人口流动的研究脉络中，也曾经出现过与这一"去空间情境化"趋势相并行的另一种研究立场，即将分析单位放在"特定空间单位"之上的研究策略，最典型的就是围绕流动人口聚居区的相关研究，

如关于浙江村的研究。鉴于城市化的本质,不仅仅体现为人口的空间移动,同时也是一个空间转型的历史过程,因此,以空间为分析单位的“空间情境化”的研究策略,值得作进一步提倡。换句话说,将城市化进程中能动的社会行动者置于特定空间情境中加以讨论,将使我们得以从“抽象”返回到“具象”,去理解城市化进程中社会行动者复杂多样的空间实践所蕴含的社会学意义。

在流动中的社会行动者的空间实践中,劳动力市场(或职业空间)无疑是早期研究的一个重点,而消费空间则是后期关注的一个焦点,但更为重要的,则是居住空间以及与居住相关的空间实践。一来,在社会行动者的早期流动体验中,居住空间和职业空间的分离并不明显,如浙江村,既是一个职业空间,也是一个居住空间。这一点,不但与中国城市化过程中非正式就业的系统特征相符,也与中国工业化进程中的两大基本制度安排——工厂宿舍劳动体制和建筑业分包用工制度——相一致。二来,以技术产品和数字娱乐为主导的消费空间研究,其隐含的空间背景,也是社会行动者本体论意义上最重要的居住空间,无论该空间是工厂宿舍,还是租住地,或是自购的商品住宅。不仅如此,从理论上来看,居住空间还是日常生活中有意义社会行动最主要的发生地,是人们最有可能形成持久亲密关系的场所,因此,对于城市化进程中的流动人口来说,居住空间是建构本体论意义上的安全感的最重要的物质基础。但是,在数量庞大的流动人口研究文献中,关于居住空间和社会行动者有意识的空间实践的研究,仍然相对少见:大量的相关研究,集中在对流动人口居住现状的抽象分析上,或者对农民工留城意愿的定量描述上。即使是在遵循“空间情境化”策略的研究脉络中,关注焦点也还是流动人口在初级空间单位的聚居现象,而非社会行动者日常生活中的具体空间实践。因此,在采纳“空间情境化”这一方法论策略的基础上,对流动人口获得居住空间的社会过程,以及他们在此过程中主动建构居住空间的社会实践进行学术上的讨论,就具有学理上的高度重要性了。本文恰好就是弥补这一学术空缺的一个主动尝试:在坚持“空间情境化”方法论策略的前提下,通过引入一个历时视角,对中国城市化进程中流动人口如何获得并建构稳定居住空间的社会过程,进行类型学的分析。

二、 流动人口居住空间获得的一个类型学:主流模式和辅助模式

本部分我们将对当代中国流动人口在城市情境下获得居住空间的方式,进行类型学的建构。表1给出了流动人口居住空间获得的主流模式和辅助模式的相关内容:

(一) 主流模式

如表1所示,我们在1985—2015年中国流动人口大规模迁移的30年历程中,分辨出了居住空间获得的三个主流模式:族群聚居区模式、作为转型地带的城中村模式和居住边缘化模式。这三个主流模式所引发的居住空间获得领域的社会变迁趋势,在时间上先后接续,各自占据了大概10年的时间。

表1 流动人口城市居住空间获得的类型学分析:主流模式和辅助模式

模式	时间段	亚类	理论表述
主流模式	1985—1995	族群聚居区(ethnic enclaves)	这是得到学术界最多研究的一类获得亚类,包括了浙江村、河南村、新疆村在内的所有具有鲜明文化边界标记的防御性社区(defensive communities)
	1995—2005	作为转型地带的城中村(urban village as transitional zone)	转型地带在大规模人口迁移中具有重要的社会接纳功能。在劳动力市场上,一个与之相对应的概念是"非正式部门";转型地带的另一个重要特点,是居民成分的开放性和多样性,以及外来居住者与房东之间的独特社会互动关系
	2005—2015	居住边缘化(the marginalization of residential space)	随着住宅市场化进程的加剧,一方面,前两种类型的居住供给严重萎缩;另一方面,上涨的租金水平促使一部分底层社会行动者选择支付得起的边缘化居住类型:群租/地下室居住等
辅助模式	1985—2015	宿舍劳动体制(dormitory labor regime)	由产业界雇主提供的标准不一的居住类型,包括制造业的工厂宿舍体制、服务业内的包吃住模式和建筑业的劳动营(labor camp)模式

（续表）

模　　式	时间段	亚　　类	理论表述
辅助模式	1985—2015	住家服务（domestic helper）	家务服务提供者在雇主家庭内获得居住空间：保姆/育儿嫂/养老护士/管家/司机等。随着需求的上升，这一模式的比重也在逐渐上升
	2005—2015	居住正常化（the normalization of living space）	在住宅市场化的进程中，外来流动人口中的中上层，通过直接的市场购买而获得稳定、体面的居住空间；蓝印户口政策和学区房政策是两个主要的制度推动力量
	2005—2015	无家可归、流浪和城市公用地占据（homelessness/hobos and urban squatting）	受到各种社会制度（如家庭、婚姻、劳动力市场、医疗等）排斥的最底层民众，以及无法通过自身努力和社会支持体系获得稳定居住空间的那一部分，最终将进入这一类型

1. 族群聚居区

族群聚居区是流动人口主要以地缘、亲缘（有时也伴随着业缘）关系为基础形成的聚居区，以北京的“浙江村”、“河南村”、“新疆村”为最显著的代表。大量的相关研究主要关注这一类聚居区形成的社会机制、这一类聚居区的内部结构，以及它们与外部社会的交往。总体来看，族群聚居区这一居住模式反映了在外来流动人口遭遇城市社会的初期阶段，在城市社会强大的（带有陌生感、社会距离甚至敌意的）社会控制努力的干预下，一种低成本/高心理收益的人口动员和人口整合模式。我们倾向于用“文化移植”这一概念，来描述作为族群聚居区的浙江村、河南村和新疆村这一类的居住模式，即流动人口将流出地的文化要素和生活方式“移植”到城市聚居区中，并建立起边界明确的防御性社区来。

2. 作为转型地带的城中村

随着城市政府对城市中心地带的“空间符号化治理（symbolized space regulation）”——以城管体制的建立和日益高涨的内城士绅化（inner-city gentrification）为标志——的推进，以及城市化区域向城市郊区的日益扩展，基于地缘和亲缘关系形成的族群聚居区，被异质性更强的混居型流动人口聚居区（也即通常所说的城中村）所取代，如广州的石牌村、上海的“虹桥西”等。这一变化具有重要意义，表明中国城市化进程中，流动人口的居住空间实践，已经从“文化移植”

的形态，转变为“转型地带适应”的形态。“转型地带适应”这一形态借用了美国城市社会学家 Ernest Burgess 所提出的同心圈理论（concentric theory）中的转型地带（zone in transition）概念，用于指称位于城市中心地带（the loop，第一圈带）和工人阶级住宅区（第三圈带）之间的第二圈带，因为较低的租金和接纳型的文化气质，使得该地带成为容纳外来移民的最重要的社会空间地带。在本文中，两种形态间的最主要差异，在于“文化移植”型的流动人口聚居区，由于其内聚的文化边界而遭遇到城市管理方更加主动的社会控制努力，以及本地居民的污名化处理；而“转型地带适应”型的流动人口居住模式，则因为其成员来源的异质性，以及与本地居民混合共居的空间关系，加上更为低廉的租金，因此成为流动人口城市适应的一个重要接纳型空间。

3. 居住空间边缘化

21 世纪头一个十年开始日渐加速的住宅商品化趋势，不但推动了物业租金的持续高涨，而且极大地扩张了城市的地理范围，大大拉长了中下层就业人口的通勤距离。因此，最近 10 年里，在持续推进的“内城士绅化”趋势之外，我们发现了另外一个重要的社会变迁趋势，即“居住空间边缘化”。在这里，居住空间的边缘化，包含两层含义：(1)常规居住空间之居住标准的日益恶化，以群租现象（或蚁族现象）最为典型；(2)居住空间的非常态扩张，也即将原先并非用于居住功能且不符合舒适居住标准的空间，改造成为低成本新型居住空间，最为典型的，就是把现代都市的地下防空设施，改造成为“地下室居住空间”。对于城市管理者来说，移入地下的居住空间虽然充满了社会管理和社会控制方面的多重风险，但也有一个额外的好处，那就是城市底层（urban underclass）主动地让出了更为重要的“符号化空间”——转型地带——而进入到了大一统物化审美视野之外的“地底世界”，从而确保了大一统物化美学所强调的统一感和秩序感。

（二）辅助模式

同样，如表 1 所示，我们还在 1985—2015 年间中国流动人口大规模迁移的历程中，分辨出了居住空间获得的四个辅助模式，分别是：宿舍劳动体制模式；住家服务模式；居住正常化模式；无家可归、流浪和城市公用地占据模式。

1. 宿舍劳动体制

作为一个批判性概念，在性别、劳动和异化的语境下，宿舍劳动体制得到了相当多的关注。这里我们借用这个概念，来指称作为流动人口居住空间获得的辅助模式中最主要的一个亚类。这一亚类的形成，是与改革开放以来中国经济发展的整个历史分不开的，而且在过去30年里，这一模式也从来没有中断过：早期在各个经济特区和沿海地带的工厂体系之内，后来在遍布整个城市地区的建筑业工地上，以及在餐饮、娱乐、保健和小商品交易等中低端服务业上，我们都看到了雇主为雇员提供居住空间的普遍实践。将宿舍劳动体制看作居住空间获得模式的社会学分析，必须注意到它与初级社会团结(primary social solidarity)的复杂关系：在特定条件下，宿舍劳动体制可以成为建构初级社会团结的自由空间，如血缘和地缘关系在制造业内部人力资源招募上所扮演的重要角色；而在另一些条件下，宿舍劳动体制也可能成为个体原子化社会存在的空间背景，正如深圳富士康这一工业总体性机构所展示的那样。

2. 住家服务模式

1980年代中期，一部名叫《黄山来的姑娘》的电影，揭示了从乡村向城市流动的人口迁移大潮中，较为特殊的一类：城市家庭对家政服务的高涨需求，导致了大量乡村人口进入城市雇主家庭，成为家政工人(domestic helper)。伴随着富裕阶级的扩张及其对专业服务(如专用司机、厨师、管家、家庭教师)的需求、独生子女背景下育儿实践的专业化、老龄化趋势下对养老保姆和医疗护士的高涨需求，我们可以预见，流动人口中家政服务的从业人员数量将会有持续稳定的增长。他们中的很大一部分，将与雇主共居，并因而获得稳定的居住空间。

3. 居住正常化

居住正常化主要指的是，实现了社会经济地位向上流动的外来流动人口，或外来流动人口中原先就拥有较多资本的高端亚群，通过市场化手段在不同等级的城市地区购买了商业住宅，从而实现了流动境遇下居住空间的自主拥有。除了改善了的社会经济地位和资本积累之外，至少有三个重要的社会政策推动了流动人口在城市里拥有永久居住空间的社会事实：(1)19世纪90年代后期开始实施的蓝印户口政策；(2)2003前后开始实行的学区房政策；(3)2005年前后日益高涨的乡村拆迁、土地整理和农民上楼运动。到2014年蓝印户口政策正式销声匿迹为止，大约有200万个家庭获得了各个城市颁发的蓝印户口，外来流动人口中的中上层构成了其中的一个重要组成部分；同样，为了代际间可传递的社会流动，学区房政策也成为外来流动人口中的中上层购买这一昂贵地产的内在动机;最后,以土地拆迁赔偿款异地购买城市房产,也成了居住正常化这一亚类中的最新一环。

4. 无家可归、流浪和公用地占据

最后,还有一个很重要的亚类一直受到学术界的忽视,那就是无家可归现象,以及与之紧密相连的流浪和公用地占据现象。与发达国家相比,中国社会的无家可归现象一直不是十分严重,究其原因,主要包括如下几个:(1)无论是在农村,还是在城市,中国家庭的住宅自有率高于世界平均水平。在乡村,得益于土地集体所有制和普遍的宅基地制度;而在城市,则得益于 1998 年之前的单位住房福利制、1998 年的福利住房私有化和 1998—2007 年这十年间商业地产的较合理价位。因此,在商业地产价格高涨之前,已经存在了一个较为普遍且均等的住宅分配形态。(2)其次,假如说在城市地区,外来流动人口无法获得稳定的生计,因而无法保有稳定的居住空间,那么他们还有重返故土的可能性,这也是长期以来解释中国不存在明显无家可归现象的一个最显眼的理由。(3)第三,在中国文化中,接济一个面临无家可归处境的家人、亲戚和朋友,长期以来都是个体/家庭/社区的一个重要文化义务,因此,将潜在无家可归者吸纳入一个临时性的居住安排当中,是很常见的社会文化实践。(4)诸如社会救助站之类的社会系统的建构,虽然存在种种弊端,但也有可能在某种程度上消除了"高度可视"的无家可归现象:职业乞丐;因为精神疾病、残疾和健康问题而自愿或被迫离家出走的边缘群体;拾荒者和公用地(如公共建筑和基础设施等)占据者等。当然,目前来看,维持中国低度无家可归现象的这四种条件都在受到某种程度的侵蚀,因此,我们预估,无家可归现象将会成为未来都市空间研究的一个重要侧面。

三、作为互动场域的居住空间获得:结构性条件和社会能动性的共同形塑

以上我们在"空间情境化"方法论策略的指引下,分离出了外来流动人口在城市地区的 7 类特殊的居住空间(获得模式):族群聚居区、作为转型地带的城中村、地下室/群租之类的边缘化居住空间(以上三类为主流模式)、宿舍劳动体制、与雇主共居的家政服务工人、拥有自主产权的商业房地产业主和高度可视的无

家可归现象(以上四类为辅助模式)。接下来,借用芝加哥学派的“互动场域”概念,我们希望对每一个亚类居住空间获得模式所蕴含的社会力量——结构性条件和社会能动性——进行细腻的解剖,从而得出我们的结论,即外来流动人口居住空间的社会获得,是结构性条件和社会能动性共同形塑下的社会事实。表2给出了我们的具体梳理:

对于族群聚居区来说,改革开放初期城市社会功能方面的缺陷(如服务业的需求缺口),以及外来流动人口作为初级社群所具有的产业上或功能上的特殊生态位(如浙江村温州人在服装生产上的优势产业地位),构成了促进他们迁移和聚居的结构性条件,而该族群聚居区对初级关系作为动员和整合资源的利用,以及作为防御性社区为内部人带来的安全感和认同感,是都市适应实践中至关重要的社会能动性要素。对于作为转型地带的城中村来说,城市管理当局的空间意象和空间规划,事实上促成了本地住户和外来租户在城市郊区地带的共居模式,而这一共居模式由于文化气质接近、社会地位差别较小和共居空间下的密集社会互动,从而成为外来流动者建构“家”的感觉的最佳空间。对于边缘化的、低于正常标准的居住空间(如群租和地下室居住)在最近10年间的兴起,城市管理当局的空间美学趣味和商业资本的逐利本能,扮演了最重要的驱动力,而外来流动人口中的底层阶级(或中产阶级中的下层)控制居住成本和缩短通勤距离的双重动机,则解释了需求方的主要心理机制。当然,我们也在日益原子化的边缘化居住空间中,看到了初级社群纽带的持续存在。

作为辅助模式中最主要的一类,宿舍劳动体制的形成,实际上反映了资本对劳动力实施控制的需求,而异化也恰好是这一不平等权力关系的外在表现。但是,劳动者大概有两种社会性武器可以消减这一不平等关系带来的异化:(1)在产业人力资源招募过程中需得到援用的初级社会连带;(2)生态聚集带来的阶级身份和集体认同的持续塑造,从而为一个自主的集体行动动员空间的建构创造了条件。与此相类似,住家服务的家政工人在特定居住社区内的生态聚集,也为他们/她们之间建构集体命运感和社会团结感创造了条件。最后,我们在后两类辅助模式中也可以辨析出明确的社会能动性因素来:在居住正常化亚类上,我们发现的是它作为非国家主导的“自发市民化”的符号表征的价值,而在无家可归亚类上面,我们指出了它作为反映空间不平等的符号标记的文化作用。

表2　作为互动场域的居住空间获得:结构性条件和社会能动性的互构

模　式	亚　　类	社会变迁趋势/结构性条件	社会能动性
主流模式	族群聚居区	● 占据优势的产业生态位(niche) ● 族群在城市生态体系中的功能地位	● 初级关系作为人口动员和人口整合的首要资源 ● 防御性社区带来的社会团结和社会安全感
	作为转型地带的城中村	● 城市扩张(urban sprawl) ● 城市管理当局对城市中心地带的空间符号治理 ● 城中村原住民生计模式的转型:从农业到房屋出租业	● 与具有同源文化气质的本地房东的混合居住和密集互动,有助于流动人口"家"的感觉的建构 ● 转型地带作为再生产身份认同的空间基地
	边缘化居住空间的开发和利用	● 居住成本/平均租金的上涨和日益原子化的个体生存状态 ● 商业资本对非常规居住空间的开发 ● 官方城市美学的秩序感要求	● 原子化居住者对低租金和缩短通勤时间的预期 ● 即使在原子化居住的大潮中,也可以看到在边缘化居住空间内,仍然存在初级社会关系的移植现象
辅助模式	宿舍劳动体制	● 中国成为世界制造中心;制造业/建筑业/服务业对劳动力高强度投入的结构性需求	● 即使高度异化的宿舍劳动体制,也无法完全排斥初级社会关系在其中的社会运行 ● 阶级身份形成和集体动员的潜力
	住家服务(与雇主家庭共居)	● 富裕家庭高涨的家政服务需求 ● 独生子女政策下中产阶级家庭的育儿实践变革 ● 老龄化社会中家庭医护需求的飙升	● 家政服务工人在与雇主共居的过程中,获得了移植的"城市性" ● 家政服务工人在特定居住型社区中的集体存在,为他们/她们建构集体命运感和社会团结感创造了潜在的生态条件
	居住正常化	● 蓝印户口政策/学区房政策/市场化拆迁补偿政策 ● 住宅商业化和流动人口中上阶层的社会流动预期	● 外来流动人口社会流动预期的达成 ● 作为非国家主导的"自发市民化"进程的具体表征
	无家可归、流浪和城市公用地占据	● 确保中国低度无家可归现象的四个支柱性条件全都发生了不利转向:乡村地权转移制度的深化;城市物业价值的排斥性意涵;接纳型文化义务的消减;社会救助制度的异化	● 无家可归作为一种自主选择的生活方式 ● 公用地占用作为表征空间不平等的符号标记

参考文献

王春光:《新生代农村流动人口的社会认同与城乡融合的关系》,《社会学研究》2001 年第 3 期。

李培林:《流动民工的社会网络和社会地位》,《社会学研究》1996 年第 4 期。

周明宝:《城市滞留型青年农民工的文化适应与身份认同》,《社会》2004 年第 5 期。

李强:《当前我国城市化和流动人口的几个理论问题》,《江苏行政学院学报》2002 年第 1 期。

李强:《影响中国城乡流动人口的推力与拉力因素分析》,《社会社会科学》2003 年第 1 期。

刘能:《重返空间社会学:继承费孝通先生的学术遗产》,《学海》2014 年第 4 期。

王汉生、刘世定、孙立平、项飚,浙江村:《中国农民进入城市的一种独特方式》,《社会学研究》1997 年第 1 期。

周晓虹:《流动与城市体验对中国农民现代性的影响:北京浙江村与温州一个农村社区的考察》,《社会学研究》1998 年第 5 期。

项飚:《跨越边界的社区:北京浙江村的生活史》,上海三联书店 2000 年版。

李强、唐壮:《城市农民工与城市中的非正规就业》,《社会学研究》2002 年第 6 期。

翟学伟:《社会流动与关系信任:也论关系强度与农民工的求职策略》,《社会学研究》2003 年第 1 期。

杨善华、朱伟志:《手机:全球化背景下的“主动”选择——珠三角地区农民工手机消费的文化和心态解读》,《广东社会科学》2006 年第 2 期。

邓智平、黄卓宁:《融入城市的仪式:麦当劳消费对青年民工的意义》,《青年探索》2006 年第 5 期。

杨嫚:《消费与身份构建:一项关于武汉新生代农民工手机使用的研究》,《新闻与传播研究》2011 年第 6 期。

高梦媛、郑欣:《文化自觉:从娱乐消费看新生代农民工的城市适应——基于长三角地区外来务工人员的考察》,《中国青年研究》2013 年第 7 期。

任焰、潘毅:《宿舍劳动体制:劳动控制与抗争的另类空间》,《开放时代》2006 年第 3 期。

潘毅、卢晖临、张慧鹏:《大工地:建筑业农民工的生存图景》,北京大学出版社 2012 年版。

洪婧如:《建筑业流动劳工的社会空间、人际传播与关系重构:对北京地铁某线建筑工地的调查》,《新闻大学》2014 年第 1 期。

吴维平、王汉生:《寄居大都市:京沪两地流动人口住房现状分析》,《社会学研究》2002 年第 3 期。

江立华、谷玉良:《居住空间类型与农民工的城市融合途径——基于空间视角的探讨》,《社会科学研究》2013 年第 6 期。

王毅杰:《流动农民留城定居意愿影响因素分析》,《江苏社会科学》2005 年第 5 期。

王春兰、丁金宏:《流动人口城市居留意愿的影响因素分析》,《南方人口》2007 年第 1 期。

狄雷、刘能:《流动人口聚居区形成过程的社会学考察》,《江苏行政学院学报》2003 年第

1 期。

唐灿、冯小双:《"河南村"流动农民的分化》,《社会学研究》2000 年第 4 期。

王汉生、杨圣敏:《大城市中少数民族流动人口聚居区的形成与演变:北京新疆村调查之二》,《西北民族研究》2008 年第 3 期。

刘梦琴:《石牌流动人口聚居区研究——兼与北京"浙江村"比较》,《市场与人口分析》2000 年第 5 期。

孙中锋:《流动人口聚居区的形成机制及其社会特质研究》,《华东理工大学学报(社会科学版)》2005 年第 1 期。

廉思:《蚁族——大学毕业生聚居村实录》,广西师范大学出版社 2009 年版。

张惠强:《工人网络与工厂治理——基于南中国服装制造业的研究》,北京大学 2010 年社会学系硕士论文。

李蔚:《同一个屋檐下:北京城乡结合部外来租户居住空间的社会学考察——以沙村为例的个案研究》,北京大学 2009 年社会学系硕士论文。

贾晗琳:《广厦之下——北京地下室居住空间的社会学考察》,北京大学 2015 年社会学系本科论文。

(第一作者为上海市委党校社会学科研部讲师,第二作者为北京大学社会学系教授)

“中国大妈”的“崛起”：一个必然的历史现象

——基于三期上海妇女社会地位调查的数据分析

陆建民

“中国大妈”可谓是2013年的热词之一。如果说在当年黄金抢购潮中，“中国大妈”的范畴还有些许模糊；那么此后陆续引发舆论关注的各地“广场舞”事件，则使其群体形象逐渐清晰起来——那就是五六十岁的退休妇女。走近她们就会发现，这是个颇具“中国特色”的群体。联合国公布过的老年人口起始年龄有60岁和65岁两种，现在发达国家普遍以65岁作为起始年龄。然而中国现行退休制度使绝大多数城镇女性50岁即退休，和老年人一样靠养老金生活。上世纪五六十年代的生育高峰，造就了目前庞大的实际处于中年阶段的退休妇女群体。她们原本少人关注，是国外媒体始作俑者，将其推上舆论风口浪尖；不过即使是国人，也更多以嘲讽或消遣的口吻谈论之。其生存状况如何，这一群体的“崛起”——更准确地说是引发公众关注的历史必然性何在？本文以上海市妇联开展的三期上海妇女社会地位调查①数据为依据，结合日前的个案访谈，管中窥豹，试图做一个客观的描述与分析。

一、现状描述

1990—2010年，正值中国城镇的经济与社会改革全面推进之际。三期上海妇女社会地位调查，为纵向了解20年间50—64岁城镇女性生活状况的动态变

---

① 三期上海妇女社会地位调查的主问卷均以18—64岁城乡男女为抽样调查对象。1990年底进行的第一期调查回收有效问卷1 960份，其中女性占50.5%；2000年底进行的第二期调查回收有效问卷2 351份，其中女性占53.2%；2010年底进行的第三期调查回收有效问卷2 647份，其中女性占48.1%。因第一期调查的数据库已丢失，文中所提及的相关资料是从数据表中提取的，第二、第三期的数据分析均经过加权处理。由于三期调查的问卷设计上存在较大差异，故而只能在部分变量上进行纵向比较。

化提供了相对充足的数据资料。

(一) 改革开放推动着该群体基本状况的良性变化

1. 社会保障水平大幅提升

1990年主问卷的调查对象中,50—64岁城镇退休女性有126人,均能享受原先就业单位提供的退休金与公费医疗/劳保;同年龄段未曾就业因而没有退休金与劳保的有3人。2000年主问卷的调查对象中,50—64岁城镇女性有241人,她们中12.5%未退休,85.6%已退休,平均退休年龄50.27岁,退休女性自认享有原单位提供的退休金与公费医疗/劳保的比例分别为91.1%和88.5%;另有1.9%未曾就业因而没有退休金与公费医疗/劳保。2010年主问卷的调查对象中,50—64岁本地户籍的城镇女性有477人,①她们中4.2%未退休,94.3%已退休,平均退休年龄49.61岁,还有1.5%的农转非或因种种原因在家料理家务者;该年龄段女性均有过就业经历,百分之百拥有社会养老保障与医疗保障。

出现这一变化的原因是,女性就业普及化与社会保障体系的不断完善。2010年本期调查发现,退休女性享有的是城镇职工的基本养老保险和基本医疗保险,其余不在业女性享有的或是城镇居民的养老保险和基本医疗保险,或是农村社会保险和新型农村合作医疗。

2. 健康状况持续改善

从第二期调查起,增加了相关健康指标。在对自己健康状况的总体评价中,本期调查时50—64岁城镇女性自认"很好"和"较好"的占31.8%,比10年前提高18.1个百分点;自认"较差"和"很差"的占13.4%,比10年前下降5.1个百分点(见图1)。健康状况与年龄密切相关,尚未退休和退休后再就业者绝大多数不满60岁,其健康状况相对更好。

该年龄段女性健康状况持续改善,除了与上海市民总体健康水平提升同步之外,医疗保障程度的提高也是重要原因。第二期调查时,由于企业不景气,医药费没法及时报销,或者由于没有医保,医疗费需自己承担,有病只能拖着的现象在已退休及无业女性中尤为突出。问及"最近3年是否有过身体有病拖着不

---

① 本文分析对象以50—64岁本市户籍城镇女性为主,因为2010年调查所获取的该年龄段城镇女性有效问卷中非上海户籍仅13份,且前两期调查所获取的该年龄段城镇女性有效问卷亦均属于本市户籍。

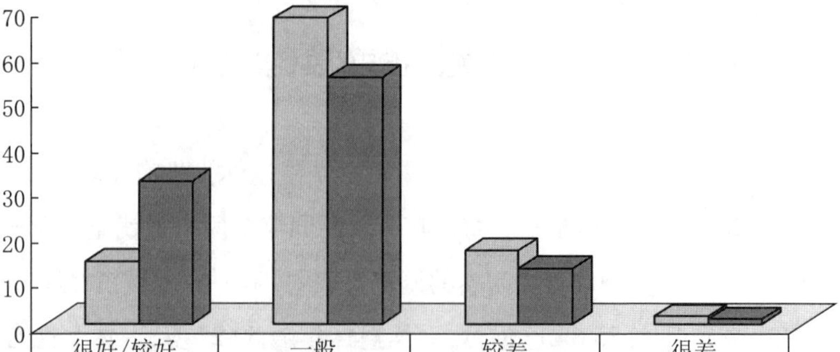

	很好/较好	一般	较差	很差
2000年	13.9	68	16.3	1.7
2010年	31.7	54.8	12.4	1.1

图 1　2000 年、2010 年调查时 50—64 岁城镇女性对自身健康状况的评价①(%)

去看的情况”时,她们中选择“有”的占 32.4%;首要原因是“付不起医药费”的占 28.3%。但 2010 年情况发生明显变化——已退休及无业女性中最近 3 年有病不去看的占 19.7%,因为“病情不重没必要”和“付不起医药费”的分别占 29.5%和 22.4%。此外,健康体检和妇科检查的逐步普及也有效改善了女性的健康状况。本期调查发现,最近 3 年该年龄段城镇女性 63.6%参加过全面健康体检,74.6%参加过妇科检查,分别比 10 年前提高 21.4 和 40.2 个百分点;从未参加过妇科检查的比例从 10 年前的 31.1%降至 13.7%。

3. 受教育程度显著提高

1990 年调查时该年龄段城镇退休及无业女性中文盲超过三分之一,近四成仅有小学文化,拥有初中及以上学历的只占 26.2%。但 2000 年调查时初中及以上学历已达四分之三,2010 年超过九成。不过由于绝大多数人在初中或小学阶段遭遇“文革”,被迫中断学业,所以尽管近两成的人积极参与成人教育,但拥有本科及以上学历的只有 2.8%,比 2000 年低 3.2 个百分点。相对而言,尚未退休者学历更高,由此提升了该年龄段城镇女性整体受教育程度(见图 2)。

4. 家务负担逐步减轻

实施 30 余年的独生子女生育政策,使上海女性生育率快速下降。1990 年调

① 2000 年调查时仅有“良好”这个选项,故比较分析时将 2010 年的“很好”与“较好”合并在一起。

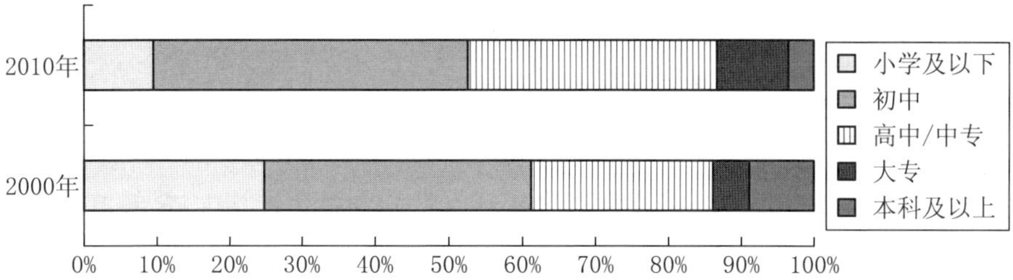

图 2　2000 年、2010 年调查时 50—64 岁城镇女性的受教育程度(%)

查时,该年龄段城镇退休及无业女性七成拥有 3 个及以上子女,平均生育子女数为 3.17 个;2000 年调查时,该年龄段城镇女性平均生育子女数已下降为 1.76 个;2010 年又下降为 1.13 个,其中 50—59 岁为 1.05 个(见图 3)。

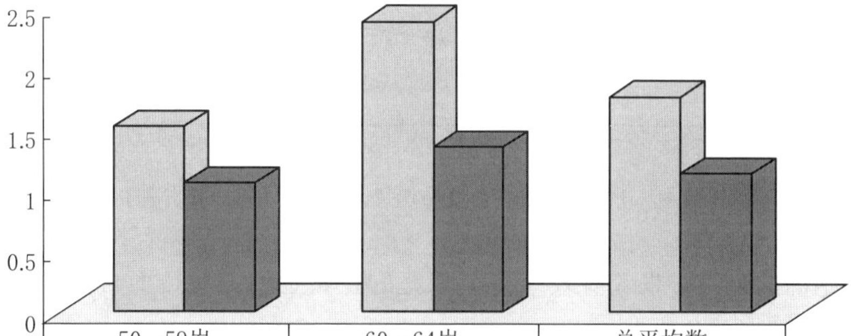

	50—59岁	60—64岁	总平均数
2000年	1.52	2.37	1.76
2010年	1.05	1.35	1.13

图 3　2000 年、2010 年调查时 50—64 岁城镇女性平均生育子女数(个)

这直接导致该年龄段城镇女性家庭结构的变化。本期调查表明,因“空巢”、离婚、丧偶等造成的一代户家庭,50—59 岁女性中占 22.0%,60—64 岁中占 52.1%。第六次人口普查证实这一点——2010 年上海家庭户规模为 2.5 人,一代户占家庭户总数的 49.9%。

在家用电器普及、方便食品增多的背景下,家庭规模缩小在一定程度上减少了女性的家务劳动量。本期调查发现,该年龄段不在业女性平均每天用于家务劳动的时间为 234.52 分钟,比 10 年前减少 78.23 分钟,其中一代户家庭仅为 208.19 分钟;用于学习、看电视、娱乐、聊天等休闲活动的时间为 281.79 分钟,比同年龄段尚未退休及退休后再就业者多 104.05 分钟。

（二）诸多追求充实着该年龄段女性的退休生活

1. 以全身心投入维持家庭生活的正常运行

强烈的家庭责任感使众多女性一退休便忙于家务。本期调查发现，平均每天家务劳动时间该年龄段城镇女性较之年轻女性和同龄男性均大幅增加（见图4）；其中在业者为2.47小时，退休后不在业或无业者为3.91小时——且1/3以上超过4小时，18.7%超过5小时，最高值为12小时。

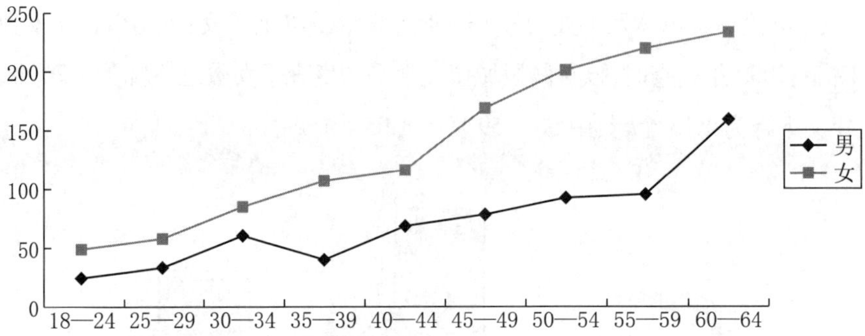

图4　分性别城镇被访者平均每天家务劳动时间（分钟）

她们的全身心投入有效维持了家庭的正常运行。具体而言，一是承担起照料孙辈职责，缓解了现阶段3岁以前幼儿的入托难问题。本期调查显示，34岁及以下年龄段被访者中，其子女3岁之前由家庭承担照料责任的占100%，其中白天主要由“本人父母”和“配偶父母”照料的占79.8%。二是使儿女有更多时间、精力投入工作与学习。访谈中发现有些人当起“钟点工”，每天提着菜上儿女家洗衣烧饭、打扫房间，让他们下班回家就有热菜热饭。本课题对中级及以上专业技术人员、科级及以上党政干部和中层及以上企事业单位管理人员的调查表明，有三成的人在职业/事业发展过程中是其“母亲”或“配偶母亲”帮助解决家务负担，而由“父亲”或“配偶父亲”帮助解决的为3.6%。三是通过照料父母、公婆，解决了相当部分老年人的家庭养老问题。本期调查发现，该年龄段城镇女性超过2/3在近一年内承担了一半及更多的“照料老人”职责。对65岁及以上老年人的调查也发现，那些日常生活获得他人帮助的老年人，其主要照料者64.0%为女性，59.5%为退休人员；女性照料者平均年龄为58.9岁。

2. 闲暇生活趋于丰富多彩

以往调查时,"看电视"是退休女性消磨时间的主要方式。然而本期调查表明,诸多追求使其闲暇生活趋于多样化。

第一是勤于锻炼身体。调查发现,最近一年内该年龄段女性38.3%"经常"锻炼身体,比49岁及以下高出23.5个百分点;其中退休不在业者43.4%"经常"锻炼,"从不锻炼"的仅占17.2%,比10年前下降13.6个百分点。

第二是忙于与信息社会接轨。与第二期调查相比,该年龄段女性每天上网比例从2.1%升至30.1%,其中退休不在业者每天上网比例为26.2%。除却浏览新闻资讯,还常在网上娱乐、交友、炒股、购物、学习和发表言论。而近来"微信"又成为她们扩大社交圈、获取信息的重要工具。日前通过个案访谈发现,该年龄段女性六成以上都会上网或玩"微信"。求教于子女、朋友间互帮互学,是她们学习信息新技术的主要方法。比如借助有摄像头的电脑,有4位中学时的老同学每天都会定时进行网上聚会,谈股票,谈孙辈教养与家庭琐事,谁有难处大家帮忙出主意。这一习惯已延续七八年。现在还常常用微信聊天。

第三是乐于学习新知识新技能。早在10年前,上海老年人的入学率已接近12%,老年大学在校生中女性约占八成。调查中该年龄段退休不在业女性近3年有6.3%参加过培训或进修,57.4%有学习新知识新技能的欲望;愿意学习者中34.8%想学习书画、歌舞、摄影等艺术课程,52.4%想学习烹饪、家居、保健、理财等生活知识。与年轻人为职业发展去求学不同,满足兴趣爱好、提升家政能力是她们求学的主要目的。这些看似无用的学习,陶冶其情操,充实着很多人的退休生活。个案访谈中有不少在老年大学学歌舞、学钢琴、学摄影、学烹饪的,每天忙而快乐着。

第四是爱好社交与旅游。她们学着善待自己。偶尔老同事、老同学相聚,或在价廉物美小饭店聚餐,或去欣赏星期广播音乐会等公益演出,或结伴出游,并为此调整了消费结构。调查发现,该年龄段退休不在业女性63.9%最远到过外省,7.7%到过港澳台,16.9%到过国外;远行目的八成以上是"旅游"。所以虽然收入较低,但与在业者相比,她们个人消费中用于旅游/娱乐、个人交往、买书报/学习的比例却最高(见表1)。

表1　城镇女性"除了吃住,最近3个月个人消费的主要支出"①(%)

	49岁及以下在业者	50—64岁			49岁及以下在业者	50—64岁	
		在业者	退休不在业			在业者	退休不在业
服装服饰	83.6	65.6	44.2	买书报/学习	13.9	15.0	23.8
美发美容	23.2	10.6	9.0	日常交通	4.7	7.5	5.6
保健/健身	6.7	13.7	11.6	个人交往	34.5	34.2	37.6
旅游/娱乐	20.7	18.0	22.6	看病吃药	3.5	11.3	20.7

第五是热心各类社区活动。该年龄段退休不在业女性表现出明显高于职业女性与65岁及以上老年女性的社区参与积极性:88.8%最近5年参加过居委会投票选举,71.2%能"自己投票,尽力了解候选人";82.3%近3年"主动参与捐款、志愿者活动等",24.9%一年内参加过社区文体活动;近半数关注所在社区工作,经常或偶尔"提建议或参与活动";26.2%参加了包括志愿者在内的社会公益组织,15.0%参加了包括业委会、文体团队在内的社区管理或活动组织,其中7.5%为这类组织的创始人或中高层管理者。2010年上海世博会期间,她们是活跃于交通路口、公交站台的社区志愿者主体。

二、发现与讨论

该年龄段城镇女性绝大多数赋闲在家,普遍享有的社会保障使其能够维持一定的生活质量与生存尊严。在世人眼中,其心理问题更多由更年期引发,或属自寻烦恼。但调查中有一些看似意外却符合实际的发现。

(一)调查发现

1. 源于家庭、社会及自身的诸多因素影响心理健康

心理健康是衡量人们健康水平的重要维度。本期调查用包括8个问题的量表反映"最近一个月"被访者因心理健康问题引发的变化——(1)生理变化(躯体性亚健康):"觉得身心疲惫"、"睡不着觉(失眠)";(2)精神变化(心理性亚健康):"烦躁易怒"、"容易哭泣或想哭"、"对什么都不感兴趣";(3)自我感受(人

① 此题答案可选择两项。

际交往性亚健康)：“感到很孤独”、“觉得自己没有用”、“觉得活着没有意思”。为直观了解其影响程度，对每一题答案中的选项依次赋值：没有=0，偶尔=1，有时=2，经常=3；然后相加得到一个取值在0—24之间的综合值，数值越高表示心理健康方面的问题越严重。由于本期调查并未采用严格意义上的心理健康量表进行调查，文中所统计的心理健康问题综合值只是为考察50—64岁城镇女性心理健康程度，以及为与其他群体之间的差异提供一个参考，所以不属于严格意义上的科学客观的心理健康指数。分年龄分性别统计发现，尽管城镇被访者心理状况总体健康，心理问题发生频率处于“没有”和“偶尔”之间；但比较而言，各年龄组女性心理健康问题发生率均高于男性，50—64岁女性相对更突出(见图5)。

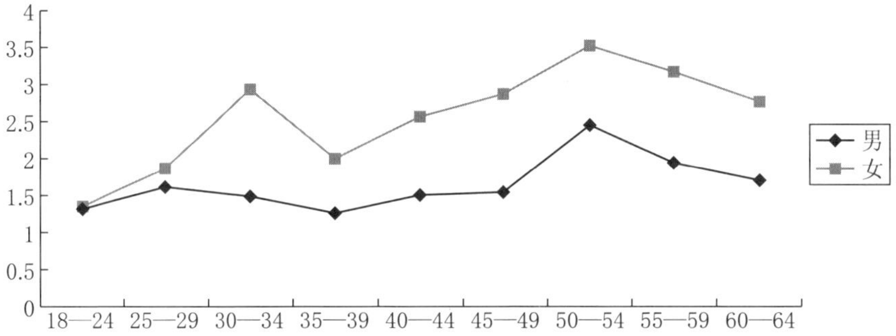

图5　分年龄分性别城镇被访者心理健康问题发生频率(均值)

为探寻影响该年龄段女性心理健康的多重因素，这里采用了复相关统计分析(Multiple correlation analysis)。这是一个以一个统计值R来简化多个自变量与一个因变量关系的统计方法。R是积矩相关系数，其统计值的范围在0至1之间，统计值愈接近1，表示相关愈强，反之则愈弱。R的平方值R^2称为决定系数，具有削减误差比例的意义，也就是说，R^2所代表的是最大解释，而R所代表的就是各个自变量与因变量的最大相关。

结果表明，在所列举的多重因素中家务劳动时间的Beta值最大，对心理健康的影响最显著，其后顺序以降的分别是自我评价、受教育程度、年龄、有无慢性病和家庭结构。所有这些因素综合起来，能够为该年龄段女性心理健康问题的产生提供21.0%的解释。而锻炼频率、经济收入、是否在业、婚姻状况等变量因为影响不显著而被剔除(见表2)。

表 2 影响 50—64 岁城镇女性心理健康的多重因素分类分析(MCA)

	个案数	未经调整的心理问题平均发生率	Eta	经过调整的心理问题平均发生率	Beta
年龄			0.08		0.223***
50—54	155	3.54		4.26	
55—59	189	3.17		2.92	
60—64	116	2.79		2.22	
受教育程度			0.184		0.223***
不识字或识字很少	20	4.93		4.67	
小学	23	3.78		3.70	
初中	198	3.63		3.89	
高中中专	155	2.72		2.47	
大专及以上	63	2.22		2.13	
家庭结构			0.148		0.163*
单身独居	15	5.04		5.80	
空巢家庭	112	2.57		2.89	
核心家庭	162	3.41		3.56	
主干家庭	83	3.65		2.89	
主干缺损	49	2.87		2.63	
其他家庭	39	2.82		2.91	
自我评价均值			0.261		0.231***
负分至 0 分	24	5.99		5.99	
1—3 分	156	3.69		3.53	
4—5 分	140	3.33		3.27	
6 分	141	2.05		2.28	
有无慢性病			0.140		0.183***
没有	243	2.72		2.57	
有	217	3.73		3.89	
平均每天家务劳动时间			0.212		0.241***
0 分钟	26	2.45		2.55	
1—90 分钟	51	3.37		3.64	
91—120 分钟	61	2.92		3.15	
121—180 分钟	99	2.41		2.29	
181—240 分钟	85	3.30		3.36	
241—300 分钟	62	2.85		2.35	
300 分钟以上	76	4.73		4.82	
合　计	460	3.20			
R	0.458	R^2(%)	21.0		

注:表中 Eta 和 Beta 是自变量与因变量的偏相关系数,数值在 0—1 之间。*** $p<0.001$　* $p<0.05$

本模型的主效应(组合的):平方和 = 1262.077, df = 21,均方 = 60.099, F = 5.548, Sig. = 0.000

须说明的是,表2中“经过调整的心理问题平均发生率”是将其他因素控制后的“净”值。统计分析说明,第一,家务劳动不应该成为女性退休后生活的全部,尤其上了年纪后,家务负荷过重会损害其身心健康。第二,对自身能力、独立性和成败的评价,成为影响该年龄段女性心理健康的关键因素。本期调查问及这方面内容,为便于观察和比较,对具体指标进行赋值,然后按同等权重相加(见表3),得到一个取值在(6, -6)之间的综合值。分值越高说明对自身发展状况越满意,出现心理健康问题的可能性也就越低。第三,受教育程度、健康状况和家庭结构都会影响心态。50—54岁女性更易受心理问题困扰。

表3　自我评价及赋值状况

	非常符合	比较符合	说不清	不太符合	很不符合
对自己的能力有信心	2	1	0	-1	-2
很少依赖他人,主要靠自己	2	1	0	-1	-2
经常觉得自己很失败	-2	-1	0	1	2

2. 职业经历和家庭地位满意度影响自我评价

对影响该年龄段城镇女性自我评价多重因素的复相关统计分析显示,家庭地位满意度的Beta值位居第一,其后依次为职业、家庭结构和受教育程度,这些因素综合起来,能够对其自我评价的形成提供18.9%的解释(见表4);而相互间养老金水平接近,使得经济收入这一变量因为影响不显著而被剔除。

表4　影响50—64岁城镇女性自我评价的多重因素分类分析(MCA)

	个案数	未经调整的自我评价均值	Eta	经过调整的自我评价均值	Beta
受教育程度			0.216		0.133*
不识字或识字很少	21	3.16		3.82	
小学	26	2.66		2.99	
初中	203	3.92		4.07	
高中中专	162	4.17		4.12	
大专及以上	63	4.54		3.83	

（续表）

	个案数	未经调整的自我评价均值	Eta	经过调整的自我评价均值	Beta
目前或退休前职业			0.248		0.218**
各类负责人	8	5.64		5.83	
专业技术人员	94	4.64		4.51	
办事人员	57	4.44		4.38	
商业服务人员	146	3.81		3.81	
农林牧渔水利人员	14	3.12		3.64	
生产运输设备操作人员	156	3.59		3.63	
家庭结构			0.234		0.197***
单身独居	18	3.04		3.14	
空巢家庭	114	4.17		4.09	
核心家庭	170	4.32		4.26	
主干家庭	83	3.25		3.37	
主干缺损	51	4.35		4.40	
其他家庭	40	3.50		3.64	
家庭地位满意度			0.298		0.241***
不太满意	6	2.82		2.69	
一般/不清楚	64	2.87		3.10	
比较满意	222	3.82		3.87	
很满意	184	4.60		4.47	
合　计	476	3.98			
R	0.435	R^2(%)	18.9		

注：表中 Eta 和 Beta 是自变量与因变量的偏相关系数，数值在 0—1 之间。*** $p \leq 0.001$ ** $p \leq 0.01$ * $p \leq 0.05$

本模型的主效应（组合的）：平方和 = 346.406，df = 17，均方 = 20.377，F = 6.278，Sig. = 0.000

她们看重家庭地位，这并不奇怪，因为以同龄同地域男性和 25—49 岁城镇女性为对象所作的复相关统计分析均显示，家庭地位满意度是影响自我评价的第一因素，其后为经济收入，受教育程度对年轻女性有较显著影响，但职业和家庭结构的影响均不显著。在今日职场，经济收入已成为衡量成败的标志之一，同龄男性有部分尚未退休，男人养家的传统观念也使他们更在乎自己的收入。

值得关注的是职业经历对该年龄段城镇女性自我评价的影响。上山下乡和下岗待业，使其职业生涯颇多坎坷。本期调查显示，她们中49.4%就业后的第一职业为农民，职业生涯中12.1%有过“半年及以上不工作也没有劳动收入”的经历，其中49.1%是因为“失业/单位兼并重组/破产倒闭”，因此而无业无收入的最长时间平均为68.8个月。相比较而言，人数最多且学历相对较低的“生产运输设备操作人员”因为“失业/单位兼并重组/破产倒闭”而下岗待业的比例更高，无业无收入的时间也更长；学历相对较高的专业技术人员因此原因下岗待业的仅占3.2%，平均时间最长为半年；各类负责人和办事人员则均无下岗待业经历。

3. 50—54岁退休女性的经济压力相对较高

本期调查问及“目前最需要的帮助或支持”，该年龄段城镇女性中位列前五位的依次为“提高医疗保障水平”、“增加收入”、“改善住房”、“助老服务”和“减轻家务负担”，但相比之下，50—54岁女性对“增加收入”、“改善住房”的需求更迫切(见图6)。

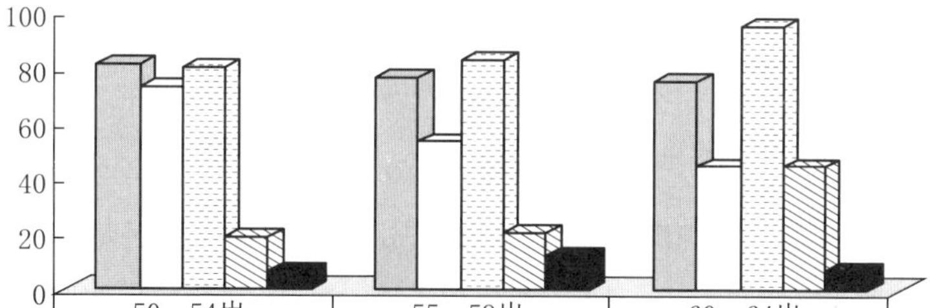

	50—54岁	55—59岁	60—64岁
增加收入	81.3	76.7	75.3
改善住房	73	53.5	44.7
提高医疗保障水平	80.3	83	95.3
助老服务	18.9	20.5	44.8
减轻家务负担	6.6	12.3	7.2

图6　50—64岁城镇女性位列前五位的“目前最需要的帮助和支持”(%)

究其原因，一是退休后经济收入骤减。2009年50—54岁女性中未退休者的年均就业收入为52 194.54元，退休者的养老金年均收入为18 990.01元。未退休者中各类负责人、专业技术人员和办事人员占81.3%，退休者中先前职业为商业服务业和生产运输设备操作人员的超过八成，就业待遇上两者之间原本就存在较大差距。所以问及“目前最需要的帮助或支持”时，未退休者中需要增加收入和改善住房的分别占75.6%和48.6%，退休者中则占81.5%和77.8%。二是她们绝大多数只生一个，孩子平均年龄24.1岁，年龄跨度为13—30岁，多处于求学、求职和谈婚论嫁阶段。而目前年轻人结婚都希望有房有车，父母压力很大。所以她们中退休再就业率为27.0%，明显高于年长者，其精神压力也高于年长者。

（二）观点探讨

1. 以往生命历程中的各种累积影响着该年龄段城镇女性的生活质量

作为和新中国共同成长的这代人，群体内部既有明显的时代共性，又有极大的差异性。受教育程度及与之相关的职业层次，对其自我评价的形成以及心理健康方面有着重要影响，这一事实说明，在以往生命历程中累积的各种社会资源占有上的不均等，不仅造成其内部分化与性别差异的扩大，也明显左右其晚年生活质量。

本期调查问及初中及以下学历者未能继续升学原因，"家里没钱供"、"家里需要劳动力"和"家长认为上学没用"的在该年龄段城镇女性中占45.0%，比男性高6.9个百分点；高中及以上学历者的最后学历在工作后获得的比例，女性中占38.3%，比男性低5.1个百分点。如果说前者反映的是五六十年代父母在教育投资上的性别偏好，那么后者反映的则是在已婚已育情况下——恢复成人教育时她们大多年近30——为了家庭与丈夫发展，一些女性做出的牺牲，但还有人奋力拼搏，由此造成女性内部的分化以及性别差异的扩大。这是因为受教育程度虽属后赋性因素，但一经获得，就会对人的一生产生重大影响。于是在其后的国企改革、产业结构调整中，部分高学历女性顺利转岗，低学历者大多只能下岗回家。而男性受教育程度相对较高，且比女性晚5—10年退休，由此扩大了两性经济收入上的差距。问及"夫妻比较，谁对家庭经济贡献更大"时，该年龄段城镇被访者认为"丈夫更大"的占45.0%，比"妻子更大"的高24.7个百分点；除夫妻联名外，有自己名下单独房产的男性中占32.1%，女性中占22.0%；据计算夫妻总收入中个人所占比例，男性平均为56.5%，女性为49.3%……正因为如此，认为平日配偶能倾听自己心事和烦恼、重要事情上配偶能征求自己意见、所做的事一般能得到配偶支持的比例，男性高于女性；对家庭地位满意度男性也高于女性。

2. 广场舞风波反映的是民众需求与公共服务供给之间的落差

本期调查问及"人生幸福的标志"，被该年龄段城镇女性选为前三位的依次是“身体健康”（73.4%）、“子女聪明健康有出息”（66.3%）和“婚姻美满家庭幸福”（63.6%）。她们重视健康，很大程度上与身体状况有关。进入更年期后，因雌激素分泌减少导致脂代谢紊乱、骨质疏松、心脑血管疾病的发病率上升，很多人遭遇了健康危机。调查表明，女性患慢性病的比例从40—49岁的16.8%上升至50—59岁的39.6%，60—64岁的66.9%。因此退休不在业者中有慢性病的经常锻炼的比例达到48.6%，比无慢性病者高9.8个百分点。

她们勤于锻炼，但因收入有限，只有1.7%选择在“收费的体育场馆或健身场所”，比年轻女性低22.6个百分点；公园、绿地与街头巷尾，成为其锻炼的主要场所。近年兴起的广场舞因为锻炼功效明显而广受欢迎。广场舞有音乐相伴，有规模有气势，且持续时间长，只要5%参加，就会“漫山遍野皆大妈”。因为2010年人口普查表明，全市50—59岁退休女性有116万，如若加上60—64岁，超过160万；而50—59岁退休男性仅20万。广场舞风波，反映的是这一群体，尤其50—59岁退休女性对健身健美的需求、对属于自己的公共生活空间的需求，以及这些需求与公共服务供给之间的落差。既无法像前辈那样，退休后“蒸发”，安心回家干家务，又享受不到老年人旅游、观影等优惠，社区公共活动场所又有限，所以问及当前的文化娱乐生活，她们中“非常满意”和“比较满意”的占39.1%，比年轻女性低12.3个百分点，比60—64岁的低5.9个百分点。

3. 50—54岁退休女性经济压力偏高的现象具有普遍性

本期调查中30—39岁、40—49岁女性的平均初次生育年龄均超过26岁，少数生育二胎的，平均生育年龄为30岁。这表明倘若其50岁退休，孩子正处于求学、求职和谈婚论嫁阶段，目前50—54岁女性所面临的家庭经济窘况将重演。因此在女性受教育程度不断提高、健康状况持续改善，且平均期望寿命超过84岁的背景下，酌情延长其退休年龄，不仅能使女性人力资源更多服务于经济社会发展，而且有助于缓解众多家庭的经济压力，并满足她们靠自身努力为养老积累财富的愿望。2014年初市统计局的一项调查①也表明，市民中49.1%认为女性比较合适的退休年龄是55岁，9.5%认为是60岁。

---

① 上海市统计局：《六成以上市民不赞同男女同年龄退休》。www.stats-sh.gov.cn，2014年3月6日。

4. 如何养老是该年龄段城镇女性难以化解的一大难题

她们往往比男性更多考虑养老问题,第一是因为早退休。作为中国第一代庞大的独生子女父母群体,现实决定了将来年老时很难从子女那里获得养老所需的物质资助和生活料理上的帮助。她们未雨绸缪,努力增加收入,除再就业外,学着投资理财。2000 年调查时,该年龄段城镇女性有 23.7%"过去 5 年内参加过股市投资";2010 年恰逢股市不景气,但拥有自己名下股票/基金的还是占 22.0%。她们积极锻炼,为养老积累健康资本。

第二是因为家庭结构的变化。本期调查表明,该年龄段城镇女性中"空巢"、独居家庭的比例分别为 24.2%和 4.0%,与男性相近;但独居家庭中丧偶者占 63.2%,比男性高 25.1 个百分点。女性丧偶率与年龄成正比:50—54 岁中占 4.9%,55—59 岁中占 5.2%,60—64 岁中占 12.5%,因此其独居比例将随年龄而增加。独居女性更易受到身心疾病困扰——尽管有慢性病的仅比平均数高 0.7 个百分点,为 47.1%,但自认健康状况很差或较差的占 27.8%,比平均数高一倍多;近一个月有过"失眠"、"很孤独"和"身心疲惫"等状况的分别占 89.5%、72.2%和 68.4%,亦大大高于平均数。她们想走出家门,一年内参加过锻炼和社区文体活动的比例均高于平均数,但能经常锻炼、经常参与的又明显低于平均数。社区应当多关注这一特殊群体。

三、基本结论

第一,历时 20 年的三期上海妇女社会地位调查展现了一个在追赶时代前进步伐过程中,越来越趋于自信、开放、时尚、健康和充满生活情趣的群体。逐步完善的社会保障满足了 50—64 岁城镇女性老有所养、老有所医的基本需求,生活水平的提高和平均期望寿命的延长,使其在健康状况持续改善的同时保持着相对年轻的心态。奥地利科学家通过测算认定,人类老年期的起始在现代社会与其认为始于 60 岁,不如从平均寿命前的 10—15 年开始计算更合适。①因此,在以辛勤劳作维持家庭正常运行、并为社区建设作贡献的同时,热爱生活的她们有了

① 《60 岁还得算中年》,《健康时报》2015 年 4 月 27 日。

更多求知求健求美的需求。而时代发展、生活日新月异，也逼迫她们学习再学习。

第二，这一代女性正以行动改变着社会对自己的看法。作为已脱离主流社会的边缘群体，她们和前辈一样在公共生活中集体沉默，但以求健求美为目标的广场舞却在无意中使社会看到这一群体的存在，及其对属于自己的公共生活空间的需求。应该讲对这个日趋庞大群体的新形象、新需求，包括公共政策、公共服务在内的社会准备并不充分，而推崇年轻、成功的世俗文化与重男轻女传统文化的结合，更使“中国大妈”成为被嘲讽对象。但不管怎样，在社会生活中她们不可以再被忽略不计。

第三，承认并维护任何年龄段女性谋求发展与幸福的权利，是建设公平正义社会的前提之一。如前所言，教育和职业影响女性一生的幸福，因此在教育上性别平等基本实现的今天，更应关注就业上的性别平等。与此同时，伴随越来越多文化程度相对较高的女性跨入退休者行列，对参与社会公共事务和活动，她们会提出更高要求。社会应该在组织引导和公共服务上积极探索，为其参与社会发展、分享社会发展成果提供更多的资源、机会和空间。

参考文献

上海市妇女联合会编：《上海妇女社会地位研究（2000—2010年）》，上海人民出版社2013年版。

宋秀岩主编：《新时期中国妇女社会地位调查研究》，中国妇女出版社2013年版。

谭琳、蒋永萍主编：《第三期中国妇女社会地位调查论文集1》，中国妇女出版社2013年版。

田雪原主编：《中国老年人口》，社会科学文献出版社2007年版。

（作者为上海市婚姻家庭研究会副秘书长）

“缺场”空间中的符号建构

朱 逸

一、 社会空间的再度审视

科斯特的信息三部曲,叩开了对于信息化社会到来的崭新思考,在其《网络社会的崛起》中,他定义了网络社会的基本内涵,即“作为一种历史趋势,信息时代支配性功能与过程日益以网络组织起来。网络建构了我们社会的新社会形态,而网络化逻辑的扩散实质性地改变了生产、经验、权力与文化过程中的操作和结果。虽然社会组织的网络形式已经存在于其他时空中,新信息技术范式却为其渗透扩张遍及整个社会结构提供了物质基础。”①网络社会以一类新的社会存在形式开始着自我的发展与演变,它改变了以往对于传统社会空间的定义与理解。

在对于社会空间探讨的初始,社会空间被认为是社会生活必不可少的条件,但空间性既不是社会生活本质也不生产社会生活,空间只是本身毫无作用的形式,是可以被某种社会形态加以填充的空虚和无价值的地域性空间环境。②在厄里看来 20 世纪的社会学是“无空间和空间向度的社会学”。③而在随后的空间理论转向中,列斐伏尔则开始了对社会空间存在形式与意义的强调,主要是从空间的实践(spatial practice)、表现的空间(representational spaces)、空间的表象(representations of space)三个维度来加以呈现,其认为社会空间可以被感知,它担负着社会构成物的生产与再生产职能,并涵盖着社会构成物的特定空间位置(sets)与地点(Locations),④空间不再被认为是虚无且无价值的,它实际存在并发挥着

① 卡斯特:《网络社会的崛起》,夏铸九等译,社会科学文献出版社 2001 年版,第 214 页。

② 齐美尔、盖奥尔格:《社会学——关于社会化形式的研究》,林荣远译,华夏出版社 2002 年版,第 459 页。

③ [英]厄里:《关于时间与空间的社会学》,上海人民出版社 2003 年版,第 505 页。

④ Lefebvre, *H. The Production of Space. Trans. by Donald Nicholson-Smith*. Carlton: Blackwell Publishing Ltd., 1991, p.33.

自己的功能。

随着网络社会的出现,致使过往的社会空间开始了自身新的位移,原本的位置、地点要素在网络社会中变得更具流动性,整个网络社会空间形成了一个没有社会边界,没有阶级、身份、地点、时间限制的虚拟空间。吉登斯在其"时空延伸"中论述道,网络社会模糊了全球性与地方性之间的界限,为社会沟通和互动提供了新的途径,导致了地理空间与时空的分离,时间与空间的无限延伸,导致了社会生活被不断重组而构建。①而鲍曼和哈维则运用了时空压缩(time-space compression)的意义,概括了人类状态参数的多层面改变。②在网络社会空间中,时空延伸与时空压缩以并存的形式出现。在福柯看来,网络社会空间内的主体,始终处于漂浮的状态,悬置于不同的位置与场景之中,呈现出一种流动的状态。③斯科特也运用流动空间的概念来描绘网络社会的空间特质,其认为流动空间表现为:以地方性为基础的社会文化开始消退,特定的地域文化重要性在大大缩减,这与传统社会空间中的地理或地点具有决定性意义不同,在新的网络社会空间中,核心因素是链接与节点,节点需要在网络空间的超链接中获得其符号意义。④

对于社会空间的观察,由初始作为社会存在的附属品,到特定文化、地点、地理位置、功能的限定,再到当前的跨越时空、地点、时间的虚拟存在,经历了一个不断被重视与关注、界定与修正的过程。当前社会空间的转向,源于网络社会的出现,这不仅提示了需要对社会空间再度审视,同时也对新空间维度中的符号意义提出了新的观察要求。以往面对面的人际交互形式正在发生着改变,日常生活世界中的符号形式,正在被加以重新构建与设计,不断地充斥到网络社会空间之内,形成着网际间新的互动要素。本文旨在通过网络社会空间的观察,探寻其内在符号的实践路径与逻辑。

---

① [美]A.吉登斯:《社会学》,赵旭东译,北京大学出版社2003年版,第81页。

② D.Harvey, *The Condition of Postmodernity: An Enquiery into the origins of Culture. Change*, Oxford: Blackwell Publishers Ltd., 1990, p.98.

③ Foucault, *Sex, Power, and the Politics Identity*, New York: The New Press. 1991, p.231.

④ 黄少华、武玉鹏:《网络行为研究现状:一个文献综述》,《兰州大学学报(社会科学版)》2007年第2期。

二、 网络社会驱使下的空间分化

（一）空间："在场"与"缺场"的意义解读

福柯认为一个新的空间时代正在到来，这是一个同时性和并置性共存的时代，彼此所经历与感知的世界是一个点与点之间的相互联结、团与团之间相互缠绕的风格。①现代性预设了一个新时代、新空间出现，将其置于当前的网络社会来看，正在朝着这一主旨不断地演变与发展。

对于"在场"与"缺场"的关注，源于吉登斯结构化理论中对于空间的思考。在其看来，现代性触发了人际社会关系强化，这种强化来源于时空分离的可能以及脱域的存在。时空分离使得社会生活在无限时间、空间范围内的无限延伸成为可能，为时空自由的重组提供了条件，促使了更为广阔的社会体系出现。②脱域机制则使得社会行动得以从地域化情境中提取出来，并跨越广阔的时间、空间去重组新的社会关系。③在现实生活世界之中，人们不必再秉承传统的"在场"模式，即受着地域、环境、时间等方面的束缚，而可以开始享有"不在场"所能带来的跨时空、地域的愉悦交互。

"在场"空间中的人际互动，所凭借的是现实生活世界中的真实场景布置，行为的发起、发生与解读，依赖于彼此之间的姿势对话。④在这一互动过程中，符号的诸多形式，如语言、表情、姿态等则成为了意义表达与信息传递的主要工具。行动者之间对于其符号意义的诠释，源于对于已有手头库存(stock of knowledge at hand)的调阅，在其不断地索引过程中，即完成了对于符号信息的主观定义与反馈。⑤"在场"环境下的人际互动需要借助于符号来实现，但是这类符号有着自身的限定，必须依赖于一定的时间、空间条件，否则将会失去或削减符号的意义表述，进而对于互动产生影响。

---

① [法]米歇尔·福柯：《不同空间的正文与上下文》，上海教育出版社2001年版，第18—28页。

② [美]吉登斯：《现代性的后果》，田禾译，译林出版社2000年版，第12—26页。

③ [美]吉登斯：《失控的世界——全球化如何重塑我们的生活》，周红云译，江西人民出版社2001年版，第32页。

④ [美]米德：《心理、自我与社会》，赵月瑟译，上海译文出版社2008年版，第72页。

⑤ 范会芳：《舒茨现象社会学理论构建的逻辑》，郑州大学出版社2009年版，第123—125页。

伴随着互联网的发展,“缺场”逐步开始替代“在场”,成为了人际互动所依赖的主要空间形式。“在场”已不再是人际交互的唯一条件,信息化、图像化、文字化已经成为了现实生活世界中各类符号的替代,且在形式与内容上较现实生活世界中的符号更具丰富性与多样性。“缺场”较“在场”在空间特征、互动形式、符号表达上有着诸多差异,正是这种差异构建了“缺场”空间独特的框架图景。

(二)“缺场”空间的深度诠释

依据2014年7月21日发布的《第34次中国互联网发展状况统计报告》,当前我国网民规模为6.32亿,其中,手机网民规模为5.27亿,互联网普及率达到了46.9%。互联网的发展由“广泛”向“深入”转换,网民社会开始全面步入网络化。①

互联网的迅速发展,催生了网络社会的出现,同时也加速了“缺场”空间的构建,空间的边界随之不断延展。人际互动环境由“在场”转向“缺场”,在此条件基础之下,彼此间的互动也变得更为频繁,跨越时间、空间的交流,为互动彼此提供了诸多可能。符号则作为人际互动中主要依赖工具,在“缺场”空间中逐步开始了其自身意义与形式的演变与发展。这一系列的转向与变革,源于空间环境的变化,“缺场”不仅是特定的空间存在形式,同时也是行为构建的重要基础,“在场”空间中的各类社会行动被迁至这一新的空间中加以实现,原本空间中的符号要素被加以复制、修改、删除、替换、新增,以此来更好地适应这一新空间的存在与发展。

网络社会触发了社会空间的分化,“缺场”空间是一个面部表情、特定场所、具体环境都不呈现出来的空间,而是以信息流动、符号展示、语言交流与意义追求为内同的虚拟空间。究其虚拟性而言,并非真正意义上的虚拟,只是过往习惯了对物质观察的人们转换了一个新的视角来再次认识这一熟悉的场景而已,在这之中不能见到熙攘的人群、高耸的楼宇、生动的面容,但是却能通过信息符号来进行彼此的感知与臆想。以往人们曾尝试在“在场”空间中,通过故事、神话、传说来塑造虚实的空间,努力勾画着生动形象与情节,但是一直未能找到更为接近的有效方法。由网络信息符号所构建的“缺场”空间则弥补了这一遗憾,使得亿万成员参与其中,实现了沟通互动、认同凝结、彼此联结与信息传递,因而对于

---

① 中国互联网信心中心:第34次中国互联网发展状况统计报告。http://www.cnnic.net.cn/hlwfzyj/hlwxzbg/hlwtjbg/201407/t20140721_47437.htm,2014年7月21日。

“缺场”空间的理解还需借助于对信息技术、符号形式的掌握,这有利于对特定表象的区分,以求对网络空间真实性与时代性的全面认识。①

在清晰了“缺场”空间的生成性属性之后,再观其内容与形式。借用列斐伏尔对于社会空间的分析,人们生活的空间不应被分割为精神、物质与抽象,而都应被视为社会实践的结果,因而对于社会生活与实践的观察也应不拘泥于现实生活世界之中,即“在场”空间。列斐伏尔运用现象学、符号学与常人方法等理论,从三维度对空间内容进行了诠释:第一,空间实践(spatial practice),即从日常生活时间出发论述社会空间的展开过程。②第二,空间的表象(representation of space),即社会空间展开的观念形式或精神状态,社会共有观念的集体表象或社会表象。③第三,表象的空间(representational space),感性意识活动支配下而展开的日常活动。三类维度从思想与社会生活两个方面来展现空间的内容与形式,只有从广大社会成员立足于现实生活世界立场来参与“缺场”空间活动,才能体现其现实内容与意义。

“缺场”空间作为社会空间分化中的一个层面,其主要内容是符号交流、观念沟通、意义追求与价值评价,这一切是广大成员表达现实生活世界中各类感性意识的过程,是感性层面的意识活动空间或知觉表达的表达空间,它突破了场所规定和边界限制的交流,展开了较列斐伏尔所论述空间的表象更丰富、范围更广的空间。在这一个流动的空间内,各类符号被组织起来成为了空间的共同构成,支配着政治、经济与象征文化之过程的表现,成为了网络化时代社会变迁的支配力量。④

三、内生于“缺场”空间中的符号

(一)异化的空间符号

在索绪尔看来,符号具有所指和能指的二元关系,存在着概括与形象两个头

① 刘少杰:《网络化时代的社会空间分化与冲突》,《社会学评论》2013年第1期。

② [法]亨利·列斐伏尔:《空间的生产》,《建筑师》2005年第2期。

③ 刘少杰:《当代中国意识形态变迁》,中央编译出版社2012年版,第48—51页。

④ 刘少杰:《网络化时代的社会结构变迁》,《学术月刊》2012年第10期。

等重要特征，前者为所指（signifie），后者是能指（signifiant），两者之间的联结通过意指（signification）来完成，意指被认为是一个过程，它联结了两类不同指向从而创造出了符号本原意义，给予群体所理解。①符号的生成有其重要的功能，即认知与交际，一方面它可以使我们超越感官的局限，表征抽象的事物，进行理性思考，掌握事物的本质；另一方面，在约定的前提下，其作为信息的载体，实现着群体之间的思想与情感交流。可以看到符号有其独特的生成过程，同时也作为有效的工具被加以使用与延续。随着“缺场”空间的出现，逐步唤起了网络群体对于符号的再度思考，以往“在场”空间中的符号形式，在新的空间环境中慢慢地失去其光晕，空间中的符号开始展现出与以往不同的特征。

首先，是实指性与虚指性的并存。康德的“自在之物”是对于现实世界的指涉，不以人的意志所转移。②而符号则是“他在之物”与“非自在”，具有较大随意性。在符号的使用中，可以是“实在约定论”之上的实指（符号与现实对应），也可以指称可能对象与虚构对象（符号与现实分离）。在网络中，存在着较多实指，如虚拟网店，线上有，线下也有。同时也有着虚指，如实时聊天中的昵称，可以是一串文字符号，也可以是一系列图形，通过对符号的观察，无法简单地验证其身份是否对应，从而构成了虚指。符号指向的虚实性，所呈现出的是随意性、主观性特质，这为“缺场”空间提供了在“在场”空间中所不能实现的条件，改变了以往群体对于自我的界定，也改变了人际互动的形式。③

其次，符号内容的丰富性、多样性。“在场”空间的可介入性，使得在此空间内卷入了更多的群体与行动，不同人群的思想汇聚提供了符号构建的丰富素材。网络语言作为“缺场”空间中的独特符号形式，成为了彼此之间交流的重要工具。许多“在场”空间中的语言被编译成了文字、图形、字符等多样化形式，置于新的空间之中被加以传递与解读。

最后，跨时空的共享性。“缺场”空间是一个开放的空间，其跨越了时间与空间的束缚，使得原本隶属于特定区域、群体的符号被加以分享，这较之以往“在场”空间而言是一种突破。网络的发展“加速了物质与非物质的循环流动，……

---

① ［瑞士］索绪尔：《普通语言学教程》，商务印书馆1980年版，第102页。

② ［德］康德：《纯粹理性批判》，人民出版社2010年版，第323页。

③ 黄华新、徐慈华：《符号学视野中的网络互动》，《自然辩证法研究》2003年第1期。

时间的压缩使'瞬间'成为惟一有意义的概念。"①"缺场"空间拥有庞大的符号积累,正是其在规模、范围、内容等方面的优势,为互动语境的形成提供了支持。

(二)"缺场"空间中的符号实践可能

卡西尔曾经说过,人是符号的动物,文化则是符号的形式,人类活动本质上是符号或象征活动,在此过程中,人建立起人为之人的主体性,并形成了一个充斥满符号的生活世界。②米德也则进一步指出,人类的互动实则为符号的互动。符号在于"缺场"空间中的实践,需要置于一定的条件之下,可以归结为身份的可塑、文本的构建、共通的社会语境。

首先,是其身份的可塑条件,这是符号实践的前提。"在场"空间中的身份,有着自致身份与先赋身份区分,但无论是何种身份都决定了其必然受限于一定的范围,对于年龄、婚姻、工作、教育、民族的考虑,是不可忽略的要素。但是"缺场"空间中的身份界定,跳出于既定的框架,可以自由地拟定与遐想,身份的标签变得更为灵活而多变。可塑化的身份界定,使得行动者可以在网络中实现不同的身份角色切换,从而实现多样化的符号运用与呈现。

其次,是文本的构建。缺场空间中的群体会在彼此的交往中努力地塑造完美自我,这依赖于有效的印象管理。③"在场"空间中的印象管理实现,需要前台与后台的有效配合,进而精心策划着自我的外表、行为、态度,但是在"缺场"空间中,彼此之间相距千里、万里,无需顾忌现实外表、情境、姿势等多方面限制,只需调动文本的力量则能实现对自我完美形象的塑形。在其过程中,文本的构建被视为是符号传播、符号理解的重要媒介。

再者,是共通的社会语境。"在场"空间中的人际互动,需要置身于相近的文化背景、语言体系、地域范围之内,彼此之间的互动在一定程度上受限于语境的约束。而在跨越时间、空间的"缺场"空间中,这种群体分化现象会进一步扩大,因而建立起彼此都能理解的社会语境,显得尤为重要。运用语言学的理论,语言符号的理解与所处的情境有着密切联系。网络群体要理解符号的意义,就离不

① 王列、杨雪冬:《全球化与世界》,中央编译出版社1998年版,第135页。

② [德]卡西尔:《人论》,西苑出版社2009年版,第154页。

③ [美]欧文·戈夫曼:《日常生活中的自我呈现》,浙江人民出版社1989年版,第8页。

开对于共通的社会语境的认知,只有对其了解才能实现网际中的彼此互通。

互联网的出现区隔了“在场”与“缺场”两类不同的空间,原本的社会空间类型、特征正在悄然地发生异化。同时,“缺场”空间中的符号实践,也有着较“在场”空间所不同的条件约束,这一切都促使着符号自身的演变与发展。在此基础之上,对于符号本身的全面认识,将更有助于对人际互动的深入理解。

四、 符号的诸类呈现

符号的传递与表达,有其丰富的形式与内涵,它承载着对于特定意义的包含,“缺场”空间中的符号创造,基于特定的空间环境与信息技术支持,较现实世界中的符号有着诸多不同。现实生活世界中的符号,包括文字、姿势、语言等,这些符号在面对面的交流中被加以运用,但是将其放置于网络环境中,所有的符号都被数字“1”和“0”转换为了各类不同的呈现形式。纵观“缺场”空间中的符号,主要可以分为两大类,即书写符号与非书写符号。书写符号替代了面对面交流过程中的语言,以文字的形式通过信息技术实现彼此互通;而非书写类符号,则包括图形、图片、字符等,它是现实世界中符号的替代与补充。网络提供了跨时空的互动机会,但也割断了彼此之间的直面交流,相互之间无法对表情、姿势进行直接观察,只能通过猜测、假想来实现对彼此的描绘,非书写符号则能很好地弥补这一不足,通过图片、符号的传递,即可让彼此知晓对方的实时状态。

符号的功能在于对意义的表达,不同的符号呈现形式,蕴含着不同的话语意境。鉴于互联网中符号的虚实性特征,可以将其分为具体意义表达与抽象意义表达。前者是对符号意义的直接、明确表述,更为接近于现实的理解;而后者则是间接、模糊的表述,更为接近于对理想的憧憬。

基于对符号呈现形式与意义表达的认知,将其结合起来进行分析,可以将符号本身分为多类,其在“缺场”空间中扮演着不同的角色。(见图 1)

第一,由书写形式与抽象意义所构建的符号,在“缺场”空间中扮演着隐喻叙事的角色。例如一些特定的网络语言运用,如心塞(不顺心、心里不舒服)、怎么破(怎么解决)、手滑(故意做的,却说是失误所致)、上天台(跳楼)、脑洞大开(补充新知识)、不造(不知道)、--<-<-<@(送你一朵玫瑰花)、(°?°)~@(晕倒了)、

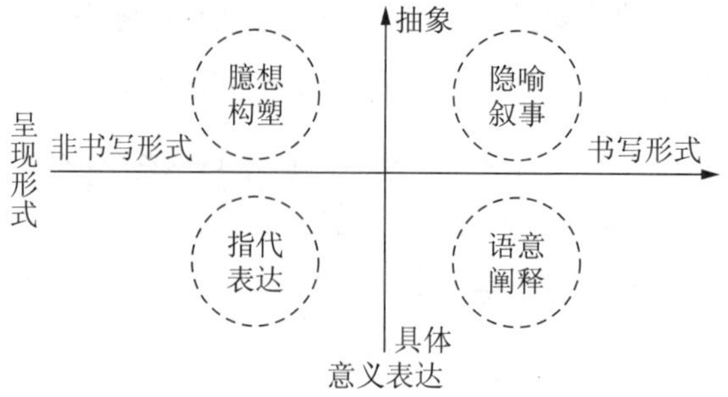

图 1 “缺场”空间中符号的综合分类

?o? |||(听不懂)等。这类符号的特征在于,在书写形式上有着一致性,但是在不同空间环境下,其表述有着很大的差异,书写符号都隐喻了特定含义,较为抽象与模糊,只有在对于网络语境有所了解的情况下,这些符号才能被很好地掌握与解读。

第二,非是书写形式与抽象意义表达的组合。例如在网络中有着许多角色扮演游戏,不同的网络用户在其中扮演着不同的角色,同时他们也热衷于对装备、武器、等级等方面的不断提升。不同的角色扮演与游戏中的各类道具都是以非书写的形式出现,它们在网络空间中有着地位、权利、能力的象征,这些符号赋予了网络群体对于自我理想角色的构建冲动。

第三,非书写形式与具体意义表达的结合。“缺场”空间中的缺场性,使得彼此之间的沟通难以实现面对面互动,虽然现代技术可以传递实时的视频影像,但是由于受到技术条件限制,依然无法达到现实世界中的真实感。在此环境之下,带有表情、姿势的图片、符号被加以广泛应用,如微信实时拍摄的照片、各类 Instant Messaging(实时通讯)中的表情,以及广为流传的图片与图像等,都成为了表达心情、状态的有效工具。信息的接收者可以从有限的符号中,解读出丰富且真实的内涵。这些符号被组合起来,通过指代的形式,实现着自我真实意义的传递。

第四,则是书写形式与具体意义的表达。这是最为接近于现实生活世界中的符号显现与意义表达形式,只是在形式上发生了变化,语言变为了文字性叙述。但是相较于现实世界中的符号而言,网络中的这类符号表达,具有更丰富的内容、更真实的情绪,因为“缺场“空间的匿名性为其提供了真实表达的可能;同时,网络内容的碎片化,也使得群体不必受到太多的体式和规范要求,自由地表达自身的态度与意见。

各类符号形式与意义表达的组合,形成了不同符号的独有特征及功能体现,在“缺场“空间中实现着各自的实践,共同维系着这一空间的形成与延伸。

五、结　　语

“缺场”空间是社会空间分化的产物,而网络符号又是内嵌于“缺场”空间之中的独特创造,网络符号、缺场空间、社会空间三者之间有着密切的关联,彼此互为影响与建构。符号在于“缺场”空间中的各类存在,适用于不同的情境、行动之中,其尝试着将现实世界中的真实场景在新的空间环境中进行再现。场景的再现是不断创造符号、完善符号、删除符号的过程。需要注意的是这类再现并不是对于传统的挤压与摒弃,而是对于传统的补充与拓展。“缺场”空间中独特的符号表现形式与属性,弥补了“在场”空间中的符号匮乏,与此同时,“缺场”空间中的符号意义表达不足,也有待于“在场”空间中符号的补充。因而“缺场”空间与“在场”空间并不是一组对立的概念,同时融入于各自空间内的符号也不是非此即彼的选择,而是相互补充、增进、替代的友好关系。

(作者为复旦大学社会发展与公共政策学院社会学流动站博士后)

桥接型社会资本与新移民社会融入

——兼论社会组织与基层社区对新移民融入的推动作用

刘 芳

一、 新移民社会融入研究的缘起和变迁

改革开放以来,大规模的人口流动和城乡移民成为中国现代化进程中的突出特征。进入21世纪,中国的城市化更是驶入了"快车道"。根据第六次全国人口普查统计数据,我国流动人口已达约2.6亿,流动人口占总人口的比例为16.53%。2011年末的研究报告也显示,中国的城市化率业已突破50%,城镇人口首次超过农村人口。而城市化进程快速推进的主要驱动力,正是城市中的新移民群体。由此,城市新移民的社会融入,也构成了当代中国社会以及中国社会学研究中的一个重大的现实性问题。

移民与社会融入是社会学研究的经典领域,一直为国内外研究者提供着丰富的学术灵感和研究议题。在社会学领域,社会融入研究的发端和缘起,可以一直向上追溯到19世纪末20世纪初的经典社会学理论。有研究指出,"社会融入"概念源自法国社会学家涂尔干(E.Durkheim)。在其代表作《社会分工论》中,涂尔干探讨了作为社会凝聚力重要载体的社会团结机制及其演进历程,剖析了社会团结模式自传统的"机械团结"向现代的"有机团结"的转换过程,并从这一变化发展中推演出"社会整合"、"社会融入"等社会学领域中的经典概念,继而被社会学研究者所广泛借鉴和使用。①

20世纪二三十年代,大量国外移民尤其是欧洲移民开始涌入美国。以芝加哥大学社会学家帕克为代表的一批社会学家,开始对从意大利、波兰、爱尔兰等欧洲国家来到美国的新移民及其社会融入情况展开系统研究,形成了著名的芝

① Friedkin, N.E., "Social Cohesion." *Annual Review of Sociology*, 30, 2004.

加哥学派。围绕着城市化和新移民融入过程中出现的各种社会问题,研究者提出了很多理论观点,推动了社会学新移民融入研究的成熟和完善。经过数十年的学术积累和发展,社会学的相关概念和理论观点,也逐渐构成了新移民与社会融入研究的主导范式。

在国际社会学界,研究者按其理论观点大体可以划分为“同化论”和“多元论”两大学术流派。①主张“同化论”的学者受到涂尔干社会整合理论的影响,更倾向于关注新移民对移入地主流文化的接受和认同。芝加哥学派的代表人物帕克就把社会融入和融合看作个人或群体从其他群体获得记忆、情感、态度,共享他们的经历和历史的社会同化过程,并将新移民的社会融入划分为相遇、竞争、适应和同化四个阶段。②与“同化论”的社会融入理论观点不同,“多元论”取向的研究者相对更强调不同群体、种族或社会团体之间都享有保持其自身独特性的权利,支持一种和而不同的社会融入模式。这两种理论观点各有侧重,都对国际社会学界的移民与社会融入研究产生了较大影响。

在城市化、现代化进程中,当代中国社会所经历的与几十年前的欧美发达国家有颇多相近之处,同时亦有其特殊性。相比之下,欧美新移民的主体是跨国的流动人口,这些跨国新移民大多在语言、信仰、文字、种族、习俗等最基本的文化要素上,与其移入地社会存在明显差异,文化适应也因此成为其社会融入的最基本而核心的组成部分。而当代中国社会背景下的“新移民”,更多是指中国社会内部各地区及城乡间的流动人口,其与移入地城市之间的文化差异并不像跨国移民那样显著。

目前,受到各个学科普遍关注的中国城市新移民群体,包括若干境遇和状况极不相同的子群体。有研究者将城市新移民分成中下层外来务工者和中上层新白领两个群体,也有研究者将城市新移民分成进城农民工群体,拥有城市户籍但来自其他城市的居民,以及来自外地的大学毕业生这三类,并指出其中的新生代农民工是城市新移民的主要构成部分。③由于中国城市新移民所对应的社会子

① [美]麦格:《族群社会学》,司马义译,华夏出版社2007年版。

② Park, R.E., “Community Organization and the Romantic Tempe,” in R.Park and E.W.Burgess eds, *The City*, Chicago and London: the University of Chicago Press, 1974.

③ 童星、马西恒:《“敦睦他者”与“化整为零”——城市新移民的社区融入》,《社会科学研究》2008年第1期。

群体之间差异较大,因此近年来关注中国城市新移民的研究者也从不同角度对新移民在城市环境中的适应和融入问题展开探讨。

不少经济学家、人口学家关注新移民的经济地位获得情况,以及新移民的经济融合状况对其在新环境中的工作和生活的重要影响。①有经济学家就此强调,影响城市新移民尤其是农民工群体的社会融合程度的主要瓶颈,是制度和经济障碍。②也有社会学家注意到,农民工群体只能在次级劳动力市场实现就业,难以进入城市主流劳动力市场。由于不能完全享受市民权利,他们很难与城市居民同工同酬,同工同权。③也有学者依托抽样调研数据,指出职业收入、住房满意度等经济性要素,对城市新移民的融合程度有显著影响,是新移民社会融入的一个基础性条件。比如,当下很多大城市不断走高的商品房价格,与新移民较低的货币支付能力形成巨大反差,就在一定程度上降低了新移民对其所在城市的融入程度。④

不过,也有社会学研究者注意到,在融入城市新环境的过程中,作为新移民主体的农民工群体是依赖社会关系展开自己的经济性融入的。由此,主导新移民社会融入的就不是经济行为,而是社会关系。⑤城市化应当是在经济、社会及文化等各个层面的有机整合,而当前的新移民尤其是农民工群体仅仅在经济层面上被接纳,在其他方面则受到区隔和排斥,在心理认同上也缺乏对所居住城市的归属感。⑥

有鉴于此,已有研究从社会适应的角度,将经济层面、社会层面和文化心理层面,作为城市新移民的三个依次递进的社会融入层次。其中,经济层面的适应是立足城市的基础,社会层面是城市生活的进一步要求,反映的是融入城市生活

① 赵延东、王奋宇:《城乡流动人口的经济地位获得及决定因素》,《中国人口科学》2002 年第 4 期。

② 丁宪浩:《农民工社会融入问题分析》,《财经科学》2006 年第 10 期。

③ 李强:《"丁字形"社会结构与"结构紧张"》,《社会学研究》2005 年第 2 期。

④ 张文宏、雷开春:《城市新移民社会融合的结构、现状与影响因素分析》,《社会学研究》2008 年第 5 期。

⑤ 渠敬东:《生活世界中的关系强度:农村外来人口的生活轨迹》,载《都市里的村民——中国大城市的流动人口》,柯兰君、李汉林主编,中央编译出版社 2001 年版。

⑥ 王春光:《农村流动人口的"半城市化"问题研究》,《社会学研究》2006 年第 5 期。

的广度,文化层面的适应反映的是参与城市生活的深度。而新移民群体只有达到心理和文化层面的适应,才能算完全融入于城市社会。①由此,城市新移民的社会融入就不再是简单的经济适应过程,而是包含有经济融入、文化适应、身份认同等多个层面的一个多元复合过程。换言之,对进入城市工作和生活的新移民而言,社会融入意味着对新的城市环境的全面而系统的适应。这种融入可能首先表现在就业、工作等物质性、经济性层面,但其最终完成状况和所达致的深度如何,却更多取决于身份适应、心理认同等文化性、社会性层面的融入。

目前,虽然不同学科领域和研究传统有不同的侧重和关注,但国内学界总体的研究趋势是越来越侧重探讨新移民在社会交往、文化认同等层面的融入机制。同时,在社会学领域,相关研究一方面体现出从经济就业等物质性层面向身份认同等文化性层面的旨趣转向,另一方面也开始表现出关注社会交往、人际网络等社会性层面之影响的研究特点。近年来在社会学、政治学等学科中均有较大影响的社会资本理论,一直非常重视文化互动、群体归属、社会交往等研究视角。依托这一理论范式展开的理论探讨与实证研究,近年来也为城市新移民的社会融入研究提供了重要的理论框架和解释机制。

二、 社会资本与新移民社会融入:从聚合型到桥接型社会资本

"社会资本"概念是由法国社会学家布迪厄在其对资本类型的划分中最早提出的。在布迪厄看来,社会资本是与物质经济资本、文化人力资本并存的一种资本形式,是一种实际的或潜在的资源复合体,这些资源与或多或少已制度化了的、为群体所熟悉并得到公认的、具有相当的延续性的关系网络密切相关。社会资本与经济资本不同,是一种象征性的资本形式,也具有鲜明的群体属性,可以为个体在其所属群体中的成员身份认同,提供有效的支持和保证。②继布迪厄之

---

① 朱力:《论农民工阶层的城市适应》,《江海学刊》2002 年第 6 期。

② Bourdieu, P., "The forms of capital," in *Handbook of Theory and Research for the Sociology of Education*, J.G.Richardson ed., pp.241—58, New York: Greenwood, 1985.

后,科尔曼从结构功能和资源交换的角度,将社会资本视为行动者为实现各自利益,通过资源转让和交换形成的一种持续存在的社会关系。这种社会关系既是社会结构的组成部分,也是一种个人资源,包括权威关系、信任关系、规范网络、多功能的组织等各种形式。①

作为社会资本理论的重要领军人物,帕特南与布迪厄、科尔曼等人对社会资本的研究取向有明显不同。其对社会资本的理解和界定,受到托克维尔以降的社群主义传统的明显影响,因此更关注其在社区社群及社会组织层面的价值和作用。在他看来,与物质资本和人力资本相比,社会资本是社会群体和组织层面的信任、规范或人际网络,它们能够通过推动人际互动和协调社会行动,提高社会效率并促进社会发展。②帕特南对社会资本的解读影响了很多后续研究者,福山就从规范和社会互动的角度,将社会资本视为一种可以促进人际合作的实体化的非正式规范。这种规范可以是朋友间的简单互惠关系,也可以是相当精致而复杂的信条和伦理。人际信任、社会网络等与社会资本有关的要素,都是此种规范的产物。③

与其他理论家相比,帕特南社会资本理论的最大贡献,在于将社会资本视为一种减少社会冲突、维系社会和谐、促进社会进步的积极因素和文化资源,并将其区分为聚合型(Bonding)社会资本和桥接型(Bridging)社会资本两种。前者“向内看”,强化排他性、同质性的群体身份;后者则“向外看”,跨越不同的社会阶层和群体边界。这两类社会资本都以平等的横向联系为基础,也都具有促进社会和谐发展的潜质。④

帕特南对社会资本的类型划分和深入探讨,为从社会资本视角切入新移民社会融入研究提供了重要的概念工具和分析框架,也在某种角度上突破了社会学传统的“同化论”和“多元论”的二元取向。近年来,研究者已经意识到社会资

---

① [美]科尔曼:《社会理论的基础》,邓方译,社会科学文献出版社 1990 年版。

② Putnam, R.D., “The Prosperous Community: Social Capital and Public Life.” *American Prospect*, 13, 1993.

③ Fukuyama, F., “Social capital, civil society and development.” *Third word Quarterly*, 22(1), 2001.

④ Putnam, R.D., *Bowling Alone: The Collapse and Revival of American Community*. Simon & Schuster, 2001, p.22.

本理论的相关概念和分析视角，可以为城市新移民的社会融入研究提供重要的解释框架。[①]借助社会资本理论，不少研究从社会性的人际交往和文化性的身份认同两个方面，探讨和解释了城市新移民群体在社会生活、人际交往和身份认同等方面的社会融入状况及其面临的现实问题。

在国际学术界，很早即有研究者注意到社会资本在新移民研究中的重要意义，并将社会资本视为新移民通过其人际网络中的某种成员身份而获得的资源调动能力，新移民群体可以利用这种身份获取工作机会和各种社会资源。[②]也有研究者对海外华人移民群体进行研究，发现早期海外华人的人力资本虽然比较匮乏，但丰富的社会资本却为其社会融入提供了极大的支持，而新移民亦可通过与老移民保持密切联系，来汲取对其有用的亚文化。[③]这就进一步论证了社会资本对于新移民，尤其是华人新移民群体的社会融入的重要意义。

在国内学界，有学者对新移民的职业获得途径和相关理论进行了实证分析，发现与人力资本相比，人际网络等社会资本方面的因素在新移民的职业获得过程中发挥着更大的影响。[④]同时亦有研究指出，一方面，传统的带有乡土特征的亲缘、地缘纽带，是新移民群体用以达成其对城市的初步适应的主要依托；[⑤]另一方面，此类社会资本如果一直主导着新移民群体的社会关系和交往网络，就会在城市中形成所谓的“二元社区”。[⑥]新移民由于局限于原有的亲缘和地缘关系而形成的人际交往断裂和社会网络“孤岛化”，亦成为新移民社会融入困难的一个突出表现。[⑦]

由此，新移民群体中既有的关系纽带，就在其社会融入过程中产生了某种“双刃剑”效应。一方面，依托血缘、地缘等既有社会资本形成的人际关系网络，

---

① 郭星华、姜华：《农民工城市适应研究的几种理论视角》，《探索与争鸣》2009 年第 1 期。

② Portes, A., “Social Capital: Its Origins and Applications in Modern Sociology.” *Annual Review of Sociology*, 1998, 24.

③ 周敏、林闽钢：《族裔资本与美国华人移民社区的转型》，《社会学研究》2004 年第 3 期。

④ 魏永峰：《城市新移民的职业获得：一个比较理论研究》，《浙江社会科学》2010 年第 11 期。

⑤ 李培林：《流动民工的社会网络和社会地位》，《社会学研究》1996 年第 4 期。

⑥ 周大鸣：《外来工与“二元社区”——珠江三角洲的考察》，《中山大学学报（社会科学版）》2000 年第 2 期。

⑦ 李强：《中国城市化进程中的“半融入”与“不融入”》，《河北学刊》2011 年第 5 期。

对新移民的初期社会融入发挥着相当重要的基础性作用;另一方面,对既有社会资本的过分依赖,亦会给新移民群体带来社会交往上的限制,其在强化新移民所属的亚文化和子环境的同时,也将新移民与其他城市群体区隔开,阻碍了其对城市新环境的进一步融入。

只不过,虽然不少研究注意到既有社会资本对新移民社会融入存在消极影响,但却甚少就此提出可资借鉴的解决方案;同时,虽有研究指出,社会资本的重组与转型对于城市新移民的社会融入具有不可替代的重要意义,构建新的人际关系网络,是新移民熟悉城市文化,学习生存技能,内化新规则的重要途径,①但却没有对新的社会资本的类型特质和搭建模式做进一步的探讨。

沿着帕特南的理论语境,不难发现新移民群体中既有的关系纽带和人际网络,均属于非常典型的聚合型社会资本。近年来,随着社会资本研究的拓展和积累,研究者开始更多注意到,在人际网络和社会交往中呈现的社会资本,实际上存在着积极的和消极的双重属性,不能将其设想的过于美好和正面。②相较之下,由于聚合型社会资本具有更明显的排他性结构,因此其在提升群体内部凝聚力的同时也更容易产生负面的影响,变成"坏"的社会资本;而桥接型社会资本具有更开放、包容的网络构造,因此在不少研究者看来,其整体而言是一种"好"的社会资本。③

由此,若从帕特南的社会资本理论和类型学入手,来探讨新移民的社会融入问题,就需要格外关注社会资本诸类型之间的内在差异,及其对新移民社会融入的复杂影响机制。对城市中的新移民群体而言,社会融入不仅包含对已有的聚合型社会资本的利用和维系,更意味着跨越文化圈子、地域认同以及社群边界,突破原有的人际网络和交往系统,形成新的桥接型的社会资本。在国际学界,已有学者发现一些在美的华裔、日裔群体能够以族群身份为依托,将其原有的聚合型社会资本转换为桥接型社会资本,产生了相当明显的社会融入效果。④有学者

---

① 齐心:《延续与建构:新生代农民工的社会网络》,《江苏行政学院学报》2007 年第 3 期。

② Portes A. and P.Landolt, "The downside of social capital." *American Prospect*, 1996, 26.

③ Patulny, R.V. and G.L.H.Svendsen, "Exploring the social capital grid: bonding, bridging, qualitative, quantitative." *International Journal of Sociology and Social Policy*, 2007, 21(1).

④ Sanders, J.M. and V.Nee, "Immigrant self employment: the family as social capital and the value of human capital." *American Sociological Review*, 1998, 63.

也就此指出,社会资本研究中的一个重要问题,是如何为传统的聚合型社会资本连接到或转换为新的桥接型社会资本提供路径和方法。①

总体来看,近年来依托社会资本理论展开的新移民社会融入研究,更为关注新移民群体既有的聚合型社会资本的影响方式,注意到其对新移民社会融入存在积极的和消极的双重影响。与聚合型社会资本相比,桥接型社会资本对新移民的社会融入具有更为突出的积极作用和更加广泛的社会影响,只不过目前仍少有研究就桥接型社会资本对新移民社会融入的潜在价值和影响模式进行深入探讨,从桥接型社会资本的搭建、生成等角度展开的研究也比较匮乏,急需进一步的拓展和深化。

三、社会组织与基层社区:构建新移民社会融入的桥接型社会资本

通过对已有研究的梳理、分析不难发现,当代中国城市新移民在社会融入过程中面临的现实困境,构成了社会资本理论视野中极具学术价值的研究命题;而帕特南等人对社会资本的类型划分,亦为新移民社会融入研究提供了全新的思路和视角。新移民社会融入与社会资本理论在学术和实践两个层面均有着极强的亲和性。

从聚合型社会资本的角度看,新移民在社会融入过程中紧密依靠既有的血缘纽带和地缘网络的倾向,带有中国传统人际模式的深深烙印。费孝通先生曾将中国的社会结构形容为"差序格局"式的,这种差序性的人际格局以血缘和地缘关系为基础,由一个个私人关系网络织就而成。②由此形成的费先生所谓的"社会圈子",蕴含着丰富的聚合型社会资本,是中国人社会资本的主要载体。而在中国社会从传统到现代的转型过程中,传统的"特殊主义"和"关系取向",③仍以聚合型社会资本的形态,对新移民的社会融入产生着持续的影响。

---

① Woolcock, M. "Social capital and economic development: toward a theoretical synthesis and policy framework." *Theory and Society*, 1998, 27.

② 费孝通:《乡土中国 生育制度》,北京大学出版社1998年版。

③ 金耀基:《从传统到现代》,中国人民大学出版社1999年版。

由此,当下新移民对聚合型社会资本的依赖和倚重,一方面体现出中国传统人际模式在现代化、城市化进程中的适应性和生命力,另一方面也意味着不少新移民实际上仍处于一种亚文化和亚群体式的半融入状态,急需从社会性和文化性层面,推动其对所在城市的进一步的融入。

从桥接型社会资本的角度看,由于新移民的社会融入过程必然伴随着跨文化互动和跨群体交往,因此其社会融入是否以及在多大程度上取得了成功,就更多取决于新移民在城市新环境中所创造和保有的桥接型社会资本。帕特南也曾指出,长期来看,一个有能力搭建新的桥接型社会资本,促进和推动跨民族、跨文化的社会交往和人际互动的社会,才是一个成功应对新移民社会融入问题的社会。①只不过,与聚合型社会资本相比,桥接型社会资本往往更为稀缺,在不同的时代和社会环境中也更加变动不居,并容易出现匮乏和不足。帕特南就对近年来美国社会中桥接型社会资本的衰退非常关注。也有研究注意到以桥接型社会资本为载体的社区公共参与,实际上在各个国家和地区均普遍缺乏。②

由此,桥接型社会资本在当下中国新移民社会融入过程中的匮乏和缺位,就不是中国现代化、城市化进程中的独特现象,而是处理、应对新移民社会融入问题所需面对的普遍性困境和关键性问题。同时,桥接型社会资本的匮乏亦是个人主义、人际孤立等"现代病"的一种外在表现,因此不是单靠新移民群体自身就能处理和解决的。只有通过系统的平台搭建、全面的政策支持等方式,借助外力的推动和激发,才能成功为新移民群体搭建起新的桥接型社会资本,解决新移民的亚文化式半融入状态,促成其与所在城市的真正融入。

目前来看,能够为新移民社会融入搭建新的桥接型社会资本、提供较好外力支持的社会载体,是以公益目标为发展导向的社会组织,和以区域人群为服务对象的基层社区。

首先,非营利性社会组织(NPO)多围绕特定的公益目标展开运作,其所推动

---

① Putnam, R.D, "E Pluribus Unum: Diversity and Community in the Twenty-first Century." *Scandinavian Political Studies*, 2007, 30(2).

② Dekker, K. and R.Van Kempen. "Places and Participation: Comparing Resident Participation in Post-WWII Neighborhoods in Northwest, Central and Southern Europe." *Journal of Urban Affairs*, 2008, 30(1).

的公益项目常常以农民工等城市新移民群体为主要帮扶对象,可以帮助新移民搭建起新的桥接型社会资本,促进新移民群体的社会融入。

在国际学界,普特南在其对美国社会资本之兴衰变迁的研究中曾指出,各种非营利性的社会组织和社会团体能够提供跨越群体界限和认同边界的桥接型社会资本,是社会资本最为重要的宝库。有研究指出,推动聚合型社会资本向桥接型社会资本转化,丰富跨越种族等强身份认同的桥接型社会资本是相当困难的,而非营利性志愿组织在这方面有非常突出而明显的优势。①也有学者通过对不同扶贫项目的比较研究,发现与营利性组织相比,非营利性组织尤其是一些有信仰背景的公益社会组织能够更好地搭建跨越种族和阶层界限的桥接型社会资本,推动新移民的社会融入。②

在国内学界,已有学者开始从社会组织的角度探讨新移民的社会融入,注意到参与非正式组织能够对新移民的社会融入产生积极作用。③也有研究发现,与没有参与任何组织和仅参与正式组织相比,参与非正式组织的农民工群体其弱关系和桥接型社会资本也相对丰富,有对城市新环境的更高的社会融入意愿。④

其次,基层社区以全体社区成员为对象的公共服务,可以在提升社区凝聚力和本地认同感的同时,打破新移民原有的群体边界,形成新的桥接型社会资本,促进和推动新移民群体的社会融入。

在国际学界,普特南亦曾指出,对不同种族、文化背景的新移民群体而言,基层社区中多元文化间的差异和碰撞起初确实会带来较高的群体张力,但随着桥接型社会资本的搭建和丰富,拥有多元文化的基层社区最终往往比单一文化的基层社区更好地推动新移民的社会融入。也有研究指出,桥接型社会资本的重要性,并不在于其密度和强度,而在于其延展范围和包容程度。即使是不同种族

---

① Putnam, Weisinger, J.Y. and P.F.Salipante. "A Grounded Theory for Building Ethnically Bridging Social Capital in Voluntary Organizations." *Nonprofit and Voluntary Sector Quarterly*, 2001; 2005, 34(1).

② Lockhart, W.H. "Building Bridges and Bonds: Generating Social Capital in Secular and Faith-Based Poverty-to-Work Programs." *Sociology of Religion*, 2005, 66(1).

③ 杨绪松、靳小怡、肖群鹰、白萌:《农民工社会支持与社会融合的现状及政策研究——以深圳市为例》,《中国软科学》2006 年第 12 期。

④ 刘茜、杜海峰、靳小怡、崔烨:《留下还是离开:政治社会资本对农民工留城意愿的影响研究》,《社会》2013 年第 4 期。

和信仰背景的移民群体，只要其在基层社区拥有更多与其他群体共享的正式或非正式社会网络，就能减少群体间的冲突，并获得更好的社会融入效果。①

在国内学界，有研究者以美国的社区发展组织为例，指出基层社区服务在搭建桥接型社会资本、推动新移民融入当地社会生活的过程中具有非常积极的作用。②也有学者注意到，香港的基层社区管理和服务，在促进当地新移民的社会融入方面发挥着非常重要的作用。③亦有海外研究者从社区层面探讨了中国新移民的社会融入机制，指出中国的基层社区本身即构成了新移民一个重要的社会融入平台，新移民在基层社区中的各类组织和邻里互动中搭建的桥接型社会资本，与其在当地的各项公共参与和社会融入程度关系密切。④

比较而言，社会公益组织和基层社区服务在推动新移民社会融入上有各自不同的作用机制。一方面，从提供服务的范围来看，覆盖群体较广的社会组织提供的是“面”上的服务，依托具体区域的基层社区提供的则是“点”上的服务；另一方面，从提供服务的内容来看，涉及内容较广的基层社区提供的是“面”上的服务，项目内容更为专精的社会组织则更多提供“点”上的服务。从新移民社会融入的角度看，社会组织与基层社区依托不同平台、借助不同渠道搭建起来的桥接型社会资本，能够彼此强化、互相补充，并进而更好地促进新移民的社会融入。

四、结　　语

近年来，公益服务导向的社会组织与城乡服务导向的基层社区，已经成为相关部门推动社会发展、促进社会融合的聚焦点和着力点。2013 年，党的十八届二中全会和十二届全国人大审议通过了《国务院机构改革和职能转变方案》，其中非常重要的一条就是“对行业协会商会类、科技类、公益慈善类、城乡社区服务类

① Putnam, O'Brien, D.J., J.L.Phillips and V.V.Patsiorkovsky, “Linking Indigenous Bonding and Bridging Social Capital.” *Regional Studies*, 2007; 2005, 39(8).

② 杨立伟:《从社区发展组织看社会资本》,《开放时代》2004 年第 2 期。

③ 陈福平:《非营利组织与社区建设——台湾和香港的比较研究》,《澳门理工学报(人文社科版)》2014 年第 3 期。

④ Palmer, N.A., D.D.Perkins and Q.Xu, “Social Capital and Community Participation among Migrant Workers in China.” *Journal of Community Psychology*, 2001, 39(1).

社会组织实行民政部门直接登记制度”。据新华社报道，自2014年4月1日起，上海全市范围内新成立的公益慈善类、社区服务类等四类社会组织，已可直接向市、区两级社会组织登记管理机关依法申请登记。对此类社会组织和服务机构的重点培育和优先发展，将更好地激发社会活力，促进社会整体的健康有序发展。不难想见，未来社会组织的公益项目与基层社区的各项服务，将能够在推动中国社会的健康运转的同时，为新移民群体搭建起各类新的桥接型社会资本，帮助新移民更快、更好地融入城市新环境。

总体来看，城市新移民的社会融入困境是与快速现代化、城市化进程相伴随的一种普遍性的社会问题。在当代中国社会大变革、大转型的背景下，推进城市新移民的文化性、社会性融入也更具现实意义和紧迫性。从社会资本的理论视角看，桥接型社会资本的匮乏是新移民难以达成其社会融入目标的主要瓶颈，也是新移民社会融入研究急需解决的重点和难点。未来相关领域的研究者应着力探讨桥接型社会资本的搭建机制，发掘各类能够提供桥接型社会资本的平台、渠道和载体。而社会组织与基层社区提供的各项服务，能够帮助新移民群体构建新的桥接型社会资本，形成“互为点面”、“点面互补”的叠加效应，因而在推进城市新移民社会融入方面有其独特的价值。这一新的研究视角的持续拓展，也能够在推动新移民社会融入研究的同时，为新时期我国的社会组织管理创新和基层社区治理创新提供有益的借鉴。

（作者为上海政法学院社会管理学院讲师）

从“精细化管理”到“精准化治理”：社会治理的理念变革与政府实践

——以上海市社会治理改革方案为例

王 阳 叶 敏

党的十八届三中全会对全面深化改革做出了新的部署，特别提出了“推进国家治理体系和治理能力现代化”的新目标，这不仅为解决当前一系列社会问题、转型政府管理体制、提升政府社会治理水平指明了方向，而且也为政府从公共行政迈向公共服务提供了强劲的动力。从中央以及各级政府出台的关于“创新社会治理”的一系列文件来看，“精准施政”、“治理创新”等概念同时取代了“精细化管理”、“社会管理”等概念，这种叙事方式的转变，本质上体现着政府治理理念的转变。多年来，由于社会的急剧转型，出现了社会问题多发、政府职能剧增的局面，各级政府不得不通过提升管理的精细化水平，来提升行政效率。不可否认，政府的“精细化管理”运动，对于维护社会稳定、促进经济发展发挥了重要保障作用，但随着现代社会治理复杂性的增加，也暴露出一系列新的问题。当代社会价值的分化、社会功能的增加、社会结构的多变、使得这种精细化的管理方式最终趋向政府治理的碎片化，这就要求一种全新的整体性治理框架，促进资源的有效整合，并通过精准施政、多元参与，来规范社会行为，提升社会治理质量，创造良好的社会秩序，保障人民安居乐业。在上海市“创新社会治理，加强基层建设”课题成果中，也多次提到精准化治理，并提出多项具体措施，对于推进政府治理现代化具有重要意义。可以说从“管理”到“治理”，从“精细”到“精准”的叙事转向，对我国社会治理体制转型具有里程碑意义。

一、“精细化管理”的理论基础与中国实践

“精细化管理”概念并不是简单的经验概括，而是新公共管理理论的实践结

果。20世纪80年代以来,在西方国家,特别是澳大利亚、新西兰和英国等掀起了以新公共管理(New Public Management)为标志的大规模政府改革运动。其改革的主要内容是国家管理模式向公共管理模式的转变,其标志性特征是强调市场的主导作用,崇尚科学的企业管理模式,并引入市场运作机制来改善政府的管理职能,提升政府的社会管理能力。这一过程大大提高了政府的管理效率,在改革初期发挥了重要的保障作用,可以说是政府进行社会管理的必然发展阶段。

(一)精细化管理:从企业到政府

从理论脉络上来分析,"精细化管理"源自于"劳动分工理论",①斯密在《国富论》中提出,在劳动生产率上最大的增进,以及运用劳动时所表现的更大的熟练、技巧和判断力,都是分工的结果。科学管理之父泰勒(F.W.Taylor)在分工理论的基础上,提出了合理的分工制度对劳动效率的意义,并通过标准化和程序化,来实现生产效率的大幅提升。的确,在工厂经济时代,"分工出效率"在社会生产和管理领域得到了广泛应用和充分验证,并形成了层级节制的金字塔式组织结构和部门化管理方式。精细化管理的实质就是通过规范化、程序化、标准化、信息化的手段,要求每一个环节都要尽可能的精细,从而形成一个完美的管理系统,降低企业成本,提升企业效率。

在社会管理领域,引入企业管理模式一直是政府管理理论家的偏好。在早期的学者那里,建立在现代工具理性基础上的"官僚制",实际上体现了科学管理的思维方式。韦伯(Max Weber)坚信,"推进官僚制度的决定性理由一直是超过其他组织形式的纯技术优越性……精确、速度、细节分明……减少摩擦、降低人和物的成本。在严格的官僚制治理中这一切都提高到最佳点"。②官僚制的确具有效率高、便于控制和指挥的优点,但机械的流程分割,也造成了官僚体系内部的分化,从而造成政府机构的臃肿和低效率。特别是由于这一阶段,西方国家的凯恩斯革命试图弥补市场的缺陷,而发展中国家又希望建立一个无所不能的国家,从而主导经济的快速发展,这造成一个庞大的国家官僚系统,反过来又破坏

① [英]亚当·斯密:《国富论》,武汉大学出版社2010年版,第5页。

② [德]马克斯·韦伯:《经济与社会》(下卷),林荣远译,商务印书馆2006年版。

了分工出效率的初衷。人们厌倦了国家管理模式中管理者的随意性和组织方式的低效率,受新自由主义思潮的影响,新公共管理运动随后在各国政府兴起,重新强调政府管理的精细化。新公共管理以结果为导向,引入企业管理制度,实行绩效管理,在政府提供公共服务的管理模式上注重技术专业性、规范性,强调市场化、服务外包,以此来降低政府的行政成本,提高行政效率。

无论是传统的官僚制阶段,还是新公共管理阶段,政府的精细化设计是公共管理的核心理念。这一阶段,可以概括为"目的理性"导向①的管理阶段,是一种社会管理的思维方式。在这种思维方式下,为了保证社会管理的高效率,实现政府的管理目的,必须要保证政府工作的精细化。这种精细化体现在部门设置、绩效评估、管理目标等方方面面,可以说精细化是社会管理发展的必然阶段。在中国的公共管理发展过程中,也经历了同样的历程。

(二)精细化管理:中国社会转型的现实需求

新中国建立后,中国政府面临的首要任务便是快速实现工业化,这需要一个强大的国家机器作为保障。依靠新民主主义革命中积累的强大动员能力,整个社会被纳入了国家系统之下,个体的社会行动具有较高的一致性,从而保证了社会的整体稳定和国家目标的快速实现。然而在改革开放以后,由于社会自主性开始发轫,经济的快速发展和社会群体的分化,导致了国家整体性的消解。在社会管理层面上,随着"单位制"的解体,曾经接受单位统一管理的"单位人"转变为"社会人",由基层政府对其进行直接管理。但由于社会人的群体分化、政府动员能力的衰减,以及地方政府职能的增加,使得基层政府在社会管理过程中面临越来越多的问题。传统计划经济体制下的整体治理结构正面临多元社会力量的冲击,而为了保障经济的快速发展,应对日益突出的社会矛盾,政府不得不把"维稳"作为重中之重的职能加以重视,形成了独具特色的"维稳体制"。②在这种维稳体制下,政府社会管理能力的优化只能依赖管理过程的精细化,因为政府对社会负有"无限责任",③除了寄希望于行政服务系统的自我完善外,很难找到令民众满意的其他出路。

---

① 司马云杰:《价值合理性与目的工具合理性》,《社会学研究》1995年第6期。

② 徐铜柱:《从管理到治理:地方政府维稳职能的失衡与矫正》,《理论导刊》2014年第4期。

③ 温铁军:《中西体制最根本差别在于负无限责任的中央政府》,《南方都市报》2013年11月。

可见,“精细化管理”的提出具有现实的社会背景,在改革开放初期,精细化管理一直是政府自我提升的重要目标。在转型期的社会管理模式下,政府作为单一主体,对社会事务负有无限责任,政府必须通过不断的改造和完善,来提升民众的满意度。总体而言,这种“精细化管理”在一定程度上保障了30多年来中国经济的快速发展和社会的基本稳定,但这种社会管理模式有着固有的缺陷,随着社会分化所造成的高度复杂性,政府的精细化管理会陷入内卷性风险,“由于高度技术化的治理权力的运作,不断强化了行政的纵向秩序整合系统;借助于这一轮高度技术化的机制建设,行政的纵向秩序整合系统在财力支持、机构设置、政策保障乃至工作思维等方面形成了一套自我强化机制”,①政府主导的社会治理模式所消耗的社会成本越来越大,其社会意义却越来越有限。从近几年来基层政府的运行状况来看,这种精细化管理理念正面临越来越多的挑战。

二、 治理碎片化:社会管理精细化的实践困境

在社会管理理念下,精细化是提升政府行政水平的基本方法,精细化也是“理性主义”的代名词。经过了现代公共管理体系的建设,以及对现代管理技术的不断引进,政府的精细化水平已经初见成效。尽管中国政府的精细化管理改造,不过是近二三十年的事,例如,电子政务、绩效评估、标准化管理等企业管理制度的引进,而且不同地区的政府管理水平差别很大,但政府的精细化水平,特别是沿海发达地区的精细化管理水平,仍取得了巨大进步。然而随着经济的不断发展,在城乡之间出现了大规模的人口流动,一批自主性极强又规模庞大的生产群体迅速崛起,社会群体急剧分化,这构成了当前社会管理的重要背景。在管理思维下,政府会无意识地通过不断精细化的制度和政策,来加强对社会的控制和对问题的应对。这种管理思维在形势相对简单,问题相对明确的管理环境中,是高效且准确的,但在一个更复杂的环境下,就会陷入碎片化危机。社会学家卢曼在对现代社会的描述中指出,现代社会正在变得越来越复杂且难以被理解,这种复杂性体现在三个层次,一是个体主观旨意的不确定性导致

① 李友梅等:《城市社会治理》,社会科学文献出版社2014年版,第3页。

的社会复杂性,二是社会结构的持续变动导致的复杂性,三是由社会功能的不断分化导致的复杂性。①卢曼提到的复杂性在变动的中国社会中体现得尤为明显,这种复杂性一方面导致政府在政策和制度的制定上越来越精细化、专业化,但也越来越难以被群众理解,使得基层政府不可避免地脱离群众;另一方面政府对社会的控制越来越力不从心,到最后只能"头痛医头,脚痛医脚",各部门分散出台具有专业性、针对性的政策制度,又使得社会管理陷入碎片化危机,治理成本大幅上升。在基层社会管理的实践过程中,由于"精细化管理"造成的社会治理"碎片化"问题非常突出。

(一)精细分工导致组织流程破碎

在相对简单的治理环境中,精细的分工可以提高行政效率,但分工过细意味着一个业务流程涉及若干职能部门和环节,一项简单的工作也要被拆分成一系列繁琐的活动。专业化分工越来越细,工作环节越来越多,这在当代社会的复杂治理环境中就意味着更加复杂的治理结构。韦伯对官僚制的分工做出了明确规定,他认为只有"存在着固定的、通过规则即法律或行政规则普遍安排有序的、机关的权限的原则"②才能进行精细的分工。但由于近年来政府职能剧增,而社会问题又千奇百怪,现代化的管理技术并不能完全适应政府的庞大业务量。在精细分工的背景下,一个完整、连贯的业务流程往往被分割成许多支离破碎的片段,造成了相互隔离的部门壁垒,使得整个过程运作时间长、协调成本高,还容易造成多头指挥,令下属无所适从的局面。流程和组织的僵化,使得政府改革总局陷于内卷化的自我调整,缺乏外部力量的协调,而组织的灵活性和自主性大为下降,很难适应快速多变,又极度复杂的现代社会,也无法对服务对象的多元需求作出快速、及时的反应。

(二)管理思维弱化政府服务职能

管理思维是指在社会公共事务的管理活动中,以结果为导向、以便利性为目标的思维方式。在社会管理理念下,政府既是实施社会管理的单一主体,同样也对民众负有无限责任。因此在面对庞大的社会管理任务,特别是维稳任

---

① 秦明瑞:《复杂性与社会系统——卢曼思想研究》,《系统辩证学学报》2003年第1期。

② [德]马克斯·韦伯:《经济与社会》(下卷),林荣远译,商务印书馆2006年版,第278页。

务时，政府职能倾向于两种选择：一是制度化选择。政府一般都倾向于通过更加精细的制度对民众以及社会组织形成规制。庞大的政府机构各有各的规章制度与办事要求，它们常常以这种或那种方式影响公众和企业的活动。社会主体与政府的连接只能通过一套繁杂的手续，花费大量的时间和精力去“敲章”，这严重妨碍了社会公众获取政府公共服务的效率。政府的第二种倾向是“策略主义”①选择，这一现象在基层治理过程中特别突出。地方政府作为社会管理的主体，承担地方社会事务的责任，但由于条线限制，缺乏进行社会管理的资源和权力，在一些制度不能覆盖的领域，就会便利行事，以完成上级部门的任务和考核目标。这两种倾向都导致了政府服务职能的弱化，反而降低了老百姓对政府的满意度。

（三）条线过多降低基层整体效率

在精细化管理原则下，政府不同的部门都有明确的分工和责任。但在一个快速变动的社会，部门的职能总是处于变动之中，并且很多时候又需要多个部门的协同才能完成。由于各个部门都有其自身的利益追求，在部门职责精细化过程中，容易追求局部利益，忽视整个组织的使命，产生本位主义，从而出现互相推诿或者重复设置的现象。在应对社会管理职能增量时，政府一般都要设置专门的岗位，而某项职能消失时，又不能及时撤销岗位，只会造成机构的不断臃肿。从上海市一号课题调研结果来看，街道科室设置是与上级条线单位简单对应的，一般街道有 11 至 15 个科室，大的街道多达 20 多个科室。在当前的“压力型体制”下，村居一级又必须对上负责，形成了“上面千条线，下面一根针”的局面。上级政府各个部门都有自己的统计要求，而这些基本数据只能来自基层，基层面临巨大的事务性压力。例如，在上海某区的街道，每年要上报的台账多达 100 多本，在村居一级，台账也有几十本。薄弱的基层力量，被繁琐的事务性工作耽搁，基层的自主性受到各条线的规制，表面上看这是工作规范化的需要，但实际上会对基层的公共服务和社会治理能力形成限制。在实践过程中，由于基层自主性不可能被完全限制，基层会形成一套应对策略，比如一个项目在各线条重复申报，数据统计“全靠估计”，尽管提升了局部效益，但却降低了

① 欧阳静：《策略主义——桔镇运作的逻辑》，中国政法大学出版社 2011 年版。

政府的整体效率。

(四) 复杂系统削弱居民参与意愿

由于政府管理方式的精细化、专业化,在基层会形成一个复杂的公共行政系统,这一系统既包括精细的政策制度,也包括政府的施政方式。由于基层政府的管理精细化过程是以上级部门的要求为导向的,这种精细化是政府内部的“精装修”,虽然美观,但与居民需求相去甚远。大多数情况下,居民也不知道如何与复杂的系统形成有效的联结,从而降低了社区居民参与社会管理的意愿。在上海市某区,笔者走访了10个社区,这些社区的情况大同小异,所谓“社区自治靠大妈”,实际参与进来的大爷、大妈仍然是少数。居委会在统计各类志愿者小组时,通常会重复计算,这样“会显得人数比较多”,但实际上,每一个社区积极参与的不过二三十个,在10万人的大型社区也不过60个左右。虽然有一方面的原因是现代社区自身环境的变化,人们的快速流动,使得社区变得越来越陌生化、个体化,导致居民的参与意愿下降,但基层政府社会管理系统的复杂性也是造成社区居民望而却步的重要原因。

三、 迈向“精准化治理”:一种民众导向的社会治理视角

“精准化治理”包含着公共管理内涵在两个层次上变化,在理念上体现为从“社会管理”向“社会治理”的转变,在操作层面体现为“精细化”向“精准化”的转变。这些概念虽然仅一字之差,但内涵却是大相径庭。由于新公共管理改革并没有带来预期的效果,相反,随着社会管理复杂性的增加,政府职能与权力的不断分化带来了社会治理的“碎片化”。由于中国社会的快速转型,这种分化就显得尤为突出,以往的“精细化管理”理念已经不能适应新形势下的理论要求。在当代的社会治理过程中,需要政府、公共组织和居民间的协同合作,构建管理有序、强化整合的治理机制,从“精细化”走向“精准化”。

(一) “精准化治理”的理论内涵

虽然精准治理只是政府的政策性概念,但其体现着当前公共管理理论发展的新动向。在对新公共管理运动实践反思的基础上,公共管理领域出现了新的理论发展。这一发展主要受到了后现代社会思潮的影响,表现为对“理性主义”

政府管理理论的反思以及对社会大众主体性的关注。在社会层面上，随着意识形态日益薄弱的市民社会的发展，以及个人领域的不断扩大，传统的社会管理理念正面临严峻的挑战。在社会管理的理念下，政府是公共管理的单一主体，社会管理的目标是达成政府的统治目的，社会控制先于公共服务，这既忽略了社会大众的主体地位，也造成了管理实践过程中的“碎片化”。西方理论界认为，社会管理的企业化改革、市场化改革会削减公共服务的公共性，减少政府的责任感。①为同时应对市场失灵与政府失灵，一种全新的社会治理理论应运而生。1989 年世界银行报告中首次使用了治理一词，随后社会治理理论得到了充分发展。社会治理理论认为，工业社会造就的社会管理模式是政府集权化的、层级的和技术官僚的，而信息社会培育的是分权的、网络化的治理体系，主张“有限政府、法治政府、公众参与、民主、社会公正等理念”。②在反思新公共管理运动带来的治理碎片化问题基础上，学者们提出了更具包容性的、多元协作的整体性治理模式。里斯托夫·波里特提出虽然政府不必要成为治理的主体，但对公共事务的管理必须统一协调。加强各部门间的合作，建立整体政府和协作政府，形成通过政府、公共组织和居民间的协同合作，构建管理有序、强化整合的治理机制。③一些学者也将这种整体性治理模式称作后公共管理理论，以此来区分与新公共管理理论的差别。

“精准化治理”便体现着整体性的治理理念，用“治理”替代“管理”展现了集权政府、官僚政府向分权政府、包容性政府的转变，而“精准”一词则体现了对“精细”管理所带来的治理碎片化问题的反思。“精准”的核心是建立以社会问题和社会需求为靶向的积极政府，通过服务主动、功能全面的基层政府以及多元主体，利用业已形成的精细化社会管理工具，高效、准确解决社会矛盾，提供公共服务，而不是以政府自身的精细化为目标，将公共事务纳入政府自身的理性规划之中。可以讲，“精准治理”既是公共管理理论最新发展方向的体现，也是当代社会公共管理实践的现实要求。

---

①② 孙晓莉：《西方国家政府社会治理的理念及其启示》，《社会学研究》2005 年第 2 期。

③ Tom Christensen, Per lagreid：《后新公共管理改革——作为一种新趋势的整体政府》，张丽娜、袁何后译，《中国行政管理》2006 年第 9 期。

（二）“精细化管理”与“精准化治理”的内涵比较

通过理论脉络的分析，可以看到从“精细化管理”到“精准化治理”作为一种政策性的语言转向，体现了从新公共管理理论到整体性治理的理论转型。这两者既有相通之处，也有实质性区别，“精细化管理”着眼于政府自身，而“精准化治理”的着眼点则是整个社会，但如果没有一个符合现代社会规范的高效政府，那么“精准治理”也就无从谈起。可以说，“精细化管理”是政府实现“精准化治理”的提前，是建立现代社会治理体系必须要经历的阶段。由于中国社会的发展并不均衡，地方政府的社会治理环境相差很大，因此在社会治理的施政过程中，有必要理解两者的联系和差别，准确把脉各个治理环节所处的阶段，才能做到精准施政。

表1 “精细化管理”与“精准化治理”的内涵比较

内　　容	“精细化管理”	“精准化治理”
理论背景	新公共管理理论	后公共管理理论
治理主体	政府及公共部门	全面主动的基层政府，以及民众等多元主体
治理目标	社会控制、政治维稳、政府自身、企业化管理、效率导向	关注服务、解决社会矛盾、强调资源整合、搭建协作平台、社会整体、问题和责任导向
治理工具	制度管制、政府权力、法律法规	政府管制、法律法规、合约信用、自治规则等
体制特征	自上而下、官僚体制、基层薄弱	政治引导、多元参与、上下协作、基层活跃
治理结果	规则细致、区域与部门分割、成本高昂、管理呈现碎片化、复杂社会问题搁置	注重整体、民主协商、网络化治理、社会共治、成本低廉、调解复杂社会问题、迈向服务型政府

表1呈现了“精细管理”与“精准治理”在内涵上的具体差别。通过比较可以看出，相比精细化管理的效率导向，精准化治理更加强调民众的参与性、主体性，以民众满意度为导向，强调公共服务的多元化和差异性需求，关注建立自下而上的议程产生机制以及政府部门间的整体性运作。在这一理念下，政府只有通过“简政放权”才能引入社会力量，与政府权力形成有效的整合。这可以最大限度地激活社会能量，提升社会治理效率和质量。例如在反腐问题上，通过网络反腐形成强大的社会监督，既降低了政府内部监控的成本，又提升了群众的满意度。但这并不是说“精准化治理”就一定优于“精细化管理”。在社会治理过程

中,必须要警惕“一放就乱”的问题,如果没有精细的政治引导和政府管理,那么精准治理也就无从谈起。社会治理的语言转向并不是为了迎合某种理论潮流,而是体现了社会治理实践的现实要求,在地方政府的社会治理改革中,必须结合实际情况,实事求是,才能做到精准施政。

四、“精准化治理”的政府实践——以上海市社会治理改革方案为例

“精准化治理”作为政策性概念,无疑具有重要的实践意义。十八届三中全会提出“推进国家治理体系和治理能力现代化”的新目标,体现了政府从“社会管理”向“社会治理”的理念转变。为贯彻和落实三中全会精神,2014 年上海市启动“创新社会治理、加强基层建设”课题①(以下简称一号课题)调研,研究城市社会治理的综合改革方案。12 月 26 日,上海市召开全市电视电话会议,部署全面落实一号课题成果,引起巨大社会反响。在课题成果上,形成《关于进一步创新社会治理加强基层建设的意见》,以及《关于深化本市街道体制改革的实施意见》等六个配套文件,基本上确定了上海市社会治理改革的基本方案。从改革内容来看,上海市的社会治理改革方案正体现了从“精细化管理”向“精准化治理”的理念转变,对推进国家治理体系和治理能力现代化具有重要启示意义。

(一)强化政治引导,鼓励多元参与

在“精细化管理”理念下,政府拥有社会管理的实际权力,在资源配置,治理规划上拥有绝对的话语权,可以对其他社会力量形成有效规制。但在“精准治理”理念下,政府需要有效放权,鼓励多元主体参与社区治理,政府在这一过程中起着政治引导的作用。上海市社会治理改革方案一个突出特征就是加强了中国共产党在基层社会治理中的政治引导作用。在街道机构的 6 个基本科室中,分别设置“党政办公室”、“社区党建办公室”两个党建办公室,同时完善“区域化党建”制度,建立“社区党建服务中心”,统筹和整合党员资源,落实和优化党员的

① 上海市 2014 年 1 号课题,以“创新社会治理,加强基层建设”为主题,自 2014 年 2 月份启动,深入 152 个街道乡镇,228 个村居,座谈访谈 4 745 人,于 2014 年 12 月完成课题报告,并形成《关于进一步创新社会治理加强基层建设的意见》等共 7 份社会治理改革文件。

“双报道”制度①,建立党员服务信息化平台,让党员在社区建设中发挥特长,服务群众。同时,在社会治理改革方案中,强调多元主体的参与,主张从“单一管制”向“政社合作、政企合作、政民合作”转变。鼓励社区党员、志愿者在社区公共事务管理中发挥作用,建立社会主体参与社区治理、社区决策的体制机制,拓展共治内容,形成自下而上的“社区公共事务生成机制”。从改革方向上看,政府一方面改变了自身“单一管制”的状况,赋予民众更多的民主协商权利,另一方面加强了党员的政治引领、道德引领作用,体现了政府正在从传统硬性的“制度观念”转变为软性的“社会观念”,改变了不断增强管理的思维方式,扩大了民众的自主权。

(二)转变政府职能,强调服务群众

由于处于“计划经济”向“市场经济”转变的社会转型期,基层政府不仅要承担社会管理的责任,同时还要继承发展地方经济的职能。在“精细化管理”理念下,地方政府会倾向于选择承担效益显著的经济发展职能,而忽视其自身的社会服务职能,并且一旦两者之间发生冲突,地方政府一般会通过强化社会管理和控制,来维持社会的稳定。例如招商引资的问题,地方政府为了发展经济往往会引入一些问题企业,造成局部有益、整体受损的局面,引发居民和政府的直接冲突。在上海市的社会治理改革方案中,明确指出取消街道的招商引资职能,并进一步探索取消镇的招商引资职能,强化街道的公共管理、公共服务、公共安全职责,确立“加强社区党建、统筹社区发展、组织公共服务、实施综合管理、监督专业管理、动员社会参与、指导基层自治、维护社区平安”八项基本职责。在机构设置上,设立“社区事务受理中心、社区文化活动中心、社区卫生服务中心、城市网格化综合管理中心、社区综治中心、社区党建服务中心”等服务窗口,直接面向群众,精准面向群众需求,强化了社区的公共服务职能。

(三)精简机构设置,破除条块分割

由于现代社会政府职能的剧增,以及长期以来政府管理的精细化运作,政府机构不可避免地出现了组织僵化和不同部门之间的利益分割,造成了社会治理

① 单位党组织主动到所在社区(街道)党工委和镇党委(以下简称街镇党委)报到、组织关系不在居住地的共产党员主动到居住地党组织报到的制度,简称“双报到”制度。

碎片化。从一号课题的调研成果来看，基层部门设置存在着与上级条线部门的简单对应、科室划分过细、职能重复交叉、工作忙闲不均等问题，有些街道甚至多达20多个科室，严重影响了街道综合效能的发挥。同时面对大规模流动人口的治理，区域间的行政壁垒也必须打破，从而在整体上形成有效治理。在上海市的改革方案中，精简了基层的机构设置，将原有的科室精简到8个科室，其中6个科室为基本职能科室，对应6个社区服务中心，其余2个科室由区县自主确定。在条块问题上，推进权责一致，破除各职能部门的分割，以块为主，通过网格化管理，落实治理责任，形成资源整合，并按照“分类赋权，分类实施”，赋予与基层职能相匹配的权力，推进社区治理精准化。

（四）坚持重心下移，增能基层组织

坚持治理重心下移是精准治理的重要条件，基层离老百姓最近，能准确把握社会矛盾的关键，第一时间了解老百姓需求。但长期处于社会管理理念下，基层政府的发展受到明显限制。由于社会管理服务压力的增大，来自条线的大量事务和责任落实到街道，而与之相匹配的管理权限和资源配置并未到位。“块”对“条”的考核权、人事建议权难以落实，基层队伍发展空间小，工作人员态度消极，每天忙于“自上而下”的行政事务，重复统计各类信息，不可避免会脱离群众。基层工作不是冷冰冰的管理工作，而是需要基层工作者投入热情、投入感情，但由于权责不匹配，工资待遇较差，很难吸引人才留在基层热情地投入工作。在上海市社会治理改革方案中，将“减负增能”作为基层改革的立足点，减少基层的事务性负担，设立“一张清单、一本台账、一套机制”①，严格规定条线部门下沉工作的准入制度，减少社区事务性工作。并将工作经费、公共管理和服务经费直接下拨到村/居委员会，通过民主协商和民主监督，为基层创造更好的治理环境。在人才培养上，加强“带头人”队伍建设，建设社区工作者职业化制度体系，赋予基层较大的自主权。

（五）加强居民自治，解决社会矛盾

长期以来，我国居村自治组织被许多学者批评为“政府的一条腿”，尽管有些

---

① “一张清单”指编制一张基层工作职务清单；“一本台账”指将传统的台账汇聚成一套电子台账；“一套机制”指条线下沉到基层的，不在清单上的工作的准入机制。其核心是减轻社会的事务性工作负担。

偏激，但也说明了基层自治组织的困境。在社会管理体制下，为了维护社会的稳定，必须加强对社会成员的控制，这也导致了基层居村委员会自治职能的失衡。随着公民社会的发展，以及个体自主性的扩张，这种治理模式已经越来越不适应新的治理环境。一些社会矛盾本身就是由主观旨意的不确定所造成的，此类问题只有通过居民的自我协商、自我管理才能解决。在上海市社会治理改革意见中，明确提出要加强基层自治，更好地体现人民群众的主体地位。在具体制度上，梳理居委会、业委会、物业公司、社会组织、群众团队等主体的关系，健全以党组织为核心，村委会为主导，村民为主体，村务监督委员会、村集体经济组织和其他主体共同参与的村居治理基本架构；建立自下而上的议题形成机制，吸引居民参与社区决策；在财权和事权上，也给予基层自治组织相应的制度保障；对居村委书记满足条件的，可依法给予事业编制等等，这些都体现了加强基层自治的要求。

五、结论与展望

本文对“精细化管理”与“精准化治理”的理论内涵进行了剖析，并结合上海市的社会治理改革对“精准化治理”作了具体说明。可以看到，社会治理的语言转向体现了公共管理理论的发展方向。随着意识形态日益薄弱的公民社会的发展，以及个人领域的不断扩大，对主体性的关注成了一个现实问题，基于理性主义的现代社会制度被广泛诟病，取而代之的是一个更宽泛、包容的社会治理环境。在新公共管理范式下，所采用的是个体主义的方法论，这在政府的实践领域造成了严重的碎片化和部门的自我中心主义，忽视了人民群众的主体感受，引发了公众的极大不满。在新的历史条件下，社会治理面临的很多问题都是复杂而棘手的，在这种情况下，如果还过于注重政府机构单方面的作用，必定会带来社会治理的失败。新中国成立以来，中国社会面临着快速实现现代化的历史重任，发展和稳定成了社会治理的第一要务，强化政府管制，建立精细管理具有一定现实意义。但随着经济的发展，以及社会复杂性的增加，迫切需要建立与当前社会特点相适应的社会治理体系。建构于后公共管理理论视角下的“精准化治理”概念便是这一社会需求的体现，在一定程度上展现了未来社会治理改革的方向。

但我们必须认识到,不同的治理方式来自对社会背景状况的理解,在社会治理模式中并没有优劣之分,基层政府必须建立与当地治理环境相适应的社会治理模式。总之社会治理改革,任重而道远,绝不是一蹴而就的事。从某种意义上讲,推进实现国家治理现代化,既是解决当前社会问题的需要,也是落实基层民主的探索实践,关系到中国特色民主理论的建构,也关系到中华民族的伟大复兴。

（第一作者为华东理工大学讲师）

城市原型视角下的城市发展和治理研究

——兼论上海城市原型及其发展思路

罗建平

原型具有本源特征,涉及事物本质。城市原型来自最初的城市,本身蕴含着城市的基本框架,而这将影响其未来的发展。从原型出发,考察当下城市面临的问题,多有实质性的启发和认识,因而也有助于提出立足历史的合理建议。

一、城市原型:林间隙地的隐喻

18世纪意大利人文学者维柯在追溯人类早期活动,印欧民族起源问题时提出林间隙地概念。由此推演出古代城市、城邦的结构和关系。

林间隙地基于这样一个自然事件:茂密的森林遭受雷击(神的霹雳)而发生火灾,被烧毁的林木露出一片荒地,同时天光也射入其中,成为林间隙地。在森林里树栖的人类先祖发现了这片隙地,便开始了辟居生活。辟居就是整地治林而栖居,发展到后来便有了自觉的开发森林的行动。在古希腊罗马神话中,有许多英雄战胜怪兽的故事,象征着先人征服森林的过程。如赫拉克勒斯攻克尼米亚地区的狮子,伯勒罗芬杀死蛇尾羊身狮首喷火的女妖,卡德摩斯杀死巨龙。怪兽是森林的象征,喷火是焚烧森林。①

森林大火事件导致辟居生活,这是意义重大的事件,具有强大的原型力量。这是最为广泛意义上的人类的生存空间,为后世人类聚落形态的基本原型。

在林间隙地的神话中,"空间"首次以最原始的面目出现。它显示了以下规定性:首先空间的超自然性:空间是在时间之流的物质性实存中的切入,它使得被天光所照亮的隙地立刻区别于周遭的黑暗森林,这一区别其实是神性与无神

---

① [意]维柯:《新科学》,朱光潜译,人民文学出版社1986年版,第159、261、382页。

的区别。火是神意的使者。其次空间的敞开性:所谓“敞开性”,即是指空间被照亮和去蔽的特征。尤其注意的是,火是使得空间敞开的关键。其三空间作为人之家园的特征:所谓“家园”,就是出生之地。人,就是空间的定居者,也就是神所眷顾者。①

林间隙地为人类生存的原始空间,像铸模一样,影响着其后出现的居住空间。当城市诞生时,不可违逆地吸取、“复制”了林间隙地的基本属性,也形成了三大规定性:

其一被天光照亮的空间,不是通常的原野空间,而是与周边乡野、森林形成“隔离”和差异,就像细胞膜的作用。这样的空间具有政治宗教的礼仪意义,通过城市广场的礼仪活动体现其存在。广场空间此刻就作为城市空间的代表。广(廣)从黄,与煌相通,有光明的意思。②其二圣火的召唤,城市的保护神,从神殿里的圣火,到家庭灶火,都是城市居民得以聚集、团结的核心力量。其三城市定居者享受、感受的天命(生于斯,长于斯),是其人“安居乐业”、“安土重迁”的“宿命”。

换言之,城市原型具有天地人三重属性:天的方面为其神圣性,天光照耀下的围合空间;人的方面,聚集着一群感召神的呼唤的城市共同体;地的方面,为一方水土一方人的根气、地气所在,也是城市个性所在。

我们在“城”字中,也找到了这样的原型空间。《说文解字》:“城,以盛民也。从土,从成,成亦声。”许慎视城市为容器,为庇护空间。在后续的解释中又说,城在籀文中为类似“郭”的形符,此谓城的本义是城墙。③这是从形态上对城的描述:即城有一个围合空间(城墙)。这个围合空间意味着什么呢?当然可以说是容器空间、防御空间。从“城”的声符看,“成”暗含着城市的原始信息。成的本义是一种斧钺形的兵器,常用义为成就、完成。④许慎说城“从土,从成”,是指土和成的会意。这里有两层含义:其一,成作为一种斧钺形的兵器,守卫着这一围合空间(土);其二,该围合空间(土)拥有一种特殊的属性(即不同于乡野区域的

① 洪涛:《逻各斯与空间——古希腊政哲学研究》,上海人民出版社 1998 年版,第 33—34 页。

② 何新:《诸神的起源》,时事出版社 2002 年版,第 62 页。

③ 王力主编:《王力古汉语字典》,中华书局 2000 年版,第 154 页。

④ 苏宝荣:《说文解字》今注,陕西人民出版社 2000 年版,第 469 页。

属性),是有着自我成就、自我实现的特殊的空间,即有作为、有成就的土地:“大地之成”。

因此,林之空明展现了“大地之成”的最初形态。林间隙地作为早期辟居地,是城市空间的原型。林光则包含了神的霹雳之火、森林燃起的熊熊大火(这火让先人领悟到驱赶野兽、御寒和烧烤猎物的优越性)、大火过后林间隙地留下的天光(这几个貌似不同的概念,其原型却是相通的,都可归结为圣火象征)。林之空明也显示了空(隙地)和明(火、天光)的统一性:火开辟了隙地,光观照着隙地。因此,隙地具有神圣性,而城市的原“穴”(犹如风水上的龙脉真穴)也是神圣的。此刻,作为城墙的“城”正守护着这一片圣地,如同芒福德所言,城墙,其最初的用途很可能是宗教性质的,是为了标明圣界(temenos)的范围,或是辟邪,而不是防御。①

二、 容器与磁体:城市发展的功能和动力

林间隙地作为城市的原型,其空间存在就是容器。但这容器有着深厚的历史渊源。按照城市学家芒福德的说法,城市容器的原型与新石器时期,“母亲与家园”的印记有关。庇护、容受、包含、养育等女人特有的功能从村庄转移到城市,形成了城墙、壕堑,以及从前修道院的各种内部空间形式。“房舍、村庄,甚至最后到城镇本身,乃是女人的放大。”②

这样,女人身体的容器属性就是城市的容器属性。随着文字书写这类永久性记录方式的出现,数的抽象概念的应用,用象征性符号储存事物的方法大大地增强了城市作为容器的能力:“它不仅较其他任何形式的社区都更多地聚集了人口和机构、制度,它保存和留传文化的数量还超过了任何一个个人靠脑记口传所担负的数量。这种为着在时间和空间上扩大社区边界的浓缩作用和储存作用,便是城市所发挥的独特功能之一”,一个城市的级别和价值很大程度上就是取决

① [美]刘易斯·芒福德:《城市发展史》,宋峻岭、倪文彦译,中国建筑工业出版社 2005 年版,第 39 页。

② [美]刘易斯·芒福德:《城市发展史》,宋峻岭、倪文彦译,中国建筑工业出版社 2005 年版,第 11—12 页。

于这种功能的发挥程度。正如爱默生所说，城市“是靠记忆而存在的”。

依靠经久性的建筑物和制度化的结构，以及更为经久性的文学艺术的象征形式，城市把过去的时代、当今的时代，以及未来的时代联系在一起。城市的功能和目的缔造了城市的结构，但城市结构却较这些功能和目的更为经久。好的容器无疑不会随着其中所进行的反应而改变自身的性状；因为，如果容器同其内容同样地迅速变换，则二者同将消失。①

因此，“城市从其起源时代开始就是一种特殊的构造，它专门用来存储并流传人类文明的成果；这种构造致密而紧凑，足以用最小的空间容纳最多的设施；同时又能扩大自身的结构，以适应不断变化的需求和社会发展更加繁复的形式，从而保存不断积累起来的社会遗产”。②

但是从城市起源角度讲，芒福德认为墓地是城市的最早雏形，“远在活人形成城市之前，死人就先有城市了。而且从某种意义上讲，死人城市确实是每个活人城市的先驱和前身，几乎是活人城市的形成核心”。③

芒福德通过考察当时古人类遗址考古发现，远古岩洞里存在巫术礼仪活动，人们周期性前往这些“圣地”。从这些风俗中，我们可以看到古代社会的社会性和宗教性推动力。像人类最早的坟丘、墓群一样，从旧石器这些古老的圣地中，可以看到人类城市文明生活方式的萌芽。由此芒福德提出了“磁体”的概念以阐释人类聚集是如何发生的。④在芒福德看来，人类集聚并不是出于安全性的动物性本能，而是精神性的需求。他认为最初的城市原型是一些礼仪性的聚会地点（墓地、洞穴），古人类定期返回这些地点进行一些神圣的活动，就像被“吸引”了一样，所以他以“磁体”比喻人类聚居的精神性本质。

由于墓地早于村庄而存在，因此磁体功能也先于容器功能而存在的。人类

---

① ［美］刘易斯·芒福德：《城市发展史》，宋峻岭、倪文彦译，中国建筑工业出版社 2005 年版，第 103—104 页。

② ［美］刘易斯·芒福德：《城市发展史》，宋峻岭、倪文彦译，中国建筑工业出版社 2005 年版，第 33 页。

③ ［美］刘易斯·芒福德：《城市发展史》，宋峻岭、倪文彦译，中国建筑工业出版社 2005 年版，第 5 页。

④ ［美］刘易斯·芒福德：《城市发展史》，宋峻岭、倪文彦译，中国建筑工业出版社 2005 年版，第 5—9 页。

聚集地从墓地进化到村庄,则是在磁体功能的基础上又加入了容器功能。

比较林间隙地原型,容器自然是隙地空间,包括隙地空间的辟居耕耘,人的聚集和大地母亲的归属感。而磁体则对应于天光的神圣。诚然林间隙地的发生,也是天火点燃森林所致,而天火与天光具有同一性。一般说来,容器与磁体的功能相辅相成,相对而言,芒福德更多地强调城市的贮存功能(容器)而非融合功能(磁体),强调城市容器的相对稳定性。

在我们看来,"城"字本身也蕴含着城市容器功能和磁体功能。就容器而言,就是许慎的定义:城者,盛也(城市像器皿一样盛物和人)。就磁体而言,且看"城"的关键成分——成。成是一种斧钺形兵器,有点像古罗马的"束棒",具有凝聚力。成的结构从戊(斧钺)从丁(声符)。成的感召力(体现为"诚"字),就是其磁体所在。其实成字中的丁才是其根本。丁在古代术数中表示星火、天火。成的魅力正是丁火的照耀和指引,火的神圣和感召,有如林间隙地的圣火。与此相关的,"城邦"(civitas)的词根为 cio-,义为召集。①拉丁文城市或城邦的词源本身也具有召集、召唤的意象。

在这个意义上讲,城市的磁体功能无疑是本源、本质的,具有强大的动力,是天的属性。从周易乾卦的属性上讲,乾为天,为刚健,为旋转;所谓"天行健,君子以自强不息"。

近代工业革命以来,人口大规模地向城市聚集,今日中国北上广也是人群高度汇集地,而且其涌入规模日益扩大。近年来上海获得一个"雅号"——魔都,这大概就是指上海对外来人口强大的吸引力——磁体效应。挺进北上广的人群也十分精进,体现其"自强不息"。

问题是如今大城市的磁体是什么东西啊?是林间隙地的天光,还是宗教祭祀的神圣?遗憾的是磁体完全变性了,城市的吸引力不再与天的神圣性关联,而是由于行政资源、经济金融资源,以及文化教育等资源的高度集中,大大地激发实惠功利的生存欲望和生活需求。

作为精神性的磁体如今被欲望替代了,磁体不再具有精神性,那城市的本质又如何定义?芒福德在其后文中侧重容器的稳定性,把容器与磁体的关系转换

---

① [古希腊]亚里士多德:《政治学》,吴寿彭译,商务印书馆 1965 年版,第 110 页,吴寿彭注。

到城市特有的功能——贮存功能与融合功能，即磁体功能体现为融合功能。

三、 上海城市的原型

古代上海，湖荡成群，河港交叉，富有水乡风貌。在此丰饶的土地上，一条大江（吴淞江）从太湖穿过，流入大海。吴淞江近海下游处，又称“沪渎”。

“沪”（滬）是一种捕鱼工具，系用绳编结的一排竹栅，多圈围于近岸水涯，潮来淹没，潮去虾蟹鱼类等俱被阻于栏内，渔民就很容易把它们捕获。吴淞江下游，水产非常丰富，使大江两岸自然地聚居了众多渔夫和农人，而“沪”则林立于沿途水域，因此，人们就称眼前的大江为“沪渎”。①“沪”由此成为上海的简称。

一种捕鱼的渔具演化为大江的名称，进而演化成一座城市的简称，“沪”不可小觑。从心理分析的角度讲，“沪”具有强大的原型力量。“沪”的原型不仅仅是个渔具，而是一个原初构架，一种意味深长的构架，像隐性基因一样，等待时机的成熟。上海开埠成就了“沪”的原型，于是其捕捞水产的机制转化为“捕捞”机会的机制，从而成为上海的城市原型。

作为“捕鱼用的竹栅”，“沪”有三个要素：水或水流、竹栅，以及鱼。这三个要素从心理学角度看，有着特殊的象征意义：即“沪”的原型结构。而这把古代渔业生活的原始意象转换成上海城市灵魂的“初始态”。下面我们就分别讨论其原型构成。

水一般代表无意识，其流动之性也表示商业贸易（如同 mercury 为水星，商业神）。最初以吴淞江为代表的水汇集百川入东海。上海开埠以来，这种水的汇集特性，由于上海独特的地理位置（地处南北交接之中枢，又为东西交通、由长江而入内地的要道），越发成为商贸活动的风水宝地。商业的水性和大海的富饶，形成多元和变易的文化特质。多元就是不同的人群、不同的文化、不同的风尚和理念的共存。变易，就其表象而言是流行和时尚，如同潮起潮落的“沪渎”；就其本质而言意味着创新、开风气之先，能熔铸中西，为我所用。

上海文化的多元化倾向表现为海派文化的基本特质：“海纳百川，兼容并

① 郑祖安：《上海地名小志》，上海社会科学出版社 1988 年版，第 1—2 页。

蓄”。具体表现在建筑上的中西并存、中外合璧、风格独特的“世界建筑博览会”;道路命名上的集全国省市名之大全;戏剧上的本土“申曲”(沪剧)与京剧、越剧、淮剧等地方戏,以及来自域外的话剧、芭蕾舞等百花争妍的“大联袂”;饮食上的川、粤、京、鲁、江浙、淮扬等地特色菜系、传统名点和茶酒文化的馆堂楼肆,以及散发着欧美情调、各国风味的西餐馆、咖啡厅。

文化多元的生态境域从根本上讲,表现了“和而不同”、“和实生物”的中庸精神,是与变易(转化)密切相关的中道效应。

海派文化的多元性源自其广阔而灵活的容量——以“竹栅”为体的容器。“竹栅”之为容器介于有形无形之间,是一种动态的呼吸着的容器——潮起潮落更新着容器空间。在此开放容器中,移民如同“沪”中“鱼”,不断地汇集:1950年的上海人口,本地的只占15%,非本地的高达85%,国内移民大都来自江苏、浙江、安徽、福建、广东等地;国际移民来自英、法、美、日、德、俄……近40个国家,最多时高达15万人。同时,上海的方言也是融合江浙语,乃至英语于词汇“竹栅”中,浑然一体,不见其异。

江海水资源在“竹栅”中的“吞吐”,上海城市的灵魂(原型)在此竹栅化的“自组织”中突现(浮现)。这一“活动”着的容器不断地实现着自性化的“沪”。

其实,沪从扈;扈又从户从邑,邑为城邑,本身是容器的象征。由此,“沪”之容器有两方面的特征:一者从水(氵),为水之生命孕育的容器;二者从户,是开放式的容器(即竹栅之通透性)。从上述文字的分析可知,沪的音符为户。由于音符通常反映字的本质属性,故“沪”中之户,意味着上海城市为华东地区或全国发展的门户,而自身又是自由开放的标志。依古代传统,西北为天门(乾),东南为地户(巽)。①上海位于中国的东部偏南,可归入地户区域。风水所谓地户是水口所在,即财运的位置。上海商贸发达,正应了其水口财位,也体现了巽的财利特征。②

从象征角度讲,门(户)是进入陌生领域的通道,是迈向未来世界的入口,充满了风险和机遇。这就是“沪”的第三个要素——鱼。鱼有丰富的象征,其一,鱼

① 周易后天八卦。

② 《周易·说卦》:“巽为木、为风……为近利市三倍”。

通遇,表示机遇;其二鱼通裕,表示财利(鱼米之乡);其三鱼表示生殖生命力。就机遇而言,上海自20世纪上半叶起,就有冒险者的乐园之称。作为一个移民城市,上海是一个渴望交流的陌生人的聚居地,是梦想家和冒险者的乐园。就财利而言,中外移民或为生计逃难,或为冒险发迹,纷纷云集上海滩。就生殖生命力而言,海派风格的创新如同鱼卵之繁复,处处可见其独创之妙。总之,这些构成"鱼"之邂遇隐喻的历史和现实。

"沪"的框架本身是一种文化自组织系统。作为自组织,一方面是具有开放性、再生性的;另一方面,自身的结构——本土文化的"先验"存在,具有模板性,在动态中建构、形成全新的文化系统。因此,作为大都市的上海,不仅有纽约的多元包容,也有巴黎的时尚创新、伦敦的理性规矩。这些基本特质,都是基于"沪"的原型而阐发、演绎的。

"沪"的原型力量在20世纪中期之前得到长足的发展,充分显示了其开放多元的勃勃生机。换言之,"沪"的原型,只要赋予原初的非人为的生态环境,其文化原创的活力就不可估量。"沪"的原型综合了欧美主要大城市的特性,不能不说是一个奇迹,也是城市未来发展值得借鉴和进一步大力探索的模式。

由此可见,上海城市的容器是以"竹栅"为其原型的。作为容器,"沪"不是封闭的,而是开放的,在进出中形成其"场性"空间。值得注意的是,"竹栅"本身及其"底盘"是吴越文化的根系。相应的,上海城市的磁体功能即是融合功能,即融合多元文化和人群。

四、 上海城市发展面临的问题

近现代上海的发展体现了"沪"的原型的有效演绎,其经历了三个阶段的发展:

"开埠前上海地处江南边缘和大运河漕运体系的边缘,民情、风俗、习惯、信仰等俱受江南中心城市苏州和杭州影响,可以说是江南的上海"。

"开埠以后,江南这种区域城市格局随着中外贸易体制的确立而发生了深刻的变化,上海与世界经济、文化的互动日益紧密,并在这种日益紧密的互动中日趋现代化和国际化。据滨下武志、古田和子等学者的研究,早在19世纪后半期,中国商人已成功建立起以上海为中心、覆盖东亚甚至整个亚洲的商业网络（即所谓‘上海网络’）和‘交易圈’”。

“甲午战后，民间资本投资兴业解禁，在一派‘商战’的呼声中，上海快速步入工业时代，沪东、沪北、沪西、沪南等都市工业区次第成型。到了两次世界大战之间，上海在此前累积的外贸、工业、制度和西学传播等方面优势的基础上，快速发展成为整个亚洲最繁华和最国际化的大都会，江南的上海遂变成名副其实的世界的上海。”①

海派文化也是在这个时期形成的。1992 年以后的上海再度成为世界的上海。但这多半是经济行为的成果，文化上海的“沪”却日益陌生。“上海”在哪里？

芒福德曾说城市的三大使命是：“储存文化、流传文化和创造文化。”他意味深长地指出：“……如果说在过去许多世代里，一些名都大邑，如巴比伦、雅典、巴格达、北京、巴黎和伦敦，都曾经成功地主导过他们各自国家民族的历史的话，那首先是因为那些大都城都始终能够成功地代表各自的民族历史文化，并将其绝大部分留传给后世。”②

显然，文化是城市的命门。城市在迅猛扩展，人口在高速膨胀，而文化创新却不见什么大动静，这与城市的本质相背离。上世纪 90 年代末，上海市组织相关人员研究文化定位和发展目标，但是一直不见起色，甚至原先日趋成熟的海派文化，非但没有充实，反而衰退了。从地方戏剧、文艺小说、绘画、建筑和电影等，越发不见海派特色而趋于同质化。

文化上海不再，涉及因素很多。从林间隙地原型看，至少有两大问题没有被正确对待，或没有引起足够注意，从而导致文化上海无法承上启下。

在林间隙地“天地人”的三才关系中，地是基础，是地气，对应于于容器的功能。而在城市容器中储存着代代相传的记忆，包括城市的历史文脉。这些都是城市发展的依据。但是就城市发展而言，20 年来，无数的工地和到处圈写着的“拆”字，至少在石库门保护方面，历史文脉被无情地抹杀了。商业利益、政府业

---

① 周武：《上海研究再出发》，《文汇报》2015 年 5 月 8 日。

② 转引自［美］刘易斯·芒福德：《城市发展史》，宋峻岭、倪文彦译，中国建筑工业出版社 2005 年版，译者序第 14，12 页。

绩像高速列车,不可阻挡地碾压着本属保护对象的文化历史。尽管一直有专家呼吁保护文化历史,但利益方太强大,难以奏效。

这是地的有形方面。至于无形方面,问题更多。地表现为地气,表现为地方文化、地方风味的特殊性。随着城市的扩展,郊区迅速地消失,与之相关的风俗、民俗、传统技艺、戏剧和语言也急剧萎缩。很难想象,存在数千年的吴越方言,竟处于失传的境地。有人感叹,在上海,若路上遇到讲沪语的“老乡”,往往会有莫名的激动。那么上海到底是家乡还是异乡?

德国哲学家海德格尔说:“语言是存在之家。”语言是文化的载体,体现了地方风味,反映了本地人的精神特质(就像洪堡特讲的民族精神的结构),是城市个性的内在因素。随着方言的消失,地域文化便会因失去依据而很快消失,海派文化也就无从谈及。

从天的方面讲,对应于城市的磁体。不错,上海吸引了全国各地的人才,但不是芒福德讲的那种源自神性的磁体。大都市人流的聚集是基于其物态化资源的集聚(聚集的目的不在人),而这本非城市的本质。由于工业化不可抗拒,人口聚集也不可避免。这里的磁体功能主要表现为融合功能,表现为人群间、文化间的融合。

问题是,海派文化的融合优势,如今不复存在。社会学的相关调研表明,不少新上海人不同于50—60年前的刚来上海的“新上海人”。他们对上海文化的认同度较低,在上海学习、工作、生活,但与上海却没什么文化心理的联系。“入乡随俗”的法则失灵了。而在1949年之前,甚至在20世纪90年代之前,还没有出现这现象。这显然与人口大量涌入密切相关。但是上海人口的大量流入在历史上也发生过好几次,也都未曾有过如此的“隔离”。

城市的现代化,与民族国家的现代化是完全相通的。亨廷顿指出:由于工业化发源于西方国家,因此,现代化最初直接等于西方化。但是到了后期,必须复兴本土文化才能实现现代化。①同理,城市的现代化,也必须复兴本土文化,方能实现现代化。但是,时下城市的发展大多盲目追求现代化的“高大上”,而无视本土文化(个性与特色)的存在。这恰恰是其缺乏根基的表现,是不可持续的。

---

① [美]塞缪尔·亨廷顿:《文明的冲突与世界秩序的重建(修订版)》,新华出版社2010年版,第54—55页。

以“沪”的象征而言,人流的大量涌入(水和水流),对机遇(鱼类等)不择手段的追逐,最后将瓦解“竹栅”本身。这样,城市容器也将不复存在。

那些一心关注城市容器聚集效应和效益的人,强烈主张其集成度,就像计算机芯片——集成度越高,速度越快,成本越低,对此大家乐观其成。但是别忘了,城市容器毕竟不是硅片的集成地,而是人的聚集地。人不可能成为硅片。主张集成的人,眼里只有效益,却不知道人的存在,看不到人在城市中的主体地位。

根据质量与引力定理,质量越大,引力也越强。城市的聚集效应在不断地强化其质量,同时也增强了其引力(磁体吸引力)。但是天体物理学表明,质量过大的星球是致命的,最典型是死亡之星——黑洞的存在,吸引力太强,以至于什么也没有了。城市,超大型利维坦城市,恐怕就是一种黑洞城市。

因此,城市大规模、无限量的发展以及相应的人口的膨胀,是十分危险的。芒福德指出:“那些认为现在大城市只有盲目发展别无其他办法的人也许是大大忽视了城市权这样集中所带来的历史性的结果,他们忘记了这种情况不止一次地标志着一种历史的周期性文化在完全崩溃和垮台以前的最后阶段。”①

总之,上海城市面临的主要问题是文化复兴的乏力。而这也体现了容器与磁体关系,体现了天地人的关系。一方面城市缺乏多元融合而日趋同质化,欲望和好胜弥漫在城市的上空;另一方面,浮躁,不接地气,无视本土本地文化的深厚的历史和人文资源,因而原先的特色和个性都处于退化状态。

五、 整合与个性化:城市治理的有为和无为

城市是人的聚合体,城市的发展在某种程度上可以看作是个体人格的放大,其存在的问题也就可以对照个体人格的问题了。

比如城市个性化问题,在分析心理学中,有荣格讲的个性化(individuation),汉语世界又译为自性化。翻译成自性化较好地反映其本质,并与自性原型(the self)发生字面联系。荣格认为个性化(自性化)使个体变得“不可分割”,成为独

① [美]刘易斯·芒福德:《城市发展史》,宋峻岭、倪文彦译,中国建筑工业出版社 2005 年版,第 538 页。

立的不可分的整合或“整体”，聚世界于己身，从而实现其独特性。①显然，这是基于“individuation”一词的词根分析（in-不、不可，divide 分离），但也触及其本质。

安德鲁·塞缪斯（Andrew Samuels）说：“自性化过程是围绕以自性为人格核心的一种整合过程。”②自性（the self）体现了人格或精神的统一体，是统一、组织、秩序的原型，像太阳系的太阳，把别的原型，以及这些原型在意识和情结中的显现，都吸引到它的周围，使之处于一种和谐状态。

显然，个性化不是放任，而是体现了人格的整合过程，也体现了精神的统一性。个性化的过程也是心理容器滋养、成长的过程，是一颗种子生长为大树的过程。而“心理治疗本质上是一种个性化的过程”。个性化的同时，人格也在整合中，两者并驾齐驱。③当然这一切都属于无意识的运作，就像有机生命的成长。

心理整合与个性化实现了人格的健全与独特。与此对应的，城市发展也有类似的过程，即城市的个性化与城市的整体化相辅相成。

那么城市如何实现其个性化？这涉及以政府为代表的城市主体（相当于与个体的意识部分）的公共政策。政府等主体在决策、规划等方面的强势地位，以及面面俱到的控制力，表面上显得有序，实际上是过度干预了城市的自组织运行。假如政府适当放手，留有余地，让城市规划等项目处于“有机生长”状态，那么，城市个性化的无意识就启动了。芒福德常常赞美中世纪城市的有机性，也是基于这样的特征。比如道路不一定整齐划一，但依势而造，曲折有情。这就体现了城市管理者无为与无不为。

在本土文化资源的引导和发展方面，同样需要城市主体的无为与无不为的智慧。这方面的经验，可以与民国时期工务局的城市政策，乃至租界当局的公共政策相比较。当然就当下而言，首先需要那些非常有为的刚性政策配合。因为城市发展的趋同化，很大程度上是由于刚性政策的一刀切，而且彼此缺乏协调。这样就无法有效地整合，因而也难以实现个性化。

（作者为华东理工大学社会与公共管理学院教授）

---

① 引自申荷永：《荣格与分析心理学》，广东教育出版社 2004 年版，第 79 页。

② 转引自申荷永：《荣格与分析心理学》，广东教育出版社 2004 年版，第 79 页。

③ ［美］霍尔、诺德贝：《荣格心理学入门》，冯川译，三联书店出版社 1987 年版，第 115、117 页。

多种声音一个世界：中国与国际媒体互引的社会网络分析

吴 瑛 李 莉 宋韵雅

1980年联合国教科文组织发布《多种声音 一个世界》(MacBride, 1980)的报告,对全球传播结构进行评估,成为国际传播领域重要的参考文献。35年过去了,国际格局已由两极向多极发展,新兴经济体蓬勃发展,而以中国为代表的"金砖五国"、"新钻十一国"等新兴国家能否参与重构西方所垄断的全球传播结构?中国在信息多极化的浪潮中能否发出自身声音?

从2010年起,中国已成世界第二大经济体,据国际货币基金组织(IMF)按购买力平价(PPP)计算,中国在2014年甚至已超过美国成为世界最大经济体。①从硬实力看中国已从世界体系的边缘走向了中心,但有关软实力尤其是对传媒实力的评估一直是学界争论的焦点。

有学者通过量化分析提出,中国已成为一个传媒大国,传媒实力位居世界第二位(胡鞍钢、张晓群,2004)。但也有学者对此质疑,认为该研究指标体系建的不科学,同时指出,有关传媒实力的研究还缺乏实证分析,可见其有很大的难度(黄旦,2006)。本文从媒体间互引的视角切入,通过分析中国与西方国家以及周边国家媒体间的信息流动,来揭示中国在世界信息体系中的角色。本文无意于全面评估中国传媒软实力,仅希望从一个角度来接近这项艰难的评估。

一、 世界体系的中心与边缘

探讨中国在世界体系中的角色时,依附论(Dependence Theory)和世界体系

① 国际货币基金组织世界经济展望数据库,http://www.imf.org/external/pubs/ft/weo/2015/01/weodata/index.aspx, 2015年4月6日。

论(World System Theory)是重要的理论维度。依附论是在20世纪50年代拉美和非洲"现代化战略"受挫的背景下被提出的。普雷维什(Raul Prebisch)和汉斯·辛格(Hans Singer)的两篇论著提出了"中心—边缘"的假设(Prebisch, 1949; Singer, 1949)。认为西方发达国家与发展中国家的关系是"中心—外围"关系,后者依附于前者,受前者剥削和控制。边缘对中心的依附不仅表现在经济上,而且还表现在政治与文化上,是一种综合性的依附。弗兰克(Gunder Frank)等学者对概念进行了发展,称"中心"为"都市"(metropolis),"边缘"为"卫星"(satellite)(Frank, 1966),中心与边缘关系越密切,边缘受剥削程度就越深,贫富分化也越严重。这后来受到了巴西、阿根廷等国发展经验的挑战,埃文斯(Peter B Evans)由此提出"依附性发展"概念,他针对巴西从"传统的依附"演化为"依附性发展"的过程,论述了依附与发展相结合的可能性(Evans, 1979)。

世界体系理论吸收了依附论的主要观点,并对依附论进行了整合,由伊曼纽尔·沃勒斯坦(Immanuel Wallerstein)于20世纪70年代提出(Wallerstein, 1974)。在"世界体系分析法"视野下,没有封建的、奴隶制的生产方式,一切我们所认为的非资本主义的生产方式都以是否处于资本主义的中心或非中心来区分。该理论接受了依附理论对"中心—边缘"和两者间不平等交换的观点,同时增加了"半边缘"的概念,由此形成"中心—半边缘—边缘"的结构关系,半边缘国家处于具有高利润的中心国家和低利润的边缘国家的中间地带,是两种经济的混合。此后,诸多学者对此进行了量化检验(C.Chase-Dunn & Grimes, 1995; C.Chase-Dunn & Hall, 1993),其中萨尔瓦多·巴伯尼斯(Salvatore J.Babones)从人均国民收入指标出发,通过28年来对103个国家的研究,将其中的73个国家分别界定为中心、半边缘和边缘国家(Babones, 2005),中国被列为半边缘国家。

此后,世界体系理论的关注对象从经济辐射到信息。边缘对中心的依附被分解得越来越细,成为一个涉及学术依附、文化依附、金融依附、市场依附、人力资源依附、消费依附、生物工程依附、环境依附、军事依附以及政策依附的全方位依附关系(Ghosh, 2001)。世界体系被定义为社会间的网络,信息网络与经济、政治、军事网络一样成为重要的网络资源(C.K.Chase-Dunn & Hall, 1997)。

对于当前国际信息网络的结构和中国所处的位置,学者们持不同的观点。有学者认为,国际信息网络也存在"中心—半边缘—边缘"的结构(Chang,

Himelboim, & Dong, 2009; Wu, 2007)。尽管因特网是开放的,跨国界的信息流动却仍处于一个“封闭的网络”(Chang et al., 2009)中,呈现出国家间的差序与区隔。文化帝国主义现象依然存在,甚至存在“再中心化”的现象(李彪、潘佳宝,2014)。即使中国目前在经济上已成为世界的中心,但要在文化产业的竞争上占据重要的国际地位,还有很长的路要走(Vlassis, 2015),中国并没有走向强势(Johnston, 2013)。不可否认,中国声音正日益被国际媒体引用,但却常陷入被“负面引用”的尴尬局面(吴瑛,2011)。

相反观点认为,虽然日益广泛的信息覆盖使得全球媒体的中心性降低,但中心国家的中心性却在增强,一些半边缘国家的地位逐渐显现。在全球电信网络上,有学者发现过去几十年的信息流动结构稳定,与中心—边缘体系相一致,但中国和中东等半边缘地区与世界的信息交流发生了重要改变(Barnett, 1998)。在全球因特网中,研究在统计 47 个国家的网页超链接数据后发现,美国是居于最中心的国家,然后是澳大利亚、英国、中国和日本,中国已成为一个网络中心节点。虽然以世界体系传统的经济指标来衡量,中国的人均收入比较低,但因特网用户量和总体经济规模使得中国在国际信息流中处于中心国家的位置。(Barnett & Park, 2005; Segev, 2008)。

中国拥有全世界最复杂的地缘政治环境,周边共有 20 个国家,包括陆地邻国 14 个,海上邻国 6 个,这些国家的政治制度、经济发展阶段和文化渊源均有所不同,而且大多数处于世界体系的边缘。在“一带一路”和“周边国家命运共同体”建设的愿景下,“互联互通”成为周边战略的主要内容。本文既选取了周边国家,同时将西方传媒大国放入参考坐标,通过对中国与国际媒体互引网络的分析来揭示全球范围内的信息流动,进而勾勒中国在世界信息体系中的角色。

二、 社会网络视角下的中国媒体

社会网络分析法(Social Network Analysis)为媒体间互引分析提供了新的视角与方法。在美国社会学界,社会网研究被认为与理性选择学派、新制度论学派并列,它不但是未来最具影响力的三大学派之一,而且其影响力还扩散到其他领域(刘军,2009:前言)。

社会网络分析建立在这样的认识论基础之上:社会是一个由各种各样的“关系”构成的网络,在不同的交流空间,都存在着一个可能的结构使得行动者之间直接或间接地彼此相连,又受到控制。本文就将国际媒体间的互引关系看成是一个社会网络,每个媒体作为“行动者”(actor)成为网络中的“节点”(node),而媒体间的互引关系成为节点之间的“边”(edge)。研究通过分析这些节点与边的关系,来探索互引网络中的信息流动,以及其背后存在的权力结构关系。

社会网络研究可以追溯到20世纪30年代,杰卡布·莫任诺(Jacob Moreno)通过社会计量学分析构想出“社群图”,以学校、足球队等人际网络为例来探索社会结构的特征(Moreno, 1933, 1934)。60年代,“小世界理论”或“六度分割理论”(Milgram, 1967)的提出推进了对社会网络的想象。该理论认为世界上所有互不相识的人只需要很少的中间人就能建立起联系,项目组尝试了只需要通过5个中间人就可以连接世界上任何两个人的试验。70—80年代以后,在社会网络的基础上提出了一些中层理论,并且通过量化方法进行检验。比如格兰诺维特(Mark Granoveller)的“弱关系理论”(Granovetter, 1973)论证了求职过程中“弱关系”可能带来的频繁的信息流动。戴维·魁克哈特(David Krackhard)则从相反的视角讨论了“强连带优势理论”(The Strength of Strong Ties)(Krackhardt, 1992)。罗杰斯(Everett M.Rogers)的创新扩散论(Rogers & Shoemaker, 1971)对信息流动网络、多步创新流动和创新采用曲线进行了分析。90年代以后,“社会资本”(Social Capital)(Lin, Cook, & Burt, 2001)理论成为美国社会网络研究的热点,“经纪人”(broker)、“网络闭合”(closure)等概念被提出(Burt, 2004),推进了社会网络研究趋向成熟。这些理论探索从不同视角分析了社会网结构、个人位置等因素对资源获得、信息传播、人际影响、情感支持等诸多变量的影响。

21世纪以后,互联网尤其是社交网络的兴起为社会网络研究带来了新的机遇,计算机辅助的网络可视化实现了突破,大量可用于各种网络和复杂系统、动态和分层图的交互可视化工具被应用。其中NetMiner、Ucinet、Pajek、Gephi、GUESS、NodeXL、ORA和Cytoscape是被使用较多的软件。到目前为止,社会网络分析与传播相关度较高的研究包括:对文献引用和知识积累的研究、对互联网超链接的研究、对热点网络事件的研究、对微博推特等新媒体的研究等。

当前对传统媒体间互引的研究十分匮乏。除了有学者针对欧洲传统主流媒体间的互引关系进行分析(Veltri, 2012)外,有关其他跨国界的,包括针对中国,以及其他发展中国家的研究十分罕见。前期研究表明,传统媒体对新媒体的“媒介间议程设置”(Weaver, McCombs, & Shaw, 2004)作用显著。新媒体议程相对离散,去中心化程度高,尤其涉及国际新闻时,能形成国际影响的新媒体议程主要还是来源于传统主流媒体,而新媒体以转载传统的国际主流媒体为主(相德宝,2012)。对传统主流媒体关怀的缺失,就会导致学术圈(即使是中国学者)很难了解中国媒体在国际信息体系中的位置。尤其考虑到中国的传媒体制现状,国家对传统媒体“走出去”投入了大量经费,支撑“一带一路”、“民心相通”工程,但效果怎样还需要有不同角度的评估。

“渗透力和影响力”是衡量传媒实力的核心(胡鞍钢、张晓群,2004),对媒体间互引的分析就成为衡量传媒实力的一个重要角度。本文将利用社会网络分析法来检验当前世界信息体系的结构,将西方媒体、中国媒体、周边媒体作为研究对象,并以中国媒体为核心。通过对中国与西方和周边媒体间新闻互引的分析,来呈现信息传递规律与背后的权力关系。对于本文的研究假设,第一个假设围绕世界信息体系的主导者展开。西方媒体长期以来控制着全球信息流,那么随着世界政治经济格局的演变和新媒体时代的到来,西方媒体的这种垄断地位仍不可动摇吗?第二个假设关注本文最重要的研究对象中国。中国长期以来处于世界信息体系的边缘,存在着严重的信息“逆差”,从西方输入的信息多,向世界输出的信息少,那么随着国力的提升,中国的角色是否有相应的变化?第三个假设将在此基础上进一步分析中国媒体近五年来的变化,探索发展的趋势如何?第四个假设则关注中国在区域信息结构中的地位,探索在“一带一路”和周边战略”背景下,中国媒体能否跟上经济提升的步伐,在区域信息结构中占据优势地位?具体研究假设如下:

假设1:西方媒体处于世界体系的中心,能控制整个国际媒体网络的消息源。

假设2:中国和周边国家媒体仍处于世界体系边缘,受西方消息源的控制。

假设3:近年来中国媒体的中心性逐渐升高,开始从边缘趋近中心。

假设4:中国与周边国家媒体形成子结构与派系,显示出独立于西方的力量。

三、研究方法

为完成对以上四个假设的检验,研究采用社会网络分析法展开。

选择国家:本文根据多位学者(Babones, 2005; C.Chase-Dunn, Kawano, & Brewer, 2000)以国家人均收入、贸易等指标对世界体系的划分,选取16个国家进行研究。包括美国、英国、法国、德国、日本、新加坡、南非、韩国、巴西、马来西亚、智利、中国、印度、菲律宾、俄罗斯、印尼。他们散布于世界体系的中心、半中心和边缘三个区域,既覆盖欧美发达国家,又覆盖新兴经济体"金砖五国"(BRICS),也包含中国周边国家。

确定媒体:本文选取16个国家32家主流媒体为研究对象,每个国家2家媒体。选择媒体的标准是:一是要求有国际影响力的媒体,而且限制在同一种传播载体即报纸上,具有较强的可比性;二是参考"世界报纸趋势数据库"(The World Press Trends Database)的统计,按报纸发行数量高低选择报纸;三是在Factiva、Lexisnexis、慧科数据库中的可得性。本文多语种的外语新闻主要从Factiva数据库获得,该库未收录的从Lexisnexis获取,中文新闻从慧科数据库获取。

根据以上标准,中国选取《人民日报》、《中国日报》,美国《纽约时报》和《华盛顿邮报》,英国《卫报》和《泰晤士报》,法国《世界报》和《解放报》,德国《世界报》和《南德意志报》,日本《读卖新闻》和《每日新闻》,新加坡《海峡时报》和《联合早报》,俄罗斯《俄罗斯报》和《消息报》,韩国《朝鲜日报》和《东亚日报》,印度《印度时报》和《印度斯坦时报》,菲律宾《菲律宾每日询问报》和《菲律宾星报》,巴西《圣保罗报》和《环球报》,南非《水星报》和《星报》,智利《信使报》和《时代评论者报》,马来西亚《新海峡时报》和《星洲日报》,印尼《雅加达邮报》和《雅加达环球报》。

划定时间:统计近5年即2010年1月1日到2014年12月31日的新闻。从2010年起,中国GDP超过日本成为世界第二大经济体,但与此同时,随着南海问题等矛盾的激化,中国的周边局势紧张。本文通过社会网络分析展现近年来中国媒体与国际媒体信息交流的路径和结构,同时还对历年的媒体互引情况进行纵向比较。

收集数据:本文统计的“互引”是指媒体之间相互引用的次数。搜索时,在数据库中分别以32家报纸为新闻来源,以中文、法文、德文、日文、俄文、西班牙文等多语种报纸名输入,采用布尔检索法(Boolean)搜索并辅以人工过滤。

建立矩阵:本文将32份报纸作为32个节点,报纸间的引用关系构成边,形成一个32*32的多值有向图,本文对于有向图的定义是被引关系。比如《人民日报》引用了《纽约时报》,则形成一个从《人民日报》到《纽约时报》的边。以表1第1对数据为例,《中国日报》引用《人民日报》2 800次,而《人民日报》引用《中国日报》为171次。统计时使用Ucinet 6.528和Gephi 0.8.2两款社会网络分析软件,将数据导入后,形成一个32*32的邻接矩阵,之后对数据进行对分处理和对称化处理,在此基础上进行整体网络(whole network)、个体网络(ego-network)和凝聚子群(cluster)分析。本文还使用绘图工具NetDraw 2.145画出结构图,并对报纸进行PageRank值排名。

表1　媒体间互引的次数(2010—2014年)

	人民日	中国日	海峡时	联合早	读卖	每日	印度时	印度斯	纽约时	华盛顿	俄罗	消息	朝鲜	东亚日	菲律	菲律宾	法国	解放	南德意	德国	圣保	环球	水星	星报	新海峡	星洲日	信使	时代	雅加达	雅加达	卫报	泰晤士报
人民日报		171	41	283	113	114	92	12	878	542	62	141	50	18	17	13	181	41	69	204	39	30	0	16	8	34	3	0	60	7	309	145
中国日报	2800		1	49	192	127	125	60	4195	452	4	6	74	20	25	22	94	83	30	25	9	19	2	2	0	7	5	5	44	6	251	196
海峡时报	228	194		1259	81	41	80	42	1184	290	2	1	22	11	41	33	33	33	2	7	0	2	0	0	0	146	1	1	207	132	337	96
联合早报	766	58	4127		143	66	27	15	823	275	1	2	99	19	9	4	50	11	3	30	0	0	0	0	15	344	1	0	28	13	137	96
读卖新闻	301	9	16	0		763	0	9	197	275	0	40	152	93	0	0	7	224	18	0	0	4	0	0	0	0	0	0	7	0	151	87
每日新闻	1634	13	5	0	757		0	6	243	407	0	18	1768	105	0	0	107	1618	47	0	0	7	0	0	0	0	0	0	5	0	285	85
印度时报	283	127	47	0	1	1		258	1131	383	1	0	1	0	0	1	12	7	1	1	0	3	3	2	0	0	0	0	2	1	255	122
印度斯坦时	109	136	3	0	1	0	242		533	257	0	5	1	0	0	1	34	12	2	3	1	7	5	9	1	0	0	0	3	4	398	96
纽约时报	722	483	0	3	79	22	288	224		5572	9	87	55	7	12	11	800	348	134	147	87	58	12	11	0	1	10	14	29	11	4197	3380
华盛顿邮报	225	112	0	1	33	1	81	44	10089		3	18	10	2	1	0	64	35	13	9	1	8	3	3	0	1	6	3	1	0	2322	199
俄罗斯报	29	2	1	0	6	0	0	0	85	1		225	15	0	0	0	8	21	8	14	0	0	0	0	0	0	0	0	0	0	37	31
消息报	12	7	0	0	0	0	0	0	66	79	225		6	0	0	0	11	7	2	22	0	0	0	0	0	0	0	0	0	0	128	32
朝鲜日报	139	17	0	1	68	67	5	1	131	61	15	3		910	0	2	39	42	1	4	0	0	0	0	0	0	0	0	1	0	37	16
东亚日报	41	16	0	0	45	20	0	0	113	54	0	0	66		1	0	6	7	0	1	0	0	0	0	0	0	0	0	0	0	22	11
菲律宾每日	35	39	2	0	7	2	5	0	384	70	0	1	2	0		63	7	4	0	0	0	0	1	0	2	3	0	3	15	1	114	21
菲律宾星报	25	44	1	0	2	0	0	1	92	35	0	0	0	0	93		3	2	1	0	0	0	0	13	0	0	0	0	2	3	81	7
法国世界报	61	66	0	0	3	0	1	0	35	8	8	38	20	3	1	1		1240	349	185	42	25	0	0	0	0	3	10	1	1	277	52
解放报	55	64	0	0	8	3	6	0	30	15	21	20	9	4	0	0	407		96	111	11	10	0	0	0	0	2	0	0	0	131	67
南德意志报	16	89	0	0	17	7	4	27	213	19	6	123	25	6	0	1	446	333		747	64	138	1	20	0	0	1	18	0	1	277	260
德国世界报	12	72	0	0	10	3	0	9	33	7	14	43	22	1	0	1	87	110	368		16	19	8	15	0	0	1	8	0	0	106	86
圣保罗报	52	150	0	0	14	0	10	5	1317	68	0	6	5	0	1	0	269	69	21	20		928	0	9	0	0	0	0	7	0	428	135
环球报	17	30	0	0	4	1	5	3	649	105	0	6	2	0	0	0	456	112	22	29	42		0	56	0	0	0	31	0	0	518	125
水星报	10	26	0	0	2	3	40	14	336	385	0	2	0	0	0	1	25	0	8	3	3	0		806	0	0	0	0	0	0	88	126
星报	33	63	0	0	11	8	18	2	189	319	1	0	0	0	0	0	0	0	3	4	2	4	320		0	0	6	3	8	1	111	209
新海峡时报	69	34	0	3	5	0	51	11	152	35	0	0	2	0	18	7	4	0	0	0	0	0	2	0		41	1	2	37	15	62	64
星洲日报	467	334	229	421	258	106	51	7	1019	395	3	13	230	36	15	37	28	6	10	15	1	3	0	0	1125		8	0	96	30	328	233
信使报	1	3	0	0	0	0	0	1	69	10	0	0	2	0	0	0	34	4	6	8	21	46	0	0	0	0		1597	0	0	1	38
时代评论者	0	0	0	0	0	0	0	0	7	3	0	0	0	0	0	0	1	0	0	0	1	2	0	0	0	0	20		0	0	0	0
雅加达邮报	48	25	4	0	4	0	13	2	121	29	0	1	2	0	7	0	8	0	1	0	0	2	2	0	2	0	1	1		8	14	14
雅加达环球	4	3	0	2	0	0	0	0	108	30	0	1	1	0	1	2	3	0	0	0	0	0	0	0	0	0	0	0	6		0	0
卫报	249	217	0	0	50	12	243	94	8090	1884	14	33	35	11	4	3	756	333	4	119	44	68	31	56	2	0	22	16	21	16		2351
泰晤士报	374	175	0	1	53	1	282	75	6375	1757	21	125	48	16	5	4	934	666	244	315	21	18	53	63	1	0	17	12	16	7	5541	

四、数据与论证

(一)对假设1的检验:西方媒体处于世界体系的中心,能控制整个国际媒体网络的消息源

多维空间感知图、网络结构图显示西方媒体的中心性。多维标度分析(MultiDimensional Scaling)是解析研究对象相似性的一种多元统计方法,旨在把高维

的研究对象转化到低维空间进行研究,该方法按对象间距离的远近对其分类,以散点图的形式展示出来。本文通过 Ucinet 软件中的 MDS 功能创建出 32 份报纸的多维空间感知图,图中节点间的距离反映媒体间的相似性。图 1 显示,处于最中心的是美国和英国媒体,中国的《人民日报》和《中国日报》也处于中心地位,散布在这个中心之外的是法国、日本、韩国、印度等国媒体,最外围则是俄罗斯、菲律宾、智利、印尼等媒体。

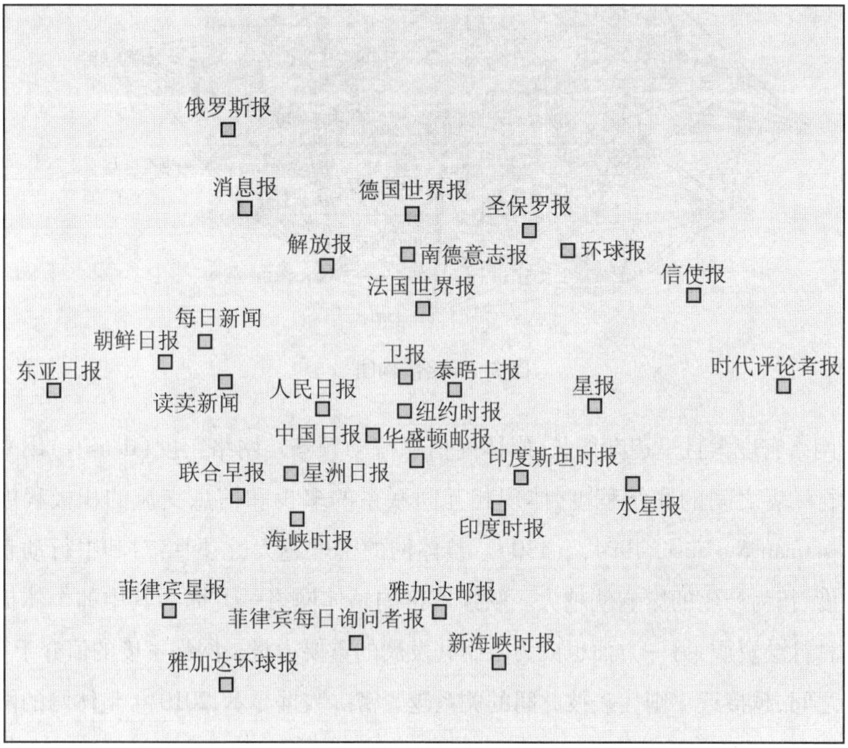

图 1　多维空间感知图

除了 MDS 图,本文还利用 NetDraw 画出了网络结构图。图 2 媒体节点越处于结构图中心,表明其在互引网络中越趋于中心地位。节点的大小代表度数的大小,度数是入度和出度之和,也就是被引次数和引用次数之和。两个节点间线条的粗细代表信息流动量即引用数量的大小。图 2 显示,《纽约时报》、《卫报》处于最中心且节点最大,其次是《泰晤士报》、《华盛顿邮报》、法国《世界报》,中国的《人民日报》、《中国日报》也居于中心位置，而且以上节点间的信息流动量都很大。与这些节点间的信息交换相比，其他线条较粗的关系更多地存在于同一国家的两份报纸之间，如新加坡的《海峡时报》和《联合早报》，这些节点本身并不大，表明他们的度数不高，但两者间的互引非常频繁。而俄罗斯、智利、印尼等国的节点非常小。总体上图 1 与图 2 的效果相近，表明这种结构的稳定性。

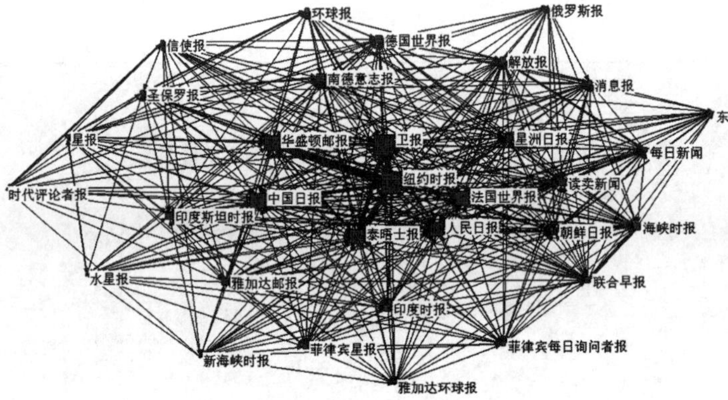

图 2　网络结构图

网络密度大且呈逐渐增长，媒体间信息流动频繁。网络密度（density）用来测量行动者之间的联结程度，体现相互间联系的多少和信息交流的积极程度（Wasserman & Faust，1994，p.130）。整体网的密度越大，该网络对其中行动者的态度、行为产生的影响就越大。联系紧密的整体网络一方面为其中的个体提供各种社会资源，另一方面也成为限制其发展的重要力量。网络密度的值介于 0 和 1 之间，越接近 1 则代表彼此间的关系越紧密。数据显示，2010 年整体网的网络密度是 0.484，2011 年为 0.508，然后 2012 年 0.509，2013 年 0.511，2014 年 0.516，图 3 这种逐年上升的趋势表明，虽然新媒体正在削弱传统媒体的地位，但报纸间的互引却越来越频繁。

网络中心势极低且呈下滑态势，信息权力日益分散。中心性（centrality）是衡量整个网络中心化程度的重要指标，既包括对整体网络的测量即网络中心势，也包括对个体的测量即节点中心度。在媒体互引网络中，网络中心势（Freeman，1979）显示互引网络的内聚性能在多大程度上围绕某个节点组织起来，是衡量网络总体凝聚力或整合度的指标。网络中心势取值在 0 和 1 之间，数值越小，表示

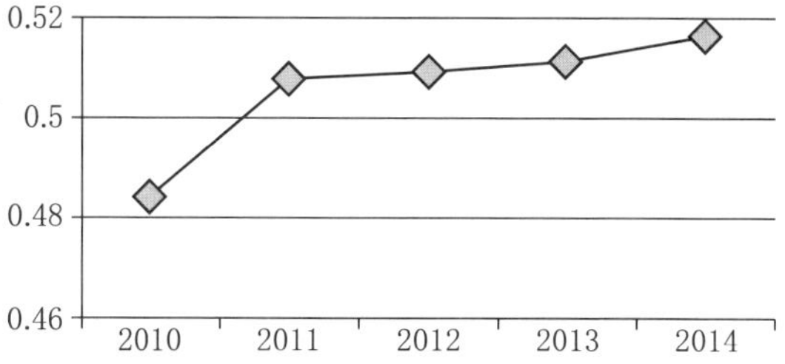

图 3　整体网密度(2010—2014)

越“去中心化”,权力越分散,越难有中心节点对整个网络实现控制。而数值越大,则说明网络中心性越强,权力越集中。数据显示,媒体互引网络的弗里曼中心势(Network Centralization)非常低,仅在 0.050 7—0.083 6 之间波动,表明主流媒体间的权力高度分散。在这个网络中,很难有某个媒体对国际舆论场的信息流动形成主导与控制。

总体上看,一方面,西方媒体尤其是美英媒体仍处于整个网络结构的中心;另一方面,随着新媒体时代全球范围内的信息流动加速,媒体间的交流日趋频繁,网络的“去中心化”趋势明显。信息权力的分散使得西方媒体开始面临难以垄断消息源的困境。

(二)对假设 2 的检验:中国和周边国家媒体仍处于世界体系边缘,受西方消息源的控制

中心势是对整个网络内聚性的测量,是整体网络分析。而中心性则是对个体中心性和信息权力的测量,又分点度中心性(Point centrality)、接近中心性(Closeness Centrality)和中介中心性(Betweenness Centrality)三个指标,是个体网络分析。计算节点中心度的意义在于,处于中心位置的媒体更易获得信息,拥有更大权力,容易对其他媒体设置议程。

中国媒体点度中心性低于美英,但高于其他欧洲和周边媒体。节点的“度”指的是和该节点相关联的边数。在有向图中,度是入度和出度之和。在本文的互引网络中,入度表示该节点媒体被其他媒体引用的总次数,入度越高反映出该媒体受网络中其他成员尊崇和欢迎的程度越高;出度则表示该节点媒体引用其他媒体的总次数,出度越高表示该媒体对信息的包容度越大。统计显示,入度居前 5 位的是《纽约时报》、《卫报》、《华盛顿邮报》、《人民日报》、《泰晤士报》;而出度排在前 5 位的是《泰晤士报》、《纽约时报》、《卫报》、《华盛顿邮报》和《中国日报》。

对于中国的两份报纸，虽然国际媒体引用《人民日报》时，常会以“共产党拥有”(party-owned)、“国家控制”(state-controlled)等词界定，内容也多有负面信息，但单从被引量来看，已处前 4 名的高位，而《中国日报》引用其他消息源次数远超《人民日报》，体现出其开放姿态。总体来看，如果将入度与出度相加得到节点度，美英仍处于优势地位，中国媒体虽然排在美英之后，但不仅明显高于法国、德国、日本，更高于巴西、印度、俄罗斯、南非等其他“金砖国家”。

表 2　个体网中心性分析

报　纸	入度	出度	接近中心性	中介中心性
人民日报	8 817	3 693	1.065	32.121
中国日报	2 779	8 930	1.032	30.746
海峡时报	4 477	4 506	1.129	7.591
联合早报	2 023	7 162	1.161	4.464
读卖新闻	1 967	2 353	1.452	5.949
每日新闻	1 368	7 110	1.452	3.663
印度时报	1 669	2 643	1.290	6.813
印度斯坦时报	922	1 863	1.258	11.615
纽约时报	38 887	16 813	1.065	34.750
华盛顿邮报	13 822	13 288	1.129	31.218
俄罗斯报	410	483	1.548	1.907
消息报	958	597	1.613	1.762
朝鲜日报	2 724	1 560	1.355	9.848
东亚日报	1 262	403	1.581	0.793
菲律宾每日询问者报	251	781	1.323	8.142
菲律宾星报	207	405	1.484	4.067
法国世界报	4 914	2 430	1.258	19.118
解放报	5 368	1 070	1.387	6.143
南德意志报	1 463	2 859	1.194	12.865
德国世界报	2 023	1 051	1.258	9.209
圣保罗报	405	3 514	1.387	5.695
环球报	1 401	2 213	1.387	6.224
水星报	443	1 878	1.452	1.730
星报	1 081	1 315	1.355	3.211
新海峡时报	1 156	615	1.355	1.956

(续表)

报　纸	入度	出度	接近中心性	中介中心性
星洲日报	577	5 504	1.097	2.558
信使报	108	1 841	1.516	3.069
时代评论者报	1 724	34	1.871	0.666
雅加达邮报	596	309	1.323	9.557
雅加达环球报	257	161	1.645	2.168
卫报	16 943	14 778	1.097	22.709
泰晤士报	8 380	17 220	1.065	25.672

中国媒体的接近中心性高,不依赖其他媒体获得和传播信息。接近中心性用于考察行动者传播信息时不依靠其他行动者的程度,它描述的是特定节点到其他所有节点的平均最短距离值。一个节点离其他节点的距离越近值就越小,他在信息传播中越不受制于其他节点,信息可以快速的在他和其他节点之间流动。而一个非核心节点只有依赖其他节点获得和传播信息。在互引网中,节点中心性值最小的是《中国日报》,表明他离其他节点的距离是最近的。接着是《纽约时报》、《泰晤士报》、《人民日报》都为 1.065,可见接近中心性最高的是中国、美国和英国报纸,而智利、俄罗斯、印尼和其他国家的距离值很高。

中国媒体的中介中心性较高,处于其他媒体重要的交通路径上。如果一个行动者处于许多交往网络的路径上,那他就处于重要地位,其他行动者的信息交流需要通过该行动者才能进行。因此中介中心性测量的是节点对信息资源的决定性大小和控制程度。一个节点越处于其他节点的交通路径上,则该节点的中介中心性就越高。《人民日报》、《中国日报》的中介中心性低于《纽约时报》和《华盛顿邮报》,却高于英国、法国、德国等欧洲媒体,表明在互引网中,中国报纸对信息拥有很强的控制能力。日本的《读卖新闻》是全球发行量最高的报纸,但它在互引网中的各项指标并不高,甚至低于印度。

因此,从点度中心性、接近中心性、中介中心性三个指标来看,当前中国媒体已走出世界信息体系的边缘。中国媒体不仅不受西方媒体消息源的控制,而且还处于媒体互引网络重要的交通路径上,具有对其他节点间信息流动的控制能力。

（三）对假设3的检验：近年来中国媒体的中心性逐渐升高，开始突破边缘趋近中心

中国媒体的点度中心性呈显著上升趋势。图4显示，2010—2014年，不管是《人民日报》还是《中国日报》，其5年间节点的度数都经历了翻倍增长。《人民日报》从2010年开始稳步上升，到2014年翻了一倍多；《中国日报》即使在2014年有所回落，但在2013年达到顶峰时，也是2010年的两倍。

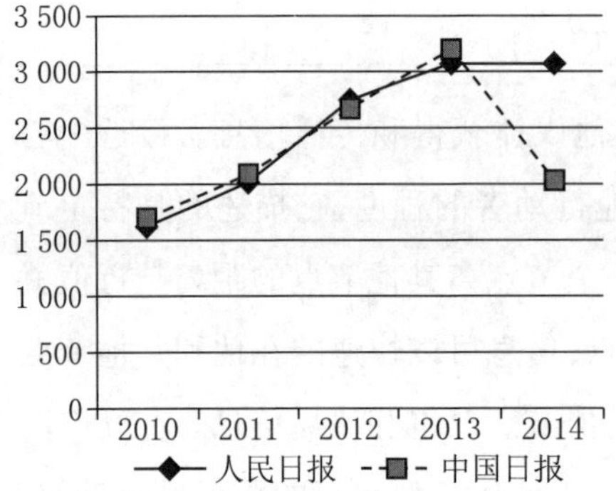

图4　中国媒体点度中心性趋势

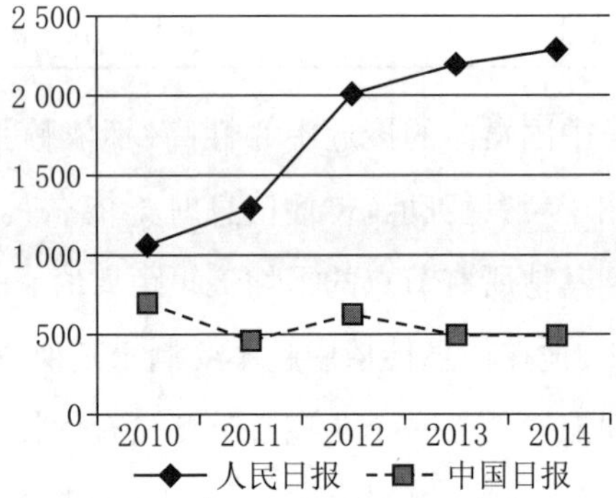

图5　中国媒体入度趋势

《人民日报》入度显著上升而出度低位运行。这表明它受国际媒体高度关注，但它对其他媒体的开放度却很低。图5显示，近5年来《人民日报》的入度即被国际媒体引用的次数增长了近1.5倍，且是《中国日报》被引用次数的近5倍，表现出很高的国际关注度。《人民日报》作为党中央机关报，它发布的信息已成为国际舆论研判中国立场、中国态度和中国发展的风向标。当然，对于国际媒体的引用倾向如何，还需要借助文本分析实现。与此相比，《人民日报》对其他媒体的引用却一直处于低位运行，不仅比美国、英国报纸要低，甚至比新加坡、日本的报纸还低，表现出引用消息源时的保守性与封闭性。

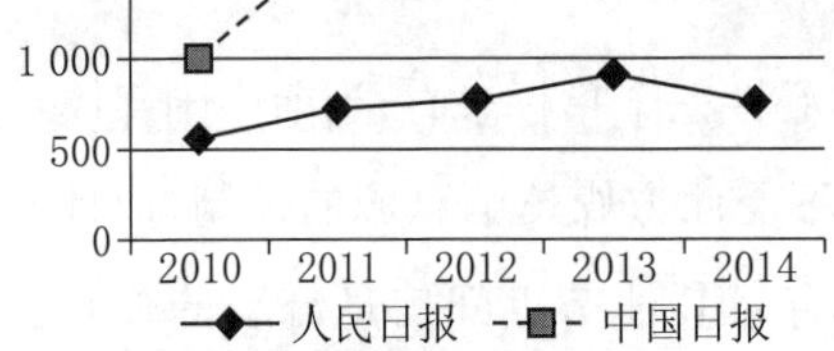

图6　中国媒体出度趋势

《中国日报》的出度高入度低。表明它引用其他媒体次数多，对信息开放度大，但却未受国际社会高度关注。图6显示，《中国日报》在近5年间引用其

他国家媒体的频数都远高于《人民日报》,总出度在32份报纸中列第5位,高于大部分报纸。2013年该报出度甚至是《人民日报》的近3倍。但它并未表现出对信息不断开放的态势,2014年又有所下降。与出度相比,《中国日报》的入度一直处于低位徘徊。这一现象耐人寻味,作为中国对外宣传的主力军,《中国日报》以英语出版,担负着"向世界说明中国"的使命,但却并未因语言优势而受国际媒体瞩目。

尽管中国媒体中心性高,但在"影响有影响力的媒体"上仍显不足。PageRank又称网页排名,以谷歌创始人拉里·佩奇(Larry Page)命名,是谷歌标识网页等级的一种方法。它根据超链接之间的关系评估网页的受关注度,目前较多的链接分析算法都是在此基础上衍生出的。表3显示,《纽约时报》PageRank指数名列第一,美英媒体的指数仍居于领先地位,中国报纸居第7和第8位。值得注意的是,法国和德国虽然在点度中心性、接近中心性、中介中心性上都不高,但PageRank排名却与中国相似。法国报纸列第5和第6位,德国列第9和第10位。像这种PageRank排名和中心性不相符的现象还体现在俄罗斯《消息报》上。对比表2发现,《消息报》的入度和出度在32家报纸中快要垫底了,但其PageRank却相对靠前,表明俄罗斯媒体仍拥有一定的国际影响力。

表3 媒体PageRank排名

排名	媒体	指数	排名	媒体	指数	排名	媒体	指数
1	纽约时报	0.230	12	印度时报	0.015	23	印度斯坦时报	0.011
2	卫报	0.127	13	时代评论者报	0.015	24	星报	0.009
3	华盛顿邮报	0.116	14	朝鲜日报	0.014	25	圣保罗报	0.009
4	泰晤士报	0.079	15	信使报	0.013	26	水星报	0.007
5	法国世界报	0.051	16	东亚日报	0.013	27	雅加达邮报	0.007
6	解放报	0.047	17	读卖新闻	0.012	28	菲律宾每日询问报	0.007
7	人民日报	0.042	18	每日新闻	0.012	29	菲律宾星报	0.006
8	中国日报	0.026	19	俄罗斯报	0.012	30	星洲日报	0.006
9	南德意志报	0.026	20	环球报	0.012	31	雅加达环球报	0.006
10	德国世界报	0.025	21	海峡时报	0.011	32	新海峡时报	0.006
11	消息报	0.016	22	联合早报	0.011			

PageRank 排名与中心性的计算方法不同。该方法在考虑引用的同时,还考虑了引用者本身的等级。数据显示,大量引用中国媒体的是周边国家如日本、韩国、马来西亚的报纸,地缘政治因素影响明显,但这些媒体本身在互引网中的影响力有限。而《纽约时报》等权威报纸引用法、德媒体的数量远高于引用《人民日报》和《中国日报》,这就使得法、德的 PageRank 高于其中心性排名,而中国的 PageRank 低于其中心性排名。可见中国媒体被引用的"量"和被引用的"质"还未完全匹配。

因此,从近 5 年的纵向比较来看,中国媒体的中心性呈上升态势。其中《人民日报》被引用率高,但信息开放度低,引用其他媒体次数少;与此相比,《中国日报》虽然信息开放度高,但被引率不高。中国媒体开始走出"边缘"渐趋"中心",在引用和被引的总量上都表现强势,但在"影响有影响力的媒体"上仍显不足。

(四)对假设 4 的检验:中国与周边国家媒体形成子结构与派系,显示出独立于西方的力量

社会网络分析的凝聚子群(cohesive subgroups)是一种社会结构分析,用于提取网络中可能存在的"派系"(clique)。社会心理学对凝聚子群的研究发现,子群内部存在着相似的目标、规范和心理,进行频繁的信息分享,进而产生相对紧密的合作关系。对凝聚子群的度量包括四个角度的处理:一是关系是否互惠;二是子群成员是否可达;三是子群内部成员之间交往的次数;四是子群内部成员之间的关系相对于内、外部成员之间的关系密度。凝聚子群分析从媒体互引网中析出了以下 6 个子群。

表 4 凝聚子群分析

子 群	子 群 成 员
子群 1	纽约时报、卫报、华盛顿邮报、泰晤士报、人民日报、中国日报、印度时报、印度斯坦时报、新海峡时报
子群 2	海峡时报、联合早报、菲律宾每日询问报、菲律宾星报、星洲日报、雅加达邮报、雅加达环球
子群 3	俄罗斯报、消息报
子群 4	读卖新闻、每日新闻、朝鲜日报、东亚日报、法国世界报、解放报
子群 5	南德意志报、德国世界报、圣保罗报、环球报
子群 6	信使报、时代评论者报
子群 7	水星报、星报

中国媒体附属于以美英为核心的子群。凝聚子群显示的最大的、也是最核心的子群1主要由美国、英国、中国和印度组成。结合Lambda分析显示,这个子群中处于最核心也拥有最紧密关系的“主干网络”是《纽约时报》和《卫报》,对于最核心的行为体,一旦将其去除就会导致整个团体的瓦解。与这两家报纸形成的网络信息流动最频繁、关系最紧密的是《华盛顿邮报》,然后是《泰晤士报》,再外围是中国、印度等报纸。可见,尽管中国媒体在体制和理念上与美英不同,但在信息互引上无法独立于西方,事实上也不必独立于西方,只有借助既存的核心网络才有可能形成自身的影响力。

中国媒体没有和周边媒体形成子结构。中国具有全世界最严峻的周边环境,周边20个国家大多是欠发达国家,缺乏凝聚共识、传播独立声音的机制,更缺乏独立于西方的、和谐的声音。中国虽然与周边国家频繁地分享消息源,但并未和他们结成信息交换“圈层”或“团体”。表4显示,子群2由菲律宾、新加坡、马来西亚、印尼4个国家构成,显示东南亚国家之间的互联互通是相当紧密的,这当然与地缘因素密切相关,但中国作为他们“最强大的邻居”,却并未能进入和引导这个由东南亚国家组成的小团体。

周边国家媒体处于离散化状态。与东南亚4国凝聚成“小团体”相区别,其他中国的周边国家更是呈离散分布。印度在子群1中,围绕在美英媒体的主干网络周围,具有较高的PageRank排名;俄罗斯独自形成子群3,距离核心网络较远,但仍存在较高的国际影响力;日本和韩国同处东亚,他们联合成子群4,具有较为频繁的信息交换。由此中国的周边国家分别散布在四个子群中,表明其目标、规范和信息分享机制都存在着显著的差异。

因此,虽然中国媒体已渐趋世界信息体系中心,但美英媒体仍高度凝聚,并且结合成互引网中最核心的主干网络。中国媒体附属于美英所引领的子群中,并未显示出独立于西方的力量。与此同时,中国媒体也未能与周边媒体形成子结构和派系,无法引领周边国家的信息交换流向。

五、研究结论与局限

萨义德曾经这样描述东方人在国际话语体系中的角色,“他们不能代表自己，他们只能被代表”。①西方声音通过文学作品、文化艺术、科学科技、学术规范，以及媒体话语影响着东方。中国长期以来处于世界体系的边缘，在21世纪之初有关世界体系理论的文献中，中国还被列为边缘或半边缘国家。与经济依附相对应的是信息依附，中国声音包括一些媒体都在被西方国家的议程设置所引导，这不仅导致我们不能积极主动地向世界传递“中国声音”，还会在“沉默的螺旋”效应下被西方的“强势话语”所“同化”。

新媒体时代世界信息体系不可避免地遭遇“去中心化”，但这并不意味着“中心—半边缘—边缘”结构的消失。从统计数据来看，美国、英国仍然占据着国际媒体互引网络的中心，《纽约时报》、《卫报》相互之间高强度的互引构成了最核心的主干网络，他们引用其他媒体和被其他媒体引用的次数都居于领先地位，引领着整个网络的信息流动。而同处于西方的法国、德国虽然也表现出一定的中心度，但是和美英相比并未显示出“西方阵营”的强势，在一些指标上也低于中国甚至新加坡等，西方媒体在信息体系中的“中心”地位开始产生分化。

对于中国的媒体实力和信息权力，尽管诸多中外学者对此并不看好，认为中国媒体实力的发展大大滞后于硬实力，中国媒体的硬件和基础设施并不能体现“渗透力和影响力”。但从本文分析的互引网络来看，随着中国的崛起，中国媒体已经走出“边缘”渐趋“中心”。《人民日报》受国际媒体高度关注，被引率高，《中国日报》则表现出对消息源的开放度。两份报纸与其他节点的距离近、处于国际媒体互引网络重要的交通路径上，表明中国媒体已界入到世界的各个角落，但是，中国媒体在“影响有影响力的媒体”上还有很大的提升空间。

中国媒体的高中心性与其国有属性，以及官方信息高度集中的现象有关。比如国际媒体引用了《人民日报》就代表其引用了我党的立场和观点，这种引用背后所隐含的意义与传媒私有化的国家显然存在差异。

“民心相通”是“一带一路”战略的社会根基。民调结果显示，在东亚和东南亚多数国家中，有超过五成的公众认为，中国将成为“十年后对亚洲事务最有影响力的国家”，这一比例比选择美国的公众要多(Chu, Kang, & Huang, 2014)。

---

① 这句话最早由卡尔·马克思提出，但被萨义德在《东方学》一书中转引以后，成为东方国家弱势话语地位的象征。参见 Said, E.Orientalism, New York: Vintage, 1978, p.1.

随着经济共同体建设的推进,中国已成为周边绝大多数国家最大的贸易伙伴和最大出口市场。中国媒体也随之与周边媒体频繁互动,日益成为周边媒体的消息源,但从互引关系来看,周边国家对引用美英媒体的重视程度明显高于对中国媒体的引用。即使中国已离开"边缘"渐趋"中心",也仍然围绕在以美英为核心的"主干网络"周围。中国媒体对周边媒体的影响力还非常有限,未形成信息流动的"子结构",双边关系显现出"经济热、政治冷、信息更冷"的现象,离引领周边国家还有距离。

不可否认的是,随着新媒体时代的到来、西方世界内部的分化,以及包括中国、印度、俄罗斯等在内的新兴经济体的崛起,西方媒体垄断国际信息流动的格局正遭遇挑战,"多种声音一个世界"将在新兴力量的推动下,从一个"倡议"逐渐地走向"实践"。

本文的研究缺陷在于,社会网络分析旨在揭示信息流动和行为体间的关系,重视信息流动即引用的"量",而对于这种流动即引用的"质",包括引用的语境、倾向,以及影响因素,还需要通过其他方法来跟进研究。此外,出于数据库拥有文本量的局限,以及分析多语种新闻的难度,本文的样本选择有待扩展和完善。希望未来能获取更系统、全面的新闻文本,以此探索中国和其他国际媒体在全球信息体系中的位置,以及其发展变化的轨迹。

参考文献

胡鞍钢、张晓群:《中国传媒迅速崛起的实证分析》,《战略与管理》2004 年第 3 期。

黄旦、屠正锋:《也谈中国的传媒实力》,《新闻记者》2006 年第 1 期。

刘军:《社会网络分析导论》,社会科学文献出版社 2004 年版。

刘军:《整体网分析讲义:UCINET 软件实用指南》,格致出版社 2009 年版。

吴瑛:《中国话语的议程设置效果研究》,《世界经济与政治》2011 年第 2 期。

李彪、潘佳宝:《再中心化:文化帝国主义视角下全球媒介产品贸易网络研究——基于全球电影贸易的社会网络分析》,《国际新闻界》2014 年第 3 期。

相德宝:《国际自媒体涉华舆情现状,传播特征及引导策略》,《新闻与传播研究》2012 年第 1 期。

Babones, S.J. The Country-level Income Structure of the World-Economy. *Journal of World-Systems Research*, 2005, 11(1), pp.29—55.

Barnett, G.A. The Social Structure of International Telecommunications. *Advances in Telecommunications*, 1998, 15, p.151.

Barnett, G.A., & Park, H.W. *The Structure of International Internet Hyperlinks and Bilateral Bandwidth.* Paper presented at the Annales des telecommunications, 2005.

Burt, R.S. Brokerage and Closure: Oxford University Press, 2004.

Chang, T. K., Himelboim, I., & Dong, D. Open Global Networks, Closed International Flows: World System and Political Economy of Hyperlinks in Cyberspace. *International Communication Gazette*, 2009, 71(3), pp.137—159.

Chase-Dunn, C., & Grimes, P. World-systems Analysis. *Annual review of sociology*, 1995, pp.387—417.

Chase-Dunn, C., & Hall, T. D. Comparing World-systems: Concepts and Working Hypotheses. *Social Forces*, 1993, 71(4), pp.851—886.

Chase-Dunn, C., Kawano, Y., & Brewer, B.D. Trade globalization since 1795: Waves of integration in the world-system. *American sociological review*, 2000, pp.77—95.

Chase-Dunn, C. K., & Hall, T. D. *Rise and Demise: Comparing World-systems*: Westview Press Boulder, CO, 1997.

Chu, Y.-H., Kang, L., & Huang, M.-H. How East Asians View the Rise of China. *Journal of Contemporary China*(ahead-of-print), 2014, pp.1—23.

Evans, P.B. *Dependent Development: The Alliance of Multinational, State, and Local Capital in Brazil*(Vol.487): Princeton University Press, 1979.

Freeman, L.C. Centrality in Social Networks: Conceptual Clarification. *Social Networks*, No.1, 1979, pp.215—239.

Frank, A. G. *The Development of Underdevelopment*: New England Free Press Boston, MA, 1966.

Ghosh, B.N. *Dependency Theory Revisited*: Ashgate Aldershot, 2001.

Granovetter, M. S. The Strength of Weak Ties. *American journal of sociology*, 1360—1380, 1973.

Johnston, A.I. How New and Assertive is China's New Assertiveness? *International Security*, 2013, 37(4), pp.7—48.

Krackhardt, D. The Strength of Strong Ties: The Importance of Philos in Organizations. *Networks and organizations: Structure, Form, and Action*, 1992, p.216, p.239.

Lin, N., Cook, K.S., & Burt, R.S. *Social Capital: Theory and Research*: Transaction Publishers, 2001.

MacBride, S. *Many Voices, One World: Communication and Society Today and Tomorrow: Towards a New More Just and More Efficient World Information and Communication Order*: Unipub; Paris: Unesco, 1980.

Milgram, S. The Small World Problem. *Psychology today*, 1967, 2(1), pp.60—67.

Moreno, J.L. Emotions Mapped by New Geography. *New York Times*, 1933, 3, 17.

Moreno, J. L. Who Shall Survive?: A New Approach to the Problem of Human

Interrelations, 1934.

Prebisch, R. *The Economic Development of Latin America and its Principal Problems*: UN, 1949.

Rogers, E. M., & Shoemaker, F. F. Communication of Innovations; A Cross-Cultural Approach, 1971.

Segev, E. The Imagined International Community: Dominant American Priorities and Agendas in Google News. *Global Media Journal*, 2008, 7(13).

Singer, H. W. Economic Progress in Underdeveloped Countries. *Social Research*, 1949, pp.1—11.

Veltri, G.A. Information Flows and Centrality Among Elite European Newspapers. *European Journal of Communication*, 2012, 27(4), pp.354—375.

Vlassis, A. Soft Power, Global Governance of Cultural Industries and Rising Powers: the Case of China. *International Journal of Cultural Policy*(ahead-of-print), 2015, pp.1—16.

Wallerstein, I. The Modern World-System I: Capitalist Agriculture and the Origins of the European World-Economy in the Sixteenth Century(Studies in Social Discontinuity). *New York: Academic*, 1974.

Wasserman S. & Faust K. *Social Network Analysis: Methods and Applications*, Cambridge: Cambridge University Press, 1994, p.129.

Weaver, D., McCombs, M., & Shaw, D.L. Agenda-setting research: Issues, attributes, and influences. *Handbook of political communication research*, 2004, pp.257—282.

Wu, H.D. A Brave New World for International News? Exploring the Determinants of the Coverage of Foreign News on US Websites. *International Communication Gazette*, 2007, 69(6), pp.539—551.

(第一作者为上海外国语大学新闻传播学院副教授,第二作者为上海对外经贸大学商务信息学院副教授,第三作者为香港浸会大学传理学院助理教授)

有无人民币的 SDR 汇率波动：亟待扩容代表性货币

丁剑平　向　坚　蔚立柱

一、序言：2015 年人民币进入 SDR 成为关注热点

特别提款权(Special Drawing Right, SDR)诞生于 1969 年,作为国际货币基金组织(International Monetary Fund, IMF)储备货币和记账单位,每隔五年 IMF 都审核一次。这一次过后,下一次要等到 2020 年。2010 年 IMF 拒绝人民币进入 SDR 的理由是人民币还不能自由可兑换。从 2011 年至今全球银行间金融电文网络(SWIFT)的人民币交易量已经排在第五位。60 多个国家央行已经开始投资人民币。事实是人民币已经成为世界上经常使用货币排位第四,有 35%的中国贸易是用人民币结算的。虽然 SDR 是“纸黄金”还不能直接用于进出口结算支付,但其作用更重要是“网络外部性”,犹如石油用美元来标价一样。SDR 就目前的功能来说主要是作为储备货币的记账单位,IMF 也只是将 SDR 的功能定格在作为国际储备资产的功能上。如果将来要扩展该功能,则势必将要延伸到对主要商品计价上去,同时这才是实质性挑战美元的地位。国际储备货币的“网络外部性”主要通过计价单位来衡量全球主要商品价值。这将在人们头脑中形成根深蒂固的印象。

早在 2011 年 3 月,20 国集团的南京会议就对人民币未来与国际货币制度进行了讨论。虽然中国在货物进出口贸易规模上位居世界首位,但人民币的地位还远远不尽如人意,预测要到 2050 年才能排在美元之后成为第二大国际货币。人民币要成为国际记账单位和价值储存的特别提款权(SDR)的五分之一,就目前来说,还有“三大”不可逾越的障碍。拒绝人民币进入 SDR 的理由就是人民币还有一定程度的钉住美元的成分。倘若人民币成为进入 SDR 的构成货币,以此类推,只不过增加了 SDR 篮子里的美元相对欧元和日元的比重。新(后)进入的货币必须有一定的波动率(方差)并与已经在篮子里的货币构成协方差。一定程度上与美元

挂钩的汇率制度不利于人民币进入这个篮子。二是长期顺差的人民币意味着汇率不均衡,汇率没有灵活性,作为SDR之一则会影响其记账单位的准确性,降低SDR对全球其他国家的吸引力。三是人民币尚不可以充分可自由兑换,为此在国际外汇市场上没有发挥其应尽的义务。目前所有的金融开放措施,例如QFII或RQFII、自贸区FT账户、“沪港通”等都是有总额限制的,这些都是技术操作层面上的“创新”。倘若人民币进入SDR货币组成,中国人民银行在自愿基础上提供美元来换SDR,这样可以将中国的外汇储备分散化来减少对美元风险暴露。

金融开放与货币走向“独立”是同步的。这里的“独立”指的不仅是与上述SDR中的构成货币形成一定的协方差,而且有自己的“核心价值”(作者将其定义为独立存在的属性)。拿美元为例,1973年美元在脱离黄金后转向与定价石油(参照但不钉住),主要是因为让美元继续钉住黄金已经不再符合美国的核心利益。美国不是主要黄金生产国和消费国,难以控制世界黄金价格。为了获取石油的美元计价权,美国与中东的主要产油国曾经发生了两次大摩擦(两次石油危机),通过霸权获得石油的美元计价权力。更重要的是,美国也拥有大量的石油储藏资源,通过其技术,三个主要的页岩区带贡献了全美86%的新增产能,从而对原油进口形成替代,2014年美国本土原油产量20年来首次超过其进口量。美国从供需双向都可以掌控石油价格。全世界大宗商品交易中心都聚集在美国,都用美元指数发布。不仅具有指数的“网络外部性”,更重要的大宗商品的需求映射了全球经济周期,当经济周期进入衰退期,对大宗商品的需求减少,单位美元后面的商品反而越多,美元则处于升值期。一般来说,衰退期也是国际资本的抽逃期,由于美元的坚挺,唯独美国市场上的资本不逃离,却出现涌入现象,美元变成了世界危机时期的“避风港”。所以美国资本项目开放是没有“后顾之忧”的,美元本身就是干预货币,也不需要持有他国的外汇储备。反面例子则是俄罗斯、印尼等大宗商品生产国,他们自己生产的商品却用美元计价,而卢布与印尼盾的汇率则处于美元与大宗商品之间的“尴尬处境”。多数情况是其名义有效汇率与大宗商品价格正相关,与美元指数是负相关(区别只不过是程度差别而已)。由于出口收入减少使得印尼盾在衰退期无力再度钉住美元。“雪上加霜”的是这类国家资本市场都很脆弱,大量资本抽逃早在意料之中,剧烈的货币贬值预期和即时利率的拉升也无法阻止资本抽逃。这类国家的资本项目开放时的汇率波动不能发挥“跌停板”的作用。这就是没有大宗商品计价权货币(不属于国际干预货币)的“原罪”。他们货币后面的“核心价值”让人捉摸不透。其汇率“独立”波动问题没有真正得到解决。“三元悖论”中的汇率浮动旨在发挥减缓和隔绝国际“游资”的冲击。如果汇率浮动不能发挥此(灭火器)作用,资本项目开放则是“门户洞开”(除非如中国那样的人民币兑换总额限制)。浮动汇率也绝对不是“放风筝”,两类货币之间的博弈就是看哪种货币拥有其“核心价值”。没有“核心价值”的货币就一定会败下阵来。中国应该重视每隔五年的机会,进入 SDR 不仅是“形象”的国际记账单位,更重要的是获得了世界储备资产和未来可能的主要商品价格记账象征,这种隐含的“网络外部性”更为重要。作为国际价值的制定标准者之一比什么都重要。为此,就贸易总量来说,中国居于世界第三,理应该进入 SDR。一旦成功,各国政府官方储备中就会增加人民币的含量。就目前人民币占世界各国央行的外汇储备比重来说,十分有限,被归类在“其他国家”之中,与美欧不是一个数量级,与英镑和日元也相差甚远。就均值来看,还排在加元和澳元之后(见图 1)。这与中国的国际形象极不相称。

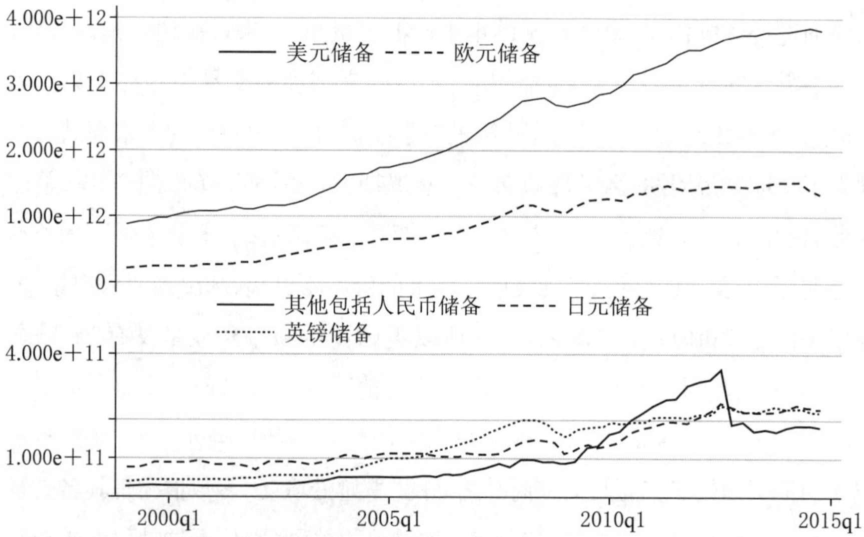

图 1　SDR 等货币在各国央行官方储备中的变化

数据来源:IMF 网站。

注释:由于欧元和美元与其他货币不在一个数量级上,纵轴是分为两段的。纵轴单位:美元。

二、文献综述

(一) SDR 记账单位功能及扩展

关于 SDR 的记账单位功能在其建立之初就已经明确,International Monetary Fund(2011)在报告中指出 SDR 能在三个方面改进国际货币系统功能:复合型储备资产、记账单位、发行 SDR 计价证券。SDR 的记账单位能够用于定价全球贸易,计价金融资产,钉住主权货币、记账等。SDR 篮子构成提供了比其他货币更稳定的计价单位和价值储存功能,也有助于解决官方和私人部门的汇率波动风险。Michael 和 Ugrult(1993)就实证分析得出,由于 SDR 是主要货币篮子,所以 SDR 回报的方差最小,是比较稳健的价值储存货币。

在国内学者中,乔依德和徐明棋(2011)认为国际贸易中以本币计值是低效率的,而以 SDR 计值可以在一定程度上避免汇率风险。同时,推动在国际贸易上的 SDR 计值也可以促进 SDR 债券市场的发展,而更具流动性的 SDR 债券市场又可以使 SDR 更具有定价的基础。王信(2011)认为改革国际货币体系,就要发挥 SDR 作为记账单位(unit of account)的作用:用 SDR 作为报告货币,如要求各国国际收支统计以 SDR 表示,用 SDR 进行会计核算;将 SDR 作为国际贸易计价单位;鼓励各国政府、多边开发银行发行 SDR 债券,增加 SDR 资产供给;实行钉住 SDR 的汇率制度,一些国家的国际贸易和投资涉及多种国际货币,它们的货币钉住 SDR 可能比钉住单一货币更优。

进入 20 世纪 90 年代以来,SDR 的发展面临严重困难,其储备资产和计价货币地位正走向衰落。SDR 虽然相对于主权货币更稳定,但其货币职能尚有一定的缺陷:(1)作为计价单位,由于 SDR 种种限制,并未有以 SDR 为锚的国家;(2)现有份额分配和权重也不合理,未考虑新兴国家的影响力,SDR 的稳定性和代表性受到了质疑(祝小兵,2009)。左小蕾(2011)认为 SDR 要承担国际储备货币的职能,可以从三个方面来重新定位实现这一目标:推动 SDR 作为各国汇率的“锚”;强化 SDR 的商品定价的标的定价职能,减少国际贸易中摩擦和损失;把具有主权货币和国际储备货币双重功能的货币的政策调整功能和范围,约束在各自国界之内。总之,如果继续把 SDR 限定在对国际储备资产的记账单位上,不延伸到主要商品的计价上则 SDR 走不远。

（二）SDR 稳定性需要继续充实

这方面的国内外文献较少，尤其使用定量研究方法从 SDR 价值稳定性的角度研究人民币加入 SDR 的文献更少。既存文献都是通过 SDR 汇率波动方面去衡量其稳定性。钱文锐和潘英丽（2013）将人民币加入 SDR 货币篮子，研究得出 SDR 对主要货币的短期波动性减少，也有利于 SDR 价值的长期稳定性；以 SDR 对黄金和石油等大宗商品定价可以与以美元定价时相比有效降低大宗商品价格的波动性。因此，国际货币体系需要人民币加入 SDR，这将有利于提升我国在国际货币体系改革中的战略主动性。刘影（2014）也认为人民币加入 SDR 篮子将使 SDR 更具有代表性。如果将人民币纳入 SDR 篮子货币，其储备货币的作用将大大提升，同时也有利于增加储备货币体系的稳定性。中国等新兴市场国家的货币进入 SDR 篮子，有利于提升新兴市场国家在国际金融领域的话语权，也有助于 SDR 成为超主权储备货币，促进国际货币金融体系朝着公平、公正、有序的方向发展。

此外，赵冉冉（2013）使用蒙特卡洛模拟的方法考察了在多种条件下人民币加入 SDR 前后含有 SDR 的我国外汇储备资产组合的表现。结果表明：人民币加入 SDR 货币篮子后，包含 SDR 的外汇储备资产组合的风险得到了更好的控制，同时在以完成多重任务或国内保值为目标的最优资产组合中，人民币加入 SDR 后 SDR 的占比得到显著提高。这说明 SDR 的经济功能被人民币放大了。此外，SDR 还有违约概率极低及对外汇市场冲击小等优点。因此，人民币加入 SDR 可以为我国提供一种优秀的外汇储备投资工具。这也是人民币加入 SDR 可能给我国带来的最重要的利益之一。

国外研究 SDR 稳定性代表性学者是 Agnès Bénassy-Quéré 和 Damien Capell（2012），他们假定了人民币完全钉住美元和完全自由浮动两种情况，在这两种情况下分别从短期波动和长期汇率偏差来衡量人民币加入 SDR 后的稳定性，通过实证分析，总体来看，人民币加入 SDR 将会减少 SDR 的波动，并随着人民币权重的增加对 SDR 波动的影响会越大。同时，人民币有长期升值趋势，而发达国家货币却可能是趋于贬值，所以通过萨缪尔森效应分析认为人民币的加入有利于稳定 SDR 的价值，增强 SDR 的记账单位和价值储存功能。IMF（2011）认为 SDR

最主要的功能是作为储存价值和记账单位,所以 SDR 构成的货币篮子需要相对的稳定,这是 SDR 货币篮子构成最重要的原则。SDR 应调整货币篮子以反映新兴市场货币的影响,尤其是人民币:扩展货币篮子能使 SDR 计价资产的风险降低,加深金融市场深度,提高 SDR 的多元性和代表性,从而增加吸引力。

显然,当前文献大多集中于人民币加入 SDR 的可行性、意义、必要性、局限性的角度,鲜有从假设人民币已经进入 SDR 后的影响角度考察效果。因此,在 IMF 将就人民币是否纳入 SDR 作出决定之际,本文已从假设人民币已经进入 SDR 后的影响角度考察效果,突出全球贸易占比原则设定 SDR 货币权重,检验了 SDR 有无人民币的汇率波动,并通过扩展对世界主要商品价格计价功能和作为与主要贸易国货币的相关性指数,使得 SDR 更有全球记账单位的代表性。

三、 突出全球贸易占比原则来设定 SDR 货币权重

在黄金非货币化后,美元对大宗商品的态度是"参而不钉",这予以美国更大的灵活度。尽管如此,美元与主要大宗商品价格波动还是根据美国自身的需要有所调整。作为衡量商品的价格尺度载体,其自身平稳性攸关重要。否则会加重"投机"操作。作为国际储备的记账单位 SDR,不能只是停留在对储备资产的记账功能上,未来要走向对全球主要商品的计价上。为此本文比较了原来的四国,再加上中国的实体经济的比较(占世界贸易交易量和 GDP)。

图 2 从增长速度来看,唯有中国处于上升趋势。中国已经超过日本和英国进入第三位。中国贸易与 GDP 是高度匹配的。相反,美国的 GDP 占比远远大于贸易总额,从另一个角度可以解读为美国金融市场和服务的效率更高,而这也可以解释为与泡沫有关。欧元区则相反,不仅内部贸易和对外贸易总额都是全球第一,GDP 占比低于贸易额占比也说明了泡沫不严重。再从进出口数据分析:中国的进出口额占比都还是趋于上升,除了美国之外,其他四国都基本维持着进出口贸易平衡。似乎美国为了提供世界的流动性,利用了"特里芬两难"的现象,通过进口来支持美元的海外扩张。

如果根据历次 SDR 篮子货币调整原则之一,该货币发行国商品和服务出口在过去五年内名列前茅,则应该加入中国因素,否则 SDR 没有全球衡量价值的

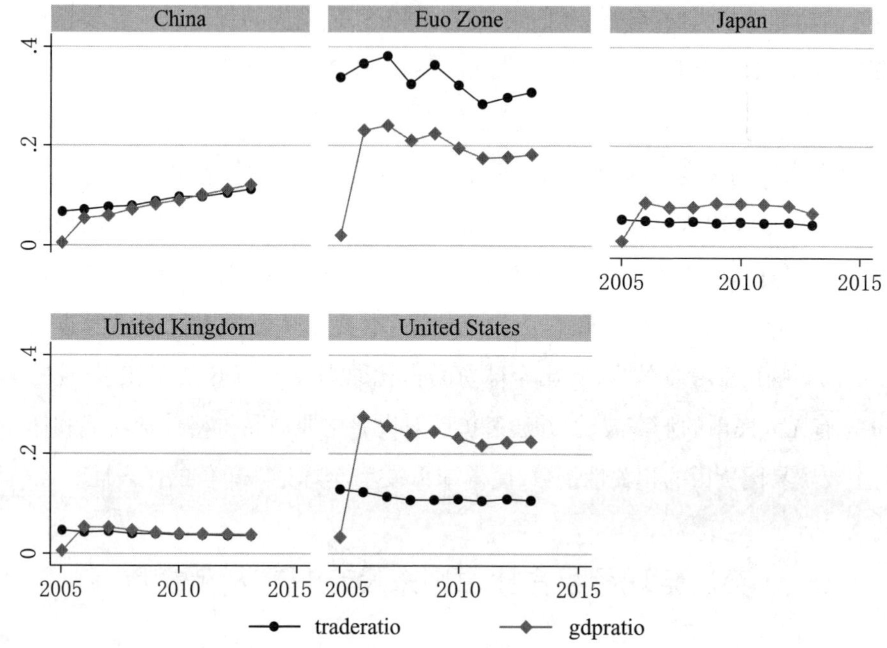

图 2　五国在世界贸易额和 GDP 的占比

统计资料来源:IMF 数据库/世界银行—世界发展指标数据库(WDI online)
其中 traderatio 表示该国的世界贸易额占比;gdpratio 表示该国的 GDP 占比。

表 1　根据 2013 年五个国家外贸额、汇市交易额占世界比重估算的特别提款权比例

权　重	人民币	美　元	日　元	欧　元	英　镑
对外贸易额占比		0.215 6	0.085 4	0.633 0	0.066 0
	0.186 6	0.175 4	0.069 5	0.514 8	0.053 7
汇市交易额占比		0.560 5	0.148 3	0.215 1	0.076 0
	0.014 2	0.552 5	0.146 2	0.212 1	0.075 0
外贸+汇市权重占比		0.388 0	0.116 9	0.424 1	0.071 0
	0.100 4	0.364 0	0.107 9	0.363 4	0.064 3
比较 2011 年至 2015 年国际货币基金组织设定的 SDR 权重					
		0.419 0	0.094 0	0.374 0	0.113 0

资料来源:同上。

代表性。由于 IMF 没有公开贸易、储备、外汇交易量三大类的具体比重,本研究就暂且采用各自占一半来匡算。由于没有中国占官方储备的数据,为此表 1 只是使用了贸易和外汇交易权重。

根据表 1,中国的全球贸易额占比已经超过美国,位于世界第二。并且中国的贸易额占比的攀升与人民币升值相匹配,这意味着中国没有采取“外汇倾销”,即通过货币贬值来占领世界市场。

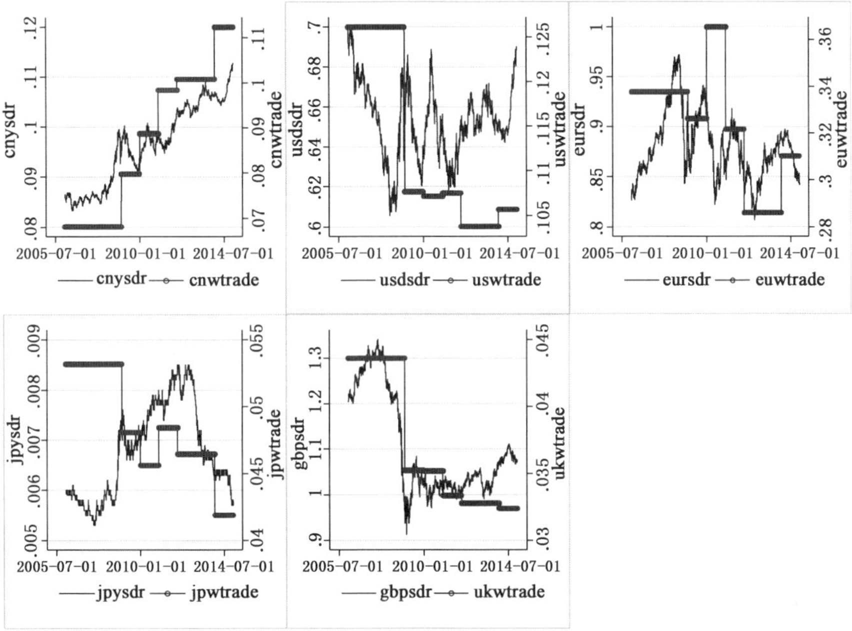

图 3　五国本币标价的 SDR 汇率与其在世界贸易额的占比

数据来源:同上。

注释:左纵轴表示本币标价的 SDR 汇率;右纵轴表示该国在世界贸易总额中的占比。上图左边开始为中国、美国、欧元区;下图左边开始是日本、英国。

从图 3 可以清晰地发现各国世界贸易占比和与 SDR 汇率之间的关系。一般来说是同步的(反映了贸易竞争力)。中国是同步上升,英国、日本和欧盟是同步下降。其中欧盟是“小步下台阶”,英国是一大步下台阶。美国和日本在 2008 年雷曼倒闭金融危机后发生了结构性变化,两国的共同点是世界贸易占比下降,不同点是美元虽然震荡,但还能维持其价值稳定,日元则显示出弱势,一路走低。

既然 SDR 是国际储备的记账单位,SDR 汇率功能究竟体现在哪些方面?各国货币兑换 SDR 的汇率是否对实体经济产生影响?本文试图通过占世界贸易额权重的假设变化后的 SDR 探讨其功能。其与主要商品价格间的协方差、其与目前普遍使用的有效汇率内在关联度。

四、经验模型证明:SDR 构成货币需要扩容

(一) SDR 波动与主要商品波动的协方差:增加人民币后的效应

随着科技革命,世界经济增长,世界货币记账单位应该更加有实体经济作为基础支持。世界主要商品价格也会随着新的发现(替代品)发生价格波动。作为国际衡量商品价格的记账单位的 SDR 应该自身方差与其他商品的方差相对小才是。为此本文将包括人民币汇率波动表示的 SDR 与没有包括人民币波动的 SDR 进行了比较。比较方法如下:

首先取五种货币的波动率,再根据五个国家的世界贸易占比来设定权重。

$$V_{it} = \ln\left(\frac{S_{it}}{S_{it-1}}\right) \tag{1}$$

$$E_t = w_1 V_{1t} + w_2 V_{2t} + L + w_m V_{mt} \tag{2}$$

$$E_t = \sum_{i=1}^{m} w_i V_{it} \tag{3}$$

$i = 1L\,5$

$t = 2005/12/30L\,2014/12/24$ (国家包括中国、美国、欧盟、日本、英国)

V 表示 SDR 汇率波动,S 表示即期汇价,E 表示 SDR 汇率,w 表示在全球贸易占比(根据表 1 获得)。

假定人民币在加入 SDR 后仍然按照以往的波动惯性,我们的研究旨在比较加入人民币前后,SDR 与主要大宗商品的协方差是否缩小?如果缩小了,那么就可以断定人民币进入 SDR 有助于减少世界主要商品价格与记账货币之间的协方差。主要商品价格平稳有助于实体经济融资和匡算成本。计算所得的协方差矩阵如下。

表 2　根据三类权重加入人民币后的 SDR 与大宗商品价格方差矩阵

	贸易权重占比		汇市交易额权重占比		贸易+汇市权重占比	
	有人民币	无人民币	有人民币	无人民币	有人民币	无人民币
有人民币	0.000 001 9		0.000 002 6		0.000 001 3	
无人民币	0.000 002 5	0.000 003 6	0.000 002 6	0.000 002 6	0.000 001 4	0.000 001 5
黄金	0.000 002 5	0.000 005 6	−0.000 004 2	−0.000 004 1	−0.000 000 9	0.000 000 7
石油	0.000 005 0	0.000 008 2	−0.000 003 5	−0.000 003 4	0.000 000 8	0.000 002 4
天然气	0.000 004 4	0.000 006 7	−0.000 002 6	−0.000 002 5	0.000 000 9	0.000 002 1

数据来源:彭博网,Bloomberg。

注释:黄金:以美元计价的伦敦现货黄金;石油:布伦特原油现货价(FOB 欧洲);天然气:亨利中心交割天然气现货价。

从表 2 可以看到加入人民币后的 SDR 可以减少与黄金价格波动之间的协方差 44%;减少石油价格波动之间的协方差 61%;以及天然气价格波动之间的协方差 65%。就主要商品的自身协方差来看,最大的是天然气、其次是石油、最小的是黄金。那些认为人民币加入到 SDR,相对扩大了美元的权重。他们的逻辑是:大部分商品用美元标价,加入人民币后 SDR 自然而然与大宗商品价格波动的协方差就会减少,事实上并非如此,通过与 SDR 中的其他货币比较,人民币与美元汇率的协方差还是相对比较大的。

(二) SDR 汇率不如有效汇率(effective exchange rate)的人气:SDR 需要扩容

尽管 IMF 和彭博数据库公布 SDR 汇率,但学界和业界的研究中很少使用 SDR 汇率进行分析。最多的还是使用有效汇率。也就是说目前四种货币构成的 SDR 还缺乏代表性。有效汇率是一种以某个变量为权重计算的加权平均汇率指数,它指报告期一国货币对各个样本国货币的汇率以选定的变量为权数计算出的与基期汇率之比的加权平均汇率之和。通常可以一国与样本国双边贸易额占该国对所有样本国全部对外贸易额比重为权数。有效汇率是一个非常重要的经济指标,以贸易比重为权数计算的有效汇率所反映的是一国货币汇率在国际贸易中的总体竞争力和总体波动幅度。

$$neer = \sum_{i=1}^{n} x_i er_i \tag{4}$$

neer 指有效汇率；er_i是该国汇率与第 i 个国家的货币之间的双边汇率；x_i是第 i 个国家在该国对外贸易中的权重。实际上 SDR 汇率不如有效汇率具有代表性。在篮子货币种类上是 4 种对 n 种，不是在一个数量级。扩充 SDR 篮子货币势在必行，使得 SDR 汇率至少代表与主要贸易对象国的关联度。

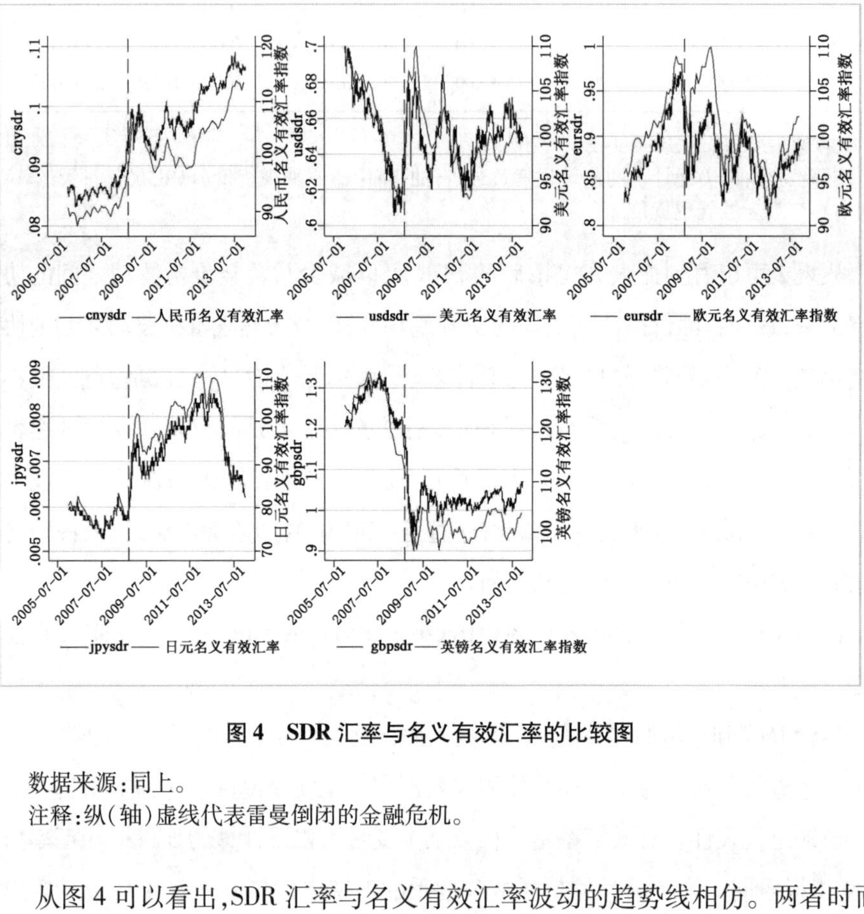

图 4　SDR 汇率与名义有效汇率的比较图

数据来源：同上。
注释：纵(轴)虚线代表雷曼倒闭的金融危机。

从图 4 可以看出，SDR 汇率与名义有效汇率波动的趋势线相仿。两者时而分离，时而收敛。但危机时候基本上是收敛的。也就是说美国的金融危机不仅影响 SDR 货币构成国家，而且还影响 SDR 之外的国家。但就其波动率来说，两者并非相同。本部分的研究方法主要借鉴 Frankel 和 Wei(1994, 2007)的研究方法，并适当参考 Subramanian 和 Kessler(2012)的研究结论，他们指出钉住一篮子货币的国家通常并不公布其外汇储备中的货币构成及占比，但可以从该国货币汇率的日均波动与其他主要国际货币汇率波动的关系中测算出来。本文测算的模型设定如下。

$$Vneer_{it}^{n} = \alpha_{it} + \beta_{it} Vsdr_{it}^{4} + \varepsilon_{it} \quad (5)$$

根据式(5),本文进行时间序列和面板回归,结果如表 3。

表 3　名义有效汇率波动中的 SDR 波动的成分

名义汇率 neer	系数 b * sdr	截距 C * sdr	观察值 Obs	R^2
人民币	0.032 499 4	0.000 105 3	2 113	0.020 2
美元	0.029 167 8	−0.000 042 3	2 113	0.014 8
欧元	0.023 470 9	0.000 035 9	2 113	0.016 2
英镑	0.020 681 4	−0.000 082 7	2 113	0.011 9
日元	0.013 447 9	0.000 009 47	2 113	0.006 8
以下是面板数据回归				
有中国	0.018 865 4	0.000 007 11	11 775	0.010 7
无中国	0.017 534 5	−0.000 020 8	9 420	0.009 7

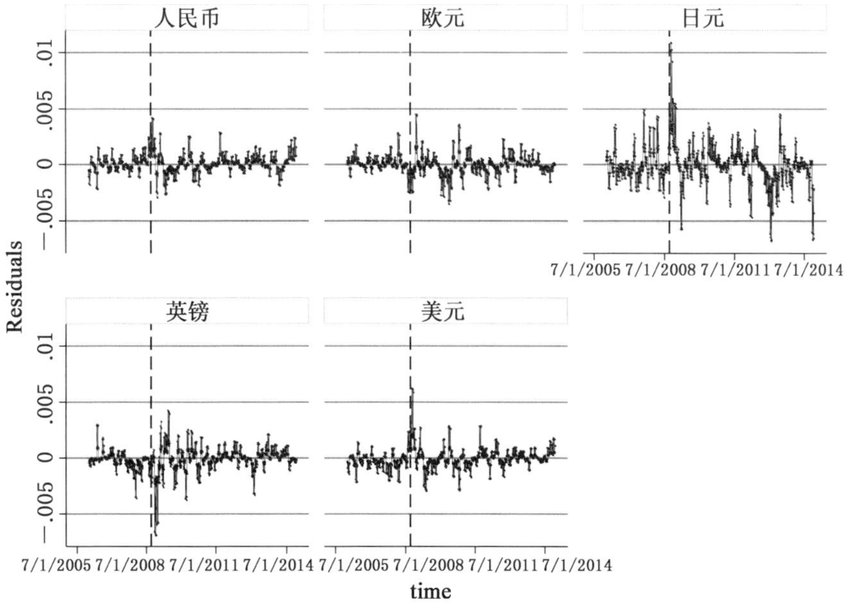

图 5　SDR 汇率与名义有效汇率波动回归后的残差图

从表 3 结果可以看出,在各自的有效汇率波动中,中国与 SDR 货币构成国货币波动的关系高于其他 SDR 货币构成国。最低的是日本。在面板数据回归中,有中国的 SDR 波动与有效汇率关系同样高于没有中国的。但所有的回归都留下了较大的残差项(R^2 比较低),这说明 SDR 如果继续维持四种货币构成的话,其作为国际储备货币的代表性大大降低。即便是 SDR 货币构成国——日元汇率在回归后的残差项也是最大的(见图 5)。这也证实了 SDR 货币构成的扩容应该推进。

IMF 要让 SDR 汇率普遍使用,就必须提高其代表性,在扩容中要将各国贸易权重放在首要考虑范围。这样可以将 SDR 与有效汇率的功能区分开来,将世界大多数国家进出口的主要市场作为 SDR 的构成,综合板块作为有效汇率的货币构成。

五、结　　论

中国占全球对外贸易额第二,人民币是全球第九大外汇交易货币和第七大常用支付货币,正朝着投资和储备货币方向努力,加入 SDR 有利于人民币在国际储备货币中的"网络外部性"的提高。作为国际金融机构的 IMF 的记账单位 SDR,将来也需要扩展其实际运用功能,要逐步推广到对全球主要商品的计价上去。本研究利用 2013 年度的中国占全球贸易总额的变量,比较了有人民币因素的 SDR 和无人民币因素的 SDR,它们与大宗商品价格之间的协方差,发现加入人民币后的 SDR 可以减少与黄金价格波动协方差的 44%;减少与石油价格波动协方差的 61%;以及与天然气价格波动协方差 65%。IMF 要继续维护原有的 SDR 货币选择原则(该国的商品和服务出口值是全球最大之一),不能随意改变规则和突出其他规则。

SDR 汇率使用较少的主要原因是其代表性较差,远远不如有效汇率在业界和学术界那样有"人气"。虽然两者在功能上不同,但 SDR 货币的代表性较差是显而易见的。加入人民币的 SDR 提高了其与有效汇率的关联度。这也有助于各国更多使用 SDR 汇率来分析他们与世界公认的主要贸易国的货币关系。

目前 SDR 被定格在国际储备资产的记账上,远远不能发挥其世界货币的职能,若要拓展到对世界主要货币的计价上则会直接挑战美国的霸主地位。在此过程中,人民币进入 SDR 有利于中国因素的"网络外部性",对 SDR 自身来说则更具有世界货币的代表性,SDR 汇率的使用率也会大大提高。SDR 需要扩容代表性货币。

参考文献

[1] Agnès Bénassy-Quéré, Damien Capelle. On the Inclusion of the Chinese Renminbi in the SDR Basket[R]. CESIFO WORKING PAPER, 2012.

[2] Frankel J A, Wei S J.Yen bloc or dollar bloc? Exchange rate policies of the East Asian economies[M]//Macroeconomic Linkage: Savings, Exchange Rates, and Capital Flows, NBER-EASE Volume 3. University of Chicago Press, 1994:295—333.

[3] Michael G.Papaioannou, T Ugrul, T Emel. PortfolioPe rformanceof the SDR and Reserve currencies[J]. IMF Staff Papers, 1993:663—679.

[4] International Monetary Fund. Enhancing International Monetary Stability—A Role for the SDR? [R]. Washington, DC, 2011.

[5] Subramanian A, Kessler M. The renminbi bloc is here: Asia down, rest of the world to go? [R]. Washington, DC: Peterson Institute for International Economics, 2012.

[6] 刘影:《人民币加入 SDR 问题研究》,《区域金融研究》2014 年第 1 期。

[7] 钱文锐、潘英丽:《SDR 需要人民币:基于 SDR 定值稳定性的研究》,《世界经济研究》2013 年第 1 期。

[8] 乔依德、徐明棋:《加强 SDR 在国际货币体系中的地位和作用》,《国际经济评论》2011 年第 3 期。

[9] 王信:《改革国际货币体系、进一步发挥 SDR 作用的前景分析》,《外交评论》2011 年第 3 期。

[10] 赵冉冉:《人民币国际化背景下我国推动人民币加入 SDR 的动机及路径》,《国际金融研究》2013 年第 3 期。

[11] 祝小兵:《国际货币基金组织的改革动因及目标评述》,《世界经济研究》2009 年第 6 期。

[12] 左小蕾:《SDR 新职能定位的三大原则》,《上海国资》2011 年第 4 期。

(第一作者为上海财经大学金融学院教授,第二、第三作者为上海财经大学金融学院博士研究生)

关于“安倍经济学”的政策思考

——以消费增税为焦点

陈子雷

自20世纪90年代初泡沫危机以后，日本经济开始呈现衰退趋势。随着潜在经济增长率的不断下滑，泡沫经济时代积累起来的公共债务与GDP之比开始不断攀升，目前已跃居发达国家之首。同时，人口少子、老龄化现象日趋严重，不断膨胀的社保支出增加了日本的财政预算缺口，这也进一步推动了其财政国债依存度的上升。在经历了“失去的二十年”以后，日本经济正面临两大难题。一是需要在短期内刺激实体经济复苏，以摆脱经济长期低迷的困局。二是需要在长期内保持经济稳定增长，以解决社保透支现象、消除主权债务风险。但两者却难以兼顾。

2012年12月安倍晋三组阁以后，日本开始推行所谓的“安倍经济学”，期待在短时期内依靠货币和财政政策来使日本经济走出低谷，为长期实现经济增长、重建财政创造条件。然而，其相关政策并没有对日本经济的恢复发挥多大的积极作用，而且存在着诸多风险，“安倍经济学”不具可持续性。

一、“安倍经济学”政策存在诸多风险

从“安倍经济学”的政策内容上看，主要由量化宽松的货币政策、机动灵活的财政政策和提高产业竞争力的增长战略三部分组成。其重中之重就是推行大剂量的量化宽松货币政策，争取在2年内实现2%的通货膨胀率和3%的名义GDP增长率。按照原计划，日本央行需要在2年内将日本的基础货币从130万亿日元迅速提至270万亿日元，以实现2%的通胀目标。

从政策意图来看，安倍此举的目的是为了改变人们对物价的预期，希望借助量化宽松所产生的资产效应和收入效应来刺激个人消费，并带动企业设备投资

和出口贸易的增长。但是,从消费者物价指数的变化来看,要实现 2 年物价上升 2%的政策目标还有非常大的难度(参见图 1)。另一方面,量化宽松政策对日元贬值的效果非常大,从 2012 年底至 2014 年上半年,日元对美元已大幅贬值约 25%左右,而在 2014 年的第 3—4 季度,日元兑美元汇率更是在三个月中创下连跌 20 日元的纪录,引起了周边贸易伙伴国的担忧(参见图 2)。①

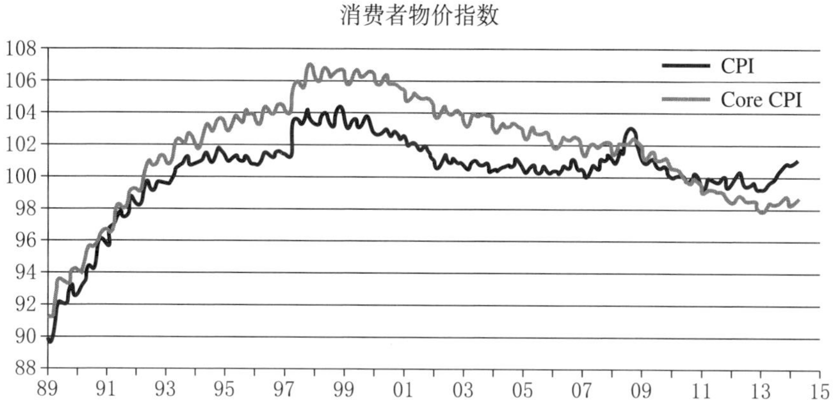

图 1 日本 CPI 的变化

资料来源:根据日本总务省统计局数据整理。

图 2 日元对美元和欧元的汇率走势

资料来源:根据 IMF, Principal Global Indicators(PGI)、BIS(国际结算银行)HP 数据整理。

① 陈子雷:《"安倍经济学"风险外溢》,《文汇报》国际版,2013 年 6 月 1 日。

从货币政策对股市和汇率的影响来看,基于资本市场对安倍选举纲领的期待,在2013年上半年,“安倍经济学”刚出台即初现成效,日本股价上涨60%,日元贬值23%,资产效应推动了个人消费好转。其中,第1—2季度日本实际GDP增长率(换算为年增长率)分别实现了4.1%和3.8%的正增长。不过,反映实体经济运行状态的就业、员工薪酬和企业设备投资却并没有出现根本性好转。受此影响,2013年日本第3季度实际GDP增长率下跌至1.9%,而第4季度实际GDP增长率更是下滑至0.5%(与上一年同期相比)。因此,从“安倍经济学”首个实施年度的成绩看,日本全年实际GDP增长率为1.5%(修正后的数据),仅高出民主党执政时期约0.2%。由于实体经济复苏进程缓慢,自2014年初起日经平均股价大幅下跌16%,创下了发达国家之最。

所以,从本质上讲“安倍经济学”仍是一针“强心剂”,其巨大的政策剂量即使能够使日本股市在短期内“回光返照”,但能否成为刺激实体经济复苏的动力仍值得商榷;而且,包括货币政策在内的各种政策措施都存在不同的风险,甚至与长期政策目标相背离。

(一)量化宽松与维持低利率政策之间的二律背反

在2014年4月1日实施第一阶段消费增税以后,日本的实际GDP增长率在第2—3季度出现了比较大的回落。特别是第3季度出现了7.1%的负增长。为了避免2014年度日本经济再次探底,日本央行只能在10月31日继续出台第二轮的量化宽松政策,加大货币政策的剂量。

当然,连续两轮量化宽松政策可能会在一定程度上推高日本社会对通胀的预期。问题是,一旦物价由通缩转为通胀,日本央行则马上面临利率上调的压力。以目前的债务规模,日本每年的债务还息已占国家预算规模的四分之一,利率上升意味着日本国债还息成本的增加。因此,为了控制国债规模增加、控制还息成本的上升,日本央行又将不得不继续维持低利率政策。如此一来,日本央行的货币政策或将丧失其调控的功能。

因此,在第二轮量化宽松政策以后,日本央行可能不得不面临“低利率”和“控通胀”的取舍,之前货币政策的红利可能消失殆尽。在货币和财政对宏观经济的调控手段双双失效的情况下,不能排除2015年度日本经济再次出现衰退的可能性。

（二）消费增税与经济发展目标之间的矛盾

按照野田内阁时期通过的消费增税法案，为了给消费增税营造良好的经济环境，日本政府必须以经济复苏为前提。而据日本政府的测算，消费增税的前提是必须使实际GDP保持正增长。因此，安倍内阁自2013年底开始就陆续出台了一系列大型财政刺激计划，开始为2014年的消费增税创造条件。问题是，在实现第一阶段消费增税以后，还需要寻找继续引领日本经济复苏的政策手段。如果继续依靠“强心针”式的政策手段来刺激经济复苏的话，那么接下来迎来的是2017年4月的第二阶段消费增税，即进入“增长→增税→再增长→再增税”循环的调控模式。从这个角度来说，安倍经济学的政策逻辑的确令人匪夷所思，即：实现一国经济增长的目的，究竟是帮助政府实现税收最大化、偿还前辈们执政时期所造成的负面政治遗产——国债，还是扩大就业、提高国民生活水平？①

（三）经济复苏的“绊脚石”——社保透支和财政风险

从日本中长期的经济规划来看，日本政府的目标是必须在2020年前完成经济增长、社保改革和财政重建三个任务。这三者之间有着非常密切的关系。日本要想解决社保透支、重建财政，必须首先在中长期保持稳定且可持续的经济增长。但问题是，在短期中社保缺口和财政风险却将成为日本经济复苏的重负。

首先，在少子老龄化的背景下，日本目前的社保开支已不堪重负。其中，社保的财政预算缺口正以每年超过1.2万亿日元的规模不断增加。如果要彻底解决社保财源问题，日本政府必须大幅上调消费税率。以消费增税法案所规定的8%—10%上调税率来看，其所获得的税源最多只能填补目前的社保预算缺口。所以，只有在长期中保持稳定且可持续的经济增长，才能通过财政的增税增收来填补今后不断扩大的社保收支缺口。

其次，目前日本公共债务总额已超过一千多万亿日元，如何消除财政危机、重建财政是日本面对的又一个迫切需要解决的重大经济问题。对此，安倍内阁若能通过财政的增税增收来落实财政重建，则可以事半功倍。但是，按照日本政府的测算，未来在劳动人口不断减少的背景下，日本如若要将其债务总规模削减至GDP 60%的水平，必须同时实现三个目标：即将消费税率继续大幅上调至

---

① 陈子雷：《安倍经济学政策红利难持久》，《解放日报》理论版，2013年12月6日。

33%—35%;将实际GDP的年增长率保持在3%左右;将劳动生产性的增长率上调至3%以上。因此,如果要实现以上这些目标,必须制定刺激政策以外的增长战略计划。但是从现阶段来看,自民党的增长战略严重受制于党内各派系和利益集团的争斗,并没有明确提出能够令人难信服的具体实施细则和量化指标。相反,随着2014年4月消费税的提高,安倍经济学的短期效应正在迅速消失。同时,自2011年东日本大地震以来,日本至今已经连续三年出现贸易逆差。未来几年里,如果一旦海外投资收益减少引发经常性账户持续出现逆差的话,日本或将难以偿还其公共债务,从而可能引发主权债务危机。

二、消费增税令"安倍经济学"陷入窘境

鉴于日本公共债务的GDP占比已经攀升至230%,居发达国家之首,而其社保相关支出也已占到国家预算的3成以上,在经济增长乏力的背景下,如要偿还巨额公共债务、填补社保透支,其方法不外乎增税和营造通货膨胀来让国民分担债务。从"安倍经济学"的本质来说,其货币政策的目的就是为了营造通货膨胀税。①从财政政策的角度看,面对不断膨胀的公共债务规模和越来越大的社保透支,实施消费增税可谓不得已而为之,但是这一举措却又抵消了安倍经济学的政策效果。

(一)消费增税与财政重建相背离

在经济停滞和人口老龄化背景下,日本的国民收入水平将呈下降态势。为了解决财政透支、弥补社会保障支出所需财政资金的不足,未来的日本迫切需要增加税收,减少其财政收入对发行国债的依赖。但是,从目前日本的税收结构来看,如果提高个人和企业所得等直接税的税收占比难度较大,而通过提高间接税的税收占比,特别是提高消费税率来获取税收则相对来说比较容易。因此,如果实现消费增税,日本政府一则可以解决每年高达43%的税收缺口,二则还可以缓解不断膨胀的社保支出缺口,可谓"一箭双雕"。

从税种的角度看,目前日本采用的消费税是一种对货物或劳务进行多环节

① 陈子雷:《"安倍经济学"本质》,《解放日报》专家论坛,2013年3月29日。

征税的流转税,类似于我国和欧盟的增值税,其税收额约占全部税收25%左右。根据日本的消费增税法案,日本将分两个阶段来提高消费税率。第一阶段从2014年4月1日起将消费税率从5%上调至8%。同时,根据增税后的经济形势,再决定从2015年10月1日上调消费税率至10%。与企业所得和个人所得等直接税相比,作为间接税的消费税在日本的税收占比较低,仍有很大的增税空间。在西方发达国家,由于国民收入水平较高,一般来说间接税和直接税的税收占比分别为30%和70%。但是,消费征税的方式却不尽相同。一般来说,美国和加拿大等国按照生产、批发和零售三个阶段采用单环节征税,征税权和税收分属联邦、州和地方政府。而日本和欧盟则主要采用多环节征税,由中央和地方政府实现税收共享。相对于发达国家而言,发展中国家由于国民收入水平较低,间接税和直接税的税收占比正好相反。

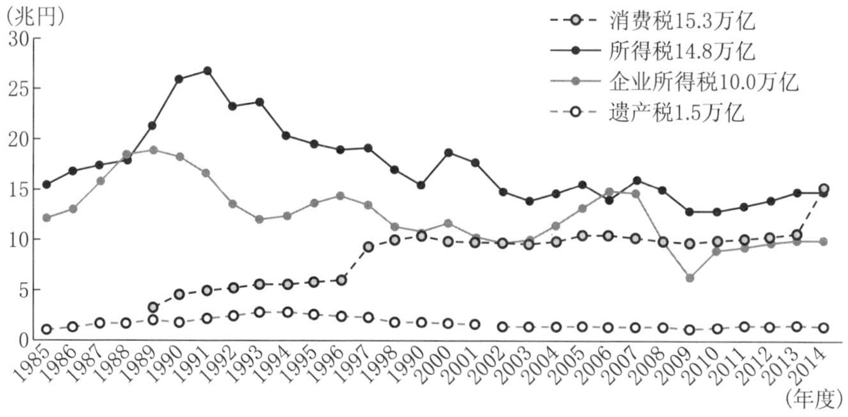

图3　日本主要税种的税收占比

资料来源:根据日本财务省统计数据整理。

日本实施的消费增税,虽然可以提高日本消费税的税收占比。但是从另一角度讲这也意味着其直接税税收占比的下降。而直接税税收占比的下降则意味着国民收入水平的下降。对此,美国《华尔街时报》讽刺道:在完成消费增税以后,日本或将成为G7中唯一一个消费税收超过个人和企业所得税收占比的国家。这从一个侧面可以看出,由于长期经济增长乏力,日本的国力正在呈现出衰退的态势。

从日本第一阶段的增税来看,通过税率上调充其量只能增加约8万亿日元的税收,可谓是"杯水车薪",很难从根本上解决日本财政的结构性难题。但是,如果要避免日本今后出现财政悬崖,则必须大幅上调消费税率。以目前的经济状况来看,很难想象日本国民能够承受如此大幅度的税率上调。因此,日本政府与其说致力于消费增税,还不如早日推动财政重建,否则消费增税只不过是"饮鸩止渴",而从长期来看其财政风险并没有得到根除。①以金融危机后欧盟的经验教训来看,其成员国之一的希腊就采用类似于日本消费税的增值税,23%的税率也远远高于日本的消费税率。尽管如此,希腊也并没有能够避免财政危机的出现。因此,眼下日本的消费增税方案既不利于解决其经济的结构性问题、消除财政风险,也无助于解决不断恶化的社保透支问题,只能是维持现状不变的权宜之计。

(二)消费增税拉大贫富差距

日本的消费增税将对消费者和企业带来很大的冲击。从消费者层面看,消费增税对不同收入阶层和不同消费群体会产生不同程度的影响。同样,从企业层面看,消费增税对不同生产规模和业态的企业也会产生不同程度的影响。如果说日本的所得税征收有利于调节收入差距,在一定程度上体现了社会公平正义的话,那么消费税因其税源充足、便于征收则体现了税收的效率性。问题是,消费税本身采用比例税率,它对不同收入阶层来说具有累退性,这意味着在初次分配不同的情况下,人们通过消费将增加相互之间的贫富差距。可以说,和各国的流转税一样,日本的消费税对收入分配的调节功能也存在很大缺陷。特别在少子老龄化或青年人失业率较高的背景下,消费税率的上调只能拉大日本社会贫富差距,增加贫困阶层的生活成本。从《每日新闻》等日本媒体的调查来看,实施消费增税后以家庭为单位(每家庭有2位劳动者)测算的月均可支配收入(包括生活补助)将减少约9 000余日元,各收入阶层的生活成本将有不同程度的增加。其中,低收入群体和老龄人口生活成本的上升尤其令人堪忧。从消费税对生活必需品的税负转嫁来看,在这次增税涉及衣食住行的生活必需品中,含税价格都有5—35日元不同程度的上升。同时,因受"零核电"政策和能源进口价格

① 陈子雷:《消费税今起上调　安倍"饮鸩止渴"?》,《解放日报》专家论坛,2014年4月1日。

上升的影响，税率上调后的月均电费含税价也上升了约430日元。而幼儿园、中小学等原本属于非征税对象的学杂费也受税率上调影响开始上涨。按照日本民间各大智库的预测，消费增税给日本国民家庭带来的负担已远大于由此获得的8万亿日元税收收入。

消费增税除了对不同收入阶层和不同消费群体产生不同程度的影响外，还对不同生产规模和业态的企业带来不同程度的影响。从企业规模角度来看，大企业的生产经营活动因汽车、家电等耐久消费品的消费税率上调而受到一定程度的冲击，人们对产品滞销的预期也会使企业存货投资不断增加，并对资本市场的投资信心产生一定程度的影响，进而拖累上市公司的股价。但是，由于日本的大企业在产业链中具有一定的垄断地位，在产品定价上也拥有较大的话语权。因此随着税负的增加，大企业可以通过税负转嫁形式将一部分税负转嫁给产业链的上游企业，而其余部分税负则可以转嫁给批发、零售环节的中小企业或消费者。总的来说，大企业税负转嫁能力较强，受消费增税影响相对有限。相比之下，中小企业在产业链中相对处于弱势，企业生产成本较高，缺乏规模经济效应，因此将其税负转嫁给大企业或消费者的难度较大。所以一般而言，处于弱势群体的中小企业受到冲击的程度更大。从过去日本消费增税的历史经验教训来看，往往是中小企业成为消费增税的主要受害群体。因此，除消费者外，日本中小企业的各类协会团体也是抱团反对消费增税呼声最高的利益团体。

（三）消费增税掀起日本政坛波动

按照日本政府的计划，在2014年4月实施第一阶段消费增税后，在经济形势保持良好势头条件下，在2014年底前继续作出第二阶段消费增税的判断，并于2015年10月开始实施。因此，2014年经济形势的好坏是安倍内阁决定消费增税与否的关键。其中，增税后的第3季度经济数据的好坏，不但是影响安倍内阁增税决策的重要依据，也是决定2014年日本经济总体走势的关键。按照日本政府原来的计划，除第2季度因受消费增税带来的冲击而出现负增长以外，如果其余三个季力争实现正增长的话，就可以为年底实施第二阶段消费增税方案创造有利条件。但是，由于第一阶段消费增税给经济带来的负面影响大大超出市场预期，第二和第三季度的实际GDP出现了负增长，使第二阶段消费增税计划成为泡影。非但如此，按照以往的经验，消费增税带来的负面影响还将延伸至日本政坛。

日本的消费税法最早成立于1988年2月，1989年4月开始正式征收消费税。从消费增税的历史来看，消费税法成立当初，时任日本首相的竹下登即迫于舆论的反对声而引咎辞职。1996年6月，桥本内阁在决定将消费税率从3%上调至5%后，因增税引发经济衰退而导致自民党在次年的参议院选举中落败，桥本龙太郎本人因此引咎辞职。2011年，执政的民主党菅直人内阁也同样因为决定消费增税而引发党内分裂下台，其后任野田内阁在次年也因通过消费增税法案而使民主党在众议院大选落败埋下祸根，野田佳彦随即引咎辞职。从日本消费税法案成立到几次增税的历史风波中，日本政局具有很浓厚的消费税"情结"。①通过消费增税，人们总是看到日本经济的不断衰退和此起彼伏的倒阁运动。这次也不例外。由于第一阶段增税给安倍经济学带来的冲击超出预期，同时各界对是否应该实施第二阶段增税众说纷纭，使之成为安倍内阁不得不解散众议院重新大选的主要原因之一。②2014年12月21日，安倍宣布正式解散众议院举行大选，"消费增税"再次成为日本政坛的一道"魔咒"。可以说，第一阶段增税带来的负面效应已经完全抵消了安倍经济学的政策效果，如果继续实施第二阶段增税方案，安倍经济学恐怕难逃寿终正寝的结局。

三、"安倍经济学"是否已面临拐点?

安倍经济学的第一支箭是所谓"质量并举"的量化宽松货币政策。在第一轮量化宽松政策实施后，日本央行增加了约65万亿日元的基础货币以回购国债，但日本的消费者物价指数仅上升了0.2%。同时，根据日本各大研究机构的测算，2014年度物价依然没有明显的上升趋势，消费者物价指数上升率仅为1.0%。因此，在第一阶段消费增税后，为了挽回安倍经济学的颓势，日本央行启动了第二轮量化宽松，宣布将基础货币规模增加至80万亿日元。尽管如此，受货币政

---

① 陈子雷:《安倍将遇"增税陷阱"》,《解放日报》专家论坛,2013年8月20日。

② 除此以外,还有两个原因构成安倍解散众议院重新大选。一是为了规避因经济增速大幅下滑使自民党在2015年度地方选举中失利的风险,在野党尚未形成势力之前抢先举行全国大选。二是希望通过重新大选来排除党内外异见,为促成TPP谈判、推动结构性改革扫清结构性障碍。

策的影响,在过去的两年里日元大幅贬值股价大幅上涨,但是日本却依然没有摆脱通缩的格局。安倍经济学在制造“安倍泡沫”以外,对实体经济的影响可以说是微乎其微。

安倍经济学的第二支箭为所谓“机动灵活”的财政政策。两年来,日本依靠增加财政支出确实也对经济带来了一些刺激。2013 年度,日本实际 GDP 实现了约 2.2%的正增长。其中,公共投资带来的效果虽然较大,但是其产生的负面效应似乎更大。和安倍经济学实施之前相比,日本的实际 GDP 规模虽然增加了约 8 万亿日元,但是其公共债务却也因此增加了约 41 万亿日元。以 41 万亿的债务来换取 8 万亿的增长,如此“机动灵活”的财政政策,可谓是“寅吃卯粮”,“难以为继”。

安倍经济学的第三支箭是增长战略。受少子老龄化的影响,目前日本经济的潜在增长率已呈零增长态势。今后只有提高劳动生产率,放宽产业管制才能提高日本的国际竞争力。从长远视角看,增长战略理应是安倍经济学的重中之重。只可惜安倍迫于自民党内部利益集团之争,至今在经济结构改革方面仍然难有突破。

可见,“安倍经济学”所设计的一系列政策措施均未达到预期效果,无力推动日本经济走向稳定可持续发展,甚至可能导致更为严重的危机。“安倍经济学”已临近拐点。

(一) 经济增速大幅下滑

根据 2013 年 12 月 21 日日本内阁会议公布的经济增长预期值来看,日本政府将 2014 年的实际 GDP 增长率定为 1.4%,与 2013 年度相比下调了 1.2 个百分点。其中,考虑到增税的影响,个人消费增长率从上年度的 2.5%下调至 0.4%,而住宅投资的增幅也与同比下调了 3.2%。事实上,在企业设备投资和出口难以取得突破的情况下,2014 年日本实际 GDP 增幅比 2013 年度有一定幅度的下降。其中,第一季度受消费增税前的“突击消费”影响,日本实现了 5.9%(折算成年增长率)的经济增幅。随着第二季度消费增税的实施,个人消费开始减少。与此同时,在企业设备投资未显好转、贸易逆差不断增加的形势下,年度实际 GDP 增幅再次出现大幅下降已成定局。根据日本内阁府公布的数据显示,2014 年第二季度日本实际 GDP 增长率(折算成年率)为-7.1%,创下 2011 年第一季度“东日本大地震”以来最大跌幅。其中,在4月1日消费增税后,日本个人消费环比减少5%,远超市场人士的预测。第三季度虽然有所好转,但仍为-1.9%的负增长,使全年出现负增长的概率达到九成。为了最大程度控制今年经济增速的大幅下滑,日本政府曾于2013年底推出并实施了超过5.5万亿日元的预算增支和减税计划。按测算,这一经济刺激计划对2014年实际GDP增幅的贡献率约为0.7%,而实际上难以取得预期效果。

在此背景下,安倍经济学的兴衰和安倍内阁支持率也开始呈现出非常明显的因果关系。自2013年以来,随着日本经济增速的不断下滑,安倍内阁的支持率也开始高开低走,从2013年3月的72%一路下滑至2014年的43.5%。这表明日本民调最为注重实际经济的发展,安倍经济政策的有效性仍是日本国民最关心的头等大事。①

(二)通货膨胀与日元贬值

回顾两年前安倍刚上台时,声称其安倍经济学的首要目的是摆脱日本延续15年之久的通缩格局。为此,日本央行在2013年4月出台了所谓的第一轮量化宽松政策,宣布在2年里将基础货币从138亿增加到270亿日元。根据日本央行所公布的资产负债数据,2013年日本央行共增加62万亿基础货币,其中约49万亿用于购买长期国债。受此影响,去年日本各商业银行在央行的存款余额不断增加至60余万亿日元。由于增发货币并没有进入实体经济,因此日本去年全年的消费物价指数也仅上涨0.7%,远未形成其所谓的通胀格局。相反,这一政策却造成日元大幅贬值,为全球的货币竞争性贬值“火上浇油”。

根据日本内阁府的统计数据,2013年电费和汽油商品零售价格的上涨是导致消费物价指数(CPI)上升的主要原因。而这两种商品零售价格上升的主要原因恰恰是由于日元贬值致使能源进口价格上升,以及能源政策转变致使能源进口量上升所致。简言之,2013年日本微弱的物价上升主要由输入型通胀所引起。但是,日元贬值和通货膨胀的幅度相比,可以说安倍经济学的一大特点就是通胀不足、贬值有余。为了实现2%的通胀目标,日本央行将2014年消费物价指数的涨幅定为1.3%。但是,按照去年的政策逻辑,今年日本如要实现1.3%或者1.3%

---

① 陈子雷:《“安倍经济学”高开低走面临拐点》,《文汇报》理论版,2014年9月29日。

以上的物价上升率，则需要更加大幅贬值日元来营造输入型通胀。为此，2014 年 10 月 31 日日本央行又实施了第二轮的量化宽松，将基础货币规模从 62 万亿上调至 85 万亿。但是，以目前的经济形势来看，如果要进一步推高物价的话，仅依靠输入型通胀还不够，还需要依靠增加企业员工工资收入来提高人们对通胀的预期才能实现。但是，在消费增税的实施，日本的个人消费已明显呈现萎缩态势。因此，今后企业如不给员工答复提薪的话，要靠增加消费需求来拉动通胀的难度比较大。

在另一方面，日元贬值的负面效应已开始不断显现。日本财务省 2014 年 10 月 8 日发布的统计数据显示，继 2013 年下半年以来，2014 年上半年日本又再次出现经常性账户逆差，这是近 30 年以来从未有过的现象。受此影响，此后的一个半月内日元开始“滑铁卢”，美元和日元汇率从之前保持了半年之久的 1∶103 左右迅速下跌至 1∶109。日元在短期内的大幅贬值给市场带来了很大的冲击。从企业的角度来看，输入型通胀将使企业生产成本不断上升，价格竞争力不断下降。其中，日元对美元汇率每跌 1%则意味着中小企业整体将减少约 1.5 万亿日元的收益。受日元贬值和日本经济增幅下滑影响，2013—2014 年的中小企业倒闭数量开始逐步回升。同时，从当初的如何贬值日元到如何防止日元贬值，日元的“滑铁卢”使两轮量化宽松货币政策开始陷入“进退维谷”的困境。①

（三）贸易收支逆差呈现长期化趋势

战后，日本的对外贸易一直在国民经济中占有重要地位，贸易收支也保持了多年的顺差。其中，对美国的贸易顺差一直占有很大比重，美日两国为此引发了多次贸易摩擦。但是，自 1985 年广场协议以后，迫于美国的政治压力，日元开始大幅升值，日本也开始逐步对美开放其国内市场，以增加进口来平衡双边贸易收支。但是，尽管日本的贸易政策发生了变化，但广场协议后日本的对美贸易顺差并没有得到根本扭转。为了解决美日双边日趋激烈的贸易摩擦，同时也解决日元升值导致国内企业生产成本上升的问题，开拓发展中国家的出口市场，自 20 世纪 80 年代起，日本开始利用我国改革开放的机遇，不断扩大对华直接投资和生产转移规模，在我国部分沿海开放城市建立其海外最大的对美产品出口基地。

① 陈子雷：《日元大幅贬值拷问“安倍经济学”》，《文汇报》专家视点，2014 年 10 月 11 日。

自2001年我国加入世贸组织以来,不断增加的中美贸易摩擦和不断减少的美日贸易摩擦形成了鲜明的对比。与此同时,随着国民收入的提高,中日两国不断增加的内需带动了两国双边贸易的不断发展,我国也开始取代美国成为日本的第一大贸易伙伴国。可以说,中国的经济发展为日本的经济发展提供了机遇和动力,为中日两国建立战略互惠关系与合作共赢创造了条件。

“东日本大地震”以来,连续多年保持贸易顺差的日本开始持续出现贸易逆差。可以说,日本出现贸易逆差固然有其国内产业和贸易结构发生变化的因素,但也有政治上的原因。首先,地震、海啸和核电事故的三重打击重创了日本国内部分产业。福岛核电事故在日本国内引发的“零核电”运动,使日本传统的能源政策发生了根本变化。迫于民众的压力,今后日本不得已将更多地依赖石油、天然气等替代能源的进口。在出口不断衰退的背景下,能源的大量进口使日本的贸易结构发生了本质性变化,进出口失衡造成了结构性贸易逆差。其次,近年来日本政府围绕历史和领土等问题的错误立场严重损害了中日两国的双边关系。受此影响,两国从小泉内阁时代的“政冷经热”逐步转为安倍内阁的“政冷经凉”,对日本的出口贸易带来了很大的影响,增加了日本的贸易逆差。①

根据日本贸易振兴会的统计数据,自2012年中日两国双边贸易的贸易总额占比下降接近10%。2013年的双边贸易总额和2012年相比则下降了6.5%,为3 119亿美元。其中,日本的对华出口减少约10.2%,已连续两年呈两位数递减。对华出口大幅减少已成为日本外贸出口减少的主要原因。相比之下,由于中国对日出口产品相对呈刚性需求,因此减幅较小。这些因素的叠加,使日本对华贸易收支出现了较大逆差。根据日本财务省2014年10月8日公布的数据显示,2014年上半年日本货物贸易逆差额达到6.112 4万亿日元(约合600亿美元),可谓再创新高。与2012年相比,日本的对华贸易逆差又增加了17.8%,创下了日本对华贸易逆差最大记录。

(四)经常账目逆差可能增加主权债务危机的风险

受日本贸易逆差不断增加的拖累,日本自震灾以来的经常账目顺差已连续3年呈减少态势。2013年日本经常账目的顺差为3.3万亿日元,比2012年减少了

① 陈子雷:《连续十五个月逆差敲打“安倍经济学”》,《文汇报》国际版,2013年10月22日。

31.5%,创下1985年以来可比的新低。值得注意的是,3.3万亿日元的经常账目顺差主要产生于2013年上半年,而日元贬值恰好是其产生顺差的主要因素。2014年上半年,日本的经常账目以5 075亿日元(约合49.86亿美元)的逆差创下有记录以来的最大半年期逆差,这也是该指标自1985年有可比数据来首次在半年期内陷入逆差。其中,仅6月份一个月,日本的经常账目就出现了3 991亿日元(约合39亿美元)的逆差,这也是自2014年初以来第二次出现逆差。通过这一数据可以看到,在全球经济不断复苏的趋势下,日本企业在海外盈利的能力却正在不断减弱。

一般来说,一国经常账目出现顺差则意味着该国可以依靠海外资金来不断补充国内各部门的资金需求,也为政府以较低成本发行国债提供了资金保障。从日本的角度看。由于日本国债中的93%由国内机构投资者持有,因此即便贸易收支出现逆差,只要能够保持经常账目的顺差,日本企业在海外的投资收益将不断回流其国内资本市场,这部分资金可以增加市场的流动性,并为日本国债的发行提供充足的资金流。因此,从本质上说日本公共债务规模的大小充其量只是公共部门对国内企业和个人负债多少的问题。至于日本政府无论通过开源偿还债务也好,还是通过节流偿还债务也好,或利用通货膨胀税来转嫁债务负担也好,当属其“家庭内部矛盾”。问题是,一旦日本经常账目持续出现逆差,那就意味着日本政府将不得不依靠海外融资来缓解其财政资金不足的矛盾。目前,日本公共债务的GDP占比已达230%以上,总额约为1 117万多亿日元。因此,以目前的公共债务状况,日本一旦陷入经常账目持续逆差的怪圈,迫于资金需求向海外全部开放其国债市场的话,那么极有可能陷入利率上升(即国债价格下降)的困境。毫无疑问,利率上升将推高日本国内企业融资成本,增加市场大量抛售国债的风险,并可能由此引发主权债务危机。

四、 经济结构改革决定日本经济的未来

安倍经济学实施两年有余,日本经济仍然非常脆弱,尚未达到经济复苏应有的水平。目前公共投资产生的乘数效应、股价上升带来的资产效应,以及消费税率上调产生的突击消费冲动是上一轮经济正增长的主要动力所在。其中,可以

说公共投资传递的财政政策效果比较明显,而量化宽松带来的股市回暖和日元贬值效应却已经逐步消失。今后,高居不下的公共债务将进一步制约其财政政策的调控功能。在此背景下,如果新的安倍内阁继续推动实施第二阶段增税计划的话,将对日本的个人消费产生更加直接的冲击,同时也将进一步增加实现通胀目标的难度,并削弱宏观调控产生的短期政策效果。但是,如果放弃增税的话,将使未来的日本面临财政悬崖,财政运作难以为继。笔者认为,日本经济面临的最大难题是结构性问题,即如何扭转多年来形成的"政府债务化"、"产业空心化"和"人口老龄化"格局的问题。可以说,今后日本政府如果仍然寄希望于依靠货币政策和财政政策来刺激实体经济的话,难免本末倒置,徒劳无益。相反,如果要化解财政危机、根治社保透支问题,日本就必须彻底推动经济结构的改革,出台一系列维持可持续增长的增长战略,以提振市场信心。而这本来就是"安倍经济学"的短板。

20 世纪 30 年代,著名经济学教授阿尔文·汉森曾针对当时美国个人消费趋于饱和、企业逐渐丧失投资意欲等现象,指出美国经济将陷入长期停滞期。2013 年 11 月,同为哈佛大学教授的劳伦斯·萨默斯也在国际货币基金组织的演讲中引经据典,再次提出当年汉森的观点,认为目前发达国家经济体呈现的结构性需求不足现象可能使其经济陷入长期停滞。对此,笔者认为目前日本经济存在的人口、制度等深层次的结构性问题,也具有结构性需求不足的共性。可以说,日本经济陷入长期停滞的最大理由有两个,即不断膨胀的公共债务和不断减少的人口。一般来说,随着人口的不断减少,一个国家的经济活动将不断萎缩,而在过去经济增长期中积累起来的债务将会逐渐变成财政负担,而人口老龄化所带来的社保透支也将最终成为财政负担。因此,日本的人口减少和公共债务膨胀两者呈表里关系,相互之间有着必然联系。安倍经济学希望依靠宽松的货币政策、灵活的财政政策来重振日本经济,充其量只能获得短期的经济效应。日本经济要在长期中走出发展的困境,则必须真正落实和推动其增长战略,彻底进行经济结构改革和社保制度的改革,解决日本社会的结构性问题,在长期中依靠可持续的经济发展来实现财政的开源节流。从安倍经济学的短期行为来看,其量化宽松和增加公共投资犹如加量吸食毒品,虽然可以暂时提振一下日本经济,但无助于根治其结构性问题。政策药性过后,一切状况只会比以往更糟,日本将陷入公共债务危机不能自拔。[①]但是，目前从日本的政治体制来看，受党派内部和各利益集团既得利益的影响，结构改革缺乏足够的动力，要从根本上推动日本的结构性改革可谓难上加难。可以说，自安倍经济学诞生以来结构性改革就一直是其短板。从这一点来看，安倍解散众议院重新大选，也着实有利于排除政异见，为推动结构性改革扫清障碍。

（作者为上海对外经贸大学东亚经济研究中心、日本经济研究中心主任、教授）

① 陈子雷：《对安倍经济学的一次“审判”》，《文汇报》专家视点，2014年11月22日。

对接联动：构建丝路经济带“利益链”的挑战和前景

赵　隆

当前,世界经济复苏仍存在不确定因素,全球经济格局进入深度调整,国际竞争更趋激烈,新兴经济体面临新的困难和挑战。2013 年 9 月 7 日,习近平主席在哈萨克斯坦首都阿斯塔纳发表重要演讲,为了使欧亚各国经济联系更加紧密、相互合作更加深入、发展空间更加广阔,第一次提出以创新模式共同建设“丝绸之路经济带”(以下简称丝路经济带)的倡议。①10 月 3 日,习近平主席在印度尼西亚国会发表重要演讲时表示,中国愿同东盟国家共同建设 21 世纪“海上丝绸之路”。至此,中国的地区合作和共同发展构想,以“一带一路”倡议的形式正式出台。

一、构建丝路经济带“利益链”的现实支撑

作为我国当前最为重要的对外战略构想之一,丝路经济带建设具有得天独厚的现实优势。历史上的丝绸之路不是一成不变,而是随着地理环境的变化和政治、宗教形势的演变,不断有新的道路被开通,也有部分道路的走向有所变化,甚至废弃。虽然在官方层面,丝路经济带沿线国家的名单并未正式公布,但依据古代丝绸之路的历史考量,以及现有相关政策分析,核心区域包括中亚 6 国、西亚 18 国、独联体 4 国和中东欧 16 国等。②具体来看,构建丝路经济带之上的利益链,主要有以下几方面的现实支撑:

第一,欧亚地区的认同感。欧亚多数国家身处古代丝绸之路沿线,对丝路经

---

① 《习近平在哈萨克斯坦纳扎尔巴耶夫大学发表重要演讲:弘扬人民友谊,共同建设“丝绸之路经济带”》,《人民日报》2013 年 9 月 8 日。

② 该数据由作者自己统计,部分国家与 21 世纪海上丝绸之路的沿线国重叠。

济带概念具有天生的历史情怀和身份认同。其中,中亚六国地处欧亚大陆中部,是古代丝绸之路的核心走廊,位于“大陆的心脏地带”,其地缘政治、经济意义极为重要。独联体4国是欧亚两种文明间的过渡区域,也是丝绸之路的重要节点。西亚国家无论在文化还是经济都较为发达,承担了丝绸之路易物贸易的重要支撑点。在历史层面,“陆上丝绸之路”是连接中国腹地与欧洲的陆上贸易通道,是东方与西方之间经济、政治、文化进行交流的主要走廊。丝绸之路不仅是商业通道,更是人文社会的交往平台,多民族、多种族、多宗教、多文化在此处交汇融合。由于沿线国家在长期交往过程中实现了共同发展的目标,达到了不同种族、信仰、文化背景的相互借鉴,不但促进了国家间的互信,也共同推动了人类文明进步。因此,欧亚大陆各国对于这种丝绸之路“精神”,也有着更多的代入感和认同性。从内涵来看,丝路精神“就是要促进文明互鉴,坚持以开放包容心态看待对方,用对话交流代替冲突对抗,创造不同社会制度、不同信仰、不同文化传统的国家和谐相处的典范;要尊重道路选择,不能要求有着不同文化传统、历史遭遇、现实国情的国家都采用同一种发展模式;要坚持合作共赢,倡导对话和平”。①“一带一路”倡议的根本,就是要实现沿线各国共同建设开放包容的互信之路、互利合作的共赢之路、和谐共处的和平之路,以及文明互鉴的友谊之路、重现丝绸之路昔日之辉煌。这种目标符合沿线各国的期待,也将为各国的发展开创新的生机与活力。

第二,“中国模式”的感召力。改革开放以来,中国开创了非西方经济制度高速发展的先河,坚守独立自主的和平外交政策,强调世界多极化和国际关系民主化,强调多元文明间的平等合作,形成了具有感召力的中国模式。从数据上来看,2014年中国的GDP总量从1978年的约2 200亿美元增长到超过10万亿美元,人均GDP约7 500美元。在宏观经济增长的同时,居民收入和经济效益持续提高,城镇居民人均可支配收入实际增长7%,农村居民人均纯收入实际增长9.3%,农村贫困人口减少1 650万人,城乡居民收入差距继续缩小。②中国已经成为新的国际政治经济秩序的倡导者,而广大发展中国家将受益于这个权力转移

---

① 《习近平出席中阿合作论坛第六届部长级会议开幕式并发表重要讲话,强调弘扬丝路精神,深化中阿合作》,《人民日报》2014年6月6日。

② 李克强:《政府工作报告——2014年3月5日在第十二届全国人民代表大会第二次会议上》,人民出版社2014年版。

的过程。一方面,中国模式的感召力在于宏观经济的高速发展,注重这种发展的内生效应和实际作用,特别是改善人民生活水平的现实层面,建立以包容性增长为特点的发展模式。另一方面,感召力则源生于自身发展的普惠效应,也就是通过自身的经济、社会等全方位发展,促进国际政治经济秩序的合理化改革,强调每个国家都有权独立自主地选择各自的发展道路,以及塑造独特价值观和社会制度的可能性。

第三,大国合作的推动力。中国和俄罗斯均为全球性大国,分别处于欧亚大陆的东西两端,将繁荣的亚太新兴市场和发达的欧洲经济空间相互连接。中俄两国互为最大邻国,一个高水平、强有力的中俄关系不仅符合中俄双方利益,也是维护国际战略平衡和世界和平稳定的重要保障。在两国元首的强力推动下,在两国政府和人民的共同努力下,中俄关系在近年来已经成长为世界范围内最为重要的双边关系之一。2014 年 5 月,两国元首在上海签署《中俄全面战略协作伙伴关系新阶段的联合声明》,提出"中俄关系已提升至全面战略协作伙伴关系新阶段。双方将保持和深化高层战略互信对话,提高现有双边政府、议会、部门和地方间合作机制效率,必要时建立新的合作机制,确保全面快速发展的务实合作、人文交流和民间交往取得更大成果,进一步密切协调外交行动"。①根据中国海关总署的数据,2014 年中俄贸易总值较去年同期增长了 6.8%,总值为 952.8 亿美元。俄罗斯出口中国的商品增长了 4.9%,达到 416 亿美元,中国出口俄罗斯的商品增长了 8.2%,达到 536.8 亿美元。中国成为俄罗斯的第一大贸易伙伴,而俄罗斯是中国第 9 大贸易伙伴。②近年来,两国在创新领域战略性大项目合作得到进一步提升,在宽体客机研制、信息通讯和节能环保等领域展开合作。在《中俄关于经济现代化领域合作备忘录》框架内,拓展制药、船舶和运输机械制造等领域的深度合作。2014 年,两国签署《中国卫星导航系统委员会与俄罗斯联邦航天局在卫星导航领域合作谅解备忘录》,推动民用航空和航空制造合作,扩大卫星导航、航空发动机、工艺与材料等领域的合作;推动信息通信领域的合作,在无

---

① 《中俄关于全面战略协作伙伴关系新阶段的联合声明》,载中国政府网,http://www.gov.cn/xinwen/2014-05/20/content_2683144.htm。

② 中华人民共和国海关总署编:《中国海关统计年鉴》,2014 年,http://www.chinacustomsstat.com/aspx/1/NewData/Stat_Data.aspx?State=1&next=4#。

线通信设备、集成电路设计等方面开展交流。中国还积极参与了俄罗斯高铁、铁路升级改造等基础设施建设，中国中铁二院工程集团有限公司将作为中俄企业联营体中的一方参与俄罗斯首条高速铁路莫斯科至喀山段的规划设计工作，为中俄传统贸易合作开创全新领域。在深化战略协作关系的背景下，中俄两国已经就于丝绸之路经济带建设和欧亚经济联盟建设对接合作达成一致。①沿线国家认同中俄的“窗口效应”，两国全方位战略协作伙伴关系是丝路经济带的有力支撑，可带动对外辐射效应。

中俄两国将把扩大投资贸易合作作为优先方向，为经济增长和扩大就业培育新的增长点。在投资便利化问题上做足文章，将产业园区建设和大型投资项目作为对接基础，在物流、交通基础设施、多式联运等领域加强互联互通，扩大并优化区域生产网络。两国将研究推动建立中国与欧亚经济联盟自贸区，促进扩大贸易、直接投资和贷款领域的本币结算，实现货币互换，深化在出口信贷、保险、项目和贸易融资、银行卡领域的合作。值得注意的是，两国在元首和政府层面达成协议，提出通过丝路基金、亚洲基础设施投资银行、上海合作组织银联体等金融机构，进一步加强双方的金融合作，推动区域和全球多边合作，形成并推广符合时代要求的有效规则与实践。可以看到，作为丝绸之路经济带的倡议方和节点大国，中俄深化双边合作的侧面效应，是对地区经济合作倡议的有力支撑。丝绸之路经济带等倡议的成功与否，也取决于沿线国家各种双边、多边合作的深入。

二、构建丝路经济带“利益链”的单元辨析

在丝绸之路经济带的构建上，核心问题看似是围绕的经济利益展开，但实际上无法脱离稳固的内外政治环境，以及密切的人文交流，涉及的并非单一领域利益，而是多重利益综合体。在单元构成上，主要是由个体利益、区域利益和多边利益的利益链组成。修昔底德在《伯罗奔尼撒战争史》中指出：“无论是在国家

① 《中华人民共和国与俄罗斯联邦关于全面战略协作伙伴关系新阶段的联合声明》，《人民日报》2014 年 5 月 21 日。

还是在个人之间,利益的一致是最可靠的纽带。”①从丝路经济带的个体利益来看,主要分为四个方面,包括安全、经济、政治和文化。其中,安全利益沿线国家生存和发展的基本条件,是最核心的利益。这当中既包括国家主权独立和领土完整,保证国内政治、经济、科学和文化的和平发展,也包括维护国家的战略安全。经济利益范围很广,从内部来看,包括维护独立自主发展民族经济的主权,推动社会经济的发展和人民生活水平的提高。从外部来看,其核心是维护沿线国家在世界经济中的相应地位,保障对外贸易、投资、货币金融关系的稳定发展。摩根索指出:“利益确为政治之精髓,且不受时间和空间的影响。”②国家的政治利益是国家利益的必要部分,主要是维护国家现有的社会制度和占统治地位的意识形态。文化与利益虽然不属于同样的范畴,但是文化利益确是国家利益的重要组成部分,包括意识形态的维护,历史文化传统的保持,民族认同感的确立和维系,与安全、经济、政治密切相关的各种文化现象等。

除已论述的个体利益外,“本地优先”思想是构建区域利益的关键,也就是一切都以本地区为首,强调域内的互动,并促进区域内的历史、文化和身份等多元认同。而国家层面的区域治理,则指通过系统的方法来组建地方政府,将尊重和保留地方自治权作为其核心。③丝绸之路经济带的区域利益主要指相近地缘结构的主权国家群体,在利益拓展的过程中寻求共同认知和目标,并以此为框架借助相应的标准和行为准则进行互动的观念。在这当中,共同的地理联系和形态结构,向外扩展逻辑所产生的外溢效应与共同利益,以及共同的域外挑战和域内需求,构成了区域利益的主要推动力。

第一,是客观共性与主观建构的关系。从字面的理解来看,区域利益是以固定的区域为实践平台的,而这个区域应具备“特性共享”要素。例如,欧洲的发展就根植于相关国家在地理上的相邻关系,在民族上的融合程度,在宗教、历史和文化上的继承性等。究其根本,是一种自然形成的共性特征,很多研究把这一特

---

① [古希腊]修昔底德:《伯罗奔尼撒战争史》,上海人民出版社 2012 年版,第 56 页。

② Hans Morgenthau, *Politics among nations: The struggle for power and peace*, sixth edition, New York: Alfred Knopf Publishing, 1985, p.10.

③ Achibani, *Localism: A Philosophy of Government* (*New edition*), The Ridge Publishing Group, 2013.

性共享看作是欧洲一体化发展的根本动力。然而,如果将其作为指标应用在东北亚、东南亚或非洲地区的一体化进程中,却产生了诸多障碍阻力。从根本上看,或许是忽略了主观建构的作用。丝绸之路经济带的主观区域利益建构主要涉及非自然形成的特性,例如统一的欧亚国家身份认同建构,平等互利、相互借鉴、共同发展的价值观建构,共同责任的资格建构等。由于这种建构过程产生于行为体的主观意愿,更加能够反映不同行为体的真实目的,自然也会在一体化程度上取得更为明显的效果。因此,在共性指标中既包括客观共性,也就是共同的地理、历史、文化或宗教传统,也应当包括在面对共同威胁和挑战,以及针对共同目标所进行的主观建构。

第二,是现实联系和潜在纽带的关系。这里的现实联系是学界普遍认为的各项政治、经济、社会等指标,具体表现为经济贸易的相互依赖程度,国家治理模式和意识形态的相互兼容程度,人民交往和文化交流的密切程度等。这些指标可以借助量化方法来准确反映区域内单一行为体间的联系程度,如按照优惠贸易安排①的广度和数量界定,按照国家的政治文明、宪政体制、法律体系的相互兼容程度界定,以及按照人员迁徙流动、文化借鉴传承的频繁程度界定。这种评判标准的优点在于可以将量化数据作为依据,评估区域内部的一体化程度,但缺点是无视了显性指标外的潜在联系。比如,丝绸之路经济带沿线国家区域内的潜在纽带也是值得关注的重要指标。这当中包括政治精英的理性选择与行为偏好,利益集团的跨界效应与逐利标准,以及制度框架的约束程度等。区域内各国进行互动的主要推动力不仅在于现实的经济需求,也同样取决于主要政治精英的理性选择标准以及其自身的行为偏好,而各国间这种标准和偏好的接近程度是推动区域化的潜在动力。同样,利益集团间的跨界合作也在一定程度上决定着国家间各种显性关系的紧密程度,而区域内制度框架的约束力度则是一体化进程的关键性指标,制度约束过强可能引发内部合作意愿与外部利益诱惑的矛盾失衡现象,而制度约束赤字则又会导致组织结构松散,最终影响到区域利益建构的成效。

---

① 优惠贸易安排是经济一体化较低级和松散的一种形式,指在实行优惠贸易安排的成员国间,通过协议或其他形式,对全部商品或部分商品规定特别的优惠关税。

第三,是区域的外部挑战性与内部的合作性博弈。正如很多学者所提出的,区域利益的建构不单单涉及其内部,还取决于外部的压力和威胁。区域内成员所形成的共同意识塑造出共同的外部挑战和对手,也就加强了“区域内聚性”(Regional Cohesions),①促进形成更多的特性共享和联系纽带。值得注意点是,仅仅依靠外部压力所产生的凝聚力,在外部威胁消失或逐步式微的同时,其生长与再造的土壤也就消失殆尽。例如,北约在两极格局瓦解和华约体系崩溃后,出现了很长一段时间的动力真空期,缺乏此间建立在外部威胁上的共同意识与目标。笔者认为,除了需要关注“输入性压力”所能产生的凝聚效应外,还应关注区域内部的合作性博弈发展,促使各国在外部挑战较弱的环境中塑造自我合作态势,在博弈过程中需找各领域的合作效应,从而激发产生区域内的新互动点与逐利方向,并同时提高区域利益的外溢效应。

作为一种原则性概念,多边利益具备“普遍准则”和“互惠扩散”两个特点。约翰·鲁杰(John Ruggie)提出,“多边的关键不在于是否存在于三个或更多国家间的协调,因为其他组织性形式也可以做到,而重点是它确立了国家间互动关系的基本原则”。②普遍准则强调的是用一种国家间普遍接受的交往模式来代替根据个体喜好、情景差异或特殊原因将国家间的互动以个案的形式区别对待。互惠扩散则强调参与者的预期收益建立在中长期之上,而非针对某个具体事务。③

在谈到丝路经济带多边利益时,虽然它和区域利益都关注整体的身份认同,但区域利益更强调具有一定边界的认同,而多边利益则希望产生跨越边界的认同感。从实践来看,多边利益更像是区域利益的延伸阶段,更容易产生于区域认同程度较高的群体。在这种架构下,国家利益和区域利益具有更大程度的不可分割性,使他们更容易透过共同的行动去追求彼此的利益。④普遍准则主要表现

---

① 区域内聚性是区域内国家与域外国际社会间相互协调处理跨区域政策事务、区域间互动关系有组织化的内在因素。

② John Ruggie, Multilateralism: The Anatomy of an Institution, *International Organization*, Vol.46, No.3, 1992, pp.66—68.

③ James Caporaso, International Relations Theory and Multilateralism: The Search for Foundations, *International Organization*, Vol.46, No.3, 1992, pp.600—601.

④ John Ruggie, Third Try at World Order? America and Multilateralism After the Cold War, *Political Science Quarterly*, Vol.109, No.4, 1994, p.556.

在参与者对于平等权利和责任的认同之上。这里的行为准则不单单指某种制度安排中的互动规则,还包括了参与者自身的行为认知,也就是对于规则的认同。例如,丝绸之路经济带的相关法律制度、组织结构、程序和运行规则等,都属于多边利益中的普遍行为准则。互惠的扩散性源于参与者对于制度安排的预期。参与者通过"做出自己的贡献向他人示好,但这种示好并非要确保能从特定行为者处得到回报,而是着眼于所属团体得到持续的满意结果。"①也就是说,这种互惠首先是对互动的前景有着充分的利益预期,而如何形成这种利益预期建立在几个前提之上:首先是在一定程度上遵守相应的义务,由此创造来自共同互动经验的信任感;其次是连续的互惠行为,以此来促进长期合作。②也就是说,这种互惠是以实现单一国家利益为最终目的,但实现的方式却是以实现群体利益为渠道。所以,在丝绸之路经济带多边利益建构过程中,必须使沿线国家出现诸多的利益交汇点或共同利益,才有可能产生这种互惠的扩散性。缺点在于,这种群体的利益共存性往往产生于较小范围的区域机制中,而非丝绸之路经济带这类广泛的跨区域性倡议。

总的来看,多边利益构建中的"多边"存在既存在于国家内部对于互动方式的一种理想这一主观层面,又存在于相关制度所遵循的行为方式这一客观层面。前者的出发点是个体,解释的是一种政策导向,后者的出发点是集体,表现的则是一种运作模式。当多边利益融入国家的对外政策准则或战略时,它所代表的就是一种"行为"。这种行为建立在合作应对和治理相关问题之上,表现出对于相关制度、准则或规范的态度,从而促进国家间的互动关系。以这种形态构成的制度框架,通常将普遍参与、合作导向和统一准则作为基础,以此来规范国家间的互动方式并促进解决某些具体的共同问题。值得注意的是,多边利益在属性上与区域利益的区别在于,后者更多的是以所涉及的区域、领域范围为核心,强调地缘概念上的狭义和广义概念。多边利益则更多地表现于参与者的数量、互动的普遍性规则为主,也就是其核心概念中的"普遍准则",和后两者在概念上具有一定的差异,但同时又可相互兼容。

---

① Robert Keohane, Reciprocity in International Relations, *International Organization*, Vol.40, No.1, 1986, p.20.

② Ibid., pp.21—22.

三、丝路经济带利益链构建的挑战与前景

从丝路经济带利益链构建的前景来看,需关注由外部力量格局变化带来的“输入性压力”,节点国家自身政治、经济和社会发展产生的“原发性压力”,以及沿线国家见双边或多边的“交叉性压力”带来的挑战。

在输入性压力方面,国际权力转移趋势更为明显。2008 年金融危机以后,国际关系格局发生了重大变化。以美国为首的西方国家在金融危机中普遍受到冲击,迫切需要借助中国、印度、巴西等新兴经济体的力量走出危机。随着中国、俄罗斯等大国在本地区影响力持续上升的背景下,美国在东亚和东欧两个地区均感受到巨大压力。由此,奥巴马政府正式推出“重返亚太”战略。①在经济上,积极推动“跨太平洋伙伴关系”(TPP),以抵消中国的经济影响力;在安全上,不断挑动、助推中国与周边国家的矛盾,竭力打散东亚国家之间的区域合作。中美之间的权力变化成为当前亚太地区众多安全问题的背后因素之一。美国为首的西方国家以重返亚太战略、新丝绸之路计划、欧盟伙伴国计划东扩为抓手,应对中俄不断上升的影响力。

在原发性压力方面,乌克兰危机后,俄罗斯与西方关系在制裁下恶化,内部出现资本外流、汇率波动、经济整体下滑。2014 年 3 月 16 日,克里米亚自治共和国和塞瓦斯托波尔完成公投程序,正式并入俄版图,俄罗斯与西方的关系也从此刻起跌入低谷。此后,以美国为首的西方国家制裁重创了俄罗斯经济,阻碍了俄罗斯大国复兴战略的实施。首先是冻结资产和拒发签证,包括俄副总理罗戈津及俄罗斯石油公司总裁谢钦在内的多名政府官员和企业高管被列入入境黑名单,将包括俄罗斯石油公司、俄罗斯天然气银行(Gazprombank)及俄外经贸银行(VEB)列入融资黑名单。在外交层面,中止了俄罗斯 G8 成员资格,取消索契峰会并停止了一系列有关简化签证方面的谈判。除了针对俄属企业的制裁,西方

---

① “美国重返亚太”之说始于时任美国国务卿的希拉里·克林顿 2009 年 7 月 22 日在参加东盟外长扩大会议时的演说。See Hillary Rodham Clinton, “Press Availability at the ASEAN Summit,” Laguna Phuket, Thailand, U.S. Department of State, July 22, 2009, http://www.state.gov/secretary/rm/2009a/july/126320.htm.

还对本国企业发出了投资禁令,禁止欧洲投资银行(EIB)及欧洲复兴开发银行(EBRD)注资俄罗斯。在军事层面,美国中止与俄罗斯的军事合作,欧盟不但对俄实施了武器禁运,法国也拒绝交付俄罗斯订购的西北风级两栖攻击舰。此轮全方位制裁措施极大地影响了俄罗斯经济发展。在经济制裁和国际油价大幅下跌的双重打压下,2014 年底开始,俄罗斯卢布急剧跳水,年度资金外逃总额达到 1 250 亿美元。根据俄联邦经济发展部公布的 2014 年国家社会经济发展预测,2015 年居民的实际可支配收入或下滑 2.8%,而不是此前预测的增长 0.4%,2014 年的收入增幅预期下降了一半,降至 0.3%。①俄罗斯恢复大国地位首先需要的是强大的经济实力,同时也需要一个良好的外部空间。然而因乌克兰问题与西方的交恶,已经使俄罗斯尝到了苦头。特别是在国际油价大幅下跌的影响下,经济严重依赖能源的俄罗斯再度陷入困境。其次,中国经济进入“新常态”,面临中高速经济增长的负面效应和产能过剩问题。2014 年 5 月,习近平主席第一次提出中国经济进入“新常态”:“我国发展仍处于重要战略机遇期,我们要增强信心,从当前我国经济发展的阶段性特征出发,适应新常态,保持战略上的平常心态。”②2014 年 11 月,习近平主席在亚太经合组织(APEC)工商领导人峰会上系统阐述了“新常态”,他将中国经济“新常态”概括为:“一是从高速增长转为中高速增长,二是经济结构不断优化升级,三是从要素驱动、投资驱动转向创新驱动,四是政府大力简政放权,市场活力进一步释放”。③

在交叉性压力方面,中俄间的互动是否能形成丝路经济带框架下的互补性竞争关系,是未来急需解决的问题。互补性竞争的概念最早应用于国际多边贸易领域,特别是区域经济合作作用的解释,我国学者对这一关系也有详细的论述。④简

---

① Прогноз социально-экономического развития Российской Федерации на 2015 год и на плановый период 2016—2017 годов, http://www. garant. ru/products/ipo/prime/doc/70648384/#ixzz3ccbnZeWl.

② 《习近平在河南考察时强调:深化改革发挥优势创新思路统筹兼顾,确保经济持续健康发展社会和谐稳定》,《人民日报》2014 年 5 月 11 日。

③ 习近平:《谋求持久发展,共筑亚太梦想——在亚太经合组织工商领导人峰会开幕式上的演讲》,《人民日报》2014 年 11 月 10 日。

④ 刘光溪:《互补性竞争论——区域集团与多边贸易体制》,经济日报出版社 2006 年版,第 22 页。

单来说，就是认为以 WTO 等机制为代表的区域经济合作规则和全球多边贸易体系间存在的非替代性竞争，建立一定程度的区域经济集团也并不意味着贸易“藩篱”，而是形成了一种多边环境下的相得益彰、兼容协同的互补性竞争关系。从构建丝路经济带利益链的要素对比来看，产生于问题本身的影响和需求超越了国界。在双边关系上，如何使中俄两国在中亚、高加索、独联体等前苏联地区增进互信，将影响力和权力拓展置于实际经济收益考量之后，提高各自对另一方的战略舒适度，追求合作原则上的一致性、合作内容上的融合性、合作目标上的趋同性，以及合作方式上的包容性。

丝路经济带建设的核心是实现沿线国家的目标、理念和行动联通，尊重丝路文明的多样性，沿线国家发展道路的多样性，维护自主选择社会制度和发展道路的权利，相互借鉴并推动区域和跨区域的发展进步。丝路经济带在追求本国利益时兼顾他国合理关切，在区域利益建构上以单一国家发展促进各国共同发展，在多边利益建构上倡导人类命运共同体意识，共同打造“丝路利益链”。2014 年 11 月 8 日，习近平主席在加强互联互通伙伴关系对话会上进一步阐述了共同建设“丝绸之路经济带”和“21 世纪海上丝绸之路”与互联互通的相互关系。他指出，“一带一路”与互联互通相融相近、相辅相成，并将“一带一路”比喻为亚洲腾飞的两只翅膀，而互联互通就是两只翅膀的血脉经络。①互联互通不仅包括基础设施建设的联通，也包括各沿线国家在议程、区域和需求上的全方位对接联动，努力形成一种超领域的互联互通状态。

首先，是议程的对接联动。丝路经济带与沿线国家战略和现存地区机制具有相似度，如独联体自贸区、欧亚经济共同体、关税同盟和统一经济空间，欧亚经济联盟，哈萨克斯坦的“新丝绸之路”计划，土库曼斯坦的“复兴古丝绸之路”国际倡议，中俄蒙经济走廊等。其中，俄罗斯提出支持丝路经济带建设，愿与中方密切合作，推动落实该倡议。双方将共同协商，努力将丝路经济带建设和欧亚经济联盟建设相对接，确保地区经济持续稳定增长，加强区域经济一体化，维护地区和平与发展。将秉持透明、相互尊重、平等、各种一体化机制相互补充、向亚洲

① 《习近平主持加强互联互通伙伴关系对话会并发表重要讲话》，《人民日报》2014 年 11 月 9 日。

和欧洲各有关方开放等原则,通过双边和多边机制,特别是上海合作组织平台开展合作。①哈萨克斯坦在其战略中强调恢复历史作用,成为中亚地区商业中转集散地,欧洲和亚洲之间的桥梁。也就是说在哈萨克斯坦主要交通走廊基础上建设具有国际水平的统一的集散综合体,集贸易、物流、金融、商业、信息、技术和旅游等产业于一体。到2020年,经过哈萨克斯坦的货物运输规模将达到5 000万吨,到2050年进一步扩大到10倍。②实现上述倡议须围绕丝路经济带的“政策沟通、道路联通、贸易畅通、货币流通、民心相通”的战略内涵,创造以现有机制为平台的多层对接联动,避免非利竞争,统筹理念利益。其次,是区域的对接联动,特别是与周边区域的对接。加快中俄、中哈、中塔、中吉跨境合作,深化边界事务和打击跨境犯罪,实现边境发展的区域对接。在《东北地区老工业基地振兴战略》和俄罗斯《远东和贝加尔地区2025年前经济社会发展战略》基础上,增进中俄毗邻地区行政首脑交往,促进边界委员会协同、特色工业园区开发和人文合作,加快同江、黑河大桥建设,实现贸易方式创新、投资力度提升、互联互通网络化和重大项目可持续性等建设目标,建构地区利益。最后,是需求的对接联动。中共十八届三中全会通过的《中共中央关于全面深化改革若干重大问题的决定》明确指出,“加快同周边国家和区域基础设施互联互通建设,推进丝绸之路经济带、海上丝绸之路建设”。③沿线国家对于基础设施建设的需求是利益链构建的基石,也是拓展其他领域合作的开端。沿线国家应继续推进财经领域的紧密协作,包括在双边贸易、投资和借贷中扩大本币结算规模,评估建立能源伙伴关系网的收益与影响,深化现有油气合作和基础设施建设。此外,还要促进高新领域协同发展,开展和平利用核能、民航等领域合作,加快创新机制联动,将中俄在线电商合作与发展作为案例,拓展至沿线其他国家。改善公路、铁路、港口的运输条件,加快基础设施建设项目的落实等,深化依存利益。

---

① 《中华人民共和国与俄罗斯联邦关于全面战略协作伙伴关系新阶段的联合声明》,《人民日报》2014年5月21日。

② Заключительное слово Президента Республики Казахстан Назарбаева Н. А. на 25-м заседании Совета иностранных инвесторов. Официальный сайт Президента Республики Казахстан: http://www.akorda.kz/ru/page/zaklyuchitelnoe-slovo-prezidenta-respubliki-kazakhstan-nazarbaeva-n-a-na-25-m-zasedanii-soveta-inostrannykh-in.

③ 《中共中央关于全面深化改革若干重大问题的决定》,《人民日报》2013年11月16日。

四、小　结

总的来看，推动丝路经济带倡议进入实质性拓展的关键，是构建相关沿线国家的利益链。一方面，关注沿线国家区域内部和区域间的利益联系，加强客观共性与主观建构的协同以达到“特性共享”状态，强调丝绸之沿线区域内的潜在纽带，包括政治精英的理性选择与行为偏好，利益集团的跨界效应与逐利标准，以及制度框架的约束程度等，激发更多的以共同意识塑造出的外部挑战，加强了“区域内聚性”并促进形成更多的特性共享和利益纽带。另一方面，须建构多边利益范畴内的普遍的行为准，以国家间普遍接受的交往模式来代替根据个体喜好或情景差异，强调丝路合作中互惠的扩散性，使多边利益成为主导国家行为和互动方式的参考，以及对相关制度、准则或规范的态度依据，从而促进国家间的互动关系。

丝路经济带外部环境变化和节点国家的内部状态，是利益链构建的主要影响因子。如何减缓由国际权力转移和全球力量格局变化带来的输入性压力，以及节点国家自身政治、经济和社会发展产生的原发性压力，以及国家间双边或多边互动产生的交叉性压力，影响着利益链构建的主观动力和客观效果。把超领域的互联互通作为治理路径，努力将现有区域内外的倡议、议程与丝路经济带有效对接联动，增强沿线国家的内外协作度。把相关地区发展有效对接联动，提升沿线国家内部的地方与中央以及丝路利益链整体的现实利益纽带。把沿线国家对于创新合作的需求对接联动，增强利益链内部的传统与非传统领域合作互动，减少因合作的单一性带来的潜在波动风险。

（作者为上海国际问题研究院全球治理研究所助理研究员）

“命运共同体”理念下
“跨界民族”交融发展问题析论

——兼论中国“一带一路”战略中的“共情”能力构建

刘锦前　舒丽娟

在当前全球化加速发展的背景下，每个国家都肩负着振兴民族的历史重任，也都有一个强国富民的伟大梦想。并且随着国家间各种利益的相互交织，不同国家彼此间比以往任何时期都更需要携手合作，共迎挑战以促进地区稳定和繁荣。而从当前的时空条件来看，中国显然是希望通过与“一带一路”沿线国家和相关国际组织加强合作，实现道路畅通、贸易连通和民心相通，共同打造开放合作平台，实现中国“两个百年”梦想，也为全球可持续发展提供新动力。而“跨界民族”交融发展问题作为当前人类社会发展不容忽视的一个重要议题，处理的好与坏不仅牵扯到当事国稳定发展，也关乎地区和平与世界范围的权力格局平衡。本文从“命运共同体”视角来探析当前新形势下“跨界民族”发展问题，旨在寻求中国如何在“一带一路”战略推进中发挥自身影响力，如何在传承发展不同“跨界民族”文化的同时为促进落实中国对外亲诚惠容的外交新战略创造条件。笔者认为，以“命运共同体”理念为指导，进而通过不同“跨界民族”间“共情”能力构建来推进“一带一路”建设，不仅有助于中国实现两个百年目标，也有助于世界的和平发展与人类社会进步。

一、“跨界民族”交融发展问题事关世界未来和平

从当前影响世界和平与稳定的重大安全问题来看，无论是乌克兰、叙利亚还是阿富汗、伊拉克，冲突背后或多或少折射着“跨界民族”问题的影子。诚然，具体到某个民族和国家，可能具体的冲突原因不一，但从世界战争与动荡的大视野角度来判断，当下“跨界民族”问题处置不当带来的负面效力发酵，不排除将人类

社会再次带入到战乱年代的可能。一个有趣的悖论是，美国等西方国家都已认识到了"跨界民族"问题的棘手性，但其非但不从根源上协助解决，反而利用该类问题来实现自身国家利益，值得惋惜。我们抛开现实层面的利益纠葛，单从学术层面来分析，近年来具体围绕"跨界民族"问题到底该如何理解，"跨界民族"问题产生的影响如何看待？截至目前学者们依然对此有不同观点。此外相关的概念术语如"跨境民族"、"跨国民族"甚至是"跨界人民"、"历史民族"、"无国家民族"等容易混淆的词汇也较多。并且针对"跨界民族"未来交融发展问题该如何理性研判，学术界争论分歧也颇大。考虑到概念术语在行文逻辑中的基础性作用，在本文中，先就"跨界民族"作出一个界定，笔者认为其阐释的是这样一种情景状态，"跨界民族"特指一切因政治疆界与民族分布不相吻合而跨国界居住的民族。①从近年来实际情况看，随着相关各国跨界民族在不同国家间落居，比如以中亚国家为例，许多社会现实问题日益尖锐。对于那些来自不同国度"回归故乡"的跨界民族成员来讲，在"主体民族"冠名国家，虽然其族属地位提高，但是作为外来的人，他们并不受欢迎，被迁入地的原住居民视为"外国人"或"无国籍者"，或被贬称为"回归者"。其中绝大多数面临着许多利益问题和实际困难。②跨界民族问题遇到的困境和难处也许比我们所获取的案例严重得多，由此，审慎理解和评判"跨界民族"问题就不仅仅是理性思维层面的议题，更关乎人类社会道德和公平正义。

（一）"跨界民族"身份能否自我理性建构将影响世界和平发展大局

在全球化快速发展的新形势下，"跨界民族"能否坚持自身发展道路并通过自我修复功能让本民族实现持续进步显得极其重要。这里的持续进步涉及两个层面，第一个层面是跨界民族自我身份的一种认可和欣赏，其主意识流呈现的是与其他民族的交往、交流下的一种自身发展态势——趋向是本民族繁荣，其基本意识架构是作为本民族一员，我骄傲和自豪。该层面下的一个重要理性认知前提是一个民族并非一定要建立一个国家才能促进本民族进步，多民族也可以实现共同发展。第二个层面是指跨界民族与其他民族间的一种交融发展态势——

---

① 丁延松：《"跨界民族"概念辨析》，《西北第二民族学院学报》2005年第4期，第19页。

② 李琪：《地缘安全视阈下的我国西部跨界民族关系》，《陕西师范大学学报（哲学社会科学版）》2012年第2期，第122页。

趋向是民族间渐渐融为一体。诚然,在不违背民族发展规律的前提下,民族间最后通过自然个人的推动实现民族大融合是我们所乐见的,因为这符合人类发展的历史规律。而当下民族交融之所以能够顺利发生,一个基本的前提是各民族间开展了相对互利平等的交流。考虑到世界各民族之间的差异性,民族交融现象的发生有赖于各民族间的相互学习、共同进步。①笔者认为,民族交融在内涵方面特指族际整合这样一个过程,不仅指的是民族之间的良性互动和交流往来,也指民族之间在人口、血统、文化上的互相渗透,在优秀文明成果上的相互吸取、相互认同,更指在交流往来中关系日渐紧密,共同性因素不断增加,对国家认同的不断增强。在此基础上,我们解读一个民族的民族战略和相关民族政策,根据传统研究路径,我们不仅需要从其历史发展路径的轨迹进行深度思考,也更需要结合其民族国家发展的现状和其背后的文化因素进行考量。此处,我们也不能回避国际关系理论新发展下带来的学理纷争促成的见解分化。当代世界不同民族之间正经历着多重转型,国际体系也处于深度转型,一些重要地缘环境的战略影响力也正在发生历史性改变。这种双重转型既增加了不同民族和国家间相互认知的困难,也更反映出相互理解的重要性。②

(二)“跨界民族”未来发展需要国际社会赋意其行为逻辑

民族交融作为民族之间交往和交流程度的标示,反映在民族纵向质的演进和横向量的扩展过程中。在纵向上,不同民族之间的交往、交流,必然产生交融,即共同性因素的形成和增加,交融程度积累到一定程度,必然会发生自然同化现象。但“民族交融”这一概念本身并不包含结果意义上的“民族自然同化”现象。从横向上说,民族之间的交往、交流和交融发生在经济、政治、文化、社会等各个方面,各民族之间的通婚现象日益增多。③从经验逻辑角度推论,一个民族国家的国际战略即使出发点是好的,并且各个要素都能发挥正面作用的情况下,其战略也未必能获得成功;但如果一个民族国家不能从长远大时空发展角度来谋划

---

① 坦诚讲,差别性是民族能够存在的前提,文化是民族的内核,而倡导和弘扬人类不同文化的多样性也早已成为当今世界进步力量的共识。参见杨须爱:《“民族交融”的科学内涵及实践意义》,《贵州民族研究》2014 年第 2 期,第 27 页。

② 卢静:《中国和平崛起的国际舆论环境分析》,《国际问题研究》2015 年第 2 期,第 46 页。

③ 杨须爱:《“民族交融”释义辨析》,《广西社会主义学院学报》2013 年第 5 期,第 57 页。

战略,其发展前景无疑将受到阻滞。清人陈澹然在其《寤言二迁都建藩议》中说,“不谋万世者,不足谋一时;不谋全局者,不足谋一域。”东方人这种谦和谋远的文化特质,深受世界各民族仰羡。①历史告诉我们:战略问题是一个民族发展的核心问题,缺乏战略谋划的民族,很难成为真正的强者。谋划战略,就要把握现在,放眼未来。

1. 赋意其理性看待民族自身发展的历史

国际关系学界情感研究的倡导者们注意到情感对行为体认知进程的重要作用;②我们要避免因为情感因素而使自身过于被动甚至引发国际社会对政治体制理解的情绪波动。如以中国为例,虽然长期处在国际政治的关键决策圈之外,但中国发展道路的成功则又恰恰说明了这种国际体制存在的价值。目前我们该深度考虑的是,借鉴与宣传中国成功经验的同时,不能随意放任那些用极端方式来笼取民心以博取支持的民族派系,因为这等于是加强了他们的地位,就会损害那些把合作看成为国家安全与繁荣基础的派别。③由此,我们不仅要对一些重大历史事件进行再一步的解析,尤为重要的是我们也要对该国民族的秉性特点和其自身行为方式进行进一步源头追溯,了解其思想认知行为逻辑背后的经验组织方式和如何对其进行影响让其重构新的行为组织方式。比如,我们对日本的二战自身认知的分析就不能脱离日本人性格中的“菊与刀”这种民族性来进行了解。而对未来日本国家行为组织方式的重构则又必须考虑我们如何施加影响力以促其对自身行为历史的内省式感悟。此处笔者强调的是,我们应更多从作为客观层面的第三方视角,尽量客观理解当事国(民族)对其所经历重大事件的自我感受和赋意,比我们单从所谓人类正义与公平角度讲可能得到的结论更客观。

2. 赋意其民族“自信力”

从历史发展角度讲,“跨界民族”问题的产生有着极其复杂的原因,这其中一个不容忽视的因素就是大国角色作用。一方面,历史发展不同阶段的大国为最

---

① Pal Nyiri, The Yellow Man's Burden: Chinese Immigrants on a Civilizing Mission, *China Journal S6*(July 2006), p.106.

② 克劳福德认为,个人或团体将自身与他者的关系分为不同的情感种类,这些不同的情感关系影响着他们对他者的知觉,尤其是影响他们对他者行为或所处的情境的解释。See Neta C.Crawford, *The Passion of World Politics: Propositions on Emotions and Emotional Relationships*, pp.134—135.

③ [美]布鲁斯·琼斯等:《权力与责任》,秦亚青等,世界知识出版社 2009 年 3 月版,第 277 页。

大限度促进其本国利益,人为地制造了一系列国家间划界问题,这是现今"跨界民族"产生的一个重要源头。另一方面,民族理论发展水平对民族自我认知的影响非常大。民族问题解决的思路在很大程度上取决于其对自身民族观念理解的层次。在这方面,大国尤其需要发挥出重要的引领作用。①简言之,每个民族对自身所处的国际地位都会随着时间与自身国力的发展有不同的认知。而一个民族的总体大战略的制定,不可能仅仅依赖于针对其他行为体在特定问题上的利益所进行的一次性短期分析。它也需要国家间开展长期的互动和联系。②而从民族战略制定的情感角度来看,情感不仅仅影响着互动中行为体的行为倾向,为身份转化提供行为动力,它还组织行为体的相关认知活动,影响行为体对互动进程的评估结果,从而影响行为体判断自身与互动他者的身份关系。③为构架起行为体情感与行为体行为逻辑之间的线性关系,笔者引入心理学中的术语"自信力"这个概念进行阐释,指的是一个人如何将外在物质的和文化的东西内化为自身某种品质的能力。引申开来,笔者所界定的一个民族"自信力"则是指该民族能够多大程度利用自身现有物质和文化的"遗产"内化为民族发展模式的能力。一个民族"自信力"强弱体现在能否将当下体验(国际规范、规则等)内化到自有"经验组织原则"中的能力。④如果该民族"自信力"很强,能够吸收世界各地的一切有利要素来促进自身发展,那么这个民族无疑是异常强大的,并且将在发展的道路上越来越自信。而大国在协助培育"跨界民族""自信力"方面一是不要恃强凌弱式处置相关事项,另一方面也不要为自身利益而故意激化"跨界民族"历

---

① 以中国为例,我们追溯历史可以看到,二战期间中国作为远东地区主要的反法西斯阵营一员,为二战胜利作出了重要贡献。而无论二战期间还是战后,中国在国际舞台上的作用与影响力都日渐变得举足轻重;并且随着岁月的流逝,中国逐步形成了自己的民族身份认同和国际秩序逻辑。

② [美]鲁德拉·希尔、彼得·卡赞斯坦:《超越范式:世界政治研究中的分析折中主义》,秦亚青、季玲译,上海人民出版社2013年1月版,第85页。

③ 季玲:《"东亚共同体"与东亚集体身份兴起的情感动力》,《外交评论》2011年第4期,第75页。

④ 在这里有个颇具争议的观点是如何理解国家的感性行为?能否把一段时期内国家的偏激行为量化为国家成长进程中的必不可少的"内在情感的妥协"。国家一段时期内的"任性"行为能否也可以看作是国家"内化力"防御的一种表现形式?引申开来讲,民族国家层面的情感倾向与国家关系互动之间能否建立起一种可以测量的诠释标准。国家发展模式走向与跨国间关系的发展究竟多大程度上受到该国内人民情感选择的影响?国家自身是否有能力自我调节这种国际层面间的亲疏度?大国是否有必要通过各种方式来引导有关国家向着有利于世界和平发展的方向进行努力。

史遗留矛盾，第三是从人类长时段发展视角提供“跨界民族”认同尺度和可行性解决路径方案，避免顺风下雨式的被这类问题羁绊（被小国或少数民族所裹挟）而给人类社会和平大局造成困局。

二、中国崛起背景下“命运共同体”理念与其价值

不论世人对当前快速发展的中国道路或模式在认同上存在多大分歧，人们还是认为在全球战略互信取得重大进展之前，中国参与其中的地区间合作不太可能取得大的进展。实际上，西方发达国家对以中国为代表的广大发展中国家间立场基本还是停留在“历史”意向阶段，当前中国倡议的“亚投行”之所以如此引世人关注也说明了西方发达国家对新形势下全球经济政治格局前景存在共识差异。诚然如何判断国家战略行为仁者见仁，但我们不能忽视国家的潜在行为影响力与实际影响力之间的明显区别。特别是关于不同国家在具体的利益需求、行为偏好方面有着很大的差异。①此处，笔者要强调的不仅仅指国家行为逻辑以及“命运共同体”概念等术语，②实际上任何概念或思想在理性地推断考察中得出论证性的批评，有助于完成一套科学体系的逻辑自洽与统合，也有助于构建现实层面的社会意义。围绕中国对“跨界民族”问题的基本立场、观点这样一个现实课题进行论证，我们在此以“命运共同体”视角进行阐释，并在阐释论证过程中提供恰当的“理由”，旨在探究现实难题，给予路径的探索思考。对于在论证分析和评价中涉及的一些具体问题，例如，“命运共同体”的自然“起点”是什么、合适目的地又是什么、论证遵守怎样的步骤程序、要经历哪些推论阶段乃至最后论证的最终方向是否能够得到普遍认同，所有这些问题需要进一步探究。此处文章力图着眼于严谨思维和情感之间实现某种平衡，在通过对情境变量和情境

---

① Robert A.Dahland Bruce Stinebrickner, *Modern Political Analysis*, 6th ed.(Upper Saddle River, N.J.: Prentice-Hall, 2003), p.17.

② 此处笔者强调我们的“命运共同体”理念与当年戈尔巴乔夫所提出的“全人类利益高于一切”（新思维）有着根本不同，后者是否定国家利益（甚至在损害自身利益的前提下去谋求妥协），而前者是在尊敬各自国家利益的前提下共谋发展。戈氏的“对外政策新理念”过多强调了人类共同利益和人类价值观，而对国家利益、社会矛盾等具体现实问题的轻视带来了严重后果。参见白丽君：《戈尔巴乔夫的新思维与苏联对外政策》，《外国问题研究》1988 年第 4 期，第 18—20 页。

恒量之间关联关系的深度阐释与推演,以有助于大家对“命运共同体”相关理念的深刻认识。

(一)“命运共同体”理念缘起及其发展

正在跨入世界舞台中央的中国,深刻地经受着来自外部风险和矛盾的考验,也更深入地对世界风云变幻进行思考,“弱肉强食不是人类共存之道,穷兵黩武无法带来美好世界”。中国同样认识到,仅仅是资本的流动、物质的交易等国家利益观并不完全能够形成“跨界民族”“命运共同体”这种归属感,因为文明的对话、心灵的交流是形成归属感不可或缺的重要组成部分。而“命运共同体”理念早在中国共产党第十八次全国代表大会报告中进行了论述。①随后在2013年4月就任国家元首之初,习近平主席在博鳌论坛年会上发表演讲时再次提到“命运共同体”。特别需要指出的是,在2014年5月21日,习近平主席在亚洲相互协作和信任措施会议(Conference on Interaction and Confidence-Building Measures in Asia, CICA,简称亚信会议)第四次峰会的主旨讲话中强调亚洲国家和人民要有“命运共同体”意识,并且着重提出基于亚洲多样性特点的现实,认为各国大小、贫富、强弱各不相同,历史文化传统和社会制度千差万别,安全利益和诉求也多种多样;大家共同生活在亚洲这个大家园里,利益交融、安危与共,日益成为一荣俱荣、一损俱损的命运共同体。他进而提出,“命运共同体”理念下的国家安全应该是普遍的、平等的和包容的。不能一个国家安全而其他国家不安全,一部分国家安全而另一部分国家不安全,更不能牺牲别国安全谋求自身所谓“绝对安全”,否则就会像哈萨克斯坦谚语说的那样,“吹灭别人的灯,会烧掉自己的胡子”。他提出各国都有平等参与地区安全事务的权利,也都有维护地区安全的责任。任何国家都不应该谋求垄断地区安全事务,侵害其他国家正当权益。他也强调应该把亚洲多样性和各国的差异性转化为促进地区安全合作的活力和动力,尊重各国自主选择的社会制度和发展道路,尊重并互助使各国形成合理安全关切。岁月荏苒,在以“命运共同体”这一关键词为主题的2015年博鳌论坛年会上,习近平对“命运共同体”作出了更系统的论述,阐释了迈向命运共

---

① “要倡导人类命运共同体意识,在追求本国利益时兼顾他国合理关切,在谋求本国发展中促进各国共同发展”。参见钱彤、熊争艳、刘劼、刘华:《中共首提“命运共同体”倡导和平发展共同发展》,《人民网》,2013年4月7日,http://cpc.people.com.cn/18/n/2012/1111/c350825-19539441.html。

同体四大内涵。①

(二)“命运共同体”理念对世界层面“跨界民族”问题解决有重要指导意义

远亲不如近邻。无论从地理方位、自然环境还是相互关系看,中国发展对亚洲乃至世界的和平与稳定都具有极为重要的战略意义。近年来,广大发展中国家飞速发展,亚非拉地区更是充满着勃勃生机,具有发展优势和潜力。但现实中叙利亚、乌克兰等国际危机和历史上国际丛林环境带来的悲怆记忆仍然无法抹去人们内心深处的忧虑。生活中,当人们置身于存在着不可预期的利益(beneficial)和伤害(harmful)的情景之中,内心的趋近—逃避(approach-avoidance)冲突就会诱发希望与恐惧。②作为一个大国,如何在对外开放进程中有所担当,为国际社会带来正能量不仅是当事大国所关心的问题,也是国际社会普遍在意的问题。习近平在中央外事工作会议上强调,我们要坚持正确的义利观,做到义利兼顾,要讲信义、重情义、扬正义、树道义。③而以“命运共同体”理念推进“一带一路”建设,引领相关民族和国家就有关议题进行治理合作,有助于国际社会共同关心的安全议题、秩序观等方面形成价值认同理念,促进地区治理实现深层次合作。

1.“命运共同体”理念有助于不同“跨界民族”之间达成合作共识

深化包括周边国家在内的互利合作,巩固地缘相近、人缘相亲的友好情谊,在各个国家之间推进睦邻友好,重视感情培养和常见面与多走动,国家之间坦诚相待有助于友好关系的快速发展。我们可以通过系列步骤来稳步推进国家间修复坏情绪的能力发展,④进而改善与提高国家之间的情感关系。而以“命运共同体”理念为引领,不同“跨界民族”之间本着互惠互利的原则推动“一带一路”建

---

① 《共谱构建“命运共同体”的时代华章——解读习近平主席博鳌亚洲论坛2015年年会开幕式主旨演讲》,《新华网》,2015年3月28日,http://news.xinhuanet.com/2015-03/28/c_127632688.htm。

② Schimmack U, Colcombe S. *Mixed feelings: Toward a theoryof pleasure and displeasure*. 1999, http://www.erin.utoronto.ca/~w3psyuli/ms/mixed feelings.

③ 《习近平出席中央外事工作会议并发表重要讲话》,《新华网》,2014年11月29日,http://news.xinhuanet.com/politics/2014-11/29/c_1113457723.htm。

④ Scott H.Hemenover *Individual Differences in Rate of Affect Change: Studies in affective Chronometry. Journal of Personality and Social Psychology*, 2003, 85(1):121—131.

设,周边邻国之间围绕跨境议题进行升级合作,以此为契机编织更加紧密的共同利益网络,把彼此利益融合提升到更高水平,最终有助于地区层面的整合发展。"命运共同体"理念实际以更加开放的胸襟和更加积极的态度促进地区合作,以互相尊重、平等相待的原则促进地区民族和谐发展为核心要义。目前我们应以推进"一带一路"建设为契机,找准深化中国与周边邻国和一带一路沿线民族国家之间相关合作议题的战略契合点,同时着力加强对不同国家不同地区的宣传工作,扩大人文交流,以巩固和扩大国家间关系长远发展的社会和民意基础。此外需要特别指出的是,国际格局在悄然发生转变的大背景下,中国主推的"命运共同体"理念势必会带来国际社会间的再次分化组合,国际格局也将向着更加有利于世界均衡的方向发展,而以美国为首的西方国家价值体系主导一切的时代将可能成为历史。①

2. "命运共同体"理念有助于消弭不同"跨界民族"之间战略疑虑

时代在发展,国际法在演进,相应地,在当前经济全球化和国家间相互依赖程度加深的时代背景下,以"命运共同体"理念来促进"跨界民族"治理议题等领域合作,其价值作用非常明显。目前国家主权的含义已经拓展,维护主权的绝对性已经发生了重大变化,国家间很大程度上已经成为全球发展进程中相互依赖的利益共同体。在传统的国际关系时代,如国家围绕跨境草原生态保护开发,只要其在本国境内,一般认为属于主权范畴,任何一国具有独立制定开发方案的自主权利,而其他国必须对此尊重。但在目前,这种跨境连片草原保护开发做法既不符合任何一个国家的长远利益,也不符合地区进一步整合发展的深层次需要。总体上看,以"命运共同体"为价值理念,引领亚洲人建设亚洲人的亚洲和欢迎国际社会参与进来共建发展(亚投行的开放性)等,在这个进程中同步欢迎来自国际各领域的支持,"命运共同体"理念对当前国家主权让渡与规范做出了尝试性共识约定,为地区不同民族和国家间合作提出了可探讨的方向。而从民族国家

① 作为以往美国最可靠的盟友,英国却远远地站在乌克兰危机和欧债危机之外旁观。不仅如此,英国还大幅削减自己的军费,近期还忤逆美国的意愿,加入了一家中国领导的国际银行(英国于3月12日申请成为亚投行意向创始成员国)。See Geoff Dyer, "*White House no longer sees anything special in UK relations*", *Financial Times*, May 1, 2015. http://www.ft.com/intl/cms/s/0/6f11da8c-ef8d-11e4-a6d2-00144feab7de.html#axzz3Z80Aj6t9.

层面的行为心理学角度讲,消弭不同民族国家间战略疑虑的核心应在于破除其自身的焦虑感。①这在心理学的研究历程中,实际把动机与情绪联系起来的看法虽早已存在,但区别它们的最一般的标准在于:情绪通常由外部刺激唤起,指向引发它的刺激;动机通常由内部刺激所唤起,并且“自然地”指向环境中的一定对象。虽然有大量事实表明,这种区别并不明显。②显然,“命运共同体”理念重视了焦虑情绪会对人类的决策行为及其结果产生深刻的影响,鼓励通过相互共命运的行为互动以主动降低行为对方的疑虑,避免因焦虑水平的提高促使决策者倾向于回避风险做出保守的选择。③

三、“一带一路”战略推进中的“共情”能力构建

为有效推进“命运共同体”理念下的“跨界民族”问题治理,笔者借用“共情”相关概念来阐释具体共命运合作的必要性与可行性,或许能得出较有说服力的结论。“共情”乃至“共情主义”本是心理学中主体间性理论的一个重要概念,④指的是一种能深入他人主观世界、了解其感受的能力;或者说“共情”指能从对方角度为对方的行为寻找合理性、以最大限度地理解对方的能力。“共情”又分为广义的“共情”和“狭义”的共情,广义的“共情”是指所有人际场合中产生的设身处地为他人着想的能力。此处笔者以其“为他着想”的核心观点来解析国际关系领域行为体之间互动营运情感作用的重要性。具体讲,我们“一带一路”战略推

---

① 焦虑是我们熟悉的一种负性情绪状态,它是人类在面对不确定性情景时,在主观上感到的紧张、忧虑、烦恼,同时自主神经系统出现激活,以应对潜在的威胁。Bekker H L, Legare F, Stacey D, et al. *Is anxiety a suitable measure of decision aid effectiveness: a systematic review? Patient Education and Counseling*, 2003, 50:255—262.

② 乔建中:《情绪与动机——情绪心理学家的动机理论》,《南京师大学报(社会科学版)》1993年第3期,第51页。

③ 古若雷、罗跃嘉:《焦虑情绪对决策的影响》,《心理科学进展》2008年第16卷第4期,第518页。

④ “共情”(empathy/trickling down/sharing),也称为神入、同理心。“共情”又译作同感、同理心、投情等。由人本主义创始人卡尔·罗杰斯(Carl Rogers)所阐述的概念,却越来越出现在现代精神分析学者的著作中。不管是人性观还是心理失调的理论及治疗方法似乎都极为对立的两个理论流派,却在对“共情”的理解和应用上,逐步趋于一致。“共情”似乎为现代精神分析与人本主义的融合搭起了一所桥梁。按照罗杰斯的观点,“共情”是指体验别人内心世界的能力。

进中的"共情"能力构建主要涉及三个层次,一是作为中国周边地区层面民族国家间互动乃至增进相互感情的一种路径;二是指通过营造国家间友好氛围来不断深化认知发展进程中的民族利益以及对彼此交错的历史记忆进行重新解读;三是不同"跨界民族"和国家之间通过"共情"行动以验证自身国际行为与治理逻辑的科学性与实现自我内心满足。笔者认为,"一带一路"沿线地区作为中西文化交流的汇聚地,不仅有着浓郁的东西文化特质,更有着无可挑剔的地缘优势,而"共情"能力构建可以看作为"一带一路"战略的一种具体实践形式,有着现实层面的社会意义考量因素。引一句中国民俗文化中常用的词汇,也即"亲望亲好、邻望邻好",进而形成一种并存和谐的差序格局,或许更有助于世界的和平与繁荣。

(一)"共情"行动的"依存"预期

当前如果中国的倡议能够通过有关各方进一步的互动达成共识,就可能围绕中国外交理念形成新的采取集体行动的预期。这样的行动不同于托马斯·霍布斯(Thomas Hobbes)所讲的在"自然状态"下人与人之间的冲突关系,也不是类似集体行动所体现的开启"机会之窗"的合作机制,①而是在"共情"行动下达成的一种友情合作式预期,也即构建一种以情感为纽带类似亲情间状态的地区依存关系("依存理论"是有关心理学概念"依存"的一种理论或一组理论。从心理学角度讲,"依存"是寻求与某人的亲密、并当其在依存心理学场时感觉安全的心理倾向。笔者此处将人际间的这种依存关系沿用到国际场合,以探求与分析新形势下国家间不同身份互动中展现的一种情境状态)。在该关系的构建进程中,国家作为主要的行为参与方将担当主要的角色。实际上,在亚洲的历史演变过程中形成的亚洲文化,在与欧洲文化比较中,学者们认为至少在认知进程与智识传统两个层面上存在根本不同。理查德·尼斯比特(Richard Nisbett)在查阅了文化心理学的研究成果之后,分别制作了东方和西方的思想地图。尼斯比特意识到对这两种不同的认知风格进行概括是有风险的,但他的实验证据表明,东方与西方人不仅在回答思维上具有情态差异,而且这种差异大到足以进行细致研

---

① 李少军:《国际体系:理论诠释、经验事实与战略启示》,中国社会科学出版社2012年版,第98页。

究的地步:“两者间在社会心理方面有着巨大的差异。东方人生活在一个相互依赖的世界里,个人是大集体的一部分;而在西方人生活的世界里,个人是单一的自由行动者——西方人喜欢简单,东方人假定复杂,这种取向不仅仅是他们的因果观,也指他们的偏好延伸到了一般性的社会组织方式。亚洲人持有的这种处事方式,与亚洲人的思维方式有关,而这种思维方式则又是由他们所生活的社会环境所决定的。”①因此,在亚洲的历史演变过程中形成的东方文化,为地区依存关系的构建、为围绕中国国际战略的合作共赢奠定了文化心理基础。

(二)“共情”行动的进程节奏

“共情”行动过程中,不同“跨界民族”间产生情感影响将是一个长期的过程。在不同“跨界民族”长期互动的进程中,他们之间将逐步形成依存关系。某种意义上讲,也即民族与民族之间超越利益之外的一种相互情感依赖,该关系类似朋友之间的友情关系或亲密关系。以亚洲地缘政治博弈为例,2014 年 4 月,美国总统奥巴马出访日本、韩国、马来西亚和菲律宾,一个重要的议题是关于东亚地区的领土分歧和安全议题。问题最后的争论聚焦在美国是否能联合其盟友制衡快速发展的中国。②由于在国际互动中不同民族国家永远无法洞知他国的真实战略意图和无法预测的偶然事件,贸然参与合作不免会面临巨大的风险,因此理性的民族国家是不会在不能确定对方意图的情况下参与国际合作的。此外,尽管国家可能在合作中获得一定的收益,但如果其他国家尤其是现实或潜在对手获得的收益更多,那么该国同样会面对更大的风险。针对现实主义对国际合作的悲观态度是基于权力政治的理念这一源头,“共情”行动旨在强调一种建立在现实互动层面上的情感培育状态。当然,万事欲速则不达,在培育地区层面国家间的情感这一现实问题上,任何操之过急的方式方法都可能会带来负面的影响。例如,再以跨境草原生态联合治理为例,由于涉及主权问题和敏感的安全关系,因此以合作的方式进行解决就非常困难。这种情况下,应该更多的是先从感情认知与酝酿行动理念层面进行铺设,相互理解对方进而找到化解问题的方法。

---

① [美]彼得·卡赞斯坦:《地区构成的世界:美国帝权中的亚洲和欧洲》,秦亚青、魏玲译,北京大学出版社 2007 年版,第 99 页。

② See Demetri Sevastopulo, “*South China Sea, Troubled Waters*,” *Financial Times*, June 20, 2014.

（三）"共情"实践的社会意义

要想在推进"一带一路"战略的进程中达成相互妥协与目标认可，就不能只从经济理性出发。坦诚讲，"共情"实践的社会意义重在埋下培育不同"跨界民族"和国家间感情的"种子"，是基于拓展作为"命运共同体"意识基础和作为合法权威基础的亲族关系。诚然，现代社会意义上的族体纽带从经济理性角度讲不再如传统社会那样重要，但国家间包括各民族间如果不重视这种关系存在的价值意义，那么认知的偏差将可能引发失去社会凝聚力乃至共同体身份意识所赋予的权威的代价。很容易理解中国为什么将美国持续在亚太地区互动以制衡中国的举动视作是一种遏制的不友好行为。从美方讲是为了实现亚太地区的某种均势以确保其盟友利益，但从另一方中国来看则恰恰是美国的这种行为助长了不稳定情绪，成为引发动荡的源头性因子。①从另一个层面讲，共情行动更多地体现出一种情感修复功能。而该功能更多呈现的是一种国家效用。借由这个效用，国家间关系的正向发展由此展开。值得强调的是，"共情"行动带动的情感发展也是当前国际关系领域国家间关系的重要组成部分，也可被称为国家间友情发展的"种子"。而国家间未来深层次互动就是由这些"种子"而萌发维系自身经验原则的互动模式。实际上，国家间的感情为国家间朋友身份的塑造提供了可能，这也是国家间依存关系形成的基础。

（四）形成成熟的"共情"实践模式

党的十八大提出的"两个一百年"（建国100年和建党100年）奋斗目标是：在中国共产党成立一百年时全面建成小康社会；在新中国成立一百年时建成富强民主文明和谐的社会主义现代化国家。这符合我们的现实利益，我们要发展，要建设美好的，和谐的小康社会，和平的外部环境是必不可少的，世界多数国家也需健康发展，人民的生活水平需要改善和提高，离开和平的外部和内部环境是达不到的，这也符合世界广大国家与人民的期望。而从心理学理论层面讲，"共情环境"下任何一个具有"共情"的常人在看到别人受伤害时，会有心痛的感觉，这不仅会阻止他产生伤害别人的动机，而且会使人及时控制住自己，使事态不至

---

① In 2010, then-ecretary of state Hillary Clinton declared that the SCS was in Washington's "national interest"; see RalfEmmers, "*The U.S. Rebalancing Strategy*: *Impact on the South China Sea*," http://nsc.anu.edu.au/documents/occasional-5-brief-8.pdf, accessed October 2, 2014.

向更糟的方向发展。从这个角度看,“共情”是一个社会乃至地区能够和谐发展的重要条件之一。所以,营造“共情环境”与构建地区“跨界民族”之间的“共情”能力,不仅有助于我们两个百年目标实现,也有助于中国周边地区的持续和谐发展。此处尤为值得强调的是,如果陷入到“共情”的对立面,进行“冷情”处理,会造成行为体之间在互动中形成的一种非建设性的、否定性的关系。在这种关系中,行为体之间的相互影响,从总体上讲是消极的。这种情况被有些学者称为消极的相互依赖。而我们此处所提及的营造“共情”环境,也即构建这样一种情感关系,在这种关系中,每一方要达到的目标都有利于其他各方采取合作的行动。如果说两个“百年”目标是中国的梦,那么亚洲乃至世界其他国家也都有自己的梦,为各自梦想而结伴同行,圆他人之梦的同时实际也在圆自己的梦。

总之,以“命运共同体”作为价值引领,通过“共情”行动来积极推进“一带一路”建设,有助于发挥中国的国际影响力,促进当前“跨界民族”问题的合理解决与推动实现欧亚地区的和谐与稳定。同时,“一带一路”沿线的民族和国家应抓住当前中国推进“一带一路”战略的机遇,参与进来,共同推动地区经济社会向着更加合理的多边合作态势发展,形成彼此间新形势下的相互依存关系,最终促进本民族发展的同时也促进所在地区乃至全球层面的整合发展与繁荣。

（第一作者为上海社会科学院国际关系研究所助理研究员,第二作者为上海社会科学院经济研究所博士生)

2050全球经济治理结构变动趋势三阶段预测与影响分析

王中美

从21世纪初至今，关于世界经济未来50年走向的著述论文成篇累牍。考虑到人口、气候、科技和制度等变量的客观规律和潜在的不可控性，大多数的预测节点在2030年和2050年。必须承认，因为在历史的长河中影响因素如此众多并且交错叠加，任何一项预测都不可能面面俱到。①从全球经济治理结构与投资贸易规则变动，即国际经济秩序的演变路径，即制度层面来探索世界经济与全球化的变迁轨迹和趋向，是一个合乎逻辑的角度。现有国际经济秩序自二战后成形，历经70年，可能在未来30年发生根本性的颠覆，也最终会影响到世界经济格局的更迭。

一、第二次世界大战后全球治理结构与贸易投资规则演变路径的四个阶段

现有的全球经济治理结构基本形成于第二次世界大战后，经过70年的演绎，逐步稳定而且更加强大，但又屡经挫折和挑战不断发现漏洞和失衡。在这一过程中，因成为自由化和一体化成果的体现，一些国家因此更加繁荣并具备某一领域或某一区域的核心影响力。从纵向来看，自由化与一体化从未真正停顿，跨国治理实际上不断强大和稳固；从横向来看，南北力量的相对增长和消减也是十分明显的，尽管发展中国家从近20年来越来越多地展现出博弈的实力，南北矛

① 各国智库与投行的预测在影响因素上是基本一致，但关注点不同，分类也有所不同。比如日本预测2050年的影响因素有四项：世界人口的增长；全球化和IT的进一步深化；包括中国在内的亚洲世纪的到来；资源供应紧张。（日本21世纪研究所《全球化日本：2050年未来展望和综合战略》，2012年4月16日）

盾实际在全球化的进程中有所缓和。我们还必须考虑到在科技方面的投资，这保证了发达国家在至少未来5—10年仍处于优势地位。

本文将全球治理结构过去70年的发展分为四个阶段，其依据是每一次重大冲突或危机对全球治理结构造成的动荡和变化。第一阶段是二战后多边秩序的建立与全球治理理念的形成，标志是几大组织的建立，而20世纪70年代的石油危机是南北两大阵营关于国际经济新秩序的争论的高峰；石油危机的解决代表着全球治理进入第二阶段，更强烈的合作需求和更紧密的联系促成了全球治理结构的稳定，这一阶段以世贸组织的成立为高潮；随后是多边主义热情有所消降，多哈回合延宕无果，国际货币基金组织改革阻滞，各国纷纷转向区域主义，全球治理呈现出更复杂的格局；2008年美国金融危机是第四阶段的源起，各国更迫切地向外寻求援助和支持，许多从未尝试过的跨区域结盟将各国的经济、政治和社会利益联结在一起，变化是深刻的但又错综复杂，这一阶段并未结束。

（一）第一阶段：1944—1972年（多边秩序形成并稳定）

1944年是现有国际经济秩序框架的起点。二战接近尾声，除建立联合国外，各战胜国在合作推进战后重建和经济复苏上具有共同利益。以国际货币基金组织和世界银行为载体的布雷顿森林体系应时而生。国际货币基金组和世界银行总部都设于华盛顿，这是由当时美国和美元的核心地位所决定。与设在纽约的联合国总部一起，这样的设定也帮助和强化了美国在此后70年里都处于全球金融规制的核心地位。①

另一方面，1947年关税与贸易总协定代替未能成功的"国际贸易组织"生效，并将秘书处设在日内瓦，欧洲保留了对美国势力的一定抗衡。事实上，在二战后美国对欧洲的影响力如此巨大，以致欧洲不得不重新反省其因内在冲突和矛盾而导致领导力的旁落的问题。1967年的《布鲁塞尔条约》合并原先的三大共同体条约，正式成立了欧洲共同体。欧共体的最主要目标就是欧洲经济的一

① 战后国际体系的一个重要特征就是国际组织发挥了巨大作用，这一作用反映了美国的权力，特别是其特性、观念和经济利益。……对国际组织的认可可以增强其合法性，因而它可以成为霸权国有用的政策工具，因为它实际享有的权利超过了它在法理上应有的权利。（斯蒂芬·D.克莱斯勒：《结构冲突：第三世界对抗全球自由主义》，李小华译，浙江人民出版社2001年版，第60—61页。）

体化，通过减少障碍促成贸易与投资的自由流动。

这个时期的多边和区域联盟是以建立在政治认同上的经济合作为主。关于人权、和平、战争、海洋等公法的基础内容得到了多边确认和系统规范，在此基础上，贸易投资的统一调控得到更多国家的接受。过去，整个商事交往领域的主角是商人法、惯例法，国家则总是采取贸易保护主义，现在，国家层面上认可了李嘉图比较优势理论的正确性，并从官方层面促成国际贸易的发生。

这些多边和区域治理体系的历史性变革在于：国家一定程度地将国内经济主权的重要部分让渡给国际组织或国际条约。这完全改变了过去盛行的“国家中心世界观”。①在 20 世纪 50—60 年代，尽管西方社会经历了几次小的经济危机，但反而进一步帮助加强了超国家形式的治理。直到 20 世纪 70 年代的石油危机和发展中国家债务危机，不同阵营的国家间矛盾加剧。关于建立国际经济新秩序的呼声高涨，直接危及了以布雷顿森林体系为代表的现有治理结构。

（二）第二阶段：1973—1994 年（南北贸易激化，危机促成进一步合作）

20 世纪 70 年代，资本主义国家发生了两次石油危机，特别是 1979—1982 年的第二次石油危机，导致世界贸易萎缩，国际债务危机加深，通货膨胀率和利率均创战后历史最高水平。因为发达国家实施的紧缩政策限制了拉美的出口以及高利率等原因，随之引发了拉美债务危机，将已经稳定和巩固的全球治理合作推向了危机边缘。

南强北弱的问题在 20 世纪 60 年代中期即已引起重视，发展中国家对全球治理参与地位不对等和所获利益比例不均衡普遍不满，并在石油危机后日益加剧。1974 年 4 月，联大第六届特别会议通过了由 77 国集团起草的《关于建立国际经济新秩序宣言》和《行动纲领》，要求所有国家对国际事务能平等参与，并且特别照顾发展中国家的发展需要。

这一阶段的危机与矛盾对战后的国际经济秩序提出了巨大的挑战，但在当时南北差距巨大的情况下，国际组织的结构和功能上并不因此消减，反而进一步

---

① Hedley Bull, *The Anarchial Society: A Study of Order in World Politics*, London: Macmillan, 1977, 31.转引自约瑟夫 · 金瑞利、吉姆 · 法尔克著：《主权的终结?》，李冬燕译，浙江人民出版社 2001 年版，第 34 页。

加强了。因为发达国家和发展中国家都发现,通过第三方的治理更能平衡各方的诉求。1975年,非洲、加勒比海和太平洋地区46个发展中国家(简称非加太地区国家)和欧洲经济共同体9国签订《洛美协定》。1992年《北美自由贸易协定》签署。这些协定都加强了发展中国家对发达国家的经济依赖。

1993年,《马斯特里赫特条约》生效,外交、内政和货币一体化的欧盟的建立具有历史性的意义。这一阶段,两德的统一和东欧的解体,也进一步提升了欧洲在全球事务中的分量。1994年,关贸总协定经过数轮的谈判,特别是漫长的乌拉圭回合,终于建立起常设的国际组织,是多边主义标志性的成功。因此,这一阶段是合作更加深化的阶段。

(三)第三阶段:1995—2007年(区域一体化与多边一体化加深)

这个阶段的特征是对前一阶段的成果的深化,同时又开始某种区域碎片化的反复。世贸组织开始有效运作,欧盟则在不断扩张,第五个洛美协定终于签订。但是在亚洲金融危机中,国际货币组织遭到了有史以来最严厉的批评。事实上,从墨西哥金融危机开始,投机资本对一国货币的冲击已经尽显危害,而IMF的反应被普遍认为是迟缓的、低效的。

亚洲金融危机对新兴的日本、韩国和泰国造成了巨大的创伤,日本经济在此后十多年一蹶不振。当时菲律宾、泰国、印尼、韩国先后选择向IMF求援,IMF的援助贷款决策拖延,而且附加了极为苛刻的条件,多涉及国内市场化改革。这次救援被认为总体是失败的,西方掌控的IMF的客观性和执行力,都受到了质疑,①此后IMF开始漫长而缓慢的内部改革。包括认缴份额、贷款条件和流程等方面都在各方争论中尝试调整,但收效甚微。

这一阶段暴露出的根本性问题是:许多小国或经济脆弱国家发现在面对全球化带来的冲击时几乎没有抵御能力,对国际组织和区域联盟的依赖度加深,而在20世纪60、70年代盛极一时的国家主权论反而有所淡化。经济与政治问题密切交织,一方面发展中国家的发展诉求得不到落实,另一方面发达国家对"免费搭车"态度有所转变。

---

① Bade Onimode, *The IMF*, *The World Bank and The Africa Debt*, *The Economic Impact*, vol.1, London: Zed Books, 1989.以及,[英]马克·威廉姆斯:《国际经济组织与第三世界》,张汉林等译,经济科学出版社2001年版,第91页。

中国是这个时期崛起最为明显的国家，藉由入世和全面参与全球化带来的契机，大量资本和其他要素流入中国，中国崛起是明显的，并对南北格局产生了深刻的影响。某种意义上，亚洲四小龙以及中国在这个时期经济地位的变化，意味着介于发达国家与发展中国家的中间力量的诞生，它们得益于全球化，开始具备博弈的实力，同时又有强烈的发展需求，而普遍与发展中国家结盟。他们在全球治理结构的地位十分特殊，立场更加复杂。

这个时期贸易开放得到了进一步的接受而不是折冲，发展中国家更积极地加入到全球经济治理的体系中。①由于在经济实力、掌控地位、谈判能力等方面都有所提升，特别是通过抱团和联盟，发展中国家这个时期的呼声和对现状的不满，冲击了现有治理结构。令发达国家措手不及的是，如何落实发展这个命题无可回避，无法再以过去的表态式条款打发发展中国家。金砖国家中的印度、巴西、马来西亚等都表现出对全球事务积极参与并试图领导的明显趋向，比如在多哈回合中的表现。

特别值得关注的是，在这一阶段，新兴市场国家展现了前所未有的影响力，如东盟、金砖、亚太经合组织等，其在区域事务或全球资源的配置上都具有了一定的发言权。一些联结南北半球，尤其是联结南美与非洲，具有重要交通枢纽地位的国家，如南非、巴西等，逐渐进入到世界经济的舞台。

（四）第四阶段：2008年至今（危机延宕，谋划更高效的全球治理）

2007年美国次贷危机爆发，随之漫延至整个金融系统，引发欧债危机，并重创资本主义国家。由于IMF的改革无力，以及多哈回合的拖沓不前，在贸易保护主义高涨的情况下，多边主义开始转向区域主义和小范围结盟。区域贸易投资协定呈现出成员重叠、数量增长迅猛、内容涵盖广等蓬勃发展的势头。②

在过去80年，美国侧重发展与加拿大、墨西哥以及拉美国家的区域安排，欧洲侧重发展内部以及与非洲加勒比地区国家的区域安排，地缘政治因素考虑都十分明显。而现在的TPP、TTIP等谈判则是朝向更广泛区域的结盟考虑。除了政治因素外，贸易转移、投资保护以及金融自由化的需求，都反映在寻找更大范

---

① UNIDO, *Industrial Development Report 2002—2003: Competing Through Innovation and Learning*, 2002, UNIDO publication identification number 414.

② 王中美：《特惠贸易协定与多边贸易协定：一致或侵蚀》，《国际经贸探索》2013年第3期。

围经济伙伴的决心上。①

贸易协定谈判已经不限于关税和边境便利化等问题，服务贸易成为主角，其实关键点就是投资准入和管理问题，许多贸易协定实际上是综合性的贸易投资安排。因此，代替过去常用的“自由贸易协定（FTA）”、“区域贸易协定（RTA）”、“双边投资协定（BIT）”等词汇，“特惠贸易投资协定（PTIA）”似乎更能涵括目前此类将区域性和跨区域性的贸易与投资都包括在内的谈判。

另一内容特点是，在WTO多哈回合谈判中遭受全面挫折的新加坡议题在PTIA中被全面纳入。包括竞争、知识产权、劳工、环境等规则等议题都被纳入到谈判文本中，美式双边投资协定模板成为重要的参考依据。与WTO相同的是，农产品以及其他敏感商品和服务贸易的开放，都是目前区域性国际贸易投资谈判中也同样难以突破的命题。

每个国家，包括所有WTO成员方，都参加了或正在致力于达成各种区域性和跨区域的贸易投资协定。由于单个国家参加的区域性或跨区域的安排数量多、范围广、程度不一，并且存在很多交叉重叠，它们共同的趋势是日益规则化以便于各国进行管理和执行。同时，PTIA的内容越来越复杂，除了涵括的内容更广以外，其自由化的程度和建立的纪律的严厉度，有可能高于多边贸易协定。

尽管美国较早地发现此轮国际经济秩序调整的势头，并通过积极领导TPP与TIIP的谈判而掌握先机，但因为涉及深层次的国家权力让渡，其核心地位的加强并不顺利。而对美国“再中心化”的抗衡和多中心化的尝试在各个层面展开，包括欧盟、东盟、APEC、亚投行等都试图加强超国家的深层次融合和治理。无可置疑的是，这些跨区域合作和PTIA进一步加强了对外部合作机制的依赖和捆绑；第三阶段崛起的国家，如中国的特殊作用在这一阶段显现。

二、全球经济治理结构变动的影响因素

全球经济治理结构过去70年的发展，具有明显阶段性的特征，每一阶段的

① Ravenhill John, “*Regionalism*”, in John Ravenhill(ed.), *Global Political Economy*, Oxford: Oxford University Press, 2008, pp.172—210.

更迭由冲突性的力量推动，并标志以挑战性的历史事件。尽管各阶段都具有自己的特殊性，但一些根本的影响因素是共同的，这些因素决定了全球治理结构演变的基本进程和趋向。可以依此影响因素的变化，追溯出一些基本规律，作为预测未来的基础。

（一）自由化因素。通过关贸总协定以及之后的逐轮谈判，全球范围内的关税与非关税壁垒大幅下降；通过布雷顿森林体系，各国贸易项目的货币管制基本取消，资本项目的管制也大幅削减，发达国家普遍解除了对投资的限制；通过国内的开放政策，一大批发展中国家选择向外资开放市场并转向市场经济模式，战后国内政治的稳定也有利于国际经济活动。

事实上，自由化的基本趋向在过去70年总体没有动摇。尽管因为小范围战争、政治冲突或者经济危机而在短时间内有所抑制，但并未变更方向。相较而言，贸易自由化走在了金融自由化的前面，1980年以前，全球合作机制和治理的努力都集中在贸易，而金融更强调的是安全。1980年以后，各发达国家开始了对本国金融市场的自由化，大量金融衍生产品出现，为贸易投资提供融资便利的同时，也孕育巨大风险。

近年来自由化的主要方向是服务贸易与投资的进一步便利化，但金融自由化的进程则相对有所反复。相较贸易与投资，发生于新兴市场和发达国家的数次金融危机，使得自由化努力在各国国内总是遭遇较大抵制和争议。同时，由于当代金融危机牵连往往甚广，单国对抗力量微弱，每个国家都有加强合作和防范的外向需要。如何共同作为，有效控制金融自由化的风险，将是未来全球治理的最重要命题之一。

（二）科技因素。二战后人类的技术和工业在第三次科技革命的推动下达到新的高度，尤其是美国从中受益匪浅，并一举成为真正意义上的超级大国。① 它以原子能、电子计算机和空间技术的广泛应用为主要标志，涉及信息技术、新能源技术、新材料技术、生物技术、空间技术和海洋技术等诸多领域的一场信息控制技术革命。第三次科技革命是迄今为止人类历史上规模最大、影响

① 美国在20世纪90年代开创了新经济的时代。这一时期的美国的产品、服务和资本，通过国际贸易、国际投资、国际化大生产，以及高效、快速、大容量的跨国商务，引领了资源全球化配置趋势。

最为深远的一次科技革命,它打破了经济活动的空间限制,是经济全球化的重要条件。①

根据美国《探索》杂志对11名各领域最有名的科学家的访谈,被认为最有可能在未来30年实现突破的科技将包括:能源技术、干细胞和基因工程、海洋科技、人工智能、生物医药等。目前在这些领域走在前列的国家仍然是美国、日本、德国等发达国家,发展中国家目前努力拓展的信息工程、互联网技术等领域,并不足以支撑更长期的发展。

藉由这些科技领域的历史性突破,首先将促成制造业与服务业的进一步融合,三大产业之间的界限将模糊;其次因为生态环境的恶化,有关能源、生命健康和可持续发展的产业将成为未来最重要的产业;信息的超载和污染将达到一个限值,这将使人们最终将生产的全球融合和生活的个性化分隔开来,也意味着简单重复的流水线作业将退出工厂;同时,由于发展对科技和教育的进一步依赖,南北半球的贫富分化程度将加深。

(三)跨国公司因素。跨国公司的兴起大约是在18世纪末20世纪初。战后20余年内,跨国公司在国际投资、国际金融和国际贸易等方面获得了广泛发展,对世界经济产生了日益重要的影响。跨国公司对南北经济的贯穿与联结,其作用不容忽视,同时许多跨国公司已经富可敌国。②

尽管每个参与主体对价值链都有所贡献,但发起和组织价值链的跨国公司才是最重要的参与者。这也意味着,跨国公司对世界经济的影响已经完全突破一国的国界,传统国内政策对整条价值链的影响其实不大。这一特点几乎贯穿了1990年后世界生产的组织方式。

通过参与全球价值链,国家之间的经贸关系由单一的竞争排斥,转变为分工合作与竞争角逐并存,成为一个链条上的利益相关者。这也意味着,全球化程度进一步加深。尽管通过全球价值链关于资源掠夺、贸易的问题有所淡化,但所处价值链的位置、价值链的受益不均和国家竞争力问题也引起广泛关注。③跨国公司无疑是从全球价值链受益最多的主体。

---

① 参见[美]杰里米·里夫金:《第三次工业革命》,中信出版社2012年版。

② 正弘:《跨国公司历史追溯》,《人民日报》海外版,2001年9月28日。

③ WTO, *World Trade Report 2014: Trade and development*, pp.60—64.

由于前70年科技投入的不同和已经形成的全球价值链分工格局,受益不均的问题一直是全球治理结构试图解决但又一直解决不力的命题。在相当长的一段时间内,世界经济失衡问题会再次引起不同发展水平国家间的矛盾,也会再次动摇现有的国际经济秩序。可能化解的路径是升级现有的多边机制。区域化层面取得的成果将挤入多边谈判的框架中,这意味着多边秩序将全面升级,投资和服务自由化的多边规则将达成。这一轮多边治理的调整将实质性地把新兴发展中国家纳入到核心决策层。

三、预测未来35年全球经济治理结构变动趋势的依据与线索

(一)自由化因素决定多边框架将进一步巩固并有所升级

从过去70年的表现来看,全球治理结构演变的路径是有规律可循的。从二战后诞生的多边框架在过去受到至少三次重大挑战:20世纪60、70年代的南北矛盾;1997年的亚洲金融危机;以及2007年开始的全球金融危机。这些重大挑战一方面加速了包括区域和跨区域层面的其他合作,一方面又使得多边框架经过调整更加巩固。

国际经济秩序本身发展的螺旋上升特点,促成了在每一段多边低潮时期区域主义的盛行。但是总体来看,多边秩序在过去70年是不断加强和深化的。尽管从来没有中断过质疑声,全球治理的概念却已经得到普遍接受(尤其是通过大量的南北协定与援助),包括最不发达国家的接受,而以经济强国为核心的治理模式也在巩固中。

尽管近20年来区域主义对多边框架形成一定的挑战,但并未根本上动摇多边治理的基础。事实上,只要全球化的趋势没有改变,多边框架将进一步巩固并有所升级。至少在未来35年,自由化因素仍然是跨国经济活动的主要影响因素,并决定着多边治理的基本理念不会发生根本变化。

(二)科技因素与跨国公司主导的全球价值链决定,主导国家将仍以发达国家为主,并扩展包括新兴发展中大国

可以说,1980年时,以发达国家为主导的世界经济格局已经稳定,全球化浪

潮已经席卷南北半球;大多数发展中国家都开始认识并接受全球化带来的发展机遇,并通过国内的开放政策和国际结盟积极加入到这一进程中。自由化仍是主要的机制特点,通过制度、科技和跨国公司的活动,国家与国家之间的边界和障碍不断地被打破。

在这一过程中,引领整个全球化的主要力量仍然是美国以及一体化的欧洲。尽管其间关于国际经济新秩序和发展问题有过小幅跌宕和冲突,但是全球经济治理的总体格局并未削弱,发展中国家对发达国家的经济依赖和联系进一步加强。

在近20年里投资尖端科技和培育创新能力的国家将在未来十年会有明显的收获。科技发展的趋势就是不断打破地域、空间和非物理划分的各种限制,这赋予全球治理正当性依据。同时,在新的科学和技术方面投入最多和进步最快的国家,将继续在这些新领域和新命题的治理上具有绝对权威,这意味着美国、欧洲和现在的一些新兴国家,如中国的领导地位在未来20年不会有根本性的动摇。

(三)受益不均和金融治理短板将通过治理结构调整得到一定程度的纠正

受益不均和大国领导的问题在现有国际经济秩序框架内从未根本性解决,这一特点可能延续下去,但会变成多板块的大国领导,即多层次交错并存的体系。这些大国不仅包括传统性的大国,更包括新兴大国,它们彼此之间的对抗和联结将更加复杂和微妙。

全球治理结构的起点虽然是金融和贸易,但在过去70年的努力中金融治理进展缓慢而不断反复;相对,贸易和投资方面的治理突破明显,这与跨国公司的活动和全球价值链的发展密不可分。但是金融治理所形成的瓶颈,将对未来30年的跨国经济活动造成进一步的制约,从而将亟求多边或区域范围的解决。

(四)金融危机将在下一个复苏后到来,并卷入新兴发展中大国

世界性的经济危机对全球治理的框架一直有量变式的影响。除了贸易保护主义外,经济危机主要的影响还体现在金融管制的不断调整和多边治理内部力量博弈的变化。考虑到现代经济危机发生的频率,未来30年内极可能发生世界性的经济危机,①将主要大国卷入其中,中国和印度也不能幸免,这是这些国家在下一阶段更深入参与并可能引领全球价值链的必然结果。

而下次金融危机可能对全球治理结构带来又一次冲击和调整的压力。由于科技发展和价值链布局的集中,板块内的相互依赖和共同复苏将进一步加深,而板块间的冲突将更加明显。权力分配会向更均衡、更能体现力量对比的方向发展。因此,美国一家独大的局面将进一步削减,全球治理将呈现多板块多极核心领导。

(五)由于全球化与自由化的进一步推进,更多边缘国家进入全球治理视野,多板块的核心领导和抗衡将在未来35年呈现

过去70年,尽管领导核心并未发生实质性的更替,但转移正在发生。以中国为核心的亚洲正在成为世界经济的另一个核心结点,物流、资金流和人员流动都以这一区域最为活跃。而非洲的劳动力优势和资源禀赋在近十年来有所展现,这些国家参与全球治理的愿望如此迫切,其成长速度可能超过亚洲。也因为更多的落后地区也开始了全面的城市化进程,高启的发展需求将促成新一轮的能源和科技革命。

过去70年的量变必然酝酿质变。一方面,从多哈回合和区域贸易协定已经可以反映,发展中大国地位正在上升;另一方面,从区域合作对多边框架的全面超越来看,多边框架的统控力将被削弱,全球治理将形成多板块具有各自核心同时又多极并存竞争的更加错综复杂的版图。

四、2050年前全球经济治理结构变革的三阶段预判

基于前四阶段的历史性分析,和现有政治、经济、科技变量的综合考虑,可以预测全球治理结构的重大变革将会发生在2030—2050年之间,但并不是颠

① 张灿从世界经济周期性波动和非周期性波动的视角解释了二战后世界经济的波动比较平缓这一事实。他分析了二战后的世界经济主要是非周期性的,发达国家和发展中国家差距较大,所以世界经济波动较小。而到了21世纪,各国的经济差距逐渐缩小,各国呈现周期性波动。因此,他预测未来的世界经济将会呈现较大的波动。(张灿:《二战前后世界经济波动状况原因的探究》,浙江工商大学博士论文,2010年)。

覆性的变化。事实上，由于当前这一轮科技革命和能源革命的核心仍然在发达国家，笔者并不认为2050年前现有格局会发生根本性变化。在历经四次跌宕后，多边秩序正处于低潮，但这并不影响区域一体化最终要推动多边一体进程。

本文的预测基于前述各影响因素和规律的分析，以及第四阶段目前所展现的基础。我们将2050年前分为三个阶段，理由是：首先，第一阶段将界定在5年的范畴内，这一阶段是前述第四阶段的延宕。目前积极制定中的许多区域和跨区域的PTIA将有所成果，并至少在一定范围内促成全球经济的全面复苏和修正。另外，科技革命和能源革命带来的影响，仍将置发达国家及其跨国公司为全球价值链的主力，全球经济治理结构中心将在西方，而侧中心则应在亚洲，因为这两部分仍是全球价值链的关键节点。

其次，第二阶段的引发仍然是受益不均的问题，这使得区域和跨区域的深化将困难重重，因此多边主义将重新成为平衡努力的平台。在这个阶段，一些新兴大国拥有的地位将能够与传统大国进行有效抗衡，这意味着，在多边平台上，关于旧的治理秩序，如决策机构、组织机构、管理范围等将发生深刻变化。

第三，到2050年前，科技和能源革命将会以更快的速度推进，这为世界经济带来持续的动力外，也可能促成全球价值链以更快速分裂、变异和重组的方式发展。这意味着，周期性的动荡积累的压力，将会在2030—2040之间发生整体的大规模的经济危机。在这之后，经过不断的调整和修正，2050年的全球经济治理最明显的特征将是稳定的多极多层次格局，以应对基于不同水平的需求和一定程度地缓解受益不均的问题。

具体来说，全球治理结构变革的三个阶段分别为：

（一）第一阶段：2015—2020年（高层次区域一体化形成并稳定）

如前所述，空前繁荣的PTIA之间存在成员交叉、地域重叠、减让和优惠不一的问题，因此PTIA版图的复杂性相当高。这种PTIA“乱象”发展到一定阶段必然要求一项统一的更高标准的条约来统领和整合，目前似乎只有TPP、TiSA和TTIP具有这样的潜力。东盟、亚太经合组织以及中国领导的亚投行等一体化努力，则可能在亚洲形成全球经济治理的侧中心。

大概还需要5年的时间，目前正在进行的高层次区域一体化行动才能成形并且稳定。①TPP 可能在 2015 年通过并在一至两年内生效;②而 TTIP 和 TiSA 则可能还需要两至三年的时间,即到 2016 年、2017 年会有所成果。RCEP 和中日韩的自由贸易区则需要花费至少 3—5 年的时间。值得注意的是,同时在进行的这些谈判,也将意味着世界经济的未来热点将集聚在亚太区域。

另一方面,中国所引领的亚投行、上海合作组织以及金砖银行进展如此迅猛,超出最初的预计。而这些组织相较于美国的高水平一体化,更强调联系、互助和平衡,在这个意义上,它触及一直未能根本解决的受益不均问题。如果在此平衡机制上能有效运作,中国介于发达国家与发展中国家的特殊地位将发挥实质作用,并成为新型的治理核心。

由于世界经济的增长将仍然依靠欧美和亚太两条线路。对亚洲来说,目前谈判的 TTP、ASEAN 和双边自贸协定发生影响,将给这片区域带来巨大的推动力。随着教育和知识的提升,这一片区域的经济活力将能持续 20 年。但非洲和拉美将开始具有自己的核心,并因强劲的增长呈现出副中心的势头。他们在寻求自身的独立利益方面将比今天的亚洲国家更加坚决,因此也将一定程度地分化多边秩序的既有结构。

必须提到的是,中国在未来 5 年将仍然保持维系整个亚洲贸易通道的作用。即使美欧的高标准的投资与贸易自由化,能在 TPP、TTIP 等得到体现,并不意味着能全面执行,未来五年世界发展水平的差距仍然是明显的,多层次的区域协定将仍然是主流,③这意味着中国仍大有可为。

(二) 第二阶段:2020—2030 年(多边秩序全面升级)

在 2020—2030 年,欧美应当全面走出金融危机阴影,并经历一次较长时间的经济飞跃。美国和欧洲在全球推广的投资和知识产权保护高标准将初见成效,④这意味着在全球服务业自由化的进程中,受益最多的应当是在生物医药、智能制造、金融服务和专业服务等方面具有领先地位的欧洲和美国。如果美国

①③ Jo-Ann Crawford and Roberto V., *The Changing Landscape of Regional Trade Agreements*, Discussion Papers No.8, Fiorentino, 2005, WTO Secretariat.

② Jeffrey J.Schott, Barbara Kotschwar, and Julia Muir, *Understanding the Trans-Pacific Partnership*, Peterson Institute for International Economics, 2013, pp.17—40.

④ USTR, *Trans-Pacific Partnership Trade Goals to Enhance Access to Medicines*, Washington, 2011.

和德国的工业战略和布局能获得全面成功，那么他们在全球产业链上的控制地位将十分稳固。

这样的受益失衡会再次引起不同发展水平国家间的矛盾，也会再次动摇现有的国际经济秩序。可能化解的路径是升级现有的多边机制。区域化层面取得的成果将挤入多边谈判的框架中，这意味着多边秩序将全面升级，投资和服务自由化的多边规则将达成。这一轮多边治理的最根本性的调整之一是，将实质性地把新兴发展中国家纳入到核心决策层，否则难以促成多边进程的重获活力。

这一时期的贸易投资规则将是以服务贸易标准的统一为特点。除了在投资管理、知识产权保护、环境保护、劳工保护等议题上的进一步提高外，更多的重点将放在智能制造、交叉行业、混合行业的标准统一与促成流通的内容上。欧美和东亚将全面引领这个新的贸易投资趋势。传统产业将进一步转移至南亚、非洲和拉美。

以中国为领导的亚洲将成为世界经济的核心，这意味着主要的贸易路径、投资路径和人员流动都将主要通过这个区域。但非洲的势头令人吃惊，因为拥有年轻的人口和自然资源，非洲将成为真正意义上的新兴区域。①因为非洲也开始了全面的城市化进程，城市管理、生态和能源问题日益突显，对科技突破的需求重新上升，2030 年以后应当有新一轮的能源和科技革命。

（三）第三阶段：2030—2050 年（多极领导核心和控制力）

无论是长周期理论还是长波理论对世界经济发展趋势的预测基本上是一致的，经历了 2007 年金融危机后，世界经济将进入一个较快发展的时期，一直会持续到大约 2035—2040 年才可能会出现新一轮的世界性经济危机浪潮。随着新技术的不断开发和推广，以及新能源的不断开发和利用，实体经济发展的后劲是充足的，但是虚拟经济的无规则性却难以把握，这将对世界经济的不稳定产生越来越大的影响。②

---

① 根据联合国 2012 年《世界人口展望》报告，从现在到 2050 年，预计人口增长总体上将发生在 31 个高生育率国家，其中 29 个都集中在非洲，以及一些人口大国，例如印度、印度尼西亚、巴基斯坦、菲律宾和美国。报告预测，人口增长最快的将是 49 个最不发达国家，其总人口到 2050 年将翻一番，从目前的约 9 亿人攀升至 18 亿人。在同一时期，超过一半的全球人口增长将发生在非洲，其总人口到 2050 年将从目前的约 11 亿人上升至 24 亿人，并在 2100 年突破 40 亿大关。

② 黄茂兴、叶琪：《世界性经济危机的历史考察与趋势展望》，《马克思研究》2010 年第 5 期。

世界将发生新一轮的大规模的经济危机与衰退。实际上，在 2040 年以前一些区域仍有可能发生局部的债务危机和经济危机，但整体的大规模的经济危机将于 2035—2040 年之间发生。其引发点是全面开放的资本项目和金融创新，而深层次的原因可能是新型通信与生产技术的广泛采用与社会对应调整不足之间的断层。其发生基本符合长周期理论。

这一阶段的国际经济秩序将发生根本性的变化，经济危机前酝酿已久的在多边层面的分歧和在区域和双边层面更多极地交叉发展，一同将国际经济秩序的裂缝完全撕开。这从来不是谁消灭谁的命题，而是交错共存与互相竞争关系。2050 年的世界经济版图将存在多极领导核心和控制力。它不仅是多极的，即多个国家分头或共同领导，并可能存在常态的竞争与合作；它也将是多层次的，即多种类型和水平的合作将共存以满足不同的需求，以平衡冲突与不均。

这意味着，各国将承认单独一个合作论坛不具有更大的优越性，每个国家需要借助不同的力量，同时通过外部力量的抗衡以维护自身经济的稳定性。由于高度的外部依赖性和多层次网络的复杂性，美国、中国、欧洲和其他大国之间的合作与稳定对世界经济的意义非比寻常。

关于 2050 年的预测，由于时间跨度长，不确定因素太大，从现有的各国际组织、投行和智库的相关报告来看，结论也有很多不一致。基本一致的结论是中国将成为超级大国，其 GDP 总量将远超第二名的美国。而第三名是否还是欧洲则颇多质疑，高盛和汇丰就认为印度就可能超过欧元区。但是中国和印度的人均 GDP 却仍然远远落后于美国，人民的生活水平还是难以达到美国的水准。①

由于从个人到企业完全地嵌入到全球价值链中，国家的角色某种意义上淡化了。国家实力将趋向群雄逐鹿的局面，通信技术和错综复杂的联系网络决定了国家的全球影响力和行动。②可以肯定的是，未来的发展绝对不是复制过去的

---

① 从人均国内生产总值看，即便是中国和印度稍稍超过美国的增长水平的话，那么 50 年后，中国人均国内生产总值也只是发达国家的 25%，印度则徘徊在不足发达国家 20%的水平上。（[日]熊谷润：《2050 年世界与日本经济构图》，《东洋经济统计月报》，2004 年 1 月号）。

② John Ravenhill, *Global Political Economy*, Oxford, 2005, p.232.

模式,全球经济的联系比19世纪之际要密切得多,但也变得容易引发危机。全球治理将达到另一个高度,包括金融、投资、贸易以及其他新议题都将形成新的统一性行为规则。

（作者为上海社会科学院世界经济研究所副研究员）

近期中国海洋军事战略之观察与展望

——从2015年度最新发布的白皮书说起

张晓东

随着中国崛起的步伐越迈越大，在海外的投资和市场日益扩大，需要保护的海外利益与日俱增，海洋军事战略的重要性也不言而喻。今年5月中国国务院新闻办发布了2015年度中国国防白皮书，①约两年发布一次的国防白皮书被外界视为中国军事战略新发展的观察指南，而最新版白皮书的新内容更引起坊间热议。对比以往发表的内容，会发现有趣而具备重大意义的变化，其中也有勾起人们兴趣的很多问题，包括海洋军事战略的重要调整。笔者期望从海军战略的角度予以观察，讨论中国未来海军战略发展方向及可能面对的问题，这当然首先要立足于白皮书解读，但是展望是动态的，不能仅仅局限于目前版本的文字表达，因为战略形势总是在变化，这一版的白皮书在两年之后也会被新的版本取代。

一、 中国海权战略的首度明朗化和海外利益攸关区的首度提出

新版国防白皮书明确提出“维护海权”，“维护海外利益安全”，和“海洋利益攸关区”，体现了中国海洋军事战略特别是海权战略在“海洋强国战略”背景下取得新进展，以往的白皮书没有对海权和海洋利益攸关区如此明确，如2013年度白皮书对海洋问题依然聚焦在海洋权益而非海权。像中国这样一个正在崛起，而海外利益不断增长的大国，发展海权早就具备合理性和必然性。在本版白

① 2015中国国防白皮书《中国的军事战略》，中华人民共和国国务院新闻办公室，2015年5月26日发布。

皮书之前，中国海权建设实际已经进行了一段时间，2004年国防白皮书曾提出“争夺制海权”，中共十八大报告也首次将“建设海洋强国”确定为国家发展的战略目标，今年白皮书只不过明确提出海权战略。近年来中国海外利益不断增长，如《中国的有力臂膀——保护海外公民与资产》一书的作者帕雷洛—普莱斯纳和马蒂厄·迪沙泰尔指出，海外中国工人约有500万，“在2004年到2014年间有数十名中国公民在海外遇害。”①因此在这新形势下今年白皮书指出“中国国家安全内涵和外延比历史上任何时候都要丰富，时空领域比历史上任何时候都要宽广。”

除了前言，最新版白皮书分为六节，在第三节“积极防御战略方针”中提出“加强海外利益攸关区国际安全合作”。海洋利益攸关区包括哪些地方？和哪些国家合作？以及如何合作，都是有意义的问题。笔者认为这可以理解为中国将在合作的框架下推进中国海权发展，维护海外利益，而海外利益攸关区应当首先是南海到印度洋的航线周边要地，作为中国海外能源和矿藏重要来源的中东和非洲部分地区一定不会缺席，这里是我国生命线所在，运来油气和矿产资源，运出大量产品。穿过南海和马六甲海峡，直至印度洋沿岸，是21世纪海上丝绸之路的重要干线，有助于包括中国在内的世界上人口最稠密地区实现地区稳定和持续增长。但是马六甲海峡东西存在不同的国际形势，推行合作的条件也因而不同。马六甲以西的航线上，中国没有海岸线出海口，不依靠合作不能建立海外基地，不建海外基地则无法确立军事存在，则难以保障海外利益，这和中国本土相临近的西太平洋边缘海域形势不同，后者与中国海岸线相距较近，已经成为基于本土的中国军事力量有效威慑范围，因此，合作在海外利益攸关区的意义非常突出。

相比较而言，东南亚存在激烈的海上争端，当然中国在当地也有几个老朋友，而在印度洋地区除了印度没有与其他国家的领土争议，合作势头相对看好。而在南海开展军事合作需要更多的智慧去克服更大的难度。但是，即使只有印度洋周边入选，在海外利益攸关区的候补名单依然是有几个紧随其后的选手。

---

① 彭博新闻社网站6月16日文章，题为《中国可能走向战争的500万个理由》，见《参考消息》2015年6月17日，第14版。

比如拉美,中国在当地的投资和贸易正在快速成长,而长期以来太平洋跨洋航线的安全保障是在美国海权的独立庇佑下,中国如何在拉美加强合作仍然需要创新。其他地区中国海外利益保障的迫切性略逊,但在形势允许下仍可以不同程度推进合作,比如最近的中俄地中海军事演习,其意义就很重要。

鉴于此,笔者认为中国应推进各地区的海洋军事合作,但要分清轻重缓急,但中国海权战略已经明确提出,它的实施只能谨慎进行,根据海上丝绸之路的利益形势需要和环境形势变化进一步展开,可以选择灵活机动的推进方式,分不同阶段、区域、方式、速度进行,当然可以有环印度洋海外利益攸关区的重点经营,但不必强求所有海域都同时大力推动,时机不成熟不能强行推动,招致阻力反弹,条件成熟,寻找到突破口则立刻付诸实践,比如在地中海或是拉美,中国的海外利益虽然不及在中东印度洋地区攸关,但是得到机遇就可以适时推进海军联演合作,而条件不成熟的地方却可以慢慢经营。这里将会有很多课题可以研究。

二、 未来中国的国际海洋军事合作战略及其展望

此次白皮书中军事合作被作为一个章节专门提出来,即第六节“军事安全合作”,重点包括中外大国军事关系和周边外交合作机制,海上合作,履行国际责任义务,提供公共产品等几个问题,而“加强海外利益攸关区国际安全合作”是在第三节“积极防御战略方针”中提到的,显然这种合作将是防御性的,可能包含合作下的共同防御。这也可以理解为中国透过白皮书向外界表达出一向坚持的非进攻性,不针对特定国家的合作原则,以打消“中国威胁论”的干扰。长期以来中国宣扬不结盟,但在当前背景下发展海权必需合作,这是由历史和现实多重原因决定的。中国发展远洋海权不是要搞殖民侵略,更不可能走英美老路。大英帝国即使在其极盛期也需和盟国合作,不得不出让一部分次要的海洋权益,美国全球海洋霸权更是以众多盟国合作为重要基础。中国走出远洋,不通过和当地国家的友好合作很难取得立足点。中国学者也有早已指出:“中国不应按传统海权观念行事,追求强大的海上力量,因为当前世界形势已今非昔比,全球经济一体化,趋势使各国利益互相渗透、相互依赖程度大大加强,一个国家要保护自己的海上

生命线，只有‘合作’，而不是传统的‘单打独斗’。”①未来的考验必是中国在这方面的经验值积累和军事外交的创新能力。

关于海洋军事合作的对象问题，白皮书第六节明确提出“全方位发展对外军事关系”，而在具体合作对象论述顺序上，深化中俄交流合作被放在构建中美新型军事关系之前，之后依次提及中欧关系，中非、中拉、中国与南太平洋国家的传统友好军事关系，然后是深化上合组织防务合作，最后是亚太地区一系列多边合作与对话机制，而在全球责任部分也提到亚丁湾海域护航行动以及行动中的多国交流合作会继续下去，末尾提出中国将会加大参与国际行动的力度，承担更多国际责任和义务，提供更多公共安全产品。这都是中国对承担国际责任和巩固军事外交关系的积极的表达，很多内容是长期以来一直在做，甚至一直在说的，今后肯定继续努力的。有趣的是把中俄中美关系排了个“座次”，中俄在前，这个和建构进程的亲疏程度有关，至少从海洋的角度去看，当中国海军穿越苏伊士进入地中海的时候，最积极欢迎的大国就只有军演合作者俄罗斯。事实上，中国与其他大国之间的对外军事合作至今最有成效的主要依然是俄罗斯，尽管去年中国参加了美国主导的“环太平洋军事演习”，但是双方的军事互信一直存在种种问题，新型大国关系建立的路途始终不够平坦，相信中国仍然会继续谋求中美军事合作不破局和向前进展，但是由于双方在美国重返亚太战略及其激化东亚海域争端的背景下推进合作，其前景可想而知进展不会太快。

笔者认为显然未来开展合作必须首先满足以上几个重点方向，但未来合作对象应包括可以相对容易取得新的进展的国家，也必须满足几类条件。一是和中国具有深厚的传统友谊，什么都可以敞开谈，比较需要中国的援助，比如“巴铁”，可以尽量开展多方面高端合作。二是有希望成为海上丝绸之路可资利用的地缘支点国家的小国，即位置重要，需要外来援助，一般对于大国间地缘博弈相对中立，参与国际政治热情不高，比如吉布提、塞舌尔群岛，相对容易取得海外“立足点”突破，斯里兰卡本来也是这一类。三是这个国家存在于中国海上生命线要害周边，在地区范围内有一定影响力，甚至可能具备一定参与地缘政治的兴趣，大的如韩国、印尼，小的如新加坡，即使中国与之双方关系没有那么友好，也

① 倪乐雄：《海权与中国的发展》，《解放军报》2005年4月17日。

必须保持一定程度的合作，能争取还是争取，至少决不能将其完全推往竞争对手的怀抱。白皮书的合作对象“序列”多多少少也说明中国多年来对外军事合作对象扩展进程缓慢。

至于合作的形式、方式，此次白皮书提到的主要是利用现有的合作框架包括国际对话机制进行深化扩大，第六节专门具体提到，除发展与海外国家军事合作，以及西太平洋海军论坛对话机制，“积极参与国际海上安全对话与合作，坚持合作应对海上传统安全威胁和非传统安全威胁”，谈及联演联训时提到要“推动演训项目从非传统安全领域向传统安全领域拓展，提高联合行动能力”，提到继续开展亚丁湾护航，“加强与多国护航力量交流合作，共同维护国际海上通道安全”，也提到“推动建立有利于亚太地区和平稳定繁荣的安全和合作新架构”，此外还提到了如何以各种国际间的各种形式、层次推进，以及如何参与国际维护安全行动，履行国际责任义务，加强交流合作，护航国际通道，提供公共产品等等，内容比较丰富，传达了中国期望进一步开展国际军事合作的愿望和前景。与历年的白皮书相比，新版谈军事合作从内容事项来看也是相对丰富具体的，这说明军事合作正在受到更多重视和表达，但往年白皮书有好几版也曾有专节论述国际军事合作，其中有些内容也是一贯的，如和上合组织国家的合作常常是具体的重点。

应该承认的是，本次白皮书中的海洋军事合作部分，新的具体内容不是太多，这必然需要在将来的长期动态中加以发展和理解。中国目前为止利用这些多年来行之有效的方法逐渐取得进展，但随着海上丝绸之路的顺利铺开，对中国海权发展的客观要求只会更高，中国理应谋求在丝路沿线加强合作，仅仅依靠传统方式是不足的，需要创新。而随着中国崛起速度不断加快，消弭其他国家的戒心和防范的难度也在增加，如今中国明确海权战略，逐步走出去，需要很多创新，仅仅依靠现有框架是不够的。其实近年来，特别是“一带一路”丝绸之路战略推行以来，中国在经济领域对于国际体制的创新能力还是令人赞叹甚至嫉妒的，如“亚投行”创立和“产能合作”等等，在军事方面依然需要这种创造力，同样需要合作体制的创新才可同时把具有利我逻辑的海权和具有利他逻辑的海洋合作同时推进。中国应当提倡新义利观和新安全观，继续主张合作安全、共同安全、综合安全，扬弃绝对安全、单边安全、狭义安全，推进利益共同体、命运共同体的建构，在国际责任和义务的名义下通过合作实施建设性干预，甚至追求共同崛起。如金砖国家中的巴西和俄罗斯都可以作为共同崛起的合作对象，帮助中国实现海上合作。以巴西为例来分析，目前中国虽然施以产能合作作为主要合作内容，但是海军合作扩大的空间很大，巴西是曾被地缘政治学大师麦金德视为有海洋崛起的优良地理条件的国家，而中国在拉美的投资和市场日益增加，“据估计，最近10年来中国在拉美的投资超过1 000亿美元，而且还有很大发展空间。习近平制定的在未来10年内在拉美投资2 500亿美元的目标带来更多变化。”①巴西一但崛起，其军事力量也会同样扩大，并寻求海外利益保障。作为拉美最大国家和工业强国的巴西也有意和中国开展军事技术合作，中国和巴西的陆空合作项目一直有良好基础。中国在拉美的海外利益正在快速成长，而长期以来太平洋跨洋航线的安全保障是在美国海权的管控庇佑之下，中国如果能够和巴西、阿根廷等拉美国家开展海上合作，促进共同的海洋崛起，联手护航南太平洋中拉航线，对于促进中国对外的海权合作也是有巨大帮助的。

中国在利益攸关区树立有意义的存在，其最大的困难，除了别国的猜疑和堤防，和西方大国的战略围堵，再就是自己的条条框框太多。比如坚持不结盟，当然有助于开展自由的全方位军事合作交往，不受盟约的羁绊，尽量不介入某些特定热点地区的国际干预，不会陷入麻烦，但是没有同盟关系或全方位合作的准同盟关系就没有靠得住的“铁哥们”，因此中国仍然需要至少和某些国家结成“次结盟”关系。过去的信条可以变，不等于失信。回顾历史，海洋大国多具有全球性的海洋军事存在，即使大陆强国也大多发展有强大的海上军事力量，海洋大国在不同地区拥有不同的海洋合作关系，否则很难单打一地孤立存在，如大英帝国也曾在第一次世界大战前就通过英日同盟实现了和日本的远东海洋军事合作，正是在同盟的支持下，日本完成了日俄战争的胜利，分享了第一次世界大战的胜利，实现了远东海洋崛起，英国也依靠这一同盟牵制了俄德竞争对手，加强了自身海上殖民体系的安全。美国在战后的全球海洋存在，除了前沿部署之外就是依靠滨海地区的众多盟国，或者说其多数海外基地的前沿部署是通过盟国的广

---

① 西班牙《世界报》网站5月25日文章，题为《中国在南美挑战美国的影响力》，《参考消息》2015年5月27日，第2版。

泛存在实现的。此外,国际政治中没有亘古不变的信条和承诺,时代阶段变更,历史条件变化,政治也要变。取得海军外交的突破就要解放思想,比如传统外交智慧和中华民族传统武德中还有很多没有得到应用的重要思想,可以用来树立自己的话语体系,提出新的理论号召,西方的外交智慧也不是都不能照搬应用。大国在道义号召下实施建设性干预,大国为维护正常秩序运转而援助、干预小国和整个地区,在中国古代春秋战国时期乃至后来的东亚朝贡外交时代就已经有成熟的理论和广泛的实践可供历史借鉴。当然这和社会转型下的文化转型也有一点关系。

三、 中国海军战略的两翼结构:近海防御与远海护卫

在新版白皮书中,积极防御战略再次被强调的同时,获得扩大式的修正补充,在海军战略方面非常清晰,表现得更加积极主动。白皮书第四节"军事力量建设发展"中提出"海军按照近海防御、远海护卫的战略要求,逐步实现近海防御型向近海防御与远海护卫型结合转变",实际上也是提出新的海军战略,这也再次展示了中国"蓝水海军"雄心壮志。白皮书使用"远海"而非"远洋"一词,表明谦虚谨慎切实际的态度。远海毫无疑问是近海之外的相邻海域,至少也是第一岛链和马六甲海峡之外距离中国较近的远洋。

过去中国海军长期执行"近海防御"和"积极防御"的战略,"积极防御"是解放军战略传统,自毛泽东时代就已如此。毛泽东在革命年代提出"诱敌深入再给其致命一击"的战略思想,提出弱势力量战胜优势力量的战略理论。①美国学者罗杰·克里夫指出:"自 1927 年建军以来,如何打败武器装备更加优良的对手,就一直是中国人民解放军面临的问题。因此,中国的战略家们传统上一直在制定击溃优势敌军所需的战略和战术,变化的只是他们对会卷入的冲突类型的论点。"②

---

① 参见毛泽东:《中国革命战争的战略问题》,《毛泽东选集》第 1 卷,外文出版社 1966 年版,第 220、234 页。

② [美]罗杰·克里夫著,肖铁峰译:《中国国防战略中的反进入措施——2011 年 1 月 27 日在"美中经济与安全评估委员会"上所作的证词》,见《外国军事学术集萃》,解放军出版社 2013 年版,第 74 页。

中国人民解放军海军建立比陆军要晚，海军战略的独立明确提出也经历了相当的过程。有美国学者指出："几十年来，中国海军被认为是一个反对外国入侵的次要角色，……直到20世纪70年代末，邓小平启动了改革开放，北京阐明了视野更加广阔的海权观。在中国人民解放军海军司令员、海军上将刘华清的请求下，中国领导人要求海军提高进攻能力，既防御大陆，又能在第一岛链内外航行。"①这种也是符合事实的。

前军委副主席刘华清在1985年明确提出要实行"近海防御"的海军战略："我第一次正式提出了中国的'海军战略'问题"。②这一战略的提出至今刚好三十年。"近海防御"战略在以往中国海军实力与日美等周边海军实力差距相对较大的岁月里起了非常有效的作用。这一战略是区域性积极防御战略，也被视为"反介入"战略，不是针对某国的主动进攻性战略，会着力打造利我的"近海"作战空间，形成战略力量的有效威慑范围，就如美国学者吉原恒淑和詹姆斯就中国2008年国防白皮书指出的"扩大和准备更具竞争力的战场空间这一观点，与几版(2008年及其以前)国防白皮书提出的适应海军发展的一般要求完全一致。"③

"近海防御"战略的奥秘在于"近海"内涵具备弹性，可根据军事实力增长而发挥更大的威力。1983年海军作战会议之前，"海军把距我海岸200海里以内的海域作为'近海'。"之后刘华清根据邓小平指示统一认识近海，把第一岛链内外海域以及太平洋北部的海域作为"近海"，之外是"中远海"。④美国海军战争学院教授伯纳德·D·科尔对其海军现代化计划解读为"到2000年，中国人民解放军将能够对第一岛链之外的海域实施控制"，"到2020年，中国人民解放军海军将能够对第二岛链之外的海域实施海洋控制，""到2050年，中国人民解放军海军将拥有航母，并具备全球作战能力"。⑤就是说"近海"范围扩张的弹性是随时间推移下中国作战力量的增强来实现的。同时西方学者也注意到中国海军在上世

① 吉原恒淑、詹姆斯·霍姆斯：《红星照耀太平洋》，社会科学文献出版社2014年版，第82页。

② 刘华清：《刘华清回忆录》，解放军出版社2007年版，第432页。

③ 吉原恒淑、詹姆斯·霍姆斯：《红星照耀太平洋》，社会科学文献出版社2014年版，第37页。

④ 刘华清：《刘华清回忆录》，解放军出版社2007年版，第434页。

⑤ 陈弋泽译：《中国海军的陆地线防御思维》，《现代舰船》，2013年第3期。

纪90年代以后正稳步取得进步："这样的力量结构一直持续到20世纪90年代早期。……而中国是以有条不紊的、连续的方式发展海上力量。早期海军的防御型思维——必须承认是需求而非选择的产物，它催生了关于如何打败海上优势敌人的富有想象力的思考。"①

在1985年以后，直至去年，我们都可以说"近海防御"战略就是中国海军战略，但现在可以讲它将会仅仅是二分之一，"远海护卫"正在成为新的战略。但海军战略的两翼是相辅相成，而非完全互相独立的部分。原因很简单，如果近海制海权都不能掌握，如何走出远海远洋？中国没有通往大洋的直接海口，前往印度洋太平洋，必须从南海东海出去，自近海而远洋，是循序渐进地上台阶。近海防御战略不仅在将来不会放弃，相反其地位永不下降，因为它事关国土海疆安全，在解决海洋争端和美国实施战略拒止方面依然是有效和必不可少的。随着军事实力增强，"近海"将会获得扩大，中国海军将会有更大活动空间，并使通往远洋的通道更广阔、自由和安全，"远海"也自然被推往更远阔的"远洋"。此外，白皮书第一节"国家安全形势"明确提到全球形势和新军事革命，提到不少周边面临的安全挑战，指出"世界经济和战略中心加速向亚太地区转移"，点明美国推进亚太"再平衡"，日本"谋求摆脱战后体制"，个别邻国在岛礁上加强军事存在和挑衅，朝鲜半岛存在不稳定不确定因素，台湾统一问题，分裂势力问题，非传统安全问题等具体问题，对于陆上仅有一句"一些陆地争端也依然存在"，甚至没有点印度的名，其对安全形势论述笔墨集中的地域是东亚海域。显然未来军事力量建设将会集中于海洋军事力量、高科技和非传统安全等重点方向，而针对周边海域的近海积极防御战略的价值在很长时间内仍然很高。

"远海护卫"战略的实践行动实际早已开始很长时间，其实质并非完全新的东西。改革开放多年来，中国对海外生命线的依赖从无到有，与日俱增，对远洋海权的需求日益增长，而中国远洋护航早已开始。2008年以来中国参与打击索马里海盗的国际行动，并在最初4年动用约1万人次。②2012年12月25日截止，中国护航编队与20多个国家的50多艘军舰通过信息资源共享，在印度洋海域

① 吉原恒淑、詹姆斯·霍姆斯：《红星照耀太平洋》，社会科学文献出版社2014年版，第82页。

② 法国《费加罗报》5月11日文章题为"中印海军角力"，《参考消息》2015年5月13日，第14版。

共建起有效的信息网络，加强务实合作，先后与美国151特混编队、欧盟465特混编队、北约508特混编队建立反海盗信息共享机制和指挥官会面机制，与俄韩美等国进行联合护航、演练。2012年2月23日由中国海军发起和举办的国际护航研讨会，有来自不同国家、组织的近百名代表参加。中国海军为全球航行安全与世界和平履行国际义务的同时，也体现出自身是负责任大国的形象。但面临的问题也需正视，中国海军远海护卫能力很有限，尚需大力建设。美国学者克里斯托弗·沙曼指出2013年中国国防白皮书已经强调要维护国际海上通道安全，“我们现在所看到的就是中国海军正在执行其战略使命——以及为什么“深海防御”正符合其逐渐演变的海上战略。”沙曼还认为“海上丝绸之路并不意味着中国海军的深海资产会大幅升级——但我确实看到深海部署增加了一些护卫舰、驱逐舰和潜艇，随着中国海军越来越适应此类任务，数量还会增加”。①笔者想指出的是，随着海上丝绸之路的全面铺开，“当前的中国的海上生命线实际将会成为海上丝绸之路贸易的重要内容”，未来对海权的要求只会更高。②

四、中国版“两洋战略”的可见未来

如果说中国海军战略拥有了近海防御和远海护卫的两翼，则必将逐步使中国的两洋战略加快成型。和中国关系密切的两个大洋是太平洋和印度洋。虽然印度洋生命线日益重要，中国并不具备印度洋出海口，也不具备直接进入太平洋的大洋出海口，但可从西太平洋边缘海穿越第一岛链进入，对中国来说这部分海域既是通道又是门户。“近海防御”战略其实就是中国的太平洋海军战略，旨在确保国家安全，防御周边海域危害，并予以有力反击，目前如何能够突破第一岛链的封锁和前出第二岛链，如何实现反介入战略，如何影响和控制周边海域的制海权等问题都是重点努力方向。“远海护卫”战略其实首先就是中国的印度洋战

① 美国《防务新闻》4月11日文章题为《中国的“一带一路”战略》，《参考消息》2015年4月13日，第14版。

② 见拙作：《论海上丝绸之路的海权战略与国际合作》，《筹海文集》第一卷，海洋出版社2015年版，第248页。

略。印度洋形势和西太平洋不同,中国海军缺少天然立足点,海军行动以护航为主,有重大海外利益,但也没有争端和宿敌,需要更多的低调姿态与国际合作。

中国和美国不同。美国有直接通往大西洋和太平洋的出海口,也需要和必须有两洋战略,但美国两洋海岸并不相连,因此其两洋战略可以是也必须是相对独立的部分。连接美国的两洋海上力量是通过巴拿马运河和全球海洋航线,包括印度洋航线实现的。中国只有通往一洋的间接出口,可是同样需要关注两洋,因此中国的两洋战略相互关系必然是相对紧凑的。对中国而言,南海是连接两洋的枢纽,因此也是中国在军事上需要确保通航顺畅的重要环节,连接和整合中国两洋海上力量就只能通过南海这个衔接部。无论前出印度洋还是太平洋,中国都可以通过南海方向实现。因此中国两洋战略的联结节点和弱点所在,就是南海和马六甲,远海护卫的起点首先是在南海而不是印度洋航线上,因此关键还是在于马六甲困局如何突破。中国太平洋军事战略实际上除了按照自身逻辑完成目标之外还要替印度洋战略的展开提供先期通道支持。近海防御战略的实施力度和有效范围越大,通过制海权争控而施加影响的“近海”地理空间越大越巩固,借南海通往印度洋的能力也就越强,通道也越宽敞安全,对太平洋战略、印度洋战略乃至远海护卫战略的支持就越有效。“近海防御”战略下中国海军战力的覆盖范围必须扩大到马六甲海峡、龙目海峡、巽他海峡,否则就会被困死在周边海口。历史上没有大洋直接出口的强国崛起存在着前车之鉴,“正如英国在第一次世界大战期间所做的那样,他们对德国航运实施‘远程封锁’。”①结果,“除非德国海军可以侧翼包抄不列颠群岛,提高其战略位置,否则它没有任何机会促进德国的整体战略成功。”②中国要避免重蹈覆辙。过去研究者喜欢强调台湾的海洋战略地理价值,但从突破马六甲来看,海南和南海诸岛的价值远大于台湾。中国不能占据马六甲,因此要有尽可能接近马六甲的海军基地和打击力量投送基地,可以具备在战时将敌手尽可能地逼离近海,甚至谋求获取对马六甲海峡的战略控制力,这种基地在包括海南的南海可以找到,这也是对于中国而言南海战略

① 吉原恒淑、詹姆斯·霍姆斯:《红星照耀太平洋》,社会科学文献出版社2014年版,第66页。
② 吉原恒淑、詹姆斯·霍姆斯:《红星照耀太平洋》,社会科学文献出版社2014年版,第67页。

价值极大的原因之一。因此,中国海军战略关键的一环在于南海和马六甲。中国应当发展可以覆盖马六甲地区的军事打击力量,使得对手在战时放弃通过封锁马六甲和南海以实现"远程封锁"海上战略的努力。

但在突破马六甲进入印度洋之后,中国海军实施远海护卫战略和印度洋战略还需广泛努力。比如中国发展两洋战略必须照顾到特定的平衡,应该牢记向东的海军战略方向是有限的,不能过多地向东看,而是要向南看,确保南去生命线的使命应该高于向东对对手实施防御性积极反击的使命。近海防御战略有其地理扩展限度,不需盲目扩大,不能也没有必要一定扩大到第二岛链以东多么远,近海防御的重点应当是坚持积极防御战略目标的完成和把远海护卫力量"护送出去",能够顺利实现"南出"是当务之急。

此外,"近海防御"在很大程度上借助了陆基导弹力量和航空兵,而对"远海护卫"而言,来自本土陆地的支持非常有限,对海军生存能力的要求更高,而远洋深海环境复杂,要求海军力量发展更上一层楼,中国海军舰队一旦前出远海,就算想做"要塞舰队"和"存在舰队"也不可能了。

五、结　语

新版国防白皮书首次明确海洋军事战略的多个发展方向,安全合作依然被置于重要地位。这些战略新变化都是形势发展使然,也可想见在未来无论中国是否在主观上早有计划,还是"摸着石头过河",推进军事合作与发展中国特色的"两洋战略"都是历史必然。关键在于中国所面临的问题如何克服,平衡如何把握,方向如何坚定。

美国学者吉原恒淑和詹姆斯·霍姆斯解读 2008 年及以前的白皮书,认为中国对全球地缘政治关切不明朗,甚至矛盾。但中美战略透明度认识尺度不同,而且中国长期以来并不谋求称霸。笔者不禁想问各国海军战略合理的规划应是服从于国家大战略,而国家大战略下不包含或者说不催生地缘政治诉求吗?问题在于无论白皮书中的地缘政治影响都是客观存在和实在有力的。邓小平在 20 世纪 80 年代末指出:"霸权主义和集团政治已经行不通了。现在不仅要建立国际经济新秩序,而且也要建立国际政治新秩序。和平共处五项原则应该成为解决国际政治问题和国际经济问题的准则。"①长期以来，和平崛起和民族复兴无疑被很多人认为应是中国的国家大战略目标的实际的重要组成部分，实现它需要良好的地缘环境，中国的地缘战略也将围绕目标的实现而规划和展开。走出去的海军战略和地缘战略应该是一致的关系，每到一个地区，海军战略不可避免也要服从和推动中国地缘战略，中国在外的地缘战略也要包含海洋战略的考量。国际安全合作是打开阻碍中国海权发展的现实围栏的重要缺口，而合作的突破需要更多的思想解放和机会，不同形式、层次的军事外交要根据不同的国际关系以及相应的国际大环境来展开。

（作者为上海社会科学院历史研究所助理研究员）

① 《邓小平会见伊东正义一行》，《人民日报》1989年9月20日，第1版。

论海洋法的发展与挑战

——纪念联合国成立70周年

金永明

在联合国成立70周年之际，回顾联合国的重要领域海洋法的立法与发展进程，对于我们正确地认识和理解海洋秩序和海洋制度，处理现今的海洋问题争议有一定的借鉴及启示意义。而联合国在海洋法领域的主要贡献在于组织和编纂海洋法，标志为制定了"日内瓦海洋法四公约"及《联合国海洋法公约》，构筑了国际海洋法体系。尤其是《联合国海洋法公约》的制定和实施对于建立海洋法律秩序，便利国际交通和促进海洋的和平用途，海洋资源的公平而有效的利用，海洋生物资源的养护以及研究、保护和保全海洋环境等，发挥了不可替代的重大作用。①其被称为"海洋宪章"，并成为综合规范海洋的普遍性法律文件。但随着《联合国海洋法公约》的实施，特别是各国对海洋空间及资源需求的日益增长，海洋科技的发展，《联合国海洋法公约》中一些未曾预见并存在模糊规范的问题也不断涌现，对海洋法制度提出了新的挑战，进而呈现需要不断丰富和完善的必要。

一、 联合国编纂海洋法的历程及成就

依据《联合国宪章》规定，联合国大会应发动研究，并作成建议，以促进政治上之国际合作，并提倡国际法之逐渐发展与编纂。②所以，作为海洋领域的国际法（即国际海洋法）的发展与编纂任务自然地成了联合国大会的

---

① 参见《联合国海洋法公约》前言。

② 参见《联合国宪章》第7条第1款，第13条第1款。

职权。①

海洋法的编纂是指国际上将有关海洋方面的原则、规则和规章、制度按其性质与类别制定成公约(条约),以便各国依照国际法上条约的生效程序采取措施对其发生效力,以确定各种不同海域的法律制度并调整各国在利用和开发海洋方面的权利和义务。②

联合国海洋法的编纂主要是通过会议讨论和审议并缔结条约完成的。重要的四次会议为:国际联盟于1930年召开的海牙国际法编纂会议以及联合国主持召开的三次海洋法会议。

(一) 海牙国际法编纂会议

1930年3月13日至4月12日国际联盟召开的国际法编纂会议在海牙举行,领海成为会议讨论的三大问题之一。由于各国对领海的宽度和毗连区的建立存在不同意见,在海洋法编纂方面虽然成效甚微,但其是国际法史上,包括海洋法史上由各国政府参加的第一次较大规模的会议。同时,与会代表提出的"关于领海的法律地位"草案,为其后编纂海洋法打下了初步的基础,其是对海洋法编纂的第一次尝试。③

(二) 第一次联合国海洋法会议

第一次联合国海洋法会议于1958年2月24日在日内瓦召开,于4月27日结束。会议成果为制定了四个公约(《领海与毗连区公约》、《公海公约》、《捕鱼与养护公海生物资源公约》,以及《大陆架公约》,简称"日内瓦海

---

① 1947年联合国大会决定成立国际法委员会,具体负责"促进国际法的逐渐发展与编纂"。而国际法的编纂又被称为法典化。国际法委员会可将自认为合适的事项予以法典化,研究后的条约草案提交联合国大会,大会如认为合适,可举办联合国外交会议,或联合国大会可审议条约草案。国际法委员会在法典化方面已取得了一定的成就。例如,1958年日内瓦海洋法四条约,1961年减少无国籍状态公约、维也纳外交关系公约,1963年维也纳领事关系公约,1969年维也纳条约法公约、特别外交使团公约,1973年关于防止和惩处侵害应受国际保护人员包括外交代表的罪行的公约,1978年关于国家在条约方面的继承的维也纳公约,1983年关于国家对国家财产、档案和债务的继承的维也纳公约,1986年关于国家和国际组织间或国际组织相互间条约法的维也纳公约,1998年国际刑事法院规约,等等。

② 参见魏敏主编:《海洋法》,法律出版社1987年版,第12页。

③ 参见魏敏主编:《海洋法》,法律出版社1987年版,第13—15页;周忠海:《国际海洋法》,中国政法大学出版社1987年版,第2页,第6页。

洋法四公约”)和一项关于强制解决这些公约可能产生的争端的任意签字议定书。①

但由于当时不少亚非国家还没有获得独立而未能参加会议,所以,日内瓦海洋法四公约根本不能如实反映广大发展中国家的合理要求,而某些条款仅有利于少数海洋大国。例如,《大陆架公约》第1条在规定大陆架的定义时使用了两个标准:200米等深线或超过此限度而上覆水域的深度容许开采其自然资源的海底区域的海床和底土(即可开采标准)。对于可开采标准,大陆架究竟能延伸到何处为止,不仅可以有不同的解释,而且取决于沿海国的海洋技术力量。这样的规定明显有利于少数海洋大国,而不利于发展中国家。

例如,关于领海的无害通过问题。《领海与毗连区公约》第14条笼统地规定各国船舶享有无害通过的权利,这就可被解释为外国军用船舶享有同样的权利。此外,第16条规定,在用于国际航行的海峡中,不得停止外国船舶的无害通过。另外,日内瓦海洋法四公约最大的缺陷为,未能就领海宽度问题达成一致意见。

(三)第二次联合国海洋法会议

其于1960年3月17日至4月17日在日内瓦召开,目的是解决领海宽度和捕鱼区界限问题。但因各国对领海的宽度存在重大分歧,对捕鱼区的界限问题也存在激烈的争论,所以,该次会议无果而终,同时,与第一次联合国海洋法会议间隔时间太短、会期又短,因此,无法统一各国意见并达成协议也就可想而知。

(四)第三次联合国海洋法会议

为解决前两次会议中的未决事项,尤其是领海宽度、大陆架的可开发标准的修改问题,同时,鉴于海洋资源勘探和开发技术的发展,发达国家开采海底资源的深度日益提升,为此,以马耳他为代表的发展中国家提出了制定国际海底制度

① 日内瓦海洋法四公约及其议定书的生效日期分别为:《公海公约》和《关于强制解决争端的任意签字议定书》,1962年9月30日;《大陆架公约》,1964年6月10日;《领海与毗连区公约》,1964年9月10日;《捕鱼及养护公海生物资源公约》,1966年3月20日。参见魏敏主编:《海洋法》,法律出版社1987年版,第17页。

的建议,加速了第三次联合国海洋法会议的召开。①

第三次联合国海洋法会议于 1973 年 12 月 3 日在纽约开幕,到 1982 年 12 月 10 日《联合国海洋法公约》签字,持续了九年,共举行十一期十六次会议。会议成果为制定了《联合国海洋法公约》(1994 年 11 月 16 日生效,以下简称《公约》)。其由序言、十七部分,计 320 条,并有九个附件组成,共计 446 条。

关于《公约》与日内瓦海洋法四公约的关系问题,《公约》第 311 条第 1 款规定,在各缔约国间,本公约应优于 1958 年 4 月 29 日的日内瓦海洋法四公约。

二、《公约》的基本特征及其完善

如上所述,《公约》是综合规范海洋的普遍性法律文件。这种普遍性的标志之一为批准、加入《公约》的国家数量众多,现今《公约》的成员为 167 个(包括欧盟)。②而《公约》的普遍性是由《公约》所蕴涵的内容和特征决定的。其特征主要体现在以下六个方面:

(一)确立了领海宽度的最大范围

《公约》第 3 条规定,每一国家都有权确定其领海的宽度,直至从按照本《公约》确定的基线量起不超过 12 海里的界限为止。即国家可以将领海宽度确定为最大 12 海里的界限。

(二)根据海域的不同地位细化了海域范围

《公约》将海域分为内水、领海、毗连区、群岛水域、专属经济区、大陆架、公

---

① 1967 年 8 月 17 日,马耳他驻联合国大使帕多提议在第 22 届联大会议议程中补充一项议题,即"关于专为和平目的保留目前国内管辖范围外海洋下海床洋底及为人类利益而使用其资源的宣言和条约"的议题,并附有一项解释性备忘录。为此,联大通过了第 2340 号决议(1967 年 12 月 18 日),成立了由 35 个成员国组成的研究各国管辖范围以外海床洋底和平使用特设委员会,启动了联合国国际海底制度研究进程。在 1970 年的第 25 届联大会议上,通过了第 2750 号决议。该决议由三部分组成,即第 2750A 号决议,第 2750B 号决议和第 2750C 号决议。其中第 2750C 号决议决定于 1973 年召开第三次联合国海洋法会议以全面研究海洋法的多方面问题。以上内容,参见金永明:《国际海底制度研究》,新华出版社 2006 年版,第 7—23 页。

② 参见 http://www.un.org.depts/los/reference_files/chronological_list_of_ratification.htm, 2015 年 4 月 14 日访问。

海、国际海底区域等不同海域，从而改变了传统意义上的领海以外即公海的二分法观点。①而《公约》内的不同海域具有不同的法律地位，沿海国对其的管辖权也不同。简言之，离沿海国陆地领海基线距离越远的海域，国家的管辖权就越弱或越有限。

（三）修改了大陆架制度的标准或范围并创设了大陆架界限委员会

《大陆架公约》第 1 条规定，大陆架是指邻接海岸但在领海范围以外、深度达 200 米，或超过此限度而上覆水域的深度容许开采其自然资源的海底区域的海床和底土。即所谓的 200 米水深标准或可开采标准。而依据《公约》第 76 条第 1 款规定，沿海国的大陆架包括其领海以外依其陆地领土的全部自然延伸，扩展到大陆边外缘的海底区域的海床和底土，如果从测算领海宽度的基线量起到大陆边的外缘的距离不到 200 海里，则扩展到 200 海里的距离。可见，《公约》对大陆架范围采用了自然延伸标准或 200 海里距离标准，从而极大地扩展了沿海国对大陆架的管辖范围。

同时，《公约》为限制沿海国的大陆架范围作出了制约性规定，即大陆架外部界限制度。其是指国家划定大陆架外部界限应遵行的规范和程序等方面的内容。主要表现在三个方面：一是在界限距离方面的限制；二是在界限设定程序方面的限制；三是在开发非生物资源上的制约。②此外，为切实遵循外大陆架制度，《公约》设立了大陆架界限委员会。③

（四）建立了专属经济区制度

主要内容为：第一，关于专属经济区的范围。根据《公约》第 55、57 条的规定，专属经济区是领海以外并邻接领海的一个区域，从测算领海宽度的基线量起，不应超过 200 海里。第二，关于专属经济区的划界。这主要规定在《公约》第 74 条中。从其内容可以看出，专属经济区的划界既没有言及等距离原则或中间线原则，也没有言及公平原则，只是强调了有关国家应根据协议划界且划界结果

---

① 例如，《公海公约》第 1 条规定，“公海”一词是指不包括领海或内水内的全部海域。

② 参见《公约》第 76 条第 2—7 款，《公约》第 76 条第 8 款和《公约》附件二（大陆架界限委员会），《公约》第 82 条。

③ 例如，《公约》附件二第 1 条规定，按照第 76 条的规定，应依本附件以下各条成立一个 200 海里以外大陆架界限委员会。

公平的重要性。第三,国家在专属经济区内的权利。包括两个方面:一是沿海国在专属经济区内的权利;二是其他国家在专属经济区内的权利。①第四,关于专属经济区内的权利和管辖权归属冲突的预备性规定。《公约》第 59 条规定,未在专属经济区内的权利或管辖权归属于沿海国或其他国家而沿海国和任何其他国家一国或数国发生冲突的情形下,这种冲突应在公平的基础上参照一切有关情况,考虑到所涉利益分别对有关各方和整个国际社会的重要性,加以解决。所谓的针对"剩余性权利"归属冲突解决原则的预备性条款。

(五)创设了国际海底制度并设置了专职机构

即《公约》建立了以"人类共同继承财产"原则为基础的国际海底制度(简称"区域"制度)。例如,《公约》第 136 条规定,"区域"及其资源是人类的共同继承财产。而"区域"根据《公约》第 1 条第 1 款(a)项规定,是指国家管辖范围以外的海床和洋底及其底土;"资源"根据《公约》第 133 条第 1 款规定,是指"区域"内在海床或其下原来位置的一些固体、液体或气体矿物资源,其中包括多金属结核。当然,人类共同继承财产原则在"区域"内的法律地位的确立,是与"区域"应适用无主物、共有物和公海自由原则斗争的产物,是第三世界尤其是 77 国集团在第三次联合国海洋法会议中广泛团结合作的结果。

另外,应指出的是,《公约》还设置了管理"区域"内活动的机构——国际海底管理局(简称管理局)。例如,《公约》第 157 条第 1 款规定,管理局是缔约国按照本部分组织和控制"区域"内活动,特别是管理"区域"资源的组织。同时,《公约》确立了开发国际海底资源的平行开发制。而平行开发制是与单一开发制、国际注册制和执照制斗争的产物。所谓的平行开发制,根据《公约》第 153 条第 2 款规定,"区域"内活动由企业部进行和由缔约国或国营或在缔约国担保下的具有缔约国国籍或由这类国家或其国民有效控制的自然人或法人或符合本部分和附件三规定的条件的上述各方的任何组合,与管理局以协作方式进行。

(六)创设了争端解决制度并设立了国际海洋法法庭

《公约》为解决海洋争端提供了一套详尽而灵活的机制。它不仅规定了解决

---

① 参见《公约》第 56 条,第 58 条。

争端的方法，而且建立了解决争端的程序和机构——国际海洋法法庭，克服了日内瓦海洋法四公约中不规定争端解决机制而只在附属议定书中规定争端解决机制的弊端。即《公约》成功地将争端解决机制规定在其第 15 部分（争端的解决）中。而对于《公约》的解释或适用的争端，任何国家可以在签署、批准或加入《公约》时，或在其后任何时间，有自由用书面的方式选择一个或一个以上方法，即按照国际海洋法法庭、国际法院、仲裁法庭、特别仲裁法庭解决。如果争端各方未接受同一程序以解决这项争端，除各方另有协议外，争端仅可提交《公约》附件七所规定的仲裁。①

换言之，相关国家如果选择了解决争端的同样方法，则可在它们之间利用同一程序；如果相关国家没有选择同样的方法解决争端，则可以采用仲裁的方法解决争端，但是否采用仲裁的方法解决争端，必须得到他方的同意；如果一方选择的方法想让他方适用，也必须得到他方的明确同意，否则不能提交该方法解决争端。

当然，《公约》不仅具有上述特点，也存在一些缺陷。例如，针对专属经济区内的剩余性权利归属不明，岛屿制度概念过于模糊，专属经济区和大陆架的划界原则缺乏可操作性，国际海底开发制度对少数工业大国照顾过多等，因而在国家实践中出现了对立和分歧，所以仍有修改和完善《公约》的必要，但其依然是综合规范海洋问题的法典，各国必须遵守。

另外，在《公约》制定后，为修正其缺陷，包括完善深海探矿的规范、满足《公约》普遍性要求，联合国大会于 1994 年 7 月 28 日通过了《关于执行 1982 年 12 月 10 日联合海洋法公约第十一部分的协定》（1996 年 7 月 28 日生效，简称《国际海底执行协定》），现批准的国家为 147 个；同时，为解决公海生物资源被过度捕捞的问题，联合国大会于 1995 年 8 月 4 日通过了《执行 1982 年 12 月 10 日联合国海洋法公约有关养护和管理跨界鱼类种群和高度洄游鱼类种群之规定的协定》（2001 年 12 月 11 日生效，简称《鱼类种群执行协定》），现批准的国家为 82 个。②这样就进一步地完善了《公约》的体系。

---

① 参见《公约》第 287 条。

② 参见 http://www.un.org/depts/los/reference_files/status2010.pdf，2015 年 4 月 14 日访问。

对于《公约》与上述两个执行协定之间的关系问题。第一,《公约》(第十一部分)与《国际海底执行协定》之间的关系。《国际海底执行协定》第2条规定,本协定和第十一部分的规定应作为单一文书来解释和适用;本协定和第十一部分如有任何不一致的情况,应以本协定的规定为准。可见,《国际海底执行协定》是修改《公约》第十一部分的规定,并优先适用于《公约》。第二,《公约》与《鱼类种群执行协定》之间的关系。《鱼类种群执行协定》第4条规定,本协定的任何规定均不应妨害《公约》所规定的国家权利、管辖权和义务;本协定应参照《公约》的内容并以符合《公约》的方式予以解释和适用。第2条规定,本协定的目标是通过有效执行《公约》有关规定以确保跨界鱼类种群和高度洄游鱼类种群的长期养护和可持续利用。可见,《鱼类种群执行协定》是协助执行《公约》规范的制度,起补充的作用。①

总之,1982年通过、1994年生效的《公约》现已成为国际社会综合规范海洋问题的条约,受到各国的普遍遵守。但不可否认的是,《公约》仍存在一些问题,也面临一些挑战。

三、《公约》生效实施以来的发展与面临的挑战

由于《公约》是折中与调和的产物,不可避免地存在多种问题和缺陷,尤其是《公约》设立的组织机构(大陆架界限委员会、国际海底管理局、国际海洋法法庭)自《公约》生效后运作以来,虽然获得了发展,但也遇到了一些问题,面临未曾考虑和审议的一些挑战。

(一)与大陆架界限委员会有关的发展与挑战

于1997年成立的大陆架界限委员会,是专司执行统一解释《公约》有关大陆架外部划界规定,作为各缔约国在划定大陆架外部界限的主要依据,以统一处理《公约》有关大陆架外部界限规定之方法相当复杂,且具很高的科学性及技术性问题的专职机构。②同时,沿海国在大陆架界限委员会所提建议基础上划定的大

① 关于条约之规定可否分离、条约因缔结后订条约而默示终止或停止施行内容,参见《维也纳条约法公约》第44条、第59条。

② 参见傅昆成:《海洋管理的法律问题》,台湾文笙书局2003年版,第218页。

陆架外部界限具有确定性及拘束力。①大陆架界限委员会为履行上述职权,对如何运作该制度作出了规范并不断地加以完善,包括制定了《委员会的工作方式》(1997 年 2 月),《联合国大陆架界限委员会议事规则》(1998 年 9 月),《大陆架界限委员会科学和技术准则》(1999 年 5 月 13 日),《大陆架界限委员会内部行为守则》(2005 年 9 月),《大陆架界限委员会议事规则》(2008 年 4 月 17 日)等,从而具备了可启动大陆架外部界限划界案审议工作的条件。

依据《公约》附件二第 4 条的规定,按照第 76 条划定 200 海里以外大陆架外部界限的沿海国,应在本公约对该国生效后十年内提出详情的科学和技术资料,以便委员会审议。但由于提交划界申请案的高度复杂性和高难度性,在《公约》的第 11 次缔约国会议(2001 年)上通过了延长申请期限的决议,即凡是在 1999 年 5 月 13 日以前正式批准或加入《公约》的国家,都可以从这一天开始起算法定的十年提交期限。为此,自 2001 年 12 月 20 日俄罗斯联邦向委员会提交首份国家大陆架外部界限划界案以来,至 2009 年 5 月 13 日委员会已收到了 50 份国家划界申请案。②

尽管在《公约》的第 11 次缔约国会议上作出了提交划界案延迟的决议,但对于众多的发展中国家来说,在申请划界案中提交大陆架的调查数据和情报依然是很大的负担,所以,在《公约》的第 18 次缔约国会议(2008 年)上又通过了缓和条件的决议,即只要在 2009 年 5 月 13 日前提交包含未完成数据的初步信息,即可被视为履行了相应的义务。换言之,使用延迟申请制度的国家,只要提交显示 200 海里以外大陆架的界限的初步信息,并说明准备的状况和有关申请日期的计划,向联合国秘书长提交这些材料即被认为完成了应履行的义务。③

---

① 例如,《公约》第 76 条第 8 款规定,从测算领海宽度的基线量起 200 海里以外大陆架界限的情报应由沿海国提交附件二在公平地区代表基础上成立的大陆架界限委员会。委员会应就有关划定大陆架外部界限的事项向沿海国提出建议,沿海国在这些建议的基础上划定的大陆架界限应有确定性和拘束力。

② 参见 http://www.un.org/Depts/los/clcs_new/commission_submission.html, 2009 年 5 月 14 日访问。

③ Decision regarding the workload of the Commission on the Continental Shelf and the ability of States, particularly developing States, to fulfill the requirements of article 4 of annex II to the United Nations Convention on the Law of the Sea, as well as the decision contained in SPLOS/72, SPLOS/183.

迄今向大陆架界限委员会提交的外大陆架划界案有77个，其中21个已提供了建议案；①而向大陆架界限委员会提交初步信息的国家有49个。②从这些国家外大陆架划界案可以看出，它们既有单独划界案，也有联合划界案；既有部分划界案，也有整体划界案。同时，大陆架界限委员会仅审议提交的资料和数据，并形成了对有争议的区域不予审议且提出建议的惯例。从其数量也可以看出，大陆架界限委员会审议外大陆架划界案的工作量还是很大的，任务还是很艰巨的。③同时，沿海国是否依据大陆架界限委员会的建议划定外大陆架以及如何评议这些外大陆架的界限，因为《公约》并未作出相关审查程序的规定。此外，对于沿海国划定的外大陆架超出大陆架界限委员会建议范围时如何处理，《公约》也不存在相关的程序性规定。④这些均是大陆架界限委员会面临的挑战。

（二）与国际海底管理局有关的发展与挑战

依据《公约》最后文件决议一（关于国际海底管理局和国际海洋法法庭筹备委员会的建立）设立了执行“区域”资源勘探和开发制度的机构——国际海底管理局筹备委员会。其在1983—1994年间的主要工作体现在两个方面：第一，解决了7个先驱投资者的登记问题，标志为1986年达成了“阿鲁沙谅解”，解决了法国、日本、前苏联和印度四个先驱投资者达成的关于解决申请区域重叠和进行矿区分配的谅解。第二，通过关于执行决议二的声明。筹备委员会以阿鲁沙谅解为基础，经过反复而紧张的磋商，于1986年通过了“关于执行决议二的声明”。其最大特点为规定了申请登记的时间和程序，推进了先驱投资者登记制度，有利

① 参见http://www.un.org/Depts/los/clcs_new/commission_submissions.htm，2015年4月14日访问。

② 参见http://www.un.org/Depts/los/clsc_new/commission_premissions.htm，2015年4月14日访问。

③ 在第三次联合国海洋法会议期间的1978年预备性讨论中，预计33个国家将涉及外大陆架，而在2009年的研究中发现将有70个国家涉及外大陆架，且这些国家的近80%属于发展中国家。鉴于外大陆架问题的复杂性和困难性，2001年设立了信托基金，此基金由缔约国任意出资，以支付大陆架界限委员会的参加费用，并确保外大陆架制度的实施。参见佐藤地：《联合国海洋法公约与日本——为开放签署30周年而作并以两个新制度的发展为中心》，《国际法外交杂志》第112卷第2期（2013年），第89—91页。

④ 参见古贺卫：《大陆架界限委员会的活动与功能——国际机构对海洋法的发展》，《国际法外交杂志》第112卷第2期（2013年），第46—47页。

于实施《公约》体制内的“区域”资源开发制度。①

国际海底管理局在国际海底制度上的新发展，主要体现在以下方面：第一，于2000年7月在第6届会议上通过了《“区域”内多金属结核探矿和勘探规章》。第二，在2010年5月的大会上通过了《“区域”内多金属硫化物探矿和勘探规章》。第三，于2012年通过了《“区域”内富钴铁锰结壳探矿和勘探规章》。这三个规章均是根据各种矿产资源的赋存条件和资源分布情况，以及针对各种矿产资源的勘探活动对环境可能带来的影响和对技术条件的需求等作出的不同规定，应该说它们的制定为“区域”内资源的探矿和勘探活动规定了一套系统的程序和规则，使“区域”内的活动更为具体和细化。在2013年国际海底管理局的第19届会议上，审议通过了《“区域”内多金属结核探矿和勘探规章》的修正案。②

此外，国际海底管理局于2010年5月11日向国际海洋法法庭的海底争端分庭提出了咨询意见的申请，要求其对进行国际海底活动的自然人或行为体提供保证的国家的责任和义务予以明确。③2011年2月1日海底争端分庭出具了咨询意见，认为保证国应采取预防性的方法、确保由合同者履行环境影响评估义务，以及保护和保全环境的义务。④这是国际海底管理局依据《公约》利用咨询意见制度的第一个案件。

鉴于国际海底管理局授予的第一批多金属结核勘探合同将于2016年到期。按照合同规定，这些合同将进入商业开发阶段，而如何评估它们的工作计划以及延期这些合同，如何制定这些资源的开发规章，以及如何分配“区域”内资源的收益，则是国际海底管理局面临的重大问题。

---

① 参见金永明：《海洋问题专论》（第一卷），海洋出版社2011年版，第220—222页。

② 参见国家海洋局海洋发展战略研究所课题组编：《中国海洋发展研究报告（2014）》，海洋出版社2014年版，第21—24页。

③ 例如，《公约》第191条规定，海底争端分庭经大会或理事会请求，应对它们活动范围内发生的法律问题提出咨询意见。

④ *Responsibilities and Obligations of States Sponsoring Persons and Entities with Respect to Activities in the Area*（*Request for Advisory Opinion submitted to the Seabed Disputes Chamber*）（Case No.17），Advisory Opinion of 1 February 2011，Seabed Dispute Chamber of International Tribunal for the Law of the Sea. See https://www.itlos.org/fileadmin/itlos/documents/cases/case_no_17/17_adv_op_010211_en.pdf，2015年4月27日访问。

此外,在国际海域区域还发现了其他资源,例如,生物基因资源,而如何制定相关的规章,如何协调与《生物多样性公约》之间的关系,也是国际海底管理局面临的挑战。

(三)与国际海洋法法庭有关的发展与挑战

如上所述,对于《公约》的解释或适用的争端,任何国家可以在签署、批准或加入公约时,或在其后任何时间,有自由用书面的方式选择一个或一个以上的方法,即依靠国际海洋法法庭、国际法院、仲裁法庭和特别仲裁法庭解决。如果争端各方未接受同一程序以解决这项争端,除各方另有协议外,争端仅可提交《公约》附件七所规定的仲裁。同时,缔约国可对第 298 条所列举的争端也可以书面声明对于一类或一类以上争端不接受自己选择的法院或法庭的强制管辖权。①

国际海洋法法庭自 1996 年成立以来,不仅依据《国际法院规约》及其规则,制定了《国际海洋法法庭规则》,同时迄今已受理了 23 个案件。②在这些案件中,既有 9 个船只/船员"迅速释放"和 5 个"临时措施"的案件,也有国际海底管理局请求发表咨询意见的案件(2010—2011 年),以及海洋划界案(2009—2012 年孟加拉和缅甸海洋划界案)和包括请求咨询意见在内的其他案件。这些变化不仅体现了法庭快速审判的优势和特点,而且所受理的案件类型也出现了多样化的趋势,即国际海洋法法庭的重要性日益提升。③同时,包括中国在内的 35 个国家已依据《公约》第 298 条规定作出了排除《公约》第 15 部分适用选择性例外的书面声明。④例如,中国于 2006 年 8 月 25 日依据《公约》第 298 条规定,向联合国秘书长提交了书面声明,即对于《公约》涉及的海洋划界、领土争端、军事活动和法律执行活动的争端等,中国政府不接受《公约》第 15 部分第 2 节规定的任何国际司法或仲裁管辖,而采取由相关国家通过协商解决的立场。

对于菲律宾针对南海问题提起的强制仲裁案,法庭或仲裁庭不仅要考虑菲

---

① 参见《公约》第 287 条,第 298 条。

② 参见 http://www.itlos.org/en/cases/, 2015 年 4 月 27 日访问。

③ 参见国家海洋局海洋发展战略研究所课题组编:《中国海洋发展研究报告(2014)》,海洋出版社 2014 年版,第 24—26 页。

④ 参见 http://www.un.org/depts/los/settlement_of_disputes/choice_procedure.htm, 2015 年 4 月 14 日访问。

方提起仲裁的前提条件是否满足,也要考虑所提事项是否属于《公约》的解释或适用方面的争端,更要考虑菲方所提事项是否属于中国已排除的事项,即可受理性和管辖权问题,以及如果作出裁决,裁定的可执行性及效果等问题。①所以,国际海洋法法庭或仲裁庭面临如何处理此案的严峻挑战,以确保其的权威性、独立性和合理性。对此,国际社会将严重关注。

(四) 针对岛屿制度有关的问题与挑战

自日本政府于2008年11月12日向大陆架界限委员会提交包含冲之鸟为基点主张的外大陆架划界案以来,针对岛屿制度的对立显性化。②日本提交的以冲之鸟为基点主张专属经济区和大陆架的外大陆架划界案,是日本片面理解岛屿制度内涵所采取的措施,自然遭到了包括中国和韩国在内的国家的反对。③最后,大陆架界限委员会未对日本与冲之鸟有关的外大陆架界限提出建议(2012年4月19日)。④

实际上,从岛屿制度的条款结构看,《公约》第121条第1款至第3款都是关于岛屿制度的规定。具体来说,第1款是指广义的岛屿,即《公约》规定了广义的岛屿概念,其缺陷是仅从自然属性规定了岛屿的概念,而用该款判断岛屿是否拥有专属经济区和大陆架的利益就比较困难,因为这种岛屿概念规定存在严重的不完整性,它没有考虑其他诸如社会和经济等方面的属性。第2款是狭义岛屿的规定,即具有与陆地领土相同地位的岛屿可主张相应的海域权利方

---

① 外交部受权发表中国政府关于菲律宾所提南海仲裁案管辖权问题的立场文件内容,参见http://www.gov.cn/xinwen/2014-12/07/content_2787666.htm, 2014年12月8日访问。

② 日本外大陆架划界案内容,参见金永明:《日本外大陆架划界申请案内涵与中国的立场》,《中国海洋法学评论》2009年第1期,第28—39页。

③ 中国常驻联合国代表团于2009年2月6日向联合国秘书长提交了针对日本冲之鸟的书面声明,参见http://www.un.org/Deps/los/clcs_new/submission_files/jpn08/chn_6feb09_c.pdf, 2009年3月12日访问。韩国于2009年2月27日针对冲之鸟问题向联合国秘书长提出了与我国政府声明内容相同的书面声明,参见http://www.org.un/Deps/los/clcs_new/submission_files/jpn08/kor_27feb09.pdf, 2009年3月12日访问。

④ 大陆架界限委员会仅对日本主张的74万平方公里外大陆架内的31平方公里作出了建议。对于中国和韩国反对的与冲之鸟有关的部分未提出建议,因为存在着不同的意见,所以大陆架界限委员会没有审议相关区域。但这并不表示对该区域要求的建议的否定,而仅是作为保留作出的决定,也即今后仍有可能作出建议的可能。参见古贺卫:《大陆架界限委员会的活动与功能——国际机构对海洋法的发展》,《国际法外交杂志》第112卷第2期(2013年),第42页。

面的规定。第3款是关于岩礁的规定，它不是从岩礁的概念直接出发作出的规定，而是从岩礁效力的角度作出的规定，换言之，能维持人类居住或其本身的经济生活的岩礁与岛屿一样，可主张专属经济区和大陆架，即岩礁有可主张专属经济区和大陆架的岩礁与不能主张专属经济区和大陆架的岩礁两种。从对第121条的整体理解看，第3款是对第2款的制约，也就是说，并不是所有的岩礁都能与第2款的岛屿一样可主张专属经济区和大陆架的。从第121条第3款可以看出，岩礁是狭义岛屿以外的一种，从广义的岛屿来看，这种岩礁也应符合岛屿的要件。

可见，《公约》第121条中的第1款至第3款各具不同的特点。即通过对岛屿的自然属性（广义的岛屿）、岛屿的社会和经济属性（狭义的岛屿）以及对广义的岛屿概念内不具有社会和经济属性的那部分岛屿的属性（岩礁）等方面的规定共同构成岛屿制度的全部。所以，对各款的理解不能单一地解释和适用，应从该条三款整体含义出发理解。即由《公约》所确立的岛屿制度的立法宗旨是，《公约》第121条的三款均是关于岛屿制度的规定，是整体性的规范，而岩礁只是岛屿的一种特例，其也应符合岛屿的要件。

从上文可以看出，包括岩礁在内的岛屿应符合一定的法律要件，才能主张专属经济区和大陆架的利益。这些要件重点体现在自然属性和社会及经济属性等方面，而从《公约》第121条的规定来看，确定岛屿和岩礁的法律要件的规定似乎不够具体，即确定岛屿和岩礁的法律要件的内涵并不清晰，所以存在不同的观点和对立的实践。

在无法修改《公约》岛屿制度，又在国际社会未能对岛屿和岩礁地位形成统一共识的情形下，应该严格地解释岛屿制度内岩礁的法律要件，避免扩大解释，进而造成对公海制度和国际海底区域制度的损害。①这样做不仅符合《公约》制定岛屿制度的初衷和宗旨，也符合《公约》第300条缔约国诚意履行义务、避免滥用权利所要求的内容。而对岩礁的严格解释，主要体现在以下方面：第一，在自然属性方面，岩礁是岛屿的一种特别形态，其必须是自然形成的陆地区域，这种

① 从修改《公约》制度的规定看，修正案需以协商一致方式达成协议进行，即使有采用简化程序修正《公约》的提议，实质性地修改完善《公约》是相当困难的。参见《公约》第312条，第313条。

自然形成的陆地区域强调构成材料和形成过程的自然属性。第二,在社会属性方面,岩礁必须在相当长时期内能维持人类居住,而不是短期内的维持人类居住。第三,在经济属性方面,岩礁维持本身经济生活所需资源应限于岩礁本身所产,而不应包括其领海内及外地输入的资源,否则会造成扩大化的趋势,甚至出现滥用该权利的行为。同时,开发岩礁本身资源必须符合经济开发原则和保护海洋环境的原则。因为一些国家为能使岩礁符合"经济生活"的要件,一定会试图开发岩礁本身的资源,而不讲究一般的经济开发原则,并污染海洋环境,违反缔约国保护和保全海洋环境的义务。①

(五)针对剩余性权利有关的问题与挑战

在《公约》中,针对剩余性权利归属未明的代表性问题为专属经济区内的军事活动争议(军事测量活动,谍报侦察活动,联合军事演习)问题。即中美两国针对专属经济区内军事活动问题的自由使用与事先同意之间的对立和分歧。由于《公约》未对军事活动问题作出明确的规范,所以即使从海洋和平利用、海洋科学研究的角度进行分析,也存在不同的理解和认识,进而在国家实践中出现不同甚至对立的做法。换言之,军事活动问题无法在《公约》框架内解决。②鉴于军事活动问题的高度敏感性和现实必要性,所以,只有在《公约》第58条第3款,并结合第59条的原则精神和立法宗旨,根据特定活动的状况加以判断。③

中美两国如果不能在《公约》规范的制度框架下解决,则只能通过双边协商包括缔结相关协议予以处理,所以,中美两国特别应遵守两国军事部门已经缔结的《重大军事行动相互通报机制》(2014年10—11月)和《海空相遇安全行为准则》(2014年11月)制度,以规范两国军事部门海空安全行为,确保专属经济区

---

① 关于岛屿与岩礁的法律要件分析内容,参见金永明:《岛屿与岩礁的法律要件论析——以冲之鸟问题为研究视角》,《政治与法律》2010年第12期,第99—106页。

② 中美针对专属经济区内军事活动争议内容,参见金永明:《中美专属经济区内军事活动争议的海洋法剖析》,《太平洋学报》2011年第11期,第74—81页。

③ 《公约》第58条第3款规定,各国在专属经济区内根据本公约行使其权利和履行其义务时,应适当顾及沿海国的权利和义务,并应遵守沿海国按照本公约的规定和其他国际法规则所制定的与本部分不相抵触的法律和规章。《公约》第59条规定,在本公约未将在专属经济区内的权利或管辖权归属于沿海国或其他国家而沿海国和任何其他一国或数国之间的利益发生冲突的情形下,这种冲突应在公平的基础上参照一切有关情况,考虑到所涉利益分别对有关各方和整个国际社会的重要性,加以解决。

内军事活动规范有序，进而共同维护海洋的航行自由和安全。①实际上，美国主张的航行自由包括南海航行自由政策由来已久并持续坚持，重要的代表性政策文件为：《美国关于大陆架的底土和海床的自然资源的政策的第 2667 号总统公告》（1945 年 9 月 28 日，简称“杜鲁门公告”），1995 年 5 月 10 日美国政府发表的《关于南沙群岛和南中国海的政策声明》，2012 年 8 月 3 日美国政府“关于南海问题的声明”，以及 2014 年 12 月 5 日美国国务院发表的《海洋界限：中国在南海的海洋主张》。②

此外，也可对专属经济区内军事活动问题制定新的诸如执行协定那样的规范，为完善《公约》制度作出努力。在这方面的内容可以借鉴国际社会已存的成果，例如，日本海洋政策研究财团于 2005 年 9 月制定的《关于在专属经济区水域航行与上空飞越的行动指针》，2013 年 10 月制定的《亚太专属经济区内互信和安全构筑原则》的文件，以推动新的针对专属经济区内军事活动问题磋商和协定进程，并为进一步完善《公约》作出贡献。③而能否在国际社会制定一部《公约》体系下的针对专属经济区内军事活动问题的统一性文件，则是面临的重大挑战。

（六）《公约》未曾预料或未明确规范的问题与挑战

对于海域划界问题尤其是专属经济区和大陆架划界问题，《公约》仅在第 74 条和第 83 条规定了公平解决的结果，但它们未就划界的方法、标准等规定明确的内容，而为实现公平解决的目的，只能通过国际社会的实践尤其是国际判例的

---

① 中美两军《重大军事行动相互通报制度》内容，参见 http://www.defense.gov/pubs/141112_MemorandumOfUnderstandingOnNotication.pdf，2015 年 2 月 10 日访问。中美两军《海空相遇安全行为准则》内容，参见 http://www.defense.gov/pubs/141112_MemorandumOfUnderstandingRegardingRules.pdf，2015 年 2 月 10 日访问。

② 例如，《杜鲁门公告》指出，大陆架上的水域作为公海的性质以及公海自由和无碍航行的权利不受任何影响。参见北京大学法律系国际法教研室编：《海洋法资料汇编》，人民出版社 1974 年版，第 386—387 页。《关于南沙群岛和南中国海的政策声明》内容，参见吴士存主编：《南海问题文献汇编》，海南出版社 2001 年版，第 377—378 页。美国南海问题声明内容，参见 http://www.state.gov/r/pa/prs/ps/2012/08/196022.htm，2012 年 8 月 8 日访问。美国《海洋界限：中国在南中国海的海洋主张》内容，参见 http://www.state.gov/e/oes/ocns/opa/c16065.htm，2015 年 1 月 8 日访问。

③ 参见日本海洋政策研究财团编：《海洋白皮书：日本的动向，世界的动向》（2006 年），2006 年 3 月，第 195—197 页；Ocean Policy Research Foundation Edition: *Principles for Building Confidence and Security in the Exclusive Economic Zones of the ASIA-PACIFIC*, 30th October 2013, pp.1—12.

实践予以发展和确立,而在迄今的国际判例实践中,已形成了实现公平解决的范式,那就是考虑各种不同海域的具体情况予以综合判断。具体包括以下方面:第一,划定临时的等距离线或中间线;第二,为实现公平结果考虑相关情况,并探讨是否有必要调整临时的等距离线或中间线;第三,对海岸线的长度和所分配海域面积的比例进行校验,判定是否带来不公平的结果以便修正。①

此外,在《公约》通过后,针对保护海洋生物多样性问题的讨论日趋活跃。而在《公约》的审议过程中,并未对海洋生物多样性问题予以充分认识,即使在《公约》中也没有海洋生物多样性的用语;②更没有对被认为对保全海洋生物多样性有用的方法如海洋保护区作出规定。同时,在国际社会存在于 1992 年 6 月通过的《生物多样性公约》,而如何协调、补充这两个条约之间的关系,对于保全海洋生物多样性和可持续发展这些国际社会关注的共同事项,也是《公约》面临的挑战。③

对于在公海包括国际海底区域内出现的海洋基因资源问题,其调查、开采和研究等活动应适用什么样的国际法,也已成为国际社会关注的焦点。其争议的焦点在于应适用国际海底区域制度基础的人类共同继承财产原则,还是应适用公海的海洋科学研究的自由原则。

总之,为保全包含海洋基因在内的海洋生物多样性和可持续利用问题,应考虑的具体内容包括如何分配利益,如何制定包括海洋保护区在内的区域管理规则和环境影响评估制度,以及能力建设和海洋技术转移等方面。④这些均是《公约》无法回避的问题。

---

① 参见田中则夫:《联合国海洋法公约的成果与课题——基于公约通过 30 周年的时点》,《国际法外交杂志》第 112 卷第 2 期(2013 年),第 17 页。Also see Mariko Kawano, *International Courts and Tribunals and the Development of the Rules and Methods Concerning Maritime Delimitation*,《国际法外交杂志》第 112 卷第 3 期(2013 年),第 14 页。

② 例如,《公约》第 194 条第 5 款规定,按照本部分(第 12 部分)采取的措施,应包括为保护和保全稀有或脆弱的生态系统,以及衰竭、受威胁或有灭绝危险的物种和其他形式的海洋生物的生存环境,而有必要的措施。

③ 参见田中则夫:《联合国海洋法公约的成果与课题——基于公约通过 30 周年的时点》,《国际法外交杂志》第 112 卷第 2 期(2013 年),第 20—21 页。

④ 参见佐藤地:《联合国海洋法公约与日本——为开放签署 30 周年而作并以两个新制度的发展为中心》,《国际法外交杂志》第 112 卷第 2 期(2013 年),第 102 页。

四、 中国的实践与今后的任务

中国是坚定维护《公约》体系及制度的重要国家之一，尤其是联大在 1971 年 10 月 25 日通过第 2758 号决议，决定恢复中国在联合国的合法席位后，中国参与《公约》制度建设更为重视，主要标志为中国参与了《公约》审议的全过程，并于 1996 年 5 月 15 日通过了“关于批准《公约》的决定”。①同时，中国依据《公约》的相关规定和制度，中国大洋矿产资源研究开发协会向国际海底管理局申请了“区域”内多金属结核矿区（1997 年）、多金属硫化物矿区（2010 年）和富钴结壳矿区（2012 年），并分别于 1997 年、2011 年和 2013 年获得了批准，而成为在“区域”拥有优先勘探和开发多个矿区资源的国家之一。②

另外，中国政府于 2009 年 5 月 11 日向大陆架界限委员会提交了“中国关于确定 200 海里以外大陆架外部界限的初步信息”，并于 2012 年 12 月 14 日提交了“东海部分大陆架外部界限划界案”。③

此外，中国依据《公约》的原则和精神制定了与海洋有关的法律制度，初步构筑了中国海洋法律体系。④但尽管如此，中国依然不存在综合规范海洋的基本法律，例如，海洋基本法，也缺乏诸如《中国专属经济区和大陆架法》的配套性法规，以及其他诸如海洋安全法、海岸带管理法、深海矿产资源开发法等那样的新的具体法规。而这些法律法规的制定和完善，对于我国提倡的和谐海洋，海洋强国，

---

① 全国人民代表大会常务委员会关于批准《联合国海洋法公约》的决定内容，参见国家海洋局政策法规办公室编：《中华人民共和国海洋法规选编》（第三版），海洋出版社 2001 年版，第 3 页。

② 参见国家海洋局海洋发展战略研究所课题组编：《中国海洋发展研究报告（2014）》，海洋出版社 2014 年版，第 22—23 页。

③ 参见 http://www.un.org/depts/los/clcs_new/commission_primitary.htm, and http://www.un.org/depts/los/clcs_new/commission_documents.htm, 2015 年 4 月 14 日访问。

④ 中国海洋法律体系内容，主要为：《中国政府关于领海的声明》（1958 年 9 月 4 日），《中国领海及毗连区法》（1992 年 2 月 25 日），《中国政府关于中国领海基线的声明》（1996 年 5 月 15 日），《中国专属经济区和大陆架法》（1998 年 6 月 26 日），《中国海洋环境保护法》（1982 年 8 月 23 日），《中国海上交通安全法》（1983 年 9 月 2 日），《中国渔业法》（1986 年 1 月 20 日），《中国矿产资源法》（1986 年 3 月 19 日），《中国测绘法》（1992 年 12 月 28 日），《中国海域使用管理法》（2001 年 10 月 27 日），《中国海岛保护法》（2009 年 12 月 26 日），《中国关于钓鱼岛及其附属岛屿领海基线的声明》（2012 年 9 月 10 日）等。

新海洋观无疑有重大的意义和作用。同时,这些海洋法律法规的制定和完善应该是我国今后的重大任务和课题,以真正实现和谐海洋,构筑海洋新秩序的目标,并为维护国家海洋权益、确保国家海洋安全作出贡献。

(作者为上海社会科学院法学研究所研究员)

图书在版编目(CIP)数据

新常态与大战略:上海市社会科学界第十三届学术年会文集.2015年度/上海市社会科学界联合会编.—上海:上海人民出版社,2015
(东方学术文库;第49卷)
ISBN 978-7-208-13357-0

Ⅰ.①新… Ⅱ.①上… Ⅲ.①社会科学-中国-文集 Ⅳ.①C53

中国版本图书馆CIP数据核字(2015)第244609号

责任编辑 罗 俊 沈骁驰 吕桂萍
封面设计 范昊如

新常态与大战略
——上海市社会科学界第十三届学术年会文集(2015年度)
上海市社会科学界联合会 编
世 纪 出 版 集 团
上海人民出版社出版
(200001 上海福建中路193号 www.ewen.co)
世纪出版集团发行中心发行 江阴金马印刷有限公司印刷
开本 720×1000 1/16 印张 35.5 插页 5 字数 550,000
2015年11月第1版 2015年11月第1次印刷
ISBN 978-7-208-13357-0/D·2746
定价 88.00元